A evolução dos Estudos de Segurança Internacional

FUNDAÇÃO EDITORA DA UNESP

Presidente do Conselho Curador
Mário Sérgio Vasconcelos

Diretor-Presidente
José Castilho Marques Neto

Editor-Executivo
Jézio Hernani Bomfim Gutierre

Assessor Editorial
João Luís Ceccantini

Conselho Editorial Acadêmico
Alberto Tsuyoshi Ikeda
Áureo Busetto
Célia Aparecida Ferreira Tolentino
Eda Maria Góes
Elisabete Maniglia
Elisabeth Criscuolo Urbinati
Ildeberto Muniz de Almeida
Maria de Lourdes Ortiz Gandini Baldan
Nilson Ghirardello
Vicente Pleitez

Editores-Assistentes
Anderson Nobara
Fabiana Mioto
Jorge Pereira Filho

A evolução dos Estudos de Segurança Internacional

Barry Buzan
Departamento de Relações Internacionais
London School of Economics and Political Science

Lene Hansen
Departamento de Ciência Política
Universidade de Copenhague

Tradução
Flávio Lira

© 2009 Barry Buzan and Lene Hansen
© 2009 Syndicate of the Press of University of Cambridge
© 2012 da tradução brasileira
Título original: *The Evolution of International Security Studies*

Direitos de publicação reservados à:
Fundação Editora da Unesp (FEU)
Praça da Sé, 108
01001-900 – São Paulo – SP
Tel.: (0xx11) 3242-7171
Fax: (0xx11) 3242-7172
www.editoraunesp.com.br
www.livrariaunesp.com.br
feu@editora.unesp.br

CIP-Brasil. Catalogação na fonte
Sindicato Nacional dos Editores de Livros, RJ

B996e

Buzan, Barry
   A evolução dos estudos de segurança internacional / Barry Buzan, Lene Hansen; tradução Flávio Lira. - São Paulo: Ed. Unesp, 2012.
   576p. : il.

   ISBN 978-85-393-0266-6

   1. Segurança internacional. 2. Relações internacionais. I. Hansen, Lene. II. Título.

12-5067.   CDD: 327
                                                            CDU: 327

Editora afiliada:

SUMÁRIO

Prefácio, 9

Prefácio à edição brasileira, 13

Lista de abreviações, 19

Introdução, 23

1. Definindo os Estudos de Segurança Internacional, 33

Quatro questões que estruturam os ESI, 36

Segurança e seus conceitos adjacentes, 40

A fronteira disciplinar dos ESI, 44

A encruzilhada do Ocidente-centrismo, 48

2. As questões-chave nos Estudos de Segurança Internacional: o Estado, política e epistemologia, 51

Dos Estados medievais aos Estados soberanos, 53

A Revolução Francesa e a coesão interna, 58

A concepção de política nos ESI, 64

Epistemologia e debates de segurança, 66

Mapeando os conceitos de segurança, 71

3. As forças motrizes por trás da evolução dos Estudos de Segurança Internacional, 77

Uma sociologia pós-kuhniana da ciência, 79
Fatores internos *versus* externos, 84
A posição teórica do quadro das forças motrizes, 88
As cinco forças motrizes como categorias analíticas, 93
  A política das grandes potências, 93
  O imperativo tecnológico, 97
  Eventos, 99
  A dinâmica interna dos debates acadêmicos, 102
  Institucionalização, 106

4. Estudos Estratégicos, dissuasão e a Guerra Fria, 115

A Política das Grandes Potências: a Guerra Fria e a bipolaridade, 118
O imperativo tecnológico: a revolução nuclear nos assuntos militares, 126
A pressão dos assuntos e "eventos" atuais, 140
A dinâmica interna dos debates acadêmicos, 146
Institucionalização, 150
Conclusões, 161

5. O desafio da segurança nacional durante a Guerra Fria, 165

Pesquisa da Paz e Controle de Armamentos, 170
  A política das grandes potências: a Guerra Fria e a bipolaridade, 173
  O imperativo tecnológico: a revolução nuclear nos assuntos militares, 176
Paz positiva, integração e coesão societal, 190
Violência estrutural, economia e o meio ambiente, 197
A dinâmica interna dos debates na Pesquisa da Paz, 205
Da paz à segurança: Segurança Comum,
  Feminismo e Pós-estruturalismo, 213
  Colocando "segurança" no primeiro plano, 214
  *Mulheres como um grupo particular: o nascimento
  dos Estudos Feministas de Segurança,* 218
  Abordagens linguísticas e Pós-estruturalismo, 223

SUMÁRIO

Institucionalização, 229
Conclusões, 238

6. Os Estudos de Segurança Internacional pós-Guerra Fria: os tradicionalistas, 243

A perda de um metaevento: sobrevivendo à União Soviética, 248
Debates acadêmicos internos: estadocentrismo e epistemologia, 252
A política das grandes potências: uma substituição
da União Soviética?, 256
O imperativo tecnológico, 263
Segurança regional e eventos não ocidentais, 272
Institucionalização, 281
Conclusões, 283

7. Ampliando e aprofundando a segurança, 287

Construtivismos: normas, identidades e narrativas, 292
Construtivismo convencional, 293
Construtivismo crítico, 300
Além do Estado (ocidental), 303
Pós-colonialismo, 304
Segurança Humana, 307
Estudos Críticos de Segurança, 312
Feminismo, 315
Segurança discursiva: a Escola de Copenhague e o Pós-estruturalismo, 321
A Escola de Copenhague e seus críticos, 321
Pós-estruturalismo, 329
Institucionalização, 335
Conclusões, 338

8. Respondendo ao 11 de Setembro: um retorno à segurança nacional?, 341

Os ESI tradicionalistas no pós-11 de Setembro, 345
A resposta tradicionalista à Guerra Global contra o Terrorismo, 345
Continuidades nos ESI tradicionalistas após 2001, 353

As perspectivas ampliadoras e a Guerra Global contra o Terrorismo, 365
Discursos e sujeitos terroristas, 366
Tecnologia da informação, biossegurança e risco, 372
Institucionalização e a Guerra Global contra o Terrorismo, 376
Conclusões, 380

9. Conclusões, 385
O formato cambiante dos ESI, 388
Reconsiderando as forças motrizes, 393
O Estado e o futuro dos ESI: conversação ou campos?, 394
O panorama dos ESI, 399
Política das grandes potências, 400
Eventos, 402
Tecnologia, 403
Debates acadêmicos, 406
Institucionalização, 407

Referências bibliográficas, 409
Índice de autores, 533
Índice remissivo 539

PREFÁCIO

HÁ UMA LONGA – bem como uma curta – história sobre o porquê de escrevermos este livro. A história curta começa em 2005, quando Lucy Robinson, da SAGE, perguntou a Barry Buzan se estaria interessado em editar um livro de quatro volumes sobre segurança internacional. Barry achou que seria uma boa ideia incluir Lene Hansen no projeto, trazendo, assim, alguém que possuía tanto uma perspectiva diferente quanto maior intimidade com o cenário pós-estruturalista/feminista/crítico. As discussões e leituras que fizeram parte da seleção dos artigos para o livro, abrangendo desde Wolfers e Kennan nos anos 1940 e 1950 até análises pós-coloniais e feministas da Guerra Global contra o Terrorismo, fizeram-nos crer que era preciso montar um livro sobre a evolução dos Estudos de Segurança Internacional (ESI) como uma área acadêmica. No processo de releitura, ficamos pasmos com a observação de Nye e Lynn-Jones (1988) de que a história intelectual de ESI ainda estava por ser escrita, e mais pasmos ainda pelos próximos vinte anos de silêncio que se seguiriam sobre o assunto. Um leitor mais cético decerto poderia pensar que isto indica futilidade, impossibilidade ou falta de público para tal projeto, mas nós somos obrigados a discordar. Acreditamos que uma história intelectual e um relato de como as diferentes perspectivas interagem umas com as outras, desenvolvem-se e digladiam-se são coisas úteis. O contexto histórico é sempre bom e faz que os ESI entrem no panteão dos empreendimentos acadêmicos correlatos, tais como Teoria Política, Ciência Política e Relações Internacionais (RI), que possuem essa compreensão própria. Uma história intelectual da sociologia da ciência pode fornecer àqueles da área de ESI um melhor entendimento de onde eles e outros vieram, por que e sobre o que podem diferir e quais pontos de contenda de fato unem a área.

Uma das dificuldades de tal projeto, e uma possível explicação sobre o fato de os ESI não possuírem uma história intelectual, é que se contesta seu sentido de identidade como disciplina, definindo o que entra e o que não entra em ESI como questão política – e politizada. Esta questão da delineação nos leva à história mais longa sobre este livro. Barry Buzan vem trabalhando por cerca de quarenta anos com segurança, desde a aurora dos Estudos Estratégicos tradicionalistas, passando por guinadas florescentes em direção à ampliação e ao aprofundamento da segurança nos anos 1980, até os atuais debates de securitização. Lene Hansen chegou aos ESI no início dos anos 1990, lendo Walker antes de Waltz e Der Derian em vez de Deutsch. Obviamente, alguém que pegasse os nossos currículos logo pensaria em uma diferença no ponto de partida e no posicionamento em relação aos debates tradicionalistas *versus* os debates de alargamento/aprofundamento. O que nós tínhamos em comum, todavia, era uma extensa ligação, a qual se iniciara no Copenhagen Peace Research Institute [Instituto de Pesquisa da Paz de Copenhague] (COPRI) em 1991, com a Escola de Copenhague – Barry como personagem fundador, Lene como crítica ao extremo. Compartilhávamos laços intelectuais por meio de Ole Wæver, também no COPRI à época, além do interesse em conceitos e maneiras pelas quais diferentes perspectivas pudessem compreender e reconhecer umas às outras. De fato, tudo isto nos torna parte da história que estamos contando e nos coloca mais do lado europeu de uma história que é, acima de tudo, atlântica. Embora tenhamos almejado um relato completo e equilibrado, uma versão deste livro escrita a partir das principais correntes de ESI da comunidade norte-americana poderia muito bem refletir, de alguma maneira, diferentes perspectivas e prioridades. E já que viemos do meio e do fim radical do espectro dos ESI, uma versão escrita por um tradicionalista ou por um adepto da escolha racional também refletiria diferentes prioridades e perspectivas. O envolvimento pessoal também traz à tona a embaraçosa contradição de que o que nos qualifica a contar a história também ameaça o nosso distanciamento em relação a ela. Os leitores terão de julgar por si mesmos quão bem (ou não) nós lidamos com isso.

Nosso palpite é que a duração, a imensidão e a diversidade de documentos de ESI, em particular quando se abre bastante o espaço para a inclusão – o que fizemos de forma deliberada – significam que enfrentar os ESI exige a memória, a perspectiva (além do vigor!) de mais de uma pessoa. A nossa diferença de idade nos ajudou não apenas a compreender as perspectivas de diferentes gerações, mas também a pensar como se comunica o contexto histórico de determinada literatura, bem como sua relevância contemporânea. Uma das metas de nosso projeto era lutar contra a ilusão de que há uma estrutura clara para os ESI "antes e depois de 1990", considerando as mudanças causadas pelo fim da Guerra Fria e as abordagens mais abrangentes que surgiram de repente. Para os recém-chegados aos ESI, é bem fácil ter a impressão de que nada que tenha ocorrido muito antes de 1990 importe agora. Esperamos demonstrar que os ESI têm uma coerência significativa não apenas por meio das várias abordagens que agora os definem, mas também pelo tempo. É necessário ter uma noção de toda a história para compreender tanto a estrutura quanto a importância que os ESI parecem ter hoje.

Nossos agradecimentos a Lucy Robinson por sugerir a ideia que nos trouxe até este livro e a John Haslam, da Cambridge University Press, por tocar o projeto do livro e ser tolerante com a sempre crescente contagem de palavras e o prazo. Também agradecemos a Mathias Lydholm Rasmussen, Anne Kathrine Mikkelsen Nyborg e Ian Siperco pelo auxílio na pesquisa; e a Maria-Lara Martin da sede da International Studies Association [Associação de Estudos Internacionais] (ISA) em Tucson, no Arizona, por revirar os arquivos e nos enviar seu material da Seção de Estudos da Paz da ISA. Muita gente nos ofereceu comentários pelo caminho e nosso obrigado vai para a audiência da convenção anual da ISA em San Diego, em 2006, em especial o nosso debatedor, Michael C. Williams; para o Grupo de Relações Internacionais do Departamento de Ciência Política da Universidade de Copenhague; para os espectadores da conferência do Grupo Permanente de Relações Internacionais do European Consortium for Political Research [Consórcio Europeu para Pesquisa Política] (CEPP) em Turim, em 2007, em especial para o debatedor Francesco Ragazzi; e para os três revisores da Cambridge University Press, em especial pela sugestão de que atentássemos para o lado institucional e de financiamento dos ESI. Pinar Bilgin, Lene Cividanes, Lawrence Freedman, Matti Jutila, Sanne Brasch Kristensen, Jeppe Mülich, Nini Nielsen, Karen Lund Petersen, Mikkel Vedby Rasmussen, Christine Sylvester, Ole Wæver, Håkan Wiberg e Michael C. Williams nos fizeram o enorme favor de ler e comentar o último rascunho inteiro, e Anders Wivel fez o mesmo em capítulos específicos. Esses comentários nos ajudaram muito para que formatássemos o manuscrito final. Por fim, gostaríamos de agradecer ao Departamento de Ciência Política e ao Centro para Teoria Avançada de Segurança (CTAS) da Universidade de Copenhague por financiar a maior parte dos auxiliares de pesquisa e as múltiplas viagens entre Copenhague e Londres, além de agradecer à LSE por financiar o restante dos auxiliares de pesquisa.

Barry Buzan (Londres)
Lene Hansen (Copenhague)

Setembro de 2008

PREFÁCIO À EDIÇÃO BRASILEIRA

GOSTARÍAMOS DE COMEÇAR agradecendo a todos os envolvidos nesta tradução. Somos gratos por todo o esforço e por tornar o livro disponível a um público mais amplo. Este livro conta, acima de tudo, uma história ocidental, e uma história "ocidental" bem limitada, por se concentrar muito na América do Norte e na Europa. Ele chega a cobrir alguma literatura escrita fora desse limitado "Ocidente", mas apenas quando trata de debates ocidentais. O que torna a história ocidental única é o fato de a segurança ser pensada por civis, e não por militares. O enfoque central do livro gira em torno das questões que inquietavam os debates ocidentais de segurança, tocando nas histórias e nos interesses de Ásia, América Latina e demais regiões apenas quando tomam parte dos debates ocidentais. Não pudemos cobrir a história do pensamento de segurança em outros lugares, seja porque não temos as habilidades linguísticas para tal, seja porque o que já é um longo livro se transformaria em vários volumes. Embora não sejamos muito familiarizados com os debates de segurança nem no Brasil, especificamente, nem na América Latina, de forma mais geral, imaginamos que algumas partes de nossa história farão eco com os interesses da região. Boa parte da agenda militar tradicional tem sido relativamente silenciada na América Latina, não menos devido a sua distinta cultura regional de não intervenção e seu relativo distanciamento geográfico dos centros globais de conflito. Mas, com certeza, a história da proliferação nuclear desempenhou papel significativo na região durante algumas décadas, sendo que a Crise dos Mísseis de Cuba trouxe a Guerra Fria de forma dramática à região. Dado o enfoque interno de boa parte dos interesses de segurança na América Latina, e as preocupações específicas com o comércio e a criminalidade, elementos da agenda de segurança ampliadora também serão familiares. Talvez os leitores brasileiros discordem de nossa caracterização de manutenção da paz como tendo mais a ver com política externa do que com a de segurança.

A história ocidental que contamos é, na maior parte, autossuficiente, mas poderia ser útil aos outros ao menos por duas razões. Em primeiro lugar, como o Ocidente tem sido muito poderoso durante a última metade de século, outros tiveram que viver, ao menos parcialmente, dentro da história ocidental, logo, ele também é parte de sua experiência. Em segundo lugar, acreditamos que essa história, e a maneira como a contamos, oferecerá compreensões aos demais sobre suas próprias histórias, no que diz respeito a como e por que várias correntes de pensamento de segurança se desenvolveram e interagiram umas com as outras. Embora as histórias certamente se diferenciem de local para local, as questões subjacentes que utilizamos para enquadrar nossa análise deveria ser aplicável a qualquer lugar. Esperamos que outros se inspirem para contar suas próprias histórias e que achem nossa abordagem útil como maneira de construir a análise. Isto posto, o livro já foi publicado em inglês há tempo suficiente para ter gerado algumas respostas e comentários (particularmente em uma seção especial do *Security Dialogue* de 2010, nº 6) e, no que se segue, delineamos brevemente algumas das ideias que apareceram nessa discussão. Ao contar suas próprias histórias, outros podem muito bem desejar beber das ideias e das perguntas que nós não contemplamos.

Nossa meta nunca foi escrever um livro definitivo sobre este assunto, mas esperamos ter fornecido um ponto de partida para volumes subsequentes que podem tanto incluir relatos dos Estudos de Segurança Internacional (ESI) de fora do Ocidente quanto explorar mais a fundo a evolução/declínio/contestação/desintegração dos ESI ocidentais. Temos total ciência de que nossas perspectivas pessoais – europeias e mais associadas com a agenda de segurança não tradicional – condicionaram o livro que escrevemos. Se esta história fosse contada por dois realistas norte-americanos, ela teria um enfoque e um balanço bem diferentes do que os do nosso relato. De fato, alguns tradicionalistas assumem a visão de que os "ampliadores" e os "aprofundadores" não são ruins, apenas não fazem parte dos ESI. Este tipo de perspectiva tradicionalista prende-se à "estratégia" e aos "estudos estratégicos" como conceitos principais da área conceitual mais ampla e acadêmica da "segurança". Esta definição é legítima, mas não significa que um conceito de segurança que amplie e aprofunde esteja situado fora da área específica. Isto não só quebraria a "grande conversação dos ESI" conforme a compreendemos, mas também questionaria nossa premissa de que os tradicionalistas também consideravam a *segurança* como seu conceito central. Não vemos como os tradicionalistas podem manter a segurança como seu conceito definidor, reivindicá-la como um campo distinto, sendo a única perspectiva que habita esse território. Insular o tradicionalismo desta forma muda a estrutura social dos ESI e levanta questões sobre como os Estudos Estratégicos viam sua relação com o Estado (ocidental) em geral, com os Estados Unidos como poder hegemônico, em particular, e tanto com a oposição normativa advinda de pesquisadores da paz quanto com os não tradicionalistas que buscavam dialogar com uma agenda mais ampla de segurança internacional. Esperamos que os tradicionalistas escrevam um guia para tratar dessas questões, contando-nos não apenas a composição interna do tradicionalismo, mas como eles entendem os debates ampliadores/aprofundadores. Como esta crítica deixa claro, nossa decisão sobre o modo de definir os ESI e suas fronteiras não pode se situar fora dos debates normativos sobre o que são os ESI. Este debate com certeza continuará e, sem dúvida, encontrará seus paralelos onde quer que a segurança não tradicional já seja uma característica dos debates acadêmicos e de políticas públicas. Neste aspecto, nós nos alinhamos com os tradicionalistas, que lutaram para serem reconhecidos não apenas realizando trabalho em sua "própria agenda", mas trabalhando com "segurança" propriamente dita.

Três outras críticas tratam do quadro das cinco "forças motrizes" que utilizamos para explicar a evolução dos ESI. Primeiramente, alguns creem que minimizamos o poder por detrás dos fatores institucionais que moldaram os ESI. Concordamos que muito mais poderia e deveria ser feito tanto para teorizar o impacto da institucionalização nos ESI quanto para delineá-la empiricamente. Esta investigação poderia, conforme sugerem alguns, abrir uma quinta questão no nosso esquema, que seria sobre a relação entre as esferas pública e privada, de forma mais geral, em relação a este tipo de assunto intelectual e de políticas públicas. Este é um grande tópico, e seria um bom assunto para outro livro (ou tese de doutorado). Em segundo lugar, alguns acreditam que deveríamos ter feito muito mais em relação ao papel que as experiências pessoais de teóricos eminentes de segurança tiveram em seu raciocínio, talvez, mesmo, como uma sexta força motriz. Isto traz à tona uma escolha metodológica realmente interessante. A nossa decisão foi a de basear a análise em especial no produto dos ESI, em seus textos. Tal abordagem explica por que vimos mais claramente as sinergias potenciais entre as correntes dentro da conversação dos ESI. Escolher trabalhar a partir do lado da construção, ou seja, das histórias e das redes pessoais dos principais participantes quase certamente traria não apenas as motivações, mas também os conflitos e os contextos de limites para uma perspectiva mais clara. Seria também uma atividade de pesquisa imensa, representando algumas questões metodológicas complicadas. Em terceiro lugar, no que diz respeito a experiências pessoais, está a sugestão de que deveríamos ter nos focado mais na interação entre os ESI e o mundo da formulação de políticas, considerando doutrinas de políticas como uma interface entre a teoria e a prática. Este é outro grande tópico interessante, merecedor de um ou mais livros por si só. Seria extremamente interessante ver se estudos seguindo alguma ou todas essas linhas desafiariam as conclusões que atingimos ou se chegariam às mesmas conclusões, mas nos forneceriam um relato muito mais rico de como chegamos até aqui.

Barry Buzan (Londres)
Lene Hansen (Copenhague)

Fevereiro de 2012

LISTA DE ABREVIAÇÕES

ACAD: Agência de Controle de Armas e Desarmamento

ACNUR: Alto Comissariado das Nações Unidas para Refugiados

ACPEP: Associação Canadense de Pesquisa e Educação para a Paz

ADM: Armas de Destruição em Massa

AFK: *Arbeitsgemeinschaft für Friedens – und Konfliktforschung* [Associação para o Estudo da Paz e dos Conflitos]

AIEA: Agência Internacional de Energia Atômica

AIPP: Associação Internacional de Pesquisa da Paz

ANSEA: Associação das Nações do Sudeste Asiático

ARI: Antiga República da Iugoslávia

ARMA: Associação Revolucionária das Mulheres do Afeganistão

AUS: Antiga União Soviética

CCA: Conselho de Controle de Armamentos

CDEE: Centro de Defesa e Estudos Estratégicos

CDN: Campanha para o Desarmamento Nuclear

CEEI: Centro de Estudos Estratégicos e Internacionais

CENP: Centro de Estudos de Não Proliferação

CEPP: Consórcio Europeu para Pesquisa Política

CESE: Centro de Estudos de Segurança Europeu

CHALLENGE: *Changing Landscape of European Liberty and Security* [Panorama Variável de Liberdade e Segurança Europeia]

CIM: Complexo Industrial-Militar

COPRI: *Copenhagen Peace Research Institute* [Instituto de Pesquisa da Paz de Copenhague]

CPES: Conselho de Pesquisa Econômica e Social

CTAS: Centro para Teoria Avançada de Segurança

DE: Dissuasão Estendida

DMA: Destruição Mutuamente Assegurada

DMB: Defesa de Mísseis Balísticos

DNE: Desarmamento Nuclear Europeu

DnO: Defesa não Ofensiva

EAN: Estados com Armas Nucleares

ECO: Europa Centro-Oriental

ECS: Estudos Críticos de Segurança

ENDAN: Estados Não Dotados de Armas Nucleares

EPI: Economia Política Internacional

ESI: Estudos de Segurança Internacional

FNAI: Forças Nucleares de Alcance Intermediário

FRA: Fórum Regional da ANSEA

GGcT: Guerra Global contra o Terrorismo

GIPRI: *Geneva International Peace Research Institute* [Instituto Internacional de Pesquisa da Paz de Genebra]

GNL: Guerra Nuclear Limitada

IDEE: Instituto de Defesa e Estudos Estratégicos

IEAD: Instituto de Estudos e Análise de Defesa

IED: Iniciativa Estratégica de Defesa

IESUE: Instituto de Estudos de Segurança da União Europeia

IFSH: *Institute for Peace Research and Security Policy at Hamburg University* [Instituto de Pesquisa da Paz e Políticas de Segurança da Universidade de Hamburgo]

IIEE: Instituto Internacional de Estudos Estratégicos

IPSHU: *Institute for Peace Science Hiroshima University* [Instituto de Ciência da Paz da Universidade de Hiroshima]

LISTA DE ABREVIAÇÕES

ISA: *International Studies Association* [Associação de Estudos Internacionais]

JPR: *Journal of Peace Research* [Jornal de Pesquisa da Paz]

LNW: *Limited nuclear war* [Guerra nuclear limitada]

LSE: *London School of Economics and Political Science* [Escola de Ciência Política e Econômica de Londres]

MAB: Mísseis Antibalísticos

NORDSAM: *Nordic Cooperation Committee for International Politics* [Comitê de Cooperação Nórdica para Política Internacional]

NUPI: *Norsk Utenrikspolitisk Institutt* [Instituto Norueguês de Assuntos Internacionais]

ONG: Organização Não Governamental

ONU: Organização das Nações Unidas

OSCE: Organização para Segurança e Cooperação na Europa

OTAN: Organização do Tratado do Atlântico Norte

PADRIGU: *Department for Peace and Development Research, University of Gothenburg* [Departamento de Pesquisa de Paz e Desenvolvimento da Universidade de Gotemburgo]

PNUD: Programa das Nações Unidas para o Desenvolvimento

PNUMA: Programa das Nações Unidas para o Meio Ambiente

PpP: Parceria para a Paz

PRIF: *Peace Research Institute Frankfurt* [Instituto de Pesquisa para a Paz de Frankfurt]

PRIME: *Peace Research Institute in the Middle East* [Instituto de Pesquisa da Paz no Oriente Médio]

PRIO: *International Peace Research Institute, Oslo* [Instituto de Pesquisa da Paz de Oslo]

RAM: Revolução em Assuntos Militares

RAND: *Research and Development* [Pesquisa e Desenvolvimento, grupo de reflexão sem fins lucrativos que surgiu das Forças Armadas Norte-Americanas]

RCTM: Regime de Controle de Tecnologia de Mísseis

RI: Relações Internacionais

RUSI: *Royal United Services Institute* [Instituto de Serviços Reais Unidos]

SALT: *Strategic Arms Limitation Talks* [Conversações sobre Limites para Armas Estratégicas]

SIPRI: *Stockholm International Peace Research Institute* [Instituto Internacional de Pesquisa da Paz de Estocolmo]

SORT: *Strategic Offensive Reductions Treaty* [Tratado de Reduções Ofensivas Estratégicas]

SSRC: *Social Science Research Council* [Conselho de Pesquisa de Ciências Sociais]

START: *Strategic Arms Reduction Talks* [Conversações sobre Reduções de Armas Estratégicas]

TAPRI: *Tampere Peace Research Institute* [Instituto de Pesquisa da Paz de Tampere]

TCRS: Teoria dos Complexos Regionais de Segurança

TFACE: Tratado das Forças Armadas Convencionais na Europa

TNP: Tratado de Não Proliferação Nuclear

UE: União Europeia

UNESCO: *United Nations Educational, Scientific and Cultural Organization* [Organização das Nações Unidas para a Educação, a Ciência e a Cultura]

UNIDIR: *United Nations Institute for Disarmament Research* [Instituto de Pesquisa de Desarmamento das Nações Unidas]

UNPROFOR: *United Nations Protection Force* [Força de Proteção das Nações Unidas]

USIP: *United States Institute of Peace* [Instituto para a Paz dos Estados Unidos]

WIIS: *Women In International Security* [Mulheres na Segurança Internacional]

ZLAN: Zona Livre de Armas Nucleares

INTRODUÇÃO

Este é um livro sobre a evolução dos Estudos de Segurança Internacional (ESI), uma área de estudos independente no início, mas que foi rapidamente absorvida como uma subárea de Relações Internacionais (RI), que estava evoluindo rapidamente e de modo concomitante.[1] Assim como RI, ESI é, acima de tudo, uma matéria ocidental, amplamente praticada na América do Norte, na Europa e na Austrália, com todos os centralismos ocidentais que isso acarreta. Os ESI são uma das principais subáreas das RI ocidentais. Onde quer que se lecione RI, ESI é um de seus elementos centrais. Há uma literatura anterior, com raízes que precedem a Segunda Guerra Mundial e que pode ser amplamente caracterizada como estudos de guerra, grande estratégia e estratégia militar, além de geopolítica. Estes estudos incluem escritores muito discutidos, tais como Clausewitz, Mahan, Richardson e

---

[1] A sigla "ESI" não é utilizada universalmente para designar a subárea. Nós a utilizamos como um termo guarda-chuva para incluir o trabalho de acadêmicos que podem referir-se a si mesmos como "segurança internacional", "estudos de segurança", "estudos estratégicos" ou "pesquisa de paz", além de vários outros termos mais especializados. Delineamos em detalhe o escopo de ESI no Capítulo 1.

Haushofer, cujas obras permanecem relevantes. Mas nós não trataremos dessa literatura, tanto por questão de espaço como pelo fato de uma literatura específica sobre segurança ter se desenvolvido após 1945 (Freedman, 1981a; Wæver e Buzan, 2007). Esta literatura distinguiu--se de três maneiras. Primeiramente, seu conceito-chave era *segurança* em vez de defesa ou guerra, uma guinada conceitual que ampliou o estudo para um conjunto maior de questões políticas, incluindo a importância da coesão societal e a relação entre ameaças e vulnerabilidades militares e não militares. A capacidade da segurança de capturar o centro conceitual de ESI que lida com defesa, guerra e conflito, assim como a abrangência do termo, ficou condensada de maneira célebre na definição dada por Wolfers, de segurança como um símbolo ambíguo. Ao apresentar a capacidade das políticas de segurança de subordinarem todos os demais interesses aos da nação, Wolfers ressaltou a força política e retórica que o termo "segurança" carregava, apesar de possuir pouquíssimo significado intrínseco (Wolfers, 1952, p.481). Em segundo lugar, esta literatura se distinguiu por tratar dos novos problemas tanto da Guerra Fria quanto das armas nucleares. Como implantar, utilizar e não utilizar meios militares eram perguntas bem diferentes nas condições da era nuclear, e foi principalmente a partir dessas perguntas que nasceu a subárea de ESI. Em terceiro lugar, tanto no que se refere à mobilização total para a guerra no Reino Unido e nos Estados Unidos durante a Segunda Guerra Mundial quanto às condições estratégicas peculiares criadas pelas armas nucleares, os ESI eram um empreendimento muito mais civil do que pregava a literatura anterior, de cunho mais militar e estratégico. Bombardeios estratégicos e armas nucleares transcendiam a *expertise* tradicional de combate militar, de maneira que exigiam (ou ao menos abriam as portas para) que se trouxessem especialistas civis, desde físicos e economistas até sociólogos e psicólogos. Como ficara demonstrado na Segunda Guerra Mundial, os bombardeios estratégicos exigiam conhecimento sobre a melhor forma de devastar a economia e a infraestrutura inimigas, não apenas como derrotar suas forças armadas. A dissuasão nuclear logo se tornou a arte de como evitar o envolvimento em guerras e, ao mesmo tempo, não ser coagido ou derrotado militarmente. A centralidade no elemento civil também reflete o fato de que os ESI floresceram preponderantemente em países democráticos, enquanto o pensamento estratégico em países não ocidentais geralmente se manteve mais firmemente na mão dos militares.

Embora segurança fosse um novo conceito líder no mundo pós- -Segunda Guerra Mundial (Yergin, 1978; Wæver, 2006), as implicações para uma compreensão do assunto que fosse mais ampla e não exclusivamente político-militar não seriam percebidas até um tempo bem posterior da Guerra Fria. Durante a maior parte desse período, definiam-se ESI por meio de uma agenda consideravelmente militar, com pontos que giravam em torno de armas nucleares e uma premissa amplamente introjetada de que a União Soviética representava profunda ameaça militar e ideológica para o Ocidente. A partir dos anos 1970, com maior maturidade das relações entre as superpotências, o alcance original do termo segurança passou a ressurgir, criando-se pressões para ampliar a agenda de segurança internacional para além do enfoque político-militar. As seguranças econômica e ambiental da segurança tornaram-se, ainda que de modo controverso, partes estabelecidas da agenda durante os últimos anos da Guerra Fria, e a elas se uniram, durante os anos 1990, as vertentes da segurança societal (ou identitária), humana, alimentar, dentre outras. Boa parte dessa literatura se localizava predominantemente no quadro de segurança nacional da Guerra Fria, mas algumas obras começaram a desafiar a ênfase nas capacidades materiais, assim como as premissas estadocêntricas, abrindo caminho para estudos sobre a importância das ideias, da cultura e de objetos de referência para a segurança que não fossem o estado. Essas mudanças foram acompanhadas por desafios mais críticos e radicais em relação ao estadocentrismo, resultando que – em vez de fluir como um único rio dentro de um conjunto de encostas estreitamente definidas – os ESI ampliaram-se em direção a vários fluxos distintos, porém inter-relacionados, da literatura. Além de Estudos Estratégicos e Pesquisa da Paz, mais tradicionalistas e centrados no campo militar, também há os Estudos Críticos de Segurança, os Estudos Feministas de Segurança, a Escola de Copenhague, o Pós--Estruturalismo e os Estudos Construtivistas de Segurança.

Dado que os ESI passaram por algumas mudanças radicais e mantiveram algumas continuidades centrais, e o fizeram de maneira bem visível na interação com as mudanças em seu meio, evolução é um conceito apropriado para compreender sua história intelectual. Nosso entendimento de evolução é darwiniano, definindo-a a partir de como as coisas se adaptam (ou não) ao meio em que habitam, e às mudanças que ocorrem nesse meio. A evolução não é teleológica. Ela expõe a lógica da mudança sem pressupor qualquer resultado particular nem oferecer alguma previsão. Ela tabula os êxitos, mas também os fracassos e as extinções. No Capítulo 3, estabelecemos um quadro de cinco forças motrizes como forma de identificar as principais pressões ambientais sobre os ESI e como estes se adaptaram a elas, além de, às vezes, tê-las influenciado. Uma visão não teleológica da evolução também deixa em aberto a questão de como avaliar o progresso: como um processo, a evolução pode se dirigir a níveis de complexidade e diversidade menores ou maiores. Voltaremos à questão do progresso em nosso resumo dos ESI no Capítulo 9. Mas, ao longo do caminho, não é nossa meta identificar a melhor ou a única teoria de segurança internacional, tampouco integrar todas as diversas teorias abarcadas pelos ESI e formar uma "teoria magna". Em vez disso, nossa meta é contar uma história intelectual minuciosa de como as diferentes abordagens definem os posicionamentos nos debates sobre ESI.

Nye e Lynn Jones (1988) notaram, décadas atrás, que nenhuma história intelectual de ESI havia sido escrita, e este livro é uma tentativa atrasada de preencher essa lacuna. Nossa perspectiva histórica mais longa distingue nosso projeto do modo atual de apresentar a subárea de ESI em manuais de ensino padrão. Para tomarmos alguns exemplos recentes, Collins (2007) é organizado tematicamente, e a maioria dos capítulos se concentra na substância de abordagens ou temas específicos, ao mesmo tempo que não dá muita atenção ao contexto histórico no qual eles surgiram. De maneira geral, resume-se bem corretamente o livro pela primeira palavra do título: é mais *Contemporâneo*, do que *Historicamente Contextualizado*. Dannreuther (2007a), Sheehan (2005) e Hough (2004) assumem uma abordagem similar, amplamente pós-anos 1990. Paul D. Williams (2008) se destaca por sua visão mais ampla e, assim como os demais, enquadra a disciplina por meio de abordagens de RI (Realismo, Liberalismo, Teoria Crítica etc.), em uma dimensão, e de questões e conceitos temáticos de segurança, em outra. Esses manuais de ensino são bem representativos de como o campo de ESI é apresentado ou utilizado como trampolim confiável para uma análise empírica ou teórica. Não se percebe nenhuma necessidade de incluir uma seção de como os ESI chegaram a ter sua estrutura atual, e os recém-chegados podem ter a impressão de que esses estudos tiveram início em 1990.

Abordar os ESI dessa maneira tem a vantagem de poder abranger muitos campos temáticos e empíricos diferentes, mas acaba perdendo algumas das vantagens de uma abordagem mais histórica. Estas vantagens são, primeiramente, que uma perspectiva anistórica pode levar ao esquecimento do conhecimento do passado, o que, em contrapartida, faz com que os acadêmicos contemporâneos trabalhem duro para reinventar a roda. Como os ESI são uma subárea edificada sobre contestações conceituais, normativas e empíricas, apontar para o valor do conhecimento do passado não quer dizer que existe uma verdade objetiva que pode ser descoberta. A literatura do passado identifica uma série de prós e contras de adotar uma política ou conceitualização específica de segurança. Para tomarmos como exemplo a ressurreição da defesa com mísseis antibalísticos (Iniciativa Estratégica de Defesa, ou IED) por George W. Bush, existe uma vasta literatura sobre as vantagens e desvantagens de tal política escrita no início da década de 1980 que deveria ser consultada, particularmente antes de se aceitar a afirmação do governo Bush de que tal política não traz consigo elementos intensificadores ou ameaçadores (Glaser, 1984). O valor do "conhecimento do passado" descoberto é descrito, portanto, mais precisamente como um "conhecimento contestado do passado".

A segunda vantagem de uma perspectiva histórica é que ela questiona as premissas comumente feitas sobre o desenvolvimento de uma área. Um destes mitos é contar a história das abordagens ampliadoras como se tivessem sido causadas pelo fim da Guerra Fria. Na verdade, houve uma literatura significativa na década de 1980 que preparou o terreno para o crescimento de abordagens ampliadas e aprofundadas nos anos 1990. A questão que aqui se coloca não é apenas que uma historiografia pode corrigir tais mitos, fornecendo-nos, pois, melhor compreensão do que realmente ocorreu, mas que ela nos brinda com a atenção crítica ao papel que tais mitos têm na autocompreensão de uma disciplina (Wæver, 1998). Por exemplo, a narrativa-padrão que diz que as RI passaram por três ou quatro debates assegura maior legitimidade àquelas abordagens retratadas como vencedoras e defende, implicitamente, que os temas de cada debate específico são os que importam para entender a substância das RI.

A terceira vantagem de uma história que "traça as consequências políticas de se adotar um conceito em particular" (Hansen, 2000b, p.347) é que ela permite um exame das implicações políticas e normativas mais profundas, tanto do conceito central dos ESI – "segurança" – quanto das três categorias de conceitos subprodutos da segurança: conceitos complementares (dissuasão, por exemplo), paralelos (como poder) e opositores (tais como a paz). O conceito complementar de contenção, por exemplo, originou-se das primeiras políticas de Guerra Fria norte-americanas, pensadas para combater o que era visto como ameaça agressiva e intransigente dos soviéticos. Incorporava-se a este conceito central um entendimento específico sobre a identidade do inimigo opositor, de qual deveria ser a relação entre o *Self* norte-americano/ocidental e o do leste soviético/comunista e, logo, como se deveria buscar a segurança. Quando a "contenção" reaparece no discurso contemporâneo de segurança como uma maneira pela qual o terrorismo deveria ser combatido, ela aparece com compreensões historicamente constituídas tanto acerca dos inimigos quanto das estratégias para combatê-los. Como teóricos de política e de RI, como R. B. J. Walker (1987, 1990, 1993) e Michael C. Williams (1998, 2005, 2007), já explicaram que conceitos de segurança são, em um nível mais profundo, "soluções" específicas para uma extensa lista de questões importantes que dizem respeito à identidade do *Self* e do Outro, às fronteiras (territoriais e sociais), à autoridade, à legitimidade e à soberania, conceitualizações alternativas precisam se engajar a essas estruturas políticas de significado e oferecer concepções alternativas. Uma abordagem histórica pode nos ajudar a mostrar como essas estruturas mais profundas se formaram, como são reproduzidas ou desafiadas e por que tais desafiadores têm êxito ou fracassam.

A quarta vantagem de uma análise histórica é que permite uma concepção mais dinâmica de como uma disciplina, área ou subárea se desenvolve mais que aquela que organiza os ESI em eixos temáticos. De maneira direta, um relato de ESI que não possuísse uma dimensão histórica não forneceria uma ideia muito boa de por que determinadas abordagens apareceram na agenda, quais eram suas relações com as abordagens anteriores e contemporâneas e por que algumas desapareceram. O quadro delineado nos capítulos seguintes é dinâmico em dois aspectos. Primeiramente, ele é desenhado para se estudar um processo de mudança e evolução. Em segundo lugar, ele defende (como discutiremos mais detalhadamente a seguir) que não há um fator único que explique a evolução dos ESI. Nem eventos políticos nem forças materiais, nem mesmo teorias acadêmicas podem explicar unilateralmente a evolução dos ESI como uma área acadêmica. Do ponto de vista epistemológico, portanto, nosso quadro não pretende fazer uma reivindicação causal. De fato, acreditamos que o desenvolvimento histórico dos ESI comprove a impossibilidade de explicá-los de tal maneira, quer a variável explicativa seja interna ou externa, material ou ideacional. Do ponto de vista daqueles que fazem da causalidade a definição da ciência social adequada (Keohane, 1988; King et al, 1994), isto é, de fato, uma fraqueza de nosso quadro, mas não apenas desafiamos o próprio *status* da causalidade dentro das RI e dos ESI (Kurki e Wight, 2007), como este é um "custo" com o qual estamos dispostos a arcar, já que um modelo com diversas forças motrizes que interagem nos permite capturar a natureza dinâmica da evolução disciplinar acadêmica de uma maneira que um quadro monocausal não permitiria. Ela também abre uma visão mais estrutural dos ESI, permitindo – espera-se – que quem faça parte deles enxergue seu próprio ambiente de modo mais claro.

A quinta e última vantagem de uma abordagem histórica está diretamente relacionada à nossa visão normativa de como os ESI deveriam se desenvolver no nível da sociologia da ciência de forma ideal. A nossa posição normativa, à qual retornaremos no Capítulo 9 ("Conclusões"), é de que os ESI estão bem adequados ao abrigarem múltiplas perspectivas. Isso ocorre pelos processos de institucionalização, que deram oportunidades a todos de publicar e agências de fomento das quais todos poderiam se beneficiar, desde os neorrealistas adeptos da escolha racional até os feministas pós-estruturalistas (embora o equilíbrio possa não ser equânime!). Com a nossa crença de que os ESI abrigam e deveriam abrigar várias perspectivas, segue-se um compromisso normativo com o debate e o embate, não apenas dentro de cada abordagem de ESI, mas também entre as mesmas. Vários acadêmicos de segurança observaram recentemente que os ESI se desenvolvem por trilhas cada vez mais distintas, uma europeia e outra norte-americana (Wæver, 1998, 2004a; Wæver e Buzan, 2007), ou pelos caminhos do Realismo, do Pós-Estruturalismo, do Feminismo e assim por diante (Sylvester, 2007b). Tomando-se como correto este cenário dos ESI – o de que a subárea está se ramificando, mas que estes ramos (não mais) se unem no tronco da árvore –, uma análise histórica nos permite delinear quando certas abordagens foram formadas e qual era sua ligação com as questões centrais da subárea dos ESI. Uma história intelectual facilita a revelação de comunicações que já existiram e, ao juntá-las novamente, pode-se criar um embate renovado e um diálogo.

Por todas estas razões, este livro oferece algo diferente, mas complementar, em relação ao recorte dos manuais de ensino introdutórios de ESI. Nossa esperança é que sejam lidos de forma combinada. O Capítulo 1 fornece um relato mais detalhado dos desafios envolvidos ao se definir ESI. Defendemos a inclusão de uma literatura que identifique a si mesma como ESI ou uma das muitas abordagens específicas de Estudos de Segurança, independentemente da anuência de todas as outras perspectivas de ESI de que elas deveriam ser incluídas. Sugerimos, então, que a delineação dos ESI e os debates substanciais dentro deles possam ser compreendidos por meio de quatro questões (objeto de referência, localização das ameaças, setor de segurança e visão da política de segurança) e que o conceito de segurança se apoie em três formas ou conceitos adjacentes: complementares, paralelos e opositores. A última parte do capítulo se volta para a relação entre os ESI e outras disciplinas acadêmicas, em especial RI. O Capítulo 2 trata dos conceitos centrais no coração dos ESI: o Estado, o governo, a soberania e a autoridade e como eles se produziram historicamente. O capítulo também apresenta a importância da epistemologia e os principais modos pelos quais ela influenciou os ESI. Parte do nosso propósito é descrever como os ESI se manifestaram, mas também desejamos entender por que eles se desenvolveram da maneira como o fizeram, e o Capítulo 3 trata das cinco forças motrizes que moldaram a formação e a evolução dos ESI. Estes três capítulos introdutórios dão forma ao quadro que utilizamos nos capítulos 4 a 8 para explicar como a disciplina se desenvolveu.

Os capítulos 4 e 5 cobrem o período da Guerra Fria. O Capítulo 4 examina a perspectiva tradicionalista, tratando da "época dourada" dos Estudos Estratégicos e de seu declínio. O Capítulo 5 trata daqueles que a desafiaram, quer adviessem da Pesquisa de Paz, do Controle de Armamentos ou do início das perspectivas ampliadoras (econômicas e de segurança ambiental) e aprofundadoras (feministas, pós-estruturalistas) que começaram a surgir durante a década de 1980. Os capítulos 6 e 7 cobrem o período do fim da Guerra Fria até o ataque terrorista contra os Estados Unidos em 11 de Setembro. Mais uma vez, iniciamos com a tradicional perspectiva político-militar e, em seguida, tratamos dos desafios ampliadores e aprofundadores que se lhe apresentam, alguns dos quais operam em um solo bem diferente do da Guerra Fria. Estamos cientes de que a estrutura cronológica dos capítulos 4 a 7 pode reforçar a ideia de uma grande separação entre os períodos pré-1990 e pós-1990, mas esperamos que as continuidades fiquem tão claras quanto as mudanças. O Capítulo 8 trata do curto período desde o 11 de Setembro e tenta avaliar o impacto desse evento marcante em todas as linhas de ESI. O Capítulo 9 resume as principais conclusões sobre o formato cambiante dos ESI, reconsidera a utilidade do quadro das forças motrizes para explicar a evolução dos ESI e tece considerações sobre o panorama dos ESI.

Já que estamos, entre outras coisas, fornecendo uma história da literatura de ESI, nossa bibliografia dará prioridade à citação de primeiras edições em vez das mais atuais. Decerto não citamos tudo na literatura e, ainda assim, nossa bibliografia é enorme. Tentamos congregar todos os escritos e escritores de referência e, além disso, fornecer uma representação justa de todas as linhas significativas da literatura. Ao agruparmos um conjunto de referências dentro de determinado tópico, podem-se incluir coisas que tanto representam quanto criticam determinada posição, escola ou assunto. Escolhemos o sistema Harvard de citações por sua economia de palavras e a colocação da informação autoral nos pontos relevantes precisos. Mesmo sem tentar incluir tudo, nos últimos capítulos as citações por vezes se tornam suficientemente densas para interferirem na leitura suave do texto. Onde isto ocorrer, colocaremos as citações nas notas de rodapé.

1. DEFININDO OS ESTUDOS DE SEGURANÇA INTERNACIONAL

Os Estudos de Segurança Internacional (ESI) surgiram de debates sobre como proteger o Estado contra ameaças externas e internas após a Segunda Guerra Mundial. Segurança tornou-se a palavra de ordem (Wolfers, 1952; Yergin, 1978), tanto para distinguir os ESI do pensamento anterior e das disciplinas de Estudos da Guerra e História Militar, quanto, à medida que evoluíam, para servir como um conceito de ligação unindo um conjunto cada vez mais variado de programas de pesquisa. Analisando os mais de sessenta anos de escritos acadêmicos sobre segurança internacional, a primeira pergunta pertinente para uma história intelectual de ESI é definir o que forma esta subárea e onde se localizam as zonas limítrofes entre ela e as disciplinas acadêmicas adjacentes.

Delinear os ESI, infelizmente, não é um exercício tão direto quanto se poderia desejar. O termo "segurança internacional" não foi adotado desde o princípio, tornando-se aceito somente de forma gradual, e não existe uma definição universalmente aceita sobre o que constitui os ESI; logo, não há nenhum arquivo aceito de "documentos de ESI" que definam nosso objeto de estudo. Como demonstraremos neste livro, não só existe um grande conjunto de literatura de ESI, como seus temas, discussões e participantes variam através do tempo e do lugar. Na maioria das vezes, a composição dos ESI é dada como certa, produzindo-se, como resultado, pouca autorreflexão sobre o que constituía os ESI ou seus limites. A ausência de uma definição universal sobre o que constitui os ESI significa que estes, por vezes, tornam-se um campo de política disciplinar com diferentes perspectivas argumentando que deveriam ser incluídas, enquanto outras (geralmente diferentes tipos de perspectivas ampliadoras) não deveriam.

É complicado delinear os ESI pelo fato de que, com o passar do tempo, temos uma perspectiva diferente sobre o que faz parte e o que não faz. Parafraseando a compreensão genealógica de Foucault de que a história é sempre contada a partir do presente, o fato de contarmos a história dos ESI a partir de uma perspectiva de 2008 significa que estamos olhando para uma área que possui preocupações radicalmente diferentes, tanto substantivas quanto epistemológicas, daquelas que a dominaram, por exemplo, em 1972. E teria sido mais fácil delinear os ESI caso sempre tivessem sido centrados no conceito de segurança. Infelizmente, não foi esse o caso. De fato, após sua primeira década de explícita inovação teórica e conceitual, a principal corrente da área realizou o seu trabalho sem muita reflexão conceitual (Baldwin, 1997). Durante a "época dourada" dos Estudos Estratégicos, teria sido fácil pensar que "estratégia" era o conceito dominante, embora fosse uma estratégia então dominada por pensadores civis e não militares. Portanto, em 1983, Buzan (1983, p.3) poderia apontar que a segurança era um "conceito subdesenvolvido" e "dificilmente encaminhado em termos que não fossem os interesses de políticas de atores ou grupos específicos, sendo que a discussão possui uma forte ênfase militar". "Segurança"– como há de se demonstrar neste e no próximo capítulo – diz respeito a temas políticos cruciais, como Estado, autoridade, legitimidade, política e soberania, mas, mesmo hoje, a maior parte dos artigos e livros que fazem parte da disciplina de ESI não contêm longas discussões metateóricas ou filosóficas, mas falam a partir de uma posição implícita no terreno conceitual.

A nossa solução para o problema de delinear os ESI começa por compreender os debates conceituais de segurança como "o produto de um legado histórico, cultural e profundamente político" (M. C. Williams, 2007, p.17), e não como algo que pode ser solucionado por meio de referências aos "fatos empíricos" (Baldwin, 1997, p.12). Isto quer dizer que levamos a sério o poder de incluir e excluir. Nós ampliamos muito nossa rede e incluímos o trabalho daqueles que se identificam como participantes nos ESI (principalmente em termos de como eles intitulam seu trabalho, quem eles parecem considerar como seus leitores apropriados e, até certo ponto, onde publicam), independentemente se todos os outros que se autoidentificam com a subárea os aceitam como "membros" ou não. A nossa ambição não é encontrar o vitorioso dos ESI, mas sim fornecer um relato rico e estruturado dos ESI, que mostre como as múltiplas perspectivas se ligam a um conjunto de discussões compartilhadas sobre segurança. Como nosso ponto de referência é a (disputada) história disciplinar de ESI, e não a elaboração do que pensamos que deveria ser a teoria ou o conceito de segurança, nós não seguimos Kolodziej (2005), que surge com sugestões de novos conceitos ou dimensões a serem incluídas. Tampouco fornecemos discussões isoladas sobre Hobbes, Clausewitz e Tucídides, ou outras figuras clássicas pré-ESI. É claro que estes e outros escritores realistas e liberais foram importantes para a fundação e o desenvolvimento das RI, mas a nossa preocupação é com a evolução dos ESI modernos e com o uso que se tem feito de teóricos militares e políticos clássicos na literatura pós-1945, e não com estes clássicos em particular.

A maneira específica de delinearmos os ESI será exposta no restante deste capítulo. A próxima seção argumenta que, em vez da aparência superficial de preocupação com debates de política, no fundo, os ESI podem ser vistos como estruturados pelo envolvimento com quatro questões: privilegiar o Estado como o objeto de referência; incluir tanto as ameaças internas quanto as externas; expandir a segurança para além do setor militar e do uso da força; ver a segurança como inextricavelmente ligada a uma dinâmica de ameaças, perigos e urgência. Considerar os ESI como estruturados por essas quatro questões nos permite ver como temas teóricos e políticos mais profundos têm relação com ESI e, como consequência, mostrar como as perspectivas compartilham um terreno comum de discussão. A terceira seção apresenta o problema de que nem toda literatura de ESI passa diretamente pela "segurança". Sugerimos que os ESI podem ser entendidos por meio da "segurança" em si, além de três conceitos "adjacentes" que lhe dão apoio de modos diferentes: sendo complementares e mais concretos; sendo mais gerais e ligando-se a literaturas mais abrangentes; e apresentando-se como desafios contrários à "segurança". A quarta seção discute as fronteiras disciplinares entre os ESI e outras áreas de estudo acadêmico, em especial RI. A quinta seção delineia a natureza Ocidente-cêntrica dos ESI e discute formas de direcionar esta propensão garantindo atenção retrospectiva à crítica pós-colonial.

Quatro questões que estruturam os ESI

Há quatro questões que, implícita ou explicitamente, estruturam os debates dentro dos ESI desde o final dos anos 1940. Estas questões podem ter respostas diferentes, mas isso não quer dizer que sejam sempre explicitamente discutidas: boa parte da literatura de ESI simplesmente admite respostas e conceitos específicos como se fossem dados. As quatro questões são lentes analíticas ou ferramentas pelas quais se lê a evolução dos ESI; elas são o âmago mais profundo e substancial que define o que é "segurança internacional" e une a literatura. Discussões específicas geralmente acontecem quando abordagens estabelecidas são contestadas e não se pode confiar em suas respostas. Enxergar os ESI por meio dessas questões torna claro que há decisões normativas e políticas fundamentais envolvidas na definição de segurança, e que isso faz dela um dos conceitos essencialmente contestados nas Ciências Sociais modernas. Segurança é sempre um "conceito hifenizado", está sempre ligada a um objeto de referência específico, a localidades internas e externas, a um ou mais setores e a um modo particular de pensar sobre política.

A primeira questão refere-se a privilegiar o Estado como o objeto de referência. A segurança diz respeito a constituir algo que precisa ser assegurado: a nação, o Estado, o indivíduo, o grupo étnico, o meio ambiente ou o próprio planeta. Seja na forma de "segurança nacional" ou, mais tarde, como a "segurança internacional" tradicionalista, a nação ou o Estado era o objeto de referência analítico e normativo. "Segurança internacional" não dizia respeito à substituição da segurança do Estado pela segurança da humanidade, do indivíduo ou de minorias dentro ou por meio de fronteiras estatais. Assegurar o Estado era visto instrumentalmente como a melhor maneira de proteger outros objetos de referência. A "segurança nacional" deveria, portanto – como muitos observadores apontaram – ser rotulada, de forma mais apropriada, de "segurança estatal"; porém, o que o conceito da Guerra Fria de "segurança nacional" abarcava era, de forma mais apurada, uma *fusão* da segurança do Estado e da segurança da nação: a nação apoiava um Estado poderoso que, em troca, devolvia o favor protegendo lealmente os interesses e valores de sua sociedade. Até que ponto esta era uma maneira apropriada de se entender a relação entre os Estados e suas nações, entre governos, cidadãos e populações – ou seja, a questão de "o que ou quem deveria ser o 'objeto de referência' da segurança" – é uma das principais vertentes de debate dentro dos ESI, que será explorada mais a fundo no Capítulo 2.

A segunda questão refere-se a incluir tanto ameaças internas quanto externas. Como a segurança está atrelada às discussões sobre a soberania estatal (quer como algo a ser protegido ou criticado), também diz respeito ao posicionamento de ameaças em relação aos limites territoriais. De maneira célebre, Wolfers definiu "segurança nacional" como "um símbolo ambíguo" e contrastou o clima político pós-Segunda Guerra com o da depressão econômica norte-americana no período entre guerras, sustentando que a "mudança de uma interpretação de bem-estar para uma de segurança no tocante ao símbolo 'interesse nacional' é compreensível. Atualmente, estamos vivendo sob o impacto de uma guerra fria e de ameaças de agressão *externa*, e não da depressão e de reformas sociais" (Wolfers, 1952, p.482; *grifo nosso*). A "segurança nacional" migrara de uma preocupação com problemas econômicos internos para as ameaças externas advindas de potências ideologicamente opostas, logo, presumivelmente hostis (Neocleous, 2006a). Quando essa migração se institucionalizou, o conceito de "segurança internacional" veio para acompanhar, mas não substituir, "segurança nacional" e, por fim, teve mais influência ao dar o nome à disciplina, daí Estudos de Segurança *Internacional* em vez de *Nacional*. Esta denominação foi concomitante com o crescente *status* das Relações *Internacionais* como disciplina (*International Security*, 1976), que se baseava em diferenciar a política internacional da interna e da qual os ESI se tornavam cada vez mais uma subárea. Reabriu-se parcialmente a dimensão interna/externa com o fim da Guerra Fria e o desaparecimento da preocupação primordial com a ameaça externa da União Soviética dos discursos de segurança norte-americanos e ocidentais. Tanto as RI quanto os ESI enfrentavam os desafios crescentes de que a globalização embaçasse, ou até mesmo colapsasse completamente, essa distinção entre "dentro" e "fora".

A terceira questão refere-se a expandir a segurança para além do setor militar e do uso da força. Como os ESI foram fundados durante a Guerra Fria, e a Guerra Fria dizia respeito às capacidades militares (convencionais e nucleares) de inimigos, amigos e de sua própria, de forma esmagadora, "segurança nacional" tornou-se quase sinônimo de segurança militar. Isto não significava que não se levassem em conta outras capacidades; os editores de *International Security* salientavam, por exemplo, a necessidade de se incorporar vigor econômico, estabilidade de governo, fornecimento de energia, ciência e tecnologia, alimentos e recursos naturais. Todavia, estes pontos seriam incorporados porque impactavam no "uso, ameaça e controle da força", logo, na segurança militar, e não porque deviam ser considerados como questões de segurança por si sós (*International Security*, 1976, p.2). Porém, esta concepção de segurança não era inteiramente inconteste. Durante a Guerra Fria, pesquisadores da paz apontavam para a necessidade de se garantir a mesma prioridade para necessidades humanas básicas e para a "violência estrutural", e desafios à segurança militar tornaram-se parte estabelecida dos ESI dos anos 1980 em diante, à medida que acadêmicos clamavam pela inclusão de segurança econômica e ambiental (Ullman, 1983; Buzan, 1983, 1984b; Mathews, 1989). Mais tarde, uma ampliação setorial mais geral de segurança incluiria os aspectos societais, econômicos, ambientais, de saúde, desenvolvimento e gênero.

A quarta questão refere-se a ver a segurança como inextricavelmente ligada à dinâmica de ameaças, perigos e urgência. A "segurança nacional" desenvolveu-se em um clima político no qual os Estados Unidos, e de maneira mais geral o Ocidente, percebiam a si próprios como ameaçados por um oponente hostil. Assim como na famosa formulação de Herz (1950) sobre o dilema da segurança, a "segurança" dizia respeito a ataques, sujeição, dominação e – quando levada ao extremo – aniquilação. Isto levaria grupos a adquirirem maiores capacidades, fazendo, no processo, com que seu oponente ficasse inseguro, compelindo, desta forma, ambos os lados a se empenharem em um "círculo vicioso de segurança e acumulação de poder" (Herz, 1950, p.157). A segurança dizia respeito ao que era extremo e excepcional, com situações que não apenas trariam inconvenientes, mas poderiam eliminar as próprias sociedades (Williams, 2003). Durante a Guerra Fria, isto soava basicamente como senso comum para as principais correntes de ESI: a União Soviética constituía uma clara ameaça, e as armas nucleares se justificavam como forma de deter um primeiro ataque soviético. À medida que os debates sobre a expansão do conceito de segurança ganhavam espaço na década de 1990, esta ligação da segurança com a urgência e com medidas de defesa radicais e extremas era central. Alguns, de forma mais destacada os da Escola de Copenhague, defendiam que o conceito poderia ser expandido contanto que os perigos, as ameaças e os objetos de referência se constituíssem com essa lógica de urgência e de medidas extremas (Wæver, 1995; Buzan et al, 1998). Os críticos retrucavam que esta compreensão de segurança era, por si só, ligada a uma visão realista específica do Estado e da política internacional. Ao manter uma tradição mais liberal e crítica, defendia-se, com argumentos normativos, que a política poderia ser diferente e que o escopo analítico do autor deveria incorporar essa possibilidade (Williams, 2003; Huysmans, 2006b, p.124-44).

Segurança e seus conceitos adjacentes

Definimos os ESI como as abordagens que se autodefinem com o termo de ESI ou com algum ramo dos Estudos de Segurança (Segurança Humana, Estudos Críticos de Segurança, a Escola de Copenhague de Estudos de Segurança, Estudos Construtivistas de Segurança, e assim por diante) e sustentamos que os ESI são organizados em torno de respostas diferentes às quatro questões apresentadas acima. Um modo adicional tanto de delinear quanto de chegar às maneiras pelas quais os ESI se desenvolveram é compreender que a área está estruturada por uma série de conceitos-chave. Obviamente, o conceito central de ESI é "segurança", mas também ocorre que houve poucas discussões conceitualmente explícitas após a primeira década da Guerra Fria. Mesmo aqueles que desafiavam os Estudos de Segurança e os ESI geralmente não queriam enveredar pelo conceito de segurança, mas pelo conceito de paz ou discussões mais concretas sobre desarmamento, controle de armas, movimentos pacifistas e ordem mundial. O conceito de segurança era subdesenvolvido e não problematizado por quem o utilizava, além de ser um conceito antagonista para os Pesquisadores da Paz, na medida em que se colocava do lado realista, estratégico e militar das batalhas acadêmicas e políticas. A partir de meados da década de 1980, à medida que a Guerra Fria se desmantelava, tratava-se da segurança de maneira cada vez mais explícita, passando a ser adotada por novos e antigos críticos dos Estudos Estratégicos. Logo, apareceram abordagens de *segurança* que, quinze anos antes, dificilmente adotariam esse rótulo: Estudos Críticos de Segurança (com os conceitos-chave de segurança individual e de emancipação); a Escola de Copenhague de Estudos de Segurança baseada no Instituto de Pesquisa da Paz de Copenhague; e o periódico do Instituto de Pesquisa da Paz de Oslo (*Peace Research Institute, Oslo*: PRIO), denominado *Bulletin of Peace Proposals* [Boletim de Propostas para a Paz], mudou o seu nome para *Security Dialogue* [Diálogo de Segurança]. Isto, decerto, não significava que "segurança" era um conceito inconteste – de fato, tornou-se mais contestado que nunca – mas mostrou que, após a Guerra Fria, a "segurança" tornou-se um conceito que gerava – podendo, portanto, unificar – debates por meio de perspectivas que antes se opunham.

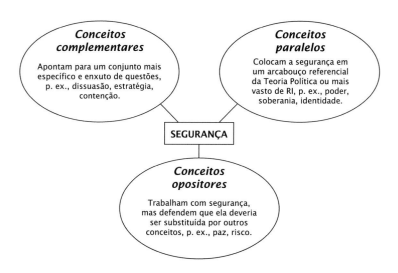

FIGURA 1.1. SEGURANÇA E SEUS CONCEITOS ADJACENTES

Um esquema do que faz parte dos ESI, baseado religiosamente em uma discussão explícita do conceito de segurança, deixaria de fora, por conseguinte, a maior parte dos envolvidos na Guerra Fria. Por sua vez, isto dificultaria a explicação do ressurgimento de abordagens ampliadoras nos anos 1990, já que estas se desenvolveram a partir da Pesquisa da Paz durante a Guerra Fria, do Feminismo, do Pós-Estruturalismo e da Teoria Crítica. Contar a história dos ESI da Guerra Fria sem incorporar a crítica que geravam seria homogeneizar indevidamente o terreno acadêmico e político no qual se situavam os ESI. O que sugerimos, portanto, é ver a "segurança" como apoiada por, ou conduzida por meio de três tipos de conceitos: primeiro, por conceitos *complementares*, tais como "estratégia", "dissuasão", "contenção" ou "humanitarismo", os quais apontam para um conjunto mais específico e enxuto de questões; segundo, por meio de conceitos *paralelos*, como "poder", "soberania" ou "identidade", os quais colocam a segurança em um quadro referencial da Teoria Política ou mais vasto de RI; e terceiro, conceitos *opositores*, que trabalham com segurança, mas defendem que ela deveria ser substituída por outros conceitos, tais como "paz", na Pesquisa da Paz durante a Guerra Fria (cf. Capítulo 5), ou "risco" ou "a exceção", nos debates ampliadores do século XXI (cf. Capítulo 8). A Figura 1.1 ilustra os três tipos de conceitos adjacentes e sua relação com o conceito de segurança.

A vantagem de juntar a segurança ao quadro de três conceitos adjacentes é que isso nos permite conduzir uma análise conceitual estruturada, particularmente daquelas literaturas que não se ligam explicitamente a debates sobre o conceito de segurança em ESI. As literaturas podem ser "conceitualmente silenciosas" por adotarem um conceito dado como certo, por serem escritas de uma maneira empírica bastante direta, relegando discussões conceituais mais longas a um segundo plano, ou por advirem de disciplinas menos dependentes dos debates de "segurança". Mesmo que uma abordagem não discuta explicitamente sua conceitualização de segurança, a maneira como mobiliza conceitos complementares, paralelos ou opositores permite-

-nos ver o estuário das perspectivas de ESI como engajadas na mesma metadiscussão sobre o que a "segurança" engloba. Uma compreensão de tais pontos conceituais de engajamento – e retornaremos a isso no Capítulo 9 – é um elemento importante por fornecer coesão suficiente aos ESI para torná-los uma subárea acadêmica com identidade compartilhada em vez de um conjunto de campos fragmentados.

Uma questão diferente – mas, ainda assim, relacionada – de demarcação de fronteiras diz respeito a literaturas sobre segurança ligadas a prefixos que normalmente não são considerados parte do repertório de ESI. Exemplos notáveis incluem "seguridade social" e "segurança em informática". Geralmente se considera seguridade social como parte das discussões sobre riqueza, distribuição de renda ou justiça interna, não "segurança em si". Segurança em informática é um termo técnico utilizado por cientistas da computação para referir-se a problemas ligados aos programas e equipamentos de informática, alguns deles *bugs* acidentais, outros, resultado de ataques externos de pessoas maldosas. A resposta padrão dos ESI é que esses conceitos carecem do drama e da urgência da segurança "nacional/internacional", que lidam com questões internas/individuais no caso da seguridade social e com ameaças "técnicas", e não político-militares, no caso da segurança em informática. Apesar de uma similitude semântica com segurança (nacional), não há semelhança substancial e discursiva.

Esta resposta pode ser precisa se considerarmos que essas literaturas carecem dessas características e que, historicamente, não são consideradas parte dos ESI. Mas também devemos levar em conta que os ESI são uma área dinâmica que expandiu seus debatedores legítimos de maneira bastante significativa nos últimos vinte anos, e que o que é considerado ou não parte disso não se baseia (apenas) em uma "essência de segurança nacional/internacional" estática, mas em como os ESI evoluem com o seu ambiente político. O que os atores políticos e acadêmicos conseguem fazer com que seja aceito como parte da "segurança internacional" muda com o passar do tempo. Segurança ambiental não era considerada parte das correntes principais de ESI nos anos 1980, embora seja difícil imaginá-la excluída deles atualmente. Tal inclusão conceitual pode ser auxiliada pela securitização de conceitos hifenizados, ou seja, a constituição de algo ou alguém como sendo radicalmente ameaçador, como tem sido o caso da segurança relacionada à saúde/doença por parte de políticos de destaque ou pela mídia (Wæver, 1995; Buzan et al, 1998; Peterson, 2002/3; Elbe, 2003, 2006; McInnes e Lee, 2006). Seguranças hifenizadas também podem fazer parte da própria agenda de segurança por meio de análise conceitual que explore e problematize as formas pelas quais estão sendo excluídas. Uma análise recente de Neocleous (2006a) demonstra, por exemplo, como a "segurança nacional" estava ligada a interesses econômicos internos na década de 1930, e que tal discurso mobilizou o mesmo drama e urgência que a "segurança nacional" nos anos 1950.

A fronteira disciplinar dos ESI

Ver os ESI como constituídos pelas questões e pelo quadro conceitual acima expostos ainda deixa em aberto a questão sobre onde começam e onde terminam os ESI e outras disciplinas acadêmicas, em especial as RI. É difícil delinear a fronteira entre os ESI e as RI. Nas primeiras décadas que se seguiram à Segunda Guerra Mundial, a resposta para este problema poderia ter sido dada, com alguma precisão, como: "o que diferencia os ESI do campo geral das RI é seu foco na utilização da força em relações internacionais". Na perspectiva tradicionalista dos ESI, a "utilização da força" era e ainda é basicamente definida como a "utilização estatal da força militar" e as ameaças que os Estados enfrentam são predominantemente do tipo militar. Ainda assim, mesmo este enquadramento aparentemente reduzido sugere, potencialmente, um escopo bem amplo. Trata-se da guerra e das várias maneiras pelas quais a força militar pode ser empregada, mas também dos fundamentos da força militar (logo, até certo ponto, da economia e das estruturas sociopolíticas do Estado) e das causas de conflitos que resultam em Estados e outros atores criando, mantendo e, por vezes, utilizando a força militar (trazendo, em potencial, portanto, não apenas questões econômicas, mas também de meio ambiente e de identidade). Este tipo de ESI apresenta a dinâmica geral de interação entre forças armadas rivais: corrida armamentista, controle de armamentos, impacto de desenvolvimento tecnológico e coisas do tipo. Devido a seu forte estadocentrismo e suas suposições sobre as disputas de poder, ele pode, correndo o risco de certa simplificação, ser considerado como o setor especialista técnico-militar da abordagem realista das RI. Na literatura britânica, toda essa compreensão e abordagem é geralmente chamada Estudos Estratégicos. Por volta da década de 1970, porém, a simples resposta "utilização da força" tornava-se cada vez mais imprecisa. Permanecia verdadeiro o fato de que a posição tradicionalista fornecia o alicerce, focando-se no nível internacional e em ameaças relacionadas à sobrevivência (Buzan et al, 1998, p.21). Mas, à medida que a agenda de ESI começou a se ampliar no fim da Guerra Fria, e ainda mais rapidamente após o seu término, a resposta "utilização da força" tornou-se uma descrição muito limitada do que consistia a área (ao menos para uma grande parcela daqueles que participavam de seus debates). O que cada vez mais distinguia os ESI das RI é que eles se centravam em suposições ou em debates que giravam em torno ou versavam sobre o conceito de segurança internacional.

Ainda assim, há justaposições inevitáveis entre as RI e os ESI, particularmente na medida que os ESI passaram a ser mais guiados pela teoria e que importantes debates das RI se desenvolveram simultaneamente em torno da segurança. Como exemplo, o Neorrealismo waltziano tem sido a chave dos debates nas partes mais teoricamente informadas dos Estudos Realistas de Segurança, particularmente sobre como a polaridade do sistema afeta a estabilidade e a grande estratégia. Há, por exemplo, uma rica literatura sobre como definir polaridade que não necessariamente fala do conceito de segurança como tal, ou de como ele pode mudar à luz das polaridades mutáveis, dentre outros (Goldgeier e McFaul, 1992; Huntington, 1993b, 1999; Waltz, 1993; Posen e Ross, 1996/7; Kupchan, 1998; Kagan, 2002). Uma das razões pelas quais esta literatura não discute explicitamente o conceito de segurança é que ela aceita como certa a concepção convencional de segurança como segurança nacional.

As justaposições entre as RI e os ESI também se multiplicaram devido ao fato de "segurança" ser selecionada como a arena de debates de RI de um tipo mais geral, notavelmente em relação à posição da teoria construtivista a partir dos anos 1990. A afirmação programática do Construtivismo Convencional em *The Culture of National Security* [A cultura da segurança nacional], de Katzenstein, adotou, de forma explícita, a "segurança" como o "caso delicado" no qual as teorias construtivistas, que enfatizam ideias, normas, cultura e identidade, deveriam ser julgadas em comparação com as teorias neorrealistas e neoliberais (Katzenstein, 1996a). Contudo, ainda não havia discussão acerca de "segurança" em si: o que se contestavam eram as explicações realistas do comportamento estatal na área da segurança, e não se o Estado deveria ser o objeto de referência, ou se o setor de preocupação deveria ser o de ameaças militares externas.

Tais trabalhos geralmente baseiam-se em debates e literaturas gerais de RI, e há, portanto, uma ligação entre contar a história da evolução dos ESI e a das RI. Ainda assim, deve-se ter em mente que nossa preocupação é com a evolução dos ESI, e não das RI; logo, não adentraremos extensamente em literaturas de RI que não tenham servido como bases explícitas para os ESI. Também se deve destacar que, conquanto as RI sejam, de longe, a mais abrangente disciplina para os ESI, não é a única que os influencia: alguns dos principais pensadores-chave da teoria dos jogos (que influenciou a teoria da dissuasão durante a Guerra Fria) eram economistas, físicos e outros "cientistas tradicionais" abertamente engajados nos debates sobre a situação nuclear. À medida que debates conceituais começaram a deslanchar nos anos 1980 e floresceram nos anos 1990, uma série de sociólogos, teóricas feministas, filósofos, teóricos do desenvolvimento, antropólogos e teóricos da mídia também entraram nos debates de ESI. Assim como os clássicos impérios de outrora, os ESI não possuem fronteiras claramente definidas. Em vez disso, possuem "zonas de fronteira" nas quais os debates mesclam-se com tópicos adjacentes, indo da teoria das RI e Economia Política Internacional (EPI) até análise de política externa e Teoria Política. Como não podemos cobrir, de maneira significativa, tanto os ESI quanto todas essas zonas de fronteira, frequentemente discutiremos os empenhos específicos de ESI que sondam a fronteira, ressaltando, ao mesmo tempo, que há uma literatura mais ampla e que aqueles que desejam procurar um tema específico deveriam consultá-la de forma mais minuciosa. Mencionamos, por exemplo, a literatura da paz democrática no Capítulo 6, mas não temos espaço para adentrar todos os seus argumentos detalhados. Além disso, como nos impérios clássicos, suas zonas de fronteira podem mudar, tornando-se mais ou menos ativas à medida que modas e imperativos mudam. Tentamos demonstrar esses movimentos na nossa análise da literatura de ESI nos capítulos 4 a 8.

Mesmo tendo uma visão ampla do que se consideram ESI, isto não nos permitiu evitar todas as difíceis decisões sobre inclusão e exclusão. Este livro ficou muito maior do que originalmente achávamos que ficaria, e havia limitações de espaço. Tentando identificar o âmago da matéria, além de refletir a singularidade de seu caráter de estratégia civil, favorecemos as questões conceituais em vez das operacionais. Isto significa que excluímos amplamente a vasta literatura sobre inteligência, a qual aparece principalmente no contexto de informação imperfeita e estratégia.[1] Cobrimos alguns aspectos das operações militares, mas não incluímos as grandes literaturas que se encontram nos

---

1 Sobre inteligência, veja, entre outros, *Intelligence and National Security, The Journal of Intelligence History* [Inteligência e Segurança Nacional, o Jornal da História da Inteligência], a Seção de Estudos de Inteligência da ISA (http://iss.loyola.edu/index.html – acesso em 24 de junho de 2012) e Johnson (2007).

muitos periódicos intimamente ligados ao serviço militar, que refletem discursos militares profissionais. Voltando à fronteira entre ESI e Pesquisa da Paz, incluímos a literatura sobre questões substanciais e debates conceituais sobre "paz", que reflete os debates em ESI ou desafia diretamente as perspectivas de ESI, mas não cobrimos preocupações mais distintas da Pesquisa da Paz, tais como educação para a paz ou a literatura substancial sobre o lado prático da resolução de conflitos, incluindo mediação de conflitos, solução de controvérsias e coisas do tipo (Bercovitch et al, 2008; Sandole et al, 2008). Sem dúvida, alguns considerarão estas exclusões erradas, e eles podem estar certos. O nosso julgamento é que, salvo algumas exceções, tais literaturas existem em seus próprios mundos e desempenham um papel apenas marginal no que consideramos como as grandes discussões de ESI. Caso estejamos errados nisso, fica então uma abertura para que outra pessoa escreva esse livro.

A encruzilhada do Ocidente-centrismo

Nosso enfoque na evolução dos ESI também implica no fato de nossa análise, até certo ponto, refletir as forças, as fraquezas e os pontos cegos da disciplina em si. Embora os ESI tenham se desenvolvido por meio do envolvimento em ações políticas específicas, eles não trataram todos os eventos como igualmente importantes. A maior parte dos tradicionais Estudos Estratégicos da Guerra Fria, por exemplo, preocupava-se excessivamente com a bipolaridade e com a dissuasão nuclear, enquanto tratava dos assuntos de segurança do Terceiro Mundo apenas até o ponto em que eles tinham impacto nas relações das superpotências. Questões que diziam respeito a guerras locais e internas, para não mencionar assuntos de segurança não militares, simplesmente não constavam das principais correntes da área (Barkawi e Laffey, 2006). Além disto, os ESI são, de nascença, uma disciplina anglo-americana baseada em uma concepção ocidental de Estado.

Esta concepção possui, sem dúvida, uma relevância política e empírica limitada para grande parte do mundo não ocidental, onde o desenho das fronteiras coloniais, desrespeitando comunidades e alianças locais, produziu um conjunto radicalmente diferente de estruturas políticas, econômicas e culturais (Ayoob, 1984; Krause, 1996; Bilgin, 2008).

A história por este viés anglocêntrico (além de militarista e patriarcal) nos deixa em uma espécie de encruzilhada. Por um lado, ambicionamos analisar a evolução dos ESI do modo como ela ocorreu, não como achamos que deveria ter ocorrido. O Capítulo 4, que trata de Estudos Estratégicos durante a Guerra Fria, preocupa-se, por exemplo, predominantemente com a lógica da dissuasão nuclear sob um sistema de bipolaridade, o que dá a entender que certos eventos, como a Guerra do Vietnã, são minimizados precisamente porque era este o caso nos ESI. Por outro lado, é decerto insatisfatório meramente registrar este viés sem submetê-lo a um exame crítico minucioso, e desejamos tratar deste viés de duas maneiras. Em primeiro lugar, garantimos às abordagens críticas, inclusive as pós-coloniais, mais espaço do que elas têm quantitativamente. A análise dos ESI durante a Guerra Fria nos capítulos 4 e 5 inclui, por exemplo, um relato deveras substancial de Feminismo e Pós-Estruturalismo que, relativamente falando, geraram muito menos textos que os Estudos Estratégicos militares convencionais à época. Alguma noção de medida quantitativa é significativa por registrar como as partes dominantes de ESI abordavam segurança, mas uma medida qualitativa que registra artigos-chave, novos desafiantes e nova contestação é igualmente significativa por mostrar a maneira como a área se movimenta e muda. Isto implica também na dedicação de maior atenção aos textos – geralmente críticos – que compõem o catálogo dos ESI. Estes textos geralmente são mais teóricos que o texto médio, daí o nosso enfoque em artigos e livros conceituais significativos que definem ou cunham um conceito de segurança hifenizado específico, tais como Wolfers (1952) com "segurança nacional"; Herz (1950), Jervis (1978) e Booth e Wheeler (2008) com o "dilema da segurança"; a Escola de Copenhague com "segurança societal" (Wæver et al, 1993) e "securitização" (Wæver, 1995; Buzan et al, 1998); e Deutsch et al (1957) com "comunidades de segurança". O que também sugere que há uma ênfase naqueles períodos nos quais se formavam e se contestavam abordagens e conceitos, geralmente quando não havia um consenso estabelecido sobre o que era "ciência normal" (Kuhn, 1962) e sobre o conceito de segurança. Em segundo lugar, também se reconhecem os vieses e centrismos dos ESI por meio da sinalização de críticas posteriores. Logo, a noção Ocidente-cêntrica do Estado que sustenta os Estudos Estratégicos é, por exemplo, trazida à tona no Capítulo 4 e discutida no Capítulo 5 e, de forma ainda mais minuciosa, no Capítulo 7.

O próximo capítulo continua esta discussão das questões básicas no coração dos ESI ao se voltar para os desenvolvimentos históricos que produziram a compreensão da área sobre Estado, governo e política.

2. AS QUESTÕES-CHAVE NOS ESTUDOS DE SEGURANÇA INTERNACIONAL: O ESTADO, POLÍTICA E EPISTEMOLOGIA

O início do Capítulo 1 delineou brevemente quatro questões centrais que estão no centro dos ESI: a segurança de quem deveria ser protegida e estudada? Será que as forças armadas deveriam ser consideradas o setor primário da segurança? Será que a segurança deveria se preocupar exclusivamente com ameaças externas ou também com as internas? Além disto, será que a única forma de política de segurança está relacionada a ameaças, perigos e emergência? Este capítulo examinará essas questões mais detalhadamente e incluirá uma quinta questão: quais epistemologias e metodologias deveriam ser trazidas para o estudo da segurança?

A maior parte dos escritos de ESI não se esforça muito em discutir suas premissas analíticas, filosóficas, normativas e epistemológicas, mas é importante ter boa compreensão de tais questões. Abordagens específicas para segurança sempre preveem respostas a essas questões, mesmo se elas não forem explicitamente discutidas. Essas respostas definem limites cruciais não apenas sobre como se define segurança, mas também para qual tipo de projetos de pesquisa e quais análises são empreendidas. O conceito dominante nos ESI é aquele de segurança "nacional"/"internacional", dos Estudos Estratégicos realistas, contra o qual perspectivas críticas e ampliadoras precisam lutar. Este conceito de segurança define o Estado como o objeto de referência, o uso da força como a preocupação central, ameaças externas como as principais, a política de segurança como o empenho em relação a perigos extremos e a adoção de medidas de emergência, além de estudar a segurança por meio de epistemologias positivistas e racionalistas. Mas de onde vem este conceito? Este capítulo é dedicado ao relato das tradições e dos processos históricos do pensamento político que são significativos para produzir este conceito de segurança. Ter noção desses processos é importante não só como bom pano de fundo para as perspectivas e os debates concretos delineados nos capítulos 4 a 8, mas também porque tais perspectivas fornecem resoluções específicas para clássicos problemas políticos e normativos.

A tendência, dentro dos ESI, de conceber suas escolhas em termos dicotômicos significa que as abordagens de segurança tendem a fazer do Estado ou do indivíduo o objeto de referência; a conceber segurança como militar ou não militar; a traçar uma linha rígida entre problemas de segurança externos e internos; e a enxergar a política internacional – e a nacional – como inerentemente conflituosa ou suscetível à não violência e à emancipação. Os debates contemporâneos geralmente se relacionam com essas posições clássicas e há, sem dúvida, resposta clássica às "novas" posições. Este capítulo demonstra, contudo, que algumas dessas dicotomias possuem laços históricos mais profundos e que, portanto, deveriam ser vistas como conectadas em vez de opostas: há uma ligação entre os conceitos individuais de segurança e os coletivos; há uma conexão entre as ameaças externas e as internas; e coexistem uma compreensão da política de segurança como um relato racional das capacidades materiais e a compreensão baseada na necessidade de tomar decisões em um ambiente "irracional".

Este capítulo se inicia com um relato mais minucioso sobre o papel do Estado nos ESI com enfoque específico em como se formulou o Estado soberano na tentativa de fornecer segurança em um nível interno e também externo. Tal compreensão do Estado ainda permanece no âmago dos debates sobre o objeto de referência dos ESI. A segunda seção analisa o impacto da Revolução Francesa em questões de coesão societal e a compreensão da relação entre as ameaças internas e externas, além das militares e das não militares. A terceira seção delineia a constituição do Estado e a maneira como pressupõe um tipo particular de política. A quarta seção apresenta as grandes abordagens epistemológicas nos ESI. A quinta seção fornece breve exposição das abordagens mais frequentemente mencionadas nos ESI e enseja suas respostas às cinco questões que orientam a segurança.

Dos Estados medievais aos Estados soberanos

É impossível compreender a forma como os debates em ESI se desenvolveram sem que se tenha uma boa noção de seu objeto de referência chave: o Estado. Não que isto ocorra porque haja um acordo sobre o que quer dizer "segurança estatal", mas porque todos os debates sobre o que a segurança pode ser e para quem ela deveria ser evoluem em torno da situação do Estado.

O conceito de segurança nacional, da maneira como se configurou após a Segunda Guerra Mundial, baseia-se em uma concepção do Estado que nos remete a centenas de anos atrás. Conforme demonstrado por R. B. J. Walker e outros teóricos políticos, duas transformações históricas tiveram impacto crucial na formação do Estado moderno. A primeira transformação foi de um sistema territorial de Estado medieval para um moderno; a segunda, de uma forma de governo monárquica para uma nacional e popular. O mundo medieval era organizado por meio de autoridades sobrepostas em vez de um Estado soberano, o que significava que era governado por dois conjuntos de autoridades: igrejas (religiosos) e impérios (políticos). Em contraposição ao Estado moderno, que possui soberania suprema sobre seu território, as autoridades medievais tinham de negociar – e combater – suas pretensões sobre como determinado território deveria ser governado. A sobreposição de autoridades não era característica apenas das relações entre os poderes religiosos e políticos, mas também de como se organizavam as relações políticas. Durante longos períodos, a Europa medieval foi governada por impérios, e geralmente o centro do império encontrava-se distante demais para projetar sua autoridade de maneira eficiente, ao menos se comparado ao Estado moderno. Havia múltiplos níveis de organização política indo do centro à aldeia, e tanto as autoridades quanto as alianças eram menos definidas, já que os níveis de governança regionais e locais apoiavam – embora também combatessem, de vez em quando – os poderes maiores. Tais formas complexas e sobrepostas de organização territorial significavam que Estados ou ducados podiam fazer parte de um Estado ou de um império maior, dando alguma autoridade ao imperador ou líder do Estado mais forte enquanto ainda decidiam sobre outras questões.

Em termos de identidade política, o sistema medieval caracterizava-se pelo que Walker (1990, p.10) denominou princípio da subordinação hierárquica: "uma compreensão do mundo como um *continuum* do mais baixo ao mais alto, dos vários aos poucos, das criaturas de Deus a Deus, do secular ao eterno". Todos os indivíduos se localizavam em níveis específicos da sociedade: no topo ficava Deus e, abaixo de Deus, o Papa e o Imperador. A Igreja possuía propriedade, sendo, portanto, grande ator político e econômico por si só, mas também funcionava como doadora de legitimidade religiosa ao Imperador: se Deus estava no topo da hierarquia de identidades, e o Papa vinha logo abaixo dele, era crucial para as autoridades políticas receber a bênção do Papa.

A transformação do sistema medieval para o moderno foi significativa, pois reorganizou tanto os princípios-chave da governança (da autoridade sobreposta à soberania territorial) quanto a maneira pela qual se compreendia a identidade política. Um componente central nessa transformação foi a formação do Estado territorial soberano, no qual os entrelaçados níveis de autoridades locais, regionais e empíricas cederam lugar a um centro soberano, e a fronteira territorial tornou-se uma linha divisória significativa. Esta foi uma transformação em que as autoridades políticas ganharam espaço quando comparadas com as religiosas. Significou que o Estado tornou-se mais secular, e que essa secularidade se desempenhava tanto nas relações interestatais como nas internas. O surgimento do Estado soberano também se ligava ao aparecimento da propriedade privada (Ruggie, 1983, 1993). Na arena interestatal, o nascimento do Estado territorial secular estava intimamente ligado às guerras religiosas que assombraram a Europa no alvorecer da Reforma. A Paz de Westfália, que pôs fim à Guerra dos Trinta Anos em 1648, é considerada o momento fundador em que os Estados decidiram não mais interferir nas escolhas religiosas uns dos outros. Deve-se notar, porém, que Westfália foi o início de um longo processo histórico que, passando por diversas curvas, se deslocou em direção ao Estado territorial soberano, e não uma ruptura completa da noite para o dia (Osiander, 2001).

À medida que o sistema internacional se desenvolvia, o princípio da não interferência em assuntos internos manteve sua posição central e era visto como precondição para se criar a estabilidade e a ordem internacional. Mesmo se os conflitos e as guerras não pudessem ser totalmente evitados, eles poderiam ser minimizados. Ao entrarmos na segunda metade do século XX, o princípio de não interferência não se ligava mais a diferenças religiosas como em meados do século XVII, mas a diferenças ideológicas, acima de tudo àquelas entre o Ocidente capitalista e o Oriente comunista. Nessa época, no nível interno, o princípio do Estado secular significava que era dado aos indivíduos o direito de praticar sua religião (sancionada pelo Estado), embora este assunto ocorresse na esfera privada ou em igrejas. A religião não deveria estar diretamente envolvida na governança do Estado. Michael C. Williams (1998) argumenta que isto sugeria não apenas uma transformação de quais instituições governavam a sociedade, mas também de como se entendia a política. Considerava-se que os conflitos religiosos fossem guiados pela fé e baseados em apelos emocionais de convicção e consciência. Estes, por sua própria natureza, baseavam-se em entidades imateriais e desafiavam o raciocínio lógico, portanto não havia, de forma alguma, um meio de solucionar conflitos entre posições religiosas opostas. A dica para os primeiros pensadores liberais modernos era, portanto, separar a convicção privada das deliberações públicas e defender que as últimas deveriam basear-se em fatores materiais e observáveis e, consequentemente, no raciocínio lógico e objetivo.

A criação de relações pacíficas no âmbito doméstico também foi expressa pela famosa interpretação de Hobbes do Estado soberano como o Leviatã que fornecia a solução para o problema da segurança individual. Hobbes defendia que o indivíduo enfrentava o problema do estado de natureza: no estado de natureza, não havia autoridade para assegurar a sobrevivência, e os indivíduos viviam com medo constante de que outros indivíduos tentassem roubar suas posses. Os indivíduos deveriam dormir para sobreviver, mas o sono também os tornava extremamente vulneráveis, daí a necessidade de uma instituição soberana que garantisse a segurança. No "contrato" entre o indivíduo e o Estado, o indivíduo dá ao Estado o direito de proteger – e de definir – a segurança individual em troca de um reconhecimento de sua autoridade soberana. Segundo Walker (1997, p.67), para Hobbes, o medo do estado de natureza era tamanho que "o que quer que o soberano faça não pode ser tão ruim quanto a condição de competição desenfreada". Mas muitos outros, incluindo pensadores liberais centrais como John Locke, "foram profundamente céticos em relação a esse julgamento, e uma boa proporção do debate contemporâneo sobre segurança continua oscilando em torno disso" (Walker, 1997, p.67). Concepções de segurança individual e coletiva/estatal estão, portanto, inextricavelmente ligadas: a segurança estatal pressupõe uma resolução específica do problema da segurança individual, e a segurança individual deve – já que o indivíduo sempre se encontra em relação a outros indivíduos – assumir uma autoridade coletiva.

A segurança é, portanto, "condição tanto dos indivíduos quanto dos Estados" e "uma condição, ou um objetivo, que constituiu uma *relação* entre indivíduos e Estados ou sociedade" (Rothschild, 1995, p.61). Como boa parte do amplo debate de ESI desenvolveu-se em torno de conceitos individuais de segurança dicotomicamente opostos, por um lado, e de conceitos estatal e coletivamente definidos, por outro, vale a pena não esquecer que nenhum deles deixa de abranger o outro, senão explícita, ao menos implicitamente.

Ao ler esses primeiros debates modernos sobre o indivíduo, o Estado e as relações interestatais pelas lentes dos debates de ESI do século XXI, deve-se notar que geralmente há uma mudança entre os diferentes níveis de análise. A compreensão de Hobbes sobre o Leviatã como solução para o estado de natureza era um experimento de raciocínio especulativo e abstrato, que tentava trabalhar por meio de diferentes soluções para questões de autoridade e insegurança. Aqueles que desafiaram o papel privilegiado atribuído ao Estado por Hobbes e pelos realistas nos ESI geralmente o fizeram sobre uma de duas bases empíricas. Uma das linhas de argumento afirma que muitos Estados existentes de fato são fracos demais ou falidos demais para fornecer a prometida segurança a "seus" indivíduos: pense na Somália, no Afeganistão, no Haiti ou na República Democrática do Congo. A outra linha afirma que os Estados, principalmente, mas não somente, os não democráticos, em geral ameaçam seus próprios cidadãos não somente tomando decisões arbitrárias e danosas (como ir à guerra ou permitir a poluição), mas também perseguindo-os de forma direta, detendo-os ou assassinando-os: pense na Birmânia (Mianmar), na União Soviética de Stálin, no Zimbábue de Mugabe ou em praticamente qualquer outra ditadura. Do ponto de vista dessas críticas, garantir ao Estado o privilégio realista e hobbesiano significa não apenas desconsiderar essas deficiências empíricas em fornecer segurança, mas também, de modo talvez ainda pior, colocá-lo em uma posição na qual está imune à crítica e não precisa se justificar. A resposta hobbesiana é admitir que a maior parte dos Estados está longe de ser fornecedor ideal de segurança, mas que a alternativa ao Estado é muitíssimo pior, argumento que devolve a avaliação empírica do Estado para o terreno especulativo e abstrato do estado de natureza. O que está em jogo nos debates de segurança é que geralmente os argumentos empíricos e os abstratos desafiam um ao outro, e isto amontoa os argumentos de tal forma que se torna difícil encontrar uma solução ou mesmo um terreno comum a partir do qual se possa debater. Também significa, como apontou Walker (1997), que essas abordagens que desafiam o Estado devem criar respostas abstratas alternativas para o problema da identidade política e de quem fornecerá segurança na ausência do Estado soberano.

A Revolução Francesa e a coesão interna

A segunda transformação histórica crucial para entender a concepção de Estado nos ESI é o nascimento do nacionalismo moderno com as revoluções Francesa e Norte-Americana. A transição do Estado medieval para o moderno anunciou a chegada de um significativo início do desmoronamento de uma hierarquia de identidades, mas os primeiros Estados territoriais modernos ainda eram governados por líderes altamente não democráticos. As revoluções Francesa e Norte-Americana significaram, portanto, uma grande mudança, na qual a decapitação do monarca, fosse concreta ou simbolicamente, além de introduzir a soberania popular, acelerou a desintegração das hierarquias entre as diferentes categorias de pessoas dentro do Estado. O nacionalismo como uma ideologia moderna aumentou a ênfase não apenas na igualdade dentro do Estado, mas também na associação, para que os cidadãos se vissem ligados por um profundo senso de identidade, comunidade e pertencimento. A nação se tornou, nas palavras de Benedict Anderson, uma "comunidade imaginada", "uma camaradagem profunda e horizontal" (Anderson, 1991, p.7), cujos membros compartilhavam uma identidade social, cultural e política.

Essa criação de uma identidade histórica comum funcionava para estabilizar mais ainda a distinção entre o domínio nacional e o internacional. Dentro do Estado, tinha-se similitude, solidariedade e progresso, enquanto o domínio internacional estava destinado a ser governado por relações de alienação, dominação e conflito (Wight, 1966; Walker, 1993). O nacionalismo também trouxe novas possibilidades de mobilidade social, em particular por estar associado a uma florescente sociedade capitalista e industrial (Gellner, 1983). Os indivíduos não estavam, como no início da modernidade, confinados, de nascença, a uma posição específica dentro das estruturas societais, mas podiam ascender a uma classe acima daquela em que haviam nascido por meio da astúcia e do trabalho duro.

A fusão do nacionalismo com o Estado territorial soberano gerou várias implicações na conceitualização da segurança e, portanto, na evolução dos debates dentro dos ESI. O nacionalismo estava ligado à soberania popular e, no fim das contas, à democracia, e também, portanto, à ideia de que a legitimidade do Estado soberano não se baseava em direitos divinos ou monárquicos inerentes, mas na habilidade do governo de liderar de acordo com os valores, interesses e identidade do povo. Isto significava dizer que a simples solução hobbesiana para o problema da segurança foi posta em dúvida: o argumento de que os governadores não deveriam ser questionados porque a alternativa era o estado de natureza já não era suficiente. Se o governo não agisse de acordo com o interesse do seu povo, ele deveria ser deposto.

A partir disso seguiu-se uma mudança importante na abordagem da relação entre o Estado e os cidadãos. Simplificando, o Estado territorial preocupava-se com as ameaças a sua segurança territorial, enquanto o líder do Estado preocupava-se com os concorrentes ao trono. As capacidades militares e o uso da força eram centralizados para manter os inimigos externos sob controle – ou para conquistar novos territórios – além de conter ameaças internas. A introdução do nacionalismo e do governo popular muda isso ao tornar o componente interno da segurança estatal não apenas uma questão de força e controle, mas de legitimidade e coesão societal. Saber até que ponto a sociedade era homogênea e apoiadora de "seu" governo tornou-se uma preocupação central de segurança para os governantes, fundamentando-se em duas bases: primeiro, porque impactava na segurança de suas próprias posições; segundo, porque impactava na segurança interna do Estado, de maneira mais crucial, pois a ausência de coesão poderia levar partes separatistas do Estado a buscar a independência ou, como na Guerra Civil Norte-Americana, causar um conflito ideológico violento. Sociedades desestruturadas também estariam mais suscetíveis a atividades de quinta coluna de Estados inimigos. Essa preocupação com a coesão societal aparece nos escritos realistas clássicos, como os de Kennan (1947, p.581), que alertava para o fato de que "exibições de indecisão, desunião e desintegração interna dentro deste país causam animação em todo o movimento comunista", passando por Huntington, no período pós-Guerra Fria, e seu temor em relação à imigração, à diminuição dos valores familiares e ao "apodrecimento interno" da sociedade norte-americana (Huntington, 1996, p.303-5). A ênfase na coesão social também supunha uma potencial ampliação do conceito de segurança, que vai além do militar. Como defesa não era apenas uma questão de defender a fronteira territorial, mas também de assegurar o consenso interno, as ameaças internas que uma sociedade viesse a enfrentar poderiam, caso fossem severas o suficiente, ser consideradas como problemas de segurança.

A guinada para uma preocupação com a coesão societal também supunha uma mudança no modo de considerar o território. A Paz de Westfália buscara limitar o número de guerras ao codificar o princípio da não interferência. Isto não queria dizer, todavia, que os Estados não iriam à guerra com o intuito de conquistar ou defender territórios, mas "apenas" que essas guerras não eram empreendidas com base em crenças religiosas. Os territórios eram valorizados por sua importância geopolítica e estratégica, além das capacidades materiais e econômicas que geravam, enquanto se dava pouca atenção às identidades e alianças dos povos que habitavam esses territórios. Do ponto de vista dos povos dos territórios conquistados, isto trazia consigo o efeito positivo de que os governantes, em especial em extensos Estados imperiais, geralmente não interferiam muito na cultura e nas relações políticas locais. O advento do nacionalismo mudou isso. Com a afirmação de que as nações possuíam identidades específicas e que deveriam governar os territórios nos quais elas viviam, o nacionalismo sacralizou o território (Mayall, 1990). À medida que os movimentos nacionalistas trabalhavam para inculcar uma identidade comum entre os membros de "suas" nações, os territórios não poderiam mais sofrer alterações sem preocupar-se com a posição dos povos e das nações que lá viviam. Isto fez com que as aquisições territoriais se tornassem menos atraentes, já que uma população hostil poderia resistir ao "ocupante", mas também forneceu justificativas para o centro político nacionalizar (coercivamente, se necessário) aqueles que se encontravam em seu território. Embora o nacionalismo defendesse que cada nação possuía sua própria essência, havia pouco consenso sobre quais eram as nações corretas, quem deveria governar a quem e quem, de fato, tinha o direito de estar em um território específico. Isto se tornou particularmente notório nas crenças sociais darwinistas do século XIX, segundo as quais nações mais poderosas conferiam a si próprias o direito de subjugar – por meio da força ou do "colonialismo civilizatório" – povos menos "avançados".

Para a maior parte dos ESI da Guerra Fria, o enfoque estava claramente nas ameaças externas, como mostrado pelo termo *Internacional* dos Estudos de Segurança Internacional, mas um exame mais minucioso das raízes do Estado nos ESI revela que isso, de certa forma, é algo ilusório. Os realistas privilegiaram a segurança do Estado e entenderam a segurança de modo amplo pelo uso da força (militar), mas também prestaram atenção a uma série de outras questões e capacidades, inclusive a coesão interna, que podem impactar na capacidade do Estado de projetar força militar. A razão pela qual a maior parte dos ESI da Guerra Fria, ao menos na forma de Estudos Estratégicos, concentrava-se na dimensão externa da segurança era porque a coesão interna e os valores a serem defendidos eram majoritariamente tidos como certos, ao menos no mundo ocidental. Contudo, havia também tradicionalistas, como Kennan, que apontavam para a necessidade de reverter fraquezas internas e a dissensão em face da ameaça soviética e uma boa dose de preocupação nos Estados Unidos no alvorecer da Segunda Guerra Mundial sobre a coesão interna dos países da Europa Ocidental, que possuíam fortes partidos comunistas. Alocaram-se recursos para manter a esquerda longe do poder na Itália, e Franco foi tolerado na Espanha. A razão pela qual a dimensão interna da segurança não era enfatizada pelas principais correntes de abordagem dos ESI durante a Guerra Fria, portanto, tinha mais a ver com o contexto empírico e político (um oponente nuclear avassalador que ofuscava todas as demais preocupações) do que com um traço inerente ao conceito de segurança nacional. À medida que a Guerra Fria chegava ao fim e os conflitos étnicos e as guerras civis vinham à tona, o mesmo aconteceu com as questões de estabilidade e coesão interna (Posen, 1993; Van Evera, 1994; Kaufmann, 1996). Muitas abordagens ampliadoras também dialogavam diretamente com a questão da coesão societal, como no conceito de segurança societal da Escola de Copenhague (Wæver et al, 1993; Buzan et al, 1998).

O nacionalismo também foi significativo à medida que inaugurou várias compreensões da segurança internacional. Em sua forma revolucionária clássica, ele defendia que todos os homens (e, mais tarde, as mulheres) eram iguais como cidadãos, e que cada indivíduo possuía um conjunto de direitos universais. Se o Estado fosse organizado de acordo com esses direitos e os ideais de democracia, haveria, então, um movimento em direção a uma sociedade melhor dentro dos Estados. A leitura realista sustentava, contudo, que enquanto o progresso – econômica, política e culturalmente – era possível dentro dos Estados, abster-se de estabelecer o padrão comum normativo/religioso que a Paz de Westfália ocasionava tornava o progresso insustentável internacionalmente (Walker, 1990). De acordo com essa compreensão realista do que seria o tipo internacional ideal, não é possível nenhuma "segurança internacional" durável, apenas acomodações temporárias dentro de um sistema internacional essencialmente conflituoso. Não há conceito analítico ou normativo algum sobre a necessidade de proteger a segurança de outros Estados (a não ser que isso melhore a sua própria segurança) ou de indivíduos ou grupos que se encontrem dentro de outros Estados (mais uma vez, a não ser que isto possa ser utilizado para melhorar a sua própria posição estratégica).

Mas estas concepções realistas de soberania estatal e segurança nacional não deixaram de ser contestadas. Analisando-se a defesa dos direitos universais que as revoluções Francesa e Norte-Americana ocasionaram, a tensão universal–particular pode ser defendida de um modo que enfatize a associação de todos os seres humanos, não apenas daqueles com quem se compartilha uma nação. Isto implica a possibilidade de um objeto de referência que não seja o Estado para a sua própria nação (uma vez que nação e Estado não estejam alinhados), mas também a "segurança individual" e a "segurança grupal/societal", quando as pessoas se tornam inseguras por seus próprios Estados. Esta compreensão da universalidade dos direitos individuais também permite uma leitura do internacional menos conflituosa que no Realismo. Esta tradição idealista de pensamento, que continua através da Pesquisa da Paz até os atuais Estudos Críticos de Segurança, defende que, caso sejam garantidas aos indivíduos as possibilidades de segurança, liberdade e expressão própria, isto levará à ausência de conflito violento não só dentro, mas também entre as comunidades: considera-se, portanto, possível a segurança "global" ou "mundial". A esse respeito, temos um compromisso normativo que vai além de determinado Estado ou de concidadãos e do início dos debates sobre o objeto de referência da segurança: se o internacional deveria ser abordado como uma questão de ordem ou se é possível ter um conceito internacional de justiça (Bull, 1977).

A concepção de política nos ESI

A Paz de Westfália foi significativa pelo modo como procurou retirar a emoção da política, tanto entre os Estados quanto dentro deles. Como Williams (1998, p.215) defendeu, havia uma filosofia liberal e racionalista vigente que sustentava que era mais fácil lidar com os conflitos se eles fossem entendidos em termos materiais em vez de ideacionais (religiosos). "Sustentava-se que a definição de ameaças em termos *materiais* (assim como quaisquer outros fenômenos) permitia um discurso racional sobre elas. Colocar o discurso da guerra e da paz dentro dos limites da ameaça *física* e da capacidade para isso era um movimento de *pacificação*" (Williams, 1998, p.215; veja também Toulmin, 1990). Traçando uma linha até os debates contemporâneos de segurança, vemos que a inclinação das abordagens de ESI tradicionais em adotar epistemologias e metodologias positivistas, baseadas em fatores materiais verificáveis empiricamente, possui raízes mais longas e verdadeiramente políticas e normativas (Deudney, 2007). Deduz-se que as premissas sobre o Estado ser um ator racional e as epistemologias que deveriam ser adotadas nos estudos de segurança estão ligadas umas às outras.

Obviamente, a questão sobre o Estado ser ou não um ator racional tem grandes consequências para as teorias de segurança: como a "segurança internacional" trata, no nível mais geral, das ameaças com que os Estados (ou outras entidades políticas) deparam e as respostas que eles podem e deveriam adotar para defender a si próprios, faz uma grande diferença o tipo de atores que esses Estados são. Se forem racionais, é possível prever seu comportamento – e, portanto, definir políticas de segurança apropriadas – de maneira muito mais fácil que se não forem. Contudo, o que significa exatamente ser "racional" é, por si só, uma questão contestada nos ESI. Críticos alegam que presumir um ator racional é defender que o Estado esteja e deveria estar agindo de acordo com princípios realistas. Esses princípios, entretanto, não são objetivos nem analítica nem politicamente neutros. As teorias de segurança tentam explicar o comportamento do Estado, enquanto elas mesmas podem ter um impacto naquilo que tentam explicar. No nível mais básico, muitos realistas clássicos enxergam sua análise como uma disposição em entender a política da maneira como os atores políticos entendem a si próprios, e isto aponta para uma forma de análise, acima de tudo, histórica e empírica. Mas, no período desde a Segunda Guerra Mundial, o Realismo das RI, em especial nos Estados Unidos, assumiu formas cada vez mais teóricas, primeiramente nos supostos princípios atemporais de política de poder apresentados por Carr e Morgenthau e, mais tarde, no mais formalizado Neorrealismo de Waltz. Este desenvolvimento assemelhou-se ao dos ESI e, na medida em que os ESI são, como caracterizamos acima, "o braço técnico-militar especializado da abordagem realista das RI", eram essas as formas teóricas com as quais se relacionavam, acima de tudo. Em sua forma teórica, o Realismo impõe premissas sobre a realidade e, uma vez que seja influente, pode, então, criar a realidade que supõe existir.

Premissas de racionalidade entrelaçam-se com níveis de decisões analíticas. Teorias estruturais e, de forma mais proeminente, o Neorrealismo, admitem uma concepção geral do Estado que se aplica por todo o sistema internacional. Isto não quer dizer que cada um dos Estados sempre se comportará racionalmente, mas que aqueles que não o fizerem serão punidos pela estrutura e irão, no fim das contas, desaparecer ou aprender a se comportar. As teorias estruturais diferenciam-se das explicações que podem ser encontradas no nível da formulação de políticas externas ou outras questões relacionadas a fatores internos. Aqui, há muito mais espaço para perguntar se os Estados são racionais ou não. Um importante debate sobre dissuasão durante a Guerra Fria desenvolveu-se, por exemplo, em torno da questão sobre a sustentação da premissa de racionalidade. Seria possível presumir que a liderança comunista, ou mesmo a norte-americana, agiria "racionalmente" em face da intensificação nuclear, ou será que elas seguiriam uma lógica diferente ou absolutamente indecifrável? O problema era que a lógica da dissuasão exigia um pouco de racionalidade e previsibilidade, mas não havia uma maneira certa de saber de antemão se essa lógica existia ou se continuaria a existir sob as condições extremas da guerra nuclear. A questão da racionalidade veio à tona de novo após o 11 de Setembro, como veremos no Capítulo 8. Ainda assim, embora premissas racionais sejam centrais em muitas correntes principais das teorias dos ESI, existe simultaneamente uma tensão entre elas e o outro lado da lógica da "segurança nacional", que se preocupa com o drama, a urgência e a exceção na segurança. Esta última tradição é identificada recentemente com Carl Schmitt, mas também faz coro com alguns dos mais rígidos elementos do Realismo. Os elementos centrais dessa tradição são, conforme Williams (2003) e Huysmans (2006b, p.124-44), o fato de que segurança diz respeito a tomar decisões excepcionais, diz respeito àquele ponto de perigo em que a distinção entre Eu e o Outro se torna absolutamente clara. Essas decisões podem ser influenciadas por capacidades materiais – como estabelecido no relato da mudança para uma política de segurança racional –, mas não são racionais no sentido de que quem as toma possui informações completas, além de os tomadores de decisão não estarem aptos a prever completamente quais serão as consequências de ações e de não ações. Isto sublinha o elemento que decide na política de segurança, e a compreensão da política como uma área na qual os formuladores de políticas – e outros – devem agir com firmeza, mesmo sob pressão e sem a informação perfeita.

Epistemologia e debates de segurança

Os processos históricos que deram base à constituição do moderno conceito de segurança, como demonstrado acima, também tiveram consequências no modo como a segurança deveria ser estudada. Retrocedendo até Westfália, a tentativa de fazer da segurança um campo material e racional de deliberação estava ligada à tentativa de pacificar relações interestatais e ao modo de definir o conhecimento. Há, em outras palavras, conforme defende Williams (1998), uma clara ligação entre o conceito de segurança e a epistemologia.

Epistemologia diz respeito aos princípios e às diretrizes de como o conhecimento pode ser adquirido; logo, no contexto dos ESI, à questão de como se deve estudar a segurança. Os ESI não se preocupavam muito, durante a Guerra Fria, com questões epistemológicas, embora houvesse divisões que englobavam os debates entre os "tradicionalistas" e os "behavioristas" no tocante à teoria das RI. De todo modo, isto mudou, até certo ponto, no fim da década de 1980 e nos anos 1990 à medida que debates mais amplos sobre epistemologia nas Ciências Sociais atingiram primeiramente as RI e, a partir delas, os ESI. Visto que a epistemologia é tanto uma parte do fundamento clássico da segurança como também dos debates mais amplos dos últimos vinte anos, é proveitoso que se tenha uma noção de como ela é discutida.

A primeira distinção epistemológica central nos ESI é aquela entre concepções objetivas, subjetivas e discursivas de segurança. A definição de segurança objetiva e subjetiva foi delineada por um dos primeiros textos clássicos de ESI, "*National Security as an Ambiguous Symbol*" [Segurança nacional como um símbolo ambíguo], de Wolfers (1952). Wolfers (1952, p.485) sustentava que "a segurança, em um sentido objetivo, mede a ausência de ameaças a valores adquiridos; em um sentido subjetivo, a ausência do medo de que tais valores sejam atacados". Jamais era possível, de acordo com Wolfers, medir a segurança "objetivamente", na medida que avaliações subjetivas desempenhavam um papel inevitável nas estimativas dos Estados. Ainda assim, "em retrospectiva, torna-se às vezes possível dizer exatamente quanto eles desviaram de uma reação racional em direção ao estado de perigo verdadeiro ou objetivo existente à época" (Wolfers, 1952, p.485).

Abordagens subjetivas de segurança enfatizam a importância da história e das normas, das psicologias do medo e das percepções (errôneas), além dos contextos relacionais (amigos, rivais, neutros, inimigos) dentro dos quais as ameaças são enquadradas. Estados, assim como pessoas, podem habitar qualquer ponto do espectro entre paranoicos (enxergando ameaças onde elas não existem), passando pelos racionais (avaliando as ameaças corretamente), até os complacentes (não enxergando, ou não se importando, com as reais ameaças). Essas abordagens defendem que, no mínimo, o tradicional enfoque nas capacidades materiais militares deveria ser complementado com fatores não materiais, como a cultura das forças armadas, o nível de coesão nacional ou as normas sobre o uso legítimo de, por exemplo, armamentos químicos ou assassinatos (Johnston, 1995; Kier, 1995; W. Thomas, 2000; Tannenwald, 2005). Estes estudos defendem que tanto os fatores materiais quanto os ideacionais têm impacto nos recursos reais (militares) que os Estados possuem à sua disposição. De forma mais ampla, o dilema de segurança liberal ocorre quando os Estados percebem as intenções uns dos outros de forma errônea: cada Estado está meramente lutando para estar defensivamente seguro, mas, ao fazê-lo, outros o percebem – falsamente – como sendo ameaçador. Ir, como fez Walt, de um equilíbrio de poder para um equilíbrio de ameaças é, por si só, reconhecer a importância do processo intersubjetivo (Walt, 1987). Ainda assim, enquanto um número significativo de estudos em ESI integraram concepções subjetivas de segurança, principalmente ao reconhecer as percepções (Jervis, 1976), vale a pena notar que essa concepção ainda está ligada a uma concepção objetiva. A compreensão subjetiva de segurança pode ser uma reflexão mais ou menos precisa da segurança objetiva medida por capacidades materiais ou ameaças objetivas. As abordagens subjetivas, em outras palavras, não prescindem da definição objetiva de segurança, mas a contrastam com o "filtro" subjetivo.

Abordagens discursivas, em contrapartida, defendem que a segurança não pode ser definida em termos objetivos e que, portanto, tanto as concepções objetivas quanto as subjetivas são enganosas. A Escola de Copenhague defende que a segurança é um ato da fala e, "ao falarmos 'segurança', um representante estatal declara uma condição de emergência, reivindicando, portanto, o direito de utilizar quaisquer meios necessários para barrar um desenvolvimento ameaçador"

(Buzan et al, 1998, p.21; veja também Wæver, 1995). Um fator central para a análise de segurança é, portanto, compreender o processo pelo qual "ameaças" se manifestam como problemas de segurança na agenda política. "Ameaças", neste sentido, são "objetivas" quando aceitas por atores políticos significativos, não por possuírem posição ameaçadora inerente. A segurança é, resumindo, uma prática autorreferencial (Buzan et al, 1998, p.24). Isto não quer dizer que qualquer coisa possa virar "segurança"; em primeiro lugar, porque nem todas as questões políticas podem receber a prioridade da "importância de segurança" ao mesmo tempo e, em segundo lugar, porque a construção discursiva de "ameaças à segurança" será influenciada pela história de um Estado, sua posição geográfica e estrutural, além das reações (discursivas) que obtém de outros, internacional e domesticamente. Para que os atos da fala de segurança sejam bem-sucedidos, eles também precisam convencer seus públicos relevantes.

TABELA 2.1. DISTINÇÕES EPISTEMOLÓGICAS

CONCEPÇÕES OBJETIVAS	CONCEPÇÕES SUBJETIVAS	CONCEPÇÕES DISCURSIVAS
A ausência/presença de ameaças concretas	A sensação de estar ameaçado ou não	Segurança não pode ser definida em termos objetivos
Geralmente definem a segurança em termos materiais relativos	Enfatizam o contexto social, a história e as psicologias do medo e as percepções (errôneas)	Segurança é um ato da fala
	Mantêm uma referência objetiva	Concentram-se no processo intersubjetivo, através do qual as "ameaças" se manifestam como problemas de segurança na agenda política

As concepções objetivas, subjetivas e discursivas estão resumidas na Tabela 2.1, e dizem respeito à posição que a segurança assume, o modo como pode ser identificada e estudada. Outra distinção epistemológica chave trata dos princípios que deveriam ser adotados para analisar a segurança. Aqui, como nas RI em geral, a grande distinção ocorre entre abordagens científicas e positivistas, por um lado, e filosóficas, sociológicas e constitutivas, de outro. De maneira substantiva, o debate entre ambas as abordagens relaciona-se a até que ponto as Ciências Sociais deveriam refletir as Ciências Naturais, ou seja, procurar estabelecer teorias causais do comportamento (estatal). Teorias causais exigem que variáveis sejam identificadas e separadas analítica e temporalmente, para que, se X causa Y, então Y deve acontecer se X ocorre, e se X não acontece, então Y tampouco deve ocorrer (King et al, 1994). Como as RI e os ESI não são como um laboratório, eles somente podem se aproximar dos programas de pesquisa positivista da Química ou da Física; todavia, os positivistas defendem que se deveria fazer um esforço para estar o máximo possível de acordo com os princípios positivistas. Os pós-positivistas, por outro lado, insistem que muitos dos problemas com os quais as Ciências Sociais lidam, inclusive o de segurança, são mais bem enfrentados pelo uso de teorias não positivistas. O processo através do qual se identificam e se fornece significado a ameaças, por exemplo, é mais bem compreendido por meio de uma análise de construção identitária e transformação institucional que não se submetem à causalidade ou à quantificação.

A maior parte das abordagens realistas e liberais seguiu o caminho positivista, juntando-se com o que Keohane chamou, em 1988, de "racionalismo", enquanto construtivistas críticos, pós-estruturalistas e a maior parte das feministas optaram por uma abordagem pós-positivista e "reflexivista" (Keohane, 1988). Mas em relação a concepções objetivas, subjetivas e discursivas, deve-se estar ciente de que existem muitos que se encontram fora dessas áreas cuidadosamente delimitadas. Boa parte dos ESI durante a Guerra Fria preocupavam-se mais com a evolução empírica da corrida armamentista e com as relações entre as superpotências do que com o estabelecimento de teorias de monta. Os realistas e os liberais clássicos escreveram antes de a guinada para o positivismo ganhar força, e não se encontram programas de pesquisa causal nos históricos artigos de Kennan (1947), Herz (1950) ou Wolfers (1952). Todavia, embora a consciência da epistemologia seja relativa novidade nos ESI, sua presença e suas consequências tiveram influência desde o início.

Mapeando os conceitos de segurança

Os dois primeiros capítulos já mencionaram as nomenclaturas de uma série de abordagens de ESI. Já que vamos utilizar muitas delas daqui em diante, concluímos este capítulo ligando estes e outros conceitos de segurança às discussões acima. Os leitores podem achar útil ter em mãos tanto um glossário dos termos quanto um guia rápido para as semelhanças e diferenças entre as várias abordagens. Também indicamos o enfoque geográfico de cada abordagem, um tema que desenvolveremos a medida que desdobrarmos a evolução dos ESI nos capítulos 4 até o 8.

- *Construtivismo Convencional* – traz um contraponto às análises materialistas ao destacar a importância de fatores ideacionais, ou seja, cultura, crenças, normas, ideias e identidades. Geralmente concentrado na análise do comportamento estatal, inclui epistemologias positivistas, assim como pós-positivistas, localizando-se, acima de tudo, nos Estados Unidos.
- *Construtivismo Crítico* – analisa outras coletividades que não o Estado, mas se preocupa, acima de tudo, com a segurança militar. Adota metodologias narrativas e sociológicas pós-positivistas. Suas origens são predominantemente norte-americanas, mas, desde os anos 1990, adquiriu posição forte na Europa.
- *A Escola de Copenhague* – em parte, trata de ampliar as ameaças e os objetos de referência, especialmente segurança identitária/

societal; em parte, trata de dar mais atenção ao nível regional; mas, acima de tudo, concentra-se na securitização (os processos sociais pelos quais grupos de pessoas concebem algo como ameaça), oferecendo, portanto, um contraponto construtivista à análise de ameaça materialista dos Estudos Estratégicos tradicionais. É particularmente forte na Escandinávia e na Grã-Bretanha, tendo influência na maior parte da Europa.

- *Estudos Críticos de Segurança* – semelhante à Pesquisa da Paz em suas metas normativas, especialmente ao enfatizar a segurança humana antes da segurança estatal, mas utilizando, principalmente, uma metodologia pós-positivista. É, geralmente, um ramo da Teoria Crítica das RI, tendo a emancipação como um conceito-chave. É particularmente forte na Grã-Bretanha.

- *Estudos Feministas de Segurança* – abrange variedade de abordagens que vão desde a Pesquisa da Paz até o Pós-Estruturalismo. Defende que as mulheres apoiam as políticas de segurança dos Estados por meio de funções militares e não militares e que enfrentam uma série de problemas de segurança específicos de gênero que não são jamais reconhecidos dentro de uma concepção estadocêntrica de segurança. Aponta para o papel que a masculinidade desempenha em sustentar políticas de segurança militaristas. Originou-se em meados dos anos 1980, nos Estados Unidos e na Grã-Bretanha, e alcançou uma presença global.

- *Segurança Humana* – intimamente ligada à Pesquisa da Paz e aos Estudos Críticos de Segurança. Dedica-se à visão de que os seres humanos deveriam ser os objetos de referência primordiais da segurança e que, portanto, os ESI deveriam incluir questões como pobreza, subdesenvolvimento, fome e outros ataques à integridade e ao potencial humano. Busca integrar as agendas dos ESI e dos Estudos de Desenvolvimento. A Segurança Humana possui presença acadêmica no Ocidente e no Japão, sendo assimilada pela Organização das Nações Unidas (ONU), pela União Europeia (UE) e pelos governos canadense, norueguês e japonês.

- *Pesquisa da Paz* – o contraponto normativo clássico aos Estudos Estratégicos, buscando reduzir ou eliminar a utilização da força nas relações internacionais, destacar e criticar os perigos no debate estratégico (em especial nuclear) e fornecer suporte à segurança individual com, ou às vezes contra, a segurança nacional (estatal). Sobrepõe-se aos Estudos Estratégicos no seu interesse em controle de armamentos e desarmamento, além da corrida armamentista, e, em algumas ramificações, também na utilização de métodos quantitativos e da teoria dos jogos. A Pesquisa da Paz tornou-se fortemente institucionalizada nos países escandinavos, na Alemanha e no Japão, em menor escala na Grã-Bretanha e, com diferentes orientações teóricas, nos Estados Unidos.
- *Estudos de Segurança Pós-Coloniais* – apontam para o Ocidente-centrismo dos ESI e defendem que o estudo do mundo não ocidental requer teorias de segurança que incorporem a história colonial, além da atenção às formações estatais específicas do Terceiro Mundo. Já que o Primeiro e o Terceiro Mundo se conectam, os Estudos de Segurança Pós-Coloniais defendem que fornecem uma compreensão das dinâmicas tanto do Primeiro quanto do Terceiro Mundo. São geralmente críticos do estadocentrismo e vêm sendo desenvolvidos por acadêmicos ocidentais e não ocidentais.
- *Estudos de Segurança Pós-Estruturalistas* – adotam o conceito de discurso no lugar das ideias e defendem que a soberania e a segurança estatal são produtos de práticas políticas. Criticam a forma como o estadocentrismo constrange as possibilidades de outros objetos de referência de segurança, mas recusam a tradicional guinada da Pesquisa da Paz em direção à segurança individual. Começaram na América do Norte, em meados dos anos 1980, mas têm mais força na Europa desde o início dos anos 1990.
- *Estudos Estratégicos* – literatura tradicionalista clássica que define a matéria em termos político-militares e concentra-se nas dinâmicas militares. Isto inclui suas próprias subliteraturas, como aquelas sobre guerra, proliferação nuclear, teoria da dissuasão, corrida ar-

mamentista, controle de armamentos, etc. É fortemente materialista em sua abordagem, com a tendência de assumir uma posição normativa estadocêntrica como dada, em vez de um assunto para discussão. Geralmente é forte em todo o Ocidente, mas especialmente nos Estados Unidos e na Grã-Bretanha, com uma tradição separada na França.

- *(Neo)Realismo* – as abordagens realistas geralmente possuem fortes ligações com os Estudos Estratégicos pelo fato de que eles embasam suas suposições essencialmente estadocêntricas, materialistas, conflituosas e de política de poder (logo, "objetivas") sobre a natureza das relações internacionais. Os conceitos neorrealistas, em especial o da polaridade (Waltz, 1979), desempenharam um importante papel no pensamento sobre a dissuasão nuclear, o controle de armamentos e a corrida armamentista. É a principal corrente nos Estados Unidos e é influente, embora muito mais contestada, na Europa.

A Tabela 2.2 mapeia a forma como as abordagens de ESI respondem às cinco questões apresentadas neste capítulo.

TABELA 2.2. PERSPECTIVAS DE ESI EM RELAÇÃO ÀS CINCO QUESTÕES

PERSPECTIVA DE ESI	OBJETO DE REFERÊNCIA	INTERNO/EXTERNO	SETORES	VISÕES DA POLÍTICA DE SEGURANÇA	EPISTEMOLOGIA
Estudos Estratégicos	Estado	Acima de tudo externo	Militar (uso da força)	Realista	Positivista (desde o muito empírico até os modelos formais)
(Neo)Realismo	Estado	Acima de tudo externo	Militar-político	Realista	Racionalista
Estudos de Segurança Pós-Estruturalistas	Coletivo-individual	Ambos (constituição de fronteiras)	Todos	É possível a mudança do Realismo, mas não é utópico/idealista	Desconstrutivista e discursiva
Estudos de Segurança Pós-Coloniais	Estados e coletividades	Ambos	Todos	É possível a mudança do domínio ocidental, mas é difícil de se alcançar	Teoria Crítica, desconstrutivista, sociologia histórica
Pesquisa da Paz	Estado, sociedades, indivíduos	Ambos	Todos (negativo: predominantemente militar)	É possível a transformação	Positivista (desde quantitativa até materialista marxista)
Segurança Humana	Indivíduo	Acima de tudo interno	Todos	Transformativa	Geralmente altamente empírica ou construtivista branda
Estudos Feministas de Segurança	Indivíduo, mulheres	Ambos	Todos	Geralmente transformativa	Desde a quantitativa até a pós-estruturalista
Estudos Críticos de Segurança	Indivíduo	Ambos	Todos	Transformativa (emancipação)	Teoria Crítica (hermenêutica)
Escola de Copenhague	Coletividades e meio ambiente	Ambos	Todos	Neutra	Análise do ato da fala
Construtivismo convencional	Estado	Externo	Militar	É possível a transformação	Positivista soft
Construtivismo crítico	Coletividades	Acima de tudo externo	Militar	É possível a transformação	Narrativa e sociológica

3. AS FORÇAS MOTRIZES POR TRÁS DA EVOLUÇÃO DOS ESTUDOS DE SEGURANÇA INTERNACIONAL

Nos CAPÍTULOS 1 e 2, esquematizamos os ESI pós-1945 como uma subárea das RI, e pesquisamos os principais debates e abordagens que determinaram a forma e o conteúdo deste assunto. Tratamos de nosso tema central de evolução ao identificarmos uma ramificação de concepções do assunto que vão de um âmbito limitado, altamente estadocêntrico e político-militar a um conjunto muito mais diversificado de compreensões que geralmente contestam umas às outras. Neste capítulo, veremos separadamente as forças motrizes por trás da evolução dos ESI. Por que diferentes concepções do escopo, dos objetos de referência e das compreensões epistemológicas dos ESI vieram à tona em determinada época? Por que, de fato, os ESI se aglutinaram como uma matéria distinta e, desde então, evoluíram da maneira como o fizeram? Por que ocorreram tantas mudanças e turbulências dentro desta subárea quando suas bases realistas, com ênfase na permanência da ameaça militar na política mundial, sugerem que deveria haver muita continuidade?

Conforme mostraremos nos capítulos seguintes, há algumas continuidades significativas na literatura de ESI, mas também há várias mudanças substanciais. Às vezes, a prioridade de um tópico diminui (tais como controle de armamentos e dissuasão perto do fim dos anos 1980) e, às vezes, a direção muda quando tópicos totalmente novos tornam-se parte de debates contínuos (tais como os econômicos, ambientais, societais e de segurança humana). Às vezes, o conteúdo ou a ênfase dos ESI mudam em bloco, mas às vezes se desenvolve de modos diferentes em lugares diferentes. Este capítulo discute o que explica o nascimento e a evolução dos ESI, tanto suas continuidades quanto suas transformações. Sugerimos que cinco forças são particularmente centrais nesse processo: a política das grandes potências, a tecnologia, os eventos-chave, a dinâmica interna dos debates acadêmicos e a institucionalização. Estas cinco funcionam como forças motrizes em dois sentidos diferentes. De maneira mais óbvia, movem os ESI para dar forma ao que as pessoas decidem escrever sob o título de ESI, quais assuntos e questões elas definem como os principais problemas de segurança atuais. De maneira menos óbvia, mas não menos importante, elas moldam como as pessoas escrevem sobre esses tópicos. Elas ajudam a moldar quais ontologias, epistemologias e métodos possuem legitimidade e quais deveriam ser os papéis societais, políticos e acadêmicos dos estudiosos de segurança. Já que apresentamos o nosso relato como uma história narrativa, estes dois sentidos dialogarão por todo o texto.

A primeira seção a seguir apresenta a sociologia kuhniana do enquadramento científico, que apoia este tipo de abordagem. A seção também descreve a metodologia por trás do enquadramento científico dessas cinco forças como combinação de uma leitura indutiva empírica da literatura de ESI e uma análise dedutiva da literatura existente na sociologia da ciência e das RI. A segunda seção vai de um enquadramento geral para discussões-chave na ainda escassa literatura sobre sociologia das RI, discussão esta que diz respeito aos méritos relativos das explicações internas e externas. Tendo decidido incluir ambas, a seção três versa sobre como o interno e o externo podem ser ainda mais especificados. A seção final do capítulo consiste em uma visão mais detalhada das cinco forças motrizes como categorias analíticas gerais, em preparação para utilizá-las como as lentes através das quais vamos observar empiricamente a evolução dos ESI do capítulo 4 ao 8.

Uma sociologia pós-kuhniana da ciência

Não havia nenhuma análise prévia abrangente da evolução dos ESI que abarcasse o período que vai de meados dos anos 1940 até o novo milênio pós-11 de Setembro e que abrangesse todo o esquema dos ESI desde os tradicionais Estudos Estratégicos até as abordagens pós-estruturalistas e feministas. Portanto, não surpreende que não haja um modelo de sociologia da ciência facilmente disponível e especialmente adequado para os ESI nos quais possamos nos basear. O quadro das cinco forças motrizes que por fim escolhemos foi montado por meio de uma combinação de dois métodos diferentes. Percorrendo um dos caminhos, operamos empiricamente, derivando as forças de modo pragmático a partir de nossas leituras da literatura de ESI através de seis décadas e abarcando uma grande gama de perspectivas. Nesse ponto, elas podem ser vistas como indutivamente originárias da própria literatura de ESI. Estas cinco forças foram aquelas que (concluímos após termos tentado e rejeitado outros potenciais candidatos) podiam explicar de modo mais adequado os maiores movimentos conceituais, tanto as continuidades quanto as transformações. O que apresentamos é o melhor resultado de uma série de forças e modelos possíveis.

Também operamos de forma mais dedutiva, percorrendo o segundo caminho metodológico e trazendo para as nossas leituras tanto o nosso conhecimento de quais são os principais temas e fatores explicativos nas RI e nos ESI, como o que geralmente se destaca na literatura de sociologia da ciência. A partir dessa perspectiva mais geral, poderíamos esperar que qualquer estrutura social fosse moldada pela disposição de poder material (grandes potências), pelo conhecimento (tecnologia), pelos eventos (história e as sombras que ela projeta no futuro), pelas construções sociais existentes (debates acadêmicos) e pela dinâmica organizacional e de riqueza (institucionalização). Utilizamos as cinco forças motrizes para destacar temas-chave que explicam como e por que os ESI evoluíram da forma como o fizeram. Quando adotamos uma visão mais ampla dos ESI, todas elas interagem; contudo, ao focarmos em períodos e abordagens particulares, algumas podem ser mais significativas do que outras. As cinco diferentes forças dizem respeito a vários aspectos da estrutura social com impacto sobre os ESI, e, consequentemente, estas forças não são facilmente separáveis, de forma empírica, nem pertencem a categorias mutuamente excludentes. As forças interagem de maneiras importantes e complexas, às vezes reforçando abordagens existentes, às vezes acelerando o número e a força dos recém-chegados. Como quadro teórico, as cinco forças motrizes possuem, portanto, uma qualidade explicativa heurística que nos permite produzir uma análise estruturada, ainda que histórica e empiricamente sensível. Mas não é um quadro que busque dar explicações causais, em que o impacto de uma força é testado contra o das outras. Poderia ter sido possível construir um quadro teórico que identificasse mais ou diferentes forças motrizes, mas as combinações das estratégias indutiva e dedutiva pareceram nos fornecer um embasamento epistemológico razoavelmente forte. No fim das contas, contudo, a "prova" dos quadros não causais está em sua habilidade de gerar tanto profundidade quanto uma visão global, e, deste modo, a utilidade do quadro das forças motrizes baseia-se no relato substancial que elas nos permitem produzir nos capítulos seguintes.

Se pensarmos na tarefa de sociologia da ciência que se nos apresentava, pode-se concebê-la como uma pirâmide de três camadas, tendo a sociologia dos ESI e nosso quadro de cinco forças no topo, com duas camadas a apoiá-los. A Figura 3.1 fornece uma representação gráfica dessas três camadas de sociologia da ciência que compõem a abordagem que adotamos neste livro.

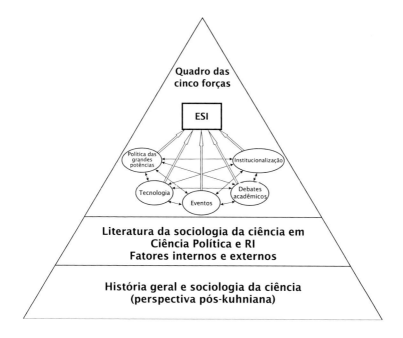

FIGURA 3.1. ABORDAGEM DA SOCIOLOGIA DA CIÊNCIA

Na base da pirâmide, temos a história geral e a sociologia da ciência construídas preponderantemente sobre uma perspectiva kuhniana. No segundo nível, está a literatura da sociologia da ciência em Ciência Política e RI, a qual tem se concentrado em investigar se os eventos externos ou os debates acadêmicos explicam melhor a evolução das disciplinas. Defendemos a incorporação de fatores tanto internos quanto externos em nosso modelo, e que o nascimento e a identidade dos ESI fornecem uma conexão mais forte com eventos externos e pressões políticas do que poderia ser verificado em Ciência Política como um todo. Na camada superior do modelo, definimos as cinco forças e a interação entre elas.

Partindo da base da pirâmide, a sociologia geral da ciência fornece uma ideia ampla de como as disciplinas acadêmicas – além de áreas e subáreas – se desenvolvem. O ponto de partida de Kuhn (1962) foi a observação de que a descoberta científica não lograva seguir o modelo previsto – e recomendado – pelos positivistas clássicos. O modelo de desenvolvimento científico do Positivismo defendia que a produção de conhecimento é (e deveria ser) um processo cumulativo, no qual os pesquisadores gradualmente estariam mais próximos da verdade. Desenvolvem-se teorias e testam-se hipóteses contra uma série de observações mensuráveis. Ainda assim, como Kuhn mostrou de modo convincente, os cientistas se encontravam bastante relutantes em abandonar ou rever seus paradigmas mesmo quando pressupostos-chave eram falseados e pressupostos fundamentais eram difíceis de se justificar. Kuhn defendia que, em vez de enxergarmos a ciência como cumulativa, deveríamos considerá-la como se atravessasse diferentes estágios. As disciplinas científicas começam como formas pré-paradigmáticas que se desenvolvem até chegarem a paradigmas baseados em uma compreensão compartilhada de leis gerais, pressupostos metafísicos de como se estrutura a "realidade", crenças epistemológicas sobre o que constitui uma boa ciência e obras e procedimentos respeitáveis. O trabalho que ocorre dentro de um paradigma nunca questiona fundamentalmente os pressupostos essenciais, o enfoque investigativo, as epistemologias ou a visão de mundo; é o que Kuhn descreveu como "ciência normal". As revoluções científicas – e não as descobertas dentro de paradigmas existentes – aparecem, portanto, quando se inauguram novos paradigmas em contraposição aos mais antigos, geralmente por uma nova geração de estudiosos cujo investimento pessoal e profissional é menor do que no caso dos mais antigos, ou por pesquisadores que chegam a uma disciplina vindos de uma área diferente, investindo menos, portanto, em determinado paradigma. Um ponto central é que paradigmas novos e antigos diferem em pontos tão fundamentais que são considerados *incomensuráveis*: não há como testar uma fuga do desacordo, pois o que está em jogo é todo o enquadramento do tópico de pesquisa, a questão do que deveria ser estudado/testado e como interpretar o resultado (Schmidt, 1998, p.6-7). O ponto importante para os ESI, a partir de uma perspectiva de sociologia da ciência, é que pode ser difícil especificar exatamente quando os paradigmas são incomensuráveis. Como ressalta Wæver (1998, p.716), o próprio fato de se ter um debate – o qual pode variar de um diálogo respeitoso e construtivo até uma guerra – indica um pouco de coesão e "expressa uma disciplina que ainda não chega a ser totalmente fragmentada".

O ponto sociológico essencial para o nosso atual exercício é que, se o conhecimento não evolui somente como resultado da prova científica, faz-se necessário, então, tentar levar em conta outras forças que agem dentro da evolução de qualquer área de estudo. Kuhn abriu espaço para o "progresso" dentro dos paradigmas, mas ressaltou que o que constituíam avanços científicos somente poderiam ser julgados pelos próprios padrões desse paradigma, e não por padrões extra-paradigmáticos. Mas se não houver determinado padrão científico que as teorias devam se esforçar para manter, como é possível tecer julgamentos sobre os méritos relativos de paradigmas rivais? Esta questão aponta para uma característica essencial dos debates acadêmicos como força motriz: na ausência de padrões absolutos e objetivos, os estudiosos tentarão estabelecer seus próprios como hegemônicos. Estudiosos, políticos, a mídia e uma quantidade de outros atores da sociedade alegam constantemente qual o papel que a ciência deveria desempenhar na sociedade, baseados em um conjunto de julgamentos políticos e normativos mais profundos e influenciados por questões, ideias e estruturas de poder ao seu redor. Os ESI são uma área altamente politizada, na qual questões acerca tanto do que deveria ser estudado quanto do papel dos estudiosos em relação ao aparato de segurança do Estado são fonte contínua de tensão e debate. Para compreendermos sua evolução, devemos nos apropriar não só da dinâmica peculiar dos debates acadêmicos, mas também da variedade de formas materiais e ideacionais pelas quais os ESI vêm interagindo com o mundo mais amplo.

Fatores internos *versus* externos

Kuhn defendia que as perspectivas acadêmicas são bem resistentes ao encarar os "fatos" que podem desafiar seus pressupostos e previsões básicas. As teorias são "filtros" através dos quais se garante mais significância a fatos e eventos particulares do que a outros, e entendem-se e analisam-se "fatos" de acordo com as concepções e pressupostos básicos de um paradigma. Os estudiosos de segurança tradicionais concordariam, por exemplo, que o número de mortes atribuídas ao HIV/AIDS documentado é muito alto em partes da África, e que isto estremece as relações societais e econômicas nos países gravemente afetados. Contudo, eles não concordariam que isso constitui um problema de segurança, a não ser que a segurança militar esteja diretamente em jogo (Elbe, 2003). Abordagens mais amplas podem defender, em contrapartida, que o HIV/AIDS constitui ameaça para a segurança societal, que os atores globais e regionais securitizaram com sucesso o HIV/AIDS ou que se deveria dar atenção particular aos problemas de segurança de mulheres e crianças (Elbe, 2006). O que está em jogo nos debates de segurança sobre o HIV/AIDS, portanto, não é apenas a taxa de mortalidade como um evento externo, tampouco as consequências materiais dela advindas, mas a interpretação de tais fatos.

Uma compreensão kuhniana sugere que, em um nível mais concreto, não podemos esperar uma explicação da evolução das disciplinas acadêmicas como um processo causal pelo qual os fatos observados impelem mudanças sem nenhum contratempo. A maneira de julgar exatamente entre, de um lado, explicações internas focadas nos debates dentro de uma área acadêmica e, de outro, explicações externas que apontam para eventos e desenvolvimentos políticos tem sido um tema essencial na (ainda esparsa) literatura sobre a evolução das RI. Schmidt (1998, p.32-3) defende que "é uma crença comum que eventos externos no campo da política internacional tenham, mais fundamentalmente que qualquer outro conjunto de fatores, moldado o desenvolvimento da área". Discordando de tal abordagem, ele

(1998, p.36) defende que os "desenvolvimentos na área de relações internacionais são informados mais por tendências disciplinares em Ciência Política e pelo caráter da universidade norte-americana que por eventos externos que ocorrem na política internacional" (p.38; veja também Wæver, 1998, p.692; Jørgensen, 2000, p.10). Alguns eventos não geram nenhum tipo de resposta (o que seria de se esperar caso houvesse uma relação causal) e eventos que geram respostas sofrem múltiplas interpretações. Baseando-se na abordagem interna do teórico político Gunnell (1993) sobre a evolução da subdisciplina de Teoria Política, Schmidt (1998, p.37) apresenta a defesa de uma abordagem de história discursiva interna e crítica cujo objetivo é "reconstruir, da forma mais precisa possível, a história da conversação que é constitutiva das relações internacionais acadêmicas".

De forma geral, embora reconheçamos a necessidade de chamar atenção para a importância das dinâmicas internas na evolução das RI e dos ESI, também consideramos problemática a aguda dicotomia entre as explicações internas e externas, por quatro razões (Breitenbauch e Wivel, 2004, p.416-7). Em primeiro lugar, ela exagera o alcance das explicações externas dentro dos ESI como sendo realmente aceitas sem contestação. É difícil acreditar que nem mesmo o mais forte analista político empírico ou o racionalista mais duro (os quais, em tese, são os que advogam explicações externas) concordariam que as teorias são lentes analíticas que impedem que os eventos tenham um impacto causal direto ou sem contratempos nos desenvolvimentos disciplinares. Cada teoria pode muito bem afirmar que explica ou compreende um evento em particular melhor do que as teorias rivais, mas esta é uma afirmação diferente de defender que eventos impactam de modo causal a evolução dos ESI como um todo.

Em segundo lugar, presumindo que estivéssemos prestes a julgar entre explicações internas e externas, seria difícil, senão impossível, imaginar um desenho de pesquisa que permitisse testar a posição explicativa de ambas. Por exemplo, como comparar o impacto do fim da Guerra Fria com a influência asseverada por tendências disciplinares? Estas últimas são, obviamente, cruciais para entender *como* se interpreta e se explica o fim da Guerra Fria, mas sem este evento específico, esta nova e grande questão não existiria na agenda de pesquisa para que as teorias a dissecassem e competissem por ela. Os eventos também podem ser um pouco menos espetaculares, mas fornecem a base sobre a qual debates mais detalhados e conduzidos internamente se desenvolvem, como foi o caso da tecnologia nuclear e da teoria de dissuasão da Guerra Fria. Como, por exemplo, separaríamos o impacto da bipolaridade nuclear da importação da teoria dos jogos para dentro dos ESI? Em vez de embarcarmos em uma tentativa árdua de montar um teste, é melhor que reconheçamos que é a *interação* entre fatores internos e externos que conduz os ESI.

Em terceiro lugar, defende-se a inclusão de explicações externas no nosso quadro pela afirmação analítica geral de que é por meio de inserções externas de diferentes tipos que as disciplinas acadêmicas debatem e mudam. Basear-se somente em explicações internas criaria uma imagem dos ESI – e da ciência – como algo social e politicamente isolado (e absorto em si mesmo). Isto não apenas se encaixa de maneira reles, como se mostrará nos capítulos 4 ao 8, na forma como os ESI se desenvolveram, como também produziria um modelo que teria sérias dificuldades de explicar mudanças. Se nenhuma inserção foi feita no processo de pesquisa, como é que tanto o equilíbrio entre as diferentes abordagens de ESI quanto o conteúdo delas mudaram nos últimos sessenta anos?

Em quarto lugar, o debate entre explicações internas e externas também pode se beneficiar da consideração de como a disciplina, área ou subárea em questão se situa em relação à política e às instituições de formulação de políticas. Esta relação diz respeito à história da fundação de uma disciplina e de como se debate sua localização institucional e seu propósito. As disciplinas acadêmicas têm se ligado, com alcances diferentes, explicitamente a fatores externos cruciais, incluindo eventos atuais e instituições políticas. Pense, por exemplo, na diferença entre as disciplinas de Literatura Comparada, Ciência

Política e Física. Já que a Ciência Política é definida, em um nível muito mais alto, por uma ligação com os eventos políticos contemporâneos, é bem mais razoável esperar que o seu desenvolvimento seja mais influenciado por este fator do que seriam as duas outras disciplinas. Mesmo dentro da disciplina de Ciência Política, os ESI são dignos de nota por serem fundamentados em resposta a um conjunto de questões muito urgentes (conforme eram percebidas) do "mundo real/externo" que eram ligadas à crescente ameaça representada pela União Soviética, em especial à medida que ela se tornava uma potência nuclear. Definitivamente, os ESI tinham uma ambição científica em seu bojo e, conforme apresentou Wæver (Wæver e Buzan, 2007), um otimismo sobre a utilidade da ciência e da possibilidade de se encontrar soluções racionais para os problemas da sociedade. Ainda assim, era, ao mesmo tempo, uma disciplina voltada ao fornecimento de conhecimento relevante para política. Esta ambição dual significava que os ESI não eram conduzidos exclusivamente pelo processo de descoberta científica interna, mas também pelo seu engajamento no mundo da política e pela influência do mundo da política sobre eles. Desde então, os ESI foram conduzidos por esse emaranhado de escolhas epistemológicas e pela percepção de uma obrigação de dialogar com grandes decisões políticas (Williams, 1998). Em nenhum lugar isto se observa mais que no sistema "interno-externo" dos Estados Unidos, no qual é comum que escritores de ESI (nem todos norte-americanos) passem uma parte de suas carreiras na academia ou em *think-tanks* e parte delas no governo. É difícil imaginar que, para o bem ou para o mal, este ciclo não influencie o que as pessoas decidem escrever e como elas o fazem, mesmo que nem sempre o façam de maneira previsível. Ao comparar os ESI com Teoria Política, por exemplo, é bem possível que se explique esta última por um grau maior de fatores internos, em especial porque ela não se constituiu em torno de uma ligação igualmente forte com o mundo da política e, portanto, não possui um sentido similarmente forte de responsividade externa (Gunnell, 1993).

Na segunda camada da sociologia da ciência, a nossa conclusão é que necessitamos de um modelo que direcione nossa atenção para a inter-relação entre fatores internos e externos, que faça do exato significado e da maneira como eles interferem uns nos outros uma questão empiricamente aberta e que, além disso, nos forneça um conjunto mais refinado de ferramentas analíticas do que "interno" e "externo". Fatores externos geralmente são discutidos como uma ampla categoria nas quais os "eventos" são presumivelmente mais significativos, mas outros fatores externos incluem as políticas das grandes potências e a evolução de tecnologias essenciais. Os recursos e agendas políticas de fundações e *think-tanks* podem ser tanto uma influência interna (na medida em que essas instituições fazem parte dos ESI) como externa (na medida em que elas fornecem dinheiro aos ESI). Na próxima seção discutiremos quais forças motrizes específicas devem ser incluídas e demonstraremos a interação entre elas.

A posição teórica do quadro das forças motrizes

Caminhando agora para a questão de como um quadro analítico concreto deveria ser desenhado, começamos com o pressuposto de que é a *interação* entre um conjunto de forças internas e externas que explica a evolução dos ESI. Não podemos pensar em uma maneira de testar de modo significativo a influência de cada força, e portanto nosso proposto quadro de cinco forças é uma "teoria" no sentido europeu, significando algo que organiza uma área sistematicamente, estrutura questões e estabelece um sistema rigoroso e coerente de conceitos e categorias inter-relacionados, mas não no sentido norte-americano, positivista e dominante (que exige propostas de causa-efeito). Nossa metodologia dual de trabalhar simultaneamente a partir da literatura da sociologia da ciência, em especial RI, e de uma leitura indutiva dos próprios debates de ESI nos trouxe a um quadro de cinco forças: política das grandes potências, tecnologia, eventos essenciais, a dinâmica interna dos debates acadêmicos e a institucionalização. Vários desses fatores abarcam tanto aspectos internos quanto externos, reforçando o nosso comprometimento de nos concentrarmos na sua interação.

Examinando a literatura existente de sociologia da ciência nas RI – aplicando, portanto, uma metodologia mais dedutiva – observamos que aqueles que forneceram quadros mais detalhados o fizeram com o propósito de explicar abordagens nacionais particulares ou, de forma mais geral, a divisão entre as abordagens europeias ou continentais, por um lado, e a norte-americana, por outro (Wæver, 1998; Jørgensen, 2000; Breitenbauch e Wivel, 2004; Wæver, 2007; Wæver e Buzan, 2007). Posto que o que será explicado são variações nacionais (ou regionais), há – como na maioria das análises de política externa – um movimento lógico para enfatizar explicações situadas no nível nacional/regional. O aspecto mais controverso de nosso quadro pode ser, portanto, o fato de não incluirmos uma variável societal interna. Esta decisão baseou--se no fato de que a principal questão de nossa pesquisa era traçar e oferecer uma explicação sobre a evolução dos ESI como uma subárea geral das RI, mas que não tentaríamos cobrir variações nacionais detalhadamente. Mas como os ESI foram fundados nos Estados Unidos e a maior parte da literatura sobre a Guerra Fria convencional foi conduzida por uma agenda política da grande potência norte-americana, prestamos atenção a fatores societais norte-americanos específicos por meio da força motriz de política da grande potência. É verdade que parte da história dos ESI é a evolução das distintas abordagens europeias e norte-americanas, mas esta é uma diferença que podemos explicar por meio das cinco forças motrizes sem elevar fatores societais à posição de uma força motriz distinta. Europa e Estados Unidos se situam de modos diferentes em termos de capacidades e políticas de grandes potências. Tanto durante a Guerra Fria quanto depois dela, os Estados Unidos possuíam capacidades tecnológicas que a Europa não possuía, e estiveram aptos a suportar os custos da inovação tecnológica de maneira que a Europa não podia ou não queria fazer. Houve, além disto, eventos significativos com impactos diferentes nos Estados Unidos e na Europa (Vietnã, unificação da Alemanha e o 11 de Setembro, somente para mencionar alguns), e há diferentes tradições acadêmicas, particularmente nos termos da epistemologia, em ambas as partes do Ocidente que se ligam, mais uma vez, a processos de institucionalização. As cinco forças e particularmente as interações entre elas podem explicar, de modo resumido, a diferença entre Europa/Estados Unidos, especialmente à medida que os "eventos", a "política de grandes potências" e os "debates acadêmicos internos" abrem espaço para a incorporação de diferenças societais e políticas.

Embora defendamos que todas as cinco forças são significativas para compreender a evolução dos ESI, e que são distintas, pois cada uma constitui uma lente ou forma de explicação diferente, também ocorre que elas derivam dedutivamente de seis décadas de literatura de ESI e, portanto, nem todas as forças podem ser igualmente significativas o tempo todo. O advento do Pós-Estruturalismo em meados dos anos 1980 esteve, por exemplo, claramente ligado à influência geral da filosofia pós-moderna e pós-estruturalista, primeiro nas Ciências Humanas e depois nas Ciências Sociais. Aqui, a força motriz denominada "dinâmica interna do debate acadêmico" foi claramente uma forte influência. A Segurança Humana, em contrapartida, não se ligava muito ao debate acadêmico interno, mas se construiu a partir da área de política, adentrando a academia (veja o Capítulo 7).

Teorizar as cinco forças como variáveis interativas em vez de distintas e soltas implica em podermos identificar uma transformação que começa com uma ou mais forças e que, então, terá implicações (ou ao menos levantará questões) para as outras. A complicada interação entre as forças sugere que não há um simples efeito dominó entre elas, que uma mudança (ou continuidade) que identificamos na força A levará automaticamente a mudanças em B, C, D e E. Podemos dizer que grandes eventos, como o 11 de Setembro e o final da Guerra Fria, pressionam as outras forças, mas exatamente como diferentes abordagens dos ESI acabam por negociar com elas é uma questão empiricamente aberta.

Uma boa pergunta talvez seja como as cinco forças se relacionam com as perspectivas dos ESI que examinaremos nos capítulos seguintes. Seria por que há algumas forças motrizes que "pertencem" a perspectivas específicas de ESI, que a política das grandes potências, por exemplo, é uma força dos Estudos Estratégicos, enquanto a institucionalização é uma força construtivista? Isto pode parecer tentador, em um primeiro momento, mas é importante distinguir entre as reivindicações teóricas e os conceitos das perspectivas de ESI, de um lado, e como eles respondem a questões de segurança, de outro. Seria, por exemplo, bem difícil pensar em uma abordagem de ESI que não concedesse alguma importância à política das grandes potências, mas as abordagens diferem significativamente em sua análise política e normativa. Todas as abordagens apontarão para a capacidade de analisar eventos-chave, mas podem discordar dramaticamente sobre quais eventos são mais importantes, onde reside sua importância e como se deveria responder a eles.

Analiticamente, as forças são tanto uma maneira de organizar nossa discussão quanto um quadro que explica a evolução dos ESI, ou seja, a continuidade e as transições no conceito de segurança, as grandes questões políticas e empíricas da agenda e a epistemologia por meio da qual se estuda a segurança. Isto significa que os capítulos 4 a 8, que documentam e analisam a evolução dos ESI, não estão todos estruturados da mesma forma. As forças motrizes são utilizadas como um quadro analítico em todos os cinco capítulos, mas com quatro variações.

Primeiramente, os "eventos" assumem uma posição especial, pois funcionam como uma forma de organizar os capítulos em três grupos cronológicos: os capítulos 4 e 5 tratam da Guerra Fria; os capítulos 6 e 7 tratam dos períodos pós-Guerra Fria e pré-11 de Setembro; e o Capítulo 8 trata do impacto desses ataques e a subsequente "Guerra contra o Terror". Todavia, isso não significa que tudo muda em 1989 ou 2001, mas que esses eventos representam uma série de questões significativas para os ESI.

Em segundo lugar, também há uma lógica de divisão de trabalho que advém da maneira como os dois maiores eventos nos ESI são usados para estruturar os capítulos: como o Capítulo 5 (sobre os desafiantes da Guerra Fria) é, em larga escala, uma crítica ao Capítulo 4 (sobre os Estudos Estratégicos da Guerra Fria), muitas das descrições dos grandes eventos e da tecnologia não precisam ser apresentadas novamente no Capítulo 5.

Em terceiro lugar, é claro que nem tudo se encaixa perfeitamente em uma estrutura cronológica, no sentido de que abordagens primeiramente definidas durante a Guerra Fria, na maioria dos casos, também continuaram sendo importantes depois. O Feminismo e o Pós-Estruturalismo, por exemplo, foram apresentados aos ESI em meados dos anos 1980, e são, portanto, tratados com maior extensão no Capítulo 5. O Capítulo 7 desenvolverá essa apresentação e perguntará como o fim da Guerra Fria e a evolução geral da área de ESI impactaram essas abordagens. Aquelas abordagens que eram genuínas recém-chegadas ao debate ampliador dos anos 1990 são tratadas mais extensamente nesse capítulo. Essas divisões de trabalho significam que há uma diferença quantitativa que se deveria notar (o Construtivismo crítico e o convencional ocupam mais páginas do que o Pós-Estruturalismo no Capítulo 7), mas não que isto, por si só, resulte em uma diferença qualitativa ou em uma preferência qualitativa ou normativa de nossa parte.

Em quarto lugar, cada capítulo possui uma ou mais histórias disciplinares e conceituais para contar ou tramas para desvendar, sendo que as forças motrizes nos auxiliam a contar essas histórias (veja o Capítulo 1). Mas como as tramas são diferentes, a maneira como as forças motrizes ajudam a organizar os capítulos também difere.

As cinco forças motrizes como categorias analíticas

A política das grandes potências

Talvez o condutor mais óbvio da literatura de ESI sejam os grandes movimentos (e não movimentos) na distribuição de poder entre os Estados líderes. A cristalização da bipolaridade durante o fim dos anos 1940, com a disputa particularmente intensa e militarizada entre as superpotências, Estados Unidos e União Soviética, estabeleceu o escopo dominante dos ESI para os próximos quarenta anos. Dentro desse escopo, e necessário a ele, estava um importante não evento: tanto a Europa Ocidental, de forma coletiva, e o Japão se mantinham como poderes majoritariamente civis intimamente ligados aos Estados Unidos, não buscando reafirmar uma capacidade militar como as grandes potências tradicionais. Esta ação estabilizou a bipolaridade e estendeu sua duração. Como consequência, a análise de segurança durante a Guerra Fria era quase sinônimo de estudo das relações americano-soviéticas e de um sistema bipolar com inimizade entre duas superpotências, cuja influência direta e escamoteada se estendia ao redor do planeta. Outros fenômenos apareceram na agenda de pesquisa, como a questão da segurança do Terceiro Mundo (Bull, 1976), mas eram vistos como estruturados (quando não determinados) pela bipolaridade.

A importância da política das grandes potências também fica evidente a partir do debate sobre qual polaridade substituiria a bipolaridade após o fim da Guerra Fria, com sugestões indo da uni – para a multipolaridade (Waltz, 1993; Kupchan, 1998; Huntington, 1999). Até o fim dos anos 1980, as relações entre as superpotências haviam se congelado em níveis que eram levemente flutuantes de inimizade e comprometimento, mas com a dissolução da URSS surgiu não apenas uma reconsideração da polaridade do sistema internacional, como também das relações entre as grandes potências. Será que os Estados Unidos encarariam os inimigos ou a implementação de seu "poder brando" ou "poder de cooptação" estabilizaria o sistema (Nye, 1990)? E qual nível de recursos os Estados Unidos estavam preparados para investir em problemas de segurança fora de sua esfera imediata de interesse (Posen e Ross, 1996/7)?

A ascensão da China também é uma questão permanente das grandes potências desde a vitória do Partido Comunista Chinês em 1949, mas ganhou um lugar central como o único "par concorrente" dos Estados Unidos a partir de meados dos anos 1990, quando a queda da União Soviética e o eclipse econômico do Japão tornaram isso mais óbvio. A enorme expansão da economia chinesa e sua relação ora de amizade, ora de disputa com o Ocidente tornam sua posição tema-chave em discussões de segurança internacional, cuja importância é quase certa que crescerá nas primeiras décadas deste século. Os ataques de 11 de Setembro levaram agentes políticos norte-americanos e muitos analistas de segurança a definir uma nova era. Se a "Guerra Global contra o Terrorismo" vai afinal aumentar ou enfraquecer o poder relativo dos Estados Unidos e exacerbar ou melhorar os padrões de amizade e de inimizade ainda é algo a ser visto, mas a política das grandes potências continua sendo uma questão-chave na agenda.

Apontar para a política das grandes potências como uma força motriz também significa perceber que os ESI começaram como uma disciplina norte-americana, concentrando-se em segurança norte-americana e escrita por norte-americanos (embora alguns tenham emigrado da Europa para os Estados Unidos antes ou durante a Segunda Guerra Mundial) (Kolodziej, 1992, p.434). As abordagens europeias poderiam ter ganho mais terreno após o fim da Guerra Fria, mas, conforme apontam Ayoob (1984) e Krause (1996), ainda é o modelo ocidental de Estado que forma o núcleo dos ESI. O centrismo norte-americano que permeou o nascimento dos ESI e o seu desenvolvimento durante a Guerra Fria significa que as particularidades dos Estados Unidos como Estado e sociedade são – e ainda permanecem – uma das forças motrizes centrais dos ESI; logo, há uma incorporação analítica de uma variável societal interna sob a força motriz da política das grandes potências.

O domínio norte-americano era grande durante a Guerra Fria, mas, a partir dos anos 1990, em que os Estados Unidos eram a única superpotência, suas particularidades e peculiaridades tornaram-se ainda mais influentes. Não que sejam os únicos a possuir suas próprias peculiaridades: isso acontece com todos os países. A questão é que a posição dominante dos Estados Unidos fazia que suas peculiaridades tenham muito mais importância do que as dos países menos poderosos. Este é um tópico extremamente complicado e controverso que direciona a pesquisa para a grande literatura sobre o "excepcionalismo" norte-americano (Buzan, 2004a, p.153-82).

Uma característica que distingue os Estados Unidos é que a sua geografia e a sua história os isolaram dos rigores da guerra e do equilíbrio de poder em uma extensão muito maior do que ocorreu na maior parte dos países da Eurásia. O isolacionismo foi uma opção para os Estados Unisos de uma maneira que não foi para as outras potências, e os Estados Unidos têm fortes tradições contra emaranhados militares e compromissos com o exterior. Também têm como norma um padrão maior de segurança nacional: um desejo de estar absolutamente seguros contra ameaças externas, como foi durante a maior parte de sua história. A ameaça soviética foi suficientemente global e desafiadora para a muito estimada ideia norte-americana de que seu país era o modelo para o futuro da humanidade, para tirar os Estados Unidos de seu isolacionismo. Mas muito embora aceitassem um compromisso global de longo prazo contra um desafiante de amplo espectro, ainda assim eles não abandonaram seu alto padrão de segurança nacional (Campbell, 1992). Pode-se entender isso tanto na reação frenética dos Estados Unidos ao Sputnik (veja o Capítulo 4) como, até certo ponto, na obsessão em desenvolver o último detalhe da lógica da dissuasão para assegurar que os Estados Unidos não seriam pegos em desvantagem. Ainda mais claro é seu impacto no projeto de Mísseis Antibalísticos/Defesa contra Mísseis Balísticos (ABM/DMB), no qual a promessa era justamente de invulnerabilidade ao ataque. A fascinação com tal meta fez do ABM/DMB uma característica central do pensamento estratégico e das políticas norte-americanas, apesar de a tecnologia jamais ter chegado perto de cumprir a promessa e de muitos especialistas defenderem que jamais chegará. Isso também é visível na decisão de manter altos níveis relativos de gastos militares sem precedentes após o fim da Guerra Fria, embora, neste quesito, talvez se deseje analisar também os fatores políticos internos e burocráticos. A alta expectativa por segurança pode, além disso, ser vista na resposta norte-americana ao 11 de Setembro. O choque da vulnerabilidade atingiu em cheio os Estados Unidos, de uma maneira que faz com que sociedades com expectativas menos severas de segurança tenham dificuldade de compreender ou simpatizar com ela.

Resumindo esta discussão, a força motriz da política das grandes potências abrange: a distribuição de poder entre os Estados líderes (a polaridade no sistema internacional); os padrões de amizade e inimizade entre as grandes potências; o grau de envolvimento e intervencionismo das grandes potências; e suas disposições societais específicas para os níveis de segurança. Estes elementos estão até certo ponto relacionados, ao menos de acordo com a lógica realista. Em um sistema bipolar, por exemplo, a tendência seria de ter padrões mais fortes de inimizade do que em um multipolar, e um sistema bipolar também pressuporia que as duas superpotências estivessem voltadas a um alto grau de intervencionismo. Pode-se, de fato, argumentar que uma grande potência deve mostrar ao menos os traços de um desejo de estar envolvida na política global (Buzan e Wæver, 2003, p.35). Ainda assim, embora esses quatro elementos estejam relacionados, eles também são distintos: a estrutura bipolar testemunhou tanto períodos de dissuasão e de "Guerras Frias mais frias", em que o nível de amizade/inimizade flutuava, quanto as relações entre Estados Unidos-União Europeia também o fizeram nas duas últimas décadas de unipolaridade, combinadas com uma grande potência europeia. E o intervencionismo dos Estados Unidos diminuiu após a Guerra do

Golfo de 1990-91 e na Somália, somente para retornar com força na "intervenção" de Kosovo, tudo sobre a mesma estrutura de polaridade. A partir da preocupação norte-americana com os inimigos, surge também a questão de os Estados Unidos, em particular, e as grandes potências, em geral, precisarem de inimigos ou ameaças para se definirem e acalmarem os problemas de governança interna. À medida que acessamos o estudo da inimizade, podemos formular perguntas mais específicas sobre como a "identidade inimiga" é construída: seria uma nação/civilização ou cultura inteira que é vista como radicalmente oposta a "Nós" ou seria porque aquele país é dirigido por uma elite corrupta, baseada no tráfico de poder? Estaria a inimizade ligada à identidade bárbara que não pode ser transformada ou seria ela baseada simplesmente em Estados que são atores racionais autossuficientes dentro de uma estrutura anárquica (Hansen, 2006)?

O imperativo tecnológico

Quase tão óbvios como condutores de ESI são o contínuo desenvolvimento de novas tecnologias e a necessidade de avaliar seus impactos nas ameaças, vulnerabilidades e estabilidades (ou não) das relações estratégicas. A chegada da bomba atômica em meados dos anos 1940 foi praticamente o evento fundador dos Estudos Estratégicos e o impacto da tecnologia nuclear – e daquelas relacionadas a ela – durante a Guerra Fria mal pode ser exagerado. As armas nucleares forneciam grande capacidade adicional de poder destrutivo pela primeira vez na história militar. Mísseis balísticos de longo alcance diminuíram o tempo de resposta e eram capazes de carregar ogivas nucleares, um desenvolvimento tecnológico que livrou as armas nucleares dos vulneráveis sistemas de lançamento de bombardeiros, aumentando enormemente a capacidade de lançar um primeiro ataque contra os oponentes. Enquanto as ogivas nucleares e os mísseis intercontinentais eram desenvolvimentos reais que alimentavam grande quantidade da literatura de ESI, a enorme e constante literatura sobre

ABM/DMB revela que mesmo os potenciais desenvolvimentos tecnológicos poderiam ter grande impacto tanto nas relações estratégicas quanto nos ESI.

A tecnologia não precisa ser exclusivamente do tipo militar para ter impacto nos ESI. A história das tecnologias militares e civis geralmente é de interação e "dupla utilização". A internet, por exemplo, foi primeiramente desenvolvida como uma tecnologia militar, como uma rede distribuída para transmitir informações sob um ataque nuclear. A tecnologia nuclear, para termos outro exemplo, tem um lado militar assim como um civil (energia e medicina) que pode ser difícil de diferenciar, fato que também complica a avaliação da proliferação nuclear. O mesmo dilema é aplicável às armas biológicas e químicas ou às tecnologias da comunicação que se aplicam tanto a eletrônicos de consumo civil quanto ao gerenciamento do campo de batalha.

Se o conceito de segurança se expandir para além do setor militar, a lista de fatores tecnológicos que podem conduzir os debates de segurança também cresce. Se o HIV/AIDS for visto como uma ameaça à segurança regional em partes da África e da Ásia, a tecnologia retroviral para tratar os infectados é essencial para a disseminação e as consequências da doença (Elbe, 2006). Ou, caso o meio ambiente seja ameaçado pelos efeitos da industrialização, logo, as tecnologias envolvidas nessas ameaças e suas soluções tornam-se centrais. Os ataques de 11 de Setembro e a "Guerra Global contra o Terrorismo" demonstram que a tecnologia e a identificação das ameaças e dos inimigos estão intimamente ligadas, e que a lista de tecnologias centrais dos ESI mudam com o passar do tempo.

A questão de como a tecnologia tem impacto sobre o desenvolvimento econômico, político, militar e cultural é assunto de muito debate nas Ciências Sociais, sendo que falar sobre tecnologia como um fator de estímulo aumenta, portanto, o espectro do determinismo tecnológico (Levy, 1984; Paarlberg, 2004). Porém, mesmo que a tecnologia não seja o principal condutor no desenvolvimento dos ESI, ela é, sem dúvida, determinante: em primeiro lugar, porque a própria tecnologia é influenciada pelas outras forças motrizes; e, em segundo lugar, porque há agentes humanos (civis e militares, comerciais e públicos) que tomam decisões sobre quais tecnologias desenvolver. A evolução da tecnologia nuclear durante a Guerra Fria foi, por exemplo, fortemente impactada pelo confronto bipolar entre os Estados Unidos e a União Soviética. Depois de chegar ao mundo, a tecnologia cria pressões por si só, as quais, mais uma vez, têm impacto sobre o processo político; mas este é um processo complexo de retroalimentação entre a tecnologia e as outras forças motrizes e as decisões humanas, e não de determinismo.

Eventos

Como a discussão acima já indicou, é impossível imaginar o nascimento e a evolução dos ESI sem o impacto dos eventos-chave, mas é igualmente importante que este impacto seja teorizado de modo que não afirme que os eventos são uma força causal que simplesmente exerce seu poder sobre uma comunidade acadêmica flexível. Logo, teorizamos sobre esses eventos de uma maneira construtivista e enfatizamos a interação entre eles e as outras forças motrizes. Os eventos aparecem de várias formas e podem mudar não apenas as relações entre as potências, mas os paradigmas acadêmicos utilizados para compreender essas relações. As mais dramáticas são as crises específicas, que não só se tornam objetos de estudo por direito próprio, mas também mudam os entendimentos existentes, as relações e as práticas no domínio estratégico mais amplo. Dois exemplos deste tipo são a Crise dos Mísseis de Cuba, em 1962 (Snyder, 1978; Weldes, 1996), e os ataques terroristas contra os Estados Unidos em 11 de Setembro (Barkawi, 2004; Der Derian, 2005).

Outros eventos assumem a forma de processos constantes que se desdobram ao longo do tempo e mudam o conhecimento, o entendimento e a consciência que sustentam as práticas existentes. Um bom exemplo disso é o crescimento das preocupações ambientais e a guinada do meio ambiente, que passou de variável secundária a primária (Ullman, 1983; Deudney, 1990). Não houve uma crise específica que colocasse as questões ambientais no primeiro plano, mas uma dose constante de novas informações, novos entendimentos e uma crescente consciência pública que se tornou suficientemente ampla e profunda para abrir um lugar para a segurança ambiental em debates políticos e na literatura de ESI. A identificação de eventos--chave pode parecer geralmente como senso comum: não é difícil ver o impacto da União Soviética adquirindo armas nucleares, sua dissolução em 1991 ou os ataques em 11 de Setembro. Ainda assim, em termos analíticos, deve-se ter em mente que os eventos são, de fato, política e intersubjetivamente constituídos. O reconhecimento (ou não) por parte de políticos, instituições, da mídia e do público de que algo é de tal importância que deveria ser dada uma resposta, mesmo que, possivelmente, por meios militares, é que faz disso um "evento" (Hansen, 2006). Aqui reside muita controvérsia sobre por que eventos que matam ou mutilam grandes quantidades de pessoas no Terceiro Mundo (fome, doenças, guerra civil) geralmente não chegam a ser concebidos como eventos de segurança no Ocidente.

Dividimos os eventos em três categorias. *Eventos constitutivos* são aqueles destacados por uma teoria como grandes ocorrências que deram ascensão à teoria em questão, vistos como se reforçassem os princípios básicos da teoria, porque confirmam os pressupostos analíticos centrais ou porque podem ser explicados pela teoria. Um tipo específico de evento constitutivo é o que Parmar (2005) chamou de *eventos catalisadores*: eventos que políticos ou acadêmicos estivessem aguardando na crença de que "permitiriam que suas ideias e seus esquemas relativamente impopulares por uma guinada radical da política externa obtivessem uma audiência pública atenta" (Parmar, 2005, p.2). Eventos catalisadores podem ser identificados metodologicamente antes de um evento se forem constituídos como tais no discurso. Após a ocorrência do evento catalisador, podemos desvendar como se constituiu no apoio à guinada em questão. Um dos exemplos fornecidos por Parmar é o ataque japonês a Pearl Harbor, em 1941, que foi o "choque" que os homens no Departamento de Estado Norte-Americano sentiram que o público isolacionista precisava para entrar na Segunda Guerra Mundial (Parmar, 2005, p.17). Conforme nota Parmar (2005, p.8), aproveitar-se de eventos catalisadores requer "planejamento, organização, publicidade e posicionamento político", o que significa dizer que os eventos não se tornam catalisadores – ou mesmo eventos-chaves, de fato – sem o apoio de outras forças motrizes.

Eventos críticos significativos são os que parecem desafiar aspectos-chave da teoria em questão. Eventos críticos significativos são postos na agenda devido a pressões da mídia, iniciativas políticas ou outras teorias rivais, e podem levar a teoria em questão a expandir sua agenda de pesquisa como resposta a estes "novos temas e questões". Ou podem levar a teoria a oferecer justificativas elaboradas sobre por que ela está apta a lidar com os supostos eventos "críticos". Ou podem fazer com que a teoria ofereça ajustes mínimos às suas hipóteses e aos seus pressupostos básicos. Um bom exemplo de um evento crítico significativo é a explosão das assim chamadas guerras étnicas intraestatais, à medida que foram sendo absorvidas pelos estudiosos neorrealistas durante a primeira metade dos anos 1990 (Posen, 1993; Van Evera, 1994; Kaufmann, 1996). A terceira categoria de eventos são os *eventos críticos deferidos*, ou seja, eventos constituídos como significativos por outros atores políticos, midiáticos ou acadêmicos, mas que a teoria escolhe ignorar ou categorizar como não fazendo parte do escopo dos ESI propriamente ditos. Uma ilustração dos eventos críticos deferidos podem ser os estupros de guerra, assassinatos de honra e o tráfico sexual, que, apesar de receberem uma atenção significativa da mídia e da política, não levaram a maioria dos estudiosos de segurança a incorporar questões de gênero (Tickner, 1997, 2005; Hansen, 2000a).

Como diferentes perspectivas constituirão eventos de forma diferente, não há uma relação equânime entre o "mundo real" e os ESI. O que se registra como eventos e fatos também tem relação com a própria conceitualização de segurança dentro de uma abordagem específica. Já que estamos delineando a evolução dos ESI e não o mundo real, os eventos que identificaremos também são aqueles que receberam atenção dos ESI. Nossos relatos de eventos-chave nos capítulos 4 a 8 são, portanto, por meio das lentes do que foi analisado e debatido, não um relato equilibrado do que ocorreu no mundo como tal. Isto posto, também deveríamos compreender os ESI como uma subárea que, ela própria, luta com outras subáreas e disciplinas por financiamento, prestígio e a reivindicação de "relevância política". Isto significa que os ESI não podem negligenciar inteiramente o que as outras áreas e atores, e muito menos os formuladores de políticas, constituem como eventos-chave.

A dinâmica interna dos debates acadêmicos

Um modelo positivista de como o conhecimento acadêmico é criado preveria, como notado anteriormente, que os ESI se desenvolveram progressivamente em resposta a eventos-chave, a novas tecnologias e à política das grandes potências. Hipóteses seriam derivadas, falseadas ou verificadas e teorias seriam revisadas, expandidas ou abandonadas, em resposta. O real desenvolvimento dos ESI é, contudo, muito mais conflituoso, devido à ausência de consenso sobre qual modelo científico deveria ser adotado e à natureza inerentemente política do coração desse campo. A literatura de RI, incluindo os ESI, é muito afetada pelos eventos correntes, mas ela também é afetada pelas mudanças nas formas teóricas e epistemológicas, que podem – ou não – ter ligação imediata com o que está acontecendo no mundo real. Observando a dinâmica dos debates acadêmicos de modo mais sistemático, há quatro dimensões dentro desta força motriz, significativas para a evolução dos ESI.

Em primeiro lugar, são os debates sobre epistemologia, metodologia e a escolha do enfoque da pesquisa que conduzem, em larga escala, as Ciências Sociais, incluindo os ESI. Como mostramos no Capítulo 2, o apelo por medidas objetivas e uma ciência racional é parte dos

ESI desde o início dos anos 1950, e as discussões de epistemologia e metodologia têm sido centrais desde então, particularmente a partir dos anos 1980. Uma característica distintiva e recorrente dos debates de ESI é a dicotomia entre o entendimento positivista rígido da teoria, que prevalece nos Estados Unidos, e o entendimento reflexivo mais brando, encontrado mais amplamente na Europa (Wæver, 1998). Isto reflete uma divisão mais profunda em toda a abordagem do que significa "teoria" nas RI, como foi apresentada no Capítulo 2. As Ciências Sociais norte-americanas são especialmente receptivas às abordagens racionalistas e economicistas de seus tópicos, de novo uma característica que se mostrava desde os primeiros anos da teoria da dissuasão em diante, enquanto abordagens críticas, predominantemente europeias, enfatizam formas de análise interpretativas e hermenêuticas. A partir do momento em que ocorrem, os debates acadêmicos praticamente assumem uma vida própria. Podemos ser cínicos em relação a isto, apontando motivações carreiristas para produzir vários tipos de textos, além de distorções de prioridades criadas tanto por financiadores estatais quanto privados, mas o fato central é que os acadêmicos vicejam na argumentação, e a maioria dos estudiosos crê que a competição entre as diferentes interpretações das coisas é essencial para a busca da compreensão. Nas Ciências Sociais, interpretações concorrentes dos problemas podem ser primariamente normativas, como aquelas entre Estudos Estratégicos, por um lado, e Pesquisa da Paz, Estudos Críticos de Segurança (ECS) e Segurança Humana, por outro. Ou podem ser primariamente analíticas, como no debate sobre a dissuasão ser fácil ou difícil. Também ocorrem misturas, como nos debates sobre ABM/DMB.

Em segundo lugar, os debates acadêmicos nos ESI são influenciados por desenvolvimentos em outras áreas acadêmicas. Os ESI basearam-se em importações significativas de outras disciplinas, não apenas da Matemática e da Economia, que trouxeram a maior parte da primeira geração de estrategistas nucleares. Tais importações incluem: teoria dos jogos (Jervis, 1978); Psicologia Cognitiva (Snyder,

1978); Linguística (Cohn, 1987; Wæver, 1995; Fierke, 1996); teoria social (Dalby, 1988; Price, 1995; Wyn Jones, 1995; Krause, 1996; Hansen, 2000a; Bigo, 2002; Der Derian, 2005); Teoria Política (Walker, 1990; Williams, 1998); Estudos Pós-Coloniais e de Desenvolvimento (Ayoob, 1984; Krause; 1996; Thomas, 2001; Barkawi, 2004); e Teoria Feminista (Cohn, 1987; Grant, 1992; Tickner, 2004; Hansen, 2006). O impacto destas disciplinas e seus debates foram sentidos dentro dos ESI em termos de como a segurança deveria ser conceitualizada (e do que deveria se encaixar na rubrica de ESI) e como deveria ser analisada. Isto, contudo, não foi uma via de mão única: durante sua era dourada, os ESI também exportaram para outras disciplinas avanços significativos na teoria dos jogos e na análise de sistemas.

A íntima relação entre ESI, RI e Ciência Política, além de outras disciplinas, periodicamente, sugere, como notamos no Capítulo 1, que há uma "zona de fronteira" entre os ESI e estas áreas ou disciplinas adjacentes. A existência de zonas de fronteiras também indica que há diferentes tipos de relações entre os ESI e as outras áreas/disciplinas. De maneira ainda mais crucial, há uma importante diferença entre as abordagens de ESI que advieram das RI gerais para escolher os ESI como um caso particular (e difícil), como o Construtivismo, e aquelas, como a Teoria Crítica, o Feminismo ou o Pós-Estruturalismo, que escolheram a segurança não pela sua posição epistemológica ou metodológica, mas porque era considerada uma questão política muito importante com a qual deveriam se engajar. Durante a Guerra Fria, os ESI possuíam fortes ligações com o (Neo)Realismo, ligação que foi fortalecida pela divisão de trabalho entre os ESI e os EPI [Economia Política Internacional], que surgiram como uma outra grande subárea das RI nos anos 1970. Os EPI definiam a si próprios parcialmente contra os ESI, e as duas subáreas sulcavam o terreno das RI de modo que EPI reivindicavam o lado cooperativo, de ganhos conjuntos da matéria, enquanto ESI reivindicavam o lado conflituoso, de ganhos relativos.

Em terceiro lugar, uma característica particular dos debates acadêmicos nos ESI, que reflete sua natureza política e politizada, diz respeito à posição política e normativa dos estudiosos de segurança. Os ESI se constituem como uma área acadêmica, o que significa que adquirem a sua legitimidade pelo fato de serem uma forma específica de conhecimento, embora concebidos de modo geral. Mas também são uma área que foi formada em torno de questões políticas consideradas como urgentes, e a fronteira entre o acadêmico e o político, o estudioso e o conselheiro, é sempre tênue e discutida. Os acadêmicos podem optar por agir política ou diretamente, como conselheiros ou intelectuais públicos que se engajam em debates na tentativa de influenciar decisões políticas. O papel do conselheiro, na maioria das vezes, embaça as linhas entre a autoridade científica e o defensor político, enquanto a identidade do intelectual público é construída sobre uma autoridade epistêmica específica que o diferencia do "cidadão comum". Como forma de ilustração, muitas universidades possuem uma política sobre como sua equipe deve ser citada quando fizer aparições na mídia: ao falar de assuntos de segurança, fornecem sua afiliação universitária; ao escrever sobre os prazeres da jardinagem, não. Estudiosos da segurança podem falar sobre política, como fizeram proeminentes realistas na escalada da guerra contra o Iraque em 2003 (Mearsheimer e Walt, 2003), mas eles também precisam ser cuidadosos para assegurar que não comprometerão sua autoridade acadêmica, sendo vistos como "meramente" politizadores. O ponto onde se traça a linha divisória entre o acadêmico e o político pode, contudo, ser difícil de identificar; ele se constitui contextualmente e pode diferir de país para país e até mesmo, talvez, de universidade para universidade. A combinação da natureza de alta política da "segurança" e a ausência de quaisquer definições objetivas do "bom analista de segurança" significa que os ESI vêm testemunhando discussões acaloradas sobre a fronteira acadêmico-conselheira tanto dentro das abordagens quanto através delas.

Em quarto lugar, os ESI também sofrem impacto da "metavisão" que os estudiosos mantêm sobre como uma área deveria se desenvolver. Isto remonta à discussão kuhniana de paradigmas acadêmicos e de comensurabilidade apresentada anteriormente, ressaltando que há visões diferentes que discutem se os ESI são – ou deveriam ser – uma área formada por apenas uma abordagem ou se são bem-sucedidos no debate por meio de diferentes abordagens. Se os ESI são constituídos por diferentes perspectivas, serão elas incomensuráveis ou haverá, apesar das diferentes visões dos objetos de referência, das ameaças e da política, um núcleo substancial e temático que une a área, constituindo, portanto, uma "metacomensurabilidade"? Será que os estudiosos de segurança têm a responsabilidade de se engajar por paradigmas, ou eles podem também tentar banir ou ignorar os oponentes? Acadêmicos diferentes respondem de formas diferentes a essas questões, e suas respostas têm consequências importantes para o desenvolvimento dos ESI como uma área, tanto pela sua diversidade quanto pela sua cultura de comunicação e de envolvimento acadêmico. Tratamos disto explicitamente no Capítulo 9, no qual discutimos se os ESI tornaram-se um delta conectando uma variedade de abordagens ou se eles recuaram para uma série de campos fechados sobre si mesmos.

Institucionalização

Identificar a institucionalização como uma força motriz é destacar ainda mais que os debates acadêmicos não se desdobram em um vácuo econômico e estrutural. Posto de maneira simples, para que haja uma disciplina acadêmica (Ciência Política), uma área (RI), ou uma subárea (ESI), deve haver um conjunto de estruturas e de identidades institucionais. As disciplinas e as áreas acadêmicas não são representações objetivas da realidade, mas modos particulares de observar e gerar conhecimento sobre o mundo (Foucault, 1969, 1970). Como consequência, para que haja uma área de estudo, é essencial que haja uma comunidade acadêmica que se autoidentifique como estudiosos de segurança ou teóricos de RI. A institucionalização de qualquer matéria envolve não apenas a alocação de recursos e a inserção de certo processo de reprodução, mas também traz consigo a dinâmica burocrática das organizações. Como as organizações, uma vez estabelecidas, geralmente são difíceis de destruir, a institucionalização também cria um tipo de inércia (que pode ser vista como um ímpeto), que leva o passado para o futuro. A institucionalização dos ESI através de gerações de práticas de contratações pode facilmente gerar certo conservadorismo no que se refere à ampliação do conceito de segurança. Concepções institucionalizadas também podem "desacelerar" o impacto de eventos-chave, assim como o Neorrealismo conseguiu se reinventar após seu fracasso em prever o fim da Guerra Fria. Mas outros aspectos da institucionalização, como, por exemplo, uma mudança nos programas de financiamento, também podem acelerar o efeito de outras forças.

Surpreendentemente, pouco foi escrito sobre isso em relação às RI e aos ESI. Portanto, precisamos explicá-lo de modo mais detalhado do que fizemos com as outras forças motrizes. De modo simples, a institucionalização pode ser vista como sendo composta por quatro elementos que se entrelaçam: estruturas organizacionais, financiamento, disseminação do conhecimento e redes de pesquisa. Isto está resumido na Tabela 3.1 e será explicado com mais detalhes a seguir.

TABELA 3.1. A FORÇA MOTRIZ DA INSTITUCIONALIZAÇÃO

ESTRUTURAS ORGANIZACIONAIS	INSTITUCIONALIZAÇÃO		
	FINANCIAMENTO	DISSEMINAÇÃO DE CONHECIMENTO	REDES DE PESQUISA
Acadêmica	• Governos	• Acadêmica	• Conferências
Universidades	• Fundações	• Publicações (livros,	• Redes digitais
• Programas de graduação e de	• Universidades	periódicos etc.)	• Posições como
pós-graduação	• *Think-Tanks*	• Conferências	visitantes
• Departamentos e posições nos		• Pública	• Empregabilidade
Estudos de Segurança		• Aparições de	de doutores
Acadêmica/De políticas		especialistas	
Centros de pesquisa		• Intelectual público	
De políticas/reivindicatória			
Think-Tanks			

Em primeiro lugar, a institucionalização identifica a forma pela qual os ESI são conduzidos dentro de um conjunto de estruturas organizacionais, sendo, portanto, apoiados por elas. As organizações variam desde as acadêmicas, oriundas das universidades, passando por centros de pesquisa e *think-tanks* com uma agenda política mais explícita. A pesquisa política pode ser feita por todas as organizações, mas tende a desempenhar um papel mais forte nos *think-tanks* e nos centros de pesquisa. Começando com as instituições acadêmicas, os ESI são concretamente influenciados pela forma como os departamentos educam, concedem títulos, conduzem pesquisa e preenchem posições em uma matéria específica. O próprio fato de cursos de Estudos Estratégicos serem lecionados desde os anos 1960 institucionalizou os ESI dentro da academia, assim como no mundo da política. Professores com estabilidade profissional tomam decisões sobre o que os futuros alunos aprenderão e decidem quais alunos de pós-graduação serão aceitos e em quais tópicos. Programas de pós-graduação bem-sucedidos caracterizam-se pela capacidade de os doutores formados encontrarem empregos em universidades e institutos respeitáveis de política, e as políticas de contratação nas universidades são, portanto, extremamente centralizadas na construção institucional (Betts, 1997).

Em contraste com as instituições acadêmicas, que supostamente adotam um posicionamento objetivo e analítico, os *think-tanks* – e as fundações que os patrocinam – são geralmente mapeados de acordo com categorias político-ideológicas: o American Enterprise Institute, a Heritage Foundation e a Hoover Institution são consideradas conservadoras; o Centro de Estudos Estratégicos e Internacionais é de centro-esquerda; o Council on Foreign Relations [Conselho de Relações Estrangeiras] e o RAND são de centro; a Brookings Institution e o Fundo Carnegie para a Paz Internacional são de centro-esquerda. Voltando-nos às fundações, a Fundação Ford, a Pew Charitable Trusts e a Fundação Rockefeller são definidas como liberais, enquanto algumas das maiores conservadoras incluem a Fundação John M. Olin (fechada em 2005), Fundação Sarah Scaife, Fundação

Earhart e Fundação Lynde e Harry Bradley (McGann, 2007, p.25, 63). Essas categorizações fornecem alguma indicação do trabalho que será feito ou patrocinado pelos *think-tanks* ou pelas fundações em questão. Ainda assim, devemos ser cuidadosos ao fazer ligações rígidas entre classificações de *think-tanks* e o tipo de pesquisa de ESI que estiver sendo patrocinada ou a posição política adotada. Fundações e *think-tanks* diferem no modo de definir sua agenda política, que pode ser explícito ou limitado, e eles diferem na maneira de equilibrar ou misturar a constelação estudioso/conselheiro discutida acima. Uma agenda ideológica específica pode não excluir o patrocínio a trabalhos que chegam a leituras bem diferentes da política de segurança global e, portanto, das diretrizes (ocidentais/norte-americanas) a serem seguidas. A Fundação John M. Olin, por exemplo, patrocinou tanto os projetos "Fim da História", de Fukuyama, quanto "Choque de Civilizações", de Huntington, o que demonstra que as instituições também podem se ver como fortes no debate (dentro de parâmetros específicos) (Wooster, 2006).

Apontar para a influência dos *think-tanks*, um dos pontos mais politizados no que diz respeito à institucionalização, indica que às vezes pode ser difícil traçar as fronteiras em torno dos ESI. Os critérios analíticos e metodológicos que aplicamos ao distinguir os ESI da "pura" defesa política são, portanto, abertos e baseados em como ela é vista por outros da área. Trabalhos feitos em *think-tanks* podem, às vezes, ser parte dos ESI, como no caso dos estudiosos do RAND e suas contribuições inovadoras à teoria dos jogos e ao raciocínio da dissuasão, enquanto outras vezes são considerados tão ideológicos que não fazem parte dos ESI como tais. O fato de ser difícil de traçar essa fronteira pode ser ilustrado pelo debate sobre os neoconservadores norte-americanos e seu impacto no governo Bush. Conforme apontado por Williams (2005, p.3008), os neoconservadores não publicam em periódicos acadêmicos nem se engajam em debates acadêmicos teóricos dentro das RI ou dos ESI. Eles preferem revistas e jornais, com questões concretas, adotando, geralmente, uma "linguagem polêmica que se relaciona desconfortavelmente com a cultura do discurso acadêmico". Ainda assim, defende Williams, o impacto deste movimento no governo Bush e a ressonância mais profunda entre o discurso neoconservador e os temas-chaves de Teoria Política justificam uma consideração do Neoconservadorismo como uma teoria das RI. Esta zona indefinida entre política e academia é, por um lado, um desafio analítico e metodológico – é sempre mais fácil se o material que temos em mãos se encaixa perfeitamente em categorias distintas – mas também é, por outro lado, uma indicação de que os ESI são uma área que se constituiu pelo malabarismo ambíguo da dissociação objetiva do observador analítico e o comprometimento ideológico passional do cidadão responsável.

As discussões sobre a importância dos *think-tanks* e das fundações geralmente dizem respeito a sua habilidade de influenciar tanto o mundo político quanto o mundo acadêmico dos ESI. A questão da influência política também vem à tona em discussões sobre a ligação entre os ESI e as instituições governamentais. Na medida em que as universidades e outras instituições de pesquisa são financiadas com recursos públicos, elas dependem, obviamente, de que os governos – e o apoio parlamentar, de forma mais ampla – garantam prioridade à educação superior. Dependendo do sistema político em questão, o financiamento público pode ser direcionado de modo mais ou menos explícito, vindo com restrições específicas. Boa parte da análise de segurança adota uma visão implícita de cooperação acadêmico-estatal considerada não problemática ou desejável: visto que os ESI deveriam ser "politicamente relevantes", trabalhar para o Estado como um consultor ou um empregado temporário não é polêmico. Embora haja um conjunto de obras que assume uma visão muito mais crítica de tais colaborações. As críticas podem ser feitas no contexto de políticas específicas, como nos debates sobre os Estados Unidos e a Guerra do Vietnã, ou sobre quem "perdeu" a China, ou políticas que rompem com as liberdades civis e os direitos humanos essenciais. Críticas também podem ser feitas não só contra políticas específicas, mas também contra a colaboração com o Estado de modo geral (Oren, 2003). Esta visão do Estado se liga com abordagens críticas do Estado de forma mais ampla, particularmente o Pós-Estruturalismo, partes da Pesquisa da Paz, além dos Estudos Críticos de Segurança (veja capítulos 5 e 7).

Em segundo lugar, o nível e o tipo de financiamento fornecido pelos governos e fundações é obviamente importante – sem o apoio econômico, é difícil vislumbrar como as organizações poderiam funcionar. Em países que se caracterizam por altos níveis de gastos públicos com educação e pesquisa, pode fazer uma diferença significativa que recursos sejam investidos não apenas na educação e na pesquisa universitária, mas em centros de pesquisa como o Instituto de Pesquisa da Paz de Copenhague (COPRI), o lar da Escola de Copenhague (Huysmans, 1998a), o Instituto de Pesquisa da Paz Internacional de Estocolmo (SIPRI), o PRIO e o *Norsk Utenrikspolitisk Institutt* (NUPI). As fundações têm uma significativa autonomia para direcionar seu apoio financeiro para programas específicos, além de promover ou inibir novas direções. O crescimento das abordagens ampliadoras nos anos 1990, por exemplo, foi auxiliado por uma série de fundações norte-americanas (Nye e Lynn-Jones, 1988, p.21; Kolodziej, 1992, p.437). Os padrões de financiamento também causam impacto nos ESI, de modo mais indireto na maneira como as universidades fazem alocações internas entre departamentos acadêmicos e, dentro dos departamentos, entre matérias diferentes. Programas de graduação bem-sucedidos, por sua vez, fornecem insumo econômico à medida que os alunos pagam mensalidades para as universidades.

Em terceiro lugar, um elemento crucial na institucionalização das disciplinas acadêmicas é a formação e a disseminação de sua pesquisa. A publicação acadêmica funciona tanto como uma forma de disseminação de conhecimento para alunos por meio de grades curriculares e manuais de ensino quanto um meio de obter prestígio individual e acadêmico institucional através de periódicos conceituados – vistos por Wæver como a "instituição crucial das ciências modernas" – e editoras de livros (Wæver, 1998, p.697). Embora os acadêmicos dificilmente ganhem muito dinheiro com suas publicações, publicar é uma mercadoria valorizada dentro do sistema de recompensas da academia pelo fato de que as publicações proeminentes geralmente geram recursos para a instituição do pesquisador, proporcionando ao pesquisador em questão, portanto, um poder de barganha quando surgem empregos e promoções. Como consequência, coisas como os procedimentos de revisão adotados pelos periódicos mais conceituados são significativas pelo grau e pela forma de controle de acesso que pode estar ocorrendo e, portanto, o que se torna considerado, e institucionalizado, como pesquisa legítima.

Outro componente crucial na disseminação da pesquisa acadêmica são as conferências nas quais os pesquisadores se encontram, constroem redes e testam seus argumentos antes da publicação oficial. Enquanto as publicações acadêmicas podem formar a espinha dorsal da institucionalização intelectual de uma disciplina, a disseminação pública mais ampla também pode ser significativa por demonstrar o valor societal mais amplo de um corpo de pesquisa – e, portanto, por que ela deveria ser apoiada financeiramente. Sendo assim, os estudiosos de segurança geralmente funcionam como intelectuais e peritos públicos quando escrevem editoriais e textos para um público não especializado e são entrevistados pela mídia impressa e eletrônica.

A institucionalização não diz respeito apenas ao impacto dos recursos materiais no aumento e na diminuição das disciplinas acadêmicas – e das subáreas e abordagens específicas dentro delas – mas também a fatores ideacionais, simbólicos e normativos. Citando o sociólogo institucional Richard Scott, Williams apontou para a institucionalização como "o processo pelo qual dado conjunto de unidades e um padrão de atividades chegam a ser mantidos de modo normativo e cognitivo, e praticamente assumidos, de modo inquestionável, como se fossem legais (formalmente falando, por costume ou conhecimento)" (Williams, 1997, p.289). A institucionalização aponta para o que se considera legítimo, tanto uma disciplina acadêmica ou uma área como uma forma de conhecimento, baseando-se em, e (re)produzindo, estruturas de conhecimento, confiança e poder simbólico (Williams, 1997). Neste ponto, o quarto elemento da institucionalização, que é a construção de redes de pesquisa e a legitimação de formas específicas de pesquisa que acontecem dentro delas, é muito significativo. Redes de pesquisa se constroem por meio de associações profissionais, encontros durante conferências, intercâmbio de docentes e alunos através de programas de pesquisa, encaminhamento de doutores graduados por professores antigos e pela comunicação diária sobre os projetos de pesquisa. Para dar apenas uma breve indicação de como isto mudou nas últimas seis décadas desde o início dos ESI, consideremos como os *e-mails* e as passagens aéreas mais baratas revolucionaram a maneira como os pesquisadores podem se encontrar e manter contato. Embora seja difícil teorizar e certamente de quantificar, as simpatias e animosidades pessoais também podem ser altamente importantes para a maneira como as comunidades de pesquisa evoluem.

Resumindo a breve visão geral da institucionalização acima, trabalharemos com esta força motriz analítica e metodologicamente de três formas. Em primeiro lugar, estamos nos baseando em relatos existentes de diferentes aspectos da institucionalização que são relativamente empíricos e históricos. Esses relatos de modo geral não são particularmente críticos em relação ao tópico que está sendo investigado, embora tampouco os elogiem. Em segundo lugar, onde for necessário, conduziremos uma pesquisa preliminar primária para preencher algumas das lacunas da literatura existente, por exemplo, ao termos uma visão geral dos fluxos de financiamento dos *think--tanks* e das fundações. Em terceiro lugar, lidamos com as críticas da institucionalização como parte dos debates de ESI. Há, consequentemente, uma divisão de trabalho entre os capítulos 4 e 5, sendo que o primeiro conta uma história relativamente direta de como os Estudos Estratégicos se tornaram institucionalizados e institucionalmente patrocinados durante a Guerra Fria. O Capítulo 5, por sua vez, cobre tanto a institucionalização da Pesquisa da Paz e outras abordagens alternativas para a segurança que surgiram nos anos 1980 como as análises críticas feitas a partir dos processos de institucionalização tratados no Capítulo 4. Os capítulos 6 a 8 seguem uma estratégia similar de examinar tanto a institucionalização das abordagens contempladas quanto o relato crítico do oitavo capítulo acerca da própria institucionalização.

4. ESTUDOS ESTRATÉGICOS, DISSUASÃO E A GUERRA FRIA

ESTE CAPÍTULO SE concentra na Guerra Fria e nos aspectos militares, políticos, tecnológicos e estratégicos da disputa das superpotências, conforme teoriza o núcleo de Estudos Estratégicos de ESI. O tema central dessa história é como as armas nucleares influenciaram e foram influenciadas pela disputa entre os Estados Unidos e a União Soviética.

A área de estudo distinta que estamos chamando de ESI não se cristalizou até a metade dos anos 1940, tampouco a área ou o conceito de segurança foram completamente formados e aceitos desde o primeiro dia. O que surgiu nos Estados Unidos e, em menor escala, na Europa durante os anos 1940 e 1950 foi uma categoria de trabalho na interseção entre as especialidades militares e as Ciências Sociais, baseada na universidade e voltada ao encaminhamento dos problemas de política que surgiam dos armamentos nucleares e do amplo desafio que a União Soviética representava ao Ocidente. Esses problemas eram considerados urgentes. Devido às suas contribuições cruciais durante a Segunda Guerra Mundial, especialistas civis, particularmente físicos e cientistas sociais, agora podiam se especializar em assuntos militares sob a égide da segurança, a qual, diferentemente de "guerra" ou "defesa", conectava tranquilamente os aspectos militares e não militares do assunto. Além de possuir conhecimento técnico específico que os militares não tinham, um grupo de civis grande e influente ajudou a tratar das preocupações especificamente norte-americanas sobre os perigos de a sociedade se tornar militarizada devido a uma luta de longo prazo (Lasswell, 1941, 1950; Huntington, 1957; Deudney, 1995, 2007, p.161ss). Uma das razões pelas quais este momento é considerado exclusivamente norte-americano é porque foi neste período que os Estados Unidos abandonaram sua tradicional política externa de isolacionismo político e ingressaram em lutas e compromissos de longo prazo como os atores centrais do equilíbrio global de poder.

Esta transição memorável explica por que o desenvolvimento dos ESI foi encorajado pelo financiamento do governo norte-americano para pesquisa "estratégica". Esse engajamento estratégico global permanente era um novo jogo para os Estados Unidos, de modo diferente do que era para outros países; além disso, as armas nucleares inauguraram um novo jogo para todos. Como Betts (1997, p.14) mostrou sucintamente, "a guerra nuclear estimulou a teorização porque era inerentemente mais teórica que empírica: nunca havia ocorrido nenhuma". À medida que se tornava claro que a Guerra Fria poderia se tornar uma luta existencial generalizada e abrangente, firmou-se a ideia de que era necessária uma forma de entendimento integrado, no qual poderiam ser combinadas diferentes formas de conhecimento. Essa foi a maior parte do raciocínio por trás do *National Security Act* [Ato de Segurança Nacional] norte-americano de 1947 (além da coordenação mais próxima dos serviços e da reforma da inteligência). Quando os Estados Unidos se voltaram à institucionalização da mobilização militar em um nível sem precedentes, isto não podia ser feito puramente em termos de "guerra" ou "defesa" sem que o espectro da guarnição do Estado (Lasswell, 1941) ameaçasse os valores do liberalismo norte-americano. Esta é uma parte central da explicação para o aumento da abrangência do termo "segurança", incluindo a mobilização em termos mais "civis" (Wæver, 2004b, 2006), além de condicionar espaço particular para uma competência civil em um universo centrado em assuntos militares. Esse elo de interesses peculiarmente norte-americanos diz muito a respeito das origens dos ESI.

A primeira década após a Segunda Guerra Mundial é descrita por David A. Baldwin (1995, p.121-2) como "o período mais criativo e estimulante de toda a história dos estudos de segurança", talvez porque não houvesse "um ponto único de pesquisa dominando a área", mas uma consideração mais ampla de técnicas não militares do estadismo e de assuntos internos do que mais tarde se tornaria a norma. À medida que a Guerra Fria avançava e os Estudos de Segurança atravessavam a sua assim chamada era dourada, entre 1955 e 1965, essas discussões conceituais diminuíram e a subárea tornou-se quase exclusivamente dedicada ao estudo dos armamentos nucleares e da disputa bipolar. Uma das linhas centrais deste capítulo é abordar como o entendimento dos Estudos Estratégicos sobre o Estado, os perigos e as inseguranças tornou-se institucionalizado a tal ponto que a maior parte da literatura de Estudos Estratégicos não sentiu necessidade de discutir explicitamente sua conceitualização de segurança.

Isto não significava, porém, que não havia debates dentro dos ESI, e as quatro questões expostas no Capítulo 2 ressurgiram em discussões acerca da racionalidade dos Estados em geral e da União Soviética em particular e, portanto, sobre a maneira pela qual se deveria entender a política de segurança. Também havia uma preocupação recorrente com a importância da coesão societal, tanto no Ocidente quanto na União Soviética. Embora por um acordo geral esta fosse considerada inimiga dos Estados Unidos e do assim chamado Mundo Livre, havia ricas discussões sobre a interação entre tecnologia e amizade/inimizade, o que teve impacto tanto em como as contestações de Estudos Estratégicos eram feitas na Guerra Fria como nos debates pós-Guerra Fria sobre o papel do Estado e da tecnologia militar. Os ESI eram ao mesmo tempo produtivos, influentes e modernos. Com seu núcleo centrado na teoria dos jogos e na dissuasão nuclear, pareciam ser metodologicamente coerentes e, devido à ligação explícita com as políticas públicas, também recebiam financiamentos generosos. Esta "era dourada" foi o período formativo da nova subárea e, portanto, definiu a posição a partir da qual os estudos subsequentes sobre a matéria deveriam prosseguir.

A meta principal deste capítulo é mostrar em maiores detalhes como as cinco forças motrizes podem explicar a demanda inicial pelos ESI, a condução conceitual de sua primeira década e sua evolução contínua por meio da era dourada dos Estudos Estratégicos, entrando no último período da Guerra Fria. A história detalhada de como a estratégia nuclear se desenvolveu durante suas quatro primeiras décadas foi contada por Freedman (1981a), e não temos a intenção de repetir tal esforço aqui. Em vez disso, queremos situar os temas principais dessa literatura dentro de um relato ampliado do pano de fundo histórico da literatura de ESI. Mas o período da Guerra Fria não é interessante somente como história. Ele estabeleceu o significado de "segurança internacional", e o fez com profundidade suficiente para que ainda servisse como o centro de gravidade ao redor do qual giram muitos dos debates subsequentes em ESI, mais amplos e aprofundados.

A Política das Grandes Potências: a Guerra Fria e a bipolaridade

A Guerra Fria surgiu de meados para o fim dos anos 1940 como a nova estrutura de poder criada como resultado instituído da Segunda Guerra Mundial. As duas grandes características que a definiram começaram a interagir quase que simultaneamente: armamentos nucleares e uma disputa entre os Estados Unidos e a União Soviética. Esta disputa tornou-se excepcionalmente intensa não só por terem sido os grandes vencedores da guerra de 1939-45, intimidando todas as grandes potências anteriores, mas por serem os promotores de ideologias mutualmente excludentes (capitalismo democrático, comunismo totalitário), e cada qual afirmava possuir o futuro da humanidade. Esta disputa e o fato de que os Estados Unidos e a União Soviética rapidamente se tornaram, de longe, os maiores detentores de armamentos nucleares foram captados nos conceitos de *superpotência* e *bipolaridade*. Uma pergunta constante nos debates de Estudos Estratégicos e de teoria das RI era se o simples fato da bipolaridade ou da existência de armamentos nucleares explicava melhor o caráter da Guerra Fria (Waltz, 1964; Goldgeier e MacFaul, 1992, p.469, 490). Seria a bipolaridade estável simplesmente pelo fato de que um jogo de soma zero bipartite eliminava boa parte das incertezas e possibilidades de erros de cálculo por parte das relações entre as superpotências, como defendeu Waltz (1979) de maneira tão célebre? Ou seria a bipolaridade intrinsecamente instável, conforme apontam as bipolaridades do período clássico: guerras mortíferas entre Atenas e Esparta ou entre Roma e Cartago? Se a bipolaridade fosse instável, então somente o temor de uma destruição nacional representada por armas nucleares evitaria que ela se convertesse em guerra.

Após a ruptura de Mao com Moscou, no fim dos anos 1950, houve certo desafio ao quadro bipolar emanando da China, e alguns a consideraram como um terceiro poder, ao menos na Ásia, devido à sua disposição em desafiar as superpotências (Hinton, 1975; Segal, 1982). Ainda assim, o quadro bipolar manteve-se firme por mais de quatro décadas da Guerra Fria. Japão e Europa Ocidental eram fortes aliados dos Estados Unidos e aceitavam seu domínio e liderança militar. Mesmo após ultrapassar economicamente a União Soviética, ambos se mantiveram politicamente frágeis, e os Estados Unidos continuaram sendo o parceiro dominante tanto na Organização do Tratado do Atlântico Norte (OTAN) quanto na aliança bilateral com o Japão. Com a breve exceção do florescimento do "Japão como número 1" em fins dos anos 1980, nenhum deles tentou ou foi considerado apto a enfrentar a bipolaridade. As enormes fundações e arsenais de armas nucleares sustentaram-na mesmo após o desafio econômico da União Soviética (que parecia formidável nas décadas de 1950 e

1960) ter mergulhado em sensível atraso e declínio. Isto quer dizer que até o fim da Guerra Fria, a bipolaridade se manteve como o quadro geral para praticamente toda a teorização estratégica. Quer se tratasse de dissuasão, corrida armamentista, controle de armamentos ou alianças, o pressuposto básico dos Estudos Estratégicos da Guerra Fria era a bipolaridade (Buzan, 1987a, p.173-7). Este pressuposto é extraordinariamente proeminente na teoria da dissuasão, e atinge, até certo ponto, a meta de explicar as atrações da teoria dos jogos, em especial o "dilema da galinha" e o "dilema do prisioneiro" (Snyder, 1971). Ambos os jogos dependem de pressupostos baseados em dois jogadores (sem os quais eles rapidamente se tornam complicados) e, portanto, assemelham-se à bipolaridade. A bipolaridade também explica a sensibilidade norte-americana e soviética em relação à proliferação nuclear, que, mais que qualquer outra coisa, poderia ameaçar sua situação e seus privilégios como os únicos membros do clube dos "dois grandes".

O quadro bipolar da Guerra Fria manifestou-se na política geoestratégica da contenção. A disputa entre os Estados Unidos e a União Soviética desenvolveu-se a partir das linhas de cessar-fogo da Segunda Guerra Mundial, firmando-se rapidamente como uma tentativa norte-americana de cercar o bloco soviético com aliados (Otan, Japão, Irã, Paquistão, Coreia do Sul, Tailândia, Taiwan etc.) para prevenir uma expansão maior do mundo comunista. A resposta soviética foi tentar furar ou saltar sobre tais barreiras de contenção. Esta formação fortemente territorial explica quão significativas foram as crises de Berlim, da Coreia, de Cuba, do Oriente Médio e do Vietnã, todas consideradas cruciais para a manutenção ou a quebra das linhas de contenção. Assim que a China emergiu como potência oposta tanto aos Estados Unidos quanto à União Soviética, teve início um jogo secundário de contenção, em que a União Soviética tentou conter a China fazendo alianças com a Índia e o Vietnã. A vitória comunista na China, em um primeiro momento, foi vista pelo Ocidente como uma grande vitória para Moscou, mas, por volta de meados dos anos

1970, a China era vista em Washington como parte da contenção da União Soviética.

Dois dos demais componentes analíticos da política das grandes potências delineados no Capítulo 3 são os padrões de amizade e inimizade entre as grandes potências e seu grau de envolvimento e intervencionismo. Nos ESI da Guerra Fria, esses dois componentes estavam profundamente entrelaçados, pois a União Soviética era vista como o Outro, inimigo e hostil, cuja ideologia comunista professava a derrocada das sociedades capitalistas e a subsequente difusão do comunismo para todo o planeta. No Ocidente, e especialmente nos Estados Unidos, a caracterização da União Soviética como um oponente cruel e implacável que exigia uma contenção de longo prazo e um vigoroso desafio ideológico rapidamente sedimentou-se como fundamento das políticas norte-americanas. Parte dessa disputa estava na necessidade de provar que era falsa a projeção marxista de capitalismo como algo exploratório, polarizador e fadado a uma crise terminal. O amplo espectro da natureza do desafio advindo da União Soviética foi uma razão essencial para a mudança para políticas baseadas no conceito de *segurança nacional* (Smoke, 1975; Yergin, 1978; Neocleus, 2006a), que por si só tornou-se um tema de debate contínuo na literatura (Wolfers, 1952; Buzan, 1983). O poderoso artigo sobre o fator "X" de Kennan (1947) foi instrumental no estabelecimento deste caminho, e sua visão da União Soviética manteve-se profundamente influente até o fim da Guerra Fria. Embora constituíssem sua política externa e suas intenções em termos radicalmente diferentes, os Estados Unidos compartilhavam do posicionamento intervencionista – e messiânico – da União Soviética na medida em que também acreditavam na derrocada final do sistema político e econômico do oponente e no surgimento de uma ordem global baseada no seu próprio modelo. Assim como na ideologia comunista, esse posicionamento era baseado em uma análise econômica combinada com uma certeza normativa não questionada sobre as virtudes de seu próprio modo de organização societal.

Porém, embora houvesse um consenso geral de que a União Soviética era radicalmente oposta ao Ocidente, e aos Estados Unidos em particular, ainda havia diferenças cruciais sobre como a Alteridade e a inimizade Soviéticas se constituíam. Essas diferenças vinham a ser os pressupostos mais gerais sobre o Estado e o sistema internacional e, portanto, também apontavam para maneiras diferentes de gerenciar a bipolaridade nuclear. A primeira linha de discussão foi sobre como definir as intenções soviéticas. De maneira célebre, Kennan sustentou em seu "artigo X", de 1947, que a liderança soviética estava inextricavelmente ligada a uma ideologia de superioridade comunista e de derrocada capitalista. Logo, não se deveriam aceitar expressões de confiança e acomodação pelo que elas pareciam ser, mas sim enxergá-las como táticas na batalha para a dominação a longo prazo. Os oficiais soviéticos eram como "automóveis de brinquedo", incapazes de escapar às linhas do partido e "arredios ao argumento e à razão que lhes vêm de fontes externas" (Kennan, 1947, p.574). A solução de Kennan era uma contenção incessante da União Soviética "em todo ponto no qual demonstrarem sinais de cerceamento dos interesses de um mundo livre e estável" (Kennan, 1947, p.581). Outros sustentavam que a União Soviética apresentava um posicionamento bem menos agressivo. Fundador da teoria neorrealista, Waltz sustentava, por exemplo, que a União Soviética havia "assumido uma postura de dissuasão passiva em relação a seu maior adversário, contra o qual ela claramente não deseja lutar" (Waltz, 1964, p.885). Waltz chegou a uma visão diferente da União Soviética não por possuir uma percepção mais amigável da ideologia soviética e de seus líderes, mas porque, em sua teoria, a bipolaridade exercia um efeito disciplinador nos líderes das grandes potências estatais, que "os encorajará fortemente, de maneiras melhores que os seus caráteres; todavia, nos poderiam fazer esperar" (Waltz, 1964, p.907). Dois outros pressupostos embasam a análise estrutural de Waltz. O primeiro era que a polaridade internacional mantinha um poder explicativo mais forte que fatores isolados, tais como a ideologia ou a composição de uma liderança estatal. O segundo pressuposto era a visão de que a União Soviética era fundamentalmente um ator racional capaz de entender que gerenciar a bipolaridade nuclear, em vez de embarcar em uma política militar expansionista, seria de seu próprio interesse.

Nos últimos períodos da Guerra Fria, o debate sobre a racionalidade foi influenciado por uma crescente preocupação sobre até que ponto a União Soviética era, em vários quesitos importantes, um tipo de ator diferente dos Estados Unidos, com diferentes preocupações e entendimentos (Kolcowicz, 1971; Ermarth, 1978; Snow, 1979; Gray, 1980; Holloway, 1980; Erickson, 1982; Hanson, 1982/3). Seria a União Soviética implacável, expansionista e guiada por um fervor revolucionário ou essencialmente defensiva e movida por sentimentos de inferioridade em relação ao Ocidente? Que diferença faziam a tradição e a cultura militar russa? Será que os soviéticos entendiam conceitos como dissuasão da mesma maneira que os formuladores de políticas e teóricos ocidentais? Será que a língua russa possuía, de fato, uma palavra para dissuasão? Era possível confiar que os soviéticos perseguiriam interesses aparentemente conjuntos para a sobrevivência e a prevenção de acidentes ou não se devia confiar que o Kremlin manteria seus acordos, admitindo-se que sempre buscava avanços estratégicos sob o disfarce de controle de armamentos? Será que eles calculavam um "dano inaceitável" da mesma maneira que os norte--americanos ou seria a União Soviética, e mais ainda a China de Mao, um jogador duro e cruel, preparado para aceitar grande número de baixas, enquanto os Estados Unidos eram relativamente brandos e fáceis de ameaçar?

O Neorrealismo waltziano construiu-se a partir do pressuposto de que os Estados, inclusive a União Soviética, são atores racionais; outros estudiosos, como Jervis, defendiam que a doutrina militar soviética não era tão diferente da que possuíam os oficiais militares norte-americanos, e que suas "ideias não são particularmente russas ou marxistas, mas simplesmente ideias que se esperariam de pessoas imbuídas da proteção da sociedade e da vitória em guerras" (Jervis,

1979/80, p.630). Os russos entendiam "muito bem o potencial da ameaça norte-americana de destruir sua sociedade"; a diferença entre os dois países na verdade encontrava-se nas diferentes distribuições de poder entre as lideranças civis e militares (Jervis, 1979/80, p.630). Outros concordavam com Kennan que se deveriam encontrar diferenças mais fundamentais entre o Oriente e o Ocidente. Segundo Colin S. Gray (1980, p.139), não havia "equivalentes soviéticos funcionais para as teorias ocidentais de dissuasão, guerra limitada e controle de armamentos, assim como os principais conceitos ocidentais que tais teorias abrangem – estabilidade, controle da intensificação, barganha, suficiência/adequação e as demais – pareciam não desempenhar papel identificável ao guiar o planejamento militar soviético". Aqueles que enfatizavam a diferença soviética caíam em dois campos amplos: havia os que, assim como Kennan, ligavam a inimizade soviética à ideologia comunista de sua liderança, defendendo, ao mesmo tempo, que o povo russo era representado por essa ideologia de maneira inadequada e que, no fim das contas, derrubariam "seus" líderes. Outros, como Gray, argumentavam que o "caráter nacional russo, marcado pela astúcia, pela brutalidade e pela submissão" explicava a adoção dessa ideologia, e que a cultura estratégica soviética era, portanto, "em sua raiz, russa, em vez de marxista-leninista" (Gray, 1980, p.142). Embora apoiadas em termos mais concretos e empíricos, essas discussões anteciparam futuros debates de ESI sobre o significado dos fatores culturais *versus* as capacidades materiais e da importância da coesão societal e do "ajuste da identidade nacional" entre governantes e governados.

Não havia uma maneira fácil de resolver essas questões: o acesso ocidental à União Soviética e à China era severamente restrito, e deduziam-se as suas intenções a partir de uma combinação do comportamento observado nesses países e de pressupostos sobre ideologia, identidade nacional e estrutura de governo. Os analistas de ESI sustentavam que o difícil era que o comportamento geralmente prestava-se a múltiplas interpretações, dependendo do pressuposto mais profundo sobre a racionalidade dos atores e das visões específicas do Outro inimigo. Sob esses debates havia também uma diferença analítica ainda mais fundamental entre as explicações neorrealistas localizadas no nível da estrutura internacional, em que a racionalidade do ator era pressuposto ontológico básico, e as explicações de nível unitário que permitiam uma gama maior de comportamentos "irracionais", em que a própria "racionalidade" era contextualizada e variável pelo tempo e espaço. A teoria dos jogos, que constituía uma parte importante dos ESI – especialmente devido à ausência de trocas nucleares entre as superpotências que criava um espaço analítico para moldar encontros hipotéticos –, pode ser vista como assumindo um meio-termo. A maior parte dos jogos permitia formas múltiplas (iniciais) de racionalidade estatal (cooperativa, enganosa, sigilosa, desconfiada etc.), mas, geralmente, também localizava a capacidade dos Estados de reconhecimento das virtudes e do comportamento cooperativo se os jogos fossem desempenhados repetidamente, tornando-se, portanto, mais "racionais" (Jervis, 1978). Como consequência, no núcleo dos ESI encontravam-se visões empíricas divergentes, assim como normativas, sobre como os padrões de amizade e de inimizade poderiam se desenvolver, deixando a disputa sobre elas como parte do que diferenciava os linha-dura, os moderados e os perseguidores da paz (sobre o que falaremos mais no Capítulo 5). Deve-se notar que a lógica de dissuasão dos ESI, não obstante a diferença entre as abordagens específicas supracitadas, sempre carregou uma ambiguidade fundamental. Um mínimo de conhecimento e de racionalidade comuns entre as duas grandes potências deveriam ser aceitos, por um lado, para que a dissuasão funcionasse. Se a União Soviética fosse totalmente imprevisível e insana, as estratégias adotadas pelo Ocidente não fariam muita diferença, e poderia ser mais seguro iniciar um ataque preventivo. Por outro lado, a lógica da dissuasão sempre manteve um elemento de incerteza em seu centro: mesmo se os soviéticos fossem suficientemente racionais para não atacar do nada, como que se poderia saber com certeza? O advento, a disseminação e o desenvolvimento dos armamentos nucleares tornaram as respostas a essas perguntas extremamente importantes.

O imperativo tecnológico: a revolução nuclear nos assuntos militares

O desenvolvimento dos Estudos Estratégicos da Guerra Fria ocorreu em um contexto em que o quadro político das potências bipolares tornou-se amplamente estável, mas a tecnologia que cercava os armamentos nucleares era muito dinâmica. A tecnologia dos armamentos nucleares (o que significava as ogivas propriamente ditas e também seus sistemas de disparo) passou por um desenvolvimento muito rápido e dramático durante toda a Guerra Fria, e de fato além dela, gerando um imperativo estratégico contínuo que se localizava no coração da problemática dos ESI. A discussão sobre as evoluções da tecnologia militar e de suas consequências estratégicas tornou-se a principal preocupação da literatura (Brodie, 1976; Snow, 1979; Martin, 1980; Luttwak, 1980a; Buzan, 1987a). Durante essas décadas, os armamentos nucleares e muitos de seus sistemas associados encontravam-se no estágio intermediário da clássica "curva S" de desenvolvimento tecnológico, em que as melhorias são rápidas antes que a tecnologia amadureça e seus desempenhos se nivelem. Para ter uma ideia dessa "curva S", pense no desenvolvimento longo e muito lento das aeronaves durante o século XIX, nos desenvolvimentos extremamente rápidos em variedade, velocidade, tamanho, altitude e confiabilidade desde o voo dos irmãos Wright em 1903 até o Concorde e o SR-71 nos anos 1970, e no nivelamento depois disso.

O poder explosivo multiplicou-se muitas vezes. A precisão do disparo encolheu de vários quilômetros para poucos metros. Mísseis balísticos não interceptáveis substituíram bombardeiros vulneráveis como principal veículo de armamentos nucleares, reduzindo, no processo, períodos de disparo potenciais de muitas horas para 30 minutos ou menos. As proporções força/peso das ogivas progrediram imensamente, o que significava que, a princípio, foguetes menores podiam carregar as mesmas cargas e, depois, que um foguete podia carregar muitas ogivas. Ogivas menores e mais leves significavam armas nucleares que poderiam ser montadas em mísseis táticos e colocadas até mesmo em obuses. Os mísseis tornaram-se mais precisos e também mais confiáveis, com combustível sólido em vez de líquido e tempos de resposta de segundos, em vez de horas. Todos esses desenvolvimentos permitiram aos mísseis serem enviados ao mar em submarinos, tornando-os muito difíceis de detectar e diminuindo potencialmente o tempo de aviso entre o lançamento e a chegada para alguns poucos minutos. A tecnologia de foguetes, radares e direcionamento melhorou a ponto de se tornar tecnicamente possível (e, no contexto norte-americano, politicamente necessário) pensar sobre o desenvolvimento de sistemas de mísseis antibalísticos (MAB). Isso tudo foi resumido impecavelmente pela observação de Brown (1977, p.153):

> Durante milhares de anos antes disso [1945], o poder de fogo fora um recurso tão escasso que o teste supremo da capacidade de um general se dava em sua conservação para a aplicação na hora e no lugar cruciais. De repente, ele prometeu se tornar tão abundante que seria loucura chegar a lançar mais do que a mínima fração da quantidade total disponível.

No final dos anos 1970, as superpotências haviam acumulado muitas dezenas de milhares de ogivas nucleares, a ponto de essa "mínima fração" não ser meramente retórica.

Como se pode notar acima, a bipolaridade condicionava todo argumento sobre dissuasão nuclear, mas essa verdade geral era moderada pela natureza específica do equilíbrio militar entre os Estados Unidos e a União Soviética, que variava ao longo do tempo. Até meados dos anos 1950, os Estados Unidos detinham o monopólio, primeiramente, de armamentos nucleares e, depois, de bombardeiros de longo alcance para dispará-los. Nessas condições, a dissuasão era fácil para os Estados Unidos, com os soviéticos tendo apenas sua superioridade militar convencional e as ameaças nucleares na Europa para oferecer como contra-ameaça. O lançamento do Sputnik em 1957 mudou tudo isso, demonstrando que a União Soviética havia dominado (se já não estacionado) tecnologias de foguetes que permitiriam que atingisse os

Estados Unidos rapidamente e sem interceptação, além de ameaçar as forças nucleares norte-americanas, até então altamente baseadas em bombardeiros. Do fim dos anos 1950 em diante, como previsto pelos primeiros escritores que tratavam da era nuclear, o jogo era, cada vez mais, de dissuasão nuclear mútua, com a União Soviética caminhando de modo firme em direção a uma paridade nuclear geral com os Estados Unidos. Esse processo não foi suave. Grandes incertezas se apresentavam devido aos desenvolvimentos tecnológicos e também às desinformações sobre quem havia estacionado o quê: as "lacunas" dos bombardeiros e mísseis da metade e do fim dos anos 1950, em que o sigilo soviético e a política interna norte-americana se combinaram para produzir enormes reações desmedidas dos Estados Unidos a "ligações" soviéticas inexistentes. Durante os anos 1950 e 1960, as regras e as dinâmicas básicas da dissuasão nuclear mútua foram exploradas detalhadamente (Kissinger, 1957; Wohlstetter, 1959; Kahn, 1960, 1962; Schelling, 1960), embora muitas delas tivessem sido previstas por escritores anteriores como resposta ao primeiro surgimento dos armamentos nucleares (Brodie, 1946, 1949; Blackett, 1948). Se tais regras teoricamente elegantes do jogo funcionariam de fato durante uma crise real era um debate constante. Será que os tomadores de decisão permaneceriam racionais durante uma crise (Green, 1966; Allison, 1971; Jervis, 1976)? Será que as forças armadas de fato seguiriam a política oficial ou será que o cumprimento de ordens na realidade criaria uma intensificação? Durante os anos 1970, os Estados Unidos aceitavam mais ou menos a paridade nuclear com a União Soviética como base para as negociações do controle de armamentos, embora esta posição tenha se retraído durante a assim chamada "Segunda Guerra Fria", do fim dos anos 1970 até meados dos anos 1980, quando o governo Reagan buscou nas defesas contra mísseis balísticos e outros aspectos da estratégia de combate uma forma de reafirmar a superioridade norte-americana.

Os desenvolvimentos tecnológicos prenderam as superpotências em uma dura corrida armamentista de dimensões quantitativas –

quantos mísseis e ogivas? – e também qualitativas – quão precisos, qual a rapidez do disparo, quão bem protegidos contra ataques preventivos (Wohlstetter, 1974)? Também geraram uma corrida espacial anexa, na qual as duas superpotências competiam para serem as primeiras a ter domínio sobre sondas orbitais; em seguida, orbitais tripuladas, além de interplanetárias e, finalmente, de tecnologias de aterrissagem na Lua. A corrida armamentista, não é de estranhar, tornou-se outro tópico básico na literatura (Huntington, 1958; Gray, 1971, 1974; Bellany, 1975; Rattingcr, 1976; Hollist, 1977; Russett, 1983; Levine e Carlton, 1986; Buzan, 1987a, p.69-131), dando ainda mais peso ao que pareciam ser as forças motrizes materiais que definiam a agenda estratégica. Havia comparações óbvias a serem feitas entre corridas armamentistas anteriores, tais como a famosa disputa naval entre a Grã-Bretanha e a Alemanha antes de 1914, além da corrida nuclear entre as superpotências. Ambas refletiam a contínua pressão do rápido desenvolvimento tecnológico das opções militares, que haviam sido características das relações internacionais desde a revolução industrial (Buzan, 1987a). Assim como as corridas armamentistas anteriores, a das superpotências se conduzia pela ação-reação entre adversários, pelas melhorias em tecnologia mais ou menos autônomas e também pelo poder de *lobby* da indústria bélica e dos estabelecimentos militares. A advertência de Eisenhower sobre a influência do "complexo industrial-militar" (CIM) na vida norte-americana desdobrou-se em uma literatura completa sobre como a política interna influenciava que tipos e quantidades de armamentos que as superpotências adquiriam (Kurth, 1973; Rosen, 1973; Allison e Morris, 1975; Freedman, 1981a, cap. 22; Evangelista, 1984, 1988; Buzan, 1987a, p.94-113; McNaugher, 1987).

Um tema interessante na literatura do CIM era que, enquanto os Estados Unidos possuíam um CIM e, portanto, enfrentavam o problema de interesses internos industriais e militares se aproveitarem da Guerra Fria para promover suas próprias metas, a União Soviética virtualmente era um CIM, com grande parte de sua economia voltada para a produção de poderio militar. O fato de os Estados Unidos serem uma democracia capitalista era significativo e desempenhou importante papel no entusiasmo geral norte-americano por soluções tecnológicas e científicas e a crença nelas (Wæver e Buzan, 2007, p.386). Por um lado, poderíamos pensar que as economias políticas capitalistas, com sua preferência geral por capital em vez de trabalho, naturalmente se inclinariam para soluções de alta tecnologia para os desafios militares. A lógica do capitalismo aponta para soluções intensivas de capital, sem levar em conta se o problema é a produção ou a destruição, uma inclinação reforçada pelo desejo natural de uma democracia de minimizar os riscos para o seu cidadão/soldado. Por outro lado, a própria consciência do CIM nos Estados Unidos refletia um interesse alto e sustentado na economia da defesa. Apesar da reputação "cromada em ouro" dos contratos militares norte-americanos, os debates estratégicos não eram conduzidos apenas por novos desenvolvimentos em tecnologia e cálculos da capacidade militar soviética. Discussões sobre possíveis novas tecnologias também diziam respeito à efetividade do custo, além de cálculos sobre como atingir as metas militares desejadas da forma mais econômica (Kapstein, 1992). E embora os Estados Unidos não estivessem próximos do modelo soviético de se tornar um CIM, é óbvio que o alto e sustentado gasto militar norte-americano servia a propósitos keynesianos (por exemplo, o Estado direcionando grandes somas de dinheiro público para a economia) para a economia norte-americana, a ponto de ter sido ideologicamente difícil para os governos norte-americanos abrirem mão disso sem se tornarem vulneráveis a acusações de socialismo ou supergoverno. Dito de outra forma, os gastos militares nos Estados Unidos desempenharam o mesmo papel do gasto governamental em políticas industriais ocorrido na maioria dos demais Estados ocidentais. Diferentemente da Europa, onde não havia barreira ideológica aos gastos estatais keynesianos, esse elemento de "keynesianismo" militar nos Estados Unidos acalmou a política dos orçamentos militares (Russett, 1983).

Porém, independentemente de o desenvolvimento e a aquisição de novas tecnologias militares serem conduzidos internamente ou pela corrida armamentista, o medo era de que o fracasso em manter-se informado tornaria as forças nucleares de um lado vulneráveis ao primeiro ataque do inimigo. Qualquer desenvolvimento desse tipo neutralizaria os efeitos de dissuasão mútua pelo medo de retaliação em que ambos os lados se ancoravam. Por exemplo, se os mísseis de um dos lados funcionassem com combustível líquido e levassem uma hora para serem lançados, mas seu oponente pudesse lançar um ataque surpresa que só daria um aviso de trinta minutos, então este oponente possuía incentivos poderosos para atacar primeiro. Desta insegurança fundamental surgiu um enorme e elaborado corpo de teoria e de argumento sobre incentivos para atacar (ou não) sob várias condições de equilíbrio nuclear, e a necessidade de criar uma "segunda força de ataque segura" capaz de retaliar mesmo após um grande primeiro ataque (Wohlstetter, 1959; Rosecrance, 1975; Howard, 1979; Jervis, 1979, 1979/80; Art, 1980; Gray, 1980; Lodal, 1980; Weltman, 1981/2; George, 1984; Allison et al, 1985). Novas mentalidades teóricas formais foram chamadas para ajudar a entender o "jogo" de dissuasão e disputa bipolar das superpotências (Snyder, 1971; Jervis, 1978).

Muito desta literatura era altamente dependente dos pressupostos de racionalidade descritos acima (Steinbruner, 1976; Snyder, 1978) para dar sentido às grandes correntes de proposições "se X, então Y", que caracterizavam a teoria da dissuasão: se A atacar B de determinada maneira, qual a melhor resposta de B, e o que faria A em resposta, e então... e então... A insegurança fundamental aqui era de ser desarmado pelo seu oponente em um primeiro ataque (um assim chamado ataque de "contraforça"). Esse medo era real nas primeiras fases da Guerra Fria, quando os arsenais nucleares eram relativamente pequenos, de lançamento lento e não muito bem protegidos. Esse medo diminuiu mais para o fim dos anos 1960, à medida que os arsenais nucleares se tornaram maiores e muito mais difíceis de atacar (particularmente quando os mísseis eram colocados em submarinos), propiciando um segundo ataque seguro e efetivo. Mas ele foi substituído por outro temor, mais sutil, conhecido como dilema *ex ante ex post* (Rosecrance, 1975, p.11-2; Steibruner, 1976, p.231-4). Este encarava um ataque de contraforça por um lado (B) contra o outro (A), no qual A perde mais de suas armas nucleares que B usa em seu primeiro ataque. Esse resultado seria plausível se o atacante utilizasse os mísseis de ogivas múltiplas que se tornaram amplamente disponíveis durante os anos 1970. Se B atacasse com dez mísseis, cada qual com dez ogivas, ele poderia eliminar até 100 mísseis de A. O dilema está em o que A faria depois. Ele não está completamente desarmado e poderia retaliar atacando os silos de mísseis de B ou as cidades de B. Atacar os silos de B seria um potencial desperdício dos mísseis restantes de A, porque não era claro quais deles estavam vazios e quais ainda continham mísseis. Portanto, as chances de eliminar a capacidade de B retaliar seriam pequenas. De modo alternativo, intensificar o ataque às cidades de B significaria efetivamente cometer suicídio, porque B estaria, então, apto a utilizar seus mísseis restantes para retaliar e destruir as cidades de A. Será que a racionalidade sugeriria que A deveria não retaliar em primeiro lugar, tendo, portanto, que aceitar o ataque sem fazer nenhuma retaliação? Fazer isso poderia, de fato, ser racional, mas essa possibilidade solaparia toda a estrutura de dissuasão, parecendo dar incentivos aos agressores para realizar ataques iniciais de contraforça. Compreender estas grandes correntes de raciocínio era considerado crucial para o desenvolvimento das melhores opções militares que impediriam o inimigo de atacar em primeiro lugar.

A aparente impossibilidade de elaborar reações racionais plausíveis por meio de toda a gama de complexidades levantadas pelos cenários de guerra nuclear levou a uma aceitação crescente de que a efetividade da dissuasão residia na possibilidade, ou até mesmo probabilidade, de um comportamento irracional. Poucos continuavam a acreditar que o pressuposto da racionalidade perduraria uma vez que começassem as trocas nucleares, ainda que limitadas. A "ameaça que relega algo à sorte" (Schelling, 1960, cap. 8) foi uma resposta teoricamente sofisticada ao antes insolúvel dilema político *ex ante ex post*. Os agressores em potencial seriam detidos precisamente pelo medo de uma resposta irracional, seja no nível individual (raiva, vingança), seja no burocrático (colapso de comando e controle). Mas se a dissuasão dependesse da irracionalidade, então boa parte do incentivo para elaborar prolongados cenários teóricos e, portanto, para os próprios Estudos Estratégicos, desapareceriam.

Todo o edifício da teoria da dissuasão também estava continuamente sob a pressão de novos desenvolvimentos em tecnologia que poderiam fazer que se estivesse mais ou menos vulnerável ao ataque, e geralmente as discussões eram sobre quais tipos de tecnologia buscar (ou não) para melhorar sua própria posição. Gastou-se muita tinta, entre outras escolhas tecnológicas, em relação aos custos e benefícios de colocar múltiplas ogivas em mísseis; de buscar altos níveis de precisão com as assim chamadas munições de precisão guiada; de desenvolver bombardeiros supersônicos; de desenvolver bombas de nêutrons (desenhadas para produzir muita radiação e pouco impacto, matando as pessoas, portanto, mas sem destruir a propriedade); de posicionar mísseis de cruzeiro; e de construir elaborados esconderijos protegidos para mísseis balísticos intercontinentais terrestres.

Um dos mais fortes, e ainda hoje contínuos, debates deste tipo era sobre os sistemas MAB, também conhecidos como DMB, em discussão desde o final da década de 1960 (Stone, 1968; Brodie, 1978; Lodal, 1980; Comissão Independente de Desarmamento e Assuntos de Segurança, 1982; Glaser, 1984, 1985; Hoffman, 1985) e ainda hoje (Glaser e Fetter, 2001; Powell, 2003; Karp, 2004). Parte da discussão girava em torno de isso ser possível ou não com a tecnologia existente ou provável, e envolvia tudo, desde raios de partícula montados em satélites orbitais até foguetes interceptores supervelozes e radares elaborados. Mas a parte teórica mais interessante era qual o impacto que o estacionamento de uma DMB efetiva, ou mesmo parcialmente efetiva, teria na estabilidade nuclear estratégica. O fascínio imediato era que a DMB oferecia uma fuga de toda a lógica de dissuasão e especialmente de ter a sua própria população mantida como refém sob a cruel, embora supostamente estabilizadora, lógica da mais notória sigla da Guerra Fria, a DMA (Destruição Mutuamente Assegurada). Poderia servir, então, de retorno à defesa nacional ao bloquear um ataque. Um problema óbvio era que esta medida defensiva daria liberdade de ação a quem primeiro a possuísse para lançar o primeiro ataque ofensivo contra seu oponente sem medo de retaliação. Outro problema era que, unidade por unidade, a DMB seria sempre muito mais custosa para estacionar que os mísseis ofensivos, pois derrubar mísseis era intrínseca e maciçamente mais difícil que simplesmente dispará-los de um lugar para outro. Portanto, mudanças em direção a uma DMB ameaçavam desencadear uma interminável corrida armamentista, na qual os posicionamentos de DMB seriam antecipados pela adição de mísseis ofensivos equipados com mecanismos de auxílio de penetração suficientes para inundar o sistema. Na ocasião, e principalmente porque ter controle sobre a tecnologia parecia ser uma aventura muito dispendiosa e de resultado incerto, as duas superpotências resolveram a questão no Tratado MAB de 1972, que restringia o posicionamento, mas não a pesquisa. A IED de Ronald Reagan no início dos anos 1980, traçada, em parte, como uma tentativa de fuga à DMA e em parte para reverter a paridade estratégica que os Estados Unidos haviam acordado com a União Soviética durante os anos 1970, colocou a DMB de volta na agenda norte-americana, onde tem permanecido desde então. Com sua promessa de escapar da DMA, a DMB mostrou-se especialmente atraente na política interna norte-americana, auxiliada por seu apelo entusiasmado em relação a reparações tecnológicas e sua subserviência em ser representada como defensiva (não obstante os protestos dos estrategistas acerca das consequências desestabilizadoras).

Além das pressões de tecnologias que se desenvolviam rapidamente, havia um desacordo fundamental contínuo sobre a natureza básica da dissuasão nuclear em si, e se ela era fácil ou difícil de alcançar (Jervis, 1979/80; Gray, 1980; Lodal, 1980; Buzan, 1987a, p.173-96).

Em parte, isto se sobrepunha aos debates de tecnologia, mas, além de supor a existência de armas nucleares aplicáveis, ela não era muito dependente de seus detalhes. Alguns achavam que as armas nucleares facilitavam a dissuasão, porque mesmo um ator parcialmente racional seria fortemente refreado pela possibilidade de destruição. Em outras palavras, a posse de um arsenal nuclear para a "destruição assegurada" seria basicamente suficiente, levando a uma assim chamada estratégia de "dissuasão mínima". Outros, assumindo uma abordagem de máxima dissuasão, calculavam que um impiedoso ator racional (conforme postulara Kennan em relação à União Soviética) não exigiria apenas uma ameaça de grande dano, mas uma probabilidade quase certa de que essa retaliação seria encaminhada antes que a dissuasão pudesse ser efetiva. Devido ao dilema *ex ante ex post* discutido anteriormente, era difícil assegurar uma alta certeza de retaliação sob condições de dissuasão mútua. A lógica poderia ditar que retaliar após ser atingido era um ato irracional, abrindo, portanto, a oportunidade para que o agressor impiedoso pensasse em atacar em primeiro lugar.

A dissuasão mínima oferecia um tipo de estabilidade em paridade fácil, e também economia, mas sob o risco de vulnerabilidade em relação a oponentes totalmente impiedosos preparados para barganhar frente a grandes ameaças à sua própria sobrevivência. Essa lógica também fornecia incentivo à assim chamada proliferação nuclear "horizontal" (a disseminação de armas nucleares a Estados que não as possuíam previamente), fazendo com que fosse mais simples para os países menores adquirir um grande equalizador (Waltz, 1981). A bipolaridade definia um clube nuclear de dois e associava as armas nucleares com a posição de superpotência. No começo dos anos 1960, Grã-Bretanha, França e China haviam se unido ao clube nuclear, obrigando as duas superpotências a assegurar sua distinção adquirindo arsenais nucleares muito maiores do que os recém-chegados. Uma das poucas coisas com as quais os Estados Unidos e a União Soviética concordavam era que não queriam novas potências nucleares. Esta preocupação concentrava-se inicialmente em outros Estados industrializados, particularmente Alemanha e Japão, mas, durante os anos 1970, dirigiu-se a Estados do Terceiro Mundo, tais como Argentina, Brasil e Índia, e também para Israel e o Oriente Médio, além da África do Sul. Qualquer proliferação horizontal questionava a posição das superpotências, complicando suas opções para intervenções militares, além de trazer à tona o risco de guerra nuclear, fosse intencional ou acidental. Naquilo que viria a se tornar o maior exemplo de cooperação entre as superpotências durante a Guerra Fria, os Estados Unidos e a União Soviética encabeçaram a promoção de um regime de não proliferação nuclear que buscava promover a disseminação de tecnologia nuclear civil enquanto barravam a aquisição de capacidades nucleares militares por outros Estados. Embora estivesse, acima de tudo, subordinada à agenda conduzida por arsenais nucleares das superpotências, a (não) proliferação nuclear horizontal tornou-se por si só um extenso e elaborado tópico dentro da literatura de ESI da Guerra Fria, que analisaremos no Capítulo 5.

Contrastando com a dissuasão mínima, o raciocínio de dissuasão máxima oferecia custos de ingresso maiores para potenciais Estados detentores de armamentos nucleares, além de uma custosa e interminável corrida armamentista para os Estados nucleares já existentes. O suposto ganho seria fechar lacunas para ir contra agressores extremos, que poderiam se arriscar pelo caminho do dilema *ex ante ex post*, ou tentar encontrar outras formas de burlar a paralisia militar da dissuasão nuclear, realizando, por exemplo, pequenos e repentinos ataques militares. Lidar com essa contingência criava demandas para grandes e elaboradas forças capazes de responder à agressão em qualquer nível, além de manter o "domínio da intensificação" por um complicado e possivelmente extenso espectro de combate convencional e nuclear. O raciocínio da dissuasão máxima baseava-se na suposição de um oponente altamente agressivo, que não teme riscos e é oportunista. Dadas as experiências da Segunda Guerra Mundial (os bem-sucedidos ataques surpresa do Japão contra os Estados Unidos e da Alemanha contra a União Soviética), tal suposição não era historicamente insensata e tinha seu apoio no entendimento dos Estados Unidos sobre a União Soviética incorporado por Kennan. O raciocínio da dissuasão máxima foi conduzido por três fatores: um entendimento que buscava a certeza sobre a lógica da dissuasão bipolar, além da alta percepção de ameaça da União Soviética; *lobby* bem-sucedido, dentro dos Estados Unidos, por parte do CIM (Kurth, 1973); além do problema da dissuasão estendida que surgiu quando as garantias norte-americanas de proteger a Europa deveriam ser implementadas frente a uma crescente capacidade soviética de atacar os Estados Unidos com armas nucleares.

A dissuasão estendida (DE) conecta o motor tecnológico ao tema de política das grandes potências discutido acima. A dissuasão nuclear mútua, exclusivamente entre os Estados Unidos e a União Soviética, era uma proposta simples, embora com algumas ramificações bastante complicadas. Mas durante a época em que possuía um monopólio nuclear, os Estados Unidos assumiram a obrigação de defender a Europa Ocidental da União Soviética (o que se concretizou na aliança da OTAN em 1949). Estender o escopo nuclear dos Estados Unidos tornou-se simples quando o monopólio nuclear norte-americano facilitou a dissuasão, mesmo adiante da força militar convencional dos soviéticos na Europa, que era muito superior. Mas isto se tornou diabolicamente difícil quando os soviéticos também adquiriram a capacidade de ameaçar os Estados Unidos com armas nucleares. Como poderiam os aliados europeus acreditar que os Estados Unidos retaliariam contra a União Soviética devido a, por exemplo, um ataque contra a Alemanha Ocidental, quando a consequência poderia ser a retaliação soviética contra cidades norte-americanas? Esta questão, além de suas muitas variantes, assombrou o raciocínio estratégico ocidental do Sputnik em diante (Beaufre, 1965; Rosecrance, 1975; Snyder, 1978; Jervis, 1979/80; Gray, 1980; Martin, 1980; Cordesman, 1982; George, 1984; Huth e Russett, 1984; Allison et al, 1985; Huth, 1988). Isto também era central na literatura sobre a OTAN e suas recorrentes insatisfações, em especial, no tocante à estratégica nuclear, que foi outro grande tema na literatura de ESI (Luttwak, 1980a; Bertram, 1981/2; Freedman, 1981/2; Hoffmann, 1981/2; Treverton, 1983; Duffield, 1991; Zagare e Kilgour, 1995).

As questões que surgiam da DE eram encaminhadas, embora não resolvidas, de várias formas. A incerteza sobre a garantia nuclear dos Estados Unidos incentivava as potências europeias a adquirirem seus próprios métodos de intimidação nuclear (o que a Grã-Bretanha já havia feito, seguida pela França), abrindo caminho para um tipo de crise permanente na OTAN, referente à credibilidade da sua postura de dissuasão e à divisão de trabalho entre os Estados Unidos e seus aliados europeus. Em especial, forçou os Estados Unidos a adotarem várias medidas para fortalecer seu comprometimento (colocando seus próprios soldados na Europa em números significativos), além de aumentar, para a União Soviética, os riscos da "tática do salame" (ganhando um pedaço por vez, ficando, por isso, abaixo do limiar a partir do qual as armas nucleares seriam utilizadas) por meio de medidas como a integração das assim chamadas armas nucleares "táticas" (sendo "táticas" definidas, em especial, como de curto ou médio alcance, em vez de um alcance intercontinental) nas futuras utilizações pela OTAN. A "resposta flexível", como veio a ser conhecida tal doutrina, inexoravelmente levou à lógica da dissuasão máxima ao tentar encontrar destacamentos de força capazes de enfrentar todos os tipos e níveis possíveis de ameaça soviética à Europa. Já que a OTAN nunca conseguiu igualar a força convencional soviética na Europa, o comprometimento com a dissuasão estendida alimentava a lógica nuclear que fortalecia o pensamento e a política de dissuasão máxima nos Estados Unidos. A Europa sempre fora o assunto principal da dissuasão estendida, mas o problema afetava as relações norte-americanas com outros aliados, tais como a Coreia do Sul e o Japão, que também se encontravam em seu escopo nuclear.

A dissuasão estendida e a resposta flexível induziram outra preocupação intrínseca a toda a lógica de dissuasão máxima, e também se ligaram às intervenções das superpotências oponentes em crises e conflitos no Terceiro Mundo: intensificação e como controlá-la (Ball, 1981; Clark, 1982; George, 1984; Allison et al, 1985). A prática da dissuasão estendida levava inevitavelmente a cenários de combates de baixo nível em resposta a agressões locais e como responder se o oponente aumentasse as apostas ao caminhar em direção a níveis maiores de força, especialmente com a utilização de armas nucleares "táticas" (Davis, 1975/6). A dissuasão máxima exigia que se enfrentassem as ameaças em qualquer nível, o que padecia de certas dificuldades quando armas nucleares táticas se incorporavam a unidades de base avançadas. Tais armas deveriam ser utilizadas anteriormente ou arriscar-se a perdê-las para quem atacasse? Se as trocas nucleares começassem, seria possível controlar a intensificação ou, uma vez iniciada, ela se tornaria incontrolável, já que mesmo uma pequena utilização nuclear levava consigo um grande risco de terminar como uma guerra nuclear total entre as duas superpotências? Essas questões de intensificação eram um problema tanto em relação a crises que surgiam no Terceiro Mundo (discutido mais adiante) quanto para a defesa na Europa. A lógica da dissuasão máxima exigia que a racionalidade prevalecesse e que a guerra nuclear limitada fosse passível de contenção, mas, conforme discutido acima, havia dúvidas reais se essa "cabeça fria" e esses cuidados com pormenores seriam possíveis uma vez que os sistemas de comando e de controle estivessem sob as intensas e imprevisíveis pressões de um verdadeiro combate nuclear. A lógica de dissuasão máxima e a DE, portanto, forçaram a teoria da dissuasão em direção a complicações fantásticas. As grandes correntes das proposições "se X, então Y" tornaram-se tão longas – e baseavam-se em tantos pressupostos questionáveis, tanto sobre o desempenho tecnológico quanto sobre a racionalidade humana, em especial sob pressão (Snyder, 1978) – que a credibilidade da própria teoria era questionada.

Embora a maior parte dos Estudos Estratégicos se preocupasse em entender as novidades das relações militares da era nuclear, também havia trabalhos que cobriam aspectos fundamentais contínuos da agenda militar em qualquer período: a vantagem da força/guerra (Howard, 1964; Knorr, 1966; Hoffmann, 1973; Martin, 1973; Keohane e Nye, 1977, p.27-9; Art, 1980; Mueller, 1989) e a questão de analisar se as estratégias ofensivas ou defensivas eram as mais apropriadas nas condições tecnológicas da época, e quais seriam as consequências de seguir uma delas (Quester, 1977; Jervis, 1978; Levy, 1984; Van Evera, 1984). Olhando além das questões nucleares, praticamente não havia considerações relacionadas às exigências especificamente tecnológicas produzidas pelas guerras convencionais no Terceiro Mundo.

A pressão dos assuntos e "eventos" atuais

A bipolaridade e as armas nucleares com certeza formaram o principal quadro para a evolução dos ESI durante suas primeiras quatro décadas, mas não eram as únicas forças motrizes em jogo. Analisando primeiramente os eventos constitutivos que impactaram os Estudos Estratégicos, o fim da Segunda Guerra Mundial e a ascensão da União Soviética e dos Estados Unidos como potências antagônicas foram, obviamente, o evento que a disciplina estabeleceu como fundador tanto para explicar quanto para aconselhar os tomadores de decisão. À medida que a Guerra Fria se desenrolava, uma mistura de eventos constitutivos e significativos funcionava para reforçar esta visão da União Soviética, enquanto expandia o escopo dos ESI. Os eventos que tiveram impacto significativo na evolução dos ESI foram: Berlim (o bloqueio soviético de Berlim Ocidental em 1948-9 e a construção do Muro de Berlim em 1961), a Guerra da Coreia (1950-3), a Crise dos Mísseis de Cuba (1962), a crise do petróleo do Oriente Médio (1973) e a Guerra do Vietnã (1964-75). Poderíamos adicionar a Crise de Suez (1956), gerada pela nacionalização do Canal de Suez por parte do presidente egípcio Nasser, que colocou um contra o outro os antigos aliados Grã-Bretanha e Estados Unidos, além de confirmar a bipolaridade e a inépcia dos poderes europeus de operarem independentemente dos Estados Unidos. Também iniciou o envolvimento norte-americano no Oriente Médio, mas não teve grande impacto na literatura de ESI como tal. O lançamento do Sputnik (1957) e outras inovações tecnológicas essenciais foram abordadas no campo da tecnologia.

As crises de Berlim e da Coreia serviram principalmente como eventos constitutivos que confirmaram, no Ocidente, a visão expansionista da União Soviética (e da China) e a necessidade de contenção. A Guerra da Coreia iniciou um grande rearmamento nos Estados Unidos e, até certo ponto, na Europa. Ela consolidou a ideia, no Ocidente, de um "bloco comunista" e forneceu um exemplo real dos problemas de dissuasão estendida e de contenção que a OTAN enfrentava na Europa. A posse norte-americana de armas nucleares não impedia nem o Norte de invadir o Sul, nem os chineses de intervirem em resposta à contrainvasão do Norte pelos Estados Unidos. A contenção claramente tinha de envolver tanto as capacidades convencionais quanto as nucleares.

A crise desencadeada pelo posicionamento soviético de mísseis nucleares em Cuba, em 1962, trouxe o mundo para mais perto de uma guerra nuclear que jamais havia ocorrido – ou ocorreria a partir de então. Foi, consequentemente, o maior "evento" para a evolução dos ESI durante a Guerra Fria. A crise por si só gerou uma literatura substancial que seguiu bem além do fim da Guerra Fria, além de fornecer lições que impactavam nos debates de ESI de várias maneiras, tornando o ocorrido, portanto, um evento constitutivo e expressivamente crítico que expandiu os tópicos na agenda dos ESI (Horelick, 1964; Abel, 1966; Kennedy, 1969; Allison, 1971; Dinerstein, 1976; Snyder, 1978; Lebow, 1983/4; Landi et al, 1984; Trachtenberg, 1985; Garthoff, 1988; Allyn et al, 1989/90; Scott e Smith, 1994; Weldes, 1996; Bernstein, 2000; Pressman, 2001). De forma mais óbvia, a Crise dos Mísseis de Cuba gerou um interesse em gerenciamento de crises como uma área-chave de preocupação dentro dos ESI. Ela destacou os perigos da intensificação em um processo de ação-reação e expôs a necessidade de meios confiáveis de comunicação entre Washington e Moscou. Esta necessidade foi rapidamente sanada através da instalação de uma "linha direta". A crise forneceu um claro modelo para olhar para a realidade da tomada de decisões, além de questionar os pressupostos de racionalidade centrais da teoria da dissuasão (Allison, 1971; Janis, 1972; Jervis, 1976). O conhecimento das várias opções de resposta militar consideradas pelos Estados Unidos e a efetividade da "quarentena" naval norte-americana para com Cuba alimentaram-se da utilidade da "resposta flexível" que era então discutida pela OTAN e validaram-na, mas a preocupação subjacente era compreender a produção real e potencial da irracionalidade na tomada de decisões externas, particularmente nos Estados Unidos. Poderíamos argumentar que a experiência de encarar o abismo nuclear por dias a fio sensibilizava tanto os tomadores de decisão quanto a comunidade de ESI – para não mencionar os pesquisadores da paz e os ativistas – em relação à necessidade de gerenciamento da corrida armamentista nuclear. Cuba demonstrou o interesse comum das duas superpotências na sobrevivência e, deste modo, preparou o terreno para o interesse crescente no controle de armamentos e na dissuasão que começaria durante os anos 1960.

Assim como a crise cubana, a crise de 1973 no Oriente Médio mais uma vez destacou o problema da intensificação indesejável, embora, desta vez, não em um confronto direto entre as superpotências, mas como consequência de ambas serem arrastadas para conflitos regionais em nome de seus aliados. No começo dos anos 1970, as forças nucleares de ambos os lados eram muito maiores do que uma década antes, baseadas em mísseis e com sistemas de alerta muito mais sofisticados com tempos menores de resposta. À medida que as superpotências se envolviam no conflito entre Israel e seus vizinhos, o entrelaçamento de seus sistemas de alerta sinalizava uma nova forma de problema de intensificação, no qual sistemas e protocolos automatizados podiam elevar gradualmente os níveis de alerta à medida que um lado reagisse ao outro. As intensas pressões de tempo dentro da lógica e da tecnologia da dissuasão nuclear pareciam necessitar de tal automação, mas ao fazê-lo criava, então, o perigo de uma indesejável intensificação rumo à guerra.

A capacidade dos eventos de fundar, expandir e reorientar uma área de pesquisa geralmente só se identifica completamente em retrospecto. Ao fazê-lo, talvez o principal impacto da crise do Oriente Médio de 1973 tenha sido, em especial nos Estados Unidos, colocar a segurança econômica e o terrorismo internacional na agenda dos ESI (Nye, 1974; Knorr e Trager, 1977), assim como incluir "interdependência" e Economia Política Internacional nas agendas de RI e, até certo ponto, de ESI (Keohane e Nye, 1977; Gilpin, 1981). A utilização da "arma do petróleo" pelos Estados árabes forçou os Estados Unidos a perceber que a prosperidade ocidental e a hegemonia norte-americana dependiam da disponibilidade de petróleo barato, boa parte dele advindo do Terceiro Mundo (IIEE, 1975a, 1975b; Maull, 1975; Odell, 1975; Krapels, 1977). De forma mais ampla, isto desencadeou a consciência de que a negação do acesso a outros recursos estratégicos pelos cartéis que buscavam projeção política poderia – e em alguns casos deveria – ser vista como uma ameaça estratégica (Connelly e Perlman, 1975; Foley e Nassim, 1976). Menos visível na época era o fato de que essa crise inseriu os Estados Unidos de maneira muito mais profunda no Oriente Médio ao lado de Israel, criando, portanto, um conjunto de objetivos agudamente contraditórios (apoio a Israel e manutenção de relações estáveis com os Estados produtores de petróleo), o que colocaria, cada vez mais, a política externa norte-americana em uma armadilha durante as décadas seguintes. A contínua crise entre Israel, por um lado, e os palestinos (em particular) e Estados árabes (de modo geral), por outro, alimentava o terrorismo e as formas de lhe fazer frente como um novo tópico dentro dos ESI (Dugard, 1974; Bell, 1975; Fromkin, 1975; Stern, 1975/6; Clutterbuck, 1976; Pierre, 1976; Wohlstetter, 1976; Hopple, 1982; Wilkinson, 1986; Wilkinson e Stewart, 1987). Como esta literatura se concentrava principalmente no terrorismo relativamente restrito que partia do conflito árabe-

-israelense, ela era amplamente marginalizada em relação às preocupações estratégicas centrais dos Estudos Estratégicos da Guerra Fria.

O candidato mais significativo à categoria de eventos críticos adiados foram eventos substanciais intra-Terceiro Mundo, como a Guerra Irã-Iraque durante os anos 1980. A segurança do Terceiro Mundo era amplamente discutida como parte da disputa global das superpotências, e isto talvez explique a relativa falta de preocupação em relação ao apoio ocidental a ditaduras militares anticomunistas. Apenas alguns escritores de ESI – o que será discutido mais profundamente no Capítulo 5 – apontavam para as preocupações com a segurança dos Estados do Terceiro Mundo a partir de sua própria perspectiva (Girling, 1980; Kolodziej e Harkavy, 1982; Ayoob, 1984; Thomas, 1987; Azar e Moon, 1988). Muitos envolvimentos relativamente menores das superpotências na África, na América Central ou em outros lugares tornaram-se apenas uma pequena parte da literatura geral, sem ter muito impacto em suas principais linhas de raciocínio (por exemplo, IIEE, 1981). De modo geral, essa literatura pode ser vista como uma resposta à descolonização como um "evento" amplo, mas sem a capacidade de mudar fundamentalmente o escopo básico ou os pressupostos analíticos que caracterizavam os ESI da Guerra Fria.

A guerra no Vietnã configurou-se como um caso particularmente crítico, mas, para um evento de tamanha escala e controvérsia política, ela causou um impacto surpreendentemente pequeno na literatura de ESI, o que fez dela, portanto, o maior incidente isolado de evento crítico adiado. Havia relativamente poucos artigos em periódicos de RI ou de Estudos Estratégicos (Fishel, 1966; Hunter e Windsor, 1968; Thompson, 1969; Goodman, 1972), e o IIEE não dedicou nem ao menos um *Adelphi Paper* a ela. No contexto da Guerra Fria, a Guerra do Vietnã consistiu, principalmente, na contenção norte-americana e no medo da "teoria dominó" de que permitir uma fresta em qualquer parte do muro norte-americano que rodeava o mundo comunista resultaria em uma série de conversões ao comunismo no Terceiro Mundo. Juntamente com eventos na África e na América

Central, ela deu início a uma subliteratura sobre guerra de guerrilha e contrainsurgência (Johnson, 1968a, 1968b; Soderlund, 1970) e expôs cruelmente as dificuldades dos Estados Unidos de combater em guerras limitadas na periferia como parte da contenção (Mack, 1975). Ela também ressaltou os limites da teoria estratégica abstrata que estava então em seu auge em relação à dissuasão, mas que era aparentemente inútil em uma guerra na qual a contagem de corpos e as batalhas pareciam não ter relação direta com as políticas de vitória e defesa (Gray, 1982b, p.90). Talvez o mais importante tenha sido que a derrota sofrida pelos Estados Unidos na Guerra do Vietnã gerava uma dúvida sustentada dentro dos Estados Unidos acerca da validade da força em geral, além da capacidade norte-americana de combater em guerras limitadas no Terceiro Mundo em particular – a chamada "síndrome do Vietnã" (Herring, 1991/2). Na literatura *post mortem* sobre o que havia dado errado, duas lições essenciais foram cristalizadas: hegemonia tecnológica não ganhava guerras e coesão interna era essencial tanto para a capacidade do inimigo de sofrer altos níveis de baixas quanto para a capacidade da mídia ocidental de verter apoio do público (Cooper, 1970; Kalb e Abel, 1971; Ravenal, 1974/5; Grinter, 1975; Fromkin e Chace, 1984/5).

De um modo geral, as preocupações das superpotências dominavam, e a discussão sobre o Terceiro Mundo dentro dos ESI era, portanto, ligada principalmente às suas consequências para o equilíbrio central. A literatura se concentrava em cinco efeitos possíveis: contenção (como que instabilidades e conflitos no Terceiro Mundo afetariam a estrutura das esferas de influência das superpotências?); dissuasão estendida (poderiam os aliados do Terceiro Mundo ser apoiados pelas superpotências, estendendo a elas o escopo nuclear?); intensificação (havia risco de que a estabilidade central da dissuasão pudesse ser perturbada pelo fato de as superpotências serem arrastadas para dentro de conflitos do Terceiro Mundo entre seus clientes e aliados?); proliferação nuclear (ver anteriormente e Capítulo 5); e segurança econômica (poderiam os cartéis de fornecedores do Terceiro Mundo abalar a economia ocidental ao aumentar os preços ou restringir o fornecimento?). Considerar a lógica da dissuasão fora do quadro das superpotências era raro (Rosen, 1977; Waltz, 1981).

A dinâmica interna dos debates acadêmicos

Em uma perspectiva ampla e generalizada, a dinâmica acadêmica interna dos Estudos de Segurança ao longo do período da Guerra Fria pode ser vista como seguindo a mesma "curva S" descrita para a tecnologia anteriormente neste capítulo. Ela teve um início lento, um período dramático de desenvolvimento e depois um nivelamento. Estimulada por armas nucleares e pela Guerra Fria, ela começa a adquirir força durante os anos 1940 e 1950, atingindo uma espécie de ápice na era dourada dos anos 1950 e 1960, com uma série de livros clássicos centrados em torno da dissuasão nuclear (Brodie, 1946, 1959; Kissinger, 1957; Osgood, 1957; Kahn, 1960, 1962; Rapoport, 1960, 1964; Schelling, 1960, 1966; Snyder, 1961; Singer, 1962; Green, 1966; Morgan, 1977). Havia contribuições de muitas disciplinas e uma sensação real de animação resultante do interesse intelectual intrínseco pelo problema, a sensação de temor e de urgência sobre quais escolhas fazer na prática e o perfil altamente público e recursos generosos da estratégia nuclear.

Mas, por volta dos anos 1970, os principais trabalhos de grande relevância haviam sido feitos, e parte do entusiasmo se esvanecia à medida que a relação das superpotências e os Estudos Estratégicos em si tornavam-se mais rotineiros e institucionalizados. Os debates teóricos sobre dissuasão estavam começando a afundar sob o peso de sua própria complexidade lógica (Freedman, 1991). O equilíbrio nuclear havia alcançado uma espécie de beco sem saída que parecia razoavelmente estável, sobre o qual não havia muito o que dizer, a não ser respostas para desenvolvimentos tecnológicos, em especial em defesas contra mísseis balísticos. Os Estudos Estratégicos das correntes principais sucumbiram ao empirismo febril, no qual o principal trabalho dos analistas era acompanhar tecnologias e desenvolvimentos políticos que mudavam constantemente. Em um nível mais profundo, alguns acadêmicos e formuladores de política voltaram-se para um tipo de aceitação exaurida de dissuasão existencial ou geral, na qual o principal efeito não vinha de preparações cada vez mais elaboradas e menos críveis para enfrentar qualquer contingência, mas da simples existência de armamentos nucleares e do medo de que eles fossem utilizados (Waltz, 1981; Morgan, 1983; Freedman, 1988).

Como se nota acima, uma das características distintivas dos Estudos Estratégicos (e dos ESI, de uma maneira mais ampla) era, e é, o envolvimento de civis no raciocínio estratégico, envolvimento este que produziu uma série de resultados dignos de atenção. A análise de sistemas, por exemplo, que era um método para resolver problemas de estrutura da força e de alocação de recursos, baseava-se na teoria econômica e na pesquisa operacional desenvolvida por cientistas naturais, engenheiros e economistas durante a Segunda Guerra Mundial (Smoke, 1975, p.290-3). Vários estudos pioneiros do RAND foram implementados em política, notavelmente o famoso estudo de "bases aéreas" do matemático Wohlstetter e seus parceiros (1954). Alguns dos principais representantes dessa forma de pensar entraram no governo Kennedy rotulados de "crianças prodígio" de McNamara (Kaplan, 1983; Brodie, 1965). A partir daí, esses métodos e as técnicas relacionadas do RAND, como o "Sistema Planejamento-Programação--Orçamento" "se disseminaram pela maior parte do governo federal" (Smoke, 1975, p.292).

Este desdobramento dos Estudos Estratégicos enredou-se com a disposição de solucionar problemas das Ciência Sociais norte--americanas em geral, e sua preferência por valores da ciência "objetiva" (quantificação e teoria dura), de forma oposta ao tradicionalismo (história) e às abordagens normativas (acadêmicos e ativistas), que eram as principais abordagens na Europa. Wæver (Wæver e Buzan, 2007, p.388; ver também Smoke, 1975) defende que:

Em uma situação de Guerra Fria, com uma economia norte-americana em franco crescimento, de uma vontade de otimismo tecnológico e de uma disposição de apoiar as Ciências Sociais como parte da solução para desafios sociais (incluindo não apenas a luta da Guerra Fria, mas problemas sociais de todos os tipos), a recompensa era alta para abordagens novas que pareciam levar as RI em direção à utilização de ferramentas e métodos científicos, indo da codificação de dados de eventos que permitiriam o processamento computadorizado de dados através de modelos cibernéticos e psicologia experimental até teoria dos jogos. A teoria da dissuasão se tornou uma história de sucesso neste contexto por duas razões. Por um lado, ela produziu um programa de pesquisa aparentemente produtivo ("progressista"), no qual o trabalho teórico produziu problemas cada vez mais novos e complexos, que poderiam, sucessivamente, ser trabalhados com novas mudanças teóricas. Por outro lado, tudo isso parecia muito útil, pois as teorias na verdade produziam sua própria realidade de abstrações, o mundo da "capacidade segura de segundo ataque", "dissuasão estendida" e "dominação da intensificação".

Havia uma sinergia notável entre o comprometimento dos Estudos Estratégicos com os métodos "científicos" (positivismo, quantificação, teoria dos jogos) e o entusiasmo paralelo em boa parte da Ciência Política e das RI norte-americanas em relação ao "behaviorismo", que buscava não apenas trazer a epistemologia e os métodos das Ciências Naturais para dentro das Sociais, mas também julgar o que contava como conhecimento por esses parâmetros. Aqui, os Estudos Estratégicos da era dourada, com suas teorias sistêmicas, teoria dos jogos e sua quantificação estavam na vanguarda, mostrando ao restante das RI o que poderia (e deveria) ser feito. A firme absorção dos Estudos Estratégicos pelo campo em expansão e em consolidação das RI era facilitado por essa sinergia.

Indo da era de ouro para os completos quarenta e cinco anos dos Estudos Estratégicos da Guerra Fria, o comprometimento geral com métodos "científicos" e formas positivistas e racionalistas de fazer ciência envolvia um conjunto bem diverso de abordagens analíticas e metodológicas. O Neorrealismo estrutural waltziano bebia explicitamente da fonte da microeconomia, com seus pressupostos de ator racional tomados a partir do nível do ser humano ou da firma individual, aplicando-os aos Estados. O Realismo Estrutural, assim como os Estudos Estratégicos, de forma mais ampla, voltaram-se a estudos quantitativos de grandes conjuntos de dados, metodologia que foi auxiliada pela inclusão de computadores nos anos 1950 e 1960, assim como estudos de casos comparados que se tornaram regra no influente periódico *International Security*, publicado desde 1976. A teoria dos jogos constituía, ainda, outra forma de conhecimento científico baseado nos correlativos deduzidos de conjuntos de dados ou estudos de casos históricos e na análise de diferentes cenários e equações matemáticas construídas ao redor de diferentes pressupostos dos atores e de prospectos para conflitos ou cooperação. O fato de que nenhum intercâmbio nuclear ocorreu e que, por isto, não gerou dados quantificáveis, tornou a teoria dos jogos especialmente apta para o desenvolvimento da teoria da dissuasão. À medida que a teoria dos jogos se desenvolvia durante os anos 1950 e 1960, ela também foi muito auxiliada – e na verdade impulsionada – pela construção de computadores poderosos o suficiente para rodar jogos através de um grande número de ciclos (Edwards, 1996). Deve-se notar, contudo, que boa parte do que se escrevia sobre Segurança Internacional não evocava alta teoria ou complicadas técnicas dedutivas ou quantitativas, mas vinha, sim, na forma de um conhecimento empirista direto, juntamente com História contemporânea e solução de problemas de política como quadros principais.

A paixão pelo método "científico" era acima de tudo, embora não exclusivamente, como mostraremos no próximo capítulo, norte-americana. Na Europa, embora não de forma exclusiva, mais uma vez, havia maior apoio a abordagens históricas e normativas. Esse confronto metodológico era representado pelo famoso intercâmbio entre Hedley Bull (1966), que defendia métodos "tradicionais" e era cético acerca dos científicos, e Morton Kaplan (1966), que defendia a guinada comportamental. Entretanto, no evento as diferenças normativas eram a característica divisora mais proeminente do discurso sobre armas nucleares e, assim como ocorreu com a divisão metodológica, isso resultou amplamente na formação de dois lados gritando um após outro (investigamos a oposição aos Estudos Estratégicos no próximo capítulo). Em geral, ambos os lados aferravam-se às suas posições, embora, nas autorreflexões da área sobre o Estado (Bull, 1968; Gray, 1977, 1982a, 1982b; Booth, 1979; Howard, 1979; Freedman, 1984b), que eram a base da literatura de Estudos Estratégicos, havia alguma tentativa de encaminhar as críticas normativas dos Estudos Estratégicos a partir da Pesquisa da Paz.

Embora dominados por acadêmicos norte-americanos, os Estudos Estratégicos não eram, de modo algum, uma área norte-americana. Realizava-se algum raciocínio inovador na Europa, talvez de forma mais notável, com o trabalho revolucionário de Hedley Bull (1961) sobre controle de armamentos. Pensadores militares britânicos e franceses tiveram impacto, de certa forma, tanto na teoria da dissuasão, de modo geral, quanto nos tópicos mais centralizados envolvendo debates intermináveis sobre a OTAN e como fazer a dissuasão estendida funcionar (Liddell Hart, 1946; Blackett, 1948, 1956; Gallois, 1961; Beaufre, 1965), assim como alguns analistas estratégicos (Noel-Baker, 1958; Aron, 1965; Hassner, 1968; Howard, 1973, 1976, 1979, 1981; Pierre, 1973; Freedman, 1981a, 1981b, 1981/2, 1988; Joffe, 1981). Mas, independentemente de qual lado do Atlântico se encontrassem, a maioria dos envolvidos nos Estudos Estratégicos seguiram a "curva S" descrita acima e enfrentaram a mesma crise de relevância quando a Guerra Fria acabou.

Institucionalização

A história de como uma nova área, os ESI, surgiu e se estabeleceu não é uma história "apenas" de política das grandes potências, tecnologia, eventos e debates acadêmicos. Também é, de modo crucial, a história de como a área se institucionalizou, como atingiu uma posição e legitimidade que lhe permitiam montar programas de pesquisa, adquirir financiamento, encontrar canais para a disseminação de seus resultados e fazer os pesquisadores se autoidentificarem como "acadêmicos de segurança". A institucionalização, portanto, pode ser vista como uma força motriz que, em um primeiro momento, é produzida por meio da interação bem-sucedida das outras quatro, mas que, à medida que o processo de institucionalização ganha terreno, também se torna uma força motriz por si só. Uma área que é fortemente institucionalizada possui boas chances de ser bem-sucedida ao competir por financiamentos, influência em política e prestígio. A institucionalização pode ser uma força conservadora, mas também pode ser uma força motriz que empurra os ESI para novas direções.

Uma ideia geral de como ocorreu essa institucionalização pode ser obtida ao analisarmos seus cinco aspectos distintos: a fundação de cursos e institutos de ESI dentro das universidades; a criação de seções de especialistas dentro das associações acadêmicas; o desenvolvimento de periódicos especializados em ESI; a fundação de *think--tanks* de ESI; e o estabelecimento de programas de financiamento (via governo ou fundações) com a meta de promover os ESI. Não é possível contar esta história de modo abrangente, sobretudo no nível de como as redes de pesquisa concreta se formaram, mas com certeza podemos demonstrar o padrão geral. Aqui, focamos especialmente a institucionalização dos próprios Estudos Estratégicos: como surge e se estabelece uma nova área.

Anteriormente à formação de uma área de ESI, já havia, é claro, uma longa tradição de estudos de guerra em que os acadêmicos de segurança poderiam se basear. O *Royal United Services Institute* (RUSI) foi fundado em 1831, por iniciativa do Duque de Wellington, para estudar ciência naval e militar, e seu periódico data de 1857. O *US Army War College* tem mais de cem anos. Conforme já demonstramos, os ESI que surgiram como uma área autoconsciente após a Segunda

Guerra Mundial desenvolveram-se, em parte, a partir desta tradição, mas, conforme se percebeu acima, também eram distintos em propósito e em pessoal, levando consigo o novo rótulo e uma orientação de segurança internacional mais ampla. De forma mais geral, o desenvolvimento e a institucionalização dos ESI seguiam paralelamente aos de RI de forma mais ampla como uma área/disciplina distinta de Ciência Política, História e Direito Internacional – distintos, aqui, por possuírem suas próprias associações, departamentos, graduações e periódicos acadêmicos. Os ESI não começaram como parte de RI, e alguns de seus antigos pensadores-chave, como, por exemplo, Schelling, provavelmente nunca se consideraram parte de RI. Mas muitas justaposições, sinergias, pessoal compartilhado e processos entrelaçados de institucionalização os aproximaram fortemente. Ao fim dos anos 1960, os ESI haviam se tornado uma das principais subáreas de RI sem que ninguém realmente tivesse visto isso acontecer. Não era incomum que os grandes personagens em teoria de RI, como Bull, Jervis e Waltz, também fossem escritores ativos em ESI.

Algumas das instituições que trabalhariam com os ESI existiam antes da Segunda Guerra Mundial (por exemplo, o grupo de reflexão Brookings Institution, fundado em 1927), mas a maior parte deles se materializou à medida que a disciplina se desenvolvia, um processo que ainda é contínuo. O exército norte-americano formou um grupo de pesquisa em Estudos Estratégicos em meados dos anos 1950, o qual, durante os anos 1970, tornou-se o Instituto de Estudos Estratégicos do *US Army War College*. O Instituto Internacional de Estudos Estratégicos (IIEE) foi fundado em Londres, em 1958. Nas universidades, o Instituto de Estudos de Guerra e Paz da Universidade de Columbia foi fundado em 1951, e o Departamento de Estudos de Guerra no King's College de Londres também nos anos 1950. O Centro Mershon de Estudos de Segurança Internacional da Universidade Estadual de Ohio foi inaugurado em 1967, consolidando programas de defesa e de segurança nacional que remetiam a meados dos anos 1950, financiados por doações privadas. Do lado do governo, os Estados Unidos fundaram uma Agência de Controle de Armas e Desarmamento (ACAD) em 1961 e, em 1965, o Ministério da Defesa Indiano fundou o Instituto de Estudos e Análise de Defesa (IEAD). Em sua "Avaliação dos Estudos Estratégicos" (1970), o IIEE listava 128 lugares em 29 países onde a pesquisa em Estudos Estratégicos (incluindo, curiosamente, Pesquisa da Paz) estava sendo realizada. A maior parte deles concentrava-se no Ocidente e no Japão, com os Estados Unidos correspondendo a 20 e o Reino Unido a 13, mas países do Leste europeu e alguns do Terceiro Mundo também tinham uma representatividade significativa.

Os anos 1970 e 1980 continuaram com essa tendência, surgindo cada vez mais *think-tanks*, programas universitários e institutos. O Programa de Controle de Armamentos e Desarmamento da Universidade de Stanford foi fundado em 1970, e o Grupo de Estudos Estratégicos da Universidade de Oxford, em 1971. A seção de Estudos de Segurança Internacional da *International Studies Association* [Associação de Estudos Internacionais] (ISA) também foi fundada em 1971; o Instituto de Estudos Estratégicos de Islamabad, em 1973; o Instituto Canadense de Estudos Estratégicos, em 1976; além do Centro para a Paz e Estudos de Segurança da Georgetown University e do Centro de Estudos Estratégicos da Universidade de Tel Aviv, ambos em 1977. Em Genebra, o Programa de Estudos Estratégicos e de Segurança Internacional teve início em 1978 como parte do Instituto de Pós-Graduação em Estudos Internacionais. Nos Estados Unidos, em 1976, formou-se a *National Defense University* [Universidade Nacional de Defesa], pela fusão de programas anteriores, e, em 1984, ela criou seu próprio braço de pesquisa, o Instituto de Estudos Estratégicos Nacionais. A Universidade Johns Hopkins formalizou seu programa de Estudos Estratégicos em 1980, e o Comitê de Estudos de Segurança Internacional da Academia Norte-Americana de Artes e Ciências começou a funcionar em fins dos anos 1980. Um marco de quão ampla e profundamente os ESI haviam se institucionalizado ao final da década de 1980 foi a fundação, em 1987, do *Women In*

International Security [Mulheres na Segurança Internacional] (WIIS), grupo situado na Georgetown University e dedicado a aumentar a influência das mulheres nos assuntos externos e de defesa. A partir daí, ele se expandiu para 1.400 membros – mulheres e homens – em mais de 35 países, incluindo academia, *think-tanks*, corpos diplomáticos, comunidade de inteligência, militares, governos, organizações não governamentais, organizações internacionais, mídia e setor privado (http://wiis.georgetown.edu/about/ – acesso em 2 de julho de 2012).

Os *think-tanks* e as fundações também desempenharam um papel crucial ao apoiar o nascimento e a evolução dos Estudos Estratégicos na Guerra Fria. Alguns *think-tanks* desempenhavam um trabalho que era compatível com os próprios ESI, sendo o RAND e o IIEE os exemplos mais destacados. Outros eram significativos no apoio a programas acadêmicos e centros universitários. Conforme mostramos no Capítulo 3, geralmente as fundações e *think-tanks* são classificados através de um espectro ideológico liberal-conservador e, como regra geral, as instituições conservadoras apoiariam mais fortemente os Estudos Estratégicos convencionais, enquanto as instituições liberais, relativamente falando, têm sido mais generosas ao financiarem Pesquisa da Paz, Controle de Armamentos e, a partir do início dos anos 1980, programas voltados ao novo pensamento do próprio conceito de segurança. Dito isso, algumas fundações transpõem essa divisão ao fornecer recursos aos Estudos Estratégicos, assim como para a Pesquisa da Paz e o Controle de Armamentos. *Think-tanks* e fundações diferiam e diferem, além disto, em quão explicitamente ideológica é a sua autodefinição, como, por exemplo, o *American Enterprise Institute* e a *John M. Olin Foundation*, que assumem uma posição explicitamente político-normativa, enquanto outros, como a *Brookings Institution* ou a Fundação Ford, não enfatizam tanto a ideologia política, mas destacam sua contribuição à produção de conhecimento acadêmico.

Institucionalmente, as fundações e os *think-tanks* geralmente se entrelaçam, visto que os aportes às fundações são essenciais para a manutenção e o crescimento dos *think-tanks*. Analisando os principais *think-tanks* e fundações que se aliaram aos tradicionais ESI da Guerra Fria, a questão de onde colocar a linha divisória entre os ESI e o mundo da política torna-se crucial, mas também obscura. Uma definição limitada do que cai no âmbito da institucionalização dos ESI diria respeito exclusivamente àqueles *think-tanks* e àquelas fundações que conduziam ou financiavam a pesquisa acadêmica, enquanto uma definição mais ampla incorporaria aquelas instituições que mais explicitamente miram os formuladores de políticas de uma maneira que misture conhecimento acadêmico e aconselhamento/defesa de política. Começando com uma definição mais estreita, os casos do RAND e do IIEE mostrados anteriormente são os exemplos mais destacados de *think-tanks* com clara posição acadêmica, que impactavam com elementos centrais dos ESI. A contribuição do RAND para a teoria dos jogos e o pensamento de dissuasão durante a era dourada dos Estudos Estratégicos já foi notada e, embora as décadas seguintes não tenham produzido contribuições teóricas semelhantes em inovação, o RAND continuou a produzir estímulos cruciais no nível da análise empírica de segurança. Situando o RAND no cenário político das instituições de segurança, seu grande apoio em contratos governamentais levou alguns a verem-no como complacente – e, portanto, politicamente distorcido – em relação a políticas de Estado, enquanto outros afirmam que ele não tem uma ideologia clara, apontando o fato de ser apoiado por uma variedade de fundações, incluindo a Ford, Bill e Melinda Gates e a *Pew Charitable Trusts* (Oren, 2003). Analisando o Reino Unido, o IIEE, que, durante a Guerra Fria, era talvez o maior *think-tank* especializado em Estudos Estratégicos, foi a fonte de vários periódicos essenciais da área (*Survival, Adelphi Papers, The Military Balance, Strategic Survey*).

Ampliando o escopo para incluir também *think-tanks* conhecidos por sua agenda ideológica mais explicitamente conservadora e, portanto, com foco maior na influência sobre políticas e debates públicos, em vez de trabalho teórico "puro" em ESI, encontramos, primeiramente, o *American Enterprise Institute*, *think-tank* fundado em 1943 para promover a livre iniciativa capitalista. O *American Enterprise Institute* era e é um grande destinatário de dinheiro de fundações conservadoras, incluindo a Fundação John M. Olin, a Fundação Sarah Scaife, a Fundação Smith Richardson e a Fundação Lynde e Harry Bradley (www.aei.org – acesso em 2 de julho de 2012). A importância dos membros do *American Enterprise Institute* não foi tanto na principal área de teoria dos ESI, mas como indivíduos que combinavam os papéis de analistas acadêmicos, conselheiros políticos e intelectuais públicos. Alguns dos mais destacados membros associados ao *American Enterprise Institute* durante a Guerra Fria foram Richard Perle, vice-secretário de Defesa para Políticas de Segurança Internacional do governo Reagan, e Irvin Kristol, fundador do movimento neoconservador, que atingiu uma posição destacada com a eleição de George W. Bush em 2000 (Williams, 2005). A confluência dos *think-tanks* e do mundo da política foi indicada, mais tarde, pelo argumento de que o *American Enterprise Institute* desempenhou um papel fundamental no desenvolvimento e na implementação da controversa política do presidente Reagan na Nicarágua nos anos 1980, quando a CIA treinou os insurgentes dos "Contra".

Outro destacado *think-tank* conservador é a *Heritage Foundation*, fundada em 1973 por um investimento inicial do magnata da cerveja Joseph Coors, definida por Abelson (1996, p.49) como o *think-tank* arquetípico de promoção de causas (www.heritage.org/ – acesso em 2 de julho de 2012). A *Heritage Foundation* também vem sendo apoiada por grandes fundações conservadoras, tais como as fundações Sarah Scaife e a John M. Olin e, assim como o *American Enterprise Institute*, liga-se ao apoio do governo Reagan às forças anticomunistas da Nicarágua, da Guatemala e de El Salvador. A competição entre instituições que se assemelham também é um desafio para as fundações, fato que se evidencia pela destacada decisão da Fundação Olin de apoiar a *Heritage Foundation* no lugar do *American Enterprise Institute*, em 1986. O Centro de Estudos Estratégicos e Internacionais (CEEI), fundado em 1962 por meio da conservadora Fundação Sarah Scaife, deve ser mencionado como exemplo de instituição que começou com base em uma universidade (a Escola de Serviço Exterior da Universidade Georgetown), mas cuja (assim vista) agenda ideológica levou a universidade a cortar vínculos em 1986. Outros destacados institutos de política/*think-tanks* com base em uma universidade incluem a conservadora *Hoover Institution*, fundada em 1919 por meio de uma doação para a Universidade Stanford feita por Herbert Hoover, para apoiar a Coleção de Guerra Hoover. Finalmente, ao fim da Guerra Fria, o Instituto da Paz dos Estados Unidos foi fundado em 1986 por meio de um ato assinado pelo presidente Reagan.

Um importante *think-tank* que opera com fortes credenciais acadêmicas e uma agenda explicitamente política é o *Hudson Institute*, fundado em 1961 pelo destacado estrategista do RAND, Herman Kahn (www.hudson.org – acesso em 2 de julho de 2012). O *Hudson Institute* preocupava-se explicitamente com o que enxergava ser um pessimismo nuclear de esquerda, defendendo tanto a necessidade quanto a viabilidade da dissuasão nuclear. Antes da sua morte, em 1983, Kahn demonstrou seu apoio à agenda de Reagan, assim como otimismo em relação à utilização estratégica do espaço. Até o fim da Guerra Fria, o *Hudson Institute* recebeu garantias substanciais do governo, além de recursos de grandes fundações conservadoras.

Nem todos os *think-tanks* possuíam agendas explicitamente ideológicas, e alguns executavam trabalhos que, em parte, caíam na categoria de Estudos Estratégicos, em parte traziam abordagens mais críticas em relação ao controle de armamentos (ver Capítulo 5). Dentre estes, encontravam-se a *Brookings Institution*, o *Council on Foreign Relations*, que também publica a *Foreign Affairs*, o londrino *Royal Institute of International Affairs – Chatham House* (fundado em 1920), o *Woodrow Wilson International Center for Scholars*, fundado pelo Congresso norte-americano em 1968, e institutos nacionais de assuntos estrangeiros, como o Instituto Finlandês de Assuntos Internacionais (1961), o Instituto Sueco de Assuntos Internacionais (1938) e o Instituto Norueguês de Assuntos Internacionais (1959).

Como demonstra este curto relato de como os *think-tanks* contribuíram para a institucionalização dos ESI, contar a história dos *think-tanks* também significa contar a história da importância das grandes fundações. O Capítulo 3 forneceu uma lista das maiores fundações liberais e conservadoras e, embora devamos ter cuidado para não supervalorizar a distinção entre elas no que diz respeito ao financiamento dos ESI, deve ficar claro, a partir do relato acima, que as fundações conservadoras, em especial a Fundação Lynde e Harry Bradley, a Fundação John M. Olin, a Fundação Sarah Scaife e a Fundação Smith Richardson desempenharam papéis fundamentais no apoio a *think-tanks*. Mas as fundações também forneceram aportes a universidades, impactando diretamente, portanto, a institucionalização dos ESI, de outra maneira. Neste sentido, a mais significativa é, provavelmente, a Fundação John M. Olin, fundada em 1953 por John M. Olin, que transformou uma pequena empresa familiar em um dos maiores fornecedores norte-americanos de armas, munições e produtos químicos (Wooster, 2006). John M. Olin manteve um controle firme sobre a fundação; por isto, quando sua *alma mater*, Cornell, "capitulou" aos protestos de estudantes em 1969, Olin cessou suas contribuições (que, combinadas, chegavam a cinco milhões de dólares). Seu temor de que a fundação pudesse se desviar de sua agenda conservadora também fez com que ele a desfizesse em 2005. Durante os anos 1970 e 1980, a fundação teve um impacto importante nos ESI, fornecendo, por exemplo, financiamento para o Programa de Segurança Internacional de Yale, além do Instituto de Estudos Estratégicos John M. Olin em Harvard, que começou em 1989.

Embora os ESI tenham, afinal, desenvolvido toda uma gama de publicações especializadas, incluindo uma quantidade de manuais de ensino (Baylis et al, 1975, 1987; Russett, 1983; Buzan, 1987a), as discussões acadêmicas iniciais sobre Segurança Internacional ocorriam em periódicos menos especializados. Essa indicação pode ser vista em uma seleção de artigos essenciais na evolução dos ESI (Buzan e Hansen, 2007). Isto demonstra que os debates sobre Segurança

Internacional ocorreram não apenas em RI e periódicos de política externa como *World Politics, International Affairs, International Studies Quarterly* e *Foreign Affairs*, mas também em periódicos de Ciência Política, como a *American Political Science Review* e a *Political Studies Quarterly*, além de periódicos gerais de Ciências Sociais e Humanas, como o *Daedalus*. É interessante notar que o primeiro periódico de ESI apareceu na Europa: *Survival*, em 1958, sendo que a principal entrada norte-americana, *International Security*, não surgiu antes de 1976. Seguiram-se: *Terrorism/Studies in Conflict and Terrorism* (1977), *Journal of Strategic Studies* (1978), *Arms Control/Contemporary Security Policy* (1980), *Intelligence and National Security* (1986), *Terrorism and Political Violence* (1988) e *Security Studies* (1990), o que pode ser visto como expressão de quão destacados os ESI haviam se tornado e como parte de um processo mais amplo de aumento do número de periódicos de RI em geral. Esses periódicos mais especializados com certeza facilitaram a expansão da literatura de ESI, mas não chegaram a adquirir uma posição monopolista. Os periódicos de RI em geral permaneceram fóruns importantes para debates de ESI, incluindo os mais recentes *British Journal of International Studies* (1975) (depois renomeado *Review of International Studies*), o *European Journal of International Relations* (1995) e *Cooperation and Conflict* (1965).

Ao fim da Guerra Fria, os Estudos Estratégicos haviam firmado profundas raízes institucionais. Como estudante, era possível fazer cursos, e às vezes até mesmo obter um diploma nesta área em centenas de universidades. A partir daí, era possível almejar empregos em educação, mídia, pesquisa, políticas públicas, *think-tanks*, governo e forças armadas. Uma vez que os cursos, graduações e *think-tanks* haviam sido institucionalizados, eles alimentavam a demanda dos alunos por ESI, não somente porque a área parecia interessante e relevante para grandes questões da época, mas porque ofereciam boas carreiras. Nos Estados Unidos, os ESI haviam se tornado uma das grandes subáreas das RI, mais ou menos dividindo terreno com EPI, com base na divisão de trabalho entre os aspectos cooperativos e conflituosos das relações internacionais (Caporaso, 1995; Wæver e Buzan, 2007). Curiosamente, à medida que a própria divisão de trabalho se institucionalizava em associações e periódicos separados, ela tolhia o desenvolvimento da literatura de segurança econômica que surgiu com a crise do petróleo no Oriente Médio. Em suma, ao longo das quatro décadas da Guerra Fria, e não menos por sua íntima conexão com os problemas de política pública gerados pela Guerra Fria, os Estudos Estratégicos haviam adquirido peso e impulso formidáveis. O sucesso de sua institucionalização combinado com sua ligação com os problemas militares da Guerra Fria significaram que, quando o Muro de Berlim caiu, os Estudos Estratégicos em particular e os ESI em geral encararam uma crise

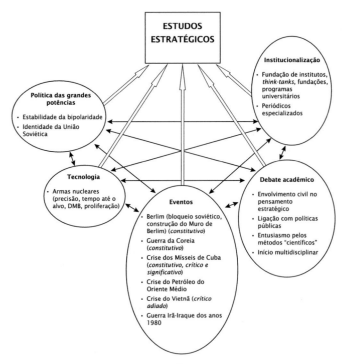

FIGURA 4.1. OS PRINCIPAIS CONDUTORES DOS ESTUDOS ESTRATÉGICOS

existencial. Como poderiam sobreviver se o seu problema maior não estava mais lá? Veremos mais sobre isso nos capítulos 6 e 7. Na Figura 4.1, ilustramos as principais forças motrizes que tiveram impacto no surgimento e na evolução dos Estudos Estratégicos da Guerra Fria, seu conteúdo principal e sua interação. Os círculos com contorno mais grosso exerceram um impacto particularmente forte.

Conclusões

Analisando as cinco forças motrizes, os principais condutores por trás deste estágio inicial dos ESI foram, portanto, sem sombra de dúvida, a *política das grandes potências* e a *tecnologia*. Essas duas forças motrizes ilustram a maneira como a imagem de inimiga da URSS tornou-se fixa nos Estados Unidos desde o início, e como isso atuou no impacto das armas nucleares e na rápida evolução da tecnologia associada a elas. As outras três forças motrizes não eram, de maneira alguma, desimportantes. Os *eventos* foram significativos, porque foram os eventos-chave de meados e fins dos anos 1940 e começo dos anos 1950 que produziram a própria Guerra Fria em que se basearam os Estudos Estratégicos. Durante a Guerra Fria, uma série de eventos fortaleceu a visão da URSS como inimiga, mas também expandiu a agenda dos ESI. Os dois eventos mais críticos da Guerra Fria, que desafiaram o escopo geográfico e setorial dos Estudos Estratégicos, foram as guerras no Terceiro Mundo, de modo mais crucial a Guerra do Vietnã e as crises do petróleo nos anos 1970. Passando para a importância dos *debates acadêmicos internos*, essa é uma força motriz menos crucial, visto que, durante a maior parte da Guerra Fria, as principais correntes de ESI (Estudos Estratégicos) tinham pouco interesse em questões epistemológicas, embora, de fato, houvesse um predomínio de abordagens racionais, empíricas e positivistas, conquanto geralmente misturadas com elementos da História, como as RI realistas clássicas. Em larga medida, essa literatura foi conduzida pelos problemas de política enfrentados principalmente pelos Estados Unidos e, em menor escala, pelos seus aliados (por exemplo, Beaufre, 1965). Entretanto, se a Guerra Fria viu poucas das discussões epistemológicas com as quais nos acostumamos desde os anos 1980, a diversidade de disciplinas que tiveram impacto nos primeiros ESI era ainda significativa a ponto de constituir o escopo e a metodologia da área. Finalmente, a força motriz da *institucionalização* estabeleceu a maneira pela qual os Estudos Estratégicos e os ESI se desenvolveram como uma área acadêmica, como receberam financiamentos públicos e privados substanciais e como *think-tanks* e locais de ensino e publicação sustentaram seu surgimento e seu crescimento.

Com o término da Guerra Fria, a operação e a interação das cinco forças motrizes começaram a mudar drasticamente. Assuntos e eventos da época que haviam tido um grande impacto dentro do contexto da Guerra Fria foram completamente sublimados pelo gigantesco colapso central da bipolaridade ideológica e político-militar. A partir dos anos 1980, à medida que Gorbachev começava a reverter a imagem projetada pela União Soviética, o desenvolvimento da política das grandes potências tornou-se o condutor dominante. A própria Guerra Fria começou a arrefecer, levando consigo os debates sobre a natureza da União Soviética, o sentimento de urgência atrelado à teoria da dissuasão, às políticas de contenção e à dissuasão estendida, além de boa parte do temor de armas nucleares que havia dominado os ESI desde o começo da era nuclear. Já havia ocorrido algum declínio na pressão do condutor tecnológico à medida que as armas nucleares e seus sistemas de lançamento tornavam-se maduros tecnologicamente, nivelando-se no topo da "curva S" a partir do fim dos anos 1970 em diante. Mas, conforme mostraremos no Capítulo 6, o arrefecimento da Guerra Fria não acabou com o interesse contínuo em novas tecnologias militares, tampouco com o interesse nas armas nucleares. À medida que diminuía o enfoque nos arsenais das grandes potências, o enfoque na proliferação horizontal tornava-se mais proeminente.

Como já notamos, o fim da Guerra Fria representou uma possível crise para a institucionalização extremamente bem-sucedida dos Estudos Estratégicos, que agora enfrentavam difíceis perguntas sobre sua relevância, seus recursos e sua sobrevivência burocrática comparados à sua escala dos anos 1980. Também tirou dos trilhos a dinâmica interna dos debates acadêmicos e políticos. A guinada intelectual dos Estudos Estratégicos dos anos 1980 para uma escolha pouco atrativa entre uma dissuasão existencial dependente da irracionalidade e um espectro completo de dissuasão dependente de uma racionalidade sustentada de modo tão complexo que torna sua plausibilidade questionável foi simplesmente descartada. Com o fim da Guerra Fria, essas perguntas seriam de interesse apenas teórico. E, já que os Estudos Estratégicos haviam sobrevivido de suas ligações com assuntos de políticas públicas, o interesse teórico não era suficientemente necessário para sustentar o comprometimento de toda a estrutura que havia crescido durante a Guerra Fria. Além disso, também chegava ao fim todo o problema do gerenciamento da dissuasão estendida, que havia definido as tensões políticas e intelectuais dos dois lados do Atlântico. Com o desaparecimento da União Soviética como ameaça, a Europa não necessitava mais da proteção norte-americana. O problema da OTAN deixou de ser como compartilhar os fardos e os riscos da dissuasão estendida para questionar se a OTAN era realmente necessária e, caso fosse, para que, então?

Com o fim da Guerra Fria, os Estudos Estratégicos enfrentaram uma crise surgida do próprio sucesso que lhes foi dado pelo seu casamento com a disputa nuclear das superpotências. Apesar da crise, foi o desenvolvimento dos ESI durante a Guerra Fria que forneceu os moldes de "segurança internacional" com os quais se relacionam todos os estudos subsequentes e atuais que a ampliam e aprofundam. Mas, antes de analisar como os ESI surgiram das cinzas do fim da Guerra Fria, vamos passar para as abordagens da Guerra Fria que questionavam a leitura dos Estudos Estratégicos sobre a dissuasão nuclear, a natureza do Estado e o privilégio concedido à segurança estadocêntrica e militar.

5. O DESAFIO DA SEGURANÇA NACIONAL DURANTE A GUERRA FRIA

ESTE CAPÍTULO é dedicado às abordagens que, de várias maneiras, provocaram os Estudos Estratégicos. Tais abordagens possuíam um aspecto em comum, a saber: sua crítica aos Estudos Estratégicos, mas também se diferenciavam muito em relação às escolhas de conceitos analíticos e políticos essenciais, tanto que seria difícil apresentá-las como uma única abordagem e movimentá-la, respectivamente, por meio de uma força motriz após a outra. Um desafio significativo aos Estudos Estratégicos (embora operasse, em parte, dentro deles e em parte com raízes na Pesquisa da Paz) era o Controle de Armamentos, o qual enfatizava o risco coletivo à sobrevivência que surgia da interseção da rivalidade das superpotências e dos armamentos nucleares.[1] No contexto do Controle de

---

[1] Dado que o Controle de Armamentos possuía raízes nos Estudos Estratégicos e na Pesquisa da Paz, a forma de situá-lo nestes capítulos se mostrou um problema. Explicá-lo no Capítulo 4 teria rompido a discussão, enquanto colocá-lo no Capítulo 5 traz o risco de minimizar o ponto até o qual os grandes elementos do Controle de Armamentos foram consequência natural dos debates de Estudos Estratégicos. Esse não era um tópico grande o bastante para justificar um capítulo separado, mas, ainda assim, sua inclusão aqui é uma das razões pelas quais este capítulo é tão longo.

Armamentos o ramo Pesquisa da Paz oferecia uma visão de dissuasão muito distinta, conduzida de maneira mais normativa e política, do que a dos Estudos Estratégicos. Mas ainda era, de acordo com a lente das quatro questões que estruturam os ESI e que foram delineadas no Capítulo 1, uma abordagem de segurança que se focava nas dimensões militares e em ameaças externas. O ponto até o qual a maior parte dos pesquisadores da paz dentro do Controle de Armamentos considerava a bipolaridade uma estrutura que poderia ser acalmada, mas não erradicada, era surpreendente. A *détente* – alternativa política para a contenção e a dissuasão – era vista como uma "rivalidade com menores riscos de guerra; não um fim da guerra" propriamente dita (Buzan et al., 1990, p.9; cf. também Pastusiak, 1977; Schlotter, 1983).

Outras partes integrantes da Pesquisa da Paz assumiam uma abordagem mais radical, tanto analiticamente quanto politicamente, defendendo que os governos de ambos os lados da Cortina de Ferro mantinham suas populações – e o planeta – reféns do desastre nuclear. Isso constituía a "humanidade" ou o indivíduo como o objeto de referência, em vez do Estado, evocando, a partir daí, a longa tradição liberal de realizar um escrutínio crítico das relações entre os cidadãos e as instituições de autoridade e soberania descritas no Capítulo 2. Os pesquisadores da paz, porém, não se imiscuíram no conceito de segurança ao tecer suas críticas aos Estudos Estratégicos, mas sim no conceito oposto de "paz", tanto paz positiva quanto negativa. A paz negativa era definida como a ausência da guerra, da violência física em larga escala ou violência pessoal e abria uma agenda de pesquisa em segurança militar (Galtung, 1969, p.183). A paz positiva tinha múltiplas conotações. Nos anos 1950 e 1960, ela era definida como a "integração da sociedade humana" (*JPR*, 1964, p.2), mas, ao fim da Guerra Fria, foi reformulada para incluir a "violência estrutural", que enfatizava a injustiça social e a desigualdade (Galtung, 1969, p.168, 171, 175). Conceitos acadêmicos bem-sucedidos geralmente devem sua popularidade à habilidade de encapsular um corpo de pesquisa existente ou prestes a florescer, ao mesmo tempo que definem uma nova pesquisa de agenda conceitualmente enfocada. A violência estrutural se encaixava de modo perfeito nessa fórmula. Ela fornecia uma âncora para o trabalho em questões de desenvolvimento, conflitos domésticos, tanto nas sociedades ocidentais quanto no Terceiro Mundo, recursos ambientais, direitos humanos e exploração econômica. Também incorporava parte de uma agenda marxista crítica, embora não endossasse a reivindicação marxista radical de uma revolução violenta. Ainda assim, como que prevendo a ampliação dos debates de ESI no pós-Guerra Fria, a expansão da "paz" para além da ausência de guerra/conflito foi criticada, não apenas pelos Estudos Estratégicos, mas também dentro da Pesquisa da Paz.

Do mesmo modo que os Estudos Estratégicos, nem o Controle de Armamentos nem a Pesquisa da Paz considerava a "segurança" em um primeiro plano, mostrando, em vez disso, conceitos paralelos e opostos, por exemplo, *détente*, Controle de Armamentos, paz, violência estrutural, necessidades humanas básicas e justiça social. Em 1983, Buzan (1983, 1984a) poderia, então, descrever segurança como um "conceito subdesenvolvido", mas, na medida que a década chegava ao seu fim, a "segurança" surgiu como um conceito que conectava as áreas de Estudos Estratégicos e Pesquisa da Paz. O conceito de *Segurança Comum*, cunhado pela Comissão Palme em 1982, ligou o Controle de Armamentos e as preocupações mais amplas à qualidade de vida mundo afora, tornando-se um conceito popular que conectava o mundo das políticas e as parcelas críticas dos ESI. Artigos que expandiam a concepção militar de segurança para segurança ambiental e econômica começaram a aparecer em destacados periódicos, por exemplo, o *International Security* (Ullman, 1983) e o *International Organization* (Buzan, 1984b). Por fim, duas novas perspectivas acadêmicas, o Pós-estruturalismo e o Feminismo, que haviam causado um impacto nas ciências sociais e humanas, partindo em geral da Pesquisa da Paz, firmaram-se como abordagens distintas. Quantitativamente, essa literatura era bem menor do que a do Controle de Armamentos e a dos Estudos Estratégicos; ainda assim, pelas mudanças trazidas à tona pelo fim da Guerra Fria, ela se mostrou significativa em relação à maneira como os ESI se desenvolveram. Se não houvesse uma pequena, porém crescente, preocupação com conceitos mais amplos de segurança nos anos 1980, é duvidoso que as abordagens mais amplas dos anos 1990 pudessem ter crescido da maneira como o fizeram ao fim da Guerra Fria.

Para lidar com as diferentes correntes de oposição aos Estudos Estratégicos, estruturamos o capítulo da seguinte maneira: a próxima seção pressupõe que o leitor tenha fresco na memória o relato de Estudos Estratégicos e a maneira por meio da qual as cinco forças motrizes conduziram tal literatura, focando-se em como as duas forças motrizes da política das grandes potências e da tecnologia levaram a Pesquisa da Paz e o Controle de Armamentos a terem uma visão diferente de dissuasão e de tecnologia militar. Já que a Pesquisa da Paz funcionava, em larga escala, como uma imagem/atacante de formato espelhado, estando, portanto, amplamente centrada no mesmo conjunto de eventos que os Estudos Estratégicos, não há seção específica sobre essa força motriz.

A terceira seção converge para conceitualizar a paz positiva como integração, de modo a expandir a agenda de pesquisa, fato que implica tanto em um desafio da compreensão realista de segurança internacional quanto em uma compreensão mais precisa acerca da importância da coesão doméstica. Analisando as forças motrizes, esta pesquisa foi parcialmente induzida por uma combinação de eventos, tais como a formação da OTAN e da Comunidade Econômica Europeia, a crescente densidade da cobertura midiática em massa e o impacto de movimentos pela paz e por direitos civis. Também foi conduzida por fatores acadêmicos internos, na medida que a Pesquisa da Paz se desenvolvia a partir de uma tradição idealista-liberal mais ampla, que assumia pressupostos diferentes das identidades estatais. A quarta seção se volta para a reformulação do conceito de paz positiva como violência estrutural, um desafio para os Estudos Estratégicos e para as mais antigas tradições de Pesquisa da Paz Liberal, conduzidas por eventos que eram, em grande escala, ligados às políticas das grandes potências (a descolonização como um processo mais longo, a crise do petróleo no começo dos anos 1970, guerras no Terceiro Mundo, pedidos de uma Nova Ordem Econômica Internacional, degradação ambiental e os levantes estudantis do final dos anos 1960) e por debates acadêmicos internos, em especial a popularidade das teorias marxistas e pós-marxistas na aurora dos protestos estudantis do final dos anos 1960.

A quinta seção trata da dinâmica interna dos debates acadêmicos dentro da Pesquisa da Paz, examinando, primeiro, os debates que questionam se a paz/segurança negativa e militar deveria ser privilegiada, ou se a paz positiva deveria receber o mesmo *status*. A análise também pondera as mudanças no equilíbrio relativo entre as abordagens positivas e negativas, relacionando-as a eventos e vigências acadêmicas fora da Pesquisa da Paz propriamente dita. Ela traz os debates sobre epistemologia e metodologia no ramo Pesquisa da Paz, que colocavam abordagens comportamentais, quantitativas e de teoria dos jogos contra as mais amplas perspectivas normativas, embora ainda altamente positivistas.

A sexta seção também se conduz por forças acadêmicas, na medida que examina a guinada do conceito de paz para o conceito de segurança. Primeiro, teremos uma seção mais curta sobre *Segurança Comum*, seguida por dois relatos separados de como os Estudos Feministas de Segurança e o Pós-estruturalismo se deram a partir de uma agenda da Pesquisa da Paz. A sétima e última seção do capítulo se volta à questão da institucionalização e relata como a Pesquisa da Paz, considerada em um todo, foi trazida para as instituições acadêmicas por meio da educação e da pesquisa universitárias, além de periódicos, livros-texto e associações, e como foi apoiada por fundações e *think-tanks*.

Pesquisa da Paz e Controle de Armamentos

Os pesquisadores da paz questionavam tanto a moralidade quanto a racionalidade dos Estudos Estratégicos (Bull, 1968; Wiberg, 1981), e também os significados de guerra e paz (Galtung, 1969). Eles se preocupavam com a aparente cooptação dos debates acadêmicos (e de alguns dos debatedores) pelas políticas de segurança nacional dos Estados Unidos em particular e da aliança ocidental como um todo. Houve um conjunto monumental de questões éticas levantadas pela dissuasão nuclear (Winter, 1986), dentre o qual uma das mais importantes era a manutenção da própria população como refém do lado oposto das armas nucleares em políticas de DMA, além da disposição explícita de planejar o assassinato massivo do outro lado.

Os motivos e as análises políticas por trás dessa oposição variavam profundamente e se apresentavam em muitas misturas: pacifistas tradicionais opostos a todo tipo de violência; pacifistas nucleares opostos à ameaça que tais armamentos representavam para a sobrevivência da raça humana; simpatizantes ideológicos e companheiros de rota da esquerda política que consideravam os Estados Unidos iguais, ou mais, ameaçadores do que a União Soviética; estrategistas (trabalhando no novo tópico de Controle de Armamentos) que pensaram, inclusive, que os perigos da rivalidade nuclear criavam um interesse comum quanto à sobrevivência em ambas as superpotências; e pessoas que defendiam que a luta ideológica durante a Guerra Fria não era a única – e, em alguns casos, nem mesmo a mais importante – questão de segurança internacional que a humanidade enfrentava. Essas perspectivas formaram um espectro dentro dos Estudos Estratégicos de um lado, Pesquisa da Paz de outro e um conjunto de visões entre ambos, o qual podemos chamar, grosso modo, Controle de Armamentos. O Controle de Armamentos não era independente da Pesquisa da Paz ou dos Estudos Estratégicos, mas se entrelaçava com ambos. De certa maneira, foi um produto da era dourada do pensamento estratégico e, por outro lado, uma reação a tal raciocínio. Na ponta dos Estudos

Estratégicos, o Controle de Armamentos demonstrou que muitos estrategistas tinham preocupações normativas não apenas em relação ao destino do seu próprio lado durante a Guerra Fria, mas também em relação aos aspectos mais coletivos de moralidade e de sobrevivência. Não deixa de ser significativo o fato de que *Survival*,[2] o periódico do IISS com sede em Londres, poderia muito bem ter sido o nome de um periódico de Pesquisa da Paz. Essa posição intermediária que o Controle de Armamentos tinha dentro dos ESI é ilustrada na Figura 5.1.

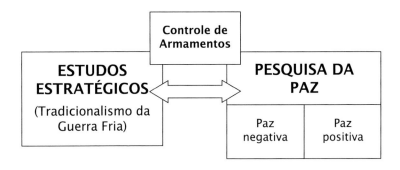

FIGURA 5.1. A LOCALIZAÇÃO DO CONTROLE DE ARMAMENTOS NO CONTEXTO DOS ESI

Tanto a Pesquisa da Paz quanto o Controle de Armamentos envolviam não apenas os questionamentos morais, históricos e políticos dos Estudos Estratégicos, da Guerra Fria e das políticas nucleares, como também pesadas críticas técnicas sobre a teoria e a estratégia da dissuasão, além do estreitamento da agenda de segurança internacional até que se chegasse a uma preocupação obsessiva com a rivalidade militar das superpotências. Assim como os Estudos Estratégicos, no seu início, a Pesquisa da Paz também contava com um grupo de cientistas sociais e naturais que trouxeram consigo as ferramentas

---

2 *Sobrevivência* em português. N. do T.

metodológicas positivistas de suas disciplinas. Não obstante o fato de que em retrospectiva isso era, na prática e considerando a substância e o método, uma conversa solitária. Durante a Guerra Fria, a Pesquisa da Paz e os Estudos Estratégicos (junto com as RI realistas, em geral) se apresentaram como opostos e inimigos políticos, com os estudiosos de Controle de Armamentos desconfortavelmente suspensos em meio ao abismo político entre ambos. Muito desse oposicionismo foi enquadrado nos clássicos moldes de realistas *versus* idealistas nas RI, dizendo respeito, portanto, em um nível mais alto de abstração, a pressupostos ontológicos muito profundos acerca da natureza humana e do Estado (Carr, 1946). Cada um dos lados estava seguro em seu próprio altar moral e enxergava o outro como uma ameaça ao seu projeto. Alguns pesquisadores da paz pensavam os Estudos Estratégicos como cúmplices que legitimavam o prólogo do extermínio nuclear, enquanto alguns estrategistas viam a Pesquisa da Paz, na melhor das hipóteses, como um idealismo ingênuo, fornecendo receitas perigosamente dissociadas da realidade e, na pior das hipóteses, como a quinta coluna da União Soviética. O Controle de Armamentos era uma ponte frágil entre essas duas posições. Esse espectro não era distribuído proporcionalmente nem no tempo nem no espaço. Nas primeiras décadas da Guerra Fria, os Estudos Estratégicos de maneira indubitável prevaleciam intelectual e politicamente, em especial nos Estados Unidos. Na medida que a Guerra Fria avançava, e a teoria da dissuasão se tornava mais complicada e menos convincente, abriu-se espaço para o Controle de Armamentos e seu meio-termo em todos os lugares. A Pesquisa da Paz sempre foi mais forte politicamente na Europa e no Japão do que nos Estados Unidos, embora fosse dominante apenas em partes da Escandinávia e da Alemanha (Onuf, 1975; Reid; Yanarella, 1976).

A política das grandes potências: a Guerra Fria e a bipolaridade

Para a Pesquisa da Paz e para o Controle de Armamentos, assim como para os Estudos Estratégicos, a bipolaridade das grandes potências era um fato político fundador e estratégico. Do mesmo modo que todo o edifício da teoria da dissuasão foi amplamente construído pressupondo-se uma competição com dois jogadores, também o foi muito da literatura do Controle de Armamentos, desarmamento e corrida armamentista. A bipolaridade enquadrava a agenda estratégica e a política. Até o ponto em que as diferenças entre os Estudos Estratégicos e a Pesquisa da Paz fossem políticas, também se enquadrava ambos em um lado ou em outro, ou, então, tentando escapar da construção bipolar ao buscar algum tipo de terceira via, na qual a bipolaridade não se igualava a um antagonismo sem fim e a uma completa falta de interesses compartilhados. Embora houvesse uma concepção generalizada de que o mundo havia se tornado bipolar, e de que os Estados Unidos e a União Soviética representavam visões profundamente opostas de como deveria ser o futuro político, social e econômico da humanidade, isso não significava que todos aceitassem, a partir disso, a visão ocidental ortodoxa do que causava a Guerra Fria e de como tal "guerra" deveria ser lutada. A dissidência era possível por razões políticas, ao rejeitar o argumento de que a agressão soviética era a responsável pela Guerra Fria. Alguns interpretavam os movimentos soviéticos como basicamente defensivos contra um Ocidente circundante que ameaçava a Revolução Russa a partir de uma maior força econômica e militar. Nesse sentido, os Estados Unidos eram tão agressivos quanto a União Soviética. Versões mais ferrenhas, algumas antecipando futuras abordagens críticas e construtivistas, questionavam se o conflito da Guerra Fria era real ou apenas uma construção armada para a conveniência das elites dominantes de ambas as superpotências. A dissidência também era possível por razões militares, ao questionar se o fato de trazer à tona os perigos da guerra nuclear era uma resposta apropriada à bipolaridade ideológica e das superpotências.

Dentro desse enquadramento bipolar, a posição específica da Europa Ocidental salta à vista por duas razões: sua posição de "bobinho" como a linha de frente e o prêmio principal da Guerra Fria; e as diferenças entre sua política interna e a norte-americana. Logo, havia uma tendência de reservar mais espaço para a questão específica da segurança europeia na Pesquisa da Paz moderada e no Controle de Armamentos do que nos Estudos Estratégicos centrados nos Estados Unidos.

Por razões de posicionamento, a brecha política entre Estados Unidos e Europa era ampliada pelo fato de esta ser a principal linha de frente na Guerra Fria e, portanto, sob risco considerável de se tornar o primeiro, e talvez o último, campo de batalha em qualquer guerra real entre as superpotências. No enquadramento ortodoxo, uma Europa Ocidental dependente e pouco armada era defendida pelos Estados Unidos de uma ameaça compartilhada da União Soviética, esse risco era tanto inevitável quanto considerável. A OTAN era o quadro político e militar dentro do qual se permitia manejar as pressões criadas por uma aliança que não era apenas desigual, mas também tinha de realizar constantes malabarismos com as tensões entre defender a Europa Ocidental e seu povo, de um lado, e fornecer *a priori* uma frente de defesa para os Estados Unidos, de outro (De Porte, 1979; Grosser, 1980; Bull, 1982; Rogers, 1982; Windsor, 1982; Cohen, 1982-3; Lundestad, 1986; Garnham, 1988). Em uma perspectiva dissidente, as políticas norte-americanas tinham mais a ver com essa frente de defesa para si mesmos, justamente por criar estratégias que asseguravam que, se qualquer combate fosse acontecer, deveria ser o mais distante possível dos Estados Unidos. Esse raciocínio era uma resposta natural à mudança dos Estados Unidos e da OTAN em direção a estratégias de Guerra Nuclear Limitada (GNL) durante os anos 1970. Segundo os pressupostos da GNL as fases de abertura (possivelmente a única) em uma guerra Leste-Oeste se desenrolariam na Europa, intensificando-se de forma relativamente rápida, inclusive, com a utilização de armas nucleares "táticas". Fato que resultaria uma segura obliteração da maior parte da Alemanha, Dinamarca, Polônia, Tchecoslováquia e, possivelmente, boa parte do restante da Europa.

A aparente iniquidade de riscos, além da questionável sanidade de uma política que envolvia a destruição de países em defesa de sua liberdade, abriu uma poderosa oposição intelectual e política tanto à estratégia nuclear quanto àqueles cujo trabalho parecia legitimá-la ao reduzi-la a uma ciência economicista de ameaça massiva. Os europeus ocidentais não raro aceitavam a necessidade de dissuadir a União Soviética, embora muitos deles estivessem menos inclinados do que os norte-americanos a aceitar imagens extremas dela como inimiga. Eles eram pegos na contradição de desejar a manutenção de baixos gastos em defesa, apesar de pretenderem evitar demasiada dependência ou subordinação aos Estados Unidos. A Europa seria provavelmente a primeira vítima em uma guerra nuclear, mas, já que não conseguiria garantir de maneira adequada sua própria defesa, ela também era a mais dependente das armas nucleares para garantir a dissuasão.

Sozinho, o fator posicionamento teria sido suficiente para apoiar ainda mais o pensamento dissidente na Europa Ocidental do que nos Estados Unidos, mas ele era complementado e reforçado por fatores políticos internos à Europa. A política europeia continha partidos de esquerda muito mais fortes (inclusive comunistas) do que nos Estados Unidos, famoso por não possuir uma forte tradição política de esquerda (Moravscik, 2002, p.352-357). Em parte e por causa disso, os europeus eram muito mais cientes do enorme papel que a União Soviética havia desempenhado na derrota da Alemanha nazista, havendo muito mais simpatia socialista do que nos Estados Unidos, ao menos considerando o que a URSS dizia representar. Na primeira década da Guerra Fria – muito mais na Europa do que nos Estados Unidos – anos de propaganda pró-soviética da Segunda Guerra Mundial tiveram de ser desfeitos para legitimar o projeto da Guerra Fria em frente dos eleitorados. A partir daí, embora a maior parte da opinião na Europa Ocidental acabasse se encaixando no quadro oficial da Guerra Fria, minorias muito significativas (e, em alguns lugares, maiorias) ou não aceitavam a União Soviética como inimiga ou mantinham posições mais neutras, enxergando ambas as superpotências como culpadas por essa guerra. Também havia um notável antimilitarismo em muitos países, por um lado em razão das visões de esquerda, por outro como reação à guerra, devido aos horrores da experiência do período 1914-1945.

A combinação desses fatores políticos e de posicionamento denotava um forte movimento de paz em muitos países da Europa Ocidental.[3] Seu primeiro ápice foi nos anos 1950 e começo dos anos 1960, quando a Campanha para o Desarmamento Nuclear (CDN) se mobilizou contra os armamentos nucleares e a possibilidade de que eles seriam utilizados para "defender" a Europa. O segundo ocorreu durante o final dos anos 1970 e início dos anos 1980, durante as campanhas para o Desarmamento Nuclear Europeu (DNE) contra o estacionamento de mísseis de cruzeiro e Pershing 2, controlados pelos Estados Unidos, na Europa Ocidental e, até determinado ponto, contra a própria Guerra Fria (Burke, 2004). Essas campanhas foram um movimento formativo para os movimentos de paz, assim como para os pesquisadores da paz. Havia íntimos laços pessoais entre tal ativismo e a Pesquisa da Paz, de modo que tais laços políticos constituíam uma parcela substancial do que afastava a Pesquisa da Paz dos Estudos Estratégicos.

O imperativo tecnológico: a revolução nuclear nos assuntos militares

Mais uma vez em paralelo com os Estudos Estratégicos, a Pesquisa da Paz e o Controle de Armamentos foram largamente motivados pelos, reagiram aos e tentaram influenciar os desenvolvimentos na tecnologia militar. O motor dominante eram as armas nucleares e o

---

3   A França era exceção a essa regra, não possuindo nenhum movimento antinuclear forte (Fontanel, 1986).

que fazer com elas. Para os estrategistas ortodoxos, a força motriz da revolução nuclear em constante desdobramento era como responder, em termos de segurança nacional, às novas capacidades que ou cairiam, ou logo poderiam cair, nas mãos do inimigo. Para a maioria dos pesquisadores da paz e dos estudiosos do Controle de Armamentos, esse problema ou era equiparado ou substituído pela visão das próprias armas nucleares como a principal fonte de ameaça e da humanidade como objeto de referência com igual ou maior clamor de sobrevivência do que os Estados. Embora não houvesse dúvida de que ambas as superpotências representavam uma ameaça mortal uma à outra, na medida que o seu arsenal nuclear se expandia mediante dezenas de milhares de ogivas, alguns passaram a ficar mais preocupados com a iminência de se colocar em atividade tais arsenais e pela ameaça que isso representaria para a existência humana. Pela primeira vez, a humanidade havia alcançado a possibilidade de cometer um suicídio de espécie. Dado o sensível estado de atenção de guerra em ambos os lados, além da complexidade e da falibilidade dos seus sistemas de aviso, controle e comando, havia algum risco de que a humanidade chegaria a seu fim por meio do potencial de acidente que acompanhava o desenho da DMA e todo o projeto de dissuasão nuclear. Dentre outras coisas, a Crise dos Mísseis de 1962, em Cuba, evento crítico formador tanto para a Pesquisa da Paz quanto para os Estudos Estratégicos, havia mostrado precisamente quão fácil e rápido o confronto entre as superpotências poderia chegar a uma quase guerra nuclear. Logo, embora um lado dos ESI tratasse do problema para fazer a dissuasão nuclear funcionar como uma estratégia de segurança nacional, o outro lado cada vez mais via as armas nucleares e as estratégias de dissuasão (em especial as máximas) representando sua própria e distinta ameaça à sobrevivência de todos os seres humanos, independente da ideologia.

É tema deste livro que, apesar da crescente diversidade, os ESI podem ser entendidos como um diálogo único, organizado em torno de uma preocupação central com a segurança internacional. Talvez, de forma surpreendente, em nenhum outro lugar tal coerência se torne mais óbvia do que quando se analisa a literatura de Pesquisa da Paz e Controle de Armamentos da Guerra Fria, cujo foco era os armamentos militares. Apesar do que não raro era uma forte hostilidade política, sustentada pela diferenciação institucional (ver adiante), as agendas reais da Pesquisa da Paz e dos Estudos Estratégicos, nesse tópico, se entrelaçavam extensivamente. Havia, às vezes, diferenças normativas, de modo mais óbvio se a questão da segurança nacional ou da humanidade era o propósito do jogo, e se elas eram metas compatíveis ou irreconciliáveis mediante as condições da Guerra Fria. Tais diferenças eram ainda mais óbvias em relação ao Controle de Armamentos, em especial ao desarmamento. Mas, em algumas áreas desse controle, e muito na discussão sobre a corrida armamentista, a teoria da dissuasão e a não proliferação nuclear, tais diferenças normativas geralmente não importavam muito. Mesmo as discussões sobre o transarmamento, a defesa não ofensiva e a defesa civil, geradas pelos pesquisadores da paz, podem ser vistas de algum modo como complementares aos debates dos Estudos Estratégicos sobre dissuasão estendida.

O desarmamento tem em seu longo histórico o principal trampolim para muitos tipos de movimentos pacifistas. Os argumentos para isso vão desde os morais (armas consideradas um mal por sua simples existência), passando pelos econômicos (os custos de oportunidade de gastos militares em termos de escolas, hospitais e outros bens civis nos países industriais, além de previsões de desenvolvimento nos países do Terceiro Mundo) até chegar aos pragmáticos (a corrida armamentista como causa da guerra, um argumento especialmente forte na aurora da Primeira Guerra Mundial, de 1914-1918). Os que se opunham a tais movimentos, na melhor das hipóteses, pensavam o desarmamento como ingênuo e, na pior, como um tipo de traição concebido para tornar o Estado vulnerável aos seus inimigos. Essa segunda visão era facilitada pelo caráter esquerdista de muitos movimentos pacifistas e de seus respectivos líderes. Além dessa mistura tradicional, as armas nucleares traziam o temor de que a raça humana poderia se exterminar e prejudicar massivamente a ecosfera do planeta. O temor pela sobrevivência da humanidade (ou, pelo menos, da civilização ocidental) não era inteiramente novo, tendo constituído uma característica dos que faziam campanha pela paz nos anos 1920 e 1930 diante da ameaça de frotas de bombardeios, que destruíam as cidades com gás venenoso e poderosos explosivos. Mas as armas nucleares faziam essa ameaça real e inegável; consequentemente, uma das características da Guerra Fria eram os movimentos em massa, como a CDN e o DNE, pedindo a abolição das armas nucleares. No mais das vezes, essa demanda era pelo desarmamento nuclear multilateral de todos os Estados detentores de armas nucleares, mas alguns dos que viam, de forma tão premente, o perigo de extermínio nuclear também reivindicavam o desarmamento unilateral.

A demanda pelo desarmamento nuclear não era apenas uma questão de movimentos públicos de protesto. Em especial durante os anos 1940 e 1950, as discussões sobre desarmamento eram uma parte formal, para não dizer ineficiente, da diplomacia das superpotências. De modo ainda mais dramático, o desarmamento nuclear completo também era um compromisso formal, para não dizer não sincero, pelos Estados possuidores de armamentos nucleares que aderiram ao Tratado de Não Proliferação Nuclear (TNP), de 1968. Eles se comprometiam, em seu artigo 6°:

> a entabular, de boa fé, negociações sobre medidas efetivas para a cessação em data próxima da corrida armamentista nuclear e para o desarmamento nuclear, e sobre um Tratado de desarmamento geral e completo, sob estrito e eficaz controle internacional.

O fracasso dos Estados possuidores de armas nucleares em honrar seu compromisso perante o artigo citado foi um tema recorrente nas conferências de revisão quinquenais do TNP por meio da Guerra Fria e para além dela.

Embora provavelmente fosse o assunto que mais causasse divisões e o mais politizado na parte da agenda dos ESI, conduzida pela tecnologia militar, o desarmamento constituía um tópico reconhecido mesmo para os Estudos Estratégicos. Não havia carência alguma de proponentes na conjuntura dos movimentos pacifistas e da Pesquisa da Paz (Noel-Baker, 1958; Falk; Barnet, 1965; Brandt, 1980; Comissão Independente de Assuntos de Desarmamento e de Segurança, 1982; Frei; Catrina, 1983; York, 1983; IDS, 1985). Os livros-texto voltados ao mercado das principais correntes de ESI geralmente traziam discussões substantivas sobre o desarmamento (Singer, 1962; Baylis et al., 1975, 1987; Buzan, 1987a); além disso, respeitados autores de teoria sobre as RI não hesitavam em discuti-lo seriamente (Bull, 1970; Singer, 1970; Morgenthau, 1978, p.391-416).

Mas, enquanto o desarmamento permanecia uma questão essencial para os movimentos pacifistas e para alguns pesquisadores da paz, por volta dos anos 1960 ele estava sendo empurrado às margens dos ESI pelo novo conceito de Controle de Armamentos. O desarmamento confrontava a ameaça representada pela tecnologia militar e pela dinâmica armamentista com a aparentemente simples e moralmente clara receita de livrar-se delas. Tal simplicidade e clareza conformavam a chave para sua popularidade entre os movimentos pacifistas e sua falta de popularidade entre os estrategistas e os realistas das RI, que achavam essa aparente simplicidade errônea e perigosa. O Controle de Armamentos tentou estabelecer um meio-termo entre esses dois extremos. Ele não problematizava as armas em si, mas defendia uma abordagem gerencial em relação à tecnologia militar e à dinâmica armamentista que visasse à maximização da sua utilidade e da estabilidade de sua segurança, minimizando, consequentemente, os riscos. O Controle de Armamentos podia incluir a redução de armamentos ou até mesmo eliminações, incorporando, portanto, partes da agenda de desarmamento, mas também podia apontar para o aumento de alguns tipos de armas consideradas estabilizadoras. Ele incluía uma gama de outras ideias, por exemplo, o congelamento dos estacionamentos, a reestruturação das forças para reduzir a provocação e o risco de acidentes, além de uma variedade de medidas estabilizadoras, tais como comunicação entre inimigos, banimento de certas tecnologias e restrições a testes e a estacionamentos (Harvard Nuclear Study Group, 1983, p.203-212; Comitê de Segurança Internacional e Controle de Armamentos, 1985). A teoria, a história e os problemas do Controle de Armamentos logo se tornaram recorrentes nos livros-texto de ESI (Singer, 1962; Baylis et al., 1975, 1987; Buzan, 1987a).

O Controle de Armamentos procurava escapar tanto da esterilidade quanto do irrealismo das negociações de desarmamento e encaminhar alguns problemas práticos reais oriundos da corrida armamentista entre as superpotências. Considerando o espectro dos ESI, ele rapidamente atraiu pessoas dos extremos de Estudos Estratégicos e da Pesquisa da Paz, mas era uma ponte frágil em meio a ambos. Alguns daqueles cujos interesses reais eram o desarmamento podiam ingressar no Controle de Armamentos em uma etapa intermediária, algo possível de ser usado para caminhar em direção ao desarmamento, construindo confiança e reduzindo as tensões. Mas poucos estrategistas o enxergavam dessa maneira e, até o ponto em que eles realmente apoiavam o Controle de Armamentos, consideravam-no um fim em si mesmo, simplesmente para ajudar na estabilização da dissuasão e não como meio para o desarmamento. O Controle era técnico e complexo em vez de claro e simples. Ele tendia à neutralidade moral em tecnologia militar e não era necessariamente contrário às armas nucleares propriamente ditas. Por essa razão, ele possuía pouco do poder mobilizador moral do desarmamento. O único argumento nesse sentido era sua ligação com a *détente* das superpotências: na medida que o Controle de Armamentos se tornava a expressão prática de melhores relações entre as superpotências e um menor risco de guerra, ele poderia se firmar moralmente na memória do público. Em contrapartida, esse instrumento era constituído, acima de tudo, por especialistas dos dois extremos do espectro de ESI e, justamente por ser pensado como um tipo de ajuste permanente na dinâmica armamentista, era vulnerável à perda de apoio daqueles que queriam mais.

Embora houvesse precedentes para o Controle de Armamentos – de forma mais notável, os Acordos Navais de Washington, de 1922, que definiam proporções de poder naval após a Primeira Guerra Mundial – a ideia do Controle de Armamentos como conceito estratégico específico começou a se desenvolver durante o final dos anos 1950, integrando um raciocínio estratégico da era dourada (Freedman, 1981a, p.130-207). A principal afirmação foi o livro de Bull, escrito em 1961, intitulado *The Control of the Arms Race*[4] (cf. também Brennan, 1961; Schelling; Halperin, 1961; Singer, 1962) e, a partir daí, tanto uma literatura quanto uma prática floresceram. Durante os anos 1960, os Estados Unidos e a União Soviética negociaram uma série de acordos significativos, dentre os quais se destacavam o Tratado de Proibição Parcial de Testes Nucleares (1963), o acordo do telefone vermelho (1963), o acordo sobre utilização pacífica do espaço sideral (1967), o Tratado de Não Proliferação Nuclear (1968), o Tratado sobre a Proibição da Colocação de Armas Nucleares e Outras Armas de Destruição em Massa no Leito do Mar e no Fundo do Oceano (1971), o Tratado sobre Mísseis Antibalísticos (1972) e a Convenção sobre Armas Biológicas (1972). Durante os anos 1970, o Controle de Armamentos se focava, principalmente, nas duas longas rodadas das Conversações sobre Limites para Armas Estratégicas (SALT I, 1969-72; SALT II, 1972-79).

Ao fim dos anos 1970, o Controle de Armamentos, assim como a *détente* entre as superpotências, com a qual ele havia se associado, enfrentava problemas, tanto por sua falha em conter o crescimento de enormes arsenais nucleares quanto pelo fato de as relações Estados Unidos-URSS terem saído da *détente* e entrado em uma nova rodada de desconfiança e rivalidade acentuada. O SALT I produziu o que era geralmente reconhecido como acordos substantivos, limitando os estacionamentos de MAB e de mísseis nucleares ofensivos (embora se

|||||||||||

4   *O controle da corrida armamentista*. N. do T.

contestasse fortemente se tais acordos eram algo bom ou ruim para a estabilidade estratégica). O SALT II produziu tetos para os sistemas de lançamentos nucleares e de ogivas, mas foram firmados tão alto que eles somente pareciam legitimar a vasta expansão dos arsenais nucleares das superpotências, que ocorrera durante os anos 1970. As conversações sobre Forças Nucleares de Alcance Intermediário (FNAI) e sobre Reduções de Armas Estratégicas (START) ocorreram, respectivamente, em 1981 e de 1982 a 1983, mas não chegaram a lugar algum por causa das tensões da "Segunda Guerra Fria", pós-*détente*; entrando em colapso e terminando, de certa forma, com a atividade do Controle de Armamentos até que a Guerra Fria entrasse em seu próprio degelo. Após um período de obscuridade, o controle estratégico de armas voltou à ativa a partir de meados dos anos 1980, na medida que as relações entre as superpotências começaram a melhorar. Em 1985, as negociações sobre as FNAI e sobre o START foram retomadas, ao que se seguiriam as conversações sobre as Forças Convencionais na Europa (FCE). Estas últimas produziram uma série de acordos entre 1987 e 1993 para reduzir os níveis de força nuclear e convencional de forma expressiva, além de reconfigurá-las de maneiras menos ameaçadoras. Acordou-se um regime de controle de tecnologia de mísseis em 1987 e uma convenção de armas químicas em 1993. Na medida que se esvaíam as estruturas da Guerra Fria, os referidos acordos vieram a ser menos sobre o gerenciamento da corrida armamentista e mais ligados às desmobilizações que se seguiram ao fim das duas grandes guerras.

A literatura sobre Controle de Armamentos se fundamentava principalmente nas armas nucleares e em seus sistemas de lançamento, embora houvesse preocupação em relação às armas químicas (Robinson, 1984) e, em menor grau, biológicas. Nesse quadro nuclear, havia dois tópicos centrais: o Controle de Armamentos para as superpotências e a prevenção da proliferação nuclear para Estados que não os cinco Estados com Armas Nucleares (EAN) reconhecidos no TNP (Estados Unidos, União Soviética/Rússia, Grã-Bretanha, França e China). Embora o Controle de Armamentos fosse um tópico controverso e que geralmente causava divisão, havia um grau muito mais alto de consenso mediante o espectro dos ESI de que a proliferação nuclear era algo ruim.

Analisando, primeiro, o Controle de Armamentos para as superpotências, existia uma literatura reivindicatória que nascia dos trabalhos originários citados anteriormente, no geral defendendo a necessidade de um controle maior e melhor com o intuito de estabilizar a corrida armamentista entre as superpotências (Bull, 1976; Dahlitz, 1984). Na medida que a prática do Controle de Armamentos se encaminhava, não era incomum, durante os anos 1960 e 1970, que tal reivindicação fosse relacionada à manutenção da *détente*, segundo o pensamento de alguns essa visão iria se provar fatal para todo o processo (Blechman, 1980, p.106-112). Obviamente, também podia se relacionar à manutenção da dissuasão (Calvocoressi, 1984). O grosso da enorme literatura de Controle de Armamentos relata, analisa e traz propostas sobre as negociações, as realizações, os problemas (concordância/trapaça), além de efeitos colaterais e, na medida que tanto a conquista quanto o otimismo desapareciam durante os anos 1970, refletia o que deu errado (Terchek, 1970; Newhouse, 1973; Gray, 1975; Nerlich, 1975/6; Goldblat, 1978; Blechman, 1980; Luttwak, 1980b; Burt, 1981; Sharp, 1981/2; Adelman, 1984; Brown; Davis, 1984; Freedman, 1984a, 1984b; Tuchman, 1984; Schear, 1985; Steinberg, 1985; Steinbruner, 1985; Sartori, 1985/6; Schelling, 1985/6; Pieragostini, 1986; Barker, 1987; Dusch, 1987). A força motriz da tecnologia à sombra dos problemas e das oportunidades para o Controle de Armamentos era sempre uma parte eminente da literatura (Gelber, 1974). O extremo do espectro, ou seja, a Pesquisa da Paz ficou especialmente desapontada com o Controle de Armamentos por não ter atuado mais intensamente para inibir a corrida armamentista, enquanto os estrategistas se preocupavam mais com o fato de que ele não havia feito muito para inibir o poder militar soviético.

Uma seção interessante dessa literatura se voltava à análise das diferenças entre Estados Unidos e URSS em relação ao Controle de

Armamentos (Sienkiewicz, 1978; Legvold, 1979; Pick, 1982; Rivkin, 1987; Guertner, 1988). Tal preocupação caminhava em paralelo à expressa pela literatura de racionalidade e dissuasão discutida no Capítulo 4. Mas, para o Controle de Armamentos, a preocupação sobre a diferença entre Leste e Ocidente era ainda mais intensa, por causa do fato de que, de modo mais amplo do que a dissuasão, o Controle de Armamentos dependia da cooperação com os soviéticos, além da habilidade de verificar se os acordos estavam sendo honrados (Bhupendra; Barnaby, 1984; Voas, 1986). Assim como o desarmamento, ele era extremamente vulnerável à trapaça, à enganação e a problemas de verificação, além de diferenças de opinião, segundo a perspectiva do espectro dos ESI, quanto à dúvida se a União Soviética era, em essência, um ator racional defensivo que compartilhava um interesse na estabilidade e um grau de coexistência ou se era um oportunista cruel e agressivo (Singer, 1962, p.15-17). Embora essas preocupações fossem quase inteiramente enquadradas na bipolaridade das superpotências, a China e o Controle de Armamentos também começaram a atrair atenção antes do fim da Guerra Fria (Segal, 1985, 1987; Johnston, 1986).

O segundo tópico principal do Controle de Armamentos nucleares tratava da prevenção da disseminação de armas nucleares para Estados Não Dotados de Armas Nucleares (ENDAN). Esse tópico se tornou uma literatura ampla e distinta que geralmente se encontrava dentro do termo "proliferação (não) nuclear" e tanto estrategistas quanto pesquisadores da paz concordavam, de forma geral, que a disseminação de armamentos nucleares era indesejável. A consonância dessa posição com a das superpotências, os principais promotores da não proliferação, expunha uma embaraçosa hipocrisia que afetava a literatura. Assim como as superpotências, muitos estrategistas eram pegos defendendo as armas nucleares para alguns ou para todos os EANs, sendo contrários, no entanto, a que todos os outros as tivessem. Um notável dissidente dessas fileiras era Waltz (1981). O autor defendia celebremente que, em vista de as armas nucleares constituírem um impedimento eficiente à guerra, "talvez possa ser melhor" para restringir conflitos interestatais ao redor do mundo. Os que se encontravam no extremo da Pesquisa da Paz se comprometiam menos, porque eles geralmente se opunham às armas nucleares para todos. Esse cisma subjacente às motivações não chegava a perturbar muito, contudo, a linha dominante na literatura que defendia a meta central de prevenir, ou ao menos refrear, a disseminação de armas nucleares.

A lógica da Pesquisa da Paz era organizada principalmente por um desejo de diminuir a probabilidade estatística de que se utilizassem armas nucleares. Essa linha de raciocínio possuía íntimas ligações com o desarmamento nuclear e com a barganha do TNP; segundo ela interromper a disseminação de armas nucleares deveria ser um gesto acompanhado por esforços para eliminar aquelas já existentes. A lógica estratégica para a não proliferação compartilhava a preocupação com acidentes e maiores probabilidades de utilização, mas também se pautava no desejo de preservar o *status* das superpotências nucleares, além de prevenir que terceiros iniciassem guerras entre as superpotências ao lançarem os denominados ataques catalíticos, nos quais a incerteza a respeito de quem realmente atacou desencadearia respostas contra a outra superpotência. A China, por exemplo, quando estava em desacordo com ambas as superpotências durante os anos 1960, pôde ter ficado tentada a desencadear uma guerra entre elas. Muitos estrategistas se opunham ao desarmamento nuclear baseando-se no fato de que, como a possibilidade de trapaça não podia ser removida, e os incentivos à mesma seriam altos, isso constituiria uma configuração menos estável do que uma dissuasão com armas nucleares. Uma vez que o conhecimento sobre o modo de produzir armas nucleares estivesse disponível na sociedade, o incentivo para o rearmamento estaria presente, e o primeiro a fazê-lo poderia ter uma grande vantagem.

De igual maneira a literatura de Controle de Armamentos das superpotências, a literatura que tratava da não proliferação, também era um misto de reivindicação e relatos de desenvolvimentos, além de análise política e prescrições. Havia uma literatura genérica substancial que dava conta dos desenvolvimentos presentes – e os prováveis desenvolvimentos futuros – proliferação, questões políticas e tecnológicas, política e progresso de vários países e as possíveis consequências de se permitir a disseminação das armas nucleares (Fisher, 1971; Young, 1972, p.23-81; Quester, 1973; Bull, 1975; Maddox, 1975; Marwah; Schulz, 1975; Walker, 1975; Schelling, 1976; Kapur, 1980a; Harkavy, 1981; Poneman, 1981; de Mesquita; Riker, 1982; Dewitt, 1987; R. C. Karp, 1991). Além disso, havia uma literatura sobre a proliferação de mísseis (Hsieh, 1971; Karp, 1984/5, 1991; Navias, 1989; Potter; Stulberg, 1990; Dunn, 1991), sobre as implicações da proliferação para a dissuasão e para a guerra (Berkowitz, 1982; de Mesquita; Riker, 1982; Kaiser, 1989) e sobre a possibilidade de terrorismo nuclear (Beres, 1979). Os *Anuários SIPRI* continham extensas atualizações anuais sobre a maior parte dos aspectos da proliferação nuclear. Pelo fato de esse assunto tocar em tantos aspectos das RI, desde a teoria dos regimes até os Estudos Estratégicos e a Pesquisa da Paz, sua literatura era publicada em uma variedade notável de periódicos. Inclusive, era possível ensinar cursos completos de proliferação nas universidades; alguns dos livros eram publicados tendo-se isso em mente, além daqueles direcionados ao público geral (Beaton, 1966; Young, 1972).

Esse assunto ganhou parte de sua popularidade por causa das preocupações com as conexões tecnológicas e políticas entre aplicações nucleares civis e militares. O poder nuclear civil era controverso por si próprio. Já que havia ligações íntimas entre alguns aspectos essenciais da tecnologia (em especial o enriquecimento de urânio e o reprocessamento de combustível gasto em reatores), isso significava que havia economias de escala a serem ganhas ao se buscar o poder nuclear civil e militar, assim como todos os primeiros Estados com armas nucleares fizeram, e mais tarde a Índia. O poder nuclear civil não podia estar totalmente insulado de suas implicações militares, fato que esteve no centro da controversa barganha de Fausto ocorrida no TNP (Greenwood et al., 1976; Camilleri, 1977, 1984; Wohlstetter et al., 1979: Lovins et al., 1980; Brenner, 1981, p.1-93; Dorian; Spector,

1981). Os Estados que renunciaram às armas nucleares por meio do TNP ganharam o direito de ter acesso à tecnologia nuclear civil, podendo usá-lo para preparar opções de fuga ao diminuir a dianteira para produzir armas nucleares.

O que veio a ser comumente conhecido como "regime de não proliferação" era, de fato, composto por vários elementos distintos e caso fossem complementares ou contraditórios configurava tema de debates. No núcleo do regime se encontravam dois componentes multilaterais: o TNP e a Agência Internacional de Energia Atômica (AIEA), responsável pelo sistema de salvaguardas (prestação de contas, monitoramento e inspeção) inclusas no TNP (Quester, 1970; Young, 1972, p.82-135; Imber, 1980; Lodgaard, 1980; Gummett, 1981; Dahlitz, 1984; Schiff, 1984; Fischer; Szasz, 1985; Nye, 1985; Simpson, 1987; Smith, 1987; Tate, 1990). Embora o TNP se pretendesse universal, com exceção de alguns resistentes, como Israel, Índia e Paquistão, também havia zonas livres de armas nucleares (ZLAN) regionais, às vezes, com condições sutilmente diferentes quanto à possibilidade de existência de outras dessas áreas.[5] Somando-se a tais abordagens multilaterais, também havia elementos mais elitistas no regime de não proliferação nuclear. Incluíam-se, nesse ponto, clubes de fornecedores, em que os principais produtores e vendedores de tecnologia nuclear civil coordenavam as condições de segurança que eles exigiriam dos compradores, além de várias políticas unilaterais dos Estados Unidos a respeito da não proliferação (Chari, 1978; Hildenbrand, 1978; Imai, 1978; Williams, 1978; Yager, 1980; Brenner, 1981, p.93-245; Lellouche, 1981; Simpson, 1982). Além de tudo isso, havia muitos estudos sobre países individuais e suas políticas de armamentos nucleares.[6] O grosso dessa literatura dizia respeito aos programas e

---

5 Essas incluíam a Zona Livre de Armas Nucleares da América Latina (Stinson; Cochrane, 1971; Redick, 1975, 1981) e a do Pacífico Sul (Power, 1986; Mogami, 1988), além dos Bálcãs (Klick, 1987).

6 China (Halperin, 1966; Hsieh, 1971; Segal, 1981; Tan, 1989); Grã-Bretanha (Pierre, 1970; Carlton, 1976; Seignious; Yates, 1984), com a temática da Grã-Bretanha como possivelmente a

políticas nucleares, e também às capacidades técnicas, dos países, e suas implicações para o regime de não proliferação.

O Controle de Armamentos não era a única área com linha tecnológica na qual os temas e debates essenciais nos Estudos Estratégicos possuíam contrapontos na literatura da Pesquisa da Paz. A dissuasão era outra (Doran, 1973; Weede, 1983; Wallace et al., 1986; Nalebuff, 1988; Tunander, 1989; Huth, 1990). Também o era a corrida armamentista (Brubaker, 1973; Chatterjee, 1974; Lambelet, 1975; Krell, 1981; Diehl, 1983, 1985; Intrilligator; Brito, 1984; Leidy; Staiger, 1985; Gleditsch; Njølstad, 1990) e a evolução da tecnologia militar (Kaldor, 1982). Boa parte da Pesquisa da Paz quantitativa teve sua inspiração a partir do trabalho pioneiro de Richardson (1960a, 1960b; cf. também Rapoport, 1960, cap.1-2; Bellany, 1975). Ambos os lados tinham interesse em ligar a corrida armamentista com a guerra, além dos aspectos irracionais do acúmulo de armas por causa das políticas burocráticas e variáveis intervenientes relacionadas. Em geral, as agendas da Pesquisa da Paz e do Controle de Armamentos não eram tão conduzidas por eventos políticos internacionais, sendo que uma rara exceção era a tentativa de aplicar os modelos de corrida armamentista de Richardson à intensificação da Guerra do Vietnã (Alcock; Lowe, 1969). Em sua maior parte, eles seguiam o tom dos armamentos nucleares e a dinâmica tecnológica da corrida armamentista entre superpotências. Os eventos dentro desse quadro, por exemplo, os temores de saúde pública relacionados aos resíduos de testes nucleares durante os anos 1950, o teste nuclear indiano de 1974 e os estacionamentos de mísseis de alcance intermediário na Europa

---

primeira potência ex-nuclear (Freedman, 1981b; Dombey et al., 1987); França (Mendle, 1965; Lieber, 1966; Seignious; Yates, 1984), incluindo o curioso caso da falta de movimentos pacifistas antinucleares na França (Fontanel, 1986); Canadá (Lentner, 1976); Iugoslávia (Gedza, 1976); Índia e Paquistão (Edwardes, 1967; Imai, 1974; Rao, 1974; Marwah, 1977, 1981; Betts, 1979a; Kapur, 1980b; Thomas, 1986; Chellaney, 1991); Oriente Médio (em especial Israel, Irã e Iraque) (Freedman, 1975; Rosen, 1977; Feldman, 1981; Pry, 1984; Bhatia, 1988); África (Cervenka; Rogers, 1978; Betts, 1979b; Mazrui, 1980; Adeniran, 1981; Ogunbadejo, 1984; Moore, 1987); e Argentina e Brasil (Rosenbaum; Cooper, 1970; Gall, 1976; Gugliamelli, 1976; Lowrance, 1976).

no final dos anos 1970, também tiveram impacto na opinião pública; sobre isso falaremos mais na seção seguinte.

Embora a Pesquisa da Paz e os Estudos Estratégicos se entrelaçassem em muitos pontos, a primeira de fato desenvolveu uma resposta distinta aos problemas apresentados pela tecnologia e estratégia militar: a defesa não ofensiva (DnO, também conhecida como defesa não provocativa). A ideia central da DnO era superar o dilema da segurança ao designar, em especial, modos de defesa em barreiras que pudessem deter uma invasão, mas sem representar qualquer ameaça de contrainvasão ou de retaliação (Berg; Lodgaard, 1983; Dankbaar, 1984; Galtung, 1984; Boserup, 1985; Windass, 1985; Agrell, 1987; Møller, 1987; Saperstein, 1987; Dean, 1987/8). Isso ocorreu durante a última década da Guerra Fria, quando alguns da Pesquisa da Paz caminhavam em direção a uma agenda mais definida pela segurança (Wæver, 2008). O estreitamento da divisão se tornou aceitável o suficiente para que a DnO em um momento ocasional se embrenhasse nos periódicos das correntes principais de Estudos Estratégicos (Gates, 1987) e de RI em geral (Buzan, 1987b). Com isso, estendia-se a literatura mais antiga sobre o estilo popular de guerra que era dispersa, mas de uma resistência armada profundamente preparada à ocupação (Johnson, 1973; Roberts, 1976; Fischer, 1982) e, de forma marginal, também a resistência nacional à ocupação que era desarmada, mas organizada (Roberts, 1967; Boserup; Mack, 1974; Sharp, 1985). A corrente principal da DnO era uma tentativa de levar a sério o problema de defesa da OTAN, engajando-se com ela em termos militares, sem, com isso, ameaçar a União Soviética e, portanto, sem perpetuar um dilema de segurança e um risco de guerra nuclear.

Paz positiva, integração e coesão societal

O braço militar da Pesquisa da Paz e do Controle de Armamentos não entrou em uma análise conceitual detalhada de segurança, apesar de ter articulado os entendimentos sobre segurança nos Estudos Estratégicos de maneiras importantes. Talvez, de forma mais crucial, ele defendesse que a visão antagonista das relações internacionais, com a União Soviética como a encarnação do Estado inimigo, podia ser transformada por meio de negociações, medidas de construção de confiança, tratados de redução de armas e arranjos institucionais comuns. No que concerne aos objetos de referência e setores aos quais se aplicava a segurança, havia certa similitude com os Estudos Estratégicos no fato de que a segurança militar era privilegiada como objeto de análise e os Estados constituíam os atores principais.

Mas outros pesquisadores da paz solicitavam uma expansão do escopo de análise que abrangesse desde a paz negativa para se evitar a guerra até o estudo de "paz positiva", da "integração da sociedade humana", defendendo a consideração de todas as formas de conflitos grupais, não apenas os interestatais (*Journal of Peace Research*, 1964, p.2). Essa linha de Pesquisa da Paz se concentrava nas ligações entre a integração social e estatal e se baseava em Deutsch e em seu conceito de comunidades de segurança (Kemp, 1985, p.134). As comunidades de segurança se apresentavam de duas formas: as amalgamadas, que envolviam a fusão de Estados, e as pluralistas, que não chegavam a essa fusão, mas nas quais os processos de integração social interestatal e transestatal proporcionavam grande normalidade de valores e de confiança, de modo que a guerra não era mais considerada uma maneira viável para resolver conflitos (Deutsch et al., 1957). O caso da área do Atlântico Norte nos anos 1950 se tornou o exemplo principal de Deutsch de uma comunidade de segurança pluralista, enquanto a Comunidade Econômica Europeia era reivindicada pela primeira geração dos teóricos da integração europeia como exemplo de uma (futura) comunidade de segurança amalgamada. Outros examinavam por um lado a ligação entre os conflitos e, por outro, a comunicação/integração, como nos estudos de Gleditsch sobre redes de linhas aéreas e conflitos (Gleditsch, 1967, 1977), ou a transmissão de valores culturais de um país para outro (Sauvant, 1976; Wilson; al-Muhanna, 1985).

A Pesquisa da Paz Liberal se baseava na premissa de que os indivíduos e as nações podiam mudar suas percepções (errôneas) uns dos outros e que as imagens de inimigos nem sempre eram realistas. Os pesquisadores da paz deveriam se perguntar criticamente sobre a exatidão de tais imagens e da resultante mobilização – ou manipulação – estratégica dos governos (Deutsch, 1957, p.201; Loustarinen, 1989). De forma mais benigna, os governos e a mídia de massas podiam não estar cientes de como suas respectivas construções dos inimigos perpetuavam conflitos que poderiam ser resolvidos. Como resposta, Deutsch sugeria o estabelecimento de "um 'sistema de aviso antecipado', no que dizia respeito aos aspectos de comunicação massiva dos conflitos interestatais" que detectaria quando "a imagem de determinado país 'inimigo' estivesse atingindo um nível perigoso" (Deutsch, 1957, p.202). A preocupação com a maneira pela qual os governos e a mídia de massas produzem ou manipulam as imagens de inimigos caminhava junto com a longa tradição da Organização das Nações Unidas para a Educação, a Ciência e a Cultura (Unesco) de ver a guerra como algo que começa na própria mente das pessoas. Uma parcela significativa da Pesquisa da Paz se voltava, portanto, ao estudo da opinião pública e da propaganda, inclusive de como crianças e jovens eram socializados para aceitarem imagens de inimigos e ideias sobre guerra e paz (Deutsch, 1957, p.203, rodapé 4; Cooper, 1965; Becker, 1973).

Um corpo relacionado da literatura lidava com a cobertura de notícias, em especial, sobre política externa. Neste ponto, a preocupação se referia a quais eventos eram selecionados como "cobríveis" pela mídia, principalmente considerando a tendência da mídia de selecionar eventos violentos e relatá-los de modo simplificado e sensacionalista (Galtung; Ruge, 1965; Östgaard, 1965; Smith, 1969). Os pesquisadores da paz clamavam por uma reversão de tais tendências e por uma cobertura de notícias mais equilibrada, a qual forneceria um espaço para que se notassem os aspectos comuns entre os diversos povos, e por formas menos violentas de resolução de conflitos

(Östgaard, 1965, p.55). Situando a preocupação da Pesquisa da Paz com a cobertura de notícias no terreno mais amplo dos ESI, lê-se essa literatura, em alguns aspectos, como estudos anteriores do "efeito CNN", que se tornaram populares nos anos 1990, defendendo que os políticos são pressionados a intervir em resposta à intensa cobertura midiática. Ainda assim, é importante notar que a meta da Pesquisa da Paz Liberal não era mobilizar intervenções violentas de terceiros, mas incentivar a mídia a apoiar formas não violentas de resolução de conflito. A preocupação se referia aos critérios da mídia por si próprios, não à ligação real entre a cobertura de notícias e o comportamento em política externa. Além do mais, a ontologia visual adotada pelos pesquisadores da paz era sensivelmente objetivista. Deutsch (1957, p.201) chamava os pesquisadores para que descobrissem "até que ponto tais imagens são realistas, ou seja, até que ponto elas realmente correspondem a fatores objetivos fora do seu controle". Galtung e Ruge (1965, p.64) se preocupavam com "os fatores seletivos e de distorção" existentes entre o próprio evento e a "sua" representação midiática. As percepções da realidade podem estar mais ou menos de acordo com a própria realidade, mas ambas – realidade e representação midiática – eram distintas ontológica e analiticamente. Esse aspecto denota uma importante diferença entre os primeiros pesquisadores da paz e as seguintes abordagens discursivas que defendem a constituição da "realidade" por meio de estruturas de representação (midiática) e que deveria se estudar como as estruturas representacionais estabelecem e legitimam determinadas políticas externas e de segurança, em vez de comparar a realidade com a cobertura de notícias.

A preocupação explícita com o processo de formação do inimigo se baseava no pressuposto mais profundo de que os Estados não precisam perceber um ao outro pela perspectiva realista (como descrito no Capítulo 2), mas podem se engajar por meio da cooperação. A Pesquisa da Paz Liberal deutschiana também inaugurou outra frente crítica nos debates entre os Estudos Estratégicos e a Pesquisa da Paz ao colocar em primeiro plano a relação entre os governos e as populações e a questão da coesão social e doméstica, identificada como um elemento-chave no debate da segurança nos capítulos 1 e 2. Autores realistas, por exemplo, Kennan também se preocupavam com a coesão social, considerada, no entanto, um ponto de vantagem do Estado: de que modo o governo poderia piorar a ligação entre os governos e as populações dos estados inimigos, por exemplo, a União Soviética, e como eles poderiam evitar forças de dissociação em um nível doméstico?

Essa literatura de Pesquisa da Paz Liberal se estruturava em duas dimensões, a saber: primeiro, se ela se preocupava com a política externa ou questões domésticas (sociais, raciais, étnicas, religiosas ou de classe); segundo, se ela se concentrava em forças extraparlamentares ou em formas parlamentares de influência. Combinando ambas as dimensões, chegamos às quatro opções presentes na Tabela 5.1.

TABELA 5.1. PESQUISA DA PAZ NA COESÃO SOCIAL

ENFOQUE INSTITUCIONAL/ ÁREA DE POLÍTICAS	EXTRAPARLAMENTAR	PARLAMENTAR
Política externa	Movimentos pacifistas	Opinião pública – p. ex. diferença de gêneros (paz democrática)
Políticas domésticas	Direitos civis/movimentos afro-americanos	Estudos eleitorais domésticos (não é a preocupação essencial da PP)

Iniciando com as combinações extraparlamentares, essa categoria problematizava a pretensão das lideranças políticas de representar a sociedade. A existência de movimentos sociais questionava a premissa básica da sociedade democrática moderna, isto é, os indivíduos eleitos devem fornecem soluções políticas legítimas e adequadas. O melhor exemplo dessa forma de divisão social foram os movimentos pacifistas antinucleares que se formaram a partir do final dos anos 1950 com as chamadas marchas de Páscoa, que aconteceram primeiro na Grã-Bretanha, em 1958. Em poucos anos, as marchas se espalharam por quase toda a Europa Ocidental e América do Norte, com públicos tão grandes que atingiam, por exemplo, 25 e 35 mil pessoas na Dinamarca, respectivamente, em 1961 e 1962 (Boserup; Iversen, 1966, p.345). Na medida que as relações entre as superpotências melhoravam nos anos 1970, os movimentos pacifistas também encolhiam, mas o estouro da Segunda Guerra Fria nos anos 1980 os levou novamente às ruas. As pesquisas desses movimentos tendiam a enfatizar as ligações transnacionais que os uniam por meio de fronteiras estatais (Walker, 1988). A maioria dos pesquisadores da paz compartilhava das metas normativas dos movimentos pacifistas: o desarmamento nuclear, o Controle de Armamentos ou as Zonas Livres de Armas Nucleares, mas alguns questionavam criticamente suas táticas.

Ao avaliar o impacto dos movimentos pacifistas, uma grande questão que dividia os pesquisadores da paz era até que ponto eles haviam contribuído para trazer mudanças, como o Tratado de Interdição Parcial de Testes Nucleares, de 1963 (Boserup; Iversen, 1966, p.328; Wiberg, 1988, p. 44). A "teoria da bola de neve" de Kenneth E. Boulding defendia que os pequenos protestos poderiam crescer a ponto de ativar uma grande população. Contrária a tal visão otimista de como indivíduos passivos, mas com um estado crítico latente, seriam despertados pela vanguarda, encontrava-se a percepção (Boserup; Iversen, 1966; Galtung, 1964) de que as populações inativas podem muito bem ser mais conservadoras do que os "seus" governos (que possuem mais acesso à mídia de massas) e as demonstrações pacifistas, portanto, podem, paradoxalmente, fortalecer o oponente. Outra discussão dizia respeito aos prós e contras de os movimentos pacifistas se tornarem parecidos com partidos políticos "reais" (Krasner; Petersen, 1986, p.155; Wæver, 1989a).

Estudos que se concentravam em contestações populares extraparlamentares em um nível doméstico (situados no canto inferior esquerdo da Tabela 5.1) seguiam o caminho de uma lógica estrutural similar, questionando a pretensão de que as contestações sociais poderiam ser contidas dentro das estruturas políticas formais vigentes. O principal caso estudado segundo essa linha de pesquisa era o "movimento negro" e os "protestos do gueto" que ocorreram nos Estados Unidos nos anos

1960 (Goldberg, 1968; von Eschen et al., 1969; Monti, 1979). Mais tarde, já nos anos 1970, esses movimentos se esvaíram da cena política norte-americana, assim como sua cobertura por parte dos pesquisadores da paz. Vale a pena notar, contudo, esse corpo de literatura, porque ele prevê, empírica e analiticamente, preocupações tardias do pós-Guerra Fria concernentes aos problemas de segurança social no interior dos Estados ocidentais. Como descrito anteriormente, ele se relaciona com uma longa ansiedade realista sobre a produção da identidade doméstica, seja de uma perspectiva conservadora ou de uma mais liberal.

Os pesquisadores da paz também estudaram a coesão social e os arranjos parlamentares. As pesquisas de opinião popular se combinaram com a subdisciplina Ciência Política dos Estudos Eleitorais, gerando modelos complexos que ligavam atitudes a fatores sociais, econômicos, culturais e, mais tarde, de gênero, identificando, por exemplo, uma "divisão de gênero" entre as atitudes de homens e de mulheres em política externa (Boulding, 1984; Togeby, 1994). Pesquisas de opinião e técnicas de *survey* passaram por desenvolvimentos significativos nos anos 1960 como parte da revolução comportamental geral nas Ciências Sociais. Nesse sentido sua adoção pelos pesquisadores da paz se baseava no ideal – oriundo dos modelos de democracia clássica de participação direta – de que a opinião pública deveria se refletir nas políticas adotadas (Galtung, 1964). A relevância da opinião publica – e, mais especificamente, a habilidade de fazer pesquisas em questões de paz e de segurança – era clara: se o "público" fosse mais inclinado à resolução de conflitos e à paz do que os "seus" políticos, estes seriam pressionados por aquele em direção à paz. Esse incentivo era construído, primeiro, sobre o pressuposto normativo de que os líderes escutariam os seus cidadãos e, segundo, sobre o pressuposto estratégico de que os políticos buscariam a reeleição e, portanto, teriam de responder às visões da (maioria da) população. A crença geral de que a retirada norte-americana do Vietnã se deveu a uma mobilização popular massiva reafirmava a possibilidade de a opinião pública influenciar nas questões de "alta política", como as relacionadas à guerra (Verba et al., 1967; Hamilton, 1968; Modigliani, 1972; Russett; Nincic, 1976). Na medida que a Guerra Fria se esvaía, essa linha de pesquisa se expandiu para a teoria da paz democrática (cf. Capítulo 6): a não disposição de democracias de irem à guerra, ao menos contra outras democracias (Russett, 1975; Doyle, 1986).

Violência estrutural, economia e o meio ambiente

A conceitualização da paz positiva como integração foi retrabalhada em 1969 no artigo seminal de Galtung sobre violência estrutural, definida como "a distância entre o potencial e o real e aquilo que impede a diminuição dessa distância" (Galtung, 1969, p.168, 171). A violência estrutural envolvia uma visão mais conflituosa do mundo do que o conceito de paz como integração e inaugurava a incorporação de uma gama de assuntos relacionados à desigualdade econômica e às diferenças entre o Norte e o Sul do globo terrestre. Ela fornecia uma ponte entre a Pesquisa da Paz Liberal-Idealista Clássica, de um lado, e a nova agenda da "Pesquisa Crítica da Paz", que bebia das teorias de tradição marxista, de outro (Wiberg, 1988, p.53). Embora fosse marxiana em parte de sua forma analítica, a violência estrutural se opunha à violência e, portanto, ia contra a corrente da política radical que procurava legitimá-la como resposta à opressão e à exploração. Consequentemente, a maior parte dos pesquisadores críticos da paz não acreditava que a violência estrutural fosse "crítica" o suficiente (Schmid, 1968). A insistência de Galtung na não violência, no entanto, era consonante com uma tradição gandhiana mais longa na Pesquisa da Paz, do mesmo modo que outros trabalhos de destacados pesquisadores da paz, por exemplo, Gene Sharp (1973), cujo argumento afirmava que, já que o Estado dependia da obediência de seus cidadãos, poder-se-ia resistir a ele por meios não violentos.

A violência estrutural se referia não somente às injustiças manifestas com consequências materiais físicas, como mortes relacionadas à fome no Terceiro Mundo, mas também a fenômenos com impacto corporal menos imediato, como o analfabetismo (que podia ser prevenido) (Galtung, 1969, p.169). De maneira crucial, principalmente à luz de debates mais recentes sobre o conceito da segurança individual, Galtung posicionou o conceito de violência estrutural no nível dos coletivos, não dos indivíduos: "quando um marido espanca a sua esposa, há um caso clássico de violência pessoal, mas quando um milhão de maridos mantém um milhão de esposas na ignorância, há violência estrutural" (Galtung, 1969, p.171). O objeto de referência na conceitualização de Galtung de violência estrutural era, portanto, as coletividades humanas, nem os Estados, nem os indivíduos, e a primeira expansão setorial era incluir a economia (crítica marxista). A delineação do objeto de referência coletivo nesse conjunto de Pesquisa da Paz diferia dos Estudos Estratégicos e de seu (predominante) foco na segurança externa em dois aspectos específicos: ela defendia, primeiro – e, em retrospecto, profeticamente – que conflitos em um nível subestatal ou transestatal podem ser tão explosivos – e, portanto, tão ameaçadores ao Estado – quanto aqueles em um nível interestatal; segundo, aos grupos deveria ser dada a possibilidade normativa de serem objetos de referência, quer a ameaça em questão viesse por meio de Estados, de outros grupos ou de estruturas imperialistas/econômicas globais. E nos locais onde a Pesquisa da Paz negativa constituía o objeto de referência em relação à ausência da guerra ou de conflitos violentos, a teoria da violência estrutural constituía o mesmo no que se refere à sua lista mais longa de questões.

É importante salientar – em especial à luz dos debates de 1990 sobre "segurança individual" – que a violência estrutural era um conceito encontrado justamente no nível estrutural, além de distinguir-se do conflito interpessoal e da violência pessoal. É verdade que havia uma expansão radical das possíveis ameaças à paz/segurança, mas o objeto de referência se constituía pela sua posição estruturalmente desvantajosa. Um indivíduo morrendo de fome não era, por si só, vítima de violência estrutural, mas aqueles que morrem de fome por causa das estruturas econômicas globais do imperialismo, sim. Esse fato implica em uma constituição ambígua da dinâmica indivíduo--objeto de referência coletiva: os "indivíduos" podem aparecer de uma forma que é impossível nos Estudos Estratégicos estadocêntricos, mas eles aparecem porque sua "individualidade" é constituída de maneira a possuir determinado significado político-estrutural, independente de esse significado ser religioso, étnico, racial, de classe ou de gênero.

Os debates entre Galtung e seus apoiadores e radicais, como Schmid, efervesceram no final dos anos 1960 e no início dos anos 1970; ainda assim, na metade da década de 1970, e a partir de uma visão mais ampla da área, havia suficientes aspectos comuns entre a "escola escandinava" (Galtung, Eide), a "escola alemã ocidental" (Senghaas, Jahn, Krippendorff, Gantzel) e a "escola neomarxista" (Schmid, Dencik), segundo Reid e Yanarella (1976, p.317), a ponto de todos poderem ser vistos como pertencentes a uma tradição de Pesquisa da Paz marxista. Essa tradição tinha seu baluarte na Escandinávia e na Alemanha Ocidental (Senghaas, 1975, p.252; Reid; Yanarella, 1976, p.329) e o *Journal of Peace Research*, fundado por Galtung em 1964, fornecia o principal veículo para sua disseminação (Chatfield, 1979, p.174). A ligação entre desenvolvimento e violência estrutural se baseava em uma análise crítica marxista/pós-marxista das estruturas econômicas globais, em especial as capitalistas. Galtung se baseou em um dos primeiros teóricos da Escola de Frankfurt, Marcuse, ao criticar a sociedade consumidora capitalista por prometer "euforia", mas esse (aparente) fornecimento de "prazer no lugar da dor" pode ser "pior na possibilidade de ser mais manipulador" do que em sociedades mais abertamente repressivas (Galtung, 1969, p.170). Em trabalhos mais recentes, incluindo "Uma teoria estrutural do imperialismo" (Galtung, 1971), as ligações com a teoria da dependência se tornaram explícitas. A teoria da dependência foi desenvolvida em um contexto latino--americano por Cardoso e Faletto (1979) e Gunder Frank (1967) e, no cenário africano, por Amin (1972, 1975, 1976). Ela sustentava que o "subdesenvolvimento" não era simplesmente um sinal de que os países não ocidentais estão em um estágio menos avançado de modernização, mas uma condição determinada estruturalmente. Os países do Terceiro Mundo desempenhavam um papel determinado dentro das estruturas capitalistas globais, pois eram os fornecedores de matérias-primas ou de algumas poucas *commodities* nas condições impostas pelos países extratores e por empresas do Ocidente. Na medida que o capitalismo ocidental passava por estágios de crise – como previsto pela clássica teoria marxista-leninista –, tais crises eram transpostas para o hemisfério Sul (Senghaas, 1975; Jackson; Sørensen, 1999, p.200-201). Ampliando o escopo do imperialismo para além do econômico, Galtung (1971) defendia que os imperialismos político, militar, cultural e de comunicação apoiavam uma exploratória estrutura global Norte-Sul. Regimes neoliberais perpetuariam e aprofundariam as condições de dependência estrutural em detrimento das populações, quando não das elites, dos países do Terceiro Mundo.

O clamor pela inclusão de questões de desenvolvimento na Pesquisa da Paz foi ainda mais apoiado pelo argumento de que o número de mortes por causa de desnutrição, fome e desastres causados por seres humanos na periferia rivalizava com uma hipotética contagem de corpos de uma guerra nuclear – uma lógica reiterada a partir daí por muitas perspectivas mais abrangentes. Ademais, segundo raciocínio de Senghaas (1975, p.252), a pobreza do Terceiro Mundo constituía um "potencial explosivo para o conflito e a violência" e, embora tais conflitos tivessem, até então, sido confinados ao próprio Terceiro Mundo, era provável que eles começassem a se disseminar para o Ocidente e para o Leste socialista. Evidencia-se que Senghaas, Galtung e outros pesquisadores críticos da paz focados no "desenvolvimento" foram parcialmente bem-sucedidos ao estabelecerem uma agenda de Pesquisa da Paz mais ampla por causa dos muitos artigos sobre violência estrutural, imperialismo e desenvolvimento, todos publicados no *Journal of Peace Research* nos anos 1960 e 1970 (Klausen, 1964; Höivik, 1971, 1972; Hveem, 1973, 1979). Institucionalmente, a convergência dos Estudos de Desenvolvimento e da Pesquisa da Paz se ilustrou pela fundação do PADRIGU, o Departamento de Pesquisa de Paz e Desenvolvimento da Universidade de Gotemburgo, em 1971. Comparando a Pesquisa da Paz Marxista – e entendendo como "marxista" tanto as abordagens neomarxistas e críticas quanto as abordagens marxistas e suaves da Alemanha e Escandinávia – com a literatura de segurança do Terceiro Mundo, mencionada no Capítulo 4, vem à tona um desafio mais fundamental para a agenda dos Estudos Estratégicos. No quadro desses Estudos, os que estudaram a segurança do Terceiro Mundo em seu sentido estrito, e não apenas por suas implicações para a Guerra Fria, na maioria das vezes, não desafiaram o enfoque em segurança nacional, desejando, acima de tudo, que tal conceito fosse aplicado às posições e aos problemas específicos dos Estados do Terceiro Mundo (Ayoob, 1984; Azar; Moon, 1988). A literatura de violência estrutural, em contrapartida, assumia uma visão altamente crítica do estado ocidental (e, até certo ponto, do Terceiro Mundo) como produtor da insegurança do Terceiro Mundo.

Situando a Pesquisa da Paz Marxista dentro da mais ampla história de evolução dos ESI, fica claro que isso se ligava a uma série de *eventos* constitutivos. O mais destacado dentre eles era o efeito geral persistente da descolonização que se iniciou nos anos 1940, às vezes, de modo pacífico, às vezes, não, como no caso da Guerra da Indochina entre os franceses e os Viet Minh (Rogers, 2007, p.37); as dilatadas guerras na Coreia e no Vietnã (Boulding, 1978, p.345; Wiberg, 1988, p.44); o nem sempre obscuro envolvimento político e econômico dos Estados Unidos na América Latina; e a adoção do desenvolvimento como uma prioridade essencial dentro do sistema da ONU, de maneira mais ampla (Rogers, 2007, p.40). Enquanto esses eventos impulsionaram diretamente os pedidos de atenção ao Terceiro Mundo, a crise do petróleo de 1973 se tornou um ímpeto específico para o enfoque na relação entre a economia global e a paz/guerra/segurança, em especial em como as partes do Terceiro Mundo ricas em recursos detinham poder de barganha em relação ao Primeiro Mundo.

O arrefecimento do confronto entre as superpotências no final dos anos 1960 e nos anos 1970 também foi visto como espaço de inauguração para preocupações não militares em relação à segurança/paz dentro da Pesquisa da Paz, de forma mais ampla. Os recém--chegados editores do *Journal of Conflict Resolution*, Russett e Kramer, escreveram, em 1973, que eles desejavam mudar um pouco o foco da preocupação primária tradicional do periódico no conflito internacional – principalmente o perigo da guerra nuclear – para "justiça, igualdade, dignidade humana" e "equilíbrio e controle ecológico", já que "outros problemas estão competindo com os estudos de dissuasão e de desarmamento pela nossa atenção" (Russett; Kramer, 1973, p.5). Kenneth E. Boulding sustentava que havia "a sensação, certamente nos anos 1960 e início dos anos 1970, de que a dissuasão nuclear estava realmente tendo sucesso como dissuasão e que o problema da guerra nuclear havia regredido" (Boulding, 1978, p.346; Lopez, 1985, p.125). Com a eleição de Ronald Reagan em 1980 e a Segunda Guerra Fria dos anos 1980, o equilíbrio relativo entre assuntos militares e de desenvolvimento mais uma vez pendeu na direção dos primeiros (Gleditsch, 1989, p.3; Rogers, 2007, p.44), com países do Terceiro Mundo sendo forçados a adotar políticas liberais que "enfatizavam o papel das forças do livre mercado e a diminuição das burocracias dos estados e das regulamentações estatais" (Jackson; Sørensen, 1999, p.201).

A ampliação e o aprofundamento da agenda da Pesquisa da Paz no final dos anos 1960 e nos anos 1970, e em especial a forma que eles assumiram, também foram influenciados pela maneira na qual os eventos interagiam com as *dinâmicas internas dos debates acadêmicos*. A importação da teoria econômica marxista era, em parte, atribuível a uma onda geral de teoria marxista e pós-marxista nas Ciências Sociais da Europa Ocidental no alvorecer do radicalismo estudantil de fins dos anos 1960 (Gleditsch, 1989, p.2). Pesquisadores da paz escandinavos e, principalmente, alemães ocidentais se baseavam nos antigos teóricos da Escola de Frankfurt, como Adorno, Horkheimer e Marcuse, ao apontar para a alienação e a manipulação dos cidadãos nas sociedades ocidentais modernas, sendo que os mais jovens pesquisadores da paz "radicais" voltavam ainda mais no tempo, até os escritos marxistas e leninistas clássicos (Gleditsch, 2004, p.17). A Escola de Frankfurt mais antiga possuía uma visão sensivelmente pessimista sobre a possibilidade de uma genuína democracia e de uma resistência popular às maquinações das elites políticas, financeiras e culturais, enquanto a Escola de Frankfurt mais jovem, representada por Habermas, permitia uma visão mais positiva da sociedade civil, da capacidade do assim chamado "mundo da vida" de resistir aos interesses sistêmicos e da possibilidade de emancipação. O ramo mais pessimista e radical da teoria neomarxista foi marcado pela forte influência da Pesquisa da Paz dos anos 1970, ao passo que foi a teoria de Habermas que informou os primeiros escritos pós-estruturalistas (Ashley, 1981) e os seguintes Estudos Críticos de Segurança (cf. Capítulo 7), que isolaram a "emancipação" como seu conceito paralelo central (Alker, 1988; Booth, 1991, 1997, 2005a; Wyn Jones, 1995, 1999, 2005).

Durante os anos 1980, a Pesquisa da Paz se torna gradualmente mais especializada (Wiberg, 1981; Gleditsch, 1989, p.2) e publica-se menos sobre questões "puras" de economia e de desenvolvimento em periódicos, como o *Journal of Peace Research*. Há uma crescente divisão de trabalho entre a Pesquisa da Paz e os Estudos de Desenvolvimento na medida que este último se encaminha a um distinto especialismo, além de uma maior diferenciação entre as subdisciplinas de RI e EPI. A Pesquisa da Paz permanece como o lar dos estudos de conflitos, enquanto a economia do desenvolvimento se torna parte da EPI (liberal ou neomarxista). Como consequência, no ocaso da Guerra Fria, a Pesquisa da Paz era fortemente dominada por cientistas políticos, em comparação à sua constituição multidisciplinar nos anos 1960 (Gleditsch, 1989, p.3). Mas isso não significa, conforme veremos no Capítulo 7, que o desenvolvimento desaparece da agenda de segurança-paz permanentemente. Na verdade, um dos conceitos políticos mais bem-sucedidos dos anos 1990 é a *Segurança Humana*, cunhada pelo Programa das Nações Unidas para o Desenvolvimento

(PNUD) para situar questões de pobreza e de saúde de modo mais firme na agenda de segurança global.

A teoria da violência estrutural de Galtung não considerava o meio ambiente em um primeiro plano explícito. No entanto, a preocupação com a extração de recursos do Terceiro Mundo e uma inquietação geral com o impacto das políticas ocidentais de gerações futuras ressonavam de modo claro junto das preocupações com o meio ambiente que surgiram nos anos 1960 e 1970. O livro *Silent Spring*, de Rachel Carson (1972), descrevia o acúmulo de pesticidas ao longo da cadeia alimentar. Nesse sentido a crença de que a industrialização possuía tamanhos efeitos colaterais e que os ambientes locais, assim como todo o planeta, estavam dramaticamente em perigo ganhou terreno (Barnett, 2007, p.184-188). Parte da literatura ambiental se ligava bem explicitamente à agenda tradicional dos Estudos Estratégicos ao identificar as "guerras por recursos" ambientais, em especial no Terceiro Mundo (Ullman, 1983). Outros, como Deudney (1990), defendiam que havia uma pequena probabilidade de que conflitos ambientais culminassem em uma guerra. Aqui, o objeto de referência ainda era o Estado, e o meio ambiente o recurso estratégico que poderia precipitar o conflito. Os pesquisadores da paz, em contrapartida, que abordavam o meio ambiente a partir de uma perspectiva galtunguiana, pediam para os países industrializados reduzirem seu consumo de energia (Gjessing, 1967; Poleszynski, 1977) ou considerarem o meio ambiente uma arena suscetível à resolução de conflitos (Westing, 1988). Uma linha específica de "literatura ambiental" se ligava ao combate nuclear, como Sagan (1983/4) e sua crítica inovadora de como ele precipitaria uma crise ambiental na forma de um "inverno nuclear" (Nye, 1986). Uma reorientação mais fundamental da agenda de ESI foi empreendida por quem incorporou o próprio meio ambiente como um objeto de referência, vendo uma parte dos problemas ambientais maiores como uma ameaça a toda a civilização humana.

A constituição mais ampla da segurança ambiental ameaçada perante as mudanças climáticas ou a degradação da terra, da biodiversidade, da atmosfera, da água, das florestas, das áreas costeiras e dos rios (Barnett, 2007, p.189) surgiu, em especial, do entrelaçamento das agendas científicas e políticas que tinham pouco a ver com a rivalidade militar das superpotências (Comissão Brundtland, 1987; Nye; Lynn-Jones, 1988; Nye, 1989; Mathews, 1989; Buzan et al., 1998, p.71-72). Em termos de forças motrizes, isso ocorreu principalmente como resposta a *eventos* em um sentido de movimento mais lento: uma preocupação crescente a partir da estabilidade/instabilidade da ecosfera. Mas processos de *institucionalização*, por exemplo, a organização conjunta de um programa de Segurança Ambiental nos anos 1980 pelo PRIO *(International Peace Research Institute, Oslo)* e pelo Programa das Nações Unidas para o Meio Ambiente (PNUMA), também serviram para posicionar a segurança ambiental como uma das primeiras expansões setoriais de segurança nacional para além do militar.

A dinâmica interna dos debates na Pesquisa da Paz

A expansão do conceito de "paz" negativa para positiva não foi, contudo, inconteste. A Pesquisa da Paz nos anos 1970 continha debates acalorados e conceitualmente focados no conceito de paz, nos setores aos quais ela é aplicada e sua epistemologia. Isso contrasta com os Estudos Estratégicos, os quais continham discussões aferradas sobre a lógica da dissuasão, mas que dificilmente examinavam o conceito da segurança por si só. Os debates conceituais dentro da Pesquisa da Paz são ainda mais significativos para a evolução dos ESI pelo fato de que a muitos deles seriam dadas continuações – ou seriam espelhados – nas ampliadoras décadas subsequentes, particularmente nos anos 1990.

Os "ampliadores", como Galtung, eram desafiados por outros importantes pesquisadores da paz, que vociferavam a mudança da segurança militar para o desenvolvimento. Kenneth E. Boulding se opunha fortemente a essa mudança, pois a maior parte dos pesquisadores da paz não eram, em sua visão, especialmente bem qualificados para falar sobre o assunto desenvolvimento (Boulding, 1978, p.346). Ainda mais importante era o seu argumento de que as ameaças militares se apresentavam com uma urgência que excedia a da "paz positiva": as armas nucleares tinham o potencial de incinerar todo o planeta, fazendo delas a maior ameaça à humanidade.

"Ainda permanece verdadeiro", sustentava Boulding (1978, p.348),

> que a guerra, a demolição da "paz negativa" de Galtung, permanece como o maior e mais óbvio perigo atual para a raça humana, um perigo à sobrevivência humana muito maior do que a pobreza, a injustiça, ou a opressão, por mais que seja desejável e necessário eliminá-las.

Sem uma solução para o problema da guerra nuclear – e da "paz negativa" – todos os demais problemas tornar-se-iam irrelevantes.

O realce de Boulding no que concerne à urgência e à modalidade diferente da segurança militar não era a única crítica direcionada à paz positiva e à violência estrutural. Pressagiando preocupações tradicionalistas subsequentes, outros críticos apontavam para a imprecisão conceitual da violência estrutural: ela não podia ser "diferenciada de conceitos relacionados e igualmente importantes" e não havia critérios a partir dos quais os pesquisadores podiam decidir se a paz positiva seria alcançada (Sylvester, 1980, p.307). Boulding (1978, p.346) expressou isso mais abruptamente, defendendo que, para os críticos, o conceito de violência estrutural incluía "tudo de que Galtung não gostava". Os conceitos, sustentavam os céticos, só possuem significado se puderem ser distinguidos de outros conceitos e se puderem ser identificados empiricamente. Com a violência estrutural, "tudo se tornou paz".

Que o debate da paz positiva-negativa era uma fixação na Pesquisa da Paz se evidencia pela frequência com a qual os termos são utilizados em publicações, em especial no final dos anos 1960 e nos anos 1970. Outra indicação da natureza constitutiva dessa distinção é que ela aparece de forma destacada em estudos da área da institucionalização da Pesquisa da Paz. Em 1971, Everts conduziu um estudo minucioso das instituições de Pesquisa da Paz em nome da Unesco, uma promotora fundamental da Pesquisa da Paz nos anos 1960 e 1970. Somando-se ao estudo de Evert, a Unesco financiou um relatório similar em 1966, além do comitê sob o qual Chatfield (1979) analisou o crescimento dos periódicos de Pesquisa da Paz. Everts descobriu que 11% das 140 instituições de Pesquisa da Paz entrevistadas favoreciam o estudo da paz negativa, 44% o estudo da paz positiva e 28% o estudo de ambas (17% não deram resposta ou o fizeram de modo diferente). A mudança significativa comparada com 1966 era que, naquela época, 25% favoreciam a paz positiva, enquanto 43% responderam que favoreciam ambas; os 11% de paz negativa permaneceram constantes.

Os debates relacionados ao conceito de paz integravam preocupações normativas, políticas e epistemológicas. Curiosamente, ao olhar para o passado e analisar a Pesquisa da Paz da Guerra Fria, encontram-se similitudes impressionantes com os debates contemporâneos nos ESI. Havia um debate explícito sobre qual epistemologia deveria ser escolhida e quais seriam as implicações normativas resultantes. Havia um compromisso com o papel que os pesquisadores da paz deveriam adotar em relação ao aparato estatal; de maneira similar os pesquisadores da paz se comparam aos peritos em estratégia. Havia também uma forte sensação de que as distinções epistemológicas seguiam uma divisão Estados Unidos-Europa. Ao se comparar a Pesquisa da Paz da Guerra Fria com os Estudos Estratégicos, percebe-se no seio da primeira um debate mais explícito sobre epistemologia e sobre a identidade da disciplina e de seus praticantes/ativistas. Isso, em parte, pode ser atribuído ao fato de a Pesquisa da Paz ser o jogador mais fraco no terreno mais amplo dos ESI no que se refere à institucionalização em universidades, *think-tanks* e agências governamentais (quando não necessariamente nos periódicos). Mas também pode ser um resultado da gênese dupla da Pesquisa da Paz: parcialmente matemática e comportamental e parcialmente filosófica, histórica e sociológica.

As raízes epistemológicas duais da Pesquisa da Paz se voltam à própria fundação do campo. Era crucial à sua autoidentidade que ela fosse inter ou mesmo transdisciplinar, conforme evidenciado, por exemplo, pela listagem do corpo editorial dentro da capa do *Journal of Peace Research*, que anunciava a disciplina de cada um dos membros. Além dos profissionais previsíveis da Ciência Política, das Relações Internacionais e da Sociologia, membros do corpo editorial vinham da Física, da Economia, do Direito, da Psicologia, da Antropologia, da Biologia, da Filosofia, do Direito Internacional e da Química. Começando com a tradição matemática e comportamentista, os primeiros a contribuírem, identificados não raro como fundadores modernos, são Sorokin (1937), Quincy Wright (1942), Lentz (1955) e Richardson (1960a, 1960b). Richardson era um meteorologista e um matemático parcialmente autodidata, que se voltou ao estudo da guerra, em especial da corrida armamentista, após ter vivenciado o trauma dos campos de batalha franceses durante a Primeira Guerra Mundial (Richardson, 1957, p.301). A maior parte do seu trabalho não seria publicada até depois da sua morte, em 1953, mas atraiu a atenção de outros pesquisadores, como Kenneth E. Boulding (1978, p.344; 1962), Rapoport (1957), Smoker (1964) e Singer (1979, 1980).

O próximo grupo dos que contribuíram eram teóricos dos jogos, sendo que a teoria dos jogos logo se tornou um tópico de preocupação essencial no periódico *Conflict Resolution*, mais tarde denominado *Journal of Conflict Resolution*, o qual, a partir de 1965, apresentaria uma seção especial sobre jogos editada por Anatol Rapoport. O último grupo que contribuiu (Boulding, 1978, p.345) veio da Psicologia Social e trabalhava em processos e resoluções de conflito dentro de grupos (Osgood, 1953, 1959, 1962; Kelman, 1965; Gurr, 1970). Institucionalmente, o periódico *Conflict Resolution* em 1957 se situava ao lado dos "sociólogos, psicólogos, educadores e pioneiros da ciência comportamentista" (*Conflict Resolution*, 1957, p.1-2), mas, curiosamente, também se situava dentro da área de *Interdisciplinaris internationalis*, sustentando que a "resolução de conflitos" era um termo melhor, pois a "'paz' é uma palavra muito abusada nos nossos dias". O *Journal of Conflict Resolution* se tornou a principal plataforma de lançamento para a "'Pesquisa da Paz turrona', primariamente teoria formal e pesquisa quantitativa"(nas palavras dos editores que entravam em 1973, Bruce Russett e Marguerite Kramer), a qual formava o núcleo da área da Resolução de Conflitos (Russett; Kramer, 1973, p.4). Fazendo um balanço dos desenvolvimentos disciplinares, Russett e Kramer (1973, p.3) sustentavam que os periódicos de RI pareciam "hostis ou, na melhor das hipóteses, indiferentes"em relação à pesquisa quantitativa quando o *Journal of Conflict Resolution* foi lançado, dando à Pesquisa da Paz, portanto, uma fundamentação comportamentista mais forte do que em RI ou em Estudos Estratégicos. Russett e Kramer (1973, p.5) também defendiam – mantendo-se ao lado da guinada geral dos anos 1970 relacionada à *détente* – que desejavam mudar o foco do conflito internacional e da guerra nuclear para o equilíbrio ecológico, além de conflitos étnicos, raciais, sociais e de classe. Contudo, de forma crucial, a expansão desse tópico substancial não foi acompanhada por uma ampliação da agenda epistemológica. Mais próximo ao centro do espectro epistemológico, a literatura do Controle de Armamentos era tradicional, embora houvesse muito nela que se construía sobre a contagem de aparatos militares. Essa literatura se preocupava com números e fatores materiais e quantificáveis, mas não necessariamente adotava desenhos de pesquisa mais sofisticados que procurassem demonstrar relações causais. A tarefa era trabalhar por meio dos intrincados equilíbrios entre Ocidente e o Leste em um grande conjunto de classificações elaboradas.

A outra tradição epistemológica da Pesquisa da Paz voltava até os tempos de teóricos políticos, como Kant e sua *Paz Perpétua* e, no século XX, até escritores, como Angell (1910, 1938) e Mitrany (1933, 1966) (de Wilde, 1991). Uma agenda e uma epistemologia histórica mais ampla foram adotadas pelo periódico *Peace and Change*, publicado pela primeira vez em 1976 (Chatfield, 1979, p.172-173), e pelo periódico *Alternatives*, editado por Rajni Kathari e Richard Falk, do *World Order*

Model Project, lançado em 1975 e descrito por Chatfield (1979, p.174; cf. também Vasquez, 1976, p.708) como "orientado normativamente e em direção a políticas". Ainda assim, pesquisadores críticos da paz positiva favoreciam uma "metodologia disciplinada" (*Journal of Peace Research*, 1964, p.4), mesmo não sendo quantitativa e formal; nesse sentido a Pesquisa da Paz escandinava e alemã se voltava ao desenvolvimento de conceitos e de uma terminologia essencial. Epistemologicamente, esse movimento se aproximou de uma tradição qualitativa e sociológica com uma inclinação empiricista e positivista *soft* (Patomäki, 2001, p.728), na qual os conceitos tinham de ser distintos e aplicáveis ao – ou encontrados no – mundo real (Lawler, 1995; Väyrynen, 2004, p.32). As teorias diziam respeito a objetos e ações materiais mensuráveis e, em vez de hermenêuticas, eram estruturais. Quando Galtung clamou pela incorporação de estudos de caso, por exemplo, era para que fossem situados dentro da análise estrutural do imperialismo econômico e cultural. Eles não foram pensados para revelar constituições locais de assuntos de paz, desenvolvimento e segurança. Tampouco seria dada muita atenção aos fenômenos linguísticos ou discursivos, como colocou Galtung (1984, p.128): "Pensamentos e palavras vêm e vão, as ações dependem do que é objetivamente possível, dadas pelos constrangimentos das leis naturais, apenas".

Essa diversidade epistemológica levou a uma preocupação nos anos 1970 com o "problema das duas culturas" – que a Pesquisa da Paz poderia se bifurcar em dois campos epistemológicos incapazes de dialogar um com o outro, treinando estudantes que seriam ou "incapazes de ler, para não dizer avaliar criticamente, uma série de parcelas socialmente importantes de pesquisa quantitativa" ou, por outro lado, "insensíveis ao sofrimento que pode ocorrer por causa da violação das normas éticas" (Vasquez, 1976, p.710-711). O problema das duas culturas era – como é hoje (cf. capítulos 8 e 9) – também visto em termos geográficos: a Europa Ocidental era humanista e pós-marxista, os Estados Unidos eram comportamentistas e quantitativos (Onuf, 1975; Reid; Yanarella, 1976). Segundo Boulding (1978, p.347), os europeus haviam se retirado da realidade em "fantasias de justiça", enquanto os norte-americanos haviam sucumbido a um "cientificismo de irrelevâncias, com metodologias sofisticadas e não muito com ideias novas". Naquela época, como hoje, os pesquisadores da tradição crítica europeia se preocupavam mais com o engajamento das correntes principais comportamentistas norte-americanas do que o contrário (Reid; Yanarella, 1976, p.317). Mas os pesquisadores da paz marxista europeus também eram rejeitados por serem um "sistema fechado e completo de pensamento" e por tentarem explicar todo o conflito do hemisfério Sul por meio das estruturas econômicas do Norte (Onuf, 1975, p.72; Reid; Yanarella, 1976, p.316). Alguns indivíduos, obviamente, não se encaixavam nessas rígidas categorias e o periódico europeu mais importante, o *Journal of Peace Research*, continuamente publicava artigos de todos os rincões da Pesquisa da Paz (Gleditsch, 1993).

Vale a pena notar, neste debate, que os critérios para o que constitui uma epistemologia humanista não são, de modo algum, fixos. Vasquez (1976, p.710), por exemplo, define o *Journal of Peace Research* considerando sua mudança para "uma abordagem mais humanista ao publicar trabalhos radicais e normativos", enquanto Reid e Yanarella (1976, p.322) argumentam que tal abordagem "compartilha tacitamente uma fundação cientificista com figuras do *establishment*". Certamente, para um público contemporâneo, os escritos "radicais" dos anos 1960 e 1970 não pareceriam, na maior parte dos casos, particularmente radicais se comparados com a maneira pela qual os pontos epistemológicos de contenda se firmaram a partir dos anos 1980. O modo de se compreender e dividir uma área em perspectivas epistemológicas não se fundamenta, portanto, em fatores objetivos trans-históricos, mas ao se olhar para o passado torna-se algo que pode mudar por si só na medida que aparecem outras abordagens. Diferenças epistemológicas e abordagens comuns são, em suma, socialmente construídas.

Também existem numerosas discussões sobre a normatividade da Pesquisa da Paz, mas não há consenso algum sobre o que ela significa. Às vezes, o humanismo e a teoria normativa se ligam e se opõem aos estudos quantitativos (Vasquez, 1976, p.710; Lopez, 1985, p.118) ou se argumenta que o cientificismo das abordagens comportamentistas despolitiza as questões normativas que deveriam ser confrontadas (Reid; Yanarella, 1976). Essa última posição se tornou cada vez mais comum na medida que os debates epistemológicos se apoderaram das RI e dos ESI no final dos anos 1980 e após o fim da Guerra Fria (cf., por exemplo, Walker, 1987; Patomäki, 2001); a esse tema retornaremos nos capítulos seguintes. Mas muitos pesquisadores da paz no campo científico *realmente* viam a si mesmos como normativos. Kenneth E. Boulding (1978, p.343) defendia que a Pesquisa da Paz sempre havia sido normativa e o filho de Richardson descreveu como seu pai havia sido fortemente motivado pela sua fé Quaker, renunciando a riquezas, férias, hobbies e a um professorado em sua busca pelas causas da guerra (Richardson, 1957). Gleditsch (2004, p.17) também nota como os pesquisadores da paz noruegueses no começo dos anos 1960 relacionavam o comportamentismo à agenda radical – conforme faziam os pesquisadores da paz finlandeses (Väyrynen, 2004, p.31) – apenas para constituí-lo um símbolo de imperialismo e de dominação norte-americana no final dos anos 1960. A Pesquisa da Paz Marxista naquela época ainda adotava uma epistemologia positivista *soft*, apenas sem utilizar a epistemologia quantitativa e estatística das abordagens influenciadas pelo comportamentismo. Já que a Pesquisa da Paz científica e positivista *soft* possuía fundações normativas, sua diferença não se encontrava em se a normatividade estava envolvida, mas onde e como ela adentrava no processo de pesquisa. Os pesquisadores da paz deveriam, de acordo com Boulding, escolher problemas políticos importantes, submetendo-os ao escrutínio científico. As lições aprendidas deveriam, portanto, ser avaliadas normativamente, mas a testagem científica não deveria ser influenciada por preocupações normativas. Para os teóricos críticos, esse retalhamento do processo de pesquisa era, na melhor das hipóteses, problemático.

A visão da Pesquisa da Paz como normativa também tinha consequências para a concepção do papel que os pesquisadores da paz adotavam – e deveriam adotar – em relação a outras disciplinas e às estruturas políticas vigentes. Galtung descrevia continuamente a Pesquisa da Paz como a medicina e os pesquisadores da paz como médicos: contra a erradicação da doença e a favor da saúde. Muitos outros sustentavam que a Pesquisa da Paz deveria ter uma relevância nas políticas (*Journal of Peace Research*, 1964, p.4; Gleditsch, 1989, p.4) ou atuar nas "capacidades duais de cientistas e reformadores" (Burtan, In. Chaudri, 1969, p.367). Ainda assim, segundo apontamento de Wiberg (1981, p.111), isso geralmente assumia uma "aparência altamente artificial", com autores tentando espremer implicações gerais de políticas a partir de estudos muito específicos. Em particular para os pesquisadores da paz de tradição marxista, havia uma sensação de serem diferentes dos "pesquisadores da guerra" (Reid; Yanarella, 1976; p.318), não apenas em um enfoque de pesquisa substancial, mas também na disposição de serem cúmplices do Estado. A controvérsia surgiu, por exemplo, em relação aos pesquisadores da paz que ofereceram seus conselhos ao governo norte-americano durante a Guerra do Vietnã (Olsen; Jarvad, 1970). Para outros que trabalhavam com questões concretas de redução de armas, resolução de conflitos e teoria dos jogos, as distinções disciplinares e as autoidentidades do pesquisador da paz contra o estrategista da segurança pareciam menos significativas e mais pragmáticas.

Da paz à segurança: Segurança Comum, Feminismo e Pós-estruturalismo

Durante os anos 1980, há um deslocamento gradual de "paz" para "segurança" como conceito guia das abordagens críticas às principais correntes dos Estudos Estratégicos. Gleditsch nota, em 1989, que "a maior parte dos autores evitam a palavra paz, possivelmente porque ela soa muito grandiosa ou pretensiosa" (p.3). Ao término da década de 1980, parecia, portanto, que o pedido de Buzan (1983, 1984a) pela mudança da posição de "segurança", pouco desenvolvida para a base conceitual comum entre os Estudos Estratégicos e a Pesquisa da Paz, tivesse sido ouvido. Esta seção explora três abordagens – Segurança Comum, Feminismo e Pós-estruturalismo – que se desenvolveram a partir do início da Pesquisa da Paz nos anos 1980; ainda assim, principalmente no caso das duas últimas, elas possuíam interseções com as teorias sociais, políticas e feministas que as impeliam para longe das correntes principais da Pesquisa da Paz na medida que a Guerra Fria chegava ao fim.

Colocando "segurança" no primeiro plano

Retomando o conceito do velho artigo de Wolfers sobre a segurança como um símbolo ambíguo, Buzan (1983, p.6) retomou trinta anos de segurança considerando-a um conceito inexplorado e essencialmente contestado. Isso era algo infeliz, defendia Buzan (1983, 1984a), já que "segurança" tinha a capacidade de agir como um ponto de encontro entre os extremos dos Estudos Estratégicos realistas com o seu "poder", de um lado, e a "paz" da Pesquisa da Paz, de outro. Além do mais, Buzan apontava para "os riscos de um conceito fragilmente conceitualizado, ambiguamente definido, mas politicamente poderoso como a segurança nacional", a qual "oferece um escopo para estratégias de maximização do poder para elites políticas e militares, por causa da considerável vantagem sobre assuntos domésticos que pode ser obtida ao evocá-la" (Buzan, 1983, p.4, 9). Visto que a palavra "segurança" já estava em ampla utilização na alta política, estar-se-ia em melhor posição, por razões acadêmicas, mas também político-normativas, caso se ocupasse diretamente da mesma.

Cunhando a terminologia dos "objetos de referência", Buzan ressaltou as interligações e tensões por meio dos níveis de análise. Segundo indicava o subtítulo de seu livro *People, States and Fear: The National Security Problem in International Relations*,[7] a "segurança nacional" per-

---

7   *Pessoas, estados e medo: o problema da segurança nacional nas relações internacionais.* N. do T.

manecia no centro da análise, mas ressaltava-se simultaneamente que "as pessoas representam, de certa maneira, a unidade básica irredutível à qual o conceito de segurança pode ser aplicado" (Buzan, 1983, p.18). Replicando a visão de segurança como um conceito sempre individualizador e coletivizador descrito no Capítulo 2, Buzan (1983, p.20, 31) defendia que havia uma tensão entre o Estado como protetor da segurança de "seus cidadãos" e o Estado como uma ameaça aos seus próprios indivíduos, sendo ela inerente e enraizada na "natureza das coletividades políticas". Esse fato não significava que a segurança individual não devesse ser considerada, mas que, em vez disso, não haveria nenhuma "solução individual de segurança" abstrata que pudesse ser delineada *a priori*. Os estudiosos da segurança precisavam, portanto, teorizar a relação entre a segurança individual e coletiva e analisar suas manifestações empíricas. Partindo dessa tensão, Buzan trouxe o conceito de Estado para analisá-lo de acordo com sua base física, a ideia que o sustentava e sua expressão institucional. Um ponto central aqui, que mais tarde seria desenvolvido na teoria sobre segurança social, era ressaltar que a ideia de Estado podia ser mais ou menos aceita e que questões de nacionalidade podiam ou apoiá-la (em um Estado-nação) ou enfraquecê-la (em Estados multinacionais nos quais as nações minoritárias se sentem reprimidas ou maltratadas). A segurança nacional, portanto, possui uma "dimensão interna" e, a não ser que seja relativamente estável, "a imagem do Estado como um objeto de referência para a segurança se esvai em uma névoa sem significado" (Buzan, 1983, p.69). A questão da fraqueza/força do Estado deveria, portanto, ser separada da questão do poder que um Estado alega ter contra outros Estados. Externamente, a segurança internacional depende do caráter do sistema internacional, não apenas, como apontam os neorrealistas, da polaridade do sistema, mas também da possibilidade de seu caráter ser de uma anarquia imatura (um mundo hobbesiano não mediado) ou uma anarquia madura na qual os Estados desenvolveram, nos termos de Bull, uma sociedade internacional de normas, regras e instituições para mediar os efeitos do sistema anárquico e fragmentado (Buzan,

1983, p.96). A conceitualização de Buzan de segurança como individual, nacional e internacional apontava para um aprofundamento da segurança por meio do eixo dos objetos de referência. A segunda expansão significativa reivindicada por *People, States and Fear* se deu pelo eixo de setores, no qual o tradicional setor militar em que os Estudos Estratégicos haviam se concentrado deveria ser ampliado para incluir os setores econômicos, políticos e ecológicos.

Paralelo a essa nova agenda, críticas à tradicional retórica de segurança nacional desencadearam uma discussão sobre novos conceitos: *Segurança Comum* (Comissão Independente de Questões de Desarmamento e Segurança, 1982; Väyrynen, 1985; Windass, 1985; Buzan, 1987b; Dewitt, 1994). A segurança abrangente, em especial a ligada ao raciocínio no Japão, mas também em outros locais do Leste Asiático, manteve um foco de segurança nacional, mas ampliou a agenda para longe apenas da segurança militar e em direção a outras preocupações, particularmente ameaças econômicas, políticas e ambientais.

Contudo, o mais bem-sucedido conceito "expansivo" dos anos 1980 é, provavelmente, a "Segurança Comum", cunhada pela Comissão Independente de Desarmamento e Questões de Segurança presidida por Olof Palme, em 1982. A Segurança Comum foi escolhida por pesquisadores da paz, talvez, em especial, na Alemanha, onde o conceito ressonava com debates centrais sobre políticas (Meyer, 1989; Wæver, 1989b). O pressuposto subjacente da Segurança Comum, segundo Porter e Brown (1991, p.109), era que

> as principais ameaças à segurança internacional não vinham de Estados individuais, mas de problemas globais compartilhados por toda a comunidade internacional: guerra nuclear, o pesado fardo econômico do militarismo e da guerra, disparidades nos padrões de vida dentro e entre as nações, além da degradação ambiental global.

Partindo da segurança nacional, o relatório enfatizava que muitos aspectos da agenda de segurança eram coletivos e apontava para as dimensões "menos tangíveis da segurança". Sustentava que "cidadãos de todas as nações desejam estar aptos a permanecerem fiéis aos princípios e aos ideais sobre os quais seu país foi fundado, livres para mapearem futuros em conformidade com suas próprias escolhas" (Comissão Independente de Desarmamento e Assuntos de Segurança, 1982, p.4). Claramente, a leitura desse trecho deveria considerar como pano de fundo a Segunda Guerra Fria. Dizer que os cidadãos gostariam de ser fiéis aos ideais de seus países era reiterar não apenas a (fictícia) harmonia entre Estado e indivíduo sustentada por concepções estadocêntricas de segurança, mas também evocar o princípio da "não interferência em assuntos domésticos": a soberania estatal protegia os Estados para que outros não se intrometessem em suas escolhas ideológicas, religiosas, políticas ou econômicas. A Comissão Palme esteve, portanto, firmemente inserida dentro do confronto bipolar, no qual os Estados eram vistos como a chave para um mundo mais pacífico. Sugerir que eles podiam passar por cima dos princípios de não interferência nos assuntos domésticos por causa das inseguranças de populações ameaçadas, como se tornou a norma nas operações/guerras humanitárias dos anos 1990 (sendo Kosovo o mais forte exemplo), não era parte da agenda. A maneira como as questões de tecnologia militar saturaram o pensamento crítico de segurança no começo dos anos 1980 também fica evidente pelo fato de que, após as 12 primeiras páginas apresentando ligações mais gerais entre a Segurança Comum, a segurança nacional, o desenvolvimento e o Terceiro Mundo, as demais 177 páginas do Relatório da Comissão Palme se voltam a discussões detalhadas dos diferentes cenários de desarmamento e de Controle de Armamentos. A "segurança verdadeira" se definia como "pôr fim ao perigo de guerra nuclear, reduzindo a frequência e a destrutividade dos conflitos tradicionais, diminuindo os fardos sociais e econômicos dos armamentos" (Comissão Independente de Desarmamento e Assuntos de Segurança, 1982, p.6). Nesse sentido o subdesenvolvimento era pensado em sua relação com o conflito militar: ou porque a militarização dos países de Terceiro

Mundo prendia recursos que poderiam ser utilizados em bem-estar e redução de pobreza ou porque a escassez, a fome e o subdesenvolvimento poderiam causar conflitos.

Ainda assim, articular a capacidade dos cidadãos de mapearem seu próprio futuro apresentava certa ambiguidade: isso era dito em respeito a cidadãos "felizes" aplaudindo as escolhas dos "seus" governos ou ao direito de cada indivíduo de escolher um futuro diferente do sancionado pelo Estado? Tal ambiguidade, assim como o lembrete de que a "promoção dos direitos humanos deve continuar" (Comissão Independente de Desarmamento e Assuntos de Segurança, 1982, p.6), possibilita ler a Comissão Palme como plantando as sementes de um conceito de segurança individual. Embora o Estado fosse supostamente o garantidor da segurança dos cidadãos, na vida real isso nem sempre poderia ser o caso. Essa ambiguidade fez da Segurança Comum um conceito utilizado geralmente em oposição à segurança estadocêntrica e considerado uma preparação do cenário para a segurança individual. Ela se torna, nesse aspecto, a precursora da Segurança Humana, inaugurada em 1994 pelo PNUD, a qual explicitamente constituiu o indivíduo como o objeto de referência para a segurança.

Mulheres como um grupo particular: o nascimento dos Estudos Feministas de Segurança

Um caso particularmente notável da negociação das tensões entre um conceito individual e um coletivo-estrutural de segurança foi aquele em relação às "mulheres", que se iniciou no final dos anos 1970 e se desenvolveu ao longo dos anos 1980. Da extensa lista de questões que se encaixavam na rubrica da violência estrutural, ou se referiam a questões de conflito e de formação de grupos, o gênero não estava dentre as que possuíam local privilegiado. Gleditsch (1989, p.4) resumiu a situação geral em 1989: "Apenas 8% dos artigos nos primeiros 25 anos do JPR [*Journal of Peace Research*] foram escritos por mulheres; estes números mostram pouca mudança através do tempo. Além do mais, não tivemos muito tempo para falar de questões como as abordagens feministas da paz". Nesse aspecto, o JPR não estava sozinho: dos oitenta tópicos de pesquisa identificados por instituições de Pesquisa da Paz no estudo de 1972, conduzido por Everts, nenhum incluía gênero, enquanto classe, imperialismo, religião e raça eram destacadamente mencionados (Everts, 1972, p.500-1). A ausência de gênero na teoria de Galtung sobre violência estrutural também pode se relacionar à minimização do gênero na teoria pós-marxista no final dos anos 1960 e 1970. Os marxistas defendiam que as relações de classe eram mais fundamentais; logo, resolver os problemas das sociedades capitalistas também traria igualdade de gênero. Nos anos 1960 e 1970, alguns poucos jogos de teoria dos jogos sobre o comportamento das mulheres no dilema do prisioneiro apareceram (Lutzker, 1961; Ingram; Berger, 1977), mas se localizavam dentro de uma agenda de pesquisa de teoria dos jogos e não se preocupavam nem com a contribuição das mulheres para a Pesquisa da Paz nem com a questão de as mulheres estarem enfrentando ou não problemas de segurança específicos.

A ausência do gênero não era uma característica específica dos ESI, mas um traço geral das RI como um todo, e os escritos sobre gênero, paz e segurança que vieram a se materializar no começo dos anos 1980 surgiram da Pesquisa da Paz. Tais trabalhos se ocupavam especialmente com a maneira que o papel das mulheres criadoras lhes dava uma visão diferente da guerra, da paz e da segurança. Pesquisas de opinião mostravam, segundo Elise Boulding (1984), que as mulheres, em maior número que homens, opunham-se aos gastos militares, à intervenção e à exploração ambiental, ao mesmo tempo que apoiavam a ajuda aos pobres no seu país e no exterior. Mas o significado de gênero vai além de mobilizar as mulheres em um processo eleitoral: elas possuem valores diferentes, comportam-se de modo mais cooperativo, favorecem epistemologias holísticas críticas e estão "mais interessadas em identificar sistemas alternativos de segurança do que estudar Controle de Armamentos" (Boulding, 1984, p.2-3). As mulheres são, em suma, mais pacíficas do que os homens.

Outra feminista da segurança oriunda desse primeiro grupo foi Ruddick, que, em *Maternal Thinking: Toward a Politics of Peace*[8] (1989), defendia que as "mulheres possuem um estilo cognitivo distintamente mais concreto que o dos homens" e que o militar se constrói sobre noções de masculinidade, não apenas porque a maior parte dos soldados são homens, mas porque o raciocínio militar – incluindo a teoria da guerra justa – retira a nossa atenção "de corpos e seu destino para causas abstratas e regras para alcançá-las" (Ruddick, 1989, p.95, cf. também p.150; também cf. Cohn, 1987, p.715, 717). As feministas da segurança do primeiro grupo eram cuidadosas ao apontar que o gênero não é uma identidade biológica fixa, mas produzida por meio de práticas de socialização: "um garoto não nasce, mas se torna, um soldado" (Ruddick, 1989, p.145). "Gênero", portanto, se refere a estruturas culturais, políticas, sociais e discursivas: os conceitos de masculinidade e de feminilidade não representam como as "mulheres" e os "homens" realmente são, mas como se formaram ao longo uma complexa história política que situa a mulher dentro da esfera privada e o homem na pública (Elshtain, 1981; Pateman, 1988). Os homens são construídos como protetores; domesticamente, da família patriarcal, e internacionalmente, do corpo político, como mártires, patrióticos, corajosos, agressivos e heroicos. As mulheres, em contrapartida, são, nas palavras de Elshtain, "Belas Almas", oferecendo apoio emocional e outorgando validação romântica à coragem do seu homem, o Guerreiro Justo (Elshtain, 1987).

O segundo estágio de desenvolvimento de uma abordagem feminista para a segurança envolvia um desafio explícito ao pacifismo das mulheres e, portanto, nas palavras de Sylvester (1987), apontava para os perigos de fundir os projetos feministas aos de paz. Isso também incluía uma mudança do ponto até o qual a propensão pacifista era biológica ou cultural (ou nenhuma das duas), chegando ao argumento

---

||||||||||||

8   *Raciocínio maternal: a caminho de uma política de paz.* N. do T.

de que as "mulheres" deveriam ser vistas como um objeto de referência separado para a segurança. O primeiro livro a incluir um extenso compromisso conceitual com a segurança a partir de uma perspectiva feminista foi *Gender in International Relations*,[9] de Tickner, reconhecendo explicitamente a influência da Pesquisa da Paz escandinava (Tickner, 1992, p.xiii). Sua conceitualização do objeto de referência implicava uma mudança do Estado para o indivíduo: "a segurança nacional geralmente tem precedência sobre a segurança dos indivíduos" (Tickner, 1992, p.28). Logo, "considerar a segurança a partir da perspectiva do indivíduo" significa defender "definições de segurança que são menos estadocêntricas e menos militaristas" (Tickner, 1992, p.53). Situando os Estudos Feministas de Segurança no terreno mais amplo dos ESI, as feministas quebraram a epistemologia positivista da Pesquisa da Paz quantitativa e adotaram uma conceitualização "multinível e multidimensional" baseada nas experiências de mulheres (Tickner, 1992, p.66). Cynthia Enloe mostrou, por exemplo, como as bases militares dependem do trabalho não remunerado de esposas de militares, como uma economia da prostituição em função do gênero é tolerada em nome da segurança "nacional" e como a política global de instalações nucleares foi desafiada por mulheres protestando na base de Greenham Common (Enloe, 1989).

Situando o feminismo dentro dos debates gerais de segurança nos anos 1980, faz-se premente incluir "mulheres" e "gênero" como objetos de referência para a segurança. Analisando de forma mais direta a maneira pela qual esses dois objetos de referência são definidos, Tickner considera o gênero social, e não biológico; ainda assim, ela mantém as "mulheres" como objeto de referência com uma existência no mundo real, uma conceitualização que coincide com o ponto de vista feminista de mulheres como sujeitos predeterminados que estão em desvantagem estrutural. Os trabalhos nessa tradição geraram importantes

---

9   *Gênero nas relações internacionais.* N. do T.

relatos de como as mulheres estão sendo afetadas adversamente por uma multiplicidade de práticas estatais, por exemplo, a maneira que mulheres e crianças sofrem desproporcionalmente como refugiadas, como a violência doméstica é considerada aceitável quando comparada à violência "pública" e como os Estados, até recentemente, pensavam no estupro em tempos de guerra como um "subproduto" a ser esperado dos soldados vencedores (para uma visão geral, cf. Blanchard, 2003). Supõe-se que a segurança estatal deva fornecer segurança a todos os cidadãos, mas, ainda assim, há uma diferença baseada no gênero em como os homens e as mulheres são afetados e quais problemas são considerados problemas de segurança "apropriados". As mulheres não são inerentemente mais pacíficas ou necessariamente mais propensas a morrer, mas elas são ameaçadas de maneiras diferentes dos homens e suas inseguranças são validadas de forma distinta dentro dos discursos de segurança estadocêntricos – mulheres e homens não são, em outras palavras, objetos de referência iguais perante o Estado. Também se mostra que muitas das inseguranças vivenciadas pelas mulheres não possuem ligação direta com a segurança estadocêntrica militar: as mulheres morrem de desnutrição, cuidados parcos com a saúde, danos ambientais e privações econômicas, questões que somente aparecem dentro dos Estudos Estratégicos até o ponto em que possuem impacto nas capacidades militares do Estado.

O que conduziu a chegada do Feminismo aos ESI nos anos 1980 e por que ele assumiu a atual forma? A *política das grandes potências* e a *tecnologia* nuclear foram significativas pelo fato de o confronto bipolar formar o contexto político particular de que os escritos feministas tratavam. O militarismo, nuclear e convencional, era uma preocupação central, assim como o era a maneira em que as sociedades marginalizavam os problemas de segurança das mulheres econômica, social e politicamente. Também houve *eventos* constitutivos que se ligavam a tais preocupações, de maneira mais clara quando as mulheres desempenhavam um papel essencial nos movimentos pacifistas, como o acampamento de mulheres em Greenham Common. De todos os modos, a mais significativa força motriz para os Estudos Feministas de Segurança foi, com maior probabilidade, a *dinâmica interna dos debates acadêmicos* que era, mais uma vez, ligada aos mais amplos processos de liberação feminina nos anos 1960 e 1970. O fim dos anos 1970 e o início dos anos 1980 haviam presenciado um crescimento da literatura feminista nas humanidades e nas áreas de Sociologia da Ciência e da Teoria Política, e isso começou a ter impacto sobre as RI por volta de 1987-88. Em 1988, um simpósio sobre Mulheres e Relações Internacionais foi celebrado na London School of Economics and Political Science (LSE), levando a uma edição especial da *Millennium* e, em 1990, a seção de Teoria Feminista e Estudos de Gênero da Associação de Estudos Internacionais foi fundada.

Abordagens linguísticas e Pós-estruturalismo

O estudo de endogrupos e exogrupos sempre foi uma parte essencial da Pesquisa da Paz, principalmente sob o título de resolução de conflitos, mas, em meados dos anos 1980, surgiu uma abordagem distinta, mais linguística. Baseando-se em filósofos linguísticos, como Austin e Searle (Austin, 1962; Searle, 1969), Hook (1984, 1985) e Chilton (1985, 1987), os quais sustentavam que a linguagem possui uma capacidade estruturadora e influenciadora capaz de fornecer "poder social" (Hook, 1984, p.260). A reivindicação central era que a escolha de diferentes metáforas, eufemismos ou analogias tinha consequências fundamentais sobre o entendimento da "realidade" e, portanto, também, sobre quais políticas deveriam ser adotadas. Ao se manter o enfoque geral na dissuasão nuclear nos anos 1980, a maior parte das análises lidava com a maneira como as questões nucleares eram representadas por meio de termos, por exemplo, "dano colateral" (Cohn, 1987; Grupo de Análise Textual de Cardiff, 1988). Conforme esclareceu Carol Cohn (1987, p.711), o "dano colateral" integrava um discurso tecnoestratégico mais amplo, no qual o ponto de referência eram as armas por si sós, em vez da morte de seres humanos. A linguagem nuclear era, além disso, disparada com uma imagem de gênero: era uma "linguagem patriarcal" e "tanto um produto quanto uma expressão do poder dos homens na ciência, no planejamento de guerra nuclear e na política" (Hook, 1985, p.71; Cohn, 1987).

A análise linguística nos anos 1980 vinha da – ou tinha afinidades com a – Pesquisa da Paz Crítica e, na maior parte dos casos, (ainda) ecoaria a antiga preocupação pós-marxista da Escola de Frankfurt com a maneira pela qual a mídia moderna manipulava e estruturava a realidade, criando, nas palavras de Marcuse, um *Homem Unidimensional* (Marcuse, 1964). Isso partia de um entendimento da linguagem mais ou menos apta a representar (ou representar mal) a realidade. Para aqueles que se baseavam nos filósofos franceses pós-estruturalistas, de forma mais destacada Jacques Derrida e Michel Foucault, modificava-se essa visão por causa do fato de que, para os pós-estruturalistas, nenhuma materialidade estaria apta algum dia a apresentar a si própria fora de uma representação discursiva (Shapiro, 1981; Dillon, 1990, p.103). Ao mesmo tempo que se distanciava epistemologicamente da agenda positivista da Pesquisa da Paz, o Pós-estruturalismo dos anos 1980 se desenvolveu a partir (das rebarbas) da Pesquisa da Paz: institucionalmente, autores como R. B. J. Walker e Ashley possuíam ligações com o *World Order Models Project*, do mesmo modo que o periódico *Alternatives*, um veículo essencial para a pesquisa pós-estruturalista. Wæver e Joenniemi trabalharam como pesquisadores da paz no COPRI e no Instituto de Pesquisa da Paz de Tampere (TAPRI), sendo que o periódico deste último, *Current Research on Peace and Violence*, também publicava escritos pós-estruturalistas. Política e substancialmente, os pós-estruturalistas compartilhavam da preocupação dos pesquisadores da paz em relação aos perigos da bipolaridade nuclear e à necessidade de mudá-la; ainda assim, também adotavam epistemologias e metodologias radicalmente diferentes da Pesquisa da Paz tanto quantitativa quanto positivista *soft*. Em termos de forças motrizes, o advento e o primeiro desenvolvimento da abordagem pós-estruturalista sofreu impacto dos *debates acadêmicos internos* na forma de disciplinas (Teoria Política, Filosofia, Linguística e Sociologia) e por teorias vindas de fora dos ESI e das RI, além dos desdobramentos dos debates internos sobre epistemologias e metodologias dentro dos próprios ESI. Ainda assim, já que o pós-estruturalismo foi igualmente formado por seu contexto histórico – a Segunda Guerra Fria dos anos 1980 –, ele também foi influenciado pela *política das grandes potências* e pelo medo e a oposição geral que a *tecnologia* nuclear e a corrida armamentista geravam na esquerda acadêmica e política.

Para os pós-estruturalistas, pensar a segurança – ou a paz – como discurso envolvia a mudança de uma concepção objetiva de segurança, na qual as ameaças podiam ser avaliadas – ao menos em retrospecto (Wolfers, 1952) – como uma prática pela qual os sujeitos eram constituídos. Esse fato implicava uma guinada significativa no raciocínio de segurança, porque os atores ou as identidades não eram mais identidades estáveis e predeterminadas às quais os pesquisadores da paz ou os teóricos da segurança podiam se referir. A segurança nacional não era, em suma, algo que poderia ser avaliado por uma análise de quais ameaças uma nação enfrentava, mas sim um processo de que "a nação" viria a ser produzida e reproduzida com uma identidade particular. As ameaças, portanto, eram elas mesmas discursivas: constituir algo como ameaçador significava evocar "discursos de perigo e de segurança" e situar tal "coisa" como particularmente importante ao *Self* ameaçado (Dillon, 1990, p.102). Partindo de Foucault, os pós-estruturalistas enfatizavam, além disso, a significância do poder e do conhecimento, dos discursos de segurança como "atuações de poder que mobilizam regras, códigos e procedimentos para asseverar um entendimento específico através da construção do conhecimento" (Dalby, 1988, p.416). O conhecimento, por sua vez, não era livre de julgamentos de valores e o clamor por objetividade que os positivistas clássicos e os tradicionalistas de ESI cortejavam foi, portanto, problematizado.

A política de segurança, em um argumento pós-estruturalista, tratava de modo fundamental da construção de um Outro radicalmente diferente, inferior e ameaçador, mas, já que a identidade é sempre relacional, também do *Self*. O enfoque na constituição do Outro ampliava o escopo da análise de segurança tradicional pelo fato de os pós-estruturalistas defenderem que as políticas de segurança eram direcionadas não apenas contra o Outro externo – geralmente Estados e alianças – mas também contra Outros internos, na medida que estes "se situavam em locais diferentes de etnia, raça, classe, gênero ou localidade" (Campbell, 1990, p.270). Retomando o estudo para fazer uma ligação com as questões centrais no núcleo dos ESI, delineadas no Capítulo 2, os pós-estruturalistas reivindicavam um escrutínio crítico das maneiras pelas quais o discurso político, assim como (partes) do Realismo e dos Estudos Estratégicos, apontava para a necessidade de coesão social, pois tal "necessidade" produzia os objetos de temor e diferença que deveriam ser erradicados ou transformados.

O Pós-estruturalismo nos anos 1980 explorava esses temas por meio de dois caminhos, que às vezes se cruzavam: um lidava com a segurança como uma prática abstrata situada dentro de estruturas mais amplas de soberania estatal; outro se encarregava do contexto político da relação antagônica entre as superpotências. Como um dos principais teóricos da primeira tradição, Walker traçou a evolução histórica da soberania estatal e suas relações com as concepções modernas de segurança (Walker, 1987, 1990). Ele sustentava que o princípio da soberania estatal fornecia uma resposta muito poderosa ao problema da identidade política pelo fato de oferecer uma solução espacial, em que os cidadãos estariam situados dentro do nitidamente demarcado território do Estado, e uma solução temporal, na qual o progresso e os "padrões universalizantes" eram possíveis do lado interno, ao mesmo tempo que o poder e o conflito tornavam impossíveis os princípios globais e universais (Walker, 1990, p.10-12). O desafio, de acordo com Walker, era encontrar uma concepção alternativa de segurança flexível o bastante para desconstruir as rígidas exigências da segurança nacional, permitir que aqueles sujeitos cuja segurança não fosse idêntica à do Estado fizessem parte do enfoque e definir modos de diferenciação que escapavam tanto da distinção amigo-inimigo quanto da ameaça tentadora do universalismo como um Estado global livre de conflitos.

Outros pós-estruturalistas se voltavam aos eventos contemporâneos; nesse sentido a Segunda Guerra Fria era o assunto de várias das primeiras análises pós-estruturalistas (Dalby, 1988; Nathanson, 1988; Campbell, 1990). Campbell (1990) situava a constituição do Outro soviético dentro de uma história norte-americana mais longa de diferença que compreendia os indígenas norte-americanos, as relações de gênero e a degradação ambiental. Dalby (1988, p.423) oferecia uma análise crítica da Sovietologia como uma disciplina de conhecimento e poder. A ênfase na estrutura e no contexto discursivo mais amplo dentro dos quais os atores ou os textos estão situados também fazia que os pós-estruturalistas desconfiassem do que, à primeira vista, poderiam parecer estruturas cambiantes. Conceitos desafiadores, por exemplo, soberania estatal e segurança, eram dificultados pelo "trabalho" discursivo e político que havia ocorrido na reprodução dos mesmos ao longo de vários séculos, não menos pelo fato de que concepções alternativas haviam sido silenciadas. Ainda assim, a resistência poderia vir de rincões improváveis. Shapiro e Der Derian, em particular, defendiam a expansão do entendimento de como a política de segurança era produzida para incluir como a cultura popular representava certas práticas, como a vigilância (Der Derian, 1990) e a espionagem (Shapiro, 1988, 1990; Der Derian, 1992).

Considerando o Pós-estruturalismo no quadro de evolução dos ESI, ele se fazia digno de nota pela maneira como explicitamente adotava e se empenhava em relação ao conceito de segurança – e, em um nível menor, de paz –, reforçando, a partir daí, a ideia de que a segurança era o conceito essencial ao redor do qual os Estudos Estratégicos e a Pesquisa da Paz poderiam se encontrar. Os primeiros trabalhos pós-estruturalistas, em especial os de Walker, Ashley, Der Derian e Wæver, eram oriundos de uma tradição de Pesquisa da Paz; ainda assim, reconheciam expressamente sua dívida com o Realismo clássico – Der Derian (1987, p.4), até o ponto em que ele classificava sua abordagem como "neoclássica ou pós-clássica". A sua insistência na impossibilidade de partir da segurança nacional e da soberania estatal para a "paz" e para arranjos universais situava-os em um espaço interessante entre os extremos dos Estudos Estratégicos e da Pesquisa da Paz durante a Guerra Fria. A insistência do Pós-estruturalismo em teorizar a segurança como discurso, todavia, também atraiu muitas críticas de realistas, assim como pesquisadores da paz, em particular na medida que os debates de RI e de ESI no fim dos anos 1980 e 1990 se concentravam na epistemologia e em pressupostos sobre a "realidade", a materialidade e as ideias. Dado que a maioria das análises pós-estruturalistas sobre o discurso de segurança ocidental se abstinha de avaliar as capacidades soviéticas (constituídas discursivamente) ou os "discursos do Outro", não raro elas apareciam conduzidas internamente. Com o término da Guerra Fria e o desmantelamento da União Soviética, tais eventos pressionaram o Pós-estruturalismo, conforme veremos no Capítulo 7, para que se ocupassem de questões de mudança, eventos e construções não radicais de identidade. Analisando como se *institucionalizava* o Pós-estruturalismo, a quantidade relativamente limitada de literatura e de escritores à época faz dele uma história mais curta. Os veículos essenciais para os trabalhos pós-estruturalistas eram os periódicos *Alternatives* e *Millennium*, com o

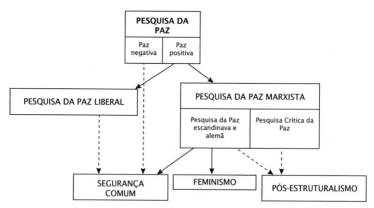

FIGURA 5.2. A ESTRUTURA INTERNA E AS RAMIFICAÇÕES DA PESQUISA DA PAZ

periódico carro-chefe *International Studies Quarterly* tendo publicado uma edição especial intitulada "Falando a língua do exílio: dissidência nos estudos internacionais", em 1990. Conforme indicava esse título, uma autocompreensão central dos pós-estruturalistas era a de serem marginalizados, exilados e silenciados.

A estrutura interna e as principais ramificações da Pesquisa da Paz estão mapeadas na Figura 5.2. Os contornos grossos mostram uma conexão mais forte, enquanto as linhas pontilhadas mostram uma mais fraca.

Institucionalização

Já tratamos, até então, de alguns aspectos da institucionalização da Pesquisa da Paz (para o Pós-estruturalismo, os Estudos Feministas de Segurança e as visões de institucionalização do debate de paz positiva--negativa). Esta seção se concentrará nas estruturas organizacionais, nos padrões de financiamento e nos veículos para a disseminação de pesquisa para a Pesquisa da Paz como um todo. A institucionalização da Pesquisa da Paz e do Controle de Armamentos não foi tão grande ou tão extensa quanto a dos Estudos Estratégicos, mas foi, porém, substancial e seguiu, grosso modo, a mesma forma. Dado o seu caráter opositor, havia uma quantidade surpreendente de suporte estatal para ela, mesmo nos Estados Unidos. Posto isso, não pode haver dúvidas de que, enquanto o interesse no Controle de Armamentos era distribuído de forma relativamente igualitária nos dois lados do Atlântico, a Pesquisa da Paz era de maneira considerável mais forte na Europa, uma diferença que se relacionava intimamente com o fato de a Europa estar na linha de frente da Guerra Fria. No velho continente, havia mais espaço para a preocupação pública de que a estratégia nuclear dizia respeito, principalmente, à defesa dos Estados Unidos e, portanto, espaço para diferenças, interesses e políticas em relação ao que era bom para a Europa e para os europeus (Gleditsch, 2004;

Väyrynen, 2004). A diferença doméstica, conforme foi notado, tinha, em parte, a ver com a existência de uma forte esquerda política na Europa (e sua relativa ausência nos Estados Unidos) e parcialmente com um espaço mais amplo para perspectivas marxistas críticas dentro do mundo acadêmico. Ademais, talvez a relativa fraqueza das RI na Europa Continental possibilitasse um nicho maior para a Pesquisa da Paz do que era o caso dos Estados Unidos e da Grã-Bretanha.

Pensar na paz é quase tão velho quanto pensar na guerra; inclusive, há tradições gerais de pacifismo, antimilitarismo, não violência e antiguerra que estendem a um passado distante e possuem muitas raízes diferentes, quer religiosas (budistas, cristãs, hindus), políticas (em especial, liberais e socialistas) ou éticas (humanistas). A institucionalização específica em procura da paz parece ser um fenômeno altamente relacionado ao século XX, cuja provável manifestação inicial é o Fundo Carnegie para a Paz Internacional, fundado em 1910 como uma organização privada e sem fins lucrativos, dedicado ao avanço da cooperação entre as nações e à promoção do empenho internacional ativo pelos Estados Unidos. Embora houvesse muitos movimentos e organizações de ativistas pacifistas de vários tipos durante o entreguerras, a constituição autorreflexiva de uma disciplina acadêmica voltada ao estudo da paz é um fenômeno pós-Segunda Guerra, que espelhava o que ocorrera com os Estudos Estratégicos (Rogers, 2007, p.36). Dada a reputação "utópica" das RI do entreguerras, havia, talvez, menor necessidade de uma Pesquisa da Paz distinta até que as RI assumissem uma guinada realista após a Segunda Guerra Mundial.

A principal institucionalização da Pesquisa da Paz vem ocorrendo em sua quase totalidade desde a Segunda Guerra Mundial e, não surpreendentemente, sua história corre em paralelo com a dos Estudos Estratégicos. Ela seguiu acontecendo durante os anos 1950 e 1960 na medida que a corrida armamentista nuclear entre as superpotências estava a todo vapor, mantendo uma taxa impressionante de crescimento Guerra Fria afora. Ela se manifestava em *think-tanks*, conferências permanentes, associações acadêmicas, periódicos, departamentos, institutos universitários e até mesmo em toda uma universidade (Wiberg, 1988). Lenz fundou seu Laboratório de Pesquisa da Paz em Saint Louis em 1945 e, na França, o *Institut Français Polémologie* foi fundado nesse mesmo ano (Rogers, 2007, p.37). As duradouras Conferências Pugwash, que começaram em 1957, partiram do manifesto redigido em 1955 por Bertrand Russell e Albert Einstein. Essas conferências procuravam juntar cientistas de vários países para discutir a ameaça posta à civilização pelo advento das armas termonucleares, além de explorar – e tornar disponíveis aos formuladores de políticas – abordagens alternativas ao Controle de Armamentos e à redução de tensões. Em 1959, o Instituto Richardsdon foi fundado como um centro de Pesquisa da Paz na Universidade de Lancaster, na Grã-Bretanha, dedicado à pesquisa pioneira nos estudos de paz e conflitos, no espírito do meteorologista e matemático quaker Lewis Fry Richardson. Assistiu-se, no mesmo ano, à abertura do PRIO, ao que se seguiu uma série de outros institutos de Pesquisa da Paz nórdicos, bancados por financiamento público: na Suécia (SIPRI, 1966), na Finlândia (TAPRI, 1969) e, um pouco mais tarde, na Dinamarca (COPRI, 1985). O Instituto Dinamarquês para Pesquisa da Paz e de Conflitos, menor e privado, havia sido fundado, contudo, em 1965. Seguindo linhas relativamente similares, o Instituto de Pesquisa da Paz de Frankfurt (PRIF) foi fundado em 1970 pelo governo do estado do Hesse como uma fundação independente. Outros institutos alemães ocidentais centrais fundados no fim dos anos 1960 até o início dos anos 1970 (Everts, 1972, p.487) foram a Arbeitsgemeinschaft für Friedens – und Konfliktforschung (AFK), de Bonn (1968); a Arbeitsgemeinschaft für Friedens – und Konfliktforschung, de Heidelberg (1970), e a Projektbereich Friedens – und Konfliktforschung, da Universidade Livre de Berlim (1971). Os Países Baixos também estiveram entre os primeiros países a testemunhar o estabelecimento de Institutos de Pesquisa da Paz, como o Instituto Polemológico da Universidade de Groningen, em 1961, identificado por Wiberg (1988, p.39) como um dos três primeiros polos irradiadores da Pesquisa da Paz, e o Centro de Pesquisa da Paz da Universidade de Nimegue, em 1965. Todos esses institutos do norte europeu tinham a pesquisa como sua atividade principal e, do mesmo modo que muitos *think-tanks* de Estudos Estratégicos, não raro possuíam uma missão prática e voltada a políticas. Eles eram altamente financiados pelo governo, embora alguns também recebessem dinheiro externo para projetos particulares.

A Associação Canadense de Pesquisa e Educação para a Paz (ACPEP) foi fundada em 1966; em 1970, testemunhou-se o estabelecimento da Academia Internacional da Paz, ligada à ONU, como um *think-tank* independente voltado à promoção de políticas de paz. O Programa de Estudos da Paz da Universidade Cornell começou em 1970. O Instituto de Pesquisa da Paz e Políticas de Segurança da Universidade de Hamburgo (IFSH) se iniciou em 1971. Também em 1971, três departamentos universitários para pesquisa de conflitos e Pesquisa da Paz foram fundados na Suécia, em Uppsala, Gotemburgo e Lund, não apenas para fazer pesquisa, mas para ensinar estudos de paz e conflitos, criando e indicando cadeiras nas duas primeiras universidades, em 1985 (Gleditsch, 2004, p.20-21). Seguindo linhas parecidas, mas com o financiamento da Sociedade de Amigos (quakers) e não do governo, o Departamento de Estudos da Paz foi fundado na Universidade de Bradford, no Reino Unido, em 1973; nesse contexto ele cresceu até se tornar o maior centro universitário de estudos da paz, com 200 alunos de pós-graduação e cinco institutos de pesquisa associados até 2003 (Rogers, 2007, p.38). O Instituto de Ciência da Paz da Universidade de Hiroshima (IPSHU) teve início em 1975 e foi o primeiro corpo de pesquisa acadêmica desse tipo no Japão. Em geral, conforme nota Wiberg (1988, p.35-37), o período de crescimento se deu ao redor de 1970 e pode ser atribuído à expansão das ciências sociais como um todo nos anos 1960 e à subsequente estagnação dos anos 1970.

Isso posto, novas instituições ainda estavam sendo fundadas durante os anos 1980. A Universidade da Paz foi estabelecida na Costa Rica em 1980, pela Assembleia Geral das Nações Unidas. No Reino

Unido, o Conselho de Controle de Armamentos (CCA) iniciou seus trabalhos em 1981, como uma organização educacional e de pesquisa independente para disseminar ideias e informações sobre o Controle de Armamentos e sobre o desarmamento. O CCA trabalhava, em parte, para apoiar o Controle de Armamentos como forma de se opor aos desarmadores nucleares no movimento pacifista britânico. Quando o seu financiamento se extinguiu no início dos anos 1990, resultado do grande declínio na agenda militar consequente do fim da Guerra Fria, o CCA se fundiu ao Centro de Estudos de Defesa do Kings College, em Londres. O Instituto Internacional de Pesquisa da Paz de Genebra (GIPRI) foi fundado em 1980 e colabora com o Instituto de Pesquisa de Desarmamento das Nações Unidas (UNIDIR) e a Universidade Livre de Bruxelas (disponível em: www.gipriwaterproject.ch/. Acesso em: 6 dez. 2007). O UNIDIR foi estabelecido pela Primeira Sessão Especial da Assembleia Geral da ONU voltada ao Desarmamento em 1978, a pedido do governo francês, e iniciou os trabalhos em 1980. A maior parte das atividades da UNIDIR se encontra na área de redução de armamentos e gerenciamento de conflitos militares (disponível em: http://www.unidir.org/html/en/background.html. Acesso em: 6 dez. 2007). De forma talvez surpreendente o Instituto para a Paz dos Estados Unidos (USIP) foi estabelecido e se mantém financiado pelo congresso norte-americano, tendo sido aprovado pelo presidente Reagan em 1984. O USIP investiu 58 milhões de dólares desde 1986 em aproximadamente 1.700 bolsas de pesquisa e de projetos de construção da paz em 76 países ao redor do mundo (disponível em: www.usip.org/aboutus/faqs.html. Acesso em: 21 dez. 2007). Mesmo ao fim da Guerra Fria, novas instituições estavam sendo fundadas. Havia o Centro de Estudos da Paz da Universidade McMaster e o Centro de Estudos de Não Proliferação (CENP) no Instituto de Estudos Internacionais de Monterrey, ambos em 1989. Até o momento, o Banco de Dados de Institutos de Paz lista seiscentos institutos de pesquisa e de treinamento em noventa países (disponível em: http://databases. unesco.org/peace/PeaceWEBintro.shtml. Acesso em: 7 jul. 2012).

A Pesquisa da Paz nos Estados Unidos estava em sua maior parte, como demonstrado anteriormente, inserida na tradição comportamentista e era, em especial, institucionalizada por meio de professores específicos de universidades de ponta e de seus departamentos. A mais forte base institucional para a primeira onda de Pesquisa da Paz comportamentista foi o Centro de Pesquisa de Resolução de Conflitos locado na Universidade de Michigan, em 1956. O centro abrigava vários membros da "universidade invisível" inspirada pelo trabalho de Richardson, incluindo Kenneth E. Boulding, Katz, Rapoport e Singer (Wiberg, 1998, p.39). Esse centro publicou o *Journal of Conflict Resolution* (JCR) até 1971, quando o periódico chegaria ao fim por falta de financiamento e o JCR se transferiu para a Universidade de Yale, onde Bruce Russett tem sido editor desde então.

Já em 1964, a Pesquisa da Paz estava suficientemente bem estabelecida para possibilitar a fundação da Associação Internacional de Pesquisa da Paz (AIPP). Isso criou uma rede global de instituições de Pesquisa da Paz e acabaria por envolver cinco associações regionais. A seção de Estudos da Paz da ISA foi fundada em 1972[10] e, em 1987, descrevia-se como uma das mais antigas seções da ISA (memorando datado de 4 de março de 1987). Também há um contínuo crescimento no número de periódicos de Pesquisa da Paz, como o *Conflict Resolution*, mais tarde *Journal of Conflict Resolution* (1957), *Peace Research Abstracts* (1963), o *Journal of Peace Research* (1964), *SIPRI Yearbook* (1968), *Bulletin of Peace Proposals* (publicado pelo PRIO, 1970), *Instant Research on Peace and Violence* (publicada pelo TAPRI a partir de 1970, alterando posteriormente seu nome para *Current Research on Peace and Violence*), *Alternatives* (1975), *Peace and Change* (1976), *NOD: Non-Offensive Defence – International Research Newsletter* (1987-1999, mais tarde rebatizado de *NOD and Conversion*),

---

10 De acordo com papéis da matriz da ISA, convidando membros para uma reunião para estabelecer a seção na conferência anual.

publicado pelo COPRI e editado por Bjørn Møller, e o periódico geral da ISA, *International Studies Quarterly*, descrito em 1979 por Chatfield (1979, p.173) como "o grande órgão estendido da Pesquisa da Paz na América do Norte".

Um componente crucial na institucionalização das áreas acadêmicas é o desenvolvimento de um programa de estudos, um corpo de textos que podem ser ensinados para novos alunos (Lopez, 1985). Conforme delineou Vasquez (1976), o problema das "duas culturas" também possuía ramificações na sala de aula, no sentido de haver uma tendência de ensinar Pesquisa da Paz por meio de linhas comportamentistas ou humanistas. Uma apresentação minuciosamente integrada da Pesquisa da Paz que cobrisse ambas as tradições epistemológicas estava presente, argumentava Lopez (1985, p.118), em sua pesquisa dos programas de estudo dos Estudos da Paz, oferecido apenas por Michael Washburn e seus *Peace and World Order Studies* (1976). Wiberg (1988, p.48) recomenda *Peace and World Order Studies: A Curriculum Guide* para os que ministram cursos de graduação em Pesquisa da Paz (Instituto da Ordem Mundial, 1981). Outros trabalhos a partir dos quais a Pesquisa da Paz poderia ser ensinada eram *Introduction to the Global Society*, de Boulding e Boulding (1974); *The Scientific Study of War*, de Bremer et al. (1975); e, em sueco, *Konflikt-teori och fredsforskning*, de Wiberg (1976).

Retomando o impacto das fundações e dos *think-tanks* sobre a institucionalização da Pesquisa da Paz e do Controle de Armamentos, tem-se um tema muito menos tratado na literatura autorreflexiva da Pesquisa da Paz do que os tópicos de instituições pioneiras, fundadores-chave, programas de ensino, periódicos e associações. Benedict (1989, p.91), então diretor-associado do Programa de Paz e Cooperação Internacional na Fundação MacArthur, defende, todavia, que as fundações desempenharam um grande papel no financiamento e na formatação dos estudos da paz. Focando-se nos anos 1980, as seguintes fundações são cruciais: Carnegie, Hewlett, W. Alton Jones, MacArthur, Rockefeller e Sloan. Voltando até os anos 1970, Wallerstein (2002, p.83) sustenta que um pequeno grupo de fundações vem sistematicamente fornecendo auxílios para instituições e pesquisadores que trabalham nas áreas de estudos da paz, resolução de conflitos, Controle de Armamentos, não proliferação e segurança regional. Ford, MacArthur, W. Alton Jones, Rockefeller, Carnegie, Crompton, Prospect Hill, Samuel Rubin, Scherman, Winston e o Ploughshares Fund. Benedict (1989, p.93) nota que, dos auxílios concedidos pela MacArthur para instituições entre 1985 e 1988,

> 69 por cento foram concedidos a projetos sobre as relações Estados Unidos-URSS e sobre questões de políticas nucleares e militares, 14 por cento se voltaram a trabalhos sobre conflitos regionais, 9 por cento a assuntos globais, como o desenvolvimento de uma economia internacional, e 7 por cento ao processo de formulação de políticas norte-americanas em paz e segurança.

Uma agenda epistemológica e substantiva mais ampla se reflete em auxílios para a análise do discurso, estudos históricos e antropológicos, mudanças globais e econômicas, conflitos étnicos, migração e conflitos por recursos (Benedict, 1989, p.94).

Os *think-tanks* vêm sendo parcialmente tratados pela discussão de centros universitários e institutos de pesquisa mencionados em momento anterior, em particular pelo fato de que boa parte deles (SIPRI, PRIO e COPRI, por exemplo) possui identidades institucionais tão independentes que se qualificariam como *think-tanks*, embora seja preciso notar que eles são *think-tanks* com forte ênfase em pesquisa. Instituições de Pesquisa da Paz, portanto, se embrenhariam em debates de políticas, mas geralmente a partir do ponto de observação do intelectual (pendente à esquerda), em vez do conselheiro ou consultor político.

Os *think-tanks* que devem ser mencionados incluem a Brookings Institution, estabelecida em 1927 pela fusão do Instituto de Pesquisa Governamental (1916), Instituto de Economia (1922) e uma escola de pós-graduação (1924) (disponível em: www.tni.org/

detail'page.phtml?&publish=Y&int02=&pub_niv=&workgroup=
&text06=&text03=&keywords=&lang=&text00=&text10=history-
-index&menu=07a. Acesso em: 8 dez. 2007). Os sócios da Brookings
desempenharam papéis centrais em rascunhar os planos para a ONU
e o Plano Marshall após a Segunda Guerra Mundial e, não raro, se
localizam na centro-esquerda do espectro político norte-americano.
Outro *think-tank* que possui ligações com o Controle de Armamentos é o Fundo Carnegie para a Paz Internacional, o qual, durante a
Guerra Fria, fez pesquisa sobre a ONU, financiou a Associação de
Controle de Armamentos, em 1971, e se tornou o editor da *Foreign
Policy* (disponível em: www.carnegieendowment.org/about/index.
cfm?fa=history. Acesso em: 8 dez. 2007). O Conselho de Pesquisa de
Ciências Sociais (SSRC) também desempenhou um papel fundamental como uma instituição financiada acima de tudo por grandes
fundações liberais: a Fundação Ford, a Fundação MacArthur e a Fundação Andrew W. Mellon. Na região nórdica, o Comitê Cooperação
Nórdica para Política Internacional, incluindo Pesquisa da Paz e de
Conflitos (NORDSAM), financiava projetos menores de Pesquisa
da Paz e os comitês conjuntos dos Conselhos Nórdicos de Pesquisa
em Ciências Sociais patrocinavam a publicação da JPR (Gleditsch,
2004, p.15).

Os principais condutores da Pesquisa da Paz e de suas ramificações aparecem na Figura 5.3. Deve-se notar que a caixa principal no
topo central, "Pesquisa da Paz e suas ramificações", abrange todas as
abordagens mostradas na Figura 5.2. Conforme demonstrado anteriormente, havia diferenças importantes entre o impacto das forças
motrizes em cada uma dessas ramificações, sendo que a Figura 5.3,
portanto, fornece uma visão geral do principal desenvolvimento, não
dos detalhes específicos.

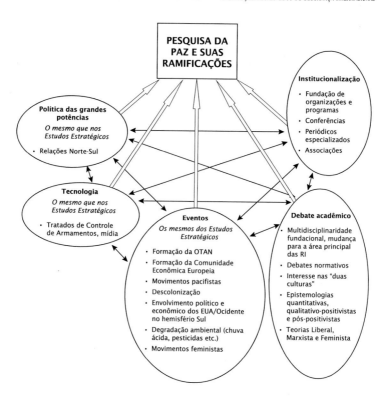

FIGURA 5.3. OS PRINCIPAIS MOTORES POR TRÁS DA PESQUISA DA PAZ E SUAS RAMIFICAÇÕES

Conclusões

Conforme foi apresentado neste capítulo, há uma evidência bem forte para se enxergar os Estudos Estratégicos da Guerra Fria, Controle de Armamentos e Pesquisa da Paz como um diálogo único, apesar de suas óbvias diferenças políticas. Havia uma série de entrelaçamentos substantivos, motores muito similares, um perfil paralelo de institucionalização não muito na maneira das diferenças epistemológicas, ao menos não da forma que se correlacionam com as orientações dos Estudos Estratégicos e Pesquisa da Paz. Certamente havia desacordos, beirando, às vezes, um antagonismo e um desdém aberto às prioridades e às políticas favorecidas e, nos extremos, havia visões diferentes sobre como definir o problema. Mas por um meio-termo amplo, tanto estrategistas quanto pesquisadores da paz respondiam ao mesmo problema: como buscar a segurança no contexto de um confronto bipolar nuclear entre as superpotências?

O relato evolucionário contado neste capítulo é, de diversas maneiras, mais complexo que o do Capítulo 4, que se preocupava com o surgimento dos ESI e de seu núcleo de Estudos Estratégicos. Este capítulo traçou como o Controle de Armamentos, em um nível menor, e a Pesquisa da Paz, de modos mais fundamentais, criticavam os Estudos Estratégicos e como as divisões políticas, normativas e epistemológicas cruciais no quadro da Pesquisa da Paz geraram abordagens separadas com identidades distintas: pesquisadores da paz positiva *versus* a paz negativa e, dentro do campo positivo, entre a abordagem liberal deutschiana e os neomarxistas críticos, ao mesmo tempo que relacioná-los a uma posição galtunguiana incorporava ideias liberais e marxistas. Durante os anos 1980, a Segurança Comum se desenvolveu a partir da agenda do Controle de Armamentos que ecoava a Pesquisa da Paz negativa. Na mesma década, duas outras abordagens, o Feminismo e o Pós-estruturalismo, tiveram raízes na Pesquisa da Paz positiva, mas ganharam ímpeto e assumiram direções que geraram uma compreensão das mesmas como abordagens por si sós, em vez de sub-ramos da Pesquisa da Paz. Os debates se desenvolveram em torno das questões fundamentais no centro dos ESI: a possibilidade de transformar as dinâmicas realistas entre Estados, a questão da estabilidade doméstica e quais epistemologias adotar. O relato deste capítulo, portanto, apresenta mais abordagens e classificações nos terrenos dos ESI e, nesse sentido, até um ponto maior do que no Capítulo 4, é uma unidade de interações e debates acadêmicos.

No que concerne às forças motrizes, a preocupação compartilhada por meio dos Estudos Estratégicos, do Controle de Armamentos e da Pesquisa da Paz, com dissuasão nuclear e relações bipolares, indicava que a *política das grandes potências* e a *tecnologia* eram altamente influentes também para essa parte do relato dos ESI. Mesmo para os pesquisadores da paz positiva, um impasse nuclear era significativo tanto como um tópico por si próprio quanto como uma drenagem econômica e política dos recursos mundiais. No tópico *eventos*, o Controle de Armamentos e a Pesquisa da Paz compartilhavam, portanto, a Guerra Fria com os Estudos Estratégicos, além do degelo e do congelamento das relações das superpotências como eventos fundadores. Para os pesquisadores da paz positiva, sua agenda expandida era, em parte, formulada como uma resposta a eventos no Terceiro Mundo, tanto os repentinos quanto as ondas de descolonização, e os mais graduais, por exemplo, a exploração econômica abarcada pelas estruturas Norte-Sul. O enfoque mais forte no debate deste capítulo implica que a *dinâmica interna dos debates acadêmicos* desempenhou um papel fundamental ao explicar a evolução da Pesquisa da Paz. Essa pesquisa não apenas importava de outras disciplinas (incluindo aqui teoria dos jogos, Matemática, Filosofia, teoria social, Estudos de Desenvolvimento e teoria feminista) – de igual maneira que os Estudos Estratégicos faziam – mas também se constituía como minuciosamente interdisciplinar. A Pesquisa da Paz, além disso, se ocupava da epistemologia e do "problema das duas culturas", assim como das instâncias políticas e normativas que eram parte do ser estudioso. Por fim, a *institucionalização* implicava que a Pesquisa da Paz esparramava suas próprias raízes em termos de organizações, instituições educacionais, pontos de encontro para publicações e também redes.

Os padrões similares de institucionalização e de enfoque na Guerra Fria significavam que o final da mesma representava uma crise paralela tanto na Pesquisa da Paz e no Controle de Armamentos quanto nos Estudos Estratégicos. A principal exceção eram aqueles que haviam desafiado não apenas a orientação de segurança nacional dos ESI, mas também seu confinamento ao setor militar. Isso ocorrera à sombra do letreiro conceitual da paz positiva e, a partir dos anos 1980, no rótulo de seguranças que não fossem a segurança nacional.

Para eles, o término da Guerra Fria não era uma crise, mas uma oportunidade. Conforme veremos no Capítulo 6, o sucesso das tentativas de ampliação dos anos 1980 ficou evidente nos teóricos tradicionais dos Estudos Estratégicos, que entraram em cena para defender um conceito de segurança militar e estatal até então tão hegemônico a ponto de não ter sido preciso justificar-se a si mesmo. O Capítulo 7 analisará a efervescente indústria acadêmica das abordagens ampliadoras do pós-Guerra Fria que começaram a vigorar quando do fim da década de 1980.

6. OS ESTUDOS DE SEGURANÇA INTERNACIONAL PÓS-GUERRA FRIA: OS TRADICIONALISTAS

ESTE CAPÍTULO SE concentra nos estrategistas, pesquisadores da paz e estudiosos do Controle de Armamentos que permaneceram ao lado da agenda militar apesar do fim da Guerra Fria e os discute conjuntamente como "tradicionalistas". Dessa maneira, ele joga ao chão a maior parte das principais distinções entre os Estudos Estratégicos e a Pesquisa da Paz que se utilizou para estruturar os capítulos 4 e 5. O presente capítulo e o próximo se organizam coletivamente em torno de uma nova divisão entre tradicionalistas e os que desejavam estender e aprofundar o significado de segurança. O nosso argumento de que os ESI da Guerra Fria podem ser vistos como um único diálogo se tratando de segurança militar permanece tão forte, ou ainda mais forte, após o fim da Guerra Fria.

Ainda assim, poder-se-ia perguntar o que produziu tal convergência entre os Estudos Estratégicos e a Pesquisa da Paz "negativa", considerando-se suas acaloradas trocas normativas e analíticas durante a Guerra Fria. Partindo da nossa análise nos dois capítulos anteriores, defenderíamos que tal convergência, ilustrada na Figura 6.1, foi facilitada, em parte, pela guinada em direção à "segurança" no contexto da Pesquisa da Paz. Conforme notara Gleditsch em 1989, a paz não era mais o conceito que guiava a Pesquisa da Paz (Gleditsch, 1989). Além disso, embora a Pesquisa da Paz negativa se percebesse conduzida normativamente, era uma normatividade que integrou a análise por meio da escolha de um tópico de pesquisa. A partir do momento em que se tivesse a pergunta de pesquisa formulada, cabia às Ciências Sociais determinar sua validade, portanto, o processo de pesquisa era objetivo no que se referia aos resultados alcançados. Isso criou um ponto de encontro analítico com os Estudos Estratégicos que funcionava a partir de uma epistemologia similar. De todos os modos, os pesquisadores da paz eram mais adeptos da teoria pesada dos jogos, da escolha racional e de bancos de dados quantitativos de larga escala quando comparados a boa parte da preferência dos Estudos Estratégicos por estudos de caso históricos e comparativos (Walt, 1991, 1999a). O fato de que a convergência epistemológica era considerada importante e podia ser a base para agendas comuns de pesquisa, por si só, era uma indicação de que se favorecia muito a epistemologia nos debates de RI dos anos 1980 e 1990 (Keohane, 1988). O fim da Guerra Fria também implicou que a sensação de urgência nuclear da Pesquisa da Paz – nesse sentido o "Relógio do Juízo Final" do *Bulletin of the Atomic Scientists*, mostrando cinco minutos para a meia-noite, era uma indicação apropriada – foi substituída por uma maior variedade de questões. Isso gerou agendas de pesquisa mais específicas pelas quais os pesquisadores da paz e estrategistas podiam ter uma convergência substantiva mais fácil, por exemplo, na paz democrática e na proliferação. Nos termos da sociologia disciplinar, pode ter havido um sentimento compartilhado de que os ampliadores e os aprofundadores estavam apresentando, na verdade, um tipo de desafio comum a ser enfrentado, pelo fato de que a agenda pós-Guerra Fria aparentemente poderia, ao menos para políticos, jornalistas e outros não especialistas, tratar menos sobre segurança militar do que havia sido o caso durante a Guerra Fria. O desafio ampliador-aprofundador estava direcionado não apenas ao estadocentrismo militar que os pes-

FIGURA 6.1. COMPOSIÇÃO DO TRADICIONALISMO PÓS-GUERRA FRIA

quisadores da paz negativa e os estrategistas compartilhavam, mas também à sua posição epistemológica racionalista comum.

Portanto, no que concerne as quatro questões básicas que guiam os ESI, traz-se à tona a convergência por meio da minimização da pergunta: "qual a visão da política de segurança?". Os pesquisadores da paz e os estrategistas podem continuar discordando nesse ponto, mas a decrescente urgência nuclear fez dela uma questão cada vez menor e a epistemologia compartilhada fez dela uma questão que poderia ser apresentada empiricamente. Nos termos do objeto de referência, o Estado ainda ocupava o centro do cenário; nos termos do setor de segurança, os militares ocupavam da mesma forma; e, nos termos da localização de ameaças, os Estudos Estratégicos inauguraram uma visão mais ampla que, anteriormente, pode ter dado à Pesquisa da Paz um pouco de vantagem em relação às "ameaças internas".

A era pós-Guerra Fria se definia pelo fato de que a bipolaridade, no sentido material e ideológico, desaparecia na medida que a União Soviética iniciava sua mudança de identidade para um formato ideológico e militar menos ameaçador ao Ocidente, implodindo, mais tarde, e levando consigo a principal razão que legitimava a massiva competição militar. Mas o que exatamente a substituiu – a unipolaridade? A multipolaridade? A globalização? – permanecia um ponto de debate dentro da literatura das RI. Qualquer que fosse a resposta, era óbvio, para os ESI, que, a partir dos anos 1980, a prioridade ligada à agenda de segurança político-militar da Guerra Fria sobre como lidar com o confronto entre as superpotências, principalmente nas frentes nucleares e dentro da OTAN, havia desmoronado. O término da Guerra Fria, portanto, trouxe à tona grandes questões sobre a natureza básica de uma agenda de Estudos Estratégicos e Pesquisa da Paz que havia sido, durante muito tempo, dominada pela rivalidade entre as superpotências e o temor da guerra nuclear (Jervis, 1991/2; Gaddis, 1992/3; Lebow, 1994). O agudo declínio nas preocupações de segurança militar foi um dos motivos que abriu caminho para a expansão da agenda de segurança mais ampla que já era visível durante os anos 1980, história que retomaremos no Capítulo 7. Conforme veremos neste capítulo, enquanto algumas grandes parcelas da agenda militar da Guerra Fria, de fato, em boa parte, sumiram do interesse, outras permaneceram robustas, de modo que rapidamente novos tópicos. A agenda tradicional perdeu parte de seu domínio sobre os ESI, enfrentou novos desafiadores e, durante alguns anos, sofreu uma pressão intelectual e retração institucional. Mas talvez, surpreendentemente, por causa da magnitude da mudança no seu ambiente, ela não vivenciou nenhuma grande crise existencial. Os realistas não pensariam a ausência de crise de modo surpreendente, já que para eles era apenas uma questão de tempo até que a relevância da agenda militar se tornasse, mais uma vez, aparente.

Analisando as cinco forças motrizes, como elas produziram a convergência entre os Estudos Estratégicos e a Pesquisa da Paz do mesmo modo que os caminhos percorridos pela segurança militar "tradicionalista"? A Guerra Fria foi o *metaevento* sobre o qual os ESI haviam sido fundados e a política das grandes potências e a tecnologia constituíram as forças mais significativas que moldaram a evolução dentro daquele "arcabouço de eventos". No pós-Guerra Fria, os ESI tradicionais se viram forçados a responder a duas questões fundamentais relacionadas ao enfoque – e o poder explicativo da – *política das grandes potências*: por que a Guerra Fria chegou ao fim? Será que as abordagens estadocêntricas militares tradicionais teriam muita serventia com o fim da bipolaridade? As primeiras duas seções a seguir examinam como as respostas a essas questões impeliam os ESI realistas a considerar alguns de seus pressupostos ontológicos, analíticos e epistemológicos. Em contrapartida, isso também indica quão significativos são os *debates acadêmicos internos*, tanto no contexto dos ESI quanto em se tratando dos ESI na medida que sofriam impacto das RI. Ao longo do desdobramento dos anos 1990, uma miríade de conflitos e crises enquadrou uma terceira pergunta para os ESI tradicionais: qual polaridade havia substituído a bipolaridade? Analisamos as respostas na próxima seção, assim como a maneira pela qual a segurança regional e os eventos não ocidentais ganhavam uma preponderância cada vez maior.

Durante a Guerra Fria a preocupação com a *tecnologia*, particularmente a tecnologia nuclear, era enorme; com o seu fim, no entanto, a ligação entre o desenvolvimento tecnológico e a rivalidade entre as superpotências foi desfeita. Ainda assim, a realidade material da tecnologia nuclear estava intacta para que se pudesse lidar com ela; apesar da mudança radical de seu contexto político, a tecnologia se manteve, portanto, como uma força motriz significativa para os ESI tradicionalistas do pós-Guerra Fria. Um dos resultados, que examinaremos em uma seção especial, era que a literatura de proliferação nuclear, já grande durante a Guerra Fria, tornou-se mais destacada, havendo continuidades similares em outros tópicos conduzidos pela tecnologia. O capítulo termina com a visão das consequências que o fim da Guerra Fria teve na *institucionalização* das abordagens tradicionais militares.

A perda de um metaevento: sobrevivendo à União Soviética

As características específicas da Guerra Fria – bipolaridade, armamentos nucleares e dissuasão no contexto de uma oscilação entre confronto e *détente* – desempenharam um papel integral no modo como se conceitualizava e se institucionalizava a segurança no quadro dos ESI. Com a Guerra Fria sendo, agora, história, o bojo tradicional dos ESI encarava a simples e potencialmente destrutiva questão de *como sobreviver diante do desmantelamento pacífico e voluntário da ordem bipolar?* Como os ESI tradicionais poderiam explicar o fim da Guerra Fria? Haveria um papel para os Estudos Estratégicos e, de fato, para o lado militar da Pesquisa da Paz a ser desempenhado na ordem pós-Guerra Fria? Retomando o estudo para fazer uma relação com as nossas quatro questões básicas, os desafios representados aos Estudos Estratégicos e, de forma mais ampla, às abordagens realistas e estadocêntricas apareciam em uma série de formatos mais específicos, tendo em vista as diferentes parcelas da construção dos Estudos Estratégicos e realistas.

A quebra da bipolaridade desafiou os pressupostos neorrealistas de que o sistema era particularmente duradouro. A resposta neorrealista (e realista, de maneira mais geral), examinada mais a fundo adiante, sustentava que, enquanto a bipolaridade era considerada algo duradouro, não se presumia que era permanente. O relato de Kennan (1947) sobre como as populações da União Soviética viriam a "derrubar" as suas lideranças comunistas era evocado repetidamente para atestar os avisos realistas quanto à cambiante estrutura global. Além do mais, os realistas também abordavam a cambiante estrutura global como um fato empírico que deveria ser tratado analiticamente: o fim da bipolaridade não corrobora que a bipolaridade não importa, mas sim, sustentavam os neorrealistas, que uma nova agenda de pesquisa pertinente, política e academicamente, foi produzida. O que seguiu, nos anos 1990, foi, portanto, uma preocupação com o estabelecimento de qual era a nova polaridade do sistema (Kegley; Raymond, 1992,

1994; Huntington, 1993b; Jervis, 1993; Laync, 1993; Waltz; 1993; Kapstein; Mastanduno, 1999; Wohlforth, 1999). Essa não era uma pergunta fácil. A definição de polaridade da Guerra Fria havia se baseado no fato de os militares terem uma clara vantagem, mas também na convergência dos setores militares, políticos, econômicos e culturais. No início dos anos 1990, não era mais óbvio que as capacidades militares eram mais significativas do que as econômicas ou políticas, nem era claro fazer a comparação entre setores: seriam o Japão (forte economicamente, mas não militarmente) e a União Europeia (forte economicamente, fragmentada militar e politicamente) polos em potencial?

O fim da bipolaridade era uma coisa, mas a maneira como ele apareceu, pacífica e voluntariamente, e não por meio do confronto militar, formou uma realidade por si só. A compreensão realista do Estado movido por sua própria utilidade, poder, segurança e interesses parecia ecoar de forma fraca com a decisão das lideranças soviéticas de permitir o desmantelamento do Pacto de Varsóvia, o fim do comunismo, a reunificação alemã e a própria desintegração da União Soviética. Esse processo parecia validar os transacionistas deutschianos, os economistas liberais da interdependência e os pesquisadores da paz pelo fato de as políticas de segurança não precisarem ser baseadas no pressuposto realista de uma permanente rivalidade político-militar. Fosse esse o caso, uma série de pressupostos normativos e políticos essenciais no centro dos Estudos Estratégicos seriam atirados em uma dúvida possivelmente inescapável. Um grande debate se seguiu a partir daí, em torno de explicações domésticas contra sistêmicas, materiais contra ideacionais, sobre o comportamento soviético (Deudney; Ikenberry, 1991, 1991/2; Perle, 1991; Risse-Kappen, 1991; Dolan, 1992; Lebow; Risse-Kappen, 1997; Forsberg, 1999; Brooks; Wohlforth, 2000/1).

Os realistas assumiram o desafio ontológico e muitos sustentavam que as decisões de Gorbatchov foram, na realidade, conduzidas por políticas de segurança ocidentais, que haviam forçado a União Soviética até uma tamanha dilatação econômica e militar que ela se encontrava no limiar do colapso interno. Sua escolha era a derrota não violenta ou se deparar com uma violenta oposição doméstica. Ou, na terminologia dos jogos de dois níveis, os líderes soviéticos eram impelidos por forças domésticas a fazer os ajustes internacionais necessários. De fato, a incapacidade da liderança soviética em fornecer bem-estar aos seus cidadãos minava o sistema comunista, mas isso mostrava a pressão sendo aplicada no setor econômico por meio do setor militar e, portanto, os militares como fator causal e com impacto na economia. Além do mais, pode-se dizer que a dissuasão nuclear funcionou no sentido de que Gorbatchov poderia ter escolhido se manter em uma lógica Estados Unidos-URSS competitiva e de dissuasão mútua, mas que isso poderia trazer o risco de aumentar o confronto ao ponto em que o limiar nuclear seria ultrapassado ou em que mais tarde as agitações domésticas se tornariam tão severas que as armas nucleares seriam procuradas por opositores do regime (para utilização real ou para poder de barganha). De acordo com esse raciocínio, em suma, a dissuasão nuclear pressionava externa e internamente; além disso, o fato de Gorbatchov ter percebido esse movimento mostra que líderes estatais podem tomar decisões racionais, e não que eles são utópicos, altruístas ou motivados pela paz mundial.

Uma linha levemente diferente de defesa realista saiu do segundo nível de análise – a política externa da União Soviética – para o terceiro nível, estrutural, defendendo que o caso do desmantelamento pacífico na União Soviética pode ser explicado, não obstante o fato de ser incomum. Ele não deveria, em outras palavras, ser interpretado como uma quebra fundamental da dinâmica das relações internacionais ou como um sinal de que agora se teria avançado para além das lutas pelo poder de um sistema anárquico. A política internacional atravessa períodos de acomodação e de menos guerras, mas sempre há, à espreita, a sombra de conflitos futuros e, se os Estados não se prepararem para isso – uma lição do período entreguerras – eles aprenderão, da maneira difícil, que outros o fazem (Mearsheimer, 1990; C. S. Gray, 1992, 1999; Waltz, 2000b). Ao fazerem afirmações sobre o futuro, mas não especificando quanto tempo levaria antes que os conflitos ocorressem novamente, essa ontologia realista se tornou, em princípio, imune aos desafios empíricos.

Será que o fim da Guerra Fria desafiou a compreensão da segurança como preocupada acima de tudo com as ameaças externas? Por um lado, sim, pelo fato de que o final pareceu brotar tanto – ou mais – da dissolução e da transformação interna, não apenas da União Soviética, quanto por meio do Bloco do Leste, na medida que os húngaros cruzavam a fronteira em direção à Áustria e, concomitantemente, caía o Muro de Berlim. E, por outro lado, não, pelo fato de que tais eventos podem ser relacionados à pressão externa que havia sido aplicada. Olhando para além da explicação do fim da Guerra Fria e entrando nos eventos – em especial os conflitos militares – que estariam no topo da agenda política e dos ESI dos anos 1990, a necessidade de sair das ameaças externas para as internas era, contudo, aparente, como se evidencia pelo recrudescimento dos chamados conflitos étnicos ou civis, além das subsequentes séries de intervenções militares discutidas a seguir. A resposta dos estrategistas não era abdicar das guerras intraestatais em favor dos pesquisadores da paz, sociólogos ou antropólogos acostumados a trabalhar em um nível subestatal, mas sim descer a análise realista em um nível e aplicá-la a grupos subestatais belicosos (Posen, 1993; Van Evera, 1994; Kaufmann, 1996). Voltando no tempo para analisar os primeiros anos formativos dos ESI, havia, de fato, elementos daquela tradição que facilitavam uma ampliação da agenda de pesquisa para incluir conflitos intraestatais. Kennan havia se preocupado com a coesão doméstica interna e externamente, o dilema de segurança de Herz era aplicável mediante níveis de análise e a compreensão neorrealista do Estado foi construída sobre o pressuposto de um ator racional da teoria microeconômica e, portanto, podia muito facilmente ser transferida para as coletividades subestatais.

Debates acadêmicos internos: estadocentrismo e epistemologia

O arrefecimento da Guerra Fria ficou registrado nos ESI tradicionalistas ao gerar uma série de discussões explícitas sobre o que deveria ser a agenda de pesquisa dos ESI, qual conceito de segurança deveria ser empregado e qual epistemologia deveria ser adotada no seu estudo. Tais comprometimentos conceituais e teóricos estiveram amplamente ausentes na área desde o imediato pós-Segunda Guerra Mundial, quando Wolfers (1952) e Herz (1950) produziram seus trabalhos seminais sobre a segurança como um símbolo ambíguo e o dilema da segurança (Walt, 1991; Baldwin, 1995). Essa guinada em direção a questões teóricas e conceituais básicas não foi apenas uma consequência do fim da Guerra Fria, mas também dos fatores relacionados à força motriz dos debates acadêmicos internos. Parece seguro dizer que as abordagens ampliadoras começavam a ter impacto sobre as correntes principais dos Estudos Estratégicos ao término dos anos 1980. Embora os que discursassem a partir de tal posição ainda pudessem estar fortemente comprometidos com uma concepção estadocêntrica e militar de segurança como "*o estudo da ameaça, do uso e do controle da força militar*" (Walt, 1991, p.212), eles agora sofriam maior pressão para defender tal posição. Nos termos da sociologia dos debates acadêmicos, a situação hegemônica decadente de uma perspectiva pode ser identificada por sua necessidade de definir o que era previamente considerado senso comum ou natural. Embora incluir os desafiantes possa lhes garantir maior visibilidade, ignorá-los traz o risco de marginalizar ainda mais a antiga perspectiva hegemônica. No que se refere às abordagens tradicionais e suas defesas contra os desafiantes no final dos anos 1980 e nos anos 1990, os ampliadores ortodoxos se tornaram "desafiantes com os quais se lidar" e, até certo ponto, o processo de defesa explícita endureceu e estreitou a posição tradicionalista em seu cerne militar. Mas também houve desafiantes que se mantiveram altamente ignorados pelas principais correntes tradicionalistas. O periódico *International Security*, por exemplo, não publicou um só artigo sobre gênero, Pós-estruturalismo ou abordagens pós-coloniais, sendo que o *Security and International Relations* (2005), de Kolodziej, o qual, efetivamente, resumia e dialogava com a agenda tradicionalista-ampliadora dos anos 1990, definiu o Construtivismo Convencional (cf. Capítulo 7) como a mais radical perspectiva ampliadora a ser considerada.

Por que os tradicionalistas se mantinham ao lado das suas armas militares estadocêntricas? Além de sustentar os pressupostos ontológicos realistas no que se refere à incapacidade de os Estados transformarem o sistema internacional anárquico – ou, no caso da Pesquisa da Paz, fazer disso uma pergunta de pesquisa testável –, os tradicionalistas apontavam para a necessidade de um conceito que fosse definido analiticamente de forma clara. Provavelmente, a afirmação mais óbvia dessa posição foi feita por Walt em seu artigo de 1991 sobre a situação da área dos Estudos de Segurança, no qual ele apontava para aqueles que queriam ampliar o conceito de segurança "a fim de incluir tópicos, como pobreza, AIDS, danos ambientais, abuso de drogas e coisas do tipo". Tais demandas eram importantes, defendia Walt, por mostrarem que:

> questões não militares merecem atenção contínua de acadêmicos e tomadores de decisão e que o poder militar não garante o bem-estar. Mas esta receita traz o risco de ampliar os "Estudos de Segurança" de maneira excessiva; por esta lógica, questões como poluição, doenças, abuso infantil ou recessões econômicas poderiam todas ser vistas como ameaças à "segurança". Definir a área desta forma destruiria sua coerência intelectual e tornaria mais difícil o alcance de soluções para qualquer um desses importantes problemas. (Walt, 1991, p.213)

O repúdio de Walt em relação às abordagens ampliadoras ecoava a defesa da paz negativa de Kenneth E. Boulding (1978) treze anos antes e se baseava em uma combinação de considerações ontológicas, analíticas e políticas: o Estado era considerado a melhor defesa contra a insegurança externa e doméstica em um mundo imperfeito e a ameaça da força militar, fato ao qual o estudo dos ESI deveria estar voltado (Betts, 1997; Williams, 1998), além de um tópico coerente ao redor do qual se poderia acumular uma *expertise*. Isso não queria dizer, todavia, que os tradicionalistas não fossem críticos da maneira pela qual se conduziam as políticas de segurança ou, mais especificamente, da relação entre formulação de políticas e instituições acadêmicas de ESI. Walt (1991, p.212-213) era incisivo ao afirmar que os ESI deveriam se voltar aos "problemas centrais de políticas" e aos "fenômenos que podem ser controlados por líderes nacionais". Mas ele estava igualmente preocupado com a qualidade acadêmica do trabalho que ocorria dentro dos *think-tanks* ou que era apoiado por empresas de defesa e pelo Departamento de Estado norte-americano. Muito desse trabalho era "propaganda" que não atingia os "padrões de lógica e de evidência nas Ciências Sociais", sustentava Walt (1991, p.213); que notava que "há uma diferença entre o lado acadêmico dos Estudos de Segurança e trabalhos que são reivindicações amplamente políticas, assim como há uma diferença entre a academia de criminologia e o debate público sobre controle da posse de armas". A preocupação com a estrutura e a solidez da pesquisa em segurança também era central para Nye e Lynn-Jones (1988, p.12-13), segundo eles a natureza orientada a políticas dos ESI significava que o campo era teoricamente subdesenvolvido. Isso dizia respeito tanto aos "padrões de financiamento de fundações e os modismos políticos da época" quanto ao fato de os analistas estarem constantemente envolvidos na formulação e no aconselhamento de políticas. Esse aspecto não apenas enfraquecia os ESI por si sós – pelo fato de a boa teoria permitir que uma área admita um mundo empírico constantemente cambiante, assim como a teoria da dissuasão havia feito com os Estudos Estratégicos durante a era dourada. Isso também colocaria os ESI em uma desvantagem estrutural no contexto das mais amplas estruturas institucionais da academia, minaria o respeito acadêmico pela pesquisa em Estudos de Segurança e enfraqueceria sua posição dentro e por meio dos departamentos.

A epistemologia desempenhava um papel crucial na defesa de Walt contra as abordagens ampliadoras, o que, por sua vez, referia-se aos debates mais amplos de RI no final dos anos 1980 e nos anos 1990. O discurso presidencial de Keohane na ISA, em 1988, se utilizou das classificações de *racionalismo* e *reflexivismo*, que validou e, mais adiante, tornou concreta a situação da epistemologia – mais do que as visões ontológicas das RI – como a forma mais importante de entender as posições e os debates de RI (Keohane, 1988, cap.2-3; Wæver, 1997; Katzenstein et al., 1998). Curiosamente, Walt diferenciou sua posição contra as epistemologias em ambos os extremos do espectro racionalista-reflexivista. No tópico "ampliadores epistemológicos", Walt (1991, p.223) lançou um aviso contra os pós-estruturalistas que "vêm seduzindo outras áreas dos estudos internacionais", apesar de serem "na maior parte uma crítica, e não muito uma teoria". Como consequência, "assuntos de guerra e paz são importantes demais para que a área seja desviada em direção de um discurso prolixo e autoindulgente divorciado do mundo real".

Analisando a direção epistemológica oposta, Walt (1991, p.223) sustentava que os modelos formais, apesar de serem mais úteis do que o Pós-estruturalismo, também deveriam ser vistos com atenção: não obstante possuíam um "poder de fogo técnico impressionante [...] sua capacidade de iluminar importantes problemas de segurança nacional tem sido decepcionante". Oito anos depois – e com o Pós-estruturalismo aparentemente fora da agenda – Walt (1999a) expandiu suas críticas à teoria da escolha racional (incluindo modelos matemáticos e a teoria dos jogos), afirmando que, embora tal abordagem possuísse um bom posicionamento no que se referia à consistência lógica, ela falhava ao produzir trabalho muito original e, tampouco, fazia muito para testar a validez empírica dessas hipóteses. Os teóricos formais, a maioria dos quais havia publicado no *Journal of Conflict Resolution*, o principal veículo da Pesquisa da Paz quantitativa da "linha dura", naturalmente rebatiam esse argumento, defendendo, primeiro, que a consistência lógica era superior à originalidade e à validez empírica e, segundo, que as teorias formais eram originais e foram testadas bem mais do que reconhecia Walt (de Mesquita; Morrow, 1999; Niou; Ordeshook, 1999; Powell, 1999; Zagare, 1999). Ainda assim, Walt se manteve fiel à sua análise original e terminou sua resposta com uma rara nota explícita: "Sejamos cândidos. Há uma percepção generalizada de que os adeptos dos modelos formais são menos tolerantes em relação a outras abordagens do que praticamente qualquer outro grupo na área da ciência política" (Walt, 1999b, p.128-9).

Retomando o estudo e relacionando-o ao "problema das duas culturas" na Pesquisa da Paz no Capítulo 5, além do que parece ser uma preocupação contínua de que os ESI (e a Pesquisa da Paz) estavam ou estariam se desenvolvendo em correntes desconexas de análise, as críticas de Walt sobre os modelos formais são uma boa indicação de que, nos anos 1980 e 1990, a teoria formal era mais forte no campo da Resolução de Conflitos. Elas também mostram que classificações como a de pesquisadores da paz, estrategistas e realistas possuem menor significado – ao menos nesse contexto – do que distinções epistemológicas e metodológicas. Dependendo se o copo está meio cheio ou meio vazio, essa troca pode ser vista como indicativa de uma divisão fundamental entre as abordagens formais e as qualitativas ou como evidência da existência de um diálogo por meio da divisão entre Resolução de Conflitos e Estudos de Segurança.

A política das grandes potências: uma substituição da União Soviética?

Com a ruptura do desafio da União Soviética, houve uma questão de transição sobre como gerenciar o seu declínio (Hopf, 1992) e um surto temporário no Controle de Armamentos (o que se discutirá mais em seguida). Mas o fim da bipolaridade desencadeou questões maiores para os ESI. Surgiriam outras superpotências? Se sim, quando? Como candidatos mais prováveis, quanto tempo levaria para que a China ou a UE pudessem declarar sua posição de superpotências? Será que os Estados Unidos deveriam se ajustar a isso ou resistir a isso? Será que os Estados Unidos deveriam aproveitar esse momento histórico para impor seus valores e visões sobre o mundo ou, já que sua própria segurança militar não estava mais ameaçada, eles deveriam aproveitar a oportunidade para se retirar e desempenhar um papel mais silencioso de mediador externo?

No início da Guerra Fria, esse tipo de questão de "grande estratégia" era resolvido relativamente cedo. O final da Guerra Fria produziu uma situação internacional muito mais sombria na qual a natureza e a identidade do(s) desafiador(es) dos Estados Unidos, caso existissem, permaneciam obscuras. De fato, durante boa parte dos anos 1990, o *establishment* de segurança norte-americano parecia quase nostálgico em relação às certezas e às simplicidades da Guerra Fria não raro e em especial pela maneira como a existência de uma inquestionável superpotência rival fornecia rumos de longo prazo, clareza e apoio doméstico para a formulação das políticas externas e de segurança. Esse problema era bem ilustrado pela maneira como a estratégia relativamente vaga dos governos Clinton para ampliar a esfera da democracia (de mercado) liberal, marcadamente em contraste com a Guerra Fria, não teve sucesso em superar a resistência doméstica nos Estados Unidos em relação aos comprometimentos externos. Japão, China, "Estados párias" e o Islã radical; todos esses chegavam a ser focalizados como possíveis rivais, de forma talvez mais famosa, e mais ou menos conjuntamente, na tese do "choque de civilizações" de Huntington (1993a, 1996). Mas nenhum possuía uma posição militar ou ideológica que chegasse perto de substituir a União Soviética como o alter ego de Washington e, embora o "choque de civilizações" fosse muito discutido, ele não teve sucesso em preencher o vácuo de ameaças de Washington. A questão da estratégia norte-americana apropriada permaneceu, portanto, aberta por mais tempo e o debate sobre a grande estratégia norte-americana se tornou uma grande característica da literatura de ESI (Nye, 1989; Carpenter, 1991; Huntington, 1993b, 1999; Waltz, 1993; Posen; Ross, 1996/7; Layne, 1997; Kupchan, 1998; Kapstein; Mastanduno, 1999; Lake, 1999; Wohlforth, 1999; Ikenberry, 2001b). De fato, o debate da grande estratégia ocorreu até e após o 11 de Setembro (Bacevich, 2002; Hassner, 2002; Kagan, 2002; Nye, 2002; Daalder; Lindsay 2003; Prestowitz, 2003; Buzan, 2004a). A premissa inicial nessa literatura de que a unipolaridade norte-americana teria pouca duração – o "momento unipolar" – estava firmemente enraizada na ideia central da teoria neorrealista de que as relações entre as grandes potências devem ser dominadas pelo equilíbrio. Mas, na medida que se avançavam os anos 1990, essa visão deu cada vez mais lugar à premissa de que a unipolaridade seria bem duradoura e às discussões sobre por que não haver um balanceamento contra os Estados Unidos (Kapstein, 1999; Ikenberry, 2002) e o que isso significava para as políticas norte-americanas.

As incertezas sobre como se concentrar na grande estratégia norte-americana e sobre como responder ao que o governo norte-americano realmente fazia eram preocupações, particularmente de autores norte-americanos. Mas elas diziam respeito a (e eram em parte acompanhadas por) preocupações mais generalizadas sobre o futuro da parceria do Atlântico, em geral, e da OTAN, em específico. Seria o "Ocidente", por si só, apenas um artefato da Guerra Fria, de modo que os Estados Unidos e a Europa tomariam, cada vez mais, caminhos separados agora que não havia ameaça em comum para mantê-los unidos? O argumento "de volta para o futuro" de Mearsheimer (1990) exemplificava a visão neorrealista de que a OTAN e a UE, sendo produtos da bipolaridade, rapidamente desapareceriam junto com a Guerra Fria. Um argumento similar, a partir de uma direção diferente, foi feito por Calleo (1996). Ou teria a Guerra Fria forjado uma duradoura comunidade de segurança ocidental, cuja cultura comum, interesses econômicos, instituições e comprometimento com a democracia liberal sobreviveriam à Guerra Fria? Essa visão era expressa em duas literaturas intimamente relacionadas. Uma se tratava da teoria da paz democrática, que ganhou ímpeto ao redor do fim da Guerra Fria (Doyle, 1986). Essa literatura reviveu o pensamento liberal clássico sobre as condições para a paz e, durante os anos 1990, rapidamente se tornou tanto influente na política externa norte-americana quanto um assunto substancial de debate por meio da literatura de RI (Lake, 1992; Schweller, 1992; Maoz; Russett, 1993; R. Cohen, 1994; Porter, 1995; Gates et al., 1996; Oneal; Russett, 1997, 1999; Starr, 1997; Kahl, 1998/9; Mousseau; Chi, 1999), por vezes, preenchendo todas ou quase todas as edições de periódicos (*Journal of Peace Research*, n.29, p.4, 1992; *International Security*, n.19, p.2, 1994; *European Journal of International Relations*, n.1, p.4, 1995). Se a Guerra Fria tivesse sido vencida pelas democracias liberais e se estas agora não possuíssem grandes potências desafiantes, as relações internacionais, portanto, seriam profundamente transformadas pela marginalização permanente do temor de guerras entre as grandes potências. A outra literatura tratava da formação de "dois mundos" no mundo pós-Guerra Fria. Ela colocava a paz democrática em contexto ao propor uma espécie de sistema internacional de mão-dupla, incluindo uma zona democrática de paz entre os Estados capitalistas centrais e uma zona de conflito na periferia (Buzan, 1991b, p.432; Goldgeier; McFaul, 1992; Singer; Wildavsky, 1993; implicitamente, na antiga obra de Deutsch et al., 1957; Keohane; Nye, 1977). Nessa visão, a nova ordem mundial se encontrava apenas no centro, enquanto a periferia se mantinha sujeita às velhas regras realistas do jogo.

Durante a primeira década após a Guerra Fria, os defensores da paz democrática pareciam ter o melhor dos argumentos. A UE se ampliou e se aprofundou e a OTAN não apenas permaneceu como se expandiu. Mas, enquanto a primeira possuía claramente uma lógica própria, conquanto fosse contestada, era muito menos claro qual era o propósito da última. Será que um Ocidente sem concorrente precisava de um braço armado ou será que esse trabalho poderia ser deixado para a única superpotência? Atualmente, poderia e deveria a Europa se manter por si só, em assuntos de defesa, em especial por meio da

UE, a qual, durante os anos 1990 e início da década de 2000, de igual maneira aos próprios ESI, sofreu um surto de expansão e aprofundamento? Os anos 1990 se iniciaram com muitas indagações sobre as implicações do novo estado da arte das instituições e dos arranjos existentes (Hettne, 1991; Glaser, 1993; MacFarlane, 1993; Williams et al., 1993; Duffield, 1994/5). Vários temas surgiram disso na medida que a Guerra Fria ficava para trás e a OTAN se mantinha de pé. Um tratava das escolhas de políticas para a Europa e para os Estados Unidos na ausência de uma ameaça comum, além da possibilidade de um Atlântico ampliado e um Ocidente enfraquecido (Treverton, 1992; Snider, 1992/3; Gebhard, 1994; Sloan, 1995; Daalder, 2001). Outro tratava da sabedoria (ou não) da expansão da OTAN para dentro do antigo espaço soviético na Europa Oriental (agora Central) (Ball, 1998; MacGwire, 1998; Waltz, 2000a), além da maneira geral como a OTAN estava se adaptando ao mundo pós-Guerra Fria por meio de sua Parceria pela Paz e outros problemas de aumento de seu alcance (Borawski, 1995; Wallander, 2000). Como a paz democrática, os debates sobre a OTAN também preenchiam edições inteiras de periódicos (*Journal of Strategic Studies*, n.17, p.4, 1994 e n.23, p.3, 2000). Junto com a conversa sobre a OTAN se encontrava uma discussão concernente às possibilidades de uma maior autoconfiança europeia em defesa (Taylor, 1994) ou, ainda, durante o final dos anos 1990, quando a UE parecia estar em alta, do crescimento de uma superpotência europeia (Buchan, 1993; Walton,1997; Hodge, 1998/9).

As relações atlânticas, por todas as suas dificuldades, não raro se encaixavam na moldura paz democrática/dois mundos. Se havia uma ameaça em potencial à ideia de que as guerras entre as grandes potências haviam ido para a lixeira da história era o crescimento da China. Embora fosse claro que o Ocidente, durante os anos 1990, não possuía nenhum opositor militar imediato ou ideológico de qualquer peso, era igualmente claro que, em algum momento futuro, a China seria uma possível candidata a tal papel. Durante os anos 1990, o crescimento econômico rápido e sustentado da China contrastava de maneira aguda com a aparentemente interminável estagnação econômica do Japão. Apesar de sua mudança para incluir o mercado, a China se manteve politicamente autoritária e ouriçada em relação à hegemonia norte-americana. Em alguns aspectos, as relações Estados Unidos-China constituíam resquícios da Guerra Fria, na qual a contenção da China havia sido um elemento da estratégia generalizada dos Estados Unidos contra o bloco comunista. Mais até do que na Europa, as alianças norte-americanas na Ásia Oriental se mantiveram militarmente significativas e, enquanto a OTAN, apesar de seus novos membros, tornava-se militar e politicamente mais fraca e menos central, a aliança Estados Unidos-Japão se manteve firme apesar dos atritos econômicos entre ambos e especulações sobre um Pacífico ampliado (Stokes, 1996). Havia muitas reflexões sobre a natureza das relações internacionais pós-Guerra Fria na Ásia Oriental, do papel dos Estados Unidos por lá e se a China deveria ser contida, assim como durante a Guerra Fria, ou incluída, na esperança de que a liberalização de mercado geraria, no fim das contas, uma política e uma sociedade mais liberal na China, ou então ambas as coisas.[1] Dentro desse debate geral, o crescimento da China se tornou um tema substancial por si só (Cable; Ferdinand, 1994; Roy, 1994; Shan, 1994; To, 1997; Rozman, 1999), incluindo-se a possibilidade de conflito com os Estados Unidos (Bernstein; Munro, 1997).

De certa forma, em um caminho paralelo aos debates sobre as relações atlânticas, havia especulação acerca de o Japão manter tanto a sua aliança com os Estados Unidos quanto sua postura militar altamente circunscrita ou, então, passar a ser um tipo mais "normal" de grande potência.[2] Os realistas tendiam a acreditar que o Japão se tornaria mais "normal", enquanto os que olhavam mais para o interior do país

---

1   Xinghao, 1991; Betts, 1993; Friedberg, 1993; Pollack, 1993; Simon, 1994; Dinb, 1995; Nye, 1995; Roy, 1996; Shambaugh, 1996; Segal, 1997; Carpenter, 1999; Christensen, 1999; Dibb et al., 1999; Berger, 2000; Friedberg, 2000.
2   Funabashi, 1991; Holbrooke, 1991; Berger, 1993; Katzenstein; Okawara, 1993; Mochizuki, 1994; Akaha, 1998; Spruyt, 1908; Drifte, 1999; Twomy, 2000; Liberman, 2000-1; Rozman, 2002a.

defendiam que o seu pacifismo era profundamente internalizado. Já que muitas economias asiáticas estavam crescendo rapidamente, também havia preocupação com uma corrida armamentista regional (Ball, 1993; Gong; Segall, 1993; Klare, 1993; Huxley; Willet, 1999), a fraqueza de instituições regionais na Ásia Oriental (Aggarwal, 1993; J. S. Duffield, 2001; McDougall, 2002) e o impacto das relações econômicas e sua quebra, por causa da crise regional de 1997, sobre a segurança regional (Harris, 1993; Cossa; Khanna, 1997; Dibb et al., 1998). A principal preocupação era que as potências em ascensão da Ásia Oriental pudessem cair facilmente em um modelo realista clássico de rivalidade interestatal e de equilíbrio de poder instável.

Apesar das preocupações com a Ásia, o término da Guerra Fria não foi tratado apenas como a conclusão de um conflito específico, mas também, possivelmente, como o fim das guerras entre as grandes potências em geral. Além da paz democrática, a unipolaridade não deixava opositores aos Estados Unidos; "o fim da história" (Fukuyama, 1992) aparentemente não deixou diferenças ideológicas dignas de guerras mundiais e os principais desafiantes em potencial, a China e a Rússia, eram ambas relativamente fracas e, por si sós, ocupadas com suas conversões a economias de mercado. Se as guerras entre as grandes potências tivessem realmente chegado ao fim, essa era, portanto, uma questão de interesse muito grande não apenas para os ESI, mas para as RI em geral. Desde seu surgimento após a Primeira Guerra Mundial, a teoria das RI (Waltz, 1988, 1993; Gaddis, 1992/3) havia se embasado no problema da guerra. Se a guerra entre as grandes potências tivesse, de fato, ficado no passado, então tanto as RI quanto os ESI enfrentavam transformações radicais nos seus tópicos centrais e nas suas razões de ser.

A resposta na literatura de ESI era variada. Alguns somente continuaram com os temas tradicionais sobre a natureza genérica da guerra (Biddle, 1998; Howard, 1999; McInnes, 1999; Avant, 2000; Clarke, 2001), os debates perenes acerca da utilização da força (Haas, 1994; Orme, 1997; Farrell; Lambert, 2001) e do equilíbrio entre as estratégias ofensivas e defensivas (Van Evera, 1997; Lieber, 2000). Um tema mais novo – ou, pelo menos, um novo rótulo para um antigo tema sobre o impacto da tecnologia na guerra – era sobre a natureza cambiante da guerra surgida, em parte, da Revolução em Assuntos Militares (RAM – discutida mais adiante –; Luttwak, 1995, 1996; McInnes, 1999) e, parcialmente, de outros fatores, como a globalização (Guehenno, 1998/9; Van Ness, 1999; Cha, 2000b; Brooks; Wohlforth, 2000/1; Willet, 2001). A aparente obsolescência das guerras entre as grandes potências, sugerindo uma maior transformação nas relações internacionais, era discutida (Coker, 1992; Mandelbaum, 1998/9; Luttwak, 1999; *Survival*, 1999), embora com suspeitas de que o fim da guerra poderia ser apenas um fenômeno ocidental (a "zona da paz") e, talvez, não fosse aplicável à Ásia (Bracken, 1994). Dadas as suas implicações, tal debate teve um impacto surpreendentemente pequeno nos ESI e, talvez, maior nas RI em geral.

O imperativo tecnológico

Apesar das dúvidas sobre o futuro da guerra apresentadas anteriormente, a literatura de ESI pós-Guerra Fria que dizia respeito à tecnologia foi marcada por uma quantidade surpreendente de continuidade, embora com algumas mudanças significativas de ênfase. Mesmo retirando-se o motor da rivalidade entre as superpotências, as armas nucleares e as tecnologias a elas associadas continuavam a dominar a agenda. Preocupações com a proliferação nuclear tomaram o espaço deixado pela defunta corrida armamentista entre Estados Unidos e URSS, com tudo o mais se ajustando a essa nova prioridade.

O interesse na teoria da dissuasão foi, talvez, a principal baixa do colapso da bipolaridade, embora houvesse alguma preocupação contínua (Huth, 1997; Mercer, 1997; Goldfischer, 1998; Harvey, 1998; Sagan, 2000) mesmo com a dissuasão estendida e a Europa (Tertrais, 1999; Yost, 1999). Também houve uma nova mudança no fato de que o enfoque empírico saiu dos Estados ocidentais e entrou no Terceiro Mundo. Na verdade, uma boa parte do raciocínio sobre dissuasão se fundiu com a literatura de proliferação nuclear e novas potências nucleares, em especial no Sul Asiático (mais sobre esse assunto adiante) e no Oriente Médio (Cimbala, 1995; Lieberman, 1995; Stein, 1996; Mares, 1996/7; Steinberg, 1997; Bar-Joseph, 1998).

Na medida que os anos 1990 se desenrolavam, em particular nos Estados Unidos, o interesse na dissuasão foi substituído por debates sobre a DMB. A questão da DMB possuía raízes profundas na Guerra Fria. Mas, até certo ponto, durante os anos 1990 e, de maneira muito notável, após a chegada do governo Bush, em 2000, a DMB era cada vez mais reorientada em direção às preocupações norte-americanas com os chamados "Estados párias"e, ao fundo, com a China. A China podia ser gerenciada no quadro da dissuasão, mas o próprio termo "Estados párias", por definição, gerava ceticismo no que concerne aos critérios de racionalidade dos quais dependia a dissuasão. Enquanto as discussões da Guerra Fria eram conduzidas por um desejo de escapar à relação de dissuasão da DMA, a discussão pós-Guerra Fria era conduzida mais pelo desejo tanto de possuir alguma defesa contra atores possivelmente irracionais quanto de sustentar as reivindicações norte-americanas à condição de única superpotência. O último motivo deu seguimento à tradição da Guerra Fria de se utilizar a superioridade militar massiva para diferenciar as superpotências dos escalões mais baixos. O foco nos Estados párias significava que o debate da DMB, como boa parte dos Estudos Estratégicos pós-Guerra Fria, ficou preso às preocupações sobre a proliferação de tecnologia nuclear e de mísseis. Na medida que os Estados Unidos, novamente, se tornavam mais sérios em relação à DMB, o debate geral sobre os prós e os contras foi reavivado (Harvey, 2000; Payne, 2000; Wilkening, 2000b; Centro de Estudos da Não Proliferação, 2001; Levine, 2001; Miller, 2001; Sokolsky, 2001; *Survival*, 2001), assim como as visões das políticas norte-americanas (Daalder et al., 2000; Glaser; Fetter, 2001). Havia preocupações referentes ao impacto da DMB na política internacional em geral (Valentino, 1997/8) e, principalmente, na Europa (Bowen, 2001; Gordon, 2001; Kenyon et al., 2001) e na Ásia Oriental (Roberts et al., 2000; Urayama, 2000). Outro enfoque foi a consequência das mudanças norte-americanas em relação à utilização da DMB no Controle de Armamentos, de forma mais óbvia pelo tratado de ABM (Wilkening, 2000a; Coyle; Rhinelander, 2001). Além de mísseis balísticos, o assunto se ampliou para considerar como lidar com mísseis de cruzeiro (Gormley, 2001). A não ser pela atualização das novas condições internacionais e as não muito impressionantes melhoras na tecnologia, essa literatura adicionou pouco, por exemplo, novas visões básicas sobre as consequências políticas e estratégicas de se empregar a DMB. Configurou, de forma geral, apenas uma resposta a mudanças nas políticas norte-americanas e à disseminação das capacidades nucleares e de mísseis.

Ainda assim, o desenvolvimento da DMB foi apenas um elemento em uma fascinação mais ampla com os avanços tecnológicos militares que marcaram a literatura de Estudos Estratégicos pós-Guerra Fria, não apenas pelo fato de os Estados Unidos ainda manterem um enorme orçamento militar e imensos gastos em pesquisa e desenvolvimento militar. Enquanto a bipolaridade e a rivalidade foram, no passado, utilizadas para explicar os gastos militares norte-americanos, no pós-Guerra Fria a necessidade de os Estados Unidos manterem a unipolaridade parecia ter a mesma consequência: manter uma ampla separação tecnológica entre os Estados Unidos e todas as outras potências militares era uma distinção de sua posição como superpotência única, independente de haver qualquer necessidade premente para tal capacidade. Essa continuidade fornecia motivos para suspeitas remanescentes da literatura de Guerra Fria sobre o CIM, que analisava os motores políticos e econômicos domésticos para explicar gastos militares. Boa parte dessa discussão se intitulava RAM (Cohen, 1996; C. S. Gray, 1997; Lambeth, 1997; Freedman, 1998; O'Hanlon, 1998; Goldman; Andres, 1999). A RAM dizia respeito a muitas coisas, mas, principalmente, ao impacto das melhorias nas tecnologias de vigilância, encaminhamento, comunicação e processamento de dados, os quais, quando colocados juntos, pareciam abrir caminho para uma transformação tanto no gerenciamento do campo de batalha, de forma específica, quanto na conduta da guerra, de forma mais geral. O potencial da RAM de transformar a guerra foi mostrado com efeito considerável a partir do desempenho norte-americano na guerra de 1991 contra o Iraque e, mais tarde, nas intervenções na antiga Iugoslávia, das quais trataremos a seguir. Dentre outras coisas, a RAM oferecia o prospecto de uma dominação do campo de batalha por forças norte-americanas e de guerras com nenhuma baixa (para os Estados Unidos) que diminuiriam os problemas políticos para que Washington lutasse em guerras limitadas. Esse aspecto, por sua vez, estimulou interesses na guerra "assimétrica" (Arreguin-Toft, 2001, 2005; Barnett, 2003): se os Estados Unidos seriam intocáveis em tipos normais de batalha, então os que fossem hostis a eles, ou ameaçados por eles, teriam de encontrar outras formas de conflito que pusessem de lado as vantagens militares que a RAM oferecia às forças norte-americanas. A RAM também trazia à tona a questão se o crescente distanciamento qualitativo entre as forças armadas norte-americanas e as de seus aliados minaria as alianças ocidentais. Será que os aliados eram necessários? Em caso afirmativo, poderia a interoperabilidade das forças aliadas ser mantida? Nesse sentido, a RAM abriu uma discussão mais geral sobre a natureza cambiante da guerra apresentada anteriormente.

Mas o principal foco de preocupação com a tecnologia mudou para a proliferação nuclear horizontal. Esse era, obviamente, um tópico exaltado durante a Guerra Fria, mas desempenhou um papel secundário em relação ao estrelato da proliferação vertical nas superpotências, e em relação às literaturas de dissuasão, de DMB e de Controle de Armamentos que giravam em torno dela. No pós-Guerra Fria, com a ênfase estratégica mudando para os Estados párias e os terroristas, a proliferação nuclear quase se torna o enfoque principal da literatura tradicionalista.

De muitas maneiras, essa literatura manteve o formato e o padrão de preocupações desenvolvidas durante a Guerra Fria. Um dos seus centros era a literatura geral que atualizava os desenvolvimentos no regime de não proliferação e na disseminação de tecnologia nuclear, além de discutir prospectos, consequências e opções de políticas para ambos.[3] O tópico era, agora, suficientemente duradouro e enraizado para apoiar não apenas livros-texto introdutórios (van Ham, 1993; Gardner, 1994) como também um ataque à teoria (Ogilvie-White, 1996). A preocupação sobre a ligação entre o poder nuclear civil e o potencial para armas nucleares se manteve um tema contínuo (Dauvergne, 1993; Perkovich, 1993a; Kokoski, 1996; Yamanouchi, 1997; Harrison, 1998), do mesmo modo que a proliferação nuclear (Frye, 1992; Harbey, 1992; Pedatzur, 1994). O debate que Waltz inaugurou se a proliferação nuclear era ou não algo bom também prosseguiu (Lee, 1995; Sagan; Waltz, 1995; Thayer, 1995b; Feaver, 1997), assim como por que os Estados desejam armas nucleares (Sagan, 1996/7) e a relação entre a contínua posse de armamentos nucleares por alguns Estados (não obstante as notáveis reduções nos arsenais pós-Guerra Fria) e as dinâmicas da proliferação em Estados sem armas nucleares (Quinlan, 1993). Embora não ausente da literatura da Guerra Fria, havia um tom maior de pessimismo em boa parte desta literatura, com alguns autores assumindo a erosão do regime de não proliferação e se voltando ao raciocínio sobre a natureza de um mundo proliferado (Feaver, 1992/3; van Creveld, 1993; Karl, 1996/7; Posen, 1997; Preston, 1997; Delpech, 1998/9; Thakur, 2000). Na medida que a história dessa questão se estendia, também havia o início de tentativas para aplicar as lições da história aos novos proliferadores (Blight; Welch, 1995). Na direção contrária desse pessimismo, havia algumas boas notícias no abandono das armas nucleares na África do Sul e o esfriamento

---

3 Fisher, 1992; Scheinmann, 1992; Davis; Frankel, 1993; Imai, 1993; Van Creveld, 1993; Simpson, 1994; Simpson; Howlett, 1994; Thayer, 1995a; El-Baradei, 1996; Jones; McDonough, 1998; Kurihara, 1998; Mutimer, 1998; Howlett et al., 1999; Walker, 2000; Schmitt, 2001.

dos aparentes programas de armas nucleares no Brasil e na Argentina (Spector, 1992; Howlett; Simpson, 1993).

Novos temas dignos de nota eram as ameaças e os problemas advindos dos novos Estados possuidores de armas nucleares (Deutch, 1992; Karl, 1996/7; Preston, 1997; Glaser, 1998), incluindo o problema da disseminação do crescente número de Estados com espaços curtos ou muito curtos de vantagem que os separavam de uma possível guinada de uma posição não nuclear para nuclear (Fortmann, 1992/3; Mazarr, 1995a; Cohen; Pilatt, 1998). Parte dessa literatura mesclava proliferação com questões de dissuasão (Feaver, 1992/3; Sagan, 1994; Joseph; Reichart, 1998), portanto, junto com Israel, resgatando tal tópico do quase esquecimento. Havia preocupação sobre os prós e os contras da guinada norte-americana das políticas de não proliferação da Guerra Fria para políticas antiproliferação mais unilateralistas e potencialmente militares (Roberts, 1993; Schneider, 1994; Feaver; Niou, 1996; Joseph, 1996; Kristensen; Handler, 1996; Posen, 1997; Andreani, 1999, 2000). Também havia um enfoque maior no terrorismo, não apenas em relação às armas nucleares, mas também, em especial por causa dos avanços na tecnologia biológica, a outras armas de destruição em massa (ADM) (Failey, 1995; Tucker, 1996, 1999, 2000; Steinbruner, 1997/8; Betts, 1998; Carter et al., 1998; Falkenrath, 1998, 2001; *Survival*, 1998/9).

Dentro dessa literatura genérica, ainda houve muitos estudos sobre países e regiões específicas. Tratava-se de trabalhos, particularmente, empíricos e orientados a políticas, fornecendo atualizações sobre o desenvolvimento tecnológico e político e, acima de tudo, partindo de uma preocupação com a queda do regime de não proliferação. Na medida que o pessimismo sobre previsões de maior proliferação, e na medida que países específicos seguiam na direção, ou cruzavam, o limiar nuclear, essa parte da literatura se expandiu dramaticamente. Havia algumas pesquisas globais (Goldblat, 2000) e algumas com enfoque regional, especialmente na Ásia (Oriental e do Sul) (Delpech, 1998/9; Bracken, 1999; Cirincione, 2000; Cha, 2001) ou no Oriente Médio (Fahmy, 1998). Ainda havia algum interesse na Europa em geral (Croft, 1996; Tertrais, 1999) e em Estados europeus individuais.[4] A Rússia pós-soviética e outros Estados sucessores eram, agora, ingressantes na literatura de proliferação (Hopf, 1992; Walker, 1992; Zagorski, 1992; Gottemoeller, 1996; Baker, 1997), estando a Rússia como um país a se tornar uma fonte de armas nucleares para outros proliferadores (Blank, 2000) e a Ucrânia – e outros – como possíveis novos Estados nucleares (Miller, 1993). Na ocasião, os outros Estados sucessores logo desistiram de suas armas nucleares, mas uma Rússia potencialmente permeável permanecia uma fonte de preocupação.

Na Ásia, além das preocupações gerais com as cadeias de proliferação, havia muitos outros estudos específicos, mais uma vez com enfoque altamente empírico e de políticas, que atualizavam sobre os desenvolvimentos políticos e tecnológicos. Na medida que a China se aproximava da sociedade internacional, aumentou o interesse no seu papel dentro do regime de não proliferação (Wallerstein, 1996; Gill; Medeiros, 2000; Malik, 2000). Indo para o Nordeste Asiático, a Coreia do Norte se tornou um grande foco na medida que tentava se liberar de suas obrigações sob o TNP (Mack, 1991, 1993, 1994; Bracken, 1993; Cotton, 1993; Kang, 1994; Masaki, 1994/5; Mazzar, 1995b; Hughes, 1996; Kim, 1996; Moltz; Mansourov, 2000; Lee, 2001). O Sul Asiático teve uma pequena participação por causa de seus acordos de zonas livres de armamentos nucleares, muito embora não houvesse Estados na região que fossem suspeitos de pretenderem se nuclearizar (Dewitt; Bow, 1996; Acharya; Boutin, 1998). O mesmo ocorreu com a África, após a desnuclearização da África do Sul (Ogunbanwo, 1996).

---

4   França (S. Cohen, 1994; Gordon, 1995; Yost, 1996; Jabko; Weber, 1998), Alemanha (Kötter; Müller, 1991) e Reino Unido (Bailes, 1993; Heuser, 1993; Croft, 1994; O'Neill, 1995; Chalmers, 1999).

Outro grande foco de atenção da proliferação na Ásia foi a sempre turbulenta relação entre a Índia e o Paquistão na medida que caminhavam em direção ao limiar nuclear (Chellaney, 1993; Perkovich, 1993b; Reiss, 1993; Gordon, 1994; Mattoo, 1996) e, logo, com os testes indiano e paquistanês em 1998, relacionados à sua situação nuclear.[5] A realidade de uma nova díade nuclear no Sul Asiático trouxe discussões sobre as implicações para a estabilidade da relação Índia--Paquistão e como a dissuasão funcionaria, ou não, nesse contexto (Bhimaya, 1994; Hagerty, 1995/6; Joeck, 1997; Heisbourg, 1998/9; Zook, 2000; Quinlan, 2000/1; Basrur, 2001). Além do Sul Asiático, quais seriam as implicações para as relações sino-indianas (Garver, 2001) e a posição estratégica da Índia em geral (Tellis, 2002)? Embora nem a Índia nem o Paquistão fossem membros do TNP, havia uma preocupação generalizada sobre como a chegada de dois novos Estados com armas nucleares poderia prejudicar todo o regime de não proliferação (Singh, 1998; Gupta, 1999; Talbott, 1999; Thakur, 1999; Vivekanandan, 1999; Mahapatra, 2000; Mutimer, 2000; Nizamani, 2001; Shaikh, 2002), além de desafiar a política de não proliferação norte-americana, em particular (Mahmudul, 1997; Singer et al., 1998; Ayoob, 1999; Mistry, 1999; Carranza, 2002).

Outra região de interesse intenso no que se referia à proliferação era o Oriente Médio, onde Israel era um Estado possuidor de armas nucleares já há um tempo e um tópico de interesse (Sayed, 1993; Inbar; Sandler, 1993/4; Keeley, 1993/4; Cochran, 1996; Cohen, 1998). Durante os anos 1990, o Iraque (Kelly, 1996) e, cada vez mais, o Irã (Chubin, 1995; Eisenstadt, 1999) eram altamente suspeitos de aspirarem essa posição. Nessa região, assim como em outras, a preocupação no que diz respeito à proliferação nuclear era acompanhada pela proliferação das capacidades de mísseis e o Regime de Controle de Tec-

---

5 Ahmed et al., 1998; Chellaney, 1998/9; Ahmed, 1999; Ahrari, 1999; Chellaney, 1999; Ganguly, 1999; Gizweski, 1999; Hagerty, 1999; Huntley, 1999; Synnott, 1999; Yasmeen, 1999; Ahmed, 2000; Bajpai, 2000; Kampani, 2001.

nologia de Mísseis (RCTM) (A. Karp, 1991; Pedatzur, 1994; Pikayev et al., 1998). De igual maneira, no Sul Asiático, a aparente abordagem de Estados que cruzam o limiar nuclear reavivava o interesse nas cadeias de proliferação (Russell, 2001) e nas implicações e previsões para o Controle de Armamentos (Oxenstierna, 1999; Solingen, 2001). Por volta da década de 1990, a América Latina não era mais fonte de muita preocupação como possível local de proliferação, mas ainda atraía alguma atenção na literatura, principalmente em retrospectivas históricas (Carasales, 1996; Wrobel, 1996; Hymans, 2001).

Assim como a literatura de não proliferação, outras preocupações trazidas pela tecnologia também mostravam bastante continuidade. Debates duradouros sobre o CIM (Hartung, 2001) e a corrida armamentista (Gray, 1996; Sample, 1997; Diehl; Crescenzi, 1998; Koubi, 1999) simplesmente seguiram sem muito impacto desde o fim da Guerra Fria. Os debates sobre DnO perdiam seu enfoque central na OTAN, mas se adaptavam às circunstâncias do pós-Guerra Fria (Møller, 1992, 1998; Huysmans, 1994; Møller; Wiberg, 1994; Bellany, 1996; Martin, 1999).

Conforme notado no Capítulo 5, após seu aparente colapso no final dos anos 1970, o Controle de Armamentos foi ressuscitado a partir de meados dos anos 1980, mas cada vez mais como um mecanismo para desmobilizar a Guerra Fria que estava terminando por outras razões, e não gerenciar uma contínua rivalidade entre as superpotências. No pós-Guerra Fria, tanto a prática quanto a literatura, portanto, chegaram ao fim da análise do desmantelamento da União Soviética e da Guerra Fria anos 1990 afora (Schimmelfennig, 1994; McCausland, 1996; Baglione, 1997; Collins, 1998). Parte disso dizia respeito a ficar de olho na China em relação ao desarmamento e ao Controle de Armamentos do pós-Guerra Fria (Garrett; Glaser, 1995, 1996). Mas tal resolução de assuntos da Guerra Fria era, inevitavelmente, uma agenda com tempo delimitado, portanto, como sempre, havia uma preocupação com o futuro do Controle de Armamentos (Daalder, 1992). Por causa do contexto estratégico diverso, e a guinada para preocupações mais referentes ao Terceiro Mundo, havia também um sensível esforço para encontrar novos fundamentos para o Controle de Armamentos: na segurança cooperativa, agora que a DMA não era mais um problema (Desjardins, 1996; Krepon, 2001; Larsen, 2002); ou no unilateralismo coordenado (Dunn e Alessi, 2000/1). Assim, junto com muitos outros aspectos na agenda de segurança militar, o Controle de Armamentos se voltou ao Terceiro Mundo, em geral, e particularmente para questões ligadas à proliferação nuclear, como a proliferação de mísseis balísticos e o RCTM, além da DMB e do Tratado de ABM discutido anteriormente, mas também para rivalidades regionais que vinham de longa data (Dixit, 1995). Havia alguns tópicos perenes, por exemplo, o debate sobre o desarmamento (Glaser, 1998) e armas químicas (Robinson, 1996), e alguns novos, como a preocupação com a proliferação de armas leves, o que parecia um fator importante nas muitas guerras internas que marcaram os anos 1990 (Lumpe, 1999).

Segurança regional e eventos não ocidentais

A guinada para um interesse na guerra no Terceiro Mundo (Biddle; Zinkle, 1996) também criou uma mudança do enfoque de guerras interestatais para guerras dentro dos Estados (Berdal, 1996; Snow, 1996; Wallensteen; Solenberg, 1996; Kaldor, 1999, 2001). Esse interesse no conflito doméstico se ligava intimamente às preocupações com Estados fracos e falidos (Adibe, 1994; Mazrui, 1995; Krause, 1996; Herbst, 1996/7; Williams; Brooks, 1999; Sørensen, 2001; *Journal of Peace Research*, 2002), reforçando, portanto, um duradouro interesse dentro da Pesquisa da Paz sobre a relação entre desenvolvimento e (in)segurança. Outros temas relacionados no corpo dessa literatura eram o crescimento da intervenção e da manutenção da paz (Sesay, 1995; Howe, 1996/7; Glynne, 1997; Freedman, 1998/9) e as "guerras humanitárias" (Roberts, 1996), como resultado de várias tentativas ocidentais de intervir (ou, às vezes, não intervir) em nome dos direitos humanos. Nesta seção, concentramo-nos nos eventos regionais de alcance internacional que se iniciaram a partir da guerra contra o Iraque, conduzida pelos Estados Unidos em 1991, passando pelas guerras que acompanharam a dissolução da Iugoslávia e pela intervenção humanitária na Somália até, mas sem incluir, o 11 de Setembro. Assim como ocorreu com a mudança na agenda nuclear em direção ao Terceiro Mundo, aqui também se observa que uma das principais consequências do desaparecimento da bipolaridade era o fato de os problemas de segurança regionais e locais ganharem destaque. A formulação de "dois mundos" descrita anteriormente parecia dividir o mundo em um centro pacífico, no qual, talvez, a agenda tradicional não era mais relevante, e uma periferia turbulenta, onde seguiam as velhas regras do jogo. Essa formulação, em si, explica boa parte da guinada da agenda de segurança militar em direção ao Terceiro Mundo. Também explica os dois temas que surgiram, um tendo o Terceiro Mundo como próprio centro de preocupação, por exemplo, nas preocupações com a proliferação nuclear no Sul Asiático ou com as crises humanitárias em vários lugares; e o outro, especialmente com a emergência do Estado pária e da agenda de terrorismo nos Estados Unidos, sobre as possíveis ameaças da zona de conflito para a zona de paz. Conforme se explicava antes, as preocupações com os Estados párias e com os terroristas estavam fortemente ligadas à questão da proliferação das ADM.

Nessa conjuntura, se encontrava outra literatura, clamando para que os ESI prestassem uma atenção mais específica ao nível regional da própria segurança como algo que estava sendo negligenciado (ou subordinado ao nível global) durante a Guerra Fria, mas que no pós-Guerra Fria era de uma importância crescente (Buzan, 1991a, p.186-229; Alagappa, 1995, p.363; Ayoob, 1995, p.56-59; Lake; Morgan, 1997; Maoz, 1997, p.2-8; Buzan et al., 1998; Buzan; Wæver, 2003; Hettne, 2005, p.553-554). Mesmo alguns neorrealistas mais durões aceitaram as implicações regionais da unipolaridade (Hansen,

2000). A segurança regional, como algo que refletia as dinâmicas autóctones, além do intervencionismo das superpotências, foi um tópico persistente, ainda que relativamente marginal, nos ESI, e que voltava a um passado remoto da Guerra Fria (Buzan, 1983, p.105-115; Väyrynen, 1984; Ayoob, 1986). De igual maneira a literatura mais teórica que enfatizava a importância do nível regional, de forma geral, havia, obviamente, uma boa quantidade de textos escritos sobre os assuntos de segurança e as dinâmicas de regiões específicas. Uma parte dessa literatura já havia sido notada na discussão da proliferação nuclear, em especial no Leste e no Sul Asiático, além do Oriente Médio. Mas havia muito mais escritos que não eram especificamente ligados à proliferação.

Não menos por causa da Guerra do Golfo de 1990-91 e o contínuo pesadelo dentro e ao redor de Israel/Palestina, o Oriente Médio era um tópico popular. Havia indagações gerais sobre a posição da região no mundo pós-Guerra Fria (Karsh, 1997; Lustick, 1997; Maoz, 1997), além da Guerra do Golfo e suas consequências (mais sobre esse assunto adiante). Somando-se ao Iraque, três países atraíam a maior parte da atenção: Irã (Chubin, 1992; Chubin; Tripp, 1996), Israel (Alpher, 1992/3; Cohen et al., 1998; Merom, 1999; Heller, 2000) e Turquia (Hale, 1992; Tunander, 1995; Rubin; Kirisci, 2001), com particular interesse no surgimento de uma parceria estratégica entre Turquia e Israel (Gresh, 1998; Müftüler, 1998; Jung; Piccoli, 2000; Israeli, 2001). Abrangendo tudo isso estava a discussão sobre o intensificado comprometimento de políticas norte-americanas no Oriente Médio que se seguiu à retirada soviética, em especial o Processo de Paz entre Israel e seus vizinhos e a "contenção dual" no Golfo (Khalilzad, 1995; Mor, 1997; Watkins, 1997; Sick, 1998; Kemp, 1998/9; Lewis, 1999). O Oriente Médio também se apresentava como uma das fontes de tensão que afligiam negativamente as relações Estados Unidos-Europa no pós-Guerra Fria (Hollis, 1997; Gordon, 1998; Serfaty, 1998).

A guerra de 1990-91 contra o Iraque foi tanto parte da mudança em direção à segurança regional quanto o evento de abertura da era "unipolar" pós-Guerra Fria. A guerra parecia enviar uma série de sinais. Como já mencionado, ela conformava uma demonstração poderosa para a RAM, não apenas por causa da facilidade com a qual as forças norte-americanas conseguiam destruir o que se acreditava ser um poder militar regional substancial, mas também pela dificuldade que seus aliados tinham em operar com as forças norte-americanas de alta tecnologia. A guerra estabeleceu uma reivindicação norte--americana ao excepcionalismo militar e, também, fez algo que deixou para trás o legado da síndrome do Vietnã, a qual havia inibido os compromissos militares norte-americanos no Terceiro Mundo. Também havia, obviamente, uma literatura sobre a própria guerra e seu impacto na região (Hale, 1992; Stein, 1992; Fuller, 1993; Joffe, 1993; Bengio, 1995; Khalilzad, 1995).

Porém, mais interessante, em alguns aspectos, foi o discurso político que emanava da guerra. Na ausência da rivalidade entre as superpotências, os Estados Unidos haviam conseguido criar uma coalizão internacional espetacular contra o Iraque e esse movimento parecia casar com a possibilidade da "nova ordem mundial", cunhada ingenuamente pelo presidente norte-americano George H. W. Bush logo depois. No centro da coalizão, estavam os Estados Unidos e um grupo de aliados dispostos a lutar contra Saddam Hussein (em particular a Grã-Bretanha, a França, o Egito e a Arábia Saudita). Apoiando-os, estavam aliados dispostos a pagar, mas não a lutar (principalmente a Alemanha e o Japão). Ao redor deles se encontrava um grande grupo que não estava nem disposto a lutar nem a pagar, mas disposto a fornecer apoio político (incluindo a União Soviética e a China). A maior parte do restante da sociedade internacional estava disposta a assumir uma posição neutra. Apenas um pequeno número de Estados (Cuba e alguns países árabes) estava disposto a fornecer apoio político ao Iraque; nesse sentido o Iraque não tinha aliados militares. Isso se assemelhava à previsão de uma provável natureza de relações internacionais unipolares, nas quais algo como uma lógica de segurança coletiva poderia ser utilizada pelos Estados Unidos tanto para defender os princípios da sociedade internacional (a ilegitimidade da anexação, no caso do Kuwait) como para apoiar os interesses norte-americanos (prevenindo o aumento do controle monopolista sobre o petróleo do Oriente Médio). Tornou-se rapidamente claro que era uma aurora falsa e que, pelo menos a partir de uma perspectiva norte-americana, os anos 1990 estavam se desenrolando mais como uma "nova desordem mundial" (Carpenter, 1991; Rubinstein, 1991; Freedman, 1992; Nye, 1992; Slaughter, 1997).

O Leste e o Sul Asiático têm sido substancialmente tratados nas discussões de política das grandes potências e na proliferação nuclear já descrita. Além desses temas, a Associação das Nações do Sudeste Asiático (ANSEA), a partir do desenvolvimento do Fórum Regional da ANSEA (FRA) e do ANSEA-mais-3 como instituições de segurança mais amplas, atraíram alguma atenção, não menos porque parecia um início para remediar a natureza carente de instituições das relações internacionais regionais da Ásia Oriental (Acharya, 1993; Stubbs, 1993; Leifer, 1996; Wanandi, 1996; Shaun, 1997; Kivimäki, 2001). Esse desenvolvimento promissor foi abalado pela crise econômica regional do fim dos anos 1990 (Ahmad; Ghoshal, 1999; Henderson, 1999), a qual expôs a ligação entre as relações de segurança econômicas e tradicionais. Para o Sul Asiático, a duradoura rivalidade entre a Índia e o Paquistão na região continuou a ser um assunto de interesse estratégico mais amplo do que apenas suas dimensões nucleares (Ayoob, 1991; Varshney, 1991; Ganguly, 1993; Thomas, 1993; Oren, 1994).

A África integrava a discussão sobre Estados falidos mencionados anteriormente. Além disso, os conflitos locais e a política de segurança regional da região atraíam alguma atenção, tanto por si sós (Keller; Rothchild, 1996; Vale, 1996; Shearer, 1999; Breytenbach, 2000; Weinstein, 2000) quanto, de forma mais geral, em termos de erros e acertos e "comos" e "quandos" da intervenção (Evans, 1997; Greenhill, 2001), além do tópico dos problemas das operações de manutenção da paz (Sesay, 1995; Howe, 1996/7). Não possuindo nem crises militares

OS ESTUDOS DE SEGURANÇA INTERNACIONAL PÓS-GUERRA FRIA: OS TRADICIONALISTAS

nem centralidade estratégica, a América Latina atraía um interesse relativamente pequeno na literatura de ESI (Hurrell, 1998).

Uma característica interessante dessa guinada em direção às regiões era que tanto a Europa quanto a antiga União Soviética e seus satélites do Leste Europeu mudaram de uma aparente posição perene de linha de frente da Guerra Fria para se tornarem regiões com dinâmicas de segurança próprias. Discutimos parte disso anteriormente no contexto da política das grandes potências, da OTAN e da proliferação nuclear, mas o interesse pós-Guerra Fria cresceu como tal dentro da segurança regional europeia (Buzan et al., 1990; Richmond, 2000). Muito do que se considerava Europa Oriental foi para o Ocidente e se tornou a Europa Centro-Oriental (ECO); já a antiga União Soviética (AUS) se tornou um novo subsistema internacional de Estados. Havia algum atravancamento de posições, especialmente no que dizia respeito aos Bálcãs (L. J. Cohen, 1994), antes que as coisas se assentassem no que poderia ser chamado Europa-UE (antiga Europa Ocidental e Oriental, os Estados bálticos e os Bálcãs) e a AUS (com exceção dos três países bálticos). Os Bálcãs, e em particular os conflitos em torno da desintegração da ex-República da Iugoslávia (ERI), se tornaram uma crise de marcos do imediato período pós-Guerra Fria. Brotaram literaturas que lidavam com as novas relações de segurança tanto dentro da ECO[6] quanto da AUS.[7]

Dentro da literatura focada em guerras intraestatais, étnicas ou civis, as guerras na antiga Iugoslávia foram eventos constitutivos. Autores como Posen (1993) e Van Evera (1994) defendiam que a teoria neorrealista – e realista – e o dilema de segurança "étnico" também se encontravam no nível subestatal. Em relação ao aspecto estratégico da Guerra da Bósnia, um debate essencial era se a política do "suspender

---

[6] Dienstbien, 1991; Zielonka, 1992; Joffe, 1992/3; Brezezinski, 1993; Chalmers, 1993; sobre os Bálcãs, em particular, cf. Larrabee, 1992; Pettifer, 1992; Zametica, 1992; Glenny, 1995; V. Gray, 1999; King, 2001.

[7] Menon; Barkey, 1992/3; Allison, 1993; Dunlop, 1993/4; Chopra; Weiss, 1995; Petersen, 1995; Larrabee, 1996; Sherr, 1997; Kuzio, 2000; Ambrosio, 2001.

e atacar" – suspender o embargo de armas imposto ao governo bósnio e conduzir ataques aéreos contra as posições sérvio-bósnias – poderia ser adotada, contanto que houvesse mantenedores da paz da Força de Proteção das Nações Unidas (UNPROFOR) em campo e se apenas os ataques aéreos teriam impacto significativo no resultado da guerra (Gati, 1992; Doder, 1993; Roberts, 1995; Rieff, 1996; Gow, 1997). Esse debate coincidia com uma separação de políticas norte--americana e europeia, na qual os políticos e os acadêmicos norte--americanos mantinham uma visão muito mais positiva do "suspender e atacar" do que os europeus (Mearsheimer; Pape, 1993; Woods, 1994; Mearsheimer; Van Evera, 1995; Maull, 1995-6; Cushman; Mestrovic, 1996; Kaufmann, 1996; Mousavizadeh, 1996; Campbell, 1998a; Daalder, 2000; Simms, 2001; Hansen, 2006).

O relativo sucesso das campanhas de bombardeio da OTAN, em 1995, as quais facilitaram os Acordos de Paz de Dayton, e a convergência em geral entre as agendas intervencionistas e moralistas da política externa de Tony Blair e de George W. Bush deram suporte à intervenção em Kosovo em 1999, quando a OTAN bombardeou os líderes sérvios até que se retirassem da província. A OTAN contava exclusivamente com o bombardeio aéreo – embora uma ameaça de intervenção terrestre fosse, às vezes, trazida à tona de forma ambígua – e não perdeu uma só vida em combate. Tendo sido essa a primeira vez em que somente os ataques aéreos haviam assegurado a vitória, e já que os observadores estratégicos permaneceram céticos em relação ao poder coercitivo do bombardeio aéreo, um debate sobre quais lições podiam ser aprendidas se seguiu (Pape, 1996; Byman; Waxman, 2000; Posen, 2000).

Conforme notado na seção de tecnologia anteriormente, havia uma discussão pós-Guerra Fria sobre o terrorismo conduzida por preocupações sobre a possível conjuntura de motivações políticas extremistas e métodos que utilizariam ADM. O que sustentava isso não era um marco em particular, mas um constante ruído histórico de incidentes terroristas. Do mesmo modo que durante a Guerra Fria, muitos desses estavam inseridos em duradouros conflitos domésticos ou locais e não eram, portanto, considerados a partir de um significado de segurança sistêmica (várias explosões na França; Reino Unido e o IRA; Espanha e os bascos; Israel/Palestina; a guerra civil no Sri Lanka). Mas, durante os anos 1990, alguns, em detrimento das raízes locais, assumiram um significado maior ou porque tinham impacto direto nos Estados Unidos e/ou porque sugeriam a existência de redes terroristas transnacionais. Os principais eventos terroristas dos anos 1990 incluíram:

1993 – bombardeio do World Trade Center na cidade de Nova York
1995 – ataque de gás do Aum Shinrikyo em Tóquio
1995 – explosão de um edifício de treinamento militar em Riad
1995 – explosões em Oklahoma City (domésticas, mas, inicialmente, consideradas terrorismo internacional)
1996 – caminhão-bomba na base da Força Aérea norte-americana perto de Dhahran, Arábia Saudita
1998 – explosões nas embaixadas norte-americanas na Tanzânia e no Quênia
2000 – ataque ao USS Cole em Áden

O aparente crescimento de redes terroristas mais globais em organização e motivações e mais extremas no método alimentou preocupações sobre as potenciais ligações entre tais grupos e a possível disponibilidade de ADM. Esse sentimento se ampliou tanto pela preocupação que prevalecia durante boa parte dos anos 1990 de que as ADM poderiam vazar do cadáver da União Soviética quanto pelo temor de que, à luz dos ataques ao World Trade Center em 1993, o solo norte-americano estivesse se tornando um alvo. Havia discussões gerais sobre terrorismo (St. John, 1991; Schmid; Crelinsten, 1993; Crenshaw, 1995; Laqueur, 1996, 1998; Carr, 1996/7; Hoffman, 1998; *Terrorism and Political Violence*, 1999) e um debate sobre quão seriamente os Estados Unidos deveriam pensar essa ameaça contra si (Tucker, 1996, 2000; Sprinzak, 1998; Roy et al., 2000; Falkenrath, 2001). Até o 11 de Setembro, o terrorismo se manteve na literatura de ESI como uma preocupação constante, mas não central. Ele estava, de alguma maneira, nas rebarbas das principais correntes e fazia mais parte da "nova desordem mundial" geral do que uma ameaça dominante à segurança internacional. O mesmo podia ser dito no que concerne a uma literatura menor sobre crime transnacional (Williams, 1994).

A modo de uma resposta ao discurso do "choque de civilizações" e a preocupações duradouras sobre o Oriente Médio, as implicações de segurança do Islã se tornaram um notável tópico no pós-Guerra Fria (J. Miller, 1993; Salame, 1993; Ahrari, 1994; Hashemi, 1996; Karawan, 1997; Dawisha, 2000; Rabasa, 2003). Nesse ponto, o interesse de segurança no Islã não ocorria, especificamente, por causa de alguma ligação com o terrorismo, o qual, diferente do que ocorria durante a Guerra Fria, era discutido principalmente em termos mais gerais e globais. Parecia, contudo, ser parte de uma crescente preocupação, não apenas entre tradicionalistas (Seul, 1999; S. M. Thomas, 2000; Fox, 2001, 2007; Haynes, 2008), mas também entre os ampliadores (Lausten; Wæver, 2000) quanto às implicações políticas e de segurança da religião. Houve edições especiais sobre isso em ambos os extremos do espectro: *Orbis*, (1988, n.43, p.2), "Religion in World Affairs", e *Millennium* (2000, n.29, p.3), "Religion in International Relations". O interesse mais geral representava tanto as questões da influência da direita religiosa na política norte-americana quanto as preocupações sobre extremismo islâmico no Terceiro Mundo.

Deixando de lado o interesse nos eventos da época, a literatura dos ESI dos anos 1990 começou a mostrar sua idade. A chamada era do pós-Guerra Fria era sua segunda época distinta e parte da literatura refletia um crescente elemento da história nos ESI, analisando alguns eventos da Guerra Fria, mais notadamente a Crise dos Mísseis de Cuba (Scott; Smith, 1994; Bernstein, 2000; Pressman, 2001).

Institucionalização

Nos capítulos 4 e 5, registramos a muito bem-sucedida institucionalização dos Estudos Estratégicos e da Pesquisa da Paz e especulamos que esse mesmo sucesso geraria um problema de sobrecapacidade em um mundo pós-Guerra Fria, no qual boa parte da agenda militar havia encolhido ou desaparecido. De fato, embora houvesse algum encolhimento no financiamento e um período transicional de ansiedade e incerteza, não houve nenhuma crise institucional generalizada. Segundo o desenrolar histórico que este capítulo organizou até agora, a ala tradicionalista dos ESI ainda tinha muito dentro da sua agenda e a maior parte dela se sentia segura o suficiente para resistir à tentação de ampliá-la. De forma substantiva, os ESI se recuperaram rapidamente em relação à perda do seu bojo da Guerra Fria e muito da sua estrutura institucional se manteve intacta. O conteúdo dos cursos universitários de ESI mudaram, mas os cursos em si, em sua maioria, não desapareceram, tampouco a matéria, certamente. O mesmo ocorria, em sua maioria, com os *think-tanks*. Alguns poucos, como o Council for Arms Control, no Reino Unido, perderam seu apoio e não sobreviveram muito ao fim da Guerra Fria. Alguns falharam em sustentar o financiamento por razões diferentes do fim da Guerra Fria: apesar de ser muito bem-sucedido, por exemplo, o Programa para Promoção da Não Proliferação Nuclear da Universidade de Southampton e o Instituto de Pesquisa da Paz de Copenhague fecharam em 2002 por causa da retirada de seus principais financiamentos. Acompanhando a robustez das organizações de ESI estava uma força parecida nas publicações. Praticamente nenhuma deixou de existir e houve vários lançamentos: *European Security* (1991), *Nuclear Proliferation Journal* (1991), *The Nonproliferation Review* (1993), *International Peacekeeping* (1994), *The International Journal of Peace Studies* (1996) e *Arms Control Today* (1997). Tal padrão estava amplamente alinhado à contínua expansão quanto ao número de periódicos de RI em geral. Permaneceu o caso, alinhado ao padrão da Guerra Fria, que os debates de ESI tinham lugar tanto em jornais especializados quanto nos de RI mais gerais.

O fracasso era, portanto, exceção e propriamente visto, em sua maior parte, na queda das fundações fornecedoras de auxílios e na guinada das prioridades das fundações, saindo do Controle de Armamentos e da não proliferação para questões ambientais (Wallerstein, 2002, p.86-89). O grosso do *establishment* existente de ESI continuou com sucesso e houve um renovado crescimento significativo, principalmente fora do centro Europa-Estados Unidos. Isso refletia tanto a robustez geral da agenda de segurança militar quanto a mudança de interesse para segurança regional, que se seguiu desde o fim da Guerra Fria. O Centro Mountbatten de Estudos Internacionais foi fundado na Universidade de Southampton, em 1990, para se focar em assuntos de ADM, refletindo a crescente importância do tópico no pós-Guerra Fria. O Centro de Estudos Estratégico na Nova Zelândia e o Centro de Estudos de Segurança Europeu (CESE) nos Países Baixos foram ambos fundados em 1993. O Centro de Genebra para Políticas de Segurança (GCSP) se iniciou em 1995 como uma contribuição suíça à Parceria para a Paz (PpP) da OTAN. O Instituto de Defesa e Estudos Estratégicos (IDEE) da Universidade Tecnológica de Nanyang, em Cingapura, e o Instituto de Paz e de Estudos de Conflito na Índia, ligado aos ministérios indianos da Defesa e dos Assuntos Estrangeiros ,foram fundados em 1996. O Centro Malaviya para Pesquisa da Paz foi fundado em 1997 na Universidade Hindu de Benares, além do Instituto de Pesquisa da Paz no Oriente Médio (PRIME), em 1998. O Centro de Defesa e Estudos Estratégicos (CDEE) abriu em 2001, como parte dos novos arranjos da Australian Defence College, e o Instituto de Estudos de Segurança da União Europeia (IESUE) iniciou seus trabalhos em 2001. Alguns desses estavam ligados a universidades e alguns a ministérios do governo.

A Figura 6.2. resume os principais motores atrás do tradicionalismo pós-Guerra Fria.

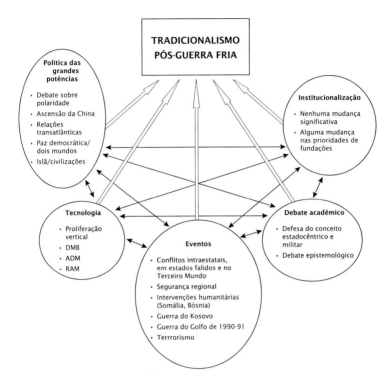

FIGURA 6.2. OS PRINCIPAIS MOTORES POR TRÁS DO TRADICIONALISMO PÓS-GUERRA FRIA

Conclusões

Os ESI haviam se desenvolvido a partir da rivalidade nuclear das superpotências no seu centro, portanto o final da Guerra Fria trouxe questões fundamentais sobre a capacidade de essa área sobreviver. Ainda assim, como mostrou este capítulo, mesmo com a perda desse "metaevento" e desse enquadramento, e também com a aparente marginalização da agenda militar-política, a ala tradicionalista dos ESI, incluindo a Pesquisa da Paz negativa, expressava notável continuidade e robustez. Um seguimento geral se refletia em temas contínuos que iam desde a dissuasão até a corrida armamentista, passando pelo DMB e pelo terrorismo, até a tecnologia militar e a guerra. Talvez, a continuidade central fosse a proliferação nuclear, que, em alguns aspectos, retirava o foco da rivalidade nuclear das superpotências como a problemática central de tal agenda. A robustez da agenda tradicionalista não se tratava apenas de se prender a velhos temas independente dos tempos que estavam mudando. Havia uma boa dose de adaptação às novas realidades da época pós-Guerra Fria, mais notadamente a mudança de foco do Oriente-Ocidente para o Sul (e, até certo ponto, Norte-Sul). Novas possibilidades tecnológicas continuaram a surgir e a exigir comentários e análises, com a RAM em uma ponta desse espectro e as preocupantes possibilidades de uma conjuntura entre terroristas niilistas e ADM na outra. Na ausência da rivalidade entre as superpotências, a relativa independência da variável "tecnologia" em relação à variável "política das grandes potências" se tornou mais clara durante esse período. Em detrimento do motor da rivalidade entre as superpotências, os avanços tecnológicos com implicações militares continuaram saindo dos laboratórios e das fábricas. Um caso emblemático, sendo apenas um de vários exemplos, foi o desenvolvimento de pequenas e baratas câmeras digitais, que poderiam ser utilizadas como brinquedos pelo consumidor ou sistemas de direcionamento para munições de precisão. Havia, decerto, uma fonte constante de eventos dos quais se apoderar, e alguns desses abriam novas questões da utilização/utilidade da força, de forma mais óbvia onde a intervenção militar era uma resposta apropriada para as crises humanitárias.

Interessante sobre os anos 1990 é o impressionante grau de continuidade na agenda tradicional apesar da perda do quadro organizador da Guerra Fria. Não foi necessário um novo conflito entre potências para que se renovasse a agenda militar, embora o mesmo, talvez, fosse preciso para trazê-la novamente à sua antiga dominação inquestionável dos ESI.

Como as forças motrizes explicavam a robustez e adaptabilidade da ala estadocêntrica e militar dos ESI? Fica claro, antes de tudo, que a institucionalização, em si, funciona como um fator de conservação. Programas de Estudos Estratégicos e de Segurança mudariam em ênfase, mas não em tipo, e periódicos continuariam a publicar seguindo as linhas anteriormente definidas; nesse sentido, as redes de pesquisa mobilizar-se-iam para gerar propostas de financiamento, novos projetos e doutores que se graduariam. As *dinâmicas internas dos debates acadêmicos* também desempenharam seu papel, não menos em relação à maneira como o favorecimento da epistemologia em vez da ontologia permitiu uma convergência – assim como um debate – entre os estrategistas e os pesquisadores da paz negativa. A perda do metaevento e do enquadramento da Guerra Fria realmente teve um impacto nas abordagens tradicionalistas. Esse aspecto cruzou com as forças motrizes das *grandes potências* e da *tecnologia*: abriu debates sobre qual polaridade havia substituído a bipolaridade e quais eram as consequências, assim como as implicações, da proliferação, permitindo uma ênfase maior em conflitos regionais e subestatais. Poder-se-ia dizer que a política das grandes potências e a tecnologia fornecia um pouco mais de espaço às demais forças motrizes do que durante a Guerra Fria, em que eram dominantes, mas elas ainda eram muito importantes e permitiam a produção de um novo conjunto de perguntas de pesquisa, assim como alguma continuidade.

A robustez geral e a adaptabilidade das abordagens militares estadocêntricas, até certo ponto, explicam por que a crise institucional dos ESI que parecia inevitável no fim da Guerra Fria, em geral, não aconteceu. A outra metade dessa história diz respeito à expansão bem-sucedida da agenda dos ESI para além da agenda político-militar e da epistemologia materialista e positivista dos tradicionalistas. É esse o tópico do Capítulo 7.

7. AMPLIANDO E APROFUNDANDO A SEGURANÇA

O CAPÍTULO ANTERIOR mostrou como os tradicionalistas se reposicionaram após o fim da Guerra Fria e como eles defendiam que sua agenda estadocêntrica militar não havia sido prejudicada em nenhum aspecto. Ainda assim, essa alegação não era universalmente aceita pelos "ampliadores" e "aprofundadores", alguns dos quais se desenvolveram a partir da Pesquisa da Paz positiva, do Pós-estruturalismo e do Feminismo (apresentados no Capítulo 5) e alguns outros chegaram aos ESI após o fim da Guerra Fria. Para aqueles que buscavam expandir o conceito de segurança, a estreiteza da agenda estado-cêntrica militar era analítica, política e normativamente problemática. Tais assuntos, como o término pacífico da Guerra Fria, o crescimento de conflitos intraestatais, o medo da imigração por parte das sociedades ocidentais, o meio ambiente em decadência e a aceleração da epidemia de HIV/AIDS demonstravam que o tradicionalismo não estava apto a lidar com os desafios da época pós-Guerra Fria. Além do mais, ampliadores e aprofundadores de-fendiam que os anos 1990 fracassaram ao produzir um evento militar constitutivo ou ao definir uma problemática das grandes potências em que os tradicionalistas poderiam reivindicar um papel protagonista.

Desafiar o estadocentrismo militar, obviamente, não era algo novo, mas o que reconfigurou o terreno dos ESI no final dos anos 1980 e anos 1990 foi que os desafiantes não mais se identificavam como "pesquisadores da paz" – e, portanto, como possuidores de uma posição política específica no contestado terreno acadêmico e político da Guerra Fria –, mas como pessoas que estudavam os Estudos de Segurança ou RI. Algumas classificações mais específicas – Pós-estruturalismo e Segurança Humana, em particular – eram politicizadas no contexto dos ESI, mas isso raramente se traduzia em amplos círculos não acadêmicos, como fizera a Pesquisa da Paz. Os ESI se tornaram consequência de um jogo entre iguais e o fato de que os discursos de mídia e de políticas em muitos países e contextos globais articulavam uma agenda de segurança mais ampla forneceu um maior apoio a abordagens ampliadora-aprofundadoras no quadro do ESI. Se analisarmos os processos de institucionalização, havia uma constante corrente de livros, conferências, teses, artigos de periódicos – e mesmo periódicos – tratando do porquê e de como a segurança deveria ser expandida para além do aspecto militar e estadocêntrico. Ao pensarmos a sociologia dos debates acadêmicos, a necessidade que se percebia para que os tradicionalistas empregassem concepções mais amplas em vez de ignorá-las era um testemunho indireto de como as abordagens ampliadoras e aprofundadoras haviam se fortalecido.

Analisando amplamente os ESI, o terreno pós-Guerra Fria era, portanto, caracterizado pelo debate por meio da divisão entre os tradicionalistas e os ampliadores-aprofundadores, mas também, crucialmente, dentro do próprio campo ampliador-aprofundador. Retomando as quatro questões que estruturam os debates sobre os ESI, os aprofundadores-ampliadores defendiam, em níveis e combinações diferentes, que se favorecesse o aprofundamento do objeto de referência para além do Estado, ampliando o conceito de segurança para incluir outros setores que não somente o militar, dando a mesma ênfase a ameaças domésticas e transfronteiriças e permitindo a transformação da lógica realista e conflituosa da Segurança Internacional. Ainda assim, apesar de unida no seu desafio ao estadocentrismo militar, a posição ampliadora-aprofundadora era, na realidade, composta de abordagens tão diversas que a mesma quantidade de tempo, às vezes mais, era gasta debatendo-se tanto as diferenças na conjuntura da posição ampliadora-aprofundadora quanto da distinção tradionalista-expansionista. Uma característica importante dos debates intra-ampliadores nos anos 1990 e nos anos 2000 é, portanto, o rápido crescimento de classificações que identificam uma distinta perspectiva ampliadora-aprofundadora: o Construtivismo, que, mais tarde, dividiu-se em convencional e crítico; Segurança Humana; Pós-colonialismo; Estudos Críticos de Segurança; e a Escola de Copenhague se somam ao Pós-estruturalismo e ao Feminismo.

Analisando as forças motrizes, os debates aprofundadores-ampliadores sofriam impacto da *política das grandes potências* na medida que o desaparecimento da Guerra Fria havia alterado as questões na agenda de segurança e os atores que podiam empregá-las, o que, por sua vez, permitia uma lista mais longa de *eventos* a serem sentidos nos debates de ESI. Ponderando abordagens específicas, a *tecnologia* era uma força motriz em alguns casos, assim como ocorria no interesse do Pós-estruturalismo no impacto da tecnologia de novas mídias, embora elas fossem menos significativas nos outros. Ainda assim, no tópico das forças motrizes, o impacto mais forte era exercido pelos *debates acadêmicos internos*. Tal força exercia impacto de numerosas maneiras, ao menos por fazer da discussão de escolas e das classificações (em vez de, por exemplo, tecnologias ou eventos específicos) a dinâmica organizadora central. Tais discussões das escolas sofriam um impacto adicional da dinâmica interna do debate acadêmico em três aspectos. Primeiro, elas eram influenciadas pelos debates epistemológicos e metodológicos nas RI, da forma como aconteceu com a convergência, apresentada no Capítulo 6, entre os pesquisadores da paz negativa e os estrategistas. Segundo, havia uma notável diferença no tanto que específicas abordagens ampliadoras-aprofundadoras se desenvolveram a partir da agenda de Pesquisa da Paz dos anos 1970 e 1980 ou chegaram aos ESI por meio dos debates de RI ou da Teoria Social e política. Terceiro, havia como consequência uma diferença na intensidade em que elas colocavam o conceito de segurança e discutiam-no.

O caráter acadêmico dos ESI aprofundadores-ampliadores, pós--Guerra Fria, conforme mostrado na Figura 7.1, indica que não apenas havia desacordo sobre se e como a segurança deveria ser expandida, mas também sobre quem seriam considerados contestadores

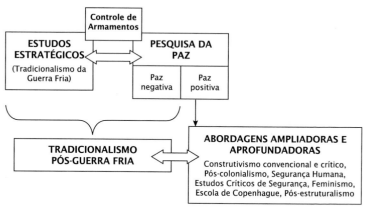

FIGURA 7.1. O FORMATO CAMBIANTE DOS ESI, DA GUERRA FRIA AO PÓS-GUERRA FRIA

legítimos no terreno dos ESI. Pegando o exemplo dos livros-texto, enquanto Kolodziej (2005) apresenta o Construtivismo wendtiano como o oponente mais radical às principais correntes, lhe é dada pouca atenção em livros-texto europeus, como os de Collins (2007), Fierke (2007), Sheehan (2005) e Hough (2004), que se preocupam mais com o Feminismo, a Segurança Humana, os Estudos Críticos de Segurança e a Escola de Copenhague. De fato, como se mostrará neste capítulo, a divisão Europa-Estados Unidos que dizia respeito aos pesquisadores da paz que se preocupavam com o "problema das duas culturas" durante a Guerra Fria também foi destacada durante os anos 1990 (Wæver, 2004a).

Este capítulo analisa, em especial, as abordagens que combinavam a ampliação e o aprofundamento. Aquela parte do debate ampliador que consistia de reivindicações amplamente empíricas que angariaram força durante os anos 1970 e 1980 por encaminhar questões econômicas e, principalmente, ambientais, como parte da Segurança Internacional foi demonstrada nos vários capítulos anteriores (Nye, 1974; Maull, 1975; Buzan, 1983; Ullman, 1983; Mayall, 1984; Comissão Brundtland, 1987; Nye; Lynn-Jones, 1988; Mathews, 1989; Nye, 1989; Deudney, 1990). A partir do final dos anos 1980, a ampliação e o aprofundamento se fundiram aos debates explícitos sobre o conceito de segurança que se tornaram destacados no terreno dos ESI e que abriram caminho para um debate muito mais minucioso sobre tal conceito do que ocorrera durante a Guerra Fria (Buzan, 1991a; Haftendorn, 1991; Dewitt, 1994; Baldwin, 1995, 1997; Cable, 1995; Caporaso, 1995; Rothschild, 1995; Wæver, 1995; Ayoob, 1997; Buzan et al., 1998; Smith, 1999; Walt, 1999a; Farrell, 2002). Neste capítulo, analisamos a maneira pela qual as escolas aprofundaram e ampliaram a segurança – ou não – trazendo, portanto, uma agenda mais ampla ao redor da segurança econômica, ambiental, societal e regional, além de um aprofundamento do objeto de referência para além do Estado. De forma simples, embora houvesse uma literatura mais antiga sobre, por exemplo, segurança ambiental, não havia uma escola de segurança ambiental, mas sim diferentes maneiras como o conceito aparecia, ou se excluía, por diferentes abordagens. No que concerne ao assunto da ampliação, deve-se também notar que ampliar a segurança é considerar dinâmicas setoriais não militares específicas como fenômenos por si sós. Dizer, tal qual o fizeram os editores fundadores da *International Security* (1976), que a força militar sofre impacto de fatores econômicos, fornecimento de energia, alimentos e recursos naturais expande a lista de capacidades que deveriam ser incluídas no estudo da segurança estatal, mas se mantém dentro de uma visão militar.

O capítulo se inicia com a perspectiva menos radical, na qual o Construtivismo, tanto na sua forma convencional quanto crítica, é apresentado e discutido; em um segundo momento, analisamos as abordagens que se apossaram do tema desenvolvimento e "violência estrutural" dos anos 1970 e que defendiam uma segurança "humana", "de gênero" ou individual, ou seja, o Pós-colonialismo, a Segurança Humana, os Estudos Críticos de Segurança e o Feminismo; em terceiro, a discussão se volta às duas principais abordagens discursivas da segurança, a Escola de Copenhague e o Pós-estruturalismo. Cada seção apresenta a forma como tais perspectivas desafiaram as concepções tradicionais de segurança, assim como quais eram as críticas mais comuns que se levantavam contra elas a partir dos outros ampliadores (a resposta dos tradicionalistas é tratada na seção "Debates acadêmicos internos: estadocentrismo e epistemologia" no Capítulo 6). Este capítulo se desvia sutilmente da divisão cronológica de trabalho que utilizamos até agora por entrar no período pós-11 de Setembro até o ponto que diz respeito à construção geral da teoria e à crítica que não traz perguntas específicas relacionadas a esse marco histórico e a "Guerra ao Terror". Isso evita dividir artificialmente nossa apresentação de debates teóricos pela metade e prediz a conclusão do Capítulo 8 de que nem tudo nos ESI pós-2001 era conduzido pela Guerra Global contra o Terrorismo.

Construtivismos: normas, identidades e narrativas

A apresentação do Construtivismo como uma perspectiva autoidentificada no contexto dos ESI foi uma consequência ampla do debate geral das RI no começo dos anos 1990 entre as chamadas abordagens racionalistas e reflexivistas (Keohane, 1988). Como tal distinção refletia as tradições das Ciências Sociais norte-americanas mais do que as europeias (nas quais as epistemologias racionalistas nunca tiveram a mesma posição privilegiada), havia um distinto sabor Estados Unidos-Europa no mapa do debate de segurança dos anos 1990: abordagens europeias (Estudos Críticos de Segurança e a Escola de Copenhague, especificamente) eram ligadas de maneira mais forte aos interesses políticos, críticos e normativos da Pesquisa da Paz, enquanto a maior parte do Construtivismo norte-americano se desenvolveu a partir do debate entre o racionalismo e o reflexivismo, sem relação similar com as abordagens normativas anteriores. O Pós-estruturalismo se iniciou mais intensamente em uma perspectiva norte-americana, mas, aos poucos, ganhou mais terreno na Europa, enquanto o Feminismo fornecia um contraponto às abordagens tradicionais tanto na Europa quanto nos Estados Unidos. Na medida que os anos 1990 seguiam, o Construtivismo se bifurcou em um ramo convencional e um crítico, sendo que o último possuía algumas afinidades interessantes com os antigos temas e conceitos da Pesquisa da Paz (Adler, 1997b; Katzenstein et al., 1998; Wendt, 1999). Tais desenvolvimentos estão ilustrados na Figura 7.2.

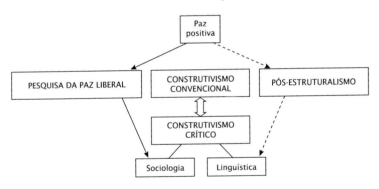

FIGURA 7.2. A COMPOSIÇÃO DO CONSTRUTIVISMO

Construtivismo convencional

O Construtivismo convencional era a abordagem ampliadora menos radical, localizando-se dentro de uma "definição tradicional e restrita dos estudos de segurança", cuja atividade era pegar o "caso complexo" da segurança estadocêntrica nacional e militar, explicando--a, no entanto, por meio de fatores ideacionais em vez de materiais (Katzenstein, 1996b, p.10-1). Isso contrastava com as abordagens europeias; o Feminismo e o Pós-estruturalismo se concentravam explicitamente na conceitualização da segurança, debatendo se ela deveria ser "individual", "nacional", "de gênero" ou "social", um aprofundamento que, por sua vez, facilitava as ampliações por setores econômicos, sociais, culturais, ambientais e políticos (Walker, 1992; Rothschild, 1995; Wæver, 1995; Krause; Williams, 1996; Smith, 2005). Se, conforme defendia Katzenstein (1996b, p.11), no que se tornou o estudo marco do Construtivismo convencional – *A cultura da segurança nacional* – os construtivistas podiam provar que as explicações ideacionais poderiam contar como resultados não percebidos por teorias materialistas realistas – e, até um ponto menor, liberais –, logo, "deveria ser relativamente fácil aplicar a perspectiva analítica desse livro a concepções mais amplas de segurança que não se restringem a assuntos militares ou ao Estado". Segundo ilustra essa afirmação, os construtivistas convencionais eram tradicionalistas, não apenas na medida que aceitavam um conceito de segurança estatal militar, mas no fato de que eles se conformavam à agenda de pesquisa tradicionalista substantiva e epistemológica que defendia que os ESI e as RI deveriam se voltar a explicações do comportamento estatal. A segurança, em resumo, é um comportamento que deve ser explicado, não, conforme defendiam a maior parte das outras abordagens aprofundadoras, um conceito político e inerentemente contestado (Der Derian, 1995; Wæver, 1995). Logo, é falha a sugestão de Katzenstein cujas abordagens ampliadoras e aprofundadoras poderiam facilmente aplicar as conclusões ideacionais do Construtivismo, justamente por não entender, segundo outros aprofundadores, a natureza política mais profunda do conceito de segurança. O fato de que havia mais em jogo do que convencer os tradicionalistas a "escolher o exemplo delicado" também era indicado pelo desejo dos construtivistas convencionais de se distanciarem do

Pós-estruturalismo e da "teoria social exótica (presumivelmente parisiense)" (Jepperson et al., 1996, p.34; Adler, 1997b).

A confluência entre o Construtivismo convencional e as abordagens realistas tradicionais era ainda indicada pela escolha do desenho de pesquisa, no qual os construtivistas não raro assumiam a incapacidade dos realistas em explicar certos fenômenos como ponto de partida para mostrar o significado causal ou semicausal de fatores ideacionais, por exemplo, crenças, normas, valores e cultura. Enquanto a maior parte dos construtivistas, em um primeiro momento, reivindicava a utilização de abordagens positivistas e pós-positivistas, os construtivistas convencionais, liderados por Wendt, gradualmente seguiram em direção a uma agenda de pesquisa positivista (Laffey; Weldes, 1997; Desch, 1998; Wendt, 1999; S. Smith, 2005, p.39-40). Além do mais, renomados construtivistas convencionais publicavam seus trabalhos na *International Security*, o mais prestigioso periódico de ESI tradicionais, nesse sentido, eles geralmente adotavam o mesmo desenho estruturado de estudos de caso que os tradicionalistas – ou, pelo contrário, com a escolha da epistemologia e da metodologia tradicional, aumentavam as chances dos artigos construtivistas serem aceitos. Os artigos na *International Security* tradicionalmente têm se encaixado em duas amplas categorias: os artigos de estudos de caso estruturado (quase sempre históricos) e os mais voltados a políticas, menos explícitos teoricamente, sobre assuntos de segurança contemporânea. É comum os trabalhos dos construtivistas tradicionais pertencerem à primeira categoria: o estudo de caso histórico aplicado a favor de um argumento teórico mais geral. Conforme se nota no Capítulo 3, os periódicos são um aspecto importante da institucionalização acadêmica, portanto, a incorporação do Construtivismo na *International Security* teve um duplo efeito: legitimar o Construtivismo como uma perspectiva de ESI a ser reconhecida (ao menos no contexto norte-americano) e permitir aos editores constituir a *International Security* como um periódico amplo e inclusivo, independente de seu virtual silêncio em se tratando de qualquer outra abordagem ampliadora

(Construtivismo Crítico, a Escola de Copenhague, Estudos Críticos de Segurança, Feminismo etc.). Logo, no vigésimo quinto aniversário do periódico, o editor-chefe Steven E. Miller (2001a, p.8, 12) caracterizou a *International Security* como multidisciplinar e não aderente a "nenhuma linha política, de substância ou metodológica" – talvez, uma visão que não seria compartilhada por quem estivesse fora da "panelinha" dos que contribuíam.

Esse fato, por sua vez, indica que a força motriz dos debates acadêmicos internos – mais especificamente as discussões racionalistas-reflexivistas em RI – vem tendo um impacto mais forte no Construtivismo convencional que origina outros eventos, a tecnologia ou a política das grandes potências. Isso posto, todas aquelas três forças motrizes desempenharam algum papel na evolução do Construtivismo. Uma proporção significativa de trabalhos do Construtivismo convencional adotou, conforme se notou anteriormente, o estudo de caso histórico como estratégia metodológica e, portanto, não foi direcionada por eventos contemporâneos no que concerne, por exemplo, aos Estudos Estratégicos da Guerra Fria, da Segurança Humana ou do Pós-estruturalismo. Os eventos, em contrapartida, realmente desempenharam seu papel em alguns estudos, em especial naqueles que lidavam com as implicações do fim da Guerra Fria, por exemplo, para a OTAN (Risse-Kappen, 1996), para o Japão (Katzenstein; Okawara, 1993) ou para as intervenções humanitárias (Finnemore, 1996, 2003). Voltando-nos à força motriz da política das grandes potências, muitos dos estudos de caso históricos envolveram grandes potências, provavelmente porque elas sempre foram privilegiadas pelos ESI tradicionais. A maior parte dos construtivistas convencionais operavam, além do mais, em solo norte-americano, portanto, eram mais propensos a adotar um enfoque nas grandes potências, e até o ponto em que se tratavam dos eventos contemporâneos, não raro, eles possuíam um componente de grandes potências. Embora a tecnologia não fosse geralmente eleita como uma força motriz por si própria, havia vários estudos que lidavam com seu desenvolvimento, sua constituição social e as normas que a circundavam, por exemplo, os casos da não utilização de armamentos químicos e nucleares (Price, 1995, 1997; Price; Tannenwald, 1996; Tannenwald, 1999, 2005).

Passando às reivindicações substanciais do Construtivismo convencional, ele oferece uma análise que ataca as ESI tradicionais, em particular o Neorrealismo, em vários pontos diferentes. Uma série de trabalhos se concentrava nas normas internacionais, principalmente aquelas que pareciam ir contra a premissa neorrealista e neoliberal de que os Estados são atores racionais e que ajudam a si próprios em um sistema anárquico. Tais estudos se constituíam ao redor de um quebra-cabeças realista: por que os Estados aceitam amarras na sua capacidade de conduzir a guerra? Como fornecer ajuda para os feridos de acordo com as Convenções de Genebra? (Finnemore, 1996) Por que não se utilizam armas químicas, quando elas podem ser efetivas e as forças armadas estão preparadas para utilizá-las? (Price, 1995) Ou por que o assassinato de líderes políticos e militares não é considerado apropriado, mesmo que possam ser efetivos, fáceis de se operacionalizar e uma alternativa moral preferível a se iniciar uma guerra contra todo um exército ou uma população? (W. Thomas, 2000) Tais questões, defendem os construtivistas, não podem ser respondidas por explicações materialistas realistas, mas apenas por uma análise ideacional que traça a gênese e a evolução das normas. A não utilização de armas químicas durante a Segunda Guerra Mundial, por exemplo, esteve, como defende Richard Price (1995), ligada à constituição de nações "civilizadas" e "não civilizadas". No contexto em que os "civilizados" consideravam as armas químicas moralmente abomináveis, foi simultâneo a sua própria "civilidade" (construída) que os permitiu utilizar armas químicas contra povos "não civilizados".

Um segundo grupo de obras construtivistas foram dos termos do sistema internacional para as políticas externas de Estados ou instituições específicas. Tais estudos também apontaram para fenômenos que não podem ser explicados por teorias neorrealistas localizadas no contexto da estrutura internacional, defendendo que eles exigem uma explicação no que concerne à política externa e à incorporação de uma variável ideacional. A análise de Kier (1995) sobre a doutrina militar francesa defende que a escolha de uma doutrina ofensiva ou defensiva só pode ser explicada por meio de uma combinação de interesses civis sobre o poder dos militares e da cultura militar propriamente dita (Kier, 1995, p.68). Katzenstein e Okawara (1993) defendem que, como a estrutura internacional havia mudado, mas não a compreensão japonesa de sua própria segurança, fatores domésticos deviam ser incluídos (cf. também Berger, 1993, 1996). Saindo do Estado em direção a instituições internacionais, Risse-Kappen (1996) defende que a incapacidade do Neorrealismo (Mearsheimer, 1990; Waltz, 1993) em explicar a sobrevivência pós-Guerra Fria da OTAN se deve à exclusão, por parte dessa teoria, de variáveis ideacionais, como valores e identidade. Em vez de se formar contra uma ameaça externa e, portanto, segundo previam os neorrealistas, prestes a se dissolver assim que tal ameaça se esvanecesse, a OTAN, de acordo com Risse--Kappen, foi fundada sobre um conjunto de valores democráticos e liberais que garantiria a sobrevivência da instituição.

O Construtivismo convencional tem sido, não surpreendentemente, criticado por tradicionalistas e por outros ampliadores. A principal crítica tradicionalista se fundamenta no fato de que as teorias construtivistas vêm falhando em "demonstrar que suas teorias possuem um desempenho superior às teorias realistas nos 'casos complexos'" (Desch, 1998, p.144). Logo, ao mesmo tempo que o Construtivismo pode complementar o Realismo, ele não pode suplantá-lo. Ainda mais interessante, talvez, é a maneira pela qual outras abordagens ampliadoras atacam o Construtivismo convencional por ser, "essencialmente, uma forma de racionalismo" que se foca nos Estados e na segurança militar (S. Smith, 2005, p.39; cf. também Campbell, 1998b, p.218). O Construtivismo convencional, nessa visão, não consegue empregar "segurança" criticamente, empurrando para longe da vista as implicações normativas de se aceitar o Estado como objeto de referência e os militares como o terreno privilegiado.

Dizer que os construtivistas concordam analiticamente com o estadocentrismo não quer dizer, contudo, que a análise construtivista não pode criticar políticas estatais específicas. A análise de Kier sobre a proibição militar norte-americana de pessoal abertamente homossexual servindo nas forças armadas defende, por exemplo, que a justificativa militar – segundo a qual a integração aberta de gays e lésbicas impediria a essencial coesão de grupo, crítica para a efetividade militar – é falsa (Kier; 1998; Barmett, 1996). Conforme delineado no Capítulo 5, adotar uma epistemologia positivista não exime, por si só, um emprego normativo e, enquanto o estudo de normas pode não ser necessariamente explícito, ele de modo geral produz a demanda de uma avaliação explícita mais normativa e política: seria a norma contra a utilização de armas químicas/assassinatos/proliferação nuclear aplicada a todos ou apenas contra alguns? Quais as consequências, e para quem?

Talvez, ainda mais importante, há uma ambiguidade ou uma abertura no Construtivismo convencional sobre como ele constitui a lógica básica das relações internacionais. Contrário ao que alguns críticos vêm sustentando, as explicações ideacionais construtivistas não implicam em resultados pacíficos: ideias, normas e a cultura podem incitar, assim como restringir, o comportamento expansionista e agressivo. O Construtivismo é, portanto, neutro no que diz respeito às premissas ontológicas realistas e liberais clássicas. Ainda assim, de acordo com afirmação de Wendt (1999), se os Estados podem existir em uma cultura anárquica kantiana em vez de hobbesiana, logo, uma guinada mais fundamental para longe da compreensão realista do Estado é possível e a "segurança" pode mudar da mesma forma. Ou, quando as redes e os indivíduos moralmente comprometidos estudados por Finnemore (1996) mudam as práticas estatais, eles também levam a compreensão de "segurança" em uma direção menos realista.

Construtivismo crítico

O Construtivismo crítico se ramificou durante a última metade dos anos 1990, distinguindo-se do Construtivismo convencional por analisar os discursos e as ligações entre a constituição de identidades históricas e discursivas, por um lado, e as políticas de segurança, de outro (Katzenstein et al., 1998, p.677). Os construtivistas críticos defendiam que o Construtivismo convencional reificava o Estado como objeto de análise, abrangendo privilégios normativos do Estado como o objeto de referência preferível para a segurança (Weldes, 1996; Zehfuss, 2001; Rumelili, 2004). Epistemologicamente, os construtivistas críticos desafiavam a crescente aceitação do positivismo por parte do Construtivismo convencional (Laffey; Weldes, 1997).

Onde exatamente traçar a linha entre o Construtivismo crítico e o convencional, de igual maneira entre o Construtivismo crítico e o Pós-estruturalismo, configura uma questão bem difícil: ambos os tracejados de fronteiras são, até um ponto específico, uma circunstância de zonas que se entrelaçam, e não de diferenças intransponíveis (cf., por exemplo, Price, 1995). Com tal ressalva, podemos identificar dois conjuntos principais de trabalho dentro do Construtivismo crítico, cada um possui algumas afinidades interessantes com a Pesquisa da Paz da Guerra Fria. Um conjunto de trabalhos de construtivistas críticos tornou a teoria social e a sociologia histórica efetivas na Pesquisa da Paz clássica e nos temas e conceitos de ESI. Esse conjunto de trabalho incluía o relato importante de Adler (1992) em relação ao significado da comunidade epistêmica estratégica norte-americana, suas ideias sobre Controle de Armamentos e o fato de terem provocado o fim da Guerra Fria, além da revigoração dele, de Barnett e da teoria das comunidades de segurança de Deutsch (Adler, 1997a; Adler; Barnett, 1998). Assim como na formulação original de Deutsch, Adler (1997a, p.250) teorizou as comunidades de segurança constituindo-se por meio de um processo que ocorria de baixo para cima, no qual cidadãos de diferentes países chegariam a perceber que seus valores e, portanto, seus destinos, eram compartilhados. O otimismo que fluía da Pesquisa da Paz liberal deutschiana era ecoado pela descrição de Adler da Organização para Segurança e Cooperação na Europa (OSCE) como uma instituição que construía uma comunidade de segurança empoderando indivíduos, Organizações Não Governamentais (ONGs), movimentos sociais e atores da sociedade civil (Adler, 1997a, p.274-6).

Outros construtivistas criticavam mais as premissas liberais, por exemplo, o poder explicativo dos sistemas democráticos, e do privilégio normativo concedido ao Ocidente (alegadamente) democrático. A teoria da paz democrática foi desafiada por Oren (1995, 2003). Segundo ele a definição do que faz um Estado democrático tem se desenvolvido historicamente como uma consequência de quais países os Estados Unidos consideravam seus inimigos. Logo, já que a democracia é a variável dependente, e não independente, não chega a impressionar que a teoria da paz democrática nos anos 1980 e 1990 descobriria que Estados democráticos não guerreiam entre si. A análise da expansão da OTAN feita por Williams e Neumann (2000) sugeria que a expansão era um exercício de poder simbólico em vez de um projeto de comunidade de segurança liberal conduzido por valores democráticos universais. A ideia do poder simbólico também era paralela à análise de Mattern (2001, 2005) de comunidades de segurança construídas sobre a força representacional ou narrativa.

O outro conjunto principal de trabalho construtivista crítico possui afinidades com a análise da Pesquisa da Paz linguística (cf. Capítulo 5) e se descreve assumindo uma abordagem mais profunda e mais discursiva em relação à identidade e à segurança, bebendo, em alguns casos, do Pós-estruturalismo. De maneira significativa, contudo, a maior parte dos construtivistas críticos se espelham no Construtivismo convencional, em particular no fato de não empregarem explicitamente o conceito de segurança. Os construtivistas críticos que trabalham na tradição linguística defendem que os conceitos realistas essenciais, por exemplo, o interesse nacional, são construídos discursivamente por representações (de países, povos etc.) e de elementos linguísticos (substantivos, adjetivos, metáforas e analogias) (Weldes, 1996, 1999). Políticas externas e de segurança, portanto, não surgem de interesses nacionais objetivos, mas se legitimam mediante construções particulares que não são flutuantes ou "apenas palavras", mas seguem um conjunto específico de jogos presos a regras (Fierke, 1996, 1998, 1999, 2000). Fierke demonstra como a resposta ocidental à Guerra da Bósnia colocou a guerra dentro de um jogo linguístico específico (Fierke, 1996, p.473). Comparar a guerra com a "Segunda Guerra Mundial", "Vietnã", a "Guerra do Golfo" ou a "Primeira Guerra Mundial", constituía, portanto, identidades diferentes para as partes bósnias e para o Ocidente e sugeria quais políticas poderiam ou deveriam ser adotadas. Conduzindo um estudo de caso histórico, Weldes (1996, 1999) contrastou o discurso oficial norte-americano sobre a Crise dos Mísseis de Cuba com as representações cubanas e soviéticas para ilustrar a contestabilidade dos fatos materiais, dentre eles os mísseis. Mutimer (1998) analisou como práticas e narrativas de controle de proliferação se disseminaram a partir da proliferação nuclear para armamentos químicos e biológicos após o fim da Guerra Fria. De maneira crucial, constituir tais armas por meio do discurso de "desarmamento", da "economia de mercado" ou de uma "guerra contra as drogas" em vez da "proliferação" reorientaria as constituições de objetos, identidades e interesses e, portanto, quais políticas deveriam ser adotadas.

O interesse pela construção da identidade e a ligação entre as representações e as políticas no Construtivismo crítico denota a existência de semelhanças claras com o Pós-estruturalismo (ver o Capítulo 5 e a próxima seção). Contudo, também há diferenças entre ambas as abordagens. Primeiro, no fato de que os construtivistas críticos geralmente examinam os jogos de linguagem ou as narrativas a partir de uma perspectiva lógica ou hipotética e não empírica, como fazem os pós-estruturalistas (Wæver, 2004a). Essa dedução lógica confere aos jogos de linguagem identificados uma qualidade independente ou autossuficiente que torna as transições e as variações mais difíceis de se explicar (Fierke, 2000, procura tratar desse assunto). Segundo, a concepção da identidade é levemente mais construtivista do que pós-estruturalista. Os construtivistas críticos falam dos Estados como atores e não como sujeitos constituídos discursivamente, inclusive, às vezes, há uma confusão entre "identidade" e "papel" (Mutimer, 1998, p.113). Isso resulta no fato de a identidade ser algo que um Estado (ou outros) possui e que "ele" define e busca explicitamente (Mitzen, 2006), ou então uma propriedade que ele pode decidir proteger ou "eliminar" (Mattern, 2001). Para os pós-estruturalistas, a identidade se constrói discursivamente e embora os Estados (ou, melhor, representantes falando pelos Estados) construam e mobilizem a identidade quando legitimam políticas externas, ela não é uma entidade que pode ser completamente controlada. Terceiro, os construtivistas críticos geralmente estabelecem identidades com base em palavras ou conceitos explícitos encontrados nos textos analisados: Mutimer (1998), por exemplo, identifica as identidades do discurso de proliferação como "fornecedores" e "destinatários". Os pós-estruturalistas quase sempre traçam o modo que esses termos se ligam a identidades mais enraizadas, por exemplo, civilizado/bárbaro, ocidental/oriental, democrático/ despótico e racional/irracional.

Além do Estado (ocidental)

Os construtivistas com os quais lidamos na seção anterior não reivindicavam explicitamente uma expansão do objeto de referência para além do Estado, de igual maneira não traçaram uma teoria que fosse além do setor político-militar. Isso não quer dizer que o Construtivismo não pode ser crítico: apontar para a capacidade de transcender a visão realista de política de segurança e de relações interestatais vai ao bojo dos debates normativos centrais nos ESI. Mas o escopo do Construtivismo difere daquelas abordagens ampliadoras que explicitamente empregam o conceito de segurança. Esta seção lida com esses últimos, em especial com aqueles que advogavam pela necessidade de uma expansão do objeto de referência para além do Estado (ocidental): abordagens pós-coloniais (que receberam a contribuição de alguns construtivistas críticos), Segurança Humana, Estudos Críticos de Segurança e Feminismo. Com tamanha ampliação do objeto de referência também surgiu uma ampliação dos setores ou das áreas às quais a análise de segurança deveria ser aplicada, com a inclusão de questões de desenvolvimento, meio ambiente, economia e bem-estar social.

Pós-colonialismo

A situação do Estado ocidental constitui uma questão nos ESI desde os anos 1970. Estudiosos de segurança mais tradicionais, por exemplo, Ayoob (1984, 1997), chamaram a atenção para as especificidades do Terceiro Mundo enquanto insistiam na necessidade de um Estado forte e de mantê-lo como objeto de referência. Pesquisadores críticos da paz, por outro lado, empregavam teorias marxistas e a dependência às suas análises da exploração econômica, política e cultural que a ordem mundial liberal abarcava. Nos anos 1990, as reivindicações de um escrutínio crítico da concepção ocidente-cêntrica do Estado como coração dos ESI se tornou mais frequente, nesse sentido uma explícita perspectiva pós-colonial de ESI começou a se cristalizar. Em parte, isso era consequência do advento e do crescimento do Pós-colonialismo nas Ciências Sociais e Humanas, de forma mais ampla (Said, 1978; Spivak, 1999; Grovogui, 2007), em parte com o apoio do entrelaçamento entre o Pós-colonialismo e outras abordagens ampliadoras que bebiam umas das outras para gerar um ímpeto crítico.

A teoria pós-colonial compreende uma ampla gama de perspectivas (Grovogui, 2007), desse modo um conjunto de ESI pós-coloniais se entrelaçava com a teoria social e a Sociologia Histórica e, portanto,

AMPLIANDO E APROFUNDANDO A SEGURANÇA

com o Construtivismo crítico, ao chamar a atenção para a necessidade de conceitualizações de segurança que reconhecessem a especificidade do Terceiro Mundo. Bebendo dos trabalhos de Charles Tilly, Krause (1996), por exemplo, sustentava-se que o conceito estadocêntrico de segurança advogado pelas abordagens tradicionalistas realistas se baseava em uma história europeia específica de formação estatal. O Estado europeu foi construído sobre uma compreensão de segurança orientada em direção a ameaças externas e se firmava sobre uma "forte identificação com a segurança do *Estado* com a segurança de *seus cidadãos*" (Krause, 1996, p.320, grifo original). Tal compreensão da segurança implica que as concepções estadocêntricas de segurança não fornecem nem uma posição analítica nem uma normativa a partir da qual se identificam as ameaças que os regimes podem representar aos seus próprios cidadãos.

O Pós-colonialismo defende que o Estado não ocidental seguiu uma trajetória distinta, mas briga com a visão deste como "falido" ou "subdesenvolvido". A literatura de Estados falidos, discutida no Capítulo 6, analisava o Estado "falido" como carente de algo, se comparado em certos aspectos com o Ocidente e, portanto, necessitando de uma "mãozinha". Como resposta os pós-colonialistas defendem que tais "fracassos" são os "efeitos tardios do encontro desigual com o colonialismo ocidental" (Niva, 1999, p.150; Barkawi; Laffey, 2006) e que há uma recorrente relação econômica, social e militar desigual entre o Ocidente e os demais Estados. Tal linha dos ESI pós-coloniais enfatiza "as lutas materiais e ideológicas de agentes historicamente localizados em uma ordem mundial neoliberal" (Agathangelou; Ling, 2004, p.518), estando em paralelo com a EPI crítica, assim como os relatos dos pesquisadores marxistas da paz sobre o imperialismo e a violência estrutural nos anos 1960 e 1970.

Outra corrente da teoria pós-colonial divergiu da Pesquisa da Paz marxista dos anos 1970 ao enfatizar a constituição discursiva de identidades em vez de estruturas materiais. Em tal literatura, o Pós--colonialismo e o Pós-estruturalismo bebiam um do outro, apontando para a construção política e acadêmica do Outro "oriundo do Sul", "oriental", "subdesenvolvido" e "falido" (Doty, 1996; Muppidi, 1999; Niva, 1999). Essas identidades inferiores assumem uma "imutável essência cultural 'pré-colonial'" que pode ser mobilizada pelo Ocidente, por exemplo, em argumentos contrários à proliferação nuclear para o Terceiro Mundo (Mutimer, 1998; Niva, 1999: p.150; Biswas, 2001; Grovogui, 2007, p.240-1), mas também pelas elites não ocidentais que buscam incrementar sua posição doméstica no exterior (Niva, 1999, p.150-2). De uma implicação crucial do Pós-colonialismo, portanto, surge uma compreensão diferente do sujeito não ocidental e, dado que a identidade é relacional, também do próprio Ocidente (Bilgin, 2008). Isso significa que outros objetos de referência podem entrar no enfoque analítico, mas também que a "segurança" em si pode ser constituída em termos não ocidentais distintos que exigem a adoção de novas epistemologias e metodologias (Grovogui, 2007, p.232-3).

A reconstituição do objeto de referência pelo Pós-colonialismo e sua utilização de um conjunto mais amplo de epistemologias contextualizadas andam lado a lado com as reivindicações para trazer a Antropologia para o contexto dos ESI. Essa reivindicação foi feita, de forma destacada, por um grupo de construtivistas críticos em *Cultures of Insecurity: States, Communities, and the Production of Danger*[1] (Weldes et al., 1999), o qual, como indicado pelo próprio título, era uma tentativa explícita de definir um Construtivismo crítico que diferisse do encontrado em *The Culture of National Security*[2] (Katzenstein, 1996a). Weldes defendia, mais especificamente, uma agenda de pesquisa focada na produção da insegurança por meio de múltiplos níveis de análise, de diferentes setores e aplicável, da mesma forma, aos objetos de referência coletiva sob e por meio de fronteiras estatais (Weldes et al., 1999, p.1-10). Essa perspectiva trouxe à tona não

---

1   *Culturas da insegurança: estados, comunidades e a produção do perigo.* N. do T.
2   *A cultura da segurança nacional.* N. do T.

apenas os contextos não ocidentais (Litzinger, 1999; Muppidi, 1999; Niva, 1999), mas também cenários domésticos ocidentais, como no relato de Masco (1999) sobre como diferentes grupos étnicos em Los Álamos, Novo México, confrontavam as consequências econômicas da diminuição dos números de instalações nucleares no fim da Guerra Fria. Tais grupos articulavam interesses de segurança social, econômica e ambiental, conectando a segurança, portanto, por meio de um conjunto mais amplo de setores.

Antropólogos que trabalham a partir de uma perspectiva pós--colonial alertam sobre a suposição de que existe um conceito universal e globalmente compartilhado de segurança. Eles defendem que os estudos de campo etnográficos podem identificar construções locais de segurança que diferem do que normalmente é admitido nos ESI (centrados no Ocidente) e que "não é possível, por exemplo, que se pense que o objetivo da segurança é assegurar a sobrevivência ou do indivíduo ou do Estado" (Kent, 2006, p.347; cf. também Bubandt, 2005). Tais diferenças não são apenas semânticas, mas indicam profunda variação em como as sociedades se organizam e como se compreendem princípios políticos essenciais, por exemplo, governança, violência e legitimidade. Essas construções locais também trazem implicações significativas para a epistemologia e a metodologia da análise de segurança, em especial para as abordagens discursivas, nas quais a palavra "segurança" pode não identificar a "lógica da segurança", conforme a conhecemos pelas definições realistas de segurança nacional e, do outro lado, que a "lógica da segurança nacional" pode ser evocada por outros conceitos e práticas (cf. também a discussão sobre a Escola de Copenhague a seguir).

Segurança Humana

As abordagens pós-coloniais chamam a atenção para as especificidades do Estado não ocidental, para as estruturas econômicas globais e, portanto, também para questões de desenvolvimento. Uma expansão mais direta de segurança que incluísse o desenvolvimento foi feita dentro do conceito de Segurança Humana do Programa das Nações Unidas para o Desenvolvimento, lançada em 1994. A Segurança Humana possui a vantagem de ser promovida a partir de uma forte base institucional e, assim como a Segurança Comum no começo dos anos 1980, combina agendas político-ativistas e acadêmicas. A formulação original do PNUD optou por uma expansão da segurança por meio de várias dimensões. A "lógica da segurança" deveria ser ampliada para além da defesa territorial, dos interesses nacionais e da dissuasão nuclear para, assim, incluir "interesses universais" e prevenir conflitos, mas também e crucialmente, configurar um esforço global cooperativo para erradicar a pobreza e o subdesenvolvimento (PNUD, 1994, p.22). O objeto de referência mudou dos Estados-nação para "pessoas", nesse sentido, ser "pessoacêntrico" significava "preocupar-se com a maneira como as pessoas vivem e respiram em uma sociedade, quão livremente elas exercem suas várias escolhas, quanto acesso elas têm às oportunidades sociais e de mercado – e se elas vivem em conflito ou em paz" (PNUD, 1994, p.23). Isso resultava em uma ampliação radical dos tipos de ameaças e de setores nos quais a segurança se aplicava à alimentação, à saúde, ao meio ambiente, ao crescimento populacional, às disparidades de oportunidades econômicas, à migração, ao tráfico de drogas e ao terrorismo.

A conceitualização de Segurança Humana do PNUD é, provavelmente, a mais abrangente expansão do conceito desde que Galtung lançou a violência estrutural e, como na Pesquisa da Paz Marxista, buscou trazer o desenvolvimento e as questões Norte-Sul para dentro dos ESI. Do mesmo modo que a violência estrutural, a Segurança Humana também foi atacada por ser tão ampla, tornando-se acadêmica e politicamente vazia (Seção Especial de *Security Dialogue*, 2004). Segundo Roland Paris, "se a Segurança Humana significa quase qualquer coisa, então ela não significa, efetivamente, nada" (2001, p.93). Outros críticos questionam a sabedoria de incluir "segurança" no que defendem ser, essencialmente, uma agenda de direitos humanos

(Buzan, 2004b) e apontam para a facilidade com a qual os Estados cooptam a retórica de Segurança Humana sem, na verdade, mudar seu comportamento (Booth, 2007, p.321-7).

Não obstante as ambições abrangentes comuns, há, contudo, diferenças importantes entre a Segurança Humana e o conceito de violência estrutural; a Segurança Humana, na formulação inaugural do PNUD, articula uma relação muito menos conflituosa entre o Ocidente e o Sul e entre regimes e cidadãos, oferecendo, portanto, uma crítica menos sistemática da estrutura econômica global do que a teoria da dependência. Acima de tudo, os pesquisadores da paz críticos criticavam muito o Estado (ocidental), enquanto a incapacidade do Estado de fornecer segurança para o "seu" povo só é mencionada brevemente pelo PNUD. Tais ausências – crítica ao Estado e à ordem econômica neoliberal – não são, talvez, muito surpreendentes, considerando-se a situação do documento como texto do PNUD, o qual, por sua própria natureza e localização institucional, deve ser aceitável para os Estados. As apropriações subsequentes da Segurança Humana vêm, todavia, utilizando o conceito de formas diferentes para desafiar o Estado e a atual estrutura político-econômica.

Traçando a evolução da Segurança Humana desde seu surgimento no PNUD, pode-se, primeiro, apontar para sua adoção pelos Estados, mais destacadamente por Noruega, Canadá e Japão, além da literatura acadêmica que analisa tal mudança no discurso estatal (Suhrke, 1999; Axworthy, 2001; Neufeld, 2004). Tais governos relacionam a Segurança Humana aos "valores progressistas preeminentes dos anos 1990: direitos humanos, direito internacional humanitário e desenvolvimento socioeconômico baseado na equidade" (Suhrke, 1999, p.266). O governo canadense, além disso, tem fornecido financiamento para o Consórcio Canadense de Segurança Humana, "uma rede situada na academia e que promove pesquisa relevante de políticas, sendo ligada à Segurança Humana", o qual, desde 2002, tem publicado o *Human Security Bulletin* (disponível em: www.humansecurity.info. Acesso em: 29 jan. 2008). Assumindo uma perspectiva construtivista que combina interesses e ideias, Suhrke (1999) defende que tal concepção progressista de Segurança Humana servia às aspirações canadenses de ter uma posição de poder médio e às ambições norueguesas de um assento no Conselho de Segurança da ONU, em 2001-2003 (Newman, 2001; McDonald, 2002). Tais aspirações e ambições se mesclavam às mudanças estruturais globais nos anos 1990 que abriam maior espaço para políticas externas normativas baseadas em interesses humanitários (Suhrke, 1999, p.268-70). A junção de Segurança Humana com "política externa humanitária" modifica a compreensão realista clássica do Estado como preocupado exclusivamente com a defesa territorial e com os interesses nacionais. Ainda assim, os críticos sustentam que as concepções norueguesas e canadenses sofrem do clássico problema ampliador: como delimitar o conceito e julgar quais inseguranças honrar quando interesses conflitantes estão em jogo? (Suhrke, 1999; Paris, 2001).

Alguns, por exemplo, Thomas e Tow (2002a p.179), tentaram tratar de tais problemas definindo a Segurança Humana em termos mais estritos, como cruzar fronteiras estatais e admitindo "um significado verdadeiramente internacional, afetando outras sociedades e indivíduos". Ainda assim, conforme notam Bellamy e McDonald, tal conceitualização fornece um rigor apenas ao fincar novamente a concepção estadocêntrica de segurança que os defensores críticos da Segurança Humana atacaram em um primeiro momento (Bellamy; McDonald, 2002; Thomas; Tow, 2002b). Outros têm abordado a Segurança Humana a partir de uma literatura de pobreza, desenvolvimento e saúde global, em vez de partirem dos Estudos de Segurança, defendendo uma "definição simples, rigorosa e mensurável de Segurança Humana: o número de anos de vida futura gasto fora de um Estado de 'pobreza generalizada'" (King; Murray, 2001/2, p.585). Baseados em uma epistemologia empiricista, tal abordagem admite o indivíduo como objeto de referência a tal um ponto que as dinâmicas políticas nos níveis estatais e internacionais estão virtualmente ausentes (King; Murray, 2001/2, p.597).

Defensores mais críticos da Segurança Humana ou amarraram-na à agenda de Estudos Críticos de Segurança (Dunne; Wheeler, 2004; Booth, 2005b) ou a relacionam a uma crítica à economia neoliberal, principalmente na medida que essa ideologia vem influenciando políticas de desenvolvimento. Como consequência, argumenta Caroline Thomas, "[o] processo de globalização está resultando em uma distribuição altamente desigual de ganhos e, sem uma ação concertada, a desigualdade pode se aprofundar ainda mais, com todas as implicações resultantes" (Thomas, 2001, p.173-4). Isso, por sua vez, cria uma ligação com a EPI clássica e com as desigualdades econômicas e estruturais no coração da antiga agenda de Pesquisa da Paz marxista.

Os debates sobre a Segurança Humana se apresentam, nos seus maiores aspectos, como uma nova rodada do debate clássico entre conceitos amplos e restritos de segurança. Conforme os ampliadores apontam para as consequências políticas de se privilegiar a segurança estatal à custa de pessoas marginalizadas, ameaçadas pela pobreza e pela perseguição advinda de seu próprio Estado, aqueles que reivindicam abordagens restritas ressaltam a necessidade de conceitos de segurança para criar argumentos acadêmicos distintos, além de serem guias com o intuito de criar prioridades políticas. O que é, talvez, crucial e distinto no debate sobre a Segurança Humana é o fato de ele insistir em mostrar o valor da institucionalização (sua gênese no PNUD e sua adoção como um conceito por Estados, como a Noruega e o Canadá) e que os critérios acadêmicos nem sempre determinam o sucesso ou o fracasso de um conceito. A Segurança Humana realmente articulou uma agenda muito ampla, mas isso, ao mesmo tempo, forneceu um ponto de encontro para uma diversidade de atores políticos buscando aumentar seu apoio a assuntos de desenvolvimento e a políticas externas humanitárias.

Estudos Críticos de Segurança

A Segurança Humana também foi, como se notou anteriormente, escolhida pelos Estudos Críticos de Segurança, que compartilhavam da mesma preocupação com as "pessoas" em vez dos Estados e que também visavam uma ordem mundial mais justa e pacífica. Embora quantitativamente pequenos, os Estudos Críticos de Segurança conseguiram se institucionalizar na conjuntura dos Estudos de Segurança europeus até um ponto notável. Os Estudos Críticos de Segurança geralmente se definem como o trabalho inspirado na Escola de Frankfurt por Booth, Wyn Jones e seus alunos e colaboradores de Aberytswyth (Booth, 1991, 2005a, 2007; Wyn Jones, 1995, 1999, 2005; Bilgin, 2003, 2004a; Dunne; Wheeler, 2004; Mutimer, 2007, p.62-5; Van Munster, 2007). Em meados dos anos 1990, uma definição mais ampla dos Estudos Críticos de Segurança que também incluía o Pós-estruturalismo e o Construtivismo foi avançada por Krause e Williams (1997); ainda assim, ela nunca se firmou e a mais restrita "definição de Aberytswyth" dos Estudos Críticos de Segurança foi (r)estabelecida (Booth, 2005b; CASE, 2006). Os Estudos Críticos de Segurança tiveram um impacto significativo nas discussões ampliadoras pelo fato de terem sido a perspectiva que mais explicitamente tomou para si a tradição da Escola de Frankfurt da teoria crítica que integrava a Pesquisa da Paz nos anos 1970. Isso, contudo, não ocorreu como um comprometimento explícito com essa última literatura, mas por meio de uma leitura da própria Escola de Frankfurt. Conceitualmente, os Estudos Críticos de Segurança defendiam que "os indivíduos humanos são a última referência" para a segurança, pois os Estados são fornecedores não confiáveis de segurança e muito diversos para fornecer "uma teoria abrangente de segurança" (Booth, 1991, p.319-20). Para Wyn Jones (1995, p.309), os Estudos Críticos de Segurança resultam em "situar a experiência desses homens e mulheres e comunidades para quem a atual ordem mundial é causa de insegurança e não de segurança no centro da nossa agenda". A reivindicação verbalizada dos Estudos Críticos de Segurança para um objeto de referência individual concerne, além do mais, a uma avaliação empírico-política da guerra interestatal como bem menos real e ameaçador do que "segurança ambiental, segurança alimentar e segurança econômica" e a uma visão da maioria dos Estados como geradores de insegurança em vez de estabilidade e prosperidade (Wyn Jones, 1995, p.310).

Isso traz uma visão muito pessimista da segurança global: os Estados tornam os indivíduos inseguros e a estrutura econômica neoliberal chega a exacerbar essa condição. Booth (2007, p.395 e seguintes) fala de uma "nova crise dos vinte anos" que logo será seguida por uma gama de desastres ambientais, políticos e humanitários, os quais ele rotula de "o grande cômputo", a menos que se façam mudanças radicais em muitos aspectos básicos da conduta humana. A transformação da segurança individual/global para longe desse relato pessimista do presente é facilitado pelo conceito de emancipação. A emancipação funciona como a meta da segurança individual, do mesmo modo que o motor analítico e político, sendo definida por Booth (em termos que remontam a aspectos da violência estrutural de Galtung) como "a liberação das pessoas (como indivíduos ou grupos) dos constrangimentos físicos e humanos que os impedem de levar a cabo o que escolheriam livremente fazer" (Booth, 1991, p.319). Na visão de Booth, essa é uma situação altamente desejável: se as pessoas se emancipam, o que elas escolhem fazer livremente é pacífico. A solução emancipada nos termos da segurança individual, portanto, possui consequências positivas no que diz respeito à segurança coletiva: a "segurança individual" se liga profundamente à "segurança global", que ocorre quando todos os indivíduos e grupos foram emancipados e quando as construções mais orgânicas da comunidade política substituíram o Estado (cf. também McSweeney, 1999).

O conceito de emancipação dos Estudos Críticos de Segurança se baseia explicitamente na Escola de Frankfurt, em especial no relato de Habermas sobre o potencial emancipatório na interação e na comunicação (Wyn Jones, 2005, p.223). Seu significado, por sua vez, estabelece uma ligação tanto com a Pesquisa da Paz da Guerra Fria quanto com os primeiros interesses pós-estruturalistas nas formas emancipatórias de conhecimento (Ashley, 1981, 1984; Alker, 1988). O grau até o qual os Estudos Críticos de Segurança compartilham um território comum com outras abordagens ampliadoras é, contudo, passível de debate: Wyn Jones (2005) defende que uma noção de emancipação está implícita no Pós-estruturalismo, na Escola de Copenhague e no Feminismo, e o coletivo CASE reivindicou, recentemente, uma agenda comum Copenhague-Paris-Aberytswyth (Aradau, 2004b, 2006; CASE, 2006; Taureck, 2006; Floyd, 2007; Van Munster, 2007). Booth (2005b), todavia, refinou suas visões sobre a distância entre os Estudos Críticos de Segurança, de um lado, e o Pós-estruturalismo, a Escola de Copenhague e o Construtivismo, de outro (Mutimer, 2007, p.62-5). Na opinião de Booth, a razão dos Estudos de Segurança é despertar e criar audiências de segurança e não, como a Escola de Copenhague, apenas analisar o modo que as audiências respondem a mudanças de securitização (Booth, 2007, p.163-9).

Tais debates de posicionamento são parte crucial da sociologia dos ESI, em especial, talvez, na Europa após o fim da Guerra Fria, nesse sentido os críticos dos Estudos Críticos de Segurança argumentam que insistir em um objeto de referência individual dicotomicamente oposto ao Estado representa a falácia clássica, descrita no Capítulo 2, constituindo as opções como uma escolha entre ambas. Todos os conceitos políticos articulam uma relação entre o individual e o coletivo e um objeto de referência exclusivamente individual é, portanto, impossível. Indivíduos emancipados possuem a necessidade de uma resolução em um aspecto coletivo e prever isso como algo que flui sem problemas desde o aspecto individual traz o pesquisador de volta a uma posição utópica clássica. Os Estudos Críticos de Segurança defendem uma definição objetiva de segurança na medida que a própria definição de problemas de segurança de um indivíduo deveria ser considerada. Nessa questão, os Estudos Críticos de Segurança confrontam problemas similares com feministas que estudam a epistemologia da experiência, discutida mais adiante. Também aponta para uma tendência (pós-) marxista de sair explicando o fracasso dos povos oprimidos ao enxergar seus interesses de segurança "objetivos" como caso de consciência falsa. O conceito e a estratégia de emancipação também foram criticados por serem vagos. Como indica Wyn Jones (2005, p.222), "Adorno e Horkheimer não podem apontar nenhum exemplo concreto de que tipo de instituições e relações poderiam caracterizar uma sociedade mais emancipada", sendo que teóricos mais recentes não atingiram muita coisa em termos de definir os passos em direção a uma sociedade emancipada, nem com o que ela, em última instância, pareceria.

Feminismo

Os Estudos Feministas de Segurança, mais do que as outras abordagens ampliadoras-aprofundadoras tratadas neste capítulo, abarcam subabordagens que adotam diferentes objetos de referência, epistemologias e metodologias. Com exceção das tradicionais abordagens militares-estadocêntricas que não abrem espaço para gênero e segurança, os Estudos Feministas de Segurança podem, portanto, ser considerados um microcosmo dos próprios ESI. As questões mais significativas para esses estudos pós-Guerra Fria eram: primeiro, como avançar e desenvolver a abordagem do ponto de vista feminista associado com J. Ann Tickner e Cynthia Enloe, apresentado no Capítulo 5, principalmente como enfrentar os problemas relacionados a sua epistemologia da experiência; segundo, como integrar um novo conjunto de eventos; e terceiro, como responder ao Construtivismo e ao Feminismo quantitativo.

A abordagem de Tickner tem sido a mais frequente no quadro dos Estudos Feministas de Segurança em termos de qual conceitualização de segurança é adotada e como ela é apresentada pela maior parte dos livros-texto (Pettman, 2005; Kennedy-Pipe, 2007; Tickner; Sjoberg, 2007). Essa abordagem possui muito em comum com os Estudos

Críticos de Segurança e com a Segurança Humana ao reivindicar uma expansão do objeto de referência para que se incluam "mulheres" e os setores de segurança militares (Hoogensen; Rottem, 2004; Hudson, 2005; Hoogensen; Stuvøy, 2006). Nas palavras de Tickner, as feministas adotam uma abordagem "multidimensional e multinível", comprometida com "visões emancipatórias da segurança" que procuram "compreender como a segurança dos indivíduos e dos grupos é comprometida pela violência, tanto física quanto estrutural, em todos os níveis" (Tickner, 2001, p.48). A análise feminista vem, como consequência, assumindo quase sempre uma abordagem de baixo para cima, analisando o impacto da guerra no micronível (Tickner, 2001, p.48), além de aprofundar o objeto de referência e ampliar os setores aos quais a segurança se aplica.

Epistemologicamente, aqueles que trabalham com a tradição de Tickner, geralmente, adotam "experiências" como seus conceitos-chave. A ausência de mulheres nas tradicionais abordagens de ESI e o formato que assumem as ameaças específicas de gênero em relação à segurança feminina se ligam intimamente com o fato de que, "bem frequentemente, as experiências femininas têm sido consideradas triviais ou importantes apenas quando se relacionam às experiências de homens e às perguntas que eles tipicamente perguntam" (Tickner, 2005, p.7). A pesquisa feminista, de acordo com Tickner, é, portanto, construída a partir do fato de que "as vidas das mulheres são importantes" e que "os aspectos rotineiros da vida cotidiana que ajudam a sustentar a desigualdade de gênero" deveriam ser trazidos à tona (Tickner, 2005, p.7). Esse movimento leva a uma preferência por metodologias que abarcam um "estilo etnográfico de contar histórias orientadas individualmente, típico da antropologia" (Tickner, 1997, p.615) ou "metodologias hermenêuticas e interpretativas" que "permitam que os sujeitos documentem suas próprias experiências nas suas próprias condições" (Tickner, 2005, p.19).

A atração de uma epistemologia da experiência para os Estudos Feministas de Segurança – assim como para os Estudos Críticos de

Segurança – é que ela traz sujeitos marginalizados – e relacionados a outras coletividades – por conceitos estadocêntricos de segurança, por exemplo, vítimas de estupros de guerra ou tráfico sexual (Stiglmayer, 1994; Pickup, 1998; Denov, 2006; Jackson, 2006). Ainda assim, a fraqueza de uma epistemologia da experiência é ela se basear no ponto de vista feminista de mulheres que formam um sujeito coerente distinto do constituído pelos "homens". Muitas feministas *standpoint*, portanto, desenvolveram o feminismo da diversidade, que entende a identidade não apenas por gênero, mas por etnia, classe e raça (Dietz, 2003, p.408). Isso inaugurou uma maior variedade de objetos de referência e de experiência de gênero, mas também criou o problema de como unir um movimento e uma consciência feminista por meio de experiências múltiplas. O problema era, em suma, que a "epistemologia feminista no campo da segurança internacional deve ou decidir por cercear a admissão de todas as 'experiências femininas' ou aceitar, como fizeram outras áreas, que existe a necessidade de julgar e selecionar, mesmo dentro da perspectiva feminista" (Grant, 1992, p.95).

Não é apenas uma questão de selecionar quais mulheres incluir. Em vez disso, o problema mais fundamental tem a ver com a "experiência" de se basear em uma construção ambígua do sujeito individual, das estruturas generificadas e da posição privilegiada do pesquisador. A "experiência" é, por um lado, um conceito que promete ligação direta com as vidas cotidianas de sujeitos (marginalizados) e com uma forma subjetiva, narrativa e geralmente emotiva de conhecimento. Ainda assim, esse assunto é, por outro lado, constituído por uma estrutura generificada: ele só se concebe como uma "estrutura generificada" se o gênero já for aceito como um escopo de referência. Conforme explica Joan Scott (1992, p.27), a experiência "nos leva a confiar na existência dos indivíduos (a experiência é algo que as pessoas têm), em vez de nos perguntarmos como se produzem as concepções dos *selves* (de sujeitos e suas identidade)".

Ao aceitarem o chamado de Scott para que se dê enfoque à produção da identidade, algumas feministas passaram a uma direção mais pós-estruturalista (Sylvester, 1994; Weber, 1998). Conforme demonstram o Capítulo 5 e a seguinte seção, isso resulta em uma preocupação com a construção da identidade e, no contexto específico de Feminismo e gênero, com a ambígua e multifacetada articulação de sujeitos generificados. O gênero aparece no enfoque pós-estruturalista feminista, primeiro, como a maneira pela qual outros objetos de referência – Estados, nações ou, por exemplo, grupos religiosos – se generificam, ou seja, constituem-se como masculinos ou femininos. As feministas que trabalham nessa tradição fazem eco com as análises dos pós-estruturalistas construtivistas críticos, que traçam a utilização de representações generificadas como parte de seu mais amplo estudo de discursos e narrativas de segurança (Campbell, 1992; Weldes, 1996). Segundo, o gênero é focado por meio de um relato de construções opostas do próprio objeto de referência generificado e dos espaços – ou silêncios – de políticas que se seguem (Hansen, 2001; Berman, 2003). Considerando o exemplo do tráfico sexual de mulheres, um dos temas essenciais na agenda de Estudos de Segurança feministas pós-Guerra Fria, pesquisadoras feministas apontam para a constituição de mulheres traficadas como vítimas de chefes e de manipulação ou migrantes ilegais tentando entrar no mercado de trabalho da UE (Pickup, 1998; Petersen, 2001; Berman, 2003; Aradau, 2004a; Jackson, 2006). As "vítimas" devem ser auxiliadas, embora não necessariamente receber asilo, enquanto as "migrantes ilegais" são sujeitos matutos a serem deportadas. O ponto principal de uma análise feminista pós-estruturalista, aqui, não é identificar a representação "real", mas explorar e criticar o modo que as construções do sujeito condicionam a maneira como as "mulheres" podem aparecer (Hansen, 2001).

Ainda assim, nem todos que trabalham na área de gênero e segurança se identificariam como feministas ou adotariam uma posição de Estudos de Segurança do estilo de Segurança Crítica e Humana de Ticknerou, então, pós-estruturalista. Ao expandir o escopo da pesquisa de gênero/feminista nos Estudos de Segurança, Caprioli (2004a) e R. Charli Carpenter (2002) argumentam que os Estudos Feministas de

Segurança vêm sendo dominados pela abordagem Tickner-Enloe a tal ponto que a produção quantitativa, positivista e construtivista foi marginalizada. Advinda da tradição quantitativa da Pesquisa da Paz, Mary Caprioli (2004a) apontou para o fato de como teóricas feministas, por exemplo, Sandra Harding, reivindicam a inclusão de todas as metodologias, especificamente por causa da significância das análises da maneira de o gênero impactar sobre o comportamento estatal, por exemplo, em uma versão feminista da teoria da paz democrática que examina a relação entre a igualdade de gênero, a democracia e o conflito (Keohane, 1989; Caprioli, 2000, 2003, 2004b; Caprioli; Boyer, 2001; Caprioli; Trumbore, 2003; Regan; Paskeviciute, 2003). Outros estudos quantitativos não se identificavam, tal qual o fazia Caprioli, como feministas, mas adotavam o gênero segundo uma variável explicativa de atitudes públicas para políticas de segurança (Togeby, 1994; Eichenberg, 2003). Saindo da explicação do comportamento estatal para as mulheres como objeto de referência para segurança, outros estudos exploraram, de uma lado, a correlação entre o tipo de unidade política e os direitos humanos e, de outro, a segurança feminina (Caprioli, 2004b).

Caprioli identificava seu próprio trabalho como feminista, enquanto Carpenter (2002) defendia um Construtivismo convencional não feminista que examinasse a importância das normas de segurança nacional, mas sem compartilhar dos comprometimentos políticos do feminismo. Baseando-se em um estudo sobre as evacuações humanitárias durante a Guerra da Bósnia, Carpenter (2003) concluiu que as normas sobre a vulnerabilidade de mulheres e crianças condicionavam as opções disponíveis de políticas para funcionários protetores do Alto Comissariado das Nações Unidas para Refugiados (ACNUR). Logo, embora homens adultos e adolescentes estivessem mais propensos a serem vítimas de massacres quando os enclaves sitiados eram conquistados por forças sérvias, as mulheres e as crianças eram as pessoas evacuadas. Pensando esse fato na linguagem dos objetos de referência, os homens constituíam vítimas mais prováveis da violência de gênero e, portanto, deveriam receber mais atenção pelas estudiosas de segurança feministas (Jones, 1994, 1996, 1998; R. C. Carpenter, 2003, 2006). A resposta feminista geral à análise quantitativa e construtivista (não) feminista era que elas não consideravam as mulheres um objeto de referência para a segurança e, portanto, não podia tratar das ameaças específicas de gênero que as mulheres enfrentavam (Carver, 2003; Bilgin, 2004c). As feministas tampouco afirmavam que os homens e a masculinidade não eram significativos ou, de fato, que os homens não estivessem mais propensos a morrer em combate, mas sim que as construções das identidades masculina e feminina do mesmo modo que as dicotomias protetor/protegido asseguravam que os homens estivessem na linha de fogo e as mulheres ficassem em casa (Enloe, 1983, 1989; Elshtain, 1987; Carver et al., 1998; Locher; Prügl, 2001; Carver, 2003; Sjoberg, 2006). Uma expansão feminista do objeto de referência revelava que os problemas de segurança femininos eram privatizados, marginalizados ou, inclusive, silenciados, além disso, suas mortes eram contadas de modo diferente das dos homens militares e não que eles não fossem ameaçados.

Esta seção enfatizou os debates analíticos e epistemológicos sobre como o objeto referente ao gênero pode ser ampliado ou aprofundado. Ainda assim, deveria ser enfatizado que boa parte, se não a maioria, dos trabalhos sobre gênero e segurança não é explicitamente teórico ou comprometido diretamente com o conceito de segurança, mas escritos em um estilo empírico e pouco teórico. Como consequência, quase sempre a análise combina elementos de várias abordagens. O enfoque empírico também significa que o feminismo, em grande medida, tem sido conduzido por eventos. Alguns dos principais temas na agenda de pesquisa feminista eram: o tráfico sexual entre as fronteiras Leste-Oeste (Pickup, 1998; Petersen, 2001; Berman, 2003; Aradau, 2004a; Jackson, 2006); estupro como arma de guerra e outras formas de violência sexual em períodos de guerra (Rogers, 1998; Stanley, 1999; Hansen, 2001; Skjelsbæk, 2001; Denov, 2006); masculinidades, manutenção da paz, intervenção humanitária e reconstrução pós-conflito, incluindo as dificuldades de se negociar uma preferência feminista tradicional para soluções não militares com exigências femininas de proteção, principalmente à luz dos escândalos em que os próprios mantenedores de paz da ONU mantinham prostitutas ou cometiam estupros (Handrahan, 2004; Higate; Henry, 2004); mulheres e crianças como combatentes e homens como vítimas de violência sexual (Jones, 1994; R. C. Carpenter, 2003, 2006; Alison, 2004; Fox, 2004; Sjoberg, 2006; Sjoberg; Gentry, 2007), além do impacto da adoção, no ano 2000, da Resolução 1325 do Conselho de Segurança da ONU que trata de gênero e segurança (Cohn et al., 2004). Nos termos de institucionalização desses debates, os principais veículos eram o *International Feminist Journal of Politics*, publicado a partir de 1999, *Millennium*, com uma edição comemorativa de aniversário em 1998, *Alternatives* e, em meados da década de 2000, *Security Dialogue*.

Segurança discursiva: a Escola de Copenhague e o Pós-estruturalismo

A Escola de Copenhague e seus críticos

No cerne da Escola de Copenhague estão Barry Buzan e Ole Wæver, os quais, com diferentes colaborações no COPRI, publicaram livros e artigos sobre a teoria dos complexos regionais de segurança (TCRS), segurança europeia e a relação entre regiões e a segurança global (Jahn et al., 1987; Buzan et al., 1990; Buzan, 1991a; Buzan et al., 1998; Buzan; Wæver, 2003; para uma visão geral, cf. Huysmans, 1998a). Em relação ao debate aprofundador-ampliador, as contribuições mais distintas da Escola de Copenhague foram, contudo, os conceitos de segurança social e securitização. Mantendo a diferença Estados Unidos-Europa até o ponto em que o conceito de segurança é tratado explicitamente, a Escola da Copenhague tem sido bem mais discutida dentro da Europa do que nos Estados Unidos, embora, cada vez mais, tenha sido aplicada a cenários não ocidentais (Jackson, 2006; Keng, 2006; Wilkinson, 2007).

O conceito de segurança social foi lançado em *Identity, Migration and the New Security Agenda in Europe* (Wæver et al., 1993) e, inicialmente, se desenvolveu como resposta a uma série de conflitos nacionais, de forma mais violenta na antiga Iugoslávia, mas, também, na Transilvânia e na antiga União Soviética (Roe, 2005). Ela constituiu uma adição setorial específica às primeiras literaturas ampliadoras dos anos 1980 que haviam concentrado-se em especial nos setores econômicos e ambientais. Na Europa Ocidental, a integração cada vez maior no contexto da UE fez da "integração europeia" uma ameaça aos distritos eleitorais que temiam a perda da soberania política, assim como da autonomia cultural, nesse sentido a imigração também era apresentada como uma ameaça à identidade nacional. A "segurança social" era definida como "a capacidade de uma sociedade persistir com seu caráter essencial sob condições cambiantes e ameaças possíveis ou reais" (Wæver et al., 1993, p.23). Enquanto o Estado era o objeto de referência para a segurança política, militar, ambiental e econômica, a "sociedade" constituía o objeto de referência para a segurança social (Wæver et al., 1993, p.26). Esse aspecto inaugurou o estudo da "segurança da identidade" e apontou para casos nos quais o Estado e a sociedade não se alinhavam; por exemplo, quando minorias nacionais eram ameaçadas pelos "seus" Estados ou quando o Estado, ou outros atores políticos, mobilizavam a sociedade para confrontar ameaças internas ou externas.

A Escola de Copenhague se constituía claramente em uma posição intermediária entre o estadocentrismo tradicional, de um lado, e as reivindicações em favor da "segurança individual" ou "global" dos igualmente tradicionais Estudos Críticos de Segurança e Pesquisa da Paz, de outro. A "segurança social" limitava o objeto de referência possível para duas unidades coletivas, Estado e sociedade, excluindo o individual e o global. De acordo com Wæver, "parece razoável ser conservador seguindo este eixo [do objeto de referência], aceitando que a 'segurança' é influenciada, de formas importantes, pelas *dinâmicas* no que se refere aos indivíduos e ao sistema global, mas não pela propagação de termos obscuros como segurança individual e segurança global" (Wæver, 1995, p.49; McSweeney, 1996, 1998; Buzan; Wæver, 1997).

A teoria da segurança social fazia referência a "ameaças possíveis ou reais" e ainda era, até certo ponto, ligada a uma definição objetiva de segurança, embora a ênfase em como os atores políticos apontavam para uma identidade ameaçada demonstrava um elemento construtivista. Tal ambiguidade se resolveu, mais tarde, em favor de uma concepção discursiva de segurança, na qual a abordagem de "securitização", desenvolvida por Wæver, tornou a definição de segurança dependente de sua construção bem-sucedida no discurso. A teoria da securitização possui três raízes principais: uma na teoria dos atos da fala, outra na compreensão schmittiana de segurança e política excepcional e uma última nos debates de segurança tradicionalistas (Williams, 2003; Huysmans, 2006b, p.124-44). Combinando essa tríade, o conceito geral de "segurança" bebe da sua constituição no contexto do discurso de segurança *nacional*, o que implica uma ênfase na autoridade, na confrontação – e na construção – de ameaças e inimigos e na capacidade de tomar decisões e adoção de medidas de emergência. A segurança possui uma força discursiva e política específica e é um conceito que faz algo – securitiza – em vez de ser uma condição objetiva (ou subjetiva).

A securitização se refere, mais precisamente, ao processo de apresentar uma questão em termos de segurança. Em outras palavras, como uma ameaça existencial:

> A maneira de estudar securitização é estudar o discurso e as constelações políticas: quando um argumento dentro desta estrutura retórica e semiótica específica atinge um efeito suficiente para fazer um público tolerar violações de regras que, de outro modo, deveriam ser obedecidas? Se, por meio de um argumento acerca da prioridade e da urgência de uma ameaça existencial, o ator securitizante conseguiu se libertar dos proce-

dimentos ou das regras aos quais ele ou ela deveria estar vinculado(a), estamos testemunhando um caso clássico de securitização. (Buzan et al., 1998, p.25)

A segurança "enquadra a questão como um tipo especial de política ou como política que vem de cima", portanto, pode-se definir um espectro abrangendo questões públicas, que vão desde o *não politizado* ("o Estado não lida com isso e não faz disso, de nenhuma outra maneira, um assunto de debate público e de decisão"), passando pelo *politizado* ("a questão é parte das políticas públicas, exigindo decisão governamental e alocações de recursos ou, mais raramente, alguma outra forma de governança comunal") até chegar a *securitização* (nesse caso determinada questão não é debatida como um assunto político, mas tratada com uma velocidade acelerada e de maneiras que possam violar regras legais e sociais comuns) (Buzan et al., 1998, p.23). O poder discursivo da securitização une atores e objetos: *atores securitizantes* são definidos como "atores que securitizam questões ao declarar algo – um objeto de referência – existencialmente ameaçado", sendo os *objetos de referência* "aquilo que está ameaçado existencialmente e possui uma reivindicação legítima por sobrevivência" (Buzan et al., 1998, p.36). À primeira vista, isso parece permitir uma conceitualização muito aberta de segurança, mas a Escola de Copenhague situou a securitização explicitamente como forma de limitar a excessiva ampliação de segurança, respondendo, portanto, a uma crítica tradicionalista essencial sobre os ampliadores (Buzan et al., 1998, p.1-5). Embora a teoria da securitização estivesse, em princípio, aberta para qualquer indivíduo assumir uma mudança a ela relacionada, na prática, os atores de securitização mais comuns são "líderes políticos, burocratas, governos, lobistas e grupos de pressão", sendo os objetos de referência, geralmente, coletividades intermediárias (Buzan et al., 1998, p.40-1). Mais recentemente, a Escola levou tal pensamento para além do objeto de referência intermediário e considerou as *macrossecuritizações*, que almejam estruturar a política internacional em uma escala maior (Buzan; Wæver, 2009).

A "securitização" tem sido um conceito muito bem-sucedido, ao menos na Europa. Como consequência, e sem surpresas, ela gera críticas provenientes principalmente das abordagens que reivindicam uma expansão mais radical do conceito de segurança (por outro lado, os tradicionalistas estadocêntricos tendem a evitar a discussão sobre o conceito). Um dos desafiantes mais radicais tem sido os Estudos de Segurança Crítica, nos quais Booth defendeu que a Escola de Copenhague não vai longe o bastante na direção de "pessoas reais em lugares reais", que ela, de modo errôneo, relaciona segurança e sobrevivência, constituindo-se estadocêntrica, elitecêntrica, dominada pelo discurso, conservadora, politicamente passiva, nem progressista, nem radical (Booth, 2005b, p.271; 2007, p.106-7, 163-9). Pelo fato de a Escola de Copenhague ser uma teoria constitutiva e não causal, a crítica não discute se a Escola consegue explicar os fenômenos no estilo das Ciências Sociais positivistas (norte-americanas), mas sim às implicações analíticas, políticas e normativas de se adotar a perspectiva da Escola.

A mais destacada crítica da segurança social afirma que a Escola se fundamenta na conceitualização de identidade fixa em vez de construída (McSweeney, 1996; Huysmans, 1998a). De igual maneira ao Construtivismo Convencional, isso resulta em um foco nas consequências (causais) das identidades, e não nos processos discursivos e políticos por meio dos quais essas identidades são (instavelmente) constituídas. A Escola de Copenhague respondeu à crítica (Buzan; Wæver, 1997) dizendo que é possível separar analiticamente o processo de constituição de identidade a partir do momento em que as identidades se tornaram fortalecidas de modo a funcionarem no discurso de segurança como se fossem fixas. Essa é, por um lado, uma legítima decisão analítica, mas, por outro, ela indica que a Escola de Copenhague está mais próxima de uma perspectiva construtivista do que pós-estruturalista, ao menos nos termos de sua concepção de identidade (Campbell, 1998a, p.222-3).

A divisão da Escola de Copenhague entre "segurança social" e "segurança internacional" também foi desafiada. Para a Escola, a articulação de urgência e de medidas extremas estabelece uma linha divisória entre a "segurança propriamente dita" e os conceitos que se assemelham apenas semanticamente à "segurança". A "segurança social" se define "sobre indivíduos" (não sobre objetos de referência coletivos, como em "segurança internacional") e, "mormente, econômica" (não "de segurança") (Buzan et al., 1998, p.120), além de "seguranças de investimento", inseguranças relacionadas à criminalidade ou ao desemprego, não serem seguranças no sentido admitido pela "segurança *internacional*" (Buzan et al., 1998, p.104). Tais distinções foram confrontadas por Neocleous (2006a) que defende – assim como Wolfers (1952, p.482) – que as políticas do *New Deal* nos anos 1930 constituíam uma segurança socioeconômica, com o drama e a urgência precisamente exigidos pela Escola de Copenhague. As seguranças "econômica" e "social" eram, portanto, fatores essenciais de moldagem do conceito de "segurança nacional" da época da Guerra Fria, conceito este que logo podia ser mobilizado para desprivilegiar os interesses que apareceram sob a rubrica de "segurança social" (Neocleous, 2006a, p.380-1). Tendo se originado de uma perspectiva sociológica construtivista, a análise de Krause sobre a insegurança e a formação de Estados no Oriente Médio já apresentada, advoga a incorporação da segurança social nos estudos de segurança pelo fato de que as questões de bem-estar e a relação entre a militarização e a esfera econômica são centrais para as questões de Estado e de legitimação de regimes (Krause, 1996, p.346).

O conceito de securitização tem sido criticado pela sua incapacidade de identificar, nas palavras de Lene Hansen, "o dilema silencioso da segurança" (Hansen, 2000a; Elbe, 2006; Stern, 2006; Wilkinson, 2007). A "segurança como silêncio" ocorre quando o potencial sujeito da (in)segurança possui pouca, ou limitada, possibilidade de comunicar seus problemas de segurança. Metodologicamente, há uma ambiguidade na teoria da securitização, pois ela defende que a elocução da palavra "segurança" não é o critério decisivo, além disso, uma securitização poderia consistir de "apenas uma referência metafórica de segurança" (Buzan et al., 1998, p.27). Esse vínculo, no entanto, não foi muito explorado e a maior parte da teoria inclina-se para a direção de uma metodologia mais explícita e verbal do ato da fala. Já que a articulação explícita de "segurança" – ou outros sinais que possuem uma posição similar – é um critério epistemológico e metodológico para que se identifiquem os "problemas de segurança", caso articulações explícitas não possam ser identificadas, um potencial problema de segurança não constará na análise. Em alguns cenários muçulmanos, por exemplo, as mulheres vítimas de estupro podem, de fato, colocar a si próprias em perigo ao chamar a atenção para o ataque (Hansen, 2000a), ou em partes da África, onde os discursos sobre o HIV/AIDS definem os infectados como ameaças à sociedade, evitando, portanto, que as vítimas busquem tratamento (Elbe, 2006). Wilkinson defende que o problema da "segurança como silêncio" aponta, mais comumente, para uma não reconhecida premissa ocidentecêntrica, na teoria da securitização, ao pressupor a possibilidade do discurso livre e de estruturas políticas que garantam aos indivíduos a proteção contra violência aleatória e sistemática (Wilkinson, 2007; Kent, 2006).

Um corolário do problema da "segurança como silêncio" diz respeito à ação normativa, por parte da Escola de Copenhague, de privilegiar a des-securitização, ou seja, a retirada de um assunto que está dentro da modalidade de ameaça-perigo da segurança e sua inclusão na lógica da política, na qual o comprometimento, as soluções e o debate se tornam bem mais possíveis. Constituir algo como um problema de segurança poderia ser uma estratégia problemática ou mesmo perigosa pelo fato de garantir privilégios aos líderes oficiais e legitimar a suspensão de direitos civis e liberais (cf. também Deudney, 1990, para uma questão similar). Mas, conforme argumentam os críticos, a des-securitização pode não ser normativamente desejável se ela meramente ilustrar a repressão de uma questão (Huysmans, 1998b; Aradau, 2004b, 2006; Alker, 2006; Behnke, 2006; Elbe, 2006; Taureck, 2006; Floyd, 2007). É crucial, portanto, que a des-securitização seja contextualizada e substituída pela possibilidade de politização, em vez de um mero silêncio. Outro conjunto de artigos respondeu a essas questões ao aprofundar os fundamentos linguísticos da teoria da securitização (Balzacq, 2005; Stritzel, 2007; McDonald, 2008; Vuori, 2008), sua atenção em relação à mídia e a "securitização visual" (Williams, 2003, p.527; Möller, 2007; Hansen, a ser publicado) ou pela exploração do papel das "violentizações", que transformam a segurança do ato da fala em violência física (Neumann, 1998).

Uma crítica relacionada ao exposto é oriunda de Bigo (2002, p.73) e Huysmans (2006b, p.5), ambos argumentam que a conceitualização da securitização por meio dos discursos de drama e emergência foge das rotinas burocráticas e dos "efeitos do poder que são contínuos e não excepcionais", por exemplo, as práticas cotidianas concretas levadas a cabo pela polícia e por grupos de "profissionais de segurança" que patrulham a fronteira. Bebendo de Foucault e Bourdieu, a conceitualização de segurança de Bigo é, como na Escola de Copenhague, discursiva, mas com vínculos mais explícitos ao Pós-estruturalismo e uma ênfase na importância da institucionalização da área da segurança. Redes de vigilância e mineração de dados ajudam a criar um "estado de segurança" no qual todos se encontram sob a segurança eletrônica, nesse sentido Bigo enfatiza a maneira como os governos e suas burocracias conseguiram obter controle sobre o processo político à custa dos parlamentos e de atores políticos opositores (Bigo, 2002).

Por fim, conforme explicado anteriormente, a Escola de Copenhague se baseia em uma compreensão schmittiana de segurança como perigo e o caráter excepcional da política de segurança (Huysmans, 1998b; Williams, 2003). Por ser um conjunto específico de premissas políticas e normativas, em vez de fatos objetivos e empíricos, tudo isso leva a Escola de Copenhague a confrontar um conjunto de questões similares àquelas que foram feitas tanto ao Realismo quanto ao Pós-estruturalismo: quais as implicações dessa concepção de segurança e de identidade estatal? Será que o Estado depende de inimigos para manter a identidade/controle sobre a sua população? Como se pode mudar essa lógica e como seria um cenário de segurança pós-schmittiano?

Pós-estruturalismo

O Pós-estruturalismo, tal qual o Feminismo, já era uma abordagem distinta durante a Guerra Fria. Conforme se demonstrou no Capítulo 5, o Pós-estruturalismo era altamente crítico em relação à maneira como os Estudos Estratégicos haviam adotado uma concepção militar estadocêntrica de segurança sem problematizar as implicações históricas, normativas e políticas que, conforme os pós-estruturalistas, estavam inclusas nesse conceito. Ainda assim, os pós-estruturalistas se constituíam como se devessem à tradição realista clássica e, assim como o Realismo, defendiam que a soberania estatal e a segurança não eram facilmente transformadas. Os paralelos entre o Pós-estruturalismo e o Realismo significavam, além disso, que, embora os construtivistas tivessem chegado à segurança em especial por meio de debates gerais de RI, os pós-estruturalistas haviam se engajado em debates sobre paz e segurança desde o início dos anos 1980. Conquanto fosse crítico das políticas de segurança ocidentais, o Pós-estruturalismo da Guerra Fria sempre mantivera a possibilidade de se repensar a segurança e, portanto, não se confrontava pela crise das abordagens tradicionais quando terminou a Guerra Fria. Contudo, o final da Guerra Fria foi, se não um "metaevento", pelo menos um evento constitutivo que pôs em dúvida alguns de seus pressupostos analíticos centrais.

O desafio mais importante que o Pós-estruturalismo enfrentou ao sair da Guerra Fria foi se os Estados precisavam de inimigos. O texto central para esse debate foi o estudo de Campbell sobre os discursos norte-americanos de perigo, desde "sua" descoberta até o fim da Guerra Fria. *Writing Security*, de Campbell (1992), colocou em primeiro plano explícito a importância do Outro – ou seja, a construção de Estados, grupos e outros não *selves* – defendendo que, embora a identidade estatal pudesse, em princípio, ser constituída por relações de diferença, na realidade, a pressão para transformar a diferença em uma Alteridade radical e ameaçadora era esmagadora (Connolly, 1991, p.64-5, 209-10; Campbell, 1992, p.55; Klein, 1994).

A "segurança", portanto, tornou-se um pré-requisito duplamente ontológico: o Estado precisava estar seguro, mas também precisava do Outro ameaçador para definir sua identidade, fornecendo-lhe, portanto, segurança ontológica. O problema da concepção de Campbell era, conforme críticos (complacentes), que ela reificava a identidade estatal ("o Estado precisa de inimigos") e que, efetivamente, adotava a mesma visão de Estado que o Realismo ("o Estado está cercado de inimigos potenciais"). Ambas as perspectivas admitiam uma inseparabilidade ontológica entre Estados e inimigos e uma concepção do Outro como monolítico e perigoso (Neumann, 1996a; Milliken, 1999, p.94; Rumelili, 2004; Hansen, 2006, p.38-9). Metodologicamente, o problema de se admitir uma identidade estatal como uma Alteridade radical era que, se esta fosse aceita como a única forma de identidade que os Estados podiam adotar, isso seria identificado nos estudos empíricos, apesar de haver outras formas potenciais de identidades menos radicais, por exemplo, a de ser "nórdico" (Joenniemi, 1990; Hansen, 2006, p.38-41). Visto que a conceitualização pós-estruturalista de segurança depende da construção da identidade, se a identidade é algo dado, a segurança também o seria, desse modo, o Pós-estruturalismo seria incapaz de achar uma saída da segurança realista.

Embora seja frequentemente acusado de ser desvencilhado do mundo real (Katzenstein et al., 1998) ou de não fornecer um fundamento funcional para a ação política (Booth, 2007, p.175-8), o Pós-estruturalismo é, de fato, mais conduzido pela força de "eventos" do que muitas outras abordagens ampliadoras, não menos pelo Construtivismo. Já que vários grandes eventos na agenda de segurança dos anos 1990 se relacionavam à política das grandes potências (e aos debates sobre ela), essa última força motriz também teve um impacto na evolução do Pós-estruturalismo do pós-Guerra Fria – o fato de que um número significativo de pós-estruturalistas influentes dos anos 1980 e 1990 eram norte-americanos ou se encontravam nos Estados Unidos também induziu um interesse nas grandes potências, inclusive, nos Estados Unidos. Os debates acadêmicos internos sobre identidade e segurança, portanto, faziam interseção com eventos e com a política das grandes potências para produzir uma série de pontos focais empírico-analíticos.

A Guerra do Golfo de 1990-91 foi o primeiro evento a instigar o debate sobre como o Ocidente legitimava as intervenções e as guerras (Luke, 1991; Der Derian, 1992, p.173-202; Shapiro, 1992; Campbell, 1993; Kuusisto, 1998). Isso trouxe um interesse específico nas operações militares empreendidas na defesa de Outros, quer fossem países (Kuwait), regiões (Kosovo) ou povos (bósnios, somalis), em vez de deter ou ameaçar o outro, como havia sido a principal dinâmica de identidade-políticas durante a Guerra Fria. Embora lidasse com casos históricos ocorridos antes e durante a Guerra Fria, *Stimulating Sovereignty* (1995) foi uma contribuição teórica importante para os debates pós-estruturalistas dos anos 1990 sobre o intervencionismo. Weber demonstrou que quem intervinha legitimava suas ações ao defender que elas eram conduzidas em nome do "povo" do outro Estado para protegê-lo do "seu" governo e que, portanto, os Estados ocidentais tinham uma inclinação em constituir as políticas de segurança dentro de um discurso moral e baseado em valores. As políticas de segurança beneficiavam não somente o "interesse nacional" egoísta, mas também os valores universais e os povos de outros Estados (menos civilizados e democráticos).

A Guerra do Golfo de 1990-91 ocorreu em defesa da soberania territorial do Kuwait, foi apoiada por um mandato da ONU e descrita pelos poderes ocidentais como uma "guerra". A partir dos "conflitos/guerra internas" na Somália, na Bósnia e no Kosovo, o discurso mudou de "guerra" para "intervenção humanitária". As consequências dessa guinada representacional para como "o Ocidente" constituía a si próprio – em especial no modo que os governos se legitimavam diante da comunidade internacional, das partes sitiadas dos conflitos, da mídia e dos cidadãos de seus próprios países, que exigiam que "algo fosse feito" – era um tema central em várias análises pós-estruturalistas (Campbell, 1996, 1998a, 2002a, 2002b; Ó Tuathail,

1996; Crawford; Lipschutz, 1997; Kuusisto, 1998; Hansen, 2000b; 2001; 2006; Malmvig, 2001, 2006). Uma grande questão era se tais intervenções mudaram a constituição da Guerra Fria do Outro como antagônico, ameaçador e radicalmente diferente e da consequente identidade do *Self* como superior, ameaçado e representando a incorporação dos valores universais. Vários pós-estruturalistas defendiam que o Outro central não era mais uma ameaça radicalmente diferente, mas uma "vítima" humanitária necessitando de "resgate", no entanto, essa construção do sujeito despolitizava os conflitos e permitia ao Ocidente ter a aparência de "fazer algo" sem fundamentalmente reconhecer sua responsabilidade (Campbell, 1998a; Debrix, 1999, p.159). A ambiguidade do humanitarismo também estava no cerne da tentativa de Campbell de desenvolver uma ética pós-estruturalista partindo da Guerra do Golfo de 1990-91, da Guerra da Bósnia (1993; Campbell, 1998a) e das filosofias de Levinas e de Derrida. Campbell argumentava a favor do reconhecimento do Outro como Outro sem constituí-lo radicalmente diferente, uma "vítima", muito menos uma versão subdesenvolvida do *Self*, além do reconhecimento das próprias responsabilidades sobre o bem-estar do outro. O projeto de segurança ética de Campbell também foi uma tentativa de combater as frequentes críticas de que o Pós-estruturalismo apenas observava e desconstruía as políticas em voga, em vez de formular uma abordagem pró-ativa e construtiva (Walt, 1991; Adler, 1997b; Katzenstein et al., 1998).

A questão se um Outro não radical podia ser o fundamento ontológico da identidade estatal também estava no centro dos debates sobre a UE. Wæver (1996) defendia que o principal Outro constitutivo era o do próprio passado da Europa e, portanto, a principal ameaça nos discursos de apoio à integração europeia era o ressurgimento do conflito entre a França e a Alemanha (Wendt, 2003). Saindo do "*Self* como Outro temporal" para a relação da Europa com as suas "novas" regiões de fronteira, outros estudos se concentravam nas construções opostas da Turquia, dos Bálcãs, da Rússia e do Mediterrâneo, consideradas não apenas radicalmente diferentes, mas pontes ou zonas ambíguas entre o Oriente e o Ocidente (Neumann; Welsh, 1991; Hansen, 1996; Neumann, 1996b, 1999; Rumelili, 2004; Malmvig, 2006; Pace, 2006). Analisando o centro institucional da segurança ocidental, a possibilidade da OTAN ir além de uma construção dicotômica de um *Self* civilizado ocidental e de um Outro oriental antagônico também era discutida (Klein, 1990, 1994; Constantinou, 1995; Williams; Neumann, 2000).

A Guerra do Golfo de 1990-91 foi, além disso, um evento significativo que induziu um interesse pós-estruturalista na tecnologia moderna, principalmente na maneira como as guerras eram conduzidas e levadas aos telespectadores da mídia global. A combinação de armamentos de precisão, equipamentos de guerra computadorizados, bombardeios a distância (cf. também a discussão sobre a RAM no Capítulo 6) e transmissões da CNN em tempo real levaram Baudrillard (1995) a afirmação de que "a Guerra do Golfo não aconteceu". Der Derian (1992, 2001) expandiu essa ideia, defendendo que a significância dos jogos virtuais, dos exercícios e das simulações faziam interseção com "o real" para criar um ambiente militar onde os soldados não separavam claramente o jogo da "luta em campo" (Krishna, 1993; C. H. Gray, 1997). Para os telespectadores mundiais que assistiam à "guerra" nos céus de Bagdá ou aos vídeos de bombardeiros mirando alvos civis no Kosovo, essas imagens resultavam em uma forma desincorporada de guerra, na qual nem os soldados nem as populações civis estavam à vista. Conforme demonstrado na seção sobre Pós-estruturalismo, no Capítulo 5, tal discurso desincorporado permite a constituição da morte e da destruição como algo que não ocorre realmente ou não acontece com seres humanos reais. Já que os telespectadores globais quase sempre respondem às representações visuais de indivíduos que são capturados, torturados ou, como na Somália, mortos e arrastados pelas ruas por multidões enraivecidas, os pós-estruturalistas devotaram atenção à política visual das notícias e dos anúncios televisivos, do fotojornalismo e da cultura popular (Der Derian, 1992, 2001; Shapiro,

1997; Debrix, 1999; Campbell, 2002a, 2002b). Como veremos no Capítulo 8, essa preocupação aumentou a partir dos eventos do 11 de Setembro e da "Guerra ao Terror". Outro tema que foi parte da análise pós-estruturalista dos anos 1990, mas que ficou mais enfatizado depois do 11 de Setembro, foi o da vigilância e de suas consequências sociais (Klein, 1990, 1994; Campbell, 1992).

As principais abordagens no terreno aprofundador-ampliador dos ESI estão mapeados na Figura 7.3. Apesar de haver muitas ligações entre elas, deve-se notar que estas são apenas as mais importantes, dado que os debates dentro e por meio das abordagens ampliadoras-aprofundadoras são uma característica principal dos ESI não tradicionalistas.

FIGURA 7.3. A EVOLUÇÃO DOS ESI

Institucionalização

O vicejante debate aprofundador-ampliador é, por si só, uma boa indicação da bem-sucedida institucionalização das abordagens discutidas anteriormente. Houve inúmeros projetos e conferências, oportunidades de financiamento e publicações em periódicos, além de um crescente número de estudantes de pós-graduação e de pós-doutorandos para dar ímpeto a abordagens de expansão. Especialmente notável foi o apoio de fundações do Conselho de Pesquisa em Ciência Social e da Fundação MacArthur, por exemplo, *The Culture of National Security* (Katzenstein, 1996a). Outros importantes trabalhos construtivistas que se voltavam ainda mais para o Construtivismo Crítico, por exemplo, *Security Communities* de Adler e Barnett (1998), eram apoiados pelo Programa de Estudos Globais da Universidade de Wisconsin-Madison e o Conselho Carnegie de Ética e Assuntos Internacionais. Uma fonte específica e crucial de financiamento foi o programa da Associação da Paz e da Segurança Internacional do Conselho de Pesquisa em Ciências Sociais/Fundação MacArthur. O programa existiu de 1985 até o ano 2000 e ofereceu apoio para os Estudos de Segurança como um todo (foram concedidas 217 bolsas para teses e para pós-doutorados), mas talvez, em especial, para abordagens ampliadoras-aprofundadoras, pelo fato de financiar acadêmicos (futuramente) destacados, como Ronnie Lipschutz, Alastair Johnston, Audie Klotz, Neta Crawford, Hugh Gusterson, Christian Reus-Smith, Michael Barnett, Martha Finnemore, Jonathan Mercer, Ido Oren, Ole Wæver, Tarak Barkawi, Cecelia Lynch e Elisabeth Kier (GSC Newsletter, 2001, p.6-13). Esse programa influente foi pensado para apoiar alunos de doutorado e estudiosos nas primeiras fases de suas carreiras. Mas a institucionalização, em particular de novas perspectivas, também é facilitada pelo apoio de estudiosos mais antigos, que impulsionam a autoridade de novas abordagens e constroem ambientes de pesquisa que educam e promovem alunos de doutorado. O Construtivismo, tanto na sua forma convencional quanto crítica, recebeu muito auxílio, nesse aspecto, de Peter J. Katzenstein, o qual, incidentemente, dedicou *The Culture of National Security* aos seus alunos de pós-graduação em Cornell, via Friedrich Kratochwil, Nicholas Onuf, Hayward Alker, Thomas Biersteker e Raymond Duvall, o pai da Escola de Minnesota (Wendt, 1999, p.xv).

Analisando a ponta mais radical do espectro, o Pós-estruturalismo havia sido parte dos debates da década de 1980 e entrou no pós-Guerra Fria dos anos 1990 com um grau significativo de institucionalização. Talvez, isso foi demonstrado mais intensamente pela maneira como se permitiu que Ashley e Walker editassem uma edição especial de 1990 do *International Studies Quarterly* com "Speaking the Language of Exile: Dissidence in International Studies".[3] Ao menos na Europa, o Pós-estruturalismo era mencionado em introduções aos Estudos de Segurança e, conforme notado no Capítulo 6, o famoso artigo de 1991 escrito por Walt sobre o estado da arte isolou o Pós-estruturalismo como a principal perspectiva ampliadora a ser confrontada. Mas também bém havia processos que iam contra uma institucionalização contínua do Pós-estruturalismo. Primeiro, na medida que a agenda ampliadora se tornava mais lotada com o florescimento de novas abordagens, a batalha por atenção se tornou mais aguda e o Pós-estruturalismo teve de compartilhar parte do seu espaço com uma gama de recém-chegados. Segundo, os ataques cada vez mais ferozes dos tradicionalistas e dos construtivistas convencionais funcionaram, em especial nos Estados Unidos, para deslegitimar o Pós-estruturalismo como uma perspectiva que deveria ser levada a sério.

Parcelas significativas da institucionalização das abordagens ampliadoras-aprofundadoras se aplicavam de forma geral, mas também bém havia maneiras pelas quais as diferenças substantivas e os desacordos vinham à tona. A tendência do Construtivismo convencional de chegar até a segurança por meio das RI e não da Pesquisa da Paz

---

3   "Falando a língua do exílio: dissidência nos estudos internacionais". N. do T.

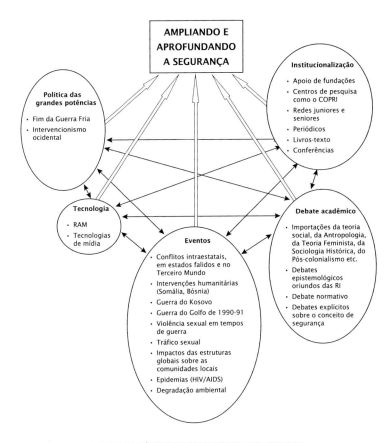

FIGURA 7.4. OS PRINCIPAIS MOTORES POR TRÁS DAS ABORDAGENS AMPLIADORAS E APROFUNDADORAS

ou dos Estudos de Segurança foi crucial, além do nível de expansionismo para se correlacionar com uma divisão Estados Unidos-
-Europa. Conforme exposto, isso se evidenciou tanto pela maneira que os livros-texto abordavam a segurança não tradicionalista e em diferentes padrões de publicações em periódicos. Os construtivistas convencionais publicavam em periódicos de ESI e de RI das principais correntes, por exemplo, *International Security* e *International Organization*, sendo que os construtivistas críticos também possuíam uma longa trajetória em RI, conforme indicado pela sua preferência pelo

European Journal of International Relations, um periódico geral de RI publicado desde 1995 no lugar de *Alternatives* (mais pós-estruturalista e pós-colonial) ou o *Security Dialogue* ("debates de segurança mais europeus", Escola de Copenhague, Estudos Críticos de Segurança, Feminismo, Pós-estruturalismo e Segurança Humana). A corrente constante de construtivistas críticos norte-americanos que se mudavam para o Reino Unido nos anos 1990 – talvez como resposta ao privilégio concedido às epistemologias positivistas na Ciência Política norte-americana – complica, todavia, uma distinção clara entre Estados Unidos e Europa.

A Figura 7.4 mostra como as forças motrizes tiveram impacto na evolução das abordagens ampliadoras-aprofundadoras no contexto dos ESI. Assim como na Figura 5.3, já que a caixa "ampliadora--aprofundadora" no centro compreende o mapeamento complexo da Figura 7.3, o que se apresenta é uma visão geral.

Conclusões

Este capítulo detalhou o crescimento e a evolução do lado aprofundador-ampliador dos ESI após o fim da Guerra Fria. Tais abordagens já estavam fincando seu marco durante os anos 1980, mas o fim da Guerra Fria inaugurou um espaço analítico e político que beneficiou seu crescimento. Este capítulo mostrou que havia diferenças cruciais e profundamente defendidas sobre como tais abordagens constituíam objetos de referência, os setores aos quais a segurança se aplicava e a possibilidade de sair de uma lógica realista de segurança para entrar em uma mais cooperativa. Não há, em outras palavras, uma definição compartilhada sobre o que a "expansão da segurança" deveria abarcar.

Em relação às forças motrizes, os *debates acadêmicos internos* eram cruciais na medida que constituíam a chave principal de como o debate era organizado. Diferenças cruciais entre as abordagens europeias e norte-americanas significavam que os construtivistas chegavam aos ESI por meio de debates gerais de RI e que os europeus chegavam até eles partindo da Pesquisa da Paz e dos próprios ESI; os construtivistas não discutiam explicitamente o conceito de segurança, enquanto esse aspecto conduzia os debates europeus. O desaparecimento da Guerra Fria como um metaevento poderia ter exacerbado tal tendência pelo fato de que não mais havia um único conflito abrangente do qual todas as abordagens de ESI deveriam tratar. Isso significava que algumas perspectivas eram conduzidas por uma "agenda de eventos" mista, em especial o Pós-estruturalismo e o Feminismo. Indo em direção à outra ponta do espectro, os construtivistas estavam muito mais interessados com o tratamento dos debates epistemológicos de RI e eram, portanto, mais inclinados a escolher estudos de caso históricos. A *política das grandes potências* e a *tecnologia* desempenhavam – com exceção do Pós-estruturalismo – um papel menor para as perspectivas ampliadoras do que para as ESI tradicionalistas. A questão a ser analisada no próximo capítulo é se os eventos do 11 de Setembro e a subsequente "Guerra ao Terror" foram capazes de fornecer um novo enfoque de um "metaevento", se isso impulsionaria asabordagens realistas tradicionais e suas exigências por segurança militar, ataques territoriais e Outros antagônicos, e como isso poderia trazer de volta a política das grandes potências e a tecnologia.

8. RESPONDENDO AO 11 DE SETEMBRO: UM RETORNO À SEGURANÇA NACIONAL?

ESTE CAPÍTULO UTILIZA os eventos do 11 de Setembro de duas maneiras. Em um sentido geral, utilizamos o 11 de Setembro como um marco temporal, da mesma forma que utilizamos o fim da Guerra Fria. Em um sentido mais específico, perguntamo-nos se o 11 de Setembro e o subsequente desenvolvimento da "Guerra Global contra o Terrorismo" (GGcT) foram admitidos como um "evento" suficientemente importante para remodelar a agenda dos ESI de alguma maneira. Como as diferentes correntes no contexto dos ESI responderam (ou não) a tudo isso e o que as suas respostas nos dizem sobre essa subárea na medida que ela percorre profundamente no século XXI? Devemos considerar que o Capítulo 7 lidou com as discussões teóricas e conceituais do grupo ampliador-aprofundador dos ESI que ocorreram desde os anos 1990 e que entraram na era pós-11 de Setembro relativamente sem a interferência dos ataques e da consequente GGcT. Desse modo, iniciamos este capítulo partindo da conclusão parcial de que nem *todos* os ESI mudaram de velocidade e de direção em resposta a tais eventos. Ainda assim, há importantes razões analíticas e políticas para que se possa perguntar se e como a área de ESI sofreu impacto da GGcT. Analiticamente, isso nos diz algo sobre o ponto até o qual os ESI são conduzidos por eventos, um debate de sociologia da ciência apresentado no Capítulo 3. Politicamente, a GGcT teve importantes consequências para a relação entre "o Ocidente e o resto", e para um número de políticas domésticas nos Estados Unidos e na Europa. Ela também foi promovida como um substituto para a Guerra Fria como a questão organizacional central para a segurança internacional.

A GGcT abrange uma vasta gama de intervenções, práticas e eventos interconectados. Muitas das políticas adotadas pelos governos ocidentais em sua defesa contra o "terrorismo" estavam ocorrendo ou sendo planejadas antes do 11 de Setembro, mas a GGcT acelerou sua apresentação e legitimou sua aplicação por meio de um conjunto mais amplo de questões e de áreas se comparado a outra situação. Tanto as perspectivas realistas quanto as liberais e as ampliadoras apontavam que em tempos de guerra (discursivamente constituída), o dinheiro e o efetivo alocados aos militares aumentam, e cerceamentos dos direitos civis, liberais e humanos adquirem maior probabilidade de angariarem aceitação pública.

A preocupação com o terrorismo, contudo, não é nova, com a literatura se estendendo até a Guerra Fria (cf. capítulos 4 e 6). Mas a literatura mais antiga lidava com o terrorismo como um problema periférico em relação aos interesses principais dos ESI, não como o problema central. Os eventos do 11 de Setembro e suas respectivas respostas certamente elevaram a literatura existente sobre terrorismo para um nível superior e também induziu um interesse na religião, o que já estava se desenrolando (Philpott, 2002; Thomas, 2005). Essa mudança desafiou tanto os ampliadores, parecendo deslocar o núcleo da segurança de volta à violência política, quanto os tradicionalistas, ao mudar o enfoque da guerra interestatal para as relações entre Estados e atores não estatais. Ainda assim, embora a GGcT tivesse mudado o equilíbrio da literatura de ESI, ela não eliminou todas as antigas

RESPONDENDO AO 11 DE SETEMBRO: UM RETORNO À SEGURANÇA NACIONAL? 343

preocupações e debates: o Capítulo 7 lidou com os debates ampliado-res teoricamente conduzidos, que seguiram relativamente sem serem afetados pelo 11 de Setembro. Este capítulo mostrará que também houve parcelas significativas da agenda tradicional que foram tocados somente de maneira tangencial pela GGcT.

Considerando a estrutura deste livro, moldar todo um capítulo a partir do 11 de Setembro argumenta fortemente que a visão de even-tos é a força motriz dominante para o período referido. Isso diverge da estrutura dos capítulos 4 a 7, nos quais contrastamos as perspectivas tradicionalistas e ampliadoras, primeiro durante a Guerra Fria (capí-tulos 4 e 5) e depois na sequência do fim da Guerra Fria (capítulos 6 e 7). O Capítulo 8 é o primeiro a unir todos os ESI. Tal fato não quer dizer que o 11 de Setembro trouxe consenso acadêmico ou po-lítico aos ESI, nem quer pressupor a conclusão de que os ESI foram minuciosamente modificados por ele. No entanto, isso significa que a GGcT funcionou para parcelas dos ESI como conjunto de eventos dominantes comuns que constituíam um ponto focal compartilhado para o debate. Tendo a GGcT feito algo mais do que isso ou não, ela certamente criou um *boom* na literatura sobre o terrorismo, inclusive, com um editor (Edwards Elgar) chegando a renomear sua lista de livros como "estudos de terrorismo e segurança"!

Posto isso, também é verdade que as perspectivas diferentes no contexto dos ESI não foram influenciadas por – ou comprometidas com – o 11 de Setembro de maneira similar. Uma grande parcela dos ESI tradicionais e militares lidaram com a GGcT, pois ela era amplamente considerada a nova problemática que, além de abranger a segurança, já havia influenciado (ou possuía o potencial de influen-ciar) a agenda geral de segurança por anos, senão décadas. Visto que as perspectivas tradicionalistas sofreram um impacto tão decisivo das forças motrizes da política das grandes potências e da tecnologia, a pergunta é como a relação entre os ESI e essas duas forças sofria (e não sofria) impacto da GGcT. As abordagens ampliadoras va-riavam bastante com os pós-estruturalistas, os feministas e os pós-

-colonialistas reivindicando mais fortemente uma análise crítica da GGcT, enquanto os construtivistas convencionais, na outra ponta do espectro, mantinham sua agenda de pesquisa histórica e de teoria social. Essas diferenças não eram apenas coincidentemente ligadas à escolha de um enfoque de pesquisa empírico antes do 11 de Setembro. Elas se relacionavam às diferenças fundamentais entre as respostas dadas às questões básicas sobre a identidade de políticas dos ESI. Os ESI deveriam destacar a relevância de políticas ou a compreensão científica? Eles deveriam buscar a influência por meio do aconselhamento político explícito ou tinham a obrigação de buscar uma agenda crítica e opositora? Será que uma agenda crítica algum dia poderia ser mesclada com o aconselhamento de Estados? Tais perguntas estão presentes nos debates de ESI desde o seu início, mas, como costumam proporcionar os tempos de crises, o 11 de Setembro trouxe mais luz a esses questionamentos.

Dizer que o 11 de Setembro teve impacto sobre os ESI não significa, necessariamente, que os tenha mudado. Os eventos podem alterar o equilíbrio entre as perspectivas existentes, ou podem induzir o estabelecimento de novas abordagens, causando (embora de maneira menos provável) o abandono de outras. Mas os eventos também podem ter impacto sobre uma área ao solidificar perspectivas existentes e, portanto, suas características sociológicas mais amplas. Quer o 11 de Setembro pudesse ou devesse mudar os ESI, tal fato era explicitamente debatido dentro da própria área, na medida que alguns apontavam para revoluções trazidas à tona no que concerne à racionalidade dos atores ("terroristas" não estatais e não racionais) e da tecnologia (militar e civil) (Der Derian, 2004), enquanto outros sustentavam que o 11 de Setembro poderia mudar a atual agenda de pesquisa dos ESI, mas não seus paradigmas básicos (Kupchan, 2004).

A primeira parte do capítulo se divide em duas seções. Uma trata da resposta tradicionalista ao 11 de Setembro e a outra das áreas nas quais os tradicionalistas continuaram com antigos debates de uma maneira pouco ou em nada afetada pelo 11 de Setembro e pela GGcT.

A segunda parte do capítulo analisa como o 11 de Setembro teve impacto sobre abordagens ampliadoras-aprofundadoras, examinando, em um momento inicial, como as abordagens discursivas foram aplicadas na análise crítica de políticas e discursos sobre "terrorismo" e, então, como o interesse específico em risco, cibersegurança e biossegurança foi potencializado pela GGcT. As discussões ampliadoras-aprofundadoras se interessavam principalmente pela questão de como o "terrorismo" e a GGcT tinham impacto na discussão do objeto de referência: até que ponto os terroristas eram similares ao Estado e será que a lógica central no discurso oficial do Ocidente evoca uma volta ao Estado considerado objeto de referência principal e que precisa de uma desconstrução? Dependendo da perspectiva adotada, essa discussão tinha consequências para a ampliação: as respostas militares no Afeganistão e no Iraque mostraram claramente a importância dos militares, mas o interesse com as consequências da GGcT por meio de uma miríade de tópicos também levantou questões nas áreas da segurança social, de gênero, de religião e de desenvolvimento. A última parte do capítulo se volta a questões sobre o debate acadêmico interno e a institucionalização. Além da pergunta sobre como a espinha dorsal dos ESI – ou seja, periódicos, instituições, programas, grades de curso e financiamento – sofreu impacto da GGcT, chamamos atenção para a maneira como os estudiosos de segurança de diferentes partes dos ESI se comprometiam politicamente, levantando perguntas sobre a dupla identidade político-acadêmica presente no centro da área desde o seu surgimento.

Os ESI tradicionalistas no pós-11 de Setembro

A resposta tradicionalista à Guerra Global contra o Terrorismo

A premissa mais natural poderia ser que o 11 de Setembro e as subsequentes respostas em forma de políticas se deram na conjuntura de uma agenda realista e tradicional na medida que ele foi um ataque em um território norte-americano/ocidental que trouxe, nas palavras de Carter (2001/2, p.5-6), o retorno dos problemas de segurança da "lista principal", após os interesses humanitários secundários e terciários dos anos 1990. De um ponto de vista realista, o 11 de Setembro mostrou, portanto, a verdade perene de que a ausência de conflito internacional não era indicação de uma mudança qualitativa irreversível, mas sim um lapso temporário nos vai e vens das tensões dentro de um sistema anárquico. Essa visão já havia ecoado nos círculos militares norte-americanos antes do 11 de Setembro, nos quais o temor era que os anos 1990 pós-Guerra Fria não eram uma ordem liberal e unipolar pacífica, mas uma reprodução do período do entreguerras (Der Derian, 2001). Outros fatores complicam a imagem do 11 de Setembro e a consequente GGcT como meras títeres nas mãos dos realistas (de todos os tipos: clássicos, neoclássicos, neorrealistas, ofensivos, defensivos). Enquanto os realistas haviam, conforme descrito no Capítulo 6, apontado para o potencial conflituoso de uma aparente ordem unipolar benigna (desde uma perspectiva ocidental), eles não haviam previsto o cenário que se desenrolou no 11 de Setembro – os ataques em solo norte-americano utilizando estiletes e aviões civis – nem conseguiram prever que tais eventos dariam início a duas grandes guerras lideradas pelos Estados Unidos.

Os eventos do 11 de Setembro e a GGcT tiveram impacto nas ESI tradicionalistas em muitos aspectos. O destaque de atores não estatais globalmente conectados levantou questões relacionadas às premissas do estadocentrismo e da racionalidade que escoravam o pensamento tradicionalista. A declaração de "guerra" ao terrorismo reacendeu o interesse no uso da força em geral e de todo o tópico da guerra em particular. E já que o 11 de Setembro e a GGcT tiveram fortes vínculos com o Oriente Médio, a literatura de segurança sobre aquela região lidava, em parte, com essas questões.

O Realismo, em especial o Neorrealismo, e com eles boa parte dos ESI tradicionalistas haviam se voltado fortemente ao estudo de

Estados e ameaças externas, nesse sentido o 11 de Setembro tornou isso complicado de duas maneiras diversas. Primeiro, pelo fato de que aqueles que atacaram não eram Estados, mas sim dezenove indivíduos situados em uma rede terrorista que não possuía o núcleo e a estrutura oficial dos Estados ou mesmo dos tradicionais movimentos nacionalistas separatistas ou de guerrilhas. O governo Bush investiu recursos discursivos significativos nos primeiros dias após o 11 de Setembro para ligar este "ator" não estatal e descentralizado a um Estado, mas isso não apagou as discussões se o terrorismo islâmico/al-Qaeda/bin Laden se assemelhavam a atores estatais tradicionais o suficiente para que se aplicassem as teorias realistas. Especialmente central para as teorias neorrealistas era a discussão se a al-Qaeda, bin Laden e, mais tarde, Saddam Hussein eram suficientemente "racionais" para que se sustentassem as premissas neorrealistas (Carter, 2001/2; Posen, 2001/2; Walt, 2001/2). O Neorrealismo waltziano havia desenvolvido seus pressupostos ontológicos sobre a identidade do Estado racional partindo da teoria microeconômica e, portanto, definia o Estado como maximizador de sua utilidade, buscando seus próprios interesses e preocupado fundamentalmente com sua própria sobrevivência. Muitos debates da Guerra Fria sobre Estudos Estratégicos haviam se desenvolvido ao redor da possibilidade de a União Soviética compartilhar o raciocínio estratégico norte-americano e, portanto, se a teoria da dissuasão poderia se basear em conjuntos idênticos de pressupostos sobre os atores, ou na possibilidade de ambos os oponentes serem diferentes demais para que isso fosse plausível. Tais preocupações foram postas em um nível diferente no pós-11 de Setembro. Neorrealistas destacados, como Posen (2001/2) e Walt (2001/2) agiram rapidamente para desenvolver análises que defendiam bin Laden como ator racional e os ataques do 11 de Setembro como parte de sua política maior para o Oriente Médio, sendo que Saddam Hussein era, de acordo com Mearsheimer e Walt (2003), perfeitamente capaz de entender a força e, portanto, podia ser dissuadido por outras maneiras que não a guerra. Essa visão de "terrorismo" e de Hussein como suficientemente "racional" para garantir a seguida utilização da teoria realista/neorrealista batia de frente com o governo Bush, o qual considerava Hussein irracional e não confiável.

Um efeito marcante da GGcT foi trazer à tona uma diferença política e analítica entre os realistas, por um lado, e os neoconservadores e institucionalistas liberais, por outro (Boot, 2004; Der Derian, 2004; Williams, 2005). Os neoconservadores haviam desempenhado um papel essencial durante o governo Reagan e assumiram uma abordagem ativista e baseada em valores e ideias em relação à política externa (Mearsheimer, 2005, p.3). A questão de como caracterizar o Neoconservadorismo e medir seu impacto no governo Bush era, por si só, tópico de debate, com alguns observando um claro entrelaçamento entre ambos em termos de redes pessoais e doutrinas políticas (Williams, 2005; Elden, 2007; Owens, 2007), enquanto outros defendiam uma posição mais cética (Boot, 2004). O Realismo possui uma história de ceticismo contra uma política externa baseada em valores e ideias (Morgenthau, 1946, 1951), e a ríspida conclusão de Mearsheimer (2005, p.6) foi que o Iraque provou que os realistas estavam certos e os neoconservadores errados. Acima de tudo, havia um crescimento notável do interesse na possível irracionalidade estratégica dos próprios Estados Unidos por causa das aparentes disfuncionalidades nos seus processos de formação de política externa (Cavanaugh, 2007; Krebs; Lobasz, 2007; Mearsheimer; Walt, 2007; Thrall, 2007; Desch, 2007/8). Alguns defendiam que todo o centro das políticas norte-americanas havia se voltado persistentemente para a direita e que não haveria um retorno pós-Bush ao internacionalismo liberal que sustentou as relações atlânticas durante a segunda metade do século XX (Kupchan; Trubowitz, 2007).

Outro impacto do 11 de Setembro na literatura tradicionalista foi o modo pelo qual ela reviveu os interesses na utilização da força como tema central da segurança. Conforme indicado anteriormente, a GGcT levou o centro tradicional da agenda de ESI em direções bem diferentes da guerra interestatal, da dissuasão nuclear e do Controle de Armamentos. A elevação do terrorismo da posição marginal que havia ocupado durante a Guerra Fria e os anos 1990 para se tornar o tópico central desencadeou um debate amplo voltado à relação desse novo desafio a muitos dos principais aspectos da agenda de segurança tradicional. As opiniões variavam sobre a possibilidade de a GGcT marcar uma mudança de época ou algo menos dramático no cenário da segurança internacional (Freedman, 2001; Hurrell, 2002; Jervis, 2002a; Roberts, 2005; Kennedy-Pipe; Rengger, 2006). Será que ela poderia ser entendida como o lado obscuro da globalização, na qual a liberalização abriu oportunidades não apenas para a sociedade civil, mas também para atores nacionais não civis, ou seria uma perspectiva mais huntingtoniana de "choque de civilizações" algo mais apropriado? (Rasmussen, 2002; Cronin, 2002/3; Mousseau, 2002/3) Que tipo de guerra era essa, já que um dos lados era um ator não estatal? (Betts, 2002; Nacos, 2003; Barkawi, 2004; Howard, 2006) Seria mesmo uma boa ideia enquadrá-la como "guerra"? (Andreani, 2004/5) Quem era o inimigo, quais tipos de forças e fraquezas possuía o "terrorismo" e como ele deveria ser entendido? (Hellmich, 2005; Neumann; Smith, 2005; Abrahms, 2006; Cronin, 2006; Enders; Sandler, 2006) Talvez, a maior preocupação fosse como pensar alianças, táticas e estratégias apropriadas para lutar um tipo tão estranho de guerra.[1]

As implicações do 11 de Setembro, da GGcT e, especialmente, o destaque dos atores não estatais adentraram os debates tradicionais no que se refere ao uso da força (Ulfstein, 2003; Rasmussen, 2004), além da proliferação das ADM, em particular armas nucleares e biológicas e seus regimes de Controle de Armamentos (Bush, 2002; Roman, 2002; Chyba, 2004; Gahlaut; Bertsch, 2004; A. Newman, 2004; Frost, 2005; Bellany, 2007; Byman, 2007). Levantaram-se não apenas ques-

---

[1] Simon; Benjamin, 2001; Stevenson, 2001; Roberts, 2002; Winer; Roule, 2002; Freeman, 2003; Kenney, 2003; Stevenson, 2004; Kilcullen, 2005; Nincic, 2005; Trager; Zagorcheva, 2005/6; Auerswald, 2006; Badey, 2006; Byman, 2006a, 2006b; Cassidy, 2006; Clunan, 2006; Frisch, 2006; Slater, 2006; Stevenson, 2006; Aradau; Van Munster, 2007; Betz, 2007; Schwartz, 2007.

tões gerais sobre como a grande estratégia norte-americana deveria responder à nova ameaça (Ikenberry, 2001a, 2001b; Boyle, 2008), mas também perguntas específicas sobre como suas relações com a China, a Europa e a Rússia seriam afetadas pelas respostas que elas dariam à GGcT.[2] Havia preocupações acerca do impacto negativo da GGcT sobre os direitos humanos (Foot, 2005, 2006b) e do terrorismo em regiões e países específicos (Ayoob, 2002; Judah, 2002; Rabasa, 2003; Menkhaus, 2004; Berger; Borer, 2007; Jones, 2007). Também havia uma reflexão sobre o que a GGcT significava para as sociedades ocidentais. Qual o papel de ditas sociedades, e de sua mídia, na construção da GGcT e quais os efeitos que ela tinha sobre ambas? (Hoskins, 2006, Prozorov, 2006; Vinci, 2008) Como sociedades essencialmente abertas poderiam ser endurecidas contra o tipo de ameaças representadas pelos terroristas do tipo da al-Qaeda? (Coaffee; Woods, 2006)

Sem surpresas, a GGcT e a invasão anglo-americana ao Iraque desencadearam uma grande extensão da discussão sobre a guerra que havia marcado a década de 1990. Agora, porém, esse fato se conduzia por eventos em vez da (como havia sido anteriormente) política das grandes potências e, portanto, assim como os debates relacionados à proliferação, mudou seu enfoque para longe das grandes potências e em direção ao Terceiro Mundo. Por tal razão, tudo isso, na maioria das vezes, seguiu em direções diferentes da literatura dos anos 1990, recebendo o significado da aplicação de ideias sociológicas sobre guerra e construção de Estados para os Estados do Terceiro Mundo (Sørensen, 2001; Dannreuther, 2007b; Taylor; Botea, 2008).

A tradição era mantida pela adaptação sem fim de Clausewitz a novas situações (Holmes, 2007). Abordagens mais novas em relação aos ESI inauguraram um interesse na utilização da força/poder para impor ou moldar normas (Gentry, 2006; De Nevers, 2007b). Os co-

---

2 China (Friedberg, 2002; Roy, 2002), Europa e OTAN (Boukhars; Yetiv, 2003; Katzenstein, 2003; Rees; Aldrich, 2005; De Nevers, 2007a; Rees, 2007; De Goede, 2008) e Rússia (Antonenko, 2001).

RESPONDENDO AO 11 DE SETEMBRO: UM RETORNO À SEGURANÇA NACIONAL? 351

municados muito mais agressivos da estratégia de segurança nacional norte-americana, que surgiram após o 11 de Setembro, pareciam pôr fim ao debate se a guerra como tal estava desaparecendo. As reivindicações norte-americanas pelo direito de uma guerra pré-emptiva e preventiva no contexto da GGcT recuperou o enfoque para a discussão (Nichols, 2005; Dombrowski; Payne, 2006), nesse sentido a própria GGcT estimulava o interesse no que a guerra pareceria e que papel desempenharia na política internacional do futuro (Dick, 2002; Jervis, 2002b; Kroenig; Stowsky, 2006; Taliaferro, 2006; P. Jackson, 2007).

Outra linha de debate sobre a guerra antecedia a GGcT, partindo da literatura dos anos 1990 acerca da transformação da guerra (van Creveld, 1991; Snow, 1996). Tal literatura era mais conduzida por eventos na periferia, principalmente pelo aumento das guerras intraestatais, em vez das interestatais, e o debate ponderava se a forma dominante de guerra havia mudado, saindo das chamadas "guerras antigas" (em especial interestatais, nas quais exércitos amplamente formais lutavam por objetivos políticos sob um controle político central) para chegar às "novas guerras" (em especial intraestatais, não raro multifacetadas, nas quais lutavam uma variedade de entidades, incluindo empresas militares privadas, milícias, grupos de caudilhos e exércitos "governamentais", geralmente com motivações econômicas e criminosas, em vez de políticas) (Brzoska, 2004). O principal argumento era entre aqueles que defendiam uma mudança geral em direção às novas guerras após 1990 (M. Duffield, 2001; Kaldor, 2001; Cooper, 2002; Münkler, 2004) e aqueles que defendiam que essas aparentes mudanças não representavam nada realmente novo (Kalyvas, 2001; Gantzel, 2002; Berdal, 2003; Matthies, 2003; E. Newman, 2004; Chojnacki, 2006). A GGcT nem desencadeou nem moldou tal debate, mas, por causa do destaque dos atores não estatais, ajudou tanto a reforçar a visão de "nova guerra" quanto a aumentar o destaque desse debate dentro dos ESI. Havia um interesse específico na gama de atores em jogo nas "novas guerras", de um lado empresas militares privadas (Singer, 2001/2; Percy, 2006; Carmola, 2007; Kinsey, 2007; Wolf et al., 2007;

Rosén, 2008), de outro a gama de milícias, caudilhos e outros atores políticos não estatais (Fowler, 2005; Shultz; Dew, 2006; Marten, 2007). Tal literatura também começou a se ramificar em direção a quais regras deveriam se aplicar a tais conflitos (De Nevers, 2006) e como as "novas guerras" deveriam ser abordadas teoricamente (Heng, 2006).

Uma terceira linha, relacionada à GGcT e às "novas guerras", conformava um incomum grau de interesse nas operações e processos de combate (Douglas, 2007). A discussão sobre o combate e as operações não é, obviamente, nova, por si só, mas, no período pós-1945, ela tendeu a se aninhar nas literaturas militares profissionais. Sob a pressão dos eventos, havia, agora, uma preocupação com alvos civis e com baixas em geral (Gross, 2005/6; W. Thomas, 2006; Eck; Hultman, 2007). Havia estudos sobre por que os soldados lutam (Henriksen, 2007) e como menos deles estavam morrendo no processo, em comparação com épocas anteriores (Lacina et al., 2006). Temas mais antigos, como a contrainsurgência (Kilcullen, 2006) e guerra assimétrica (P. Sullivan, 2007) gozaram de nova relevância.

Por razões óbvias, os temas de guerra, em um sentido mais amplo, e a GGcT, mais especificamente, tiveram papel importante em preocupações antigas e contínuas sobre o Oriente Médio. Já existira, durante décadas, uma mistura volátil de assuntos de segurança acontecendo no Oriente Médio, sendo que a GGcT contribuía com eles e, às vezes, mudava seu significado. As rivalidades norte-americanas em relação ao Irã e ao Iraque, seus fortes vínculos com Israel e suas ansiedades no tocante à proliferação nuclear na região, tudo isso antecedia o 11 de Setembro. Mas, assim que a GGcT se iniciou, todos esses pontos essenciais da política de segurança para o Oriente Médio foram reinterpretadas sob essa nova luz. A proliferação parecia muito mais perigosa se os próximos detentores de armas nucleares viessem a ser entidades como a al-Qaeda. Acusações de apoio ao terrorismo e temores de que tal apoio pudesse incluir o acesso às ADM foram somadas à lista de preocupações norte-americanas contra o Irã e o Iraque (das quais se tratará mais adiante) sendo que, no caso do último, contribuíram para justificar a invasão e a ocupação anglo-americana em 2003 em busca da mudança de regime. Essa conjuntura podia ser observada à luz de um contínuo interesse geral nos Estados Unidos e na segurança regional (Press-Barnathan, 2001), além da questão da intervenção (MacFarlane, 2002).

Como elementos essenciais na GGcT norte-americana, a guerra do Iraque e, em menor escala, a do Afeganistão geraram, de maneira bem rápida, suas próprias literaturas, foi assim que, particularmente, o consenso de que a Guerra do Iraque era um desastre começou a se firmar (Hodes; Sedra, 2007; Johnson; Mason, 2007; D. P. Sullivan, 2007; P. Sullivan, 2007). Havia algumas análises das operações e das situações no Iraque (Andres, 2006; Bensahel, 2006; Egnell, 2006; Malkasian, 2006; Mowle, 2006) e das consequências da guerra para o Iraque (Dodge; Simone, 2003; Dodge, 2005). Houve, obviamente, uma autópsia vigorosa do processo norte-americano de formulação de políticas que gerou o desastre e do que fazer depois (R. A. Clarke, 2004; Kaufmann, 2004; Flibbert, 2006; Jervis, 2006; Dodge, 2007; Simon, 2007). Uma vez que a probabilidade de fracasso no Iraque se tornou uma posição de quase consenso, havia muita análise das consequências (Gordon, 2006; Saunders, 2007; Telhami, 2007) e um olhar em direção ao futuro para aprender as lições a partir das políticas de segurança norte-americanas e ocidentais (Barnett, 2006; Dobbins, 2006; Fitzsimmons, 2006; Freedman, 2006a; Lesser, 2006; Miller, 2006; Strachan, 2006; Allin, 2007; Steel, 2007).

Continuidades nos ESI tradicionalistas após 2001

Apesar do impacto significativo do 11 de Setembro e da GGcT na obra tradicionalista, houve muitas áreas nas quais os debates anteriores prosseguiram amplamente intocados pela preocupação com o "terrorismo". A análise teórica sobre as causas da guerra (Caprioli; Trumbore, 2006; Toft, 2006; Atzili, 2007; Hassner, 2007) fornece um exemplo dessa continuidade, e o debate sobre a paz democrática fornece outro (Daxecker, 2007; Gibler, 2007; Adler, 2008; Ish-Shalom, 2008). Embora, conforme notado anteriormente, alguns aspectos da segurança regional e dos interesses em tecnologia tenham sido influenciados pelo 11 de Setembro e pela GGcT, como se poderia esperar, muitos outros não foram.

Apesar do impacto específico da GGcT e das guerras no Iraque e Afeganistão, houve muita continuidade na literatura sobre a segurança no Oriente Médio: a GGcT foi simplesmente mais um tópico na longa lista de motivos pelos quais a segurança regional no Oriente Médio se manteve como um interesse essencial no quadro dos ESI, tanto de modo geral (Buzan; Wæver, 2003; Bilgin, 2004a, 2004b; Leenders, 2007) quanto em relação a países específicos, como o Irã (Ekovich, 2004) e seu novo destaque na guerra contra Israel (Bahgat, 2006; Takeyh, 2006), além da Arábia Saudita (Peterson, 2002). Antigas questões importantes, como a água (Selby, 2005) e a democracia (Kurth, 2005) seguiram sendo de interesse, nesse sentido os teóricos utilizavam a região como um caso para testar as teorias do equilíbrio de poder (Cooper, 2004; Gause, 2004; Lebovic, 2004; Miller, 2006). Era dada mais atenção à importância política do Islã (Murden, 2002; Ayoob, 2004) e aos efeitos de divisão do Oriente Médio nas relações euro-americanas (Boukhars e Yetiv, 2003; Gordon, 2005). De modo similar, muito embora os Estados Unidos e Israel tivessem encontrado um sentimento mais forte de comunidade como vítimas do terrorismo, os debates sobre Israel e Palestina ainda seguiram praticamente da mesma maneira de outrora (Allin; Simone, 2003; Slater, 2003).

A continuidade também era a regra para outras discussões de segurança regional, tanto de forma geral (Acharya, 2007; Kelly, 2007; Solingen, 2007) quanto, mais especificamente, do Sul Asiático (Paul, 2006), do Sudeste Asiático (Emmers, 2005; Goh, 2007/8), da Ásia Central (Buszynksi, 2005) e da África (Brown et al., 2007; P. Jackson, 2007; Kaplan, 2007; Mazzitelli, 2007; P. D. Williams, 2007).

Um conjunto de debates que se manteve amplamente fora da GGcT foi a obsessão contínua dos tradicionalistas pela política das grandes potências. Após setembro de 2001, debates sobre a ascensão da China, a grande estratégia e a posição dos Estados Unidos no mundo, além do futuro da UE como uma grande potência eram todos oriundos de discussões que já estavam ocorrendo durante os anos 1990 (cf. Capítulo 6). Desses três tópicos, a discussão sobre os Estados Unidos e as relações atlânticas foi a mais afetada pela GGcT, enquanto as outras duas sofreram um impacto relativamente menor.

O debate sobre a ascensão da China, ao menos em um sentido militar-estratégico, foi, acima de tudo, uma preocupação dos Estados Unidos e dos vizinhos da China. Desde o começo dos anos 1990, houve uma visão bem arraigada em Washington de que a China era, em um longo prazo, a principal ameaça à posição isolada de poder dos Estados Unidos. Se o mundo unipolar que havia surgido após o fim da Guerra Fria estivesse por retornar à bipolaridade, a China seria o motor mais plausível de mudança. Essa visão recebeu ímpeto tanto pelo contínuo e acelerado crescimento da economia chinesa quanto pela linha mais dura da segurança nacional desenvolvida pelo governo Bush. Sua Estratégia de Segurança Nacional de 2002 tornou claro que os Estados Unidos não tolerariam quaisquer rivais ao seu poder, uma política que estava claramente voltada à China e que também poderia incluir a UE. Ainda assim, já que a China se encontrava praticamente do mesmo lado dos Estados Unidos na GGcT, ligando sua própria securitização de dissidentes muçulmanos em sua província do noroeste à securitização mais ampla de terrorismo empreendida pelas Estados Unidos, havia pouco ou nenhum escopo para que os Estados Unidos ligassem suas securitizações da GGcT à China. Os islamistas possuíam poucas mágoas (quando nenhuma) com o Nordeste Asiático e, portanto, a principal linha de terrorismo tinha um fraco desempenho nessa região se comparada com preocupações familiares, como o crescimento da China, as instabilidades nucleares e a proliferação nuclear. Esse debate, portanto, seguiu amplamente nos termos das relações Estados Unidos-China, das relações da China com seus vizinhos e da interação entre ambos, dado o histórico posicionamento e as alianças norte-americanas no Leste Asiático. Também houve um novo tema crescente sobre a China em relação à energia (Andrews--Speed et al., 2002; Downs, 2004). Embora a ascensão da China e a evolução da política de segurança chinesa constituíssem assuntos por si sós (Goldstein, 2001; Bitzinger, 2003; Johnston, 2003; Xuetong, 2006), elas também eram inseparáveis do contexto regional Leste Asiático (*Journal of Strategic Studies*, 2001; Shambaugh, 2004; Xiang, 2004; Fravel, 2005; Ross, 2006; Gilson, 2007). A segurança regional no Leste Asiático era um tópico significativo por si só[3] e um grande tópico dentro desse assunto era a ligação entre as instituições regionais multilaterais e a segurança no Leste Asiático.[4]

Nessa ampla moldura, havia muitos temas específicos e, obviamente, muitas análises das relações sinoamericanas, tanto de modo específico[5] como no contexto de suas implicações para todo o Leste Asiático.[6] Taiwan, e seu impacto nas relações China-Estados Unidos, manteve-se um interesse duradouro (Ross, 2002; Thies; Bratton, 2004; Yang, 2006; Kennedy, 2007), assim como suas implicações para a política de segurança japonesa (Soeya, 2001). A lenta, porém aparentemente contínua, movimentação japonesa em direção a uma postura militar mais robusta tornou sua própria estratégia cada vez mais interessante,[7] embora a aliança Estados Unidos-Japão se mantivesse como o arcabouço dominante (Oka, 2001; Ohtomo, 2002; Van Ness, 2002; Midford, 2003; Rowan, 2005; Yoda, 2006), não menos por causa de suas implicações para a China (Wang, 2003; Midford, 2004). Dada a ascensão da China e os sinais de maior independência nas

---

3 Dittmer, 2002; Acharya, 2003; Buzan; Wæver, 2003; Kang, 2003a, 2003b; Kim, 2003; Manosevitz, 2004; Rozman, 2004; Taniguchi, 2005.

4 J. S. Duffield, 2001; Webber, 2001; Hemmer; Katzenstein, 2002; Ikenberry; Tsuchiyama, 2002; McDougall, 2002; Nabers, 2002; Stubbs, 2002.

5 Xiang, 2001; Van Ness, 2002; Casetti, 2003; Pollack, 2003; Roy, 2003; Ward, 2003; Van Ness, 2004/5; Gries, 2005a; Chan, 2006; Erickson; Goldstein, 2006; Foot, 2006a; Tammen; Kugler, 2006; Zongyou, 2006.

6 Christoferrersen, 2002; Khoo; Smith, 2002; Beeson, 2006; Christensen, 2006.

7 Midford, 2002; Hughes, 2004a, 2004b, 2004c, 2006; Lind, 2004; Inoguchi; Bacon, 2006; Arase, 2007; Hughes, 2007; Hughes; Krauss, 2007; Samuels, 2007/8.

políticas de segurança japonesas, prestou-se maior atenção às relações japonesas com a Coreia (Cha, 2000a; Auslin, 2005). Nesse contexto, um desenvolvimento que estava há muito por vir foi o aumento do interesse na relação das duas grandes potências do Nordeste Asiático, a China e o Japão, a qual, mesmo anos 1990 afora, havia permanecido mascarada pela autossubordinação japonesa aos Estados Unidos no tocante aos assuntos de segurança e às relações com a China (Rozman, 2002a, 2002b; Reilly, 2004; Wan, 2004; Chiba; Xiang, 2005; Gries, 2005b; Roy, 2005; Tamamoto, 2005; Dreyer, 2006; Hsiung, 2007; Mochizuki, 2007). A Coreia do Norte se manteve como um interesse permanente (Kihl, 2002; Miles, 2002; Pinkston; Saunders, 2003; Rozman, 2003; Cha; Kang, 2005; Kerr, 2005; H. Smith, 2005; Michishita, 2006), por causa de suas implicações para a estabilidade regional e pela crise específica sobre seu programa de armamentos nucleares (do que se tratará mais adiante). A análise das implicações da ascensão da China também se estendeu para o contexto mais amplo das suas relações com a Índia e com a Rússia (Garver, 2001; Sidhuand Yuan, 2003; Pant, 2004; Rangsimaporn, 2006; Ferdinand, 2007; Scott, 2008).

O debate sobre a grande estratégia norte-americana que tinha sido uma característica da década pós-Guerra Fria não apenas seguiu sem perturbações, mas também se diversificou sob o impacto do 11 de Setembro e da política externa mais agressiva do governo Bush (Cronin, 2002; Hendrickson, 2002; Daalder; Lindsay, 2003; Jervis, 2003b, 2005; Layne, 2003; Lobell, 2003; Posen, 2003; Dueck, 2003/4, 2004a, 2004b; Bacevich; Prodromou, 2004; A. Newman, 2004; Dunn, 2005; Mastanduno, 2005; Calleo, 2007; Posen, 2007). O debate dos anos 1990 havia se concentrado, principalmente, ao redor do surgimento de uma visão dominante de que a unipolaridade seria consideravelmente mais do que um momento de transição que se seguiria ao fim da bipolaridade. No pós-11 de Setembro, o debate girava mais em torno da natureza da ordem unipolar, embora alguns se mantivessem céticos em relação a sua durabilidade (Laune, 2006), sendo que havia algum interesse nos aspectos de economia política desse tópico (Caverley, 2007; Stokes, 2007). Quer fosse por causa do impacto específico do governo Bush sobre a GGcT ou porque os neorrealistas pareciam estar corretos em sua previsão (se não em sua cronometragem ou intensidade) de que uma estrutura de ordem unipolar fomentaria a oposição, boa parte desse debate tratava do enfraquecimento da comunidade atlântica.

Havia uma sensação geral de que o 11 de Setembro e a GGcT ampliaram as diferenças entre os Estados Unidos e a Europa (Kagan, 2002, 2003; Cox, 2003a; Toje, 2003; Lindley-French, 2004; Berenskoetter, 2005). No momento imediatamente posterior aos ataques do 11 de Setembro, percebia-se um apoio global disseminado pró-Estados Unidos, do mesmo modo a guerra contra o regime Talibã e a al-Qaeda, no Afeganistão, teve o apoio de uma uníssona resposta da OTAN. A guerra contra o Iraque se mostrou muito diferente e foi encarada pela oposição alemã e francesa, além de muitos países não ocidentais, que a viam baseada em provas inadequadas de que o Iraque possuía armas de destruição em massa e, mais amplamente, em uma disposição norte-americana de utilizar sua unipolaridade para corroborar sua força por meio de políticas que considera qualquer meio necessário.

A diferença entre os Estados Unidos e a Europa pós-11 de Setembro, tanto em relação ao poder, especialmente o militar, quanto ao panorama e às políticas, significava que o Atlântico estava se ampliando (Daalder, 2001; T. G. Carpenter, 2003; Allin, 2004; van Oudenaren, 2005) e "o Ocidente" se enfraquecendo (Calleo, 2004; Clark, 2004). Embora fosse um pouco lento em sua materialização, tal enfraquecimento ocidental estava, uma vez mais, de acordo com as previsões neorrealistas para o mundo pós-bipolar, fazendo com que "o Ocidente" se assemelhasse mais a um produto específico da Guerra Fria do que a uma comunidade cultural histórica e profundamente enraizada. Um Atlântico em expansão levantava questões concernentes à estabilidade (ou falta dela) da OTAN e da aliança central norte-americana com a Europa,[8] incluindo o efeito de divisão das diferenças Estados Unidos-Europa sobre as políticas no Oriente Médio (Boukhars; Yetiv, 2003; Talentino, 2004). Também veio à tona a possibilidade de fazer um contrapeso aos Estados Unidos em algum tipo de coalizão de contrapolo, como anteriormente previsto pelos neorrealistas (Ahrari, 2001; Posen, 2006). De forma mais ampla, surgiu um debate se um único polo norte-americano mais unilateral e mais agressivo deveria ser agora considerado em termos de império.[9] Geralmente, esse debate sobre "império" possuía um tom crítico, embora alguns (especialmente os direitistas nos Estados Unidos) o vissem como algo bom. É interessante notar o enfoque fortemente atlanticista do debate relacionado ao enfraquecimento ocidental, que ocorreu amplamente (embora não completamente: Liberman 2000/1; Ohtomo, 2002; Katzenstein, 2003) fora da tendência geral de fortalecimento da aliança Estados Unidos-Japão, que resultava da ascensão chinesa. Um pano de fundo essencial era a percepção da Rússia fora de tudo isso, ao menos em um médio prazo, embora houvesse algum interesse nas reações russas tanto em relação aos desenvolvimentos da OTAN quanto à hegemonia norte-americana de uma maneira geral (Monaghan, 2006; White et al., 2006; Sakwa, 2008). No momento em que este livro está prestes a ser impresso, parece uma previsão confiável que a política externa mais assertiva da Rússia terá sua discussão ampliada na literatura de ESI.

A terceira parte essencial nessa reconsideração da polaridade global foi a UE. Se a UE estava se tornando um polo de poder na política mundial, ou mesmo uma superpotência, isso era, então, um desenvolvimento paralelo à ascensão da China e um complemento a um Atlântico em ampliação por causa da guinada unilateralista

---

[8] Liberman, 2000/1; Coker, 2002; Moore, 2002; Calleo, 2003; Krahmann, 2003; Cottey, 2004; Weede, 2005; Press-Barnathan, 2006; Allin et al., 2007; Michta, 2007.

[9] Bacevich, 2002; Brooks; Wohlforth, 2002; Hassner, 2002; Ikenberry, 2002; Lafeber, 2002; Nye, 2002; Chace, 2003; Cox, 2003b; Layne, 2003; Prestowitz, 2003; Buzan, 2004a; Crawford, 2004; Hurrell, 2005; Inoguchi; Bacon, 2006.

nas políticas norte-americanas. Com um desempenho em segundo plano relativamente frágil da UE, considerada um ator de segurança, ainda havia um interesse surpreendente pela ideia discutida na década de 1990 sobre a UE se tornar uma superpotência (Guttman, 2001; Rotfeld, 2001; Kupchan, 2003; Buzan, 2004a; McCormick, 2006; Yeilada et al., 2006). O principal enfoque, contudo, era menos ambicioso, analisando a capacidade militar-política da UE[10] e sua tentativa de encontrar políticas de segurança e defesa mais coerentes.[11] Temas colaterais incluíam as implicações de segurança da expansão da UE para leste (Higashino, 2004; O'Brennan, 2006), as relações estratégicas da UE com a Rússia (Averre, 2005; Giegerich *et al.*, 2006) e as implicações dos desenvolvimentos de segurança da UE para a OTAN (Peters, 2004; Whitman, 2004). O 11 de Setembro e a GGcT tiveram pouco impacto nessa discussão, conduzida principalmente por desenvolvimentos, ou pela falta deles, nas estruturas internas da UE e pela sua ampliação.

A tecnologia tem sido a outra principal força motriz para os ESI tradicionalistas e, assim como a política das grandes potências, permaneceu importante. Esse aspecto da literatura de ESI manteve uma estrutura geral de debate muito similar a dos anos 1990. Com as denominações-chave de DMB, RAM, dissuasão, proliferação, corrida armamentista e Controle de Armamentos, houve, acima de tudo, continuidade. A diferença principal que a GGcT trouxe foi aumentar ainda mais o interesse nos Estados párias, fortalecendo a ligação de debates sobre proliferação nuclear e dissuasão, que já se tornava evidente durante os anos 1990. A GGcT, obviamente, aumentou as preocupações sobre a proliferação das armas nucleares e outras ADM, mas não criou nada parecido a partir da obsessão com a tecnologia militar que havia

---

||||||||||||

10 Ortega, 2001; Hagman, 2002; Salmon; Shepherd, 2003; Giegerich; Wallace, 2004; Kupchan, 2004/5.

11 Hunter, 2002; Webber et al., 2002; Youngs, 2002; Jones, 2003; Becher, 2004; Menon, 2004; Cornish; Edwards, 2005; Smith et al., 2005; Hills, 2006; Jones, 2006; Posen, 2006; Salmon, 2006; Kaldor et al., 2007; Bailes, 2008.

marcado a Guerra Fria. Uma das guinadas curiosas do 11 de Setembro foi a maneira como ele enfatizou a vulnerabilidade das sociedades abertas à utilização de tecnologias civis prontamente disponíveis como se fossem armas, além da vulnerabilidade ao ataque por parte da infraestrutura civil, utilizando-se armamentos de baixa tecnologia.

Alguns tópicos percorriam caminhos familiares, por exemplo, a corrida armamentista (Kinsella, 2002; Glaser, 2004) e os interesses gerais com as implicações militares ofensivas-defensivas de mudança tecnológica (Jin, 2006). Alguns, como a DnO, na verdade, diminuíram muito, aparentando ser menos relevantes em uma era de "novas guerras" e da GGcT. A literatura de Controle de Armamentos se tornou, por sua vez, esporádica e marginal (Fehl, 2008; Robinson, 2008), mas também adentrou nos aspectos não militares da segurança, como o meio ambiente (Lindley, 2006). Curiosamente, o Tratado de Reduções Ofensivas Estratégicas (SORT) mais conhecido como o Tratado de Moscou, de 2002, entre a Rússia e os Estados Unidos, no qual cada um limitou seus arsenais nucleares para 1.700-2.200 ogivas operacionalmente utilizáveis, recebeu pouca atenção. Mas, por causa das contínuas preocupações norte-americanas com os Estados párias nucleares e o crescimento da China, a DMB permaneceu um tópico bastante caloroso para preencher edições inteiras de periódicos (*Contemporary Security Policy*, 2005), embora influenciado pela GGcT apenas de forma marginal (Gormley, 2002). Os debates sobre temas familiares seguiram amplamente desde os anos 1990: a própria tecnologia (Ghosh, 2003), os argumentos se ela era uma boa ideia ou não (Peoples, 2006; M. Smith, 2006), sua ligação com a dissuasão e a proliferação (Utgoff, 2002; Powell, 2003; Karp, 2004), além das especificidades de suas implicações para diferentes regiões (Russell, 2002; Freedman; Gray, 2004). O estacionamento de uma DMB em antigos países do Pacto de Varsóvia proposto pelos Estados Unidos criou um alvoroço de preocupações sobre o impacto da DMB nas relações dos Estados Unidos e da OTAN com a Rússia (Samson, 2007; Slocombe, 2008). A RAM também se manteve popular (Cohen, 2004;

Paarlberg, 2004; Stone, 2004; Freedman, 2006b), embora houvesse algumas ramificações em direção a novos interesses em biotecnologia (Koblentz, 2003/4; Charitable; Chandran, 2005; Tucker, 2006), guerra de informações (Norgan, 2003) e armas espaciais (DeBlois et al., 2004). O último tópico também surgiu como parte de debates mais especializados sobre Controle de Armamentos (Altmann; Scheffran, 2003; Goldblat, 2003).

O padrão de debate sobre a dissuasão se deu praticamente no mesmo caminho dos anos 1990, de algum modo ligado à DMB mencionada anteriormente, com a ênfase transferida para o Terceiro Mundo e a relação com a proliferação nuclear (Cimbala, 2002) (da qual trataremos mais adiante). Havia uma discussão considerável tanto da teoria da dissuasão em geral[12] quanto da política nuclear norte-americana, de uma maneira mais específica.[13] Havia até mesmo um pouco de história sobre o tabu nuclear (Tannenwald, 2005). As políticas nucleares da Grã-Bretanha e da França continuaram atraindo uma quantidade surpreendente de interesse, com a última por causa dos debates sobre a renovação (ou não) de sua pequena, porém cara, frota de submarinos portadores de mísseis balísticos.[14] Menos surpreendente, por causa das preocupações com a proliferação, era o interesse na lógica da dissuasão de pequenos ou novos arsenais nucleares (Goldstein, 2003; Ghosh, 2004) e os armamentos nucleares como forma dos Estados párias, por exemplo, a Coreia do Norte, o Iraque e o Irã, dissuadirem os Estados Unidos de os ameaçarem com a mudança de regimes (D. D. Smith, 2006). O impacto da GGcT era visível na nova preocupação com a dissuasão de atores não estatais (Auerswald, 2006).

---

12 Jervis, 2003a; Freedman, 2004, 2005; Lebow, 2005; Morgan, 2005; Sperandei, 2006; Zagare; Kilgour, 2006.

13 Butfoy, 2002; Ross, 2002; Russell; Wirtz, 2004; Yost, 2005a; Cimbala, 2006; Gormley, 2006; Lieber; Press, 2006; Colby, 2007.

14 Sobre a Grã-Bretanha: M. Clarke, 2004; Simpson, 2004; Yost, 2005a; Lewis, 2006; MccGwire, 2006; Quinlan, 2006; Stocker, 2007. Sobre a França: Simpson, 2004; Yost, 2005a, 2005b.

Assim como nos anos 1990, a proliferação horizontal das ADM era a preocupação central que a tecnologia conduzia. As ligações com a dissuasão e as ADM foram descritas no parágrafo anterior, e a ligação com a preocupação pós-11 de Setembro em relação ao terrorismo, na discussão de eventos, foi exposto no início deste capítulo. Embora as preocupações concernentes ao terrorismo inspirassem e reforçassem a agenda geral da proliferação nuclear, elas não mudaram o formato e a direção da literatura, que já havia passado por uma guinada em direção aos Estados párias. Surgia, agora, uma sensação mais formalizada de uma chamada "segunda era nuclear" (Cha, 2001; Schmitt, 2001; Bracken, 2003; Gavin, 2004), na qual uma nova onda de Estados do Terceiro Mundo, em particular, adquiria armamentos nucleares. Tais desenvolvimentos forneceram combustível para os já antigos debates entre os otimistas e os pessimistas, que dizia respeito aos efeitos da proliferação nuclear (Woods, 2002; Knopf, 2003; Asal; Beardsley, 2007; Rendall, 2007; Singer, 2007). De todos os modos, junto com a GGcT, a segunda era nuclear estava pressionando claramente, e de forma pesada, o regime de não proliferação, inaugurando uma discussão substancial sobre as oportunidades e os desafios para os componentes existentes do regime de não proliferação a partir da nova onda de armamentos nucleares e proliferação de mísseis.[15] Uma edição inteira do *International Affairs* (2007) era voltada a esse tópico. Dentro desse debate, novas iniciativas, como a "iniciativa para a segurança da proliferação" (Cotton, 2005; Valencia, 2005) e outras medidas para desestimular as transferências de tecnologia nuclear (Montgomery, 2005) também chamaram atenção. Os debates existentes sobre as políticas norte-americanas de contraproliferação receberam maior espaço pelo posicionamento ainda mais duro acerca da intervenção e da guerra preventiva assumida pelo governo Bush como parte da GGcT (Har-

---

15 Deibel, 2002; Levite, 2002/3; Mistry, 2003a, 2003b; Paul, 2003; Braun; Chyba, 2004; Gahlaut; Bertsch, 2004; D. D. Smith, 2006; Quinlan, 2007; O'Hanlon, 2008.

tung, 2002/3; Litwak, 2003; Carranza, 2006; Byman, 2007; Dunn, 2007) e havia, até mesmo, alguns respingos seus na teoria das RI (Roth, 2007). A GGcT também deu vida às existentes preocupações sobre a segurança de armamentos e materiais nucleares na Rússia, em relação à proliferação para Estados párias e terroristas (Busch, 2002; Weiner, 2002; Wolfsthal; Collina, 2002; Moltz et al., 2004; Ball; Gerber, 2005).

Uma influência tecnológica de um tipo completamente diferente surgiu com a emergência do interesse "verde" no poder nuclear como uma solução para o problema das emissões de carbono. Nesse campo, houve algum ressurgimento do interesse na ligação entre o poder nuclear e armas nucleares, a qual havia permanecido altamente adormecida desde que o poder nuclear saiu de moda nos anos 1980 (Deutch et al., 2004/5).

O formato geral dos interesses regionais na proliferação nuclear vinha com força desde os anos 1990, cujos temas principais era o desdobramento do equilíbrio nuclear no Sul Asiático; o aparente intratável problema da Coreia do Norte e sua constante aquisição de capacidades bélicas nucleares e mísseis; e, após a retirada de Saddam Hussein do jogo, as crescentes provas de que o Irã estava indo em direção à aquisição de capacidades bélicas nucleares.

Para o Sul Asiático, o principal interesse estava na maneira como a relação de dissuasão entre a Índia e o Paquistão se desenvolvia[16] e quais seriam as implicações estratégicas mais amplas de uma Índia nuclear (Tellis, 2002; Berlin, 2004). Também havia um enfoque em como os Estados Unidos respondiam aos dois novos Estados possuidores de armas nucleares no Sul Asiático, especialmente se as políticas norte-americanas em relação à Índia haviam mudado de uma oposição geral sobre proliferação para uma posição mais parecida com a que mantinham em relação a Israel, na qual alguns novos Estados

---

[16] Winner; Yoshihara, 2002; Kapur, 2003, 2005; Batcher, 2004; Davies, 2004; Ganguly; Wagner, 2004; Salik, 2004; Sidhu, 2004; Quinlan, 2005; Riedel, 2008.

possuidores de armas nucleares seriam, de fato, aceitos e, até certo ponto, apoiados.[17] Visto que as políticas norte-americanas podiam ser consideradas grandes desertoras do regime de não proliferação, esse aspecto se ligava à literatura mais ampla descrita anteriormente: se o regime estava entrando em colapso e, em caso afirmativo, se dever-se-ia fazer algum esforço para ressuscitá-lo ou se as condições da segunda era nuclear pediam abordagens mais robustas e menos consensuais para a não proliferação.

No tocante ao Oriente Médio, Israel continuou a receber alguma atenção (Maoz, 2003; Beres; Maoz, 2004; Raas; Long, 2007) e a reversão nuclear da Líbia foi notável (Bowen, 2006; Bahgat, 2008). Mas o principal interesse era encontrar os vestígios do desenvolvimento nuclear iraniano, suas implicações para os demais Estados da região e as possibilidades e consequências de um ataque preventivo contra as instalações nucleares iranianas pelos Estados Unidos e/ou Israel.[18] Para o Leste Asiático, os testes nucleares e com mísseis da Coreia do Norte assegurava que ela receberia sua parcela de atenção.[19] As implicações da nuclearização da Coreia do Norte também geraram um alvoroço de interesse na posição japonesa acerca das armas nucleares (W. Walker, 2006; Hughes, 2007).

As perspectivas ampliadoras e a Guerra Global contra o Terrorismo

Conforme mencionado na introdução, as perspectivas ampliadoras e aprofundadoras responderam à GGcT de duas formas. Algumas a

---

17 Carranza, 2002, 2007; Ganguly; Mistry, 2006; Tellis, 2006; Thyagaraj; Thomas, 2006; Pant, 2007; Paul; Shankar, 2007.

18 Einhord; Samore, 2002; Takeyh, 2003, 2004/5; Bowen; Kidd, 2004; Taremi, 2005; Fitzpatrick, 2006a, 2006b, 2007; Huntley, 2006; Tarock, 2006; Dueck; Takeyh, 2007; Guldimann, 2007; Kaye; Wehrey, 2007; Pedatzur, 2007; Raas; Long, 2007; Shoham, 2007; Litwak, 2008.

19 Lee, 2001; Cha, 2002; Martin, 2002; Lee; Moon, 2003; Samore, 2003; Cotton, 2005; Fitzpatrick, 2006a; Huntley, 2006; Reiss, 2006; Bi, 2007; Rozman, 2007; Litwak, 2008; Moore, 2008.

reivindicaram como um grande evento político que revolucionou a política internacional e, portanto, que deveria ter um impacto similar nos ESI (Der Derian, 2004). Outros minimizaram sua importância ou, conforme discutido no Capítulo 7, simplesmente deram continuidade à sua pesquisa teórica e empírica sem investir muita atenção na GGcT. Nesta seção, examinamos aquelas abordagens ampliadoras que estavam mais diretamente comprometidas com as consequências do 11 de Setembro, da guerra no Afeganistão e da guerra contra o/no Iraque. Nesse ponto, as perspectivas mais ativas foram o Pós-estruturalismo, o Feminismo e o Pós-colonialismo, sendo que suas análises geralmente se entrelaçavam. Já que a GGcT era, amplamente, uma questão de como os Estados Unidos (e a coalizão que apoiava a guerra no Iraque) conduziam suas políticas externas, tais análises eram, decerto, também conduzidas pela política das grandes potências.

Discursos e sujeitos terroristas

As concepções discursivas de segurança têm sido, conforme descrito nos capítulos 5 e 7, uma parte central das abordagens ampliadoras desde os anos 1980. Pós-estruturalistas, feministas, pós-colonialistas, construtivistas críticos e a Escola de Copenhague, todos defenderam – embora de maneiras levemente diferentes – a visão de segurança como um discurso por meio do qual as identidades e as ameaças são constituídas em vez de serem uma condição objetiva e material. Partindo desse conhecimento, o "terrorismo" e os "terroristas" não eram considerados ameaças, ações ou atores que podiam ser identificados objetivamente, mas sinais que constituíam um Outro radical (Der Derian, 1992, 2005). Os "terroristas" não eram oponentes legítimos, mas maléficos, traiçoeiros, bárbaros e irracionais. As abordagens discursivas mostravam tanto a maneira como as ações foram constituídas no 11 de Setembro quanto o "terror", os "atos de guerra" e "orquestrados", em vez de "acidentes" ou "crimes" cometidos por alguns poucos indivíduos, além das consequências políticas que essas construções de sujeitos abarcavam (Der Derian, 2001; Owens, 2003). O fracasso da coalizão em encontrar ADM, que seriam a razão mais imediata para entrar em guerra contra o Iraque, causou uma mudança dentro do discurso ocidental, enfatizando que a guerra foi empreendida em defesa da população iraquiana, dos direitos humanos universais e da civilização. Mais tarde, na medida que crescia a oposição armada à "ocupação", à "construção de nação" ou à "reconstrução" encabeçada pelos Estados Unidos e Reino Unido, constituíram-se o "terrorismo", a "insurgência" e/ou o "fundamentalismo islâmico". As abordagens ampliadoras discursivas analisavam as formas pelas quais esses discursos procuraram legitimar a luta da GGcT no Iraque por meio de uma mobilização de categorias universalmente boas – civilização, democracia, direitos humanos, desenvolvimento e reconstrução. Esse era, simultaneamente, um discurso que legitimava a guerra por ser desenvolvimentista; que tornava a identificação do "universalmente bom" a única prerrogativa do Ocidente superior, repetindo, portanto, a tradição colonial e orientalista; e que despolitizava os atores iraquianos, quer fosse constituindo-os como "vítimas" passivas de Saddam Hussein quer por sua oposição de "insurgência" ou "terror" (Agathangelou; Ling, 2004; Barkawi, 2004; Debrix, 2005; Barkawi; Laffey, 2006; Hansen, 2006, p.28-33; Mgbeoji, 2006; Nayak, 2006; R. Jackson, 2007; Sovacool; Halfon, 2007; Zehfuss, 2007). A constituição do Outro iraquiano como terrorista ou vítima se baseava em uma construção do *Self* ocidental como superior, forte, moral e civilizado. Mesmo os discursos que haviam tentado romper explicitamente com essa construção – como aqueles que responderam às explosões de Londres, em julho de 2005 – tinham, no fim das contas e segundo argumentava-se, dificuldades em aparecer com algo genuinamente multicultural e crítico-político em mãos (Weber, 2006a; Stephens, 2007).

O interesse em qual tipo de ator figuravam os "terroristas" também dizia respeito à reivindicação pós-estruturalista e construtivista pela teorização da importância da emoção, da paixão e dos sentimentos

(Crawford, 2000; Der Derian, 2004, 2005; Bleiker, 2006; Mitzen, 2006; Ross, 2006). A emoção complica as premissas de racionalidade, não apenas do sujeito terrorista, mas também nas interações estatais (e coletivas) de forma mais ampla. Retomando o estudo e fazendo uma relação com as discussões sobre a teoria da dissuasão no Capítulo 4, a aplicabilidade das premissas de racionalidade nas políticas de segurança sempre foi assunto de discussão, mas as visões críticas da Guerra Fria, não raro, se focavam nas explicações psicológicas, em como as burocracias complicavam a "tomada de decisões racionais" ou a dificuldade de sinalizar e decodificar intenções (racionais). As emoções ou os fatores subjetivos eram tratados quase sempre como um incômodo, complicando as premissas que os pesquisadores podiam ter sobre a "ação racional", mas a noção de que a racionalidade existia internamente era mantida. Os ampliadores do pós-Guerra Fria sustentavam que as emoções não eram apenas um incômodo, mas partes integrais, ainda que subteorizadas, da política externa. Tal reivindicação não era específica do 11 de Setembro, mas as ações de "política externa" dos "terroristas", assim como as respostas nos Estados Unidos e no Ocidente, tornaram-se uma ilustração cabível.

Comparando as perspectivas ampliadoras com o Neorrealismo e o discurso norte-americano de políticas, o argumento não era, portanto, se os "terroristas" eram racionais ou irracionais, mas a forma pela qual as premissas de racionalidade eram utilizadas em diferentes discursos. O desafio à dicotomia racionalidade/irracionalidade também foi trazido à tona em análises que destacavam o raciocínio epistemológico diverso adotado pelos atores terroristas centrais. Der Derian (2003, 2005), por exemplo, apontavam que bin Laden e seu grupo falavam em um discurso de fé e de sonhos. Se as ações pudessem ser mobilizadas por comunidades divinas, em vez de mundanas, e se sonhos pudessem ser uma indicação de ataques, o domínio ontológico, político e epistemológico dos ESI seriam radicalmente reconfigurados.

O maior desafio à constituição de uma identidade superior, benigna e racional do Ocidente surgiu na primavera de 2004, quando fotos de carcereiros norte-americanos em Abu Ghraib humilhando e torturando detentos iraquianos chegaram à mídia ocidental. O escândalo de Abu Ghraib forçou os formuladores de políticas norte-americanos e os oficiais militares a se basearem em uma explicação do evento utilizando-se do argumento de "algumas maçãs podres", apesar de evidências sugerirem que essas práticas migraram da prisão de Guantánamo para Abu Ghraib. Uma série de práticas institucionais e fiscalizações mais amplas também sugeriram que não se tratava apenas de alguns poucos e "maus" soldados "não americanos", também houve uma crescente preocupação com a utilização norte-americana da tortura em defesa das sociedades liberais (R. Jackson, 2007; Kennedy-Pipe; Mumford, 2007; Linklater, 2007). Além disso, a análise crítica sugeria a importância das novas tecnologias midiáticas, tanto para tirar essas fotos quanto para disseminá-las. As fotos documentaram a ocorrência dos abusos, mas as poses para a câmera e o processo de realizar as fotografias foi simultaneamente uma parte da tortura e da humilhação (Sontag, 2004). A dupla situação das fotos como evidência e sanção do abuso levou os teóricos críticos a discutirem como o material visual pode ser utilizado para gerar resistência, e quais são as implicações de se tornar público tais materiais (Campbell, 2003; Weber, 2006a, 2006b; Beier, 2007; Dauphinée, 2007).

O interesse na tecnologia midiática e na maneira como ela pode impactar na compreensão pública da guerra volta, conforme descrito no Capítulo 7, ao menos ao efeito CNN durante a Guerra do Golfo de 1990-91, mas o que coincidiu com a era pós-11 de Setembro foi a mudança radical na relação entre os produtores e os consumidores. Durante a Guerra do Golfo de 1990-91, redes de televisão estabelecidas haviam sido as fornecedoras dominantes de imagens – agora, a onipresença de videofones, câmeras digitais e laptops tornou cada um que estivesse em Nova York no 11 de Setembro (Möller, 2007) ou no Iraque um produtor potencial para um público mundial. Abu Ghraib também mostrou que as imagens possuem uma capacidade de desencadear respostas emocionais e que havia uma necessidade de se estudar processos de securitização visual (Williams, 2003; Hansen, 2006, a ser publicado; Campbell; Shapiro, 2007; Möller, 2007). Além da fotografia, essa literatura apontava para as diferentes mídias e gêneros como locais nos quais as políticas de segurança eram articuladas e negociadas.[20] A importância das representações visuais também foi trazida à tona pela Crise da Charge Dinamarquesa, no início de 2006, inicialmente conduzida por debates dinamarqueses domésticos sobre a imigração e a situação dos muçulmanos dinamarqueses, mas que se intensificou para atingir um interesse global nas relações ocidentais/islâmicas. Curiosamente, nos termos como os ESI se constituem como instituição acadêmica, alguns estudiosos – mais destacadamente Der Derian e Weber – incluíram a produção de documentários no seu trabalho e no desenho de seus cursos (disponível em: http://watsoninstitute.org/globalmedia/. Acesso em: 11 fev. 2008).

Que o Feminismo se tornou uma subárea bem institucionalizada dos ESI se demonstrava por um número significativo de análises que lidavam com a GGcT. As feministas forneciam uma análise crítica dos discursos de políticas, da maneira como a guerra era lutada, do processo de reconstrução pós-conflito e da representação de soldados e civis. As que trabalhavam com uma tradição de análise do discurso apontavam para a mobilização do gênero pelo discurso do governo Bush e como a guerra contra o Afeganistão era legitimada por meio de referências, não apenas à al-Qaeda e a bin Laden consideradas ameaças à segurança ocidental e mundial, mas também ao suplício das mulheres que viviam sob o regime (não ocidental, bárbaro e masculino) do Talibã (Hunt, 2002; Tickner, 2002; Ferguson, 2005; Nayak, 2006; Shepherd, 2006).

---

20 Filmes e programas ficcionais de televisão (Croft, 2006; Debrix, 2006; Weber, 2006b; Amoore, 2007; Erickson, 2007); videogames (Power, 2007); murais (Lisle, 2006); museus (Sylvester, 2005; Lisle, 2007); música (Bleiker, 2006); poesia (Burke, 2000); e charges editoriais (Diamond, 2002; Dodds, 2007; Hansen, a ser publicado).

Embora fossem a favor de que se tratasse das inseguranças que as mulheres afegãs enfrentavam, o problema, sustentavam as feministas, era que o discurso ocidental construía as mulheres como vítimas, desamparadas e inativas. Em consequência, vários atores femininos que haviam se oposto ao regime, mas que também discordavam umas das outras, eram ignoradas. Mulheres haviam lutado antes da guerra, por exemplo, na Associação Revolucionaria das Mulheres do Afeganistão (ARMA) e também ao adotar estratégias cotidianas que driblavam as restrições do regime. A exclusão das "mulheres como agentes ativos" do discurso ocidental permitiu uma compreensão despolitizada das mulheres e, concretamente, sua omissão dos organismos políticos e legislativos do pós-guerra, padrão que se repetiu no Iraque (Enloe, 2004a, p.268-305). A suposta preocupação do governo Bush com as mulheres foi ainda mais solapada pela maneira como o assunto havia sido ignorado antes do 11 de Setembro, fazendo das "mulheres", portanto, uma ficha discursiva a ser apostada, em vez de uma preocupação genuína. O vazio do comprometimento de gênero ocidental se destacava pela sua colaboração com a Aliança do Norte no Afeganistão, que tinha um histórico deficiente de direitos femininos; pela não atenção ao aumento de estupros pós-conflito; e pelo silêncio acerca das condições de insegurança que as guerras geravam nos campos de refugiados (Tickner, 2002; Khattak, 2003; Enloe, 2004a).

A análise feminista também delineava a constituição da masculinidade e da feminilidade por uma variedade de temas e tópicos da GGcT. A construção do gênero do homem fundamentalista pertencente ao Talibã desempenhava, por exemplo, um papel importante no discurso ocidental. Tal sujeito era, simultaneamente, inferior e oriental, incorporando uma masculinidade diferente dos soldados ocidentais, masculinidade maculada por uma fraca e irracional feminilidade. A masculinidade também estava em jogo no próprio Ocidente pelo fato de a GGcT trazer o ressurgimento dos homens como atores políticos e militares e uma virtual erradicação das mulheres (Tickner, 2002, p.335). Uma forma específica de masculinidade era validada, em especial nos Estados Unidos, pelo governo Bush, constituindo masculinas as políticas militares "duras", por exemplo, os combates e considerando as ações humanitárias "brandas" e afeminadas (Tickner, 2002; Shepherd, 2006, p.29). A feminilidade e a masculinidade também eram centrais, primeiro, no muito publicizado resgate e retorno de Jessica Lynch e, depois, a partir dos eventos e fotos de Abu Ghraib (Enloe, 2004b; Pin-Fat; Stern, 2005; Kaufmann-Osborn, 2006). A humilhação de prisioneiros por soldados femininos norte-americanos estava claramente ligada a estratégias de afeminação e a recepção das fotos nos Estados Unidos, onde o público ficou chocado que mulheres pudessem participar de tais ações, demonstrando visões de gênero profundamente arraigadas. Esperava-se que soldados femininos se comportassem como "boas" pessoas, mesmo na guerra, e não como humilhadoras e torturadoras que obtinham prazer com a dor de outrem. Uma preocupação similar com as mulheres que transgrediam as construções femininas tradicionais surgiu com o advento e o crescimento do número de mulheres-bomba suicidas no conflito israelo-palestino, na Tchetchênia, no Sri Lanka, na Turquia e no Iraque (Alison, 2004; Brunner, 2005; Gonzalez-Perez, 2007; Ness, 2007).

Tecnologia da informação, biossegurança e risco

Um grupo de acadêmicos ampliadores relacionava a política de identidade no coração da agenda discursiva, construtivista, feminista e pós-estruturalista a um interesse explícito pela tecnologia (Der Derian, 2004, p.92; 2005). A tecnologia entrou no jogo por meio da RAM, em especial pela utilização norte-americana de "vigilância global, comunicação em redes, armamentos inteligentes, aviões robôs, simulação em tempo real e o rápido estacionamento de forças especiais", uma forma de guerra que girava em torno de "poucas baixas, longas distâncias e boa observação" (Der Derian, 2004, p.92). Outros estudos examinavam a utilização terrorista das tecnologias de rede e como a internet se tornou um local de movimentos antiguerras/ pacifistas, ao mesmo tempo que alvo de vigilância governamental. A importância do ciberespaço para infraestruturas críticas e para a construção de comunidades – incluindo grupos de combatiam regimes totalitários –, antecedia o 11 de Setembro pelo fato de o governo Clinton ter reconhecido a "cibersegurança" como uma questão nos anos 1990, mas a GGcT levou tal preocupação para um nível novo e mais complexo (Arquilla; Ronfeldt, 1993, 1996, 1997, 2001; C. H. Gray, 1997; Deibert, 2000, 2003; Bendrath, 2003; Der Derian, 2003; Latham, 2003; Nissenbaum, 2005; Hansen; Nissenbaum, a ser publicado). O que diferenciava os pós-estruturalistas dos que trabalhavam em uma veia sociológica crítica das análises mais tradicionais da RAM era uma preocupação mais forte com a maneira como as tecnologias de rede mudam as formas nas quais as comunidades não territoriais e os objetos de referência podem ser construídos.

Uma preocupação específica se pautava na forma como a tecnologia da informação e as securitizações se conectavam nos discursos e nas práticas dos governos ocidentais. A securitização de "terrorismo" no núcleo da GGcT funcionava, segundo os estudiosos críticos, para legitimar a transgressão de uma quantidade de direitos humanos e civis, de modo mais notável, talvez, no tratamento de prisioneiros em Guantánamo e nos programas clandestinos da chamada rendição extraordinária, por meio da qual se acreditava que suspeitos de terrorismo eram transferidos para regimes suspeitos de utilizarem tortura. Um grupo de estudiosos bebeu da obra clássica de Carl Schmitt e do mais recente e influente filósofo político italiano Giorgio Agamben, da Escola de Copenhague, além de Foucault, nas discussões de como essas práticas acentuavam a tensão entre a segurança e a liberdade no centro do discurso liberal (Huysmans, 2006b; Jabri, 2006; Neal, 2006; Neocleous, 2006b; R. B. J. Walker, 2006; Burke, 2007). Retomando o estudo e fazendo uma relação com as questões centrais no coração dos ESI delineadas no Capítulo 1, essa literatura apontava para as dificuldades dentro do Liberalismo moderno de reconciliar a necessidade de fornecer segurança, portanto, uma autoridade soberana por um lado e a crença na liberdade individual, de outro.

Os estudiosos críticos de segurança, que trabalhavam com biossegurança, analisavam a mudança de um inimigo territorial e bem-definido durante a Guerra Fria em direção ao terrorista que se locomove anonimamente até o momento em que ataca (Dillon; Reid, 2001; Dillon, 2003; Salter, 2006; Epstein, 2007; Vaughan-Williams, 2007). As autoridades governamentais se comprometem, em consequência, com práticas que procuram definir o provável terrorista por meio da análise de perfis. A constituição de perfis terroristas é, contudo, intimamente entrelaçada aos discursos políticos sobre insegurança que estão em voga, sendo, portanto, sempre profética, pois procura identificar a ameaça futura e, a partir daí, produzir seu próprio sujeito (Bigo, 2002; Jabri, 2006). O efeito dessa construção de perfis e vigilância é a criação da "sociedade da insegurança", na qual cada cidadão aprende a ficar alerta e na espreita de pacotes, atividades e pessoas suspeitas. Em termos analíticos mais profundos, isso denota que os corpos são potenciais detentores de insegurança (Campbell, 1992; Dillon; Reid, 2001; Dillon, 2003). Uma consequência concreta da sociedade da suspeita foi o disparo contra o eletricista brasileiro Jean Charles de Menezes no metrô londrino por policiais que o confundiram com um terrorista (Weber, 2006a; Vaughan-Williams, 2007). A preocupação com o controle de corpos e com a biossegurança também veio à tona nas análises de doenças infecciosas, em especial o HIV/AIDS, a gripe aviária e outros perigos (potenciais) à saúde global (Singer, 2002; Peterson, 2002/3; Elbe, 2006; McInnes; Lee, 2006; Davies, 2008; Sjöstedt, 2008). Essa literatura não era conduzida pelo 11 de Setembro propriamente dito – e a questão de doenças infecciosas catastróficas era uma preocupação das políticas antes da GGcT –, mas havia uma preocupação com a maneira pela qual se poderia desviar o financiamento da saúde global por causa das amarras financeiras causadas pela GGcT, além da maneira pela qual padrões globais de mobilidade e responsabilidade seriam afetados pelos regimes em voga para identificar e impedir, não apenas que "terroristas", mas também "corpos perigosos", entrassem no Ocidente (Bell, 2006; Epstein, 2007).

Um elemento paralelo ao regime de vigilância gerado pela GGcT são as práticas mediante as quais as fronteiras são asseguradas e os corpos são categorizados e disciplinados por regimes de vistos e passaportes biométricos (Bell, 2006; Salter, 2006; Epstein, 2007) ou patrulhas civis de fronteiras, por exemplo, na fronteira México-Estados Unidos (Doty, 2007). Conforme demonstrou a crítica de Bigo e de Huysmans em relação à Escola de Copenhague (cf. Capítulo 7), tais regimes mostram que a grande exceção schmittiana – a declaração de guerra – está, agora, acompanhada de "exceções cotidianas" levadas a cabo por burocracias e "servidores de segurança" (R. B. J. Walker, 2006).

Outro conjunto de obras, geralmente relacionada às anteriores, criticava o enfoque nas grandes narrativas de ameaça e de sobrevivência no cerne da maior parte dos ESI, defendendo que o *risco*, mais do que a segurança, capturava a natureza da época pós-Guerra Fria (Rasmussen, 2001, 2004; Beck, 2002; Coker, 2002; Griner, 2002; Heng, 2002, 2006; M. J. Williams, 2008). Essa literatura se baseou nos textos influentes do sociólogo alemão Ulrik Beck (1992, 1999), ele defende que o advento da sociedade de risco está profundamente relacionado à sociedade industrial tardia, que produz uma série de riscos, em particular no setor ambiental, que são integrais para o funcionamento da própria sociedade e, portanto, não são facilmente evitados ou controlados. No topo dos riscos "cotidianos" imanentes vem o risco de catástrofes que possuem efeitos irreversíveis, mas que são difíceis, se não impossíveis, de se calcular, sendo, portando, não seguráveis (Albert, 2000; Aradau; Van Munster, 2007). Crucial para a análise de Beck é a ênfase habermasiana, referente à Escola de Frankfurt na reflexividade: as sociedades de risco são capazes de compreender a si mesmas constituídas por "dinâmicas de risco" e, portanto, de negociar como melhor enfrentar as consequências materiais e políticas que surgem do "gerenciamento de riscos diários" e dos riscos catastróficos. A análise de riscos havia sido trazida para o contexto dos ESI antes do 11 de Setembro, mas os ataques surpreendentes dessa data, assim como a utilidade do "gerenciamento de riscos diários" para identificar o decreto de políticas antiterrorismo e antimigração, fizeram com que os teóricos do risco sustentassem que eles ofereciam um melhor relato de segurança e de terrorismo (Rasmussen, 2001, p.38). O risco certamente se tornou popular o bastante para preencher periódicos inteiros: *Global Society* (2007); *Security Dialogue* (2008).

Pode-se discutir se a literatura de risco se insere ou não nos ESI. Por um lado, ela procura mudar o núcleo conceitual de "segurança" para "risco", sugerindo-o como um conceito opositor que pode desviar a análise de risco para longe dos ESI. Um fator que favorece a visão da literatura de risco como parte dos ESI é que ela se compromete amplamente com a mesma problemática de segurança-guerra-terrorismo que os ESI, além de publicar quase sempre nos mesmos periódicos que as demais abordagens críticas ampliadoras. O fato de que a exata diferença entre a segurança e o risco geralmente não se esclarece de um modo total é mais uma indicação de que a literatura de risco--segurança é parte dos ESI mesmo se for escrita perpassando suas fronteiras. Se isso vai continuar é, todavia, uma questão diferente e, já que a "segurança" não é o conceito guia, os teóricos de risco podem abandonar os debates de ESI em vez de tentar mudá-los.

Institucionalização e a Guerra Global contra o Terrorismo

Perguntar se a GGcT serviu como um metaevento para os ESI é, decerto, também perguntar qual o impacto que ela teve – ou como se refletiu – na institucionalização dos ESI. O primeiro aspecto a se apontar foi que a GGcT gerou um nível anormalmente alto de intervenções em políticas por grupos dos ESI. Um grupo de realistas lutou ferozmente contra a invasão norte-americana no Iraque e, em uma demonstração incomum de intervencionismo público, posicionou-se contra a entrada em uma guerra no Iraque por meio de periódicos políticos, como o *Foreign Policy* (Mearsheimer; Walt, 2003) e um grande espaço pago no *New York Times* (26 de setembro de 2002). O título do espaço no *New York Times* era "A guerra contra o Iraque não é do interesse nacional dos Estados Unidos" e argumentava que, embora "a guerra seja, às vezes, necessária para assegurar a nossa segurança nacional", uma guerra contra o Iraque não preencheria esse requisito. Dentre as razões citadas, estavam a falta de provas ligando o Iraque à al-Qaeda, a falta de uma estratégia de saída, a natureza dividida da sociedade iraquiana e a necessidade de uma força de ocupação durante "muitos anos para criar um Estado viável". Os signatários perfizeram uma Calçada da Fama realista, incluindo Robert J. Art, Richard K. Betts, Michael C. Desch, Alexander L. George, Charles L. Glaser, Robert Jervis, Chaim Kaufmann, Jack S. Levy, John J. Mearsheimer, Steven E. Miller, Robert A. Pape, Barry R. Posen, Richard Rosecrance, Thomas C. Schelling, Glenn H. e Jack L. Snyder, Stephen Van Evera, Stephen M. Walt e Kenneth N. Waltz. Elizabeth Kier, uma destacada construtivista convencional, também estava na lista.

As identidades duplas dos ESI, como uma instituição acadêmica e fornecedora de conselhos políticos, têm sido um elemento-chave da área desde seu surgimento, sendo que a GGcT trouxe isso à tona de um modo maior. A intensidade com a qual a resposta realista foi formulada demonstra que um grupo destacado dos ESI norte--americanos tradicionais se vê politicamente engajado e – embora não se expresse diretamente nesses termos – percebe o papel do estudioso de segurança como detendo uma obrigação normativa de falar "a verdade ao poder". Também demonstrou que essa obrigação aparece mais forçosamente durante tempos de guerra, nos quais as questões políticas e normativas são postas à frente. A desaprovação oficial do Conselho Executivo da Associação Antropológica Norte-Americana (AAA) em relação ao *Human Terrain System*, um programa militar norte-americano que emprega antropólogos no campo de batalha no

Afeganistão e no Iraque, é um caso relacionado em questão (AAA, 2007; Comissão da AAA, 2007; Rhode, 2007). A GGcT também demonstrou que diferentes grupos dos ESI constituíam essa interface da política/ciência de maneira diferente: os construtivistas convencionais e críticos saíram dos debates de RI (cf. Capítulo 7) e estavam geralmente menos preocupados com a GGcT do que os realistas, os pós-estruturalistas e as feministas.

Os debates sobre a GGcT também trouxeram, como descrito anteriormente, um interesse crítico na importância dos *think-tanks* e das fundações, em especial os *think-tanks* neoconservadores *The American Enterprise Institute* e o *Project for the New American Century*, que recebiam apoio das fundações Bradley, John M. Olin e Smith Richardson (Boot, 2004, p.22). Escritores desses *think-tanks* se encontravam na margem dos ESI, publicando na *Foreign Affairs* e na *Foreign Policy*, mas sua influência muito discutida na política externa de Bush os tornou cada vez mais sujeitos de análises realistas e construtivistas críticos/pós-estruturalistas, no contexto dos ESI (Mearsheimer, 2005; Williams, 2005; Elden, 2007; Owens, 2007). Ligando-nos à discussão do tradicionalismo pós-Guerra Fria, Capítulo 6, vale a pena notar que, embora haja uma longa tradição de destacados estudiosos de segurança entrando (e saindo) dos governos norte-americanos, também há estudiosos realistas, por exemplo, Walt (1991) que têm sido, já há muito tempo, críticos da maneira como os *think-tanks* de Washington estão tentando influenciar as políticas externas e de segurança norte--americanas.

Em relação aos elementos específicos da institucionalização dos ESI, que discutimos nos capítulos 4 a 7, o impacto do 11 de Setembro certamente pesou sobre os padrões de financiamento, programas de formação e publicações. Isso não é muito surpreendente: os ESI sempre tiveram de ficar de olho nas questões relacionadas às ações políticas no topo das agendas de políticos, da mídia e das fundações, sendo que tais agendas são geralmente mais influenciadas pelos vai e vens dos eventos contemporâneos do que as disciplinas acadêmicas, que são mais lentas em mudar sua direção. Deve-se notar, também, que havia comunidades de pesquisa institucionalizadas que se concentravam no terrorismo antes do 11 de Setembro e que foram capazes de aceitar o desafio e expandir sua agenda de pesquisa, enquanto outros, por exemplo, os do campo ampliador crítico dos ESI, incorporavam rapidamente uma preocupação com as consequências da GGcT por meio de uma miríade de assuntos. Fornecer um relato exaustivo do impacto institucional do 11 de Setembro em termos de como centros e programas existentes foram fortalecidos ou recém-criados está além do escopo deste livro, mas as indicações sobre esse crescimento se encontram na expansão do Centro de Estudo de Terrorismo e Violência Política da Universidade St. Andrews, o primeiro centro do tipo na Europa, fundado em 1994 e que oferece um curso de mestrado em Estudos de Terrorismo (disponível em: www.st-andrews.ac.uk/~wwwir/research/csptv/. Acesso em: 17 fev. 2008). Outro exemplo é o projeto Infopeace do Instituto Watson, da Universidade Brown, apoiado por um aporte da Fundação Ford, com início em 1999, mas tendo crescido após o 11 de Setembro na medida que se voltava aos envolvimentos críticos com a GGcT por meio de uma série de conferências, filmes, blogs e um extenso site, além de formas acadêmicas mais tradicionais de disseminação (disponível em: www.watsoninstitute.org/infopeace/index2.cfm. Acesso em: 17 fev. 2008). Esse projeto tem continuado no *Global Media Project,* que lida com as ligações entre conflito e mídia, e não menos com a utilização terrorista da mesma. Somando-se à Fundação Ford, outras fundações ativas, em especial no apoio da pesquisa crítica, eram o Conselho de Pesquisa em Ciências Sociais (Latham, 2003) e, no Reino Unido, o Conselho de Pesquisa Econômica e Social (CPES). O CPES tem fornecido apoio por meio de sua iniciativa no Programa Respostas Domésticas ao Terrorismo e seus Novos Desafios de Segurança. Com duração de 2003 a 2007, ele congregou mais de 120 pesquisadores, muitos dos quais trabalhavam em questões relacionadas ao terrorismo e à GGcT, além de produzir uma longa lista de conferências e publicações (disponível em: www.

newsecurity.bham.ac.uk/projects/. Acesso em: 18 fev. 2008). Outro grande projeto que deu sustentação à pesquisa crítica e a conferências sobre securitização, segurança interna/externa, liberalismo e segurança é o CHALLENGE, o Panorama Cambiante da Liberdade e da Segurança Europeia,[21] financiado pelo Sexto Programa-Quadro da Comissão Europeia (www.prio.no/Research-and-Publications/Project/?oid= 93529). Alguns dos efeitos da institucionalização são mais difíceis de se quantificar, mas, ainda assim, são significativos: não há dúvida de que aumentou a quantidade de *papers* em conferências, teses e dissertações sobre o terrorismo (críticos ou convencionais). O impacto do 11 de Setembro também fez interseção com um aumento geral nas publicações em periódicos, quando novos títulos foram fundados – *International Political Sociology* (2007), *Critical Studies on Terrorism* (2008) e *Asian Security* (2005) –, outros relançados (*International Relations*, 2002) ou migraram para editoras maiores (*International Politics*, 2003; *Journal of International Relations and Development*, 2004; *Millennium*, 2008).

Conclusões

O 11 de Setembro mudou os ESI? A resposta é sim e não. Houve muita continuidade, em especial nos debates duradouros sobre a polaridade das grandes potências e os armamentos nucleares, e mesmo as mudanças significativas nos debates sobre guerra não estiveram dominados pela GGcT. Retomando o Capítulo 7, um grupo significativo do debate ampliador se preocupava com questões teóricas e conceituais conduzidas por debates acadêmicos internos que não sofreram muito o impacto do 11 de Setembro. Ainda assim, conforme mostrou este capítulo, também houve uma preocupação significativa

---

21 No original, *Changing Landscape of European Liberty and Security*. N. do T.

com a maneira como "o evento" do 11 de Setembro teve impacto sobre a política das grandes potências e a tecnologia, além de quais deveriam ser as consequências para o conceito de segurança, os pressupostos da "racionalidade do ator de segurança" e o papel que os acadêmicos de ESI deveriam adotar. Dentro dos próprios ESI, a posição do 11 de Setembro é debatida, alguns o consideram uma revolução (Der Derian, 2004), outros uma continuação de antigos paradigmas (Kupchan, 2004; Wæver, 2008).

No que diz respeito às quatro questões que estruturam os ESI, a GGcT questionou o Estado como objeto de referência na medida que os "terroristas" operam de maneiras que se diferenciam do Estado nacional soberano, que apresenta um núcleo de tomada de decisões bem-definido. Mas as políticas adotadas também eram amplamente vistas como reforçadoras do Estado, daí a necessidade de examinar criticamente os discursos de segurança nacional. Uma lógica parecida se aplicava às questões de ameaças internas/externas, no fato de o terrorismo funcionar precisamente por meio da capacidade de transgredir fronteiras. Ainda assim, a GGcT tratava simultaneamente dos Estados tentando assegurar não apenas suas fronteiras físicas, mas também biométricas e digitais. No tocante à ampliação da segurança, a segurança militar, com certeza, mantinha uma posição destacada, enquanto outras linhas ampliadoras mais empíricas de análise seguiam em seus próprios caminhos, em especial nas áreas de segurança de gênero, segurança ambiental, segurança social, religião e segurança. Se a GGcT era considerada um testemunho da inevitabilidade da dinâmica realista de segurança ou não constituía, como sempre, era algo a ser debatido.

Analisando o futuro, se a GGcT vai definir uma nova era da segurança internacional se mantém uma questão aberta. O caso afirmativo se fundamenta se a GGcT será, ou não, profunda e extensa o bastante na medida que uma nova macrossecuritização global substituir a Guerra Fria. Caso isso aconteça (e, no momento em que escrevemos, essa possibilidade ainda é plausível, embora, de nenhum modo, uma certeza, ou nem mesmo a maior probabilidade), logo, a GGcT poderia fornecer um novo arcabouço central para os ESI, cujo modelo está ausente desde o fim da Guerra Fria. A situação, contudo, não é nada parecida a dos estágios iniciais da Guerra Fria, quando a identidade do "inimigo" se cristalizou rapidamente e atraiu amplo apoio do Ocidente. A própria GGcT e, em especial, a caracterização de "terrorismo", além da identidade dos "terroristas", permanecem altamente contestadas, e o retrato dos mesmos feito pelo governo Bush causou divisão e união no Ocidente.

Contrário à ideia de uma nova era nos ESI está o fato de que suas tradicionais preocupações com a política das grandes potências e com a tecnologia se mantêm independentemente fortes. O contínuo debate sobre a grande estratégia norte-americana advindo dos anos 1990 se preocupa muito menos com o terrorismo do que com a fixação minuciosamente tradicional no equilíbrio de poder, além da possível ascensão de grandes potências desafiadoras dos Estados Unidos, em particular, a China e a UE. A política das grandes potências poderia facilmente voltar a dominar a agenda de segurança, embora, dados os argumentos a favor da paz democrática, isso tampouco é inevitável. Todavia, vistos em uma perspectiva tradicional ou discursiva, os terroristas representam uma ameaça potencialmente severa à paz e à ordem pública. Para os tradicionalistas, isso acontece porque eles questionam a primazia do Estado e porque, se pudessem ter acesso a ADM, as utilizariam. Para os aprofundadores discursivos, esse fato acontece por causa da "sua" capacidade de gerar discursos poderosos o bastante para perturbar o equilíbrio e mesmo a legitimidade da ordem ideológica liberal. Mas eles não representam uma ordem política alternativa plausível da maneira que a União Soviética representava, nesse sentido futuras grandes potências desafiadoras podem sê-lo (ou serem vistas como tal). A menos que as previsões mais terríveis sobre os terroristas e as armas de destruição em massa se tornem realidade, é bem provável que a preocupação com o terrorismo, cujo destaque foi adquirido no pós-11 de Setembro se mostrará uma obsessão transitória no lugar de algo que define uma era estratégica (Buzan, 2006).

Se a GGcT realmente se mostrar duradoura, o que isso significa para a direção dos ESI? A ampliação da agenda dos anos 1990 terá sido apenas uma resposta ao eclipse temporário de preocupações militares ou será que as ideias de paz democrática e de globalização sugerem uma transformação mais profunda? Talvez, a questão a partir da análise dos ESI como um todo seja se o impacto do 11 de Setembro revela que a área ainda permanece essencialmente como um debate único, conforme argumentamos que foi durante a Guerra Fria, ou se ele revela que as diferenças ontológicas e epistemológicas apresentadas por abordagens ampliadoras e aprofundadoras os fragmentaram fundamentalmente em várias correntes separadas e altamente não relacionadas. A nossa visão, que será descrita em maiores detalhes no Capítulo 9, é de que as ESI permanecem como diálogo único, até um ponto importante, mas um que, agora, possui uma percepção muito mais ampla, profunda e sofisticada de como interpretar um evento ou assunto determinado.

9. CONCLUSÕES

Há vinte anos Nye e Lynn-Jones (1988, p.8) descreveram os ESI como uma área jovem, cujo "progresso se encontra estagnado", e com uma "história intelectual definitiva" ainda a ser escrita. A mera magnitude quantitativa dos ESI é, talvez, uma boa explicação do por que ninguém aceitou o desafio de Nye e Lynn-Jones. Desde 1988, os arquivos de ESI se expandiram ainda mais com o rápido crescimento das perspectivas ampliadoras nos anos 1990 e o vasto conjunto de literatura lidando com o 11 de Setembro e a GGcT. Sem considerar os méritos intelectuais dos ESI, nos últimos vinte anos, a área vem sendo produtiva, gerando um número e uma gama extraordinários de livros, relatórios, periódicos, alunos, conferências, *think-tanks* e defensores de políticas. De maneira crucial, no escopo do diagnóstico de Nye e Lynn-Jones sobre os ESI, no final dos anos 1980 e com uma empreitada teoricamente subdesenvolvida, percebe-se um rápido crescimento de obras analíticas e conceituais que examinam, adotam ou rejeitam novas conceitualizações de segurança.

Pode haver várias razões, além da impressionante escala do arquivo de ESI, que explique por que uma sociologia histórica da área ainda não foi escrita. Tanto a Ciência Política e outras subáreas quanto Relações Internacionais e Teoria Política geraram, como descrito no Capítulo 3, ao menos algumas sociologias disciplinares, o que não aconteceu com ESI. Uma das explicações pode se referir ao fato de os estudiosos da segurança se encontrarem no contexto do que é contemporâneo: se a segurança diz respeito ao que é urgente, então porque desperdiçar anos escavando o passado? Estudos de caso históricos são numerosos nos ESI e a história é a base para bancos de dados agregados, mas ambos são utilizados na tentativa de gerar teorias para o presente e para o futuro. A sociologia disciplinar histórica, em contrapartida, reclama a importância do passado como um tópico valioso por si só.

Outra razão pela qual ainda não testemunhamos uma história intelectual dos ESI pode considerar que, para se escrever tal história, deve-se ter uma ideia clara do que integra ou não as ESI; ainda assim, a delineação dos ESI tem sido contestada, em especial a partir do final da década de 1980. Uma trégua foi declarada entre os Estudos Estratégicos e a Pesquisa da Paz e, até certo ponto, entre ambos e alguns ampliadores, mas as correntes principais jamais aceitaram "todas" as perspectivas ampliadoras conforme as descrevemos nos capítulos 5 e 7. Tais batalhas sugerem que o objeto de estudo – a história dos ESI – não pode ser definida independente do próprio debate de ESI. As histórias que contamos sobre o passado são, necessariamente, parte da produção de uma identidade contemporânea da disciplina, isso faz que escrever uma sociologia disciplinar seja mais difícil e contestável do que se pudéssemos observar o objeto a partir de longe ou começar com um conceito ou um arquivo universalmente aceitos.

Uma preocupação normativa central que embasa este livro – e que deu material para a construção e a aplicação de seus três arcabouços analíticos chave: as forças motrizes, as quatro questões estruturantes e a noção de "segurança", com seus três conceitos adjacentes – é como as conversações e os diálogos são facilitados por meio de diferentes perspectivas de ESI. Conforme argumentaremos a seguir, é possível enxergar os ESI caminhando em direção a uma única conversação, no entanto, uma interpretação diferente dos ESI caminhando rumo a campos fragmentados autocentrados também pode ser feita (Sylvester, 2007b; Wæver, 2007). Embora essas interpretações divirjam em sua avaliação de onde se encontram os ESI, elas compartilham duas visões: primeiro, a de que nenhuma perspectiva de ESI conquistará a área; segundo, a premissa normativa de que é bom estabelecer um diálogo por meio das perspectivas e dos campos. Uma grande vantagem de uma história disciplinar que seja tanto inclusiva (permitindo que todos os participantes potenciais adentrem) quanto situada em um nível relativamente profundo, analítica e conceitualmente (mostrando onde os pontos de convergência e divergência se encontram), é que ela facilita o diálogo. Mediante relatos de como os conceitos podem se ligar à "segurança" e como as questões mais profundas estão guiando os debates, um vocabulário e uma área "metadialógica" de conversação podem ser gerados.

De modo concreto, nossa esperança é que todos que participam nas grandes conversações de ESI sejam capazes de observar as relações entre o que eles e os demais contribuíram. Essa tem sido, certamente, a nossa experiência como autores que chegaram a este projeto possuindo históricos muito diferentes, mas que partem com uma admiração muito maior do conjunto. Esperamos que ao menos alguns compartilhem nossa visão de que a evolução dos ESI não apenas os fez mais amplos, profundos e variados, mas também gerou uma divisão de trabalho que deve ser bem-vinda. Certamente não esperamos ou desejamos que todos concordem. O desacordo, conforme mostramos, tem sido uma importante força motriz na maneira como se desenvolveram os ESI. Mas pode-se esperar que uma concepção maior dos ESI encoraje aqueles que fazem parte deles a estarem mais cientes dos limites de suas próprias abordagens e mais abertos à maneira como as contribuições, a partir de outras perspectivas, podem aprofundar a compreensão acerca de preocupações compartilhadas. Uma lição que segue essas linhas pode ser inspirada no fato de que, em retrospecto, havia muito menos diferença entre os Estudos Estratégicos e a Pesquisa da Paz negativa do que parecia ser o caso na época. A primeira atividade deste capítulo é resumir os principais estágios e temas na evolução dos ESI. Essa discussão também inclui uma consideração da interação entre os ESI e as RI. A segunda seção se concentra nas cinco forças motrizes, nesse sentido discutimos as conclusões empíricas específicas que podem ser feitas, assim como o valor analítico com o qual elas contribuíram. A terceira seção, por sua vez, analisa o estado atual dos ESI. Iniciamos com a identificação das visões dos ESI, como uma conversação ou como campos, reivindicamos que sejam encontradas maneiras de aprofundar as características conversacionais. Também confrontamos a óbvia, porém complicada, questão se os ESI podem ser vistos como progressivos e apontamos para os diferentes entendimentos, no contexto dos ESI, do que esse "progresso" pode abarcar. Finalmente, utilizamos o arcabouço das forças motrizes para refletir sobre o futuro dos ESI.

O formato cambiante dos ESI

Retomando o estudo para analisar os últimos cinco capítulos, a primeira conclusão é que o assunto dos ESI, e mesmo sua estrutura conceitual, tem sido relativamente fluida. No tocante ao seu assunto, a subárea se distancia de sua concentração inicial em assuntos militares e na segurança nacional. Eles tomaram para si uma gama muito mais ampla de objetos de referência para segurança, tendo, ainda, o Estado em uma posição forte, mas, agora, com muito mais espaço para seres humanos individuais (segurança humana), coisas e entidades não humanas (aspectos de segurança ambiental) e estruturas sociais (economia mundial, identidades coletivas de vários tipos). Essa ampliação dos assuntos, por sua vez, pressionou o conceito de segurança. Em um primeiro momento, após a Segunda Guerra Mundial, o novo conceito de segurança nacional foi pensado para ampliar o raciocínio e distanciá-lo da tradição de guerra e defesa nacional. Mas, embora o conceito de segurança tenha sobrevivido como a ideia central dos ESI, suas implicações mais amplas foram rapidamente perdidas em meio à urgência de se lidar com o florescente confronto militar entre os Estados Unidos e a URSS. Não seria até os anos 1970, quando a paralisação nuclear e o advento da crise do petróleo abriram o caminho, que as questões econômicas começariam a aparecer novamente, de forma independente, na agenda de segurança.

A Pesquisa da Paz e os Estudos Estratégicos erguiam a voz um com o outro durante a Guerra Fria e, dentro da Pesquisa da Paz, havia ainda outra divisão entre os que trabalhavam com a "paz positiva" e os que empreendiam Pesquisa da Paz "negativa". Analisando o que ocorreu, havia fortes pontos em comum entre os Estudos Estratégicos, em especial sua ala de Controle de Armamentos, e a Pesquisa da Paz negativa que dizia respeito ao enfoque acordado na segurança militar, no armamento e no conflito. O principal desacordo se encontrava na crença básica, entre os pesquisadores da paz, de superar a dinâmica realista. Os pesquisadores da paz "positiva", em contrapartida, focavam-se na dinâmica de integração, dentro e por meio das sociedades e, mais tarde, no quadro de uma tradição mais crítica, também na violência estrutural. Analisando a evolução dos ESI, essa tradição da Pesquisa da Paz positiva foi importante para os estudiosos liberais e construtivistas que escolheram a tradição sociológica deutschiana e seu interesse nas instituições internacionais, na comunicação e nos padrões de interação cívica em termos de Estado. A Pesquisa da Paz escandinava, alemã e neomarxista foram igualmente importantes para a inserção no contexto da literatura ampliadora crítica – Pós-estruturalismo, Pós-colonialismo, Feminismo e Estudos Críticos de Segurança – os quais, a partir de meados dos anos 1980, começaram a mudar o terreno conceitual de "paz" para "segurança".

A maior parte do que foi escrito dentro dos ESI durante a Guerra Fria não passou explicitamente pelo conceito de segurança. Após os primeiros artigos conceituais seminais de Wolfers (1952) e Herz

(1950), o conceito foi amplamente dado como certo – a segurança era a segurança nacional (estatal); tratava-se de ameaças militares, capacidades e utilização da força; tratava-se de ameaças externas; e deveria ser alcançada pelo equilíbrio de poder ou, simplesmente, pela demonstração ostensiva de poder – e, portanto, não era muito discutida. Conceitos significativos – e teorias que os acompanhavam – apareciam, em vez disso, na forma de "conceitos paralelos" gerais (sendo os mais destacados o poder e a estratégia) que se relacionavam ao realismo das RI. Ou, então, eles eram conceitos mais específicos e "complementares", por exemplo, "dissuasão" e "contenção". A Pesquisa da Paz, por outro lado, foi constituída em torno da "paz", um conceito opositor, embora, conforme foi argumentado, a distância entre "segurança" e "paz negativa" comumente não era tão ampla quanto os participantes da época percebiam.

O que liga a Pesquisa da Paz aos ESI, e o que une os ESI, é, primeiro, uma comunalidade de conceitos. Mas quando tal comunalidade não é encontrada, porque conceitos diferentes (p. ex., "paz" *versus* "poder") desempenham um papel paralelo, de apoio ou de oposição, desse modo a convergência nasce de um interesse comum nas quatro questões estruturantes descritas no Capítulo 1: como se define o objeto de referência, se as ameaças são internas ou externas, se os militares são o único setor de segurança ou se outros são incluídos e se há ou não uma crença na transformação das Relações Internacionais para além da recorrência realista da guerra e do conflito. Seguramente, o fato de que essas são questões e não pontos dados se traz à tona na medida que perspectivas diferentes – primeiro Estudos Estratégicos e Pesquisa da Paz e, depois, as numerosas abordagens da agenda ampliadora pós-Guerra Fria – contestam tais questões ao responder essas perguntas de maneiras diferentes.

Além dessas quatro questões, mostramos que discussões epistemológicas foram significativas tanto para a Pesquisa da Paz da Guerra Fria quanto para discussões em todos os ESI, desde os anos 1980 (em larga escala como consequência da preocupação geral de RI com a epistemologia). Nesse aspecto, é curioso que a história da Pesquisa da Paz e dos ESI sofre alguns desvios se comparada à maneira como as perspectivas de RI, geralmente, se situam por meio de um eixo positivista-pós-positivista. Em primeiro lugar, nas últimas décadas as teorias da escolha racional mantiveram uma posição forte – se não superior – no terreno da Ciência Política, elas nunca foram muito fortes dentro dos ESI (Walt, 1999a; Wæver; Buzan, 2007). Nem mesmo se expandirmos a análise para estudos quantitativos e causais de grandes bancos de dados encontraremos ESI muito explícitos. A Pesquisa da Paz negativa possui, por outro lado, uma longa história de pesquisa quantitativa, mas ela tem se situado, em especial, dentro da subárea de Resolução de Conflitos ou nas RI quantitativas, em geral. Logo, uma das (potenciais) conversações que não vimos surgir da maneira como esperaríamos no fim da Guerra Fria é entre esse conjunto de obras e os ESI. Em segundo lugar, a maior parte da Pesquisa da Paz marxista durante a Guerra Fria compartilhava da epistemologia positivista da Pesquisa da Paz até o ponto em que buscava conexões causais, conceitos com referentes materiais claros e comportamentos, em vez de palavras e discursos. Isso deveria nos lembrar que não existe uma relação automática de um para um entre o conceito de segurança e paz, ou entre a epistemologia escolhida e a crença normativa no papel da pesquisa e dos pesquisadores.

Será que os ESI se movem em uma única correnteza em direção ao delta de um rio? Sim, pelo fato de o final da Guerra Fria ter empurrado os interesses militares para trás, permitindo muito mais espaço para uma agenda de segurança mais ampla aparecer. Isso, por sua vez, precipitou a luta pelo âmago da segurança, com os tradicionalistas defendendo um significado militar estreito, os ampliadores desejando expandir a agenda e outros, oriundos, por exemplo, da Escola de Copenhague, no meio, permitindo alguma ampliação, mas mantendo o sentido específico da segurança (inter)nacional como uma forma excepcional e extrema de política. Havia, decerto, muitas outras vozes querendo ser ouvidas nos ESI pós-Guerra Fria, nesse sentido a resposta ao 11 de Setembro e à GGcT mostrava que a natureza multiperspectiva dos ESI havia sido institucionalizada a tal ponto que nenhum evento político estaria propenso a eliminá-la. Pode-se pensar, ainda, na gama que uniu a área por meio de uma preocupação com a "segurança" como a forma que a coesão pode ser construída. Para nos mantermos com a analogia do delta, durante a Guerra Fria, os pesquisadores da paz negativa e os tradicionalistas dos ESI podem ter navegado pelo mesmo rio sem saberem, enquanto, após a Guerra Fria, reconhece-se, mapeia-se e discute-se o delta em expansão de forma muito mais ampla.

Conforme os ESI se tornaram mais amplos, profundos e multicanalizados, esse movimento mudou não apenas a própria subárea dos ESI, mas também a maneira como eles se relacionam com a área mais ampla de RI. Algumas zonas de fronteira e pontos de cruzamento se mantêm bastante estáveis, por exemplo, Estudos Estratégicos e (Neo)Realismo, além de Estudos Estratégicos e Estudos de Área. As velhas relações entre a Pesquisa da Paz com o liberalismo e o marxismo foram, acima de tudo, assumidas pelos Estudos Críticos de Segurança, o Pós-colonialismo e a Segurança Humana, sendo que estes últimos ameaçam/prometem trazer um pedaço da agenda de RI (direitos humanos, desenvolvimento) para o contexto dos ESI. Alguns novos pontos de cruzamento foram criados, por exemplo, com o Feminismo, o meio ambiente, o desenvolvimento e a identidade, nesse sentido os ESI se preocupam muito mais com questões de filosofia do conhecimento do que era o caso durante a Guerra Fria. A fronteira/cruzamento entre os ESI e a EPI se mantém, por outro lado, relativamente fraca, bastante focada, ainda, em poucos recursos "estratégicos", em especial no petróleo. Isso tem reflexo no contínuo poder institucional da separação que ocorreu dentro das RI entre os ESI e a EPI nos anos 1970.

Reconsiderando as forças motrizes

Lembre-se que, no princípio, estruturamos nosso quadro de forças motrizes com base em uma mistura pragmática de ideias gerais da sociologia do conhecimento com o nosso sentido empírico de quais fatores eram particularmente influentes dentro do domínio específico dos ESI. De um modo geral, esperar-se-ia que a evolução de qualquer conjunto de raciocínio seria influenciada por fatores padrões, como dinheiro, poder, ideias, história e institucionalização. Por causa do assunto dos ESI e a história a partir da qual eles surgiram, não parecia controverso se concentrar nas políticas das grandes potências e na tecnologia como fatores específicos de relevância para essa subárea. Nem mesmo, em razão do forte comprometimento para se embrenhar em questões de políticas públicas, característico dos ESI desde o início, parecia controverso dar um lugar específico aos eventos. Em geral, pensamos que o enquadramento da nossa discussão nos termos das cinco forças motrizes funcionou muito bem para explicar por que e como os ESI se desenvolveram da maneira como o fizeram. Nossa confiança em tal abordagem é suficiente para que a utilizemos para enxergarmos mais à frente, quando pensarmos aonde os ESI podem chegar partindo daqui. Nossa conclusão é a de que a operação das cinco forças motrizes permaneceu visivelmente presente durante todo o tempo, sendo que não há razão para supor que isso vai deixar de ser o principal pano de fundo dos ESI. Posto isso, todavia, a mistura e o impacto entre elas mudaram ao longo do tempo. Conforme esperamos que tenha ficado claro a partir da leitura dos capítulos anteriores, diferentes forças motrizes foram mais ou menos dominantes em épocas diferentes. A política das grandes potências e a tecnologia eram muito fortes durante a Guerra Fria e mais fracas durante os anos 1990. Os debates acadêmicos se tornaram mais destacados durante os anos 1980 e 1990 do que haviam sido antes. Os eventos assumiram um destaque específico a partir de 2001.

Embora pensemos que essa moldura tenha funcionado, ela não foi isenta de problemas de aplicação. Mostrou-se difícil, por exemplo, traçar linhas claras entre os "eventos" e os vários movimentos dentro dos tópicos da política das grandes potências e da tecnologia. De certo modo, o término da Guerra Fria foi um "evento", assim como várias inovações tecnológicas, dentre elas o lançamento do Sputnik e a disseminação de armas nucleares para a China e para a Índia. Embora nos seja problemático decidir como situar diferentes discussões, não imaginamos que esse problema tenha representado nenhuma dificuldade fundamental para nossa análise da evolução dos ESI.

O Estado e o futuro dos ESI: conversação ou campos?

Contar a história da evolução dos ESI do ponto de vantagem do presente torna possível concebê-los como uma conversação. Pode-se dizer, com a genealogia de Foucault, que a história é sempre uma história do presente, no qual o passado é construído e, a partir daí, reconstruído na medida que o presente muda. Mas pode-se apontar, mais concretamente, para como as mudanças na conceitualização de segurança e a guinada da "paz" para "segurança", que começaram nos anos 1980, reconfiguraram a maneira como os ESI se constituíram e a maneira como eles constituem o seu passado. Teríamos uma resposta bem diferente para a pergunta "o que são os ESI?" nos anos 1960, quando eles significavam Estudos Estratégicos e teoria da dissuasão. Os "Estudos da Paz" significavam debates de paz negativa-positiva sobre conceitos e epistemologia. A junção das perspectivas ampliadoras-aprofundadoras, de um lado, e o conceito tradicionalista de segurança, de outro, após a Guerra Fria, significa que a "segurança", em termos muito maiores, torna-se o terreno conceitual e disciplinar de ambos. A história dos ESI, portanto, também muda: a Pesquisa da Paz, em especial a pesquisa da "paz positiva", tanto na tradição marxista quanto na liberal, é uma antecessora crucial, relacionada por meio de tensões complicadas na literatura às abordagens ampliadoras atuais. Caso não tivesse havido, por outro lado, convergência conceitual entre as duas principais áreas da Guerra Fria, contar a história dos ESI hoje seria algo diferente: teria sido uma de duas áreas que alimentariam (mais do que hoje) distintas identidades, debates e instituições. Era mais apropriado, nesse caso, analisar os ESI – e a Pesquisa da Paz – como empreitadas livremente posicionadas, opostas ou não, com um escopo mais estreito do que é o caso atualmente.

Contar uma história a partir do presente também permite uma interpretação crítica ou, ao menos, diferente dos ESI do que aquela que pode ter sido carregada pelos participantes da época. Na agonia do acalorado momento acadêmico, geralmente é mais fácil se focar no que separa do que no que une – sendo que a academia é, ao fim e ao cabo, uma instituição que define a contestação e a falsificação como os modos por meio dos quais se progride e se supera. Ao adotarmos uma perspectiva histórica mais longa, permite-se que os pontos em comum venham à baila precisamente porque o ponto de comparação muda.

A questão crucial é: até que ponto é possível ter uma "área", em um sentido disciplinar sociológico, se não há conversação entre as diferentes perspectivas. Isso não (o que podemos temer/celebrar) a fragmenta em um novo sistema de "subáreas"? Há vários estudos atuais que identificam as RI caminhando em direção a campos e seu raciocínio é aplicável também aos ESI (Sylvester, 2007a, 2007b; Wæver, 2007). Não raro, um cisma Estados Unidos-Europa é identificado como uma importante linha de fracionamento no quadro dos ESI. A Europa tem tido mais Pesquisa da Paz, mais Teoria Crítica e mais Pós-positivismo de todos os tipos. Os Estados Unidos têm tido mais Estudos Estratégicos e mais Positivismo. Após Wolfers, as principais correntes norte-americanas apresentam pouco interesse em pensar o conceito de segurança, enquanto na Europa isso é assunto sério. A institucionalização de subperspectivas em periódicos separados, coleções de livros e seções de conferência, delineada no Capítulo 7, certamente apoia a visão dos ESI como se estivessem se retirando da conversação compartilhada (Sylvester, 2007b).

Por um lado, aplaudimos a diversificação dos ESI, uma das principais observações empíricas deste livro. Se enxergarmos a conversação única dos ESI, durante a Guerra Fria, baseada primariamente em como os Estudos Estratégicos distribuíam as cartas, essa era uma "conversação" que aparecia à custa de abordagens mais amplas. Em tal leitura, já havia guetos durante a Guerra Fria e o que mudou não é que a área perdeu sua "coerência", mas que os Estudos Estratégicos não são mais capazes de controlar a área na mesma escala que antes. Por outro lado, a desvantagem de uma área que se fragmenta em campos não comunicantes é que importantes compromissos se perdem (Walt, 1999a, p.7; Sylvester, 2007b). Também devemos lembrar que "conversação" não é sinônimo de um acordo, mas "apenas" de uma visão comum do que é importante discutir e um consenso básico sobre quais foros e qual tipo de meios possibilitam a discussão. Isso também implica que aqueles que defendem que outras perspectivas sejam jogadas fora – como os tradicionalistas em relação aos pós-estruturalistas, conforme discussão do Capítulo 6 (Walt, 1991) – são difíceis de serem imaginados como "parceiros conversacionais".

A possibilidade de ver a evolução dos ESI como algo comprometido com a resposta às quatro questões estruturantes pode, por si só, facilitar o diálogo na medida que traz os temas conceituais da conversação que estão no cerne da área. A Segurança Humana e o Neorrealismo não são, por exemplo, de planetas diferentes, mas constituem objetos de referência, relações individuais-coletivas, o papel da violência e da política, a urgência do desenvolvimento contra as questões militares, o interno contra o externo e assim por diante. Essas constituições são diferentes – e mesmo opostas –, mas tratam das mesmas coisas. Colocando a atual avaliação de campo no contexto histórico disciplinar sociológico deste livro, há três outros pontos que complicam – ou que aperfeiçoam – essa visão e que nos permitem acabar com uma nota mais positiva. Primeiro, o fato de que os ESI possuem uma tradição de debater por meio de conceitos pode, por si só, facilitar a conversação no sentido de que as discussões conceituais funcionam como catalisadoras para a união de diferentes teorias – pensemos, por exemplo, em como "democracia" e "liberdade" estruturam a Teoria Política.

Segundo, uma visão histórica mais longa nos permite apontar para o fato de que a identificação de que os ESI estão se fragmentando não é nova. Conforme descrito com alguns detalhes no Capítulo 5, os pesquisadores da paz da Guerra Fria se preocupavam a ponto de ficarem alarmados com o "problema das duas culturas": que a Pesquisa da Paz se bifurcaria em paz "positiva" e "negativa", em epistemologias quantitativas e críticas, e em perspectivas norte-americanas e europeias. Uma boa quantidade de trabalho se voltou ao raciocínio de como neutralizar essa tendência, não menos no modo como a Pesquisa da Paz era ensinada (Vasquez, 1976). Que essa preocupação com a fragmentação não é nova nos diz duas coisas: que o presente pode não ser tão especial (e, portanto, tão fragmentado) como se poderia pensar e que a preocupação com o estado da área é, por si só, um sinal saudável do desejo de que as coisas sejam diferentes.

Terceiro, embora os ESI possam apontar para uma lista impressionante (ou deprimente, dependendo do ponto de vista) de subperspectivas, é digno de nota que a escolha racional não se estabeleceu como uma perspectiva forte (Walt, 1991, 1999a, 1999b). O núcleo duro da escolha racional continuou integrado à Pesquisa da Paz, mas não chegou perto de ter o mesmo impacto nos ESI pós-Guerra Fria que teve na Ciência Política, como uma área geral (Walt, 1999a, p.5). Caso Waltz (1999b, p.128) esteja certo ao afirmar que "os adeptos dos modelos formais são menos tolerantes de outras abordagens que virtualmente qualquer outro grupo na área da ciência política", então, o papel relativamente pequeno que a escolha racional desempenhou nos ESI pode, por si só, gerar um ambiente mais dialógico.

Mas se não pudermos produzir uma nítida resposta no estilo "ou isto ou aquilo" para a questão dos campos ou da conversação, podemos dizer que os ESI tiveram algum progresso? Conforme notamos no início, a evolução é um processo. Os ambientes mudam e as entidades dentro deles se adaptam ou morrem, sem que haja nenhuma teleologia do progresso embutida. Houve algum acúmulo de conhecimento e um aprofundamento da compreensão (considerando-se que diferentes perspectivas abordam a questão do progresso de maneira diferente, dependendo das suas agendas epistemológicas, políticas e normativas)? Sim, no sentido de que a dissuasão e o Controle de Armamentos, além de outras teorias estratégicas da era dourada, realmente criaram compreensões mais profundas de processos importantes e contínuos. Sim, em relação às reivindicações da Pesquisa da Paz sobre o fato de a teoria da paz democrática ser uma grande descoberta empírica nas Ciências Sociais. Sim, pelo fato de que os ESI tiveram sucesso ao criar e ao manter instituições para se desenvolver e se reproduzir.

Teriam sido os ESI progressistas no sentido de se resguardar e de se adaptar aos valores liberais que eles foram criados para defender? A resposta é sim, no sentido que a Guerra Fria foi vencida pelo Ocidente e que os ESI tanto se adaptaram a novas ameaças como se abriram para mais considerações sobre Segurança Humana. Sim, no sentido de que há muito mais discussão e noção do conceito de segurança e de seu significado político, pelo menos nos círculos acadêmicos. Sim, na medida que a agenda mais ampla pode ser vista como uma discussão sobre as consequências de segurança do "liberalismo do mundo real".

E a resposta é não, no sentido de que as vozes dos ESI, tanto realistas quanto radicais, têm sido, acima de tudo, ignoradas (Controle de Armamentos, Vietnã, Iraque, GGcT) e que a divisão entre dar conselhos ao príncipe e falar a verdade para o poder continua e não está resolvida. Em algumas perspectivas, o progresso do conhecimento da teoria da dissuasão foi aceito à custa de valores liberais e de preocupações reduzidas com as vidas de cidadãos. A tensão essencial entre a segurança e os valores liberais se mantém, e a específica securitização da GGcT ameaça enormes e duráveis erosões dos valores liberais. Nessa visão, o "progresso" de qualquer tipo é ilusório. Os ESI existem para lidar com uma agenda sempre mutável de ameaças. Eles se desenvolvem apenas no sentido que essas ameaças também se desenvolvem, devendo, portanto, acompanhá-las. E, conforme demonstra sua história, os ESI sempre produzirão uma gama de respostas para qualquer assunto determinado. Eles não devem ser julgados como um fracasso por falharem ao produzir respostas consensuais únicas, mas como um sucesso, ou não, de acordo com quão completamente e quão profundamente estabelece as análises e as alternativas.

O panorama dos ESI

Nosso arcabouço evolucionário, necessariamente, nos compromete com a visão de que os ESI permanecerão uma obra em progressão. Qualquer fato que a nossa história relate, ela mostra como os ESI se desenvolveram em resposta a cinco forças motrizes, sugerindo que todas elas permanecerão em cena. Seria um passo muito ousado neste estágio tardio do livro especular se o enquadramento básico das forças motrizes pode mudar. O escopo para tais mudanças pode, contudo, ser indicado somente por se pensar nas implicações da teoria da paz democrática. Se todas as grandes potências fossem democracias liberais, e se tal teoria se mostrasse correta na previsão central de que as democracias não entram em guerra umas com as outras, logo, a variável das grandes potências, da maneira como foi apresentada por este estudo, seria removida ou transformada. De modo similar, se os defensores de que um governo mundial não é uma possibilidade tão remota como normalmente se pensa (Wendt, 2003; Deudney, 2007) se mostrarem corretos, logo, muitas das premissas realistas que embasam boa parte dos ESI desapareceriam. Por mais interessante que possa ser seguir por esse caminho, abster-nos-emos disso. Mas não podemos resistir em terminar com uma pequena incursão especulativa baseada na premissa de que nossas cinco forças motrizes permanecem operantes. Pensando os atuais desenvolvimentos e tendências, que tipos de pressões elas poderiam gerar que (re)configurariam a futura evolução dos ESI nas décadas vindouras?

Política das grandes potências

Mesmo se a teoria da paz democrática chegar a eliminar esta categoria, isso não acontecerá por algum tempo, e talvez nunca aconteça. Dentro desse espaço de dúvidas, encontram-se dois desenvolvimentos parcialmente relacionados que poderiam reconfigurar os ESI de modo significativo.

Primeiro está a "ascensão da China", extensamente discutida. A versão simples desse movimento é que um grande Estado (não democrático) atinge a posição de superpotência com base em sua crescente capacidade material e leva o sistema internacional de volta a uma estrutura bipolar. Na visão neorrealista, China e Estados Unidos devem, então, tornar-se rivais, inclusive militares, com o resultado que, dentre outras coisas, a agenda tradicional no contexto dos ESI se reaproxime do cenário central. Muito pode ser interpretado como algo que aponta nessa direção, desde a rivalidade sinoamericana no espaço até preocupações sobre a influência chinesa na África e em outros lugares. Se o crescimento da China se tornasse amplamente ameaçador para o mundo capitalista da maneira que o era a União Soviética, então esse cenário é plausível.

Mas também há muito a sustentar em relação ao crescimento da China não ser ameaçador, nem por seus vizinhos nem por boa parte do restante do mundo, incluindo a Europa. A adoção chinesa do capitalismo e sua integração na economia mundial, sua estratégia de "ascensão pacífica" e seu comportamento moderado em muitas instituições internacionais abrem espaço para um cenário alternativo plausível, no qual a China se tornaria a securitização dominante para os Estados Unidos – mas, talvez, não para muitas ou todas as outras grandes potências. Partindo de uma perspectiva neorrealista, a ascensão chinesa deve ameaçar os Estados Unidos independente de a China ascender pacificamente ou não, visto que deve solapar o atual comprometimento norte-americano de se manter como a única superpotência, não permitindo nenhum rival. Se essa se firmar como

CONCLUSÕES

a visão norte-americana, e o lobby ameaçador da China permanecer forte em Washington, logo, o que seria a agenda de segurança dominante em Washington pode não ser compartilhado por muitos (se é que por algum) no restante do mundo. De fato, nos lugares onde a multipolaridade é reivindicada, muitos podem, na verdade, ver com bons olhos a ascensão chinesa e como um entrave ao unilateralismo norte-americano.

Um desenvolvimento por meio dessas linhas poderia fortalecer uma das falhas geológicas dentro dos ESI que observamos ao longo deste estudo: a diferença entre os ESI na Europa e nos Estados Unidos. Durante a Guerra Fria, havia diferenças significativas entre os dois em relação a questões normativas/políticas e estratégicas (embora esta última fosse geralmente contida pela securitização compartilhada da União Soviética em ambos os lados do Atlântico) e em relação a questões epistemológicas e de agenda. Durante os anos 1990, elas se dividiram em relação a todo o conceito de segurança e sobre os diferentes graus de reação ao 11 de Setembro e como responder a ele. Esse último cisma se ampliou por diferenças nas políticas ligadas à GGcT no Oriente Médio, obviamente no Iraque, mas também remoendo as duradouras diferenças entre a Europa e os Estados Unidos no que concerne a Israel e Palestina. Se os Estados Unidos fizeram uma grande securitização da China, de modo que a Europa não o fez, isso afastaria cada vez mais suas comunidades de ESI. Já há uma diferença perceptível entre o debate acadêmico norte-americano sobre a "grande estratégia", com uma pincelada fortemente militar, e um europeu que, paralelo aos interesses aprofundadores-ampliadores mais fortes dos ESI europeus, reflete mais o panorama de um poder civil (Solana, 2003).

Um desenvolvimento por tais linhas pode fazer os ESI parecerem, assim como o Ocidente, um artefato da Guerra Fria, o produto de uma macrossecuritização temporariamente compartilhada. Nesse caso, os ESI podem assumir um modo mais "nacionalizado", com cada comunidade dos ESI dirigidas mais pelas preocupações com as políticas de suas próprias unidades do que por uma agenda em comum. O que parecia diferenças de estilo entre os Estados Unidos e a Europa durante a Guerra Fria e depois dela poderia, então, começar a parecer como o surgimento de um estilo europeu de pensamento de segurança. Não é difícil imaginar que, tanto nos Estados Unidos quanto na Europa, muitos dariam as boas-vindas a tal desenvolvimento, de igual maneira muitos o lamentariam. Tampouco é difícil imaginar desenvolvimentos similares em outros lugares, como já prefigurado pela ascensão de uma "escola chinesa" das RI (Qin, 2007).

Eventos

Já mostramos como a GGcT teve impacto sobre os ESI, embora não os tenha transformado. Se as coisas seguirem do modo que têm estado entre 2001 e a época em que escrevemos (verão boreal de 2008), logo, a GGcT poderia facilmente desaparecer dentro das rebarbas dos interesses de segurança. Mas se os ataques terroristas se intensificarem e, principalmente, envolverem a ADM, a GGcT poderia se tornar a "próxima Guerra Fria", uma macrossecuritização bem-sucedida que moldará tanto a política mundial quanto os ESI durante muitas décadas.

Mas talvez ainda mais interessante do que isso seja a possibilidade e, sem dúvida, a crescente probabilidade, de que eventos no setor ambiental surgirão para se sobressair a todas as demais preocupações de segurança. Questões ambientais são a carta curinga no baralho da segurança. Até agora, elas têm sido relativamente marginais. Mas como mostrou o repentino crescimento da preocupação com a segurança alimentar em 2007-2008, quando a transferência da produção agrícola para a de biocombustíveis contribuiu, junto com a alta dos preços do petróleo, a aumentar o preço de muitos alimentos básicos, elas foram capazes de mudar o jogo rápida e radicalmente. Há muitas possibilidades. Imaginemos, por exemplo, as consequências caso se anuncie amanhã, de forma autoritária, que se antevê um pedaço de rocha de dois quilômetros de largura, confirmadamente, em rota de colisão com a Terra para daqui a vinte anos (Mellor, 2007). Todas as prioridades mudariam imediatamente.

Mas, pelas tendências atuais, os dois mais prováveis curingas ambientais são o aquecimento global (Dupont, 2008) e a possibilidade de uma epidemia violenta e virulenta. Até 2008, a consciência geral sobre os perigos do aquecimento global estava, assim como a temperatura planetária, crescendo. No cenário de aquecimento estão inclusos vários eventos específicos que teriam muitas e grandes consequências para a disposição atual da habitação humana no planeta. Por exemplo, o já temido colapso veloz do manto de gelo da Antártica Ocidental aumentaria os níveis dos oceanos em no mínimo seis metros e mesmo um colapso parcial de monta poderia causar aumento de um ou dois metros. Esse evento inundaria muitas áreas e cidades costeiras, deslocando dezenas ou, talvez, centenas de milhões de pessoas. A mudança climática nessa escala criaria enormes crises no fornecimento de alimentos, de energia, entre outros pré-requisitos básicos para a civilização. Se o evento for o surgimento de uma nova doença que combine facilidade de transmissão (como a gripe comum) com alta fatalidade (como o ebola), logo, no mínimo, o impacto na economia mundial seria enorme na medida que as quarentenas e as proibições de viagens cessariam vastas quantidades de comércio e de turismo. Se o impacto da doença for severo o bastante, ela poderia desestabilizar a ordem social e política em muitos locais. Embora a ocorrência de cenários específicos como esses seja difícil de prever com muita precisão, a probabilidade geral de que eles ocorrerão em um futuro não muito distante é crescente. Quando/se eles ocorrerem, as cartas com as quais os ESI têm sido jogados desde 1945 serão reembaralhadas.

Tecnologia

Os impactos tecnológicos têm sido uma moldura importante dos ESI, de forma mais óbvia durante a Guerra Fria, com suas preocupações intermináveis acerca dos impactos de novas capacidades tecnológicas no equilíbrio militar. Também é notável a grande e contínua presença de armamentos nucleares no pensamento dos ESI, quer em forma de preocupações com a lógica da dissuasão, quer na forma de interesses na proliferação nuclear. É fácil imaginar cenários que simplesmente estendem as discussões tecnológicas, que já são uma parte estabelecida dos ESI. Poderia haver, por exemplo, uma quebra mais geral do regime de não proliferação e uma guinada rápida para um mundo proliferado de muitos Estados nucleares pequenos e, possivelmente, de atores nucleares não estatais. Em outra direção, o desenvolvimento de um sistema de DMB ainda faria uma diferença notável no pensamento estratégico. De modo similar, essa pode ser uma luta pela "fronteira mais alta" do espaço como um meio de se afirmar e de se resistir à dominação estratégica, embora esse desenvolvimento tivesse de superar as crescentes atrações financeiras de cooperação pela ciência espacial e pelo desenvolvimento comercial do espaço.

De modo menos convencional, pode-se especular sobre o impacto de soldados e pilotos-robô cada vez mais sofisticados – já em utilização limitada – e suas implicações para o pensamento ético e estratégico em relação a quem utiliza a força, como e quando ela é utilizada. A tendência das sociedades capitalistas de substituir o trabalho pelo capital leva a essa direção, com propósitos de destruição e produção, conforme a relutância de sociedades ricas e com pequena taxa de natalidade em sofrer baixas. Se os "mortos" da guerra forem máquinas, então a relação da sociedade com a guerra e os combatentes se transforma fundamentalmente. Outro cenário tecnologicamente conduzido envolve ameaças à cibersegurança, na qual terroristas ou outros atores malignos atacam estruturas físicas e digitais, derrubando, portanto, infraestruturas críticas e redes de comunicação globais. Claramente, os efeitos de tais ataques orquestrados seriam devastadores, mas sua probabilidade é altamente debatida, com alguns setores de cibersegurança apontando para sérias vulnerabilidades digitais, enquanto outros sustentam que tal discurso exagera enormemente as capacidades terroristas e a fraqueza dos sistemas digitais ocidentais (Latham, 2003; Nissenbaum, 2005; Hansen; Nissenbaum, a ser publicado).

Estender a lógica da GGcT, dos cenários ambientais, da ciberse-gurança e de proliferação nuclear discutidos anteriormente aponta para alguns modos não convencionais, mas importantes, de se pensar sobre os impactos da tecnologia nos ESI. Caso se admita que a pre-ponderância das questões ambientais tem crescido, logo, as tecnolo-gias associadas com controle de doenças e mudanças climáticas po-deriam se tornar centrais para o discurso dos ESI, assim como foram as de armamentos nucleares. Se o problema for o aquecimento global, então a "segurança energética" poderia muito bem significar, não o acesso aos hidrocarbonetos, mas a disponibilidades de tecnologias energéticas com menores pegadas de carbono e/ou a disponibilidade de tecnologias de redução de gases causadores do efeito estufa na atmosfera. Desenvolvimentos nessa linha diminuiriam, dentre outras coisas, a importância estratégica do petróleo e do gás e, consequente-mente, a importância estratégica do Golfo e da Rússia.

Pensando de maneira ainda mais profunda, a preocupação por trás da proliferação nuclear é marcada pelos números cada vez maiores de Estados cada vez menores (e possivelmente menos confiáveis/racionais) que se apoderariam de forças cada vez maiores de destrui-ção. A GGcT somou esse aspecto à preocupação de que alguns de seus novos detentores poderiam ser atores extremistas não estatais, ou seja, entidades ainda menores e possivelmente não "racionais". A extensão lógica de tal pensamento foi demonstrada apropriadamente por Martin Rees (2003), que explicita em detalhes a bem-estabelecida tendência tecnológica, configurando a atual situação, na qual enormes forças destrutivas podem ser detidas por pequenos grupos de pessoas ou mesmo por indivíduos. Isso contrasta com a realidade estratégica por trás de boa parte dos ESI, a de que grandes poderes de destrui-ção só podiam ser ordenados e detidos por grandes atores (estatais). Não são apenas os armamentos nucleares que estão se tornando mais facilmente disponíveis. Vírus, biológicos e digitais, podem ser criados e distribuídos por indivíduos por meio de recursos facilmente disponíveis. Físicos e nanotecnólogos podem acidental ou intencionalmente liberar catástrofes no planeta. É provável que essa difusão da capacidade destrutiva pode se tornar uma constante na condição humana a partir deste momento, criando questões sobre a democracia e a governança que mudarão o terreno no qual os ESI repousam. A maneira de lidar política e socialmente com um mundo no qual muitos indivíduos e pequenos grupos podem comandar grandes forças de destruição traz questões que vão muito além da competência de segurança dos ESI e apresenta outras amedrontadoras e desafiantes para qualquer tipo de sociedade liberal.

Debates acadêmicos

Durante os anos 1980 e 1990, os debates acadêmicos tiveram um grande impacto no ESI ao apresentarem toda uma gama de questões epistemológicas e ontológicas que não haviam, anteriormente, sido objeto de muita preocupação no contexto da subárea. Há sempre a possibilidade de que novos costumes intelectuais surjam, mas a aposta mais segura, no momento, é que as dinâmicas do debate acadêmico trilharam seu caminho. Os ESI já absorveram a onda "aprofundadora" advinda de todos os novos costumes epistemológicos. Eles estão, agora, amplamente em sintonia com as Ciências Sociais como um todo, e é provável que estejam, portanto, "trabalhando com tudo" por algum tempo em vez de estarem sujeitos a grandes inserções novas dessa fonte. Atualmente, não está claro que ainda reste algo lá fora que não tenha sido trazido para dentro dos ESI de alguma maneira, embora isso não exclua a possibilidade de que a sociobiologia, a teoria social quântica ou algo mais do tipo surjam como uma nova forma de pressão intelectual sobre os ESI. O mundo acadêmico nunca fica parado! O desafio da teoria do risco para a segurança, como ideia estruturante para os ESI também pode crescer. De forma concebível, o tipo de modelação massiva que está sendo desenvolvido para sistemas físicos extremamente complexos, por exemplo, a atmosfera pode, em algum momento, começar a se espalhar para o mundo social, realizando os antigos sonhos dos comportamentistas de tornar as Ciências Sociais um ramo da Física. Mas grandes mudanças advindas dessa força motriz parecem muito menos prováveis do que as advindas das grandes potências, e mesmo dos eventos e da tecnologia discutidos anteriormente. A atual configuração delta parece relativamente estável como enquadramento de meio-termo para os ESI.

Institucionalização

Conforme pudemos perceber, os fatores institucionais podem tanto ser expressões de outras forças motrizes quanto forças motrizes em seu sentido estrito. O estabelecimento institucional de cursos e centros universitários, de *think-tanks* e de periódicos tende a agir de forma conservadora, reproduzindo linhas existentes de raciocínio e de trabalho, embora elas, também, possam refletir mudanças em direção a novas prioridades. Agora, os ESI estão profundamente enraizados nesse sentimento institucional e tais raízes refletem a ampliação e o aprofundamento que vêm acontecendo nos últimos 25 anos. É difícil imaginar todo esse movimento se esmigalhando; logo, a institucionalização fornece uma inércia considerável para os ESI. Mas uma reflexão momentânea dos cenários expressos sugere mudanças bem dramáticas nas prioridades de financiamento fáceis de imaginar e, talvez, parecidas com as que estiveram presentes no nascimento dos ESI nos anos 1940, 1950 e 1960 e, possivelmente maiores do que as geradas pelo fim da Guerra Fria. Mudanças nos modos de financiamento podem promover ou reduzir a atenção que a pesquisa dá a determinados assuntos. A diversificação da base organizacional dos ESI sob o impacto de locais ampliadores e aprofundadores os coloca em uma boa posição para responder a tamanhas mudanças quando elas aparecerem, embora o financiamento possa, obviamente, ser distribuído de maneira desigual ao longo do cenário dos ESI.

Quaisquer que sejam as mudanças que moldem o futuro dos ESI, mesmo se a agenda militar realmente se reafirmar ocupando o núcleo, parece improvável que todos os desenvolvimentos ampliadores e aprofundadores nos ESI se percam. Os pesquisadores da paz, os construtivistas, os teóricos críticos da segurança, as feministas e os pós-estruturalistas tiveram grande participação na mudança da compreensão de ameaça para longe dos cálculos puramente materiais, caminhando em direção a compreensões mais sociais e políticas. Enquanto muitos desenvolvimentos dos tipos descritos anteriormente causarão possíveis grandes mudanças nas agendas destacadas sob o título de segurança internacional, é difícil encarar que tais ganhos sejam perdidos. Qualquer fato que venha acontecer, é mais provável que a agenda futura dos ESI se reforce, absorvendo as forças da sua ampliação e de seu aprofundamento, ganhos a tanto custo, do que forçar um retorno ao mundo limitado dos Estudos Estratégicos da Guerra Fria. Durante suas primeiras décadas, as pressões da estratégia da Guerra Fria denotavam que os ESI eram altamente forçados para a conjuntura do setor militar e, consequentemente, não desenvolviam nada que chegasse perto do estilo completo de potencial do tema central da segurança, que era seu conceito constitutivo. A partir dos anos 1970 e dos anos 1980, isso começou a mudar e, agora, começamos a ver a completa gama e diversidade do que o conceito de segurança pode fazer por meio de uma miríade de assuntos e abordagens. Os ESI percorreram um longo caminho nos últimos sessenta anos e, nas décadas vindouras, não temos dúvida de que permanecerão um campo de estudos vivaz e argumentativo. E continuarão a se desenvolver não apenas acompanhando os novos interesses de segurança, mas também desenvolvendo novas maneiras de se pensar sobre eles.

REFERÊNCIAS BIBLIOGRÁFICAS

AAA. *American Anthropological Association Executive Board Statement on the Human Terrain System Project*, 31 out. 2007.

AAA. *Commission. AAA Commission on the Engagement of Anthropology with the US Security and Intelligence Communities*, Final Report, 4 nov. 2007.

ABEL, Elie. *The Missiles of October:* The Story of the Cuban Missile Crisis 1962. Londres: MacGibbon & Kee, 1966.

ABELSON, Donald E. *American Think-tanks and their Role in US Foreign Policy.* Nova York: St. Martin's Press, 1996.

ABRAHMS, Max. Why Terrorism Does Not Work. *International Security*, v.31, n.2, 2006, p.42-78.

ACHARYA, Amitav. A New Regional Order in South East Asia: ASEAN in the Post-Cold War Era. *Adelphi 279*. Londres: IISS, 1993.

_____.Will Asia's Past be its Future? *International Security*, v.28, n.3, 2003, p.149-64.

_____.The Emerging Regional Architecture of World Politics. *World Politics*, v.59, n.4, p.629-52.

_____.; BOUTIN, J. D. Kenneth. The Southeast Asia NuclearWeapons-free Zone Treaty. *Security Dialogue*, v.29, n.2, 1998, p.219-30.

ADELMAN, Kenneth. Arms Control With and Without Agreements. *Foreign Affairs*, v.63, n.2, 1984, p.240-63.

ADENIRAN, Tunde. Nuclear Proliferation and Black Africa: The Coming Crisis of Choice. *Third World Quarterly*, v.3, n.4, p.673-83.

ADIBE, Clement. Weak States and the Emerging Taxonomy of Security in World Politics. *Futures*, v.26, n.5, 1994, p.490-505.

ADLER, Emanuel. The Emergence of Cooperation: National Epistemic Communities and the International Evolution of the Idea of Nuclear Arms Control. *International Organization*, v.46, n.1, p.101-45.

_____. Imagined (Security) Communities: Cognitive Regions in International Relations. *Millennium*, v.26, n.2, 1997a, p.249-77.

_____. Seizing the Middle Ground: Constructivism in World Politics. *European Journal of International Relations*, v.3, n.3, 1997b, p.319-63.

_____. The Spread of Security Communities: Communities of Practice, Self--Restraint, and NATO's Post-Cold War Transformation. *European Journal of International* Relations, v.14, n.2, 2008, p.195-230.

_____.; BARNETT, Michael (eds.). *Security Communities*. Cambridge: Cambridge University Press, 1998.

AGATHANGELOU, Anna M.; LING, L. H. M. Power, Borders, Security, Wealth: Lessons of Violence and Desire from September 11. *International Studies Quarterly*, v.48, n.3, 2004, p.517-38.

AGGARWAL, Vinod. Building International Institutions in Asia-Pacific. *Asian Survey*. v.33, n.11, 1993, p.1021-42.

AGRELL, Wilhelm. Offensive vs. Defensive: Military Strategy and Alternative Defence. *Journal of Peace Research*, v.24, n.1, 1987, p.75-85.

AHMAD, Zakaria Haji; GHOSHAL, Baldas. The Political Future of ASEAN after the Asian Crisis. *International Affairs*, v.70, n.1, 1999, p.759-78.

AHMED, Samina. Pakistan's Nuclear Weapons Program: Turning Points and Nuclear Choices. *International Security*, v.23, n.4, 1999, p.178-204.

_____. Security Dilemmas of Nuclear-armed Pakistan. *Third World Quarterly*, v.21, n.5, 2000, p.781-93.

AHMED, Samina; CORTRIGHT, David; MATTOO, Amitabh. Public Opinion and Nuclear Options for South Asia. Asian Survey, v.38, n.8, 1998, p.727-44.

AHRARI, M. Ehsan. Islam as a Source of Conflict and Change in the Middle East. Security Dialogue, v.25, n.2, 1994, p.177-98.

_____.Growing Strong: The Nuclear Genie in South Asia. *Security Dialogue*. v.30, n.4, 1999, p.431-44.

_____.Iran, China and Russia: The Emerging Anti-US Nexus? *Security Dialogue*, v.32, n.4, 2001, p.453-66.

AKAHA, Tsuneo. Japan's Comprehensive Security Policy: A New East Asian Environment. *Asian Survey*, v.31, n.4, 1991, p.324-40.

_____.Beyond Self-defense: Japan's Elusive Security Role under the New Guidelines for US–Japan Defence Cooperation. *Pacific Review*, v.11, n.4, 1998, p.461-84.

ALAGAPPA, Muthia. Regionalism and Conflict Management: A Framework for Analysis. *Review of International Studies*, v.21, n.4, 1995, p.359-87.

ALBERT, Mathias. From Defending Borders towards Managing Geographical Risks? Security in a Globalized World. *Geopolitics*, v.5, n.1, 2000, p.57-80.

ALCOCK, N. Z.; LOWE, Keith. The Vietnam War as a Richardson Process. *Journal of Peace Research*, v.6, n.2, 1969, p.105-12.

ALISON, Miranda. Women as Agents of Political Violence. *Security Dialogue*, v.35, n.4, p.447-64.

ALKER, Hayward R. Emancipatory Empiricism: Toward a Renewal of Empirical Peace Research. In: WALLENSTEEN, Peter (ed.). *Peace Research*: Achievements and Challenges. Boulder: Westview, 1988, p.219-41.

_____. On Securitization Politics as Contexted Texts and Talk. Journal of International Relations and Development, v.9, n.1, 2006, p.70-80.

ALLIN, Dana H. The Atlantic Crisis of Confidence. International Affairs, v.80, n.4, 2004, p.649-63.

_____. American Power and Allied Restraint: Lessons of Iraq. *Survival*, v.49, n.1, 2007, p.123-40.

ALLIN, Dana H. et al. Repairing the Damage: Possibilities and Limits of Transatlantic Consensus. *Adelphi*, n.389. Londres: IISS, 2007.

ALLIN, Dana H.; SIMON, Steven. The Moral Psychology of US Support for Israel. *Survival*, v.45, n.3, 2003, p.123-44.

ALLISON, Graham. Essence of Decision: Explaining the Cuba Missile Crisis, Boston: Little Brown, 1971.

ALLISON, Graham. CARNESALE, Albert; NYE, Joseph S. Hawks, Doves and Owls: A New Perspective on Avoiding Nuclear War. International Affairs, v.61, n.4, 1985, p.581-89.

ALLISON, Graham; MORRIS, Frederic. Armaments and Arms Control: Exploring the Determinants of Military Weapons. *Daedalus*, v.104, n.3, 1975, p.99-129.

ALLISON, Roy. Military Forces in the Soviet Successor States. *Adelphi*, n.280, Londres: IISS, 1993.

ALLYN, Bruce J.; BLIGHT, James G.; WELCH, David A. Essence of Revision: Moscow, Havana and the Cuban Missile Crisis. *International Security*, v.14, n.3, 1989/90, p.136-72.

ALPHER, Joseph. Security Arrangements for a Palestinian Settlement. Survival, v.34, n.4, 1992/3, p.49-67.

ALTMANN, Jürgen; SCHEFFRAN, Jürgen. New Rules in Outer Space: Options and Scenarios. *Security Dialogue*, v.34, n.1, 2003, p.109-16.

AMBROSIO, Thomas. Russia's Quest for Multipolarity: A Response to US Foreign Policy. *European Security*, v.10, n.1, 2001, p.45-67.

AMIN, Samir. Underdevelopment and Dependence in Black Africa: Historical Origin. *Journal of Peace Research*, v.9, n.2, 1972, p.105-20.

_____. Towards a Structural Crisis of World Capitalism. Socialist Revolution, v.5, n.1, p.1-25.

_____. *Unequal Development*. Sussex: Harvester Press, 1976.

AMOORE, Louise. Vigilant Visualities: The Watchful Politics of the War on Terror. *Security Dialogue*, v.38, n.2, 2007, p.215-32.

ANDERSON, Benedict. *Imagined Communities*: Reflections on the Origin and Spread of Nationalism, Londres: Verso, 1991.

ANDREANI, Gilles. The Disarray of US Non-proliferation Policy. *Survival*, v.41, n.4, 1999/2000, p.42-61.

_____. The "War on Terror": Good Cause, Wrong Concept. *Survival*, v.46, n.4, 2004/5, p.31-50.

ANDRES, Richard. The Afghan Model in Northern Iraq. *Journal of Strategic Studies*. v.29, n.3, 2006, p.395-422.

ANDREWS-SPEED, Philip; LIAO, Xuanli; DANNREUTHER, Roland. The Strategic Implications of China's Energy Needs. *Adelphi n.346*. Londres: IISS, 2002.

ANGELL, Norman. *The Great Illusion*: A Study of the Relation of Military Power to National Advantage. Londres: Heinemann, 1910.

_____. *The Great Illusion – Now*. Harmondsworth: Penguin Books, 1938.

ANTONENKO, Oksana. Putin's Gamble'. *Survival*, v.43, n.4, 2001, p.49-59.

ARADAU, Claudia. The Perverse Politics of Four-letter Words: Risk and Pity in the Securitisation of Human Trafficking. *Millennium*, v.33, n.2, 2004a, p.251-77.

_____. Security and the Democratic Scene: Desecuritisation and Emancipation. *Journal of International Relations and Development*, v.7, n.4, 2004b, p.388-413.

_____. Limits of Security, Limits of Politics? A Response. *Journal of International Relations and Development*, v.9, n.1, 2006, p.81-90.

ARADAU, Claudia; VAN MUNSTER, Rens. Governing Terrorism Through Risk: Taking Precautions, (Un)Knowing the Future. *European Journal of International Relations*, v.13, n.1, 2007, p.89-116.

ARASE, David. Japan, the Active State?: Security Policy after 9/11. *Asian Survey*, v.47, n.4, 2007, p.560-83.

ARON, Raymond. *The Great Debate*. Nova York: Doubleday, 1965.

ARQUILLA, John; RONFELDT, David. Cyberwar is Coming! *Comparative Strategy*, v.12, n.2, 1993, p.141-65.

_____. *The Advent of Netwar*. Santa Monica: RAND, 1996.

_____. Looking Ahead: Preparing for Information Age Conflict. In: ARQUILLA, John; RONFELDT, David (eds.). In Athena's Camp: Preparing for Conflict in the Information Age. Santa Monica: RAND, 1997.

_____. *Networks and Netwars*: The Future of Terror, Crime, and Militancy, Santa Monica: RAND, 1997.

ARREGUIN-TOFT, Ivan. How the Weak Win Wars: A Theory of Asymmetric Conflict. *International Security*, v.26, n.1, 2001, p.93-128.

_____. How the Weak Win Wars: A Theory of Asymmetric Conflict. Nova York e Cambridge: Cambridge University Press, 2005.

ART, Robert. To What Ends Military Power? *International Security*, v.4, n.4, p.3-35.

ASAL, Victor; BEARDSLEY, Kyle. Proliferation and International Crisis Behavior. *Journal of Peace Research*, v.44, n.2, 2007, p.139-55.

ASHLEY, Richard K. Political Realism and Human Interests. *International Studies Quarterly*, v.25, n.2, 1981, p.204-36.

_____. The Poverty of Neorealism', International Organization, v.38, n.2, 1984, p.225-86.

ATZILI, Boaz. When Good Fences Make Bad Neighbors: Fixed Borders, State Weakness and International Conflict. *International Security*, v.31, n.3, p.139-73.

AUERSWALD, David P. Deterring Nonstate WMD Attacks. *Political Science Quarterly*, v.121, n.4, 2006, p.543-68.

AUSLIN, Michael R. (2005). Japan and South Korea: The New East Asian Core', Orbis, v.49, n.3, p.459–73.

AUSTIN, John L. *How To Do Things With Words* 2. ed. Oxford: Oxford University Press, 1962.

AVANT, Deborah. From Mercenaries to Citizen Armies: Explaining Change in the Practice of War. International Organization, v.54, n.1, 2000, p.41-72.

AVERRE, Derek. Russia and the European Union: Convergence or Divergence? *European Security*, v.14, n.2, 2005, p.175-202.

AXWORTHY, Lloyd. Human Security and Global Governance: Putting People First. *Global Governance*, v.7, n.1, 2001, p.19-23.

AYOOB, Mohammed. Security in the Third World: The Worm About to Turn? *International Affairs*, v.60, n.1, 1984, p.41-51.

_____. (ed.) *Regional Security in the Third World*: Case Studies from Southeast Asia and the Middle East. Londres: Croom Helm, 1986.

_____. India as a Regional Hegemon. *International Journal*, v.46, p.3, 1991, p.420-48.

_____. *The Third World Security Predicament*. Boulder: Lynne Rienner, 1995.

_____. Defining Security: A Subaltern Realist Perspective. In: KRAUSE, Keith; WILLIAMS, Michael C. (eds.). *Critical Security Studies*. Minneapolis: University of Minnesota Press, 1997, p.121-46.

AYOOB, Mohammed. Nuclear India and Indian – American Relations. *Orbis*, v.43, n.1, 1999, p.59-76.

_____. South-west Asia after the Taliban. *Survival*, v.44, n.1, 2002, p.51-68.

_____. Political Islam: Image and Reality. *World Policy Journal*, v.21, n.3, p.1-14.

AZAR, Edward E.; MOON, Chung-in. *National Security in the Third World*: The Management of Internal and External Threats. Aldershot: Edward Elgar, 1988.

BACEVICH, Andrew J. *American Empire*: The Realities and Consequences of US Diplomacy, Cambridge: Harvard University Press, 2002.

BACEVICH, Andrew J.; PRODROMOU, Elizabeth H. God is not Neutral: Religion and US Foreign Policy After 9/11'. *Orbis*, v.48, n.1, 2004, p.43-54.

BADEY, Thomas J. US Counter-terrorism: Change in Approach, Continuity in Policy'. *Contemporary Security Policy*, v.27, n.2, 2006, p.308-24.

BAGLIONE, Lisa A. Finishing START and Achieving Unilateral Reductions: Leadership and Arms Control at the End of the Cold War. *Journal of Peace Research*, v.34, n.1, p.135-52.

BAHGAT, Gawdat. Israel and Iran in the New Middle East. Contemporary Security Policy, v.27, n.3, 2006, 363-75.

_____. Proliferation of Weapons of Mass Destruction: The Case of Libya. *International Relations*, v. 22, n.1, p.105-26.

BAILES, Alyson J. K. A Nuclear Capable Europe: The Case for the British Deterrent. *Security Dialogue*, v.24, n.3, 1993, p.323-32.

_____. The EU and a "Better World": What Role for the European Security and Defence Policy?. *International Affairs*, v.84, n.1, p.115-30.

BAJPAI, Kanti. India's Nuclear Posture after Pokhran II. *International Studies*, v.37, p.4, 2000, p.267-301.

BAKER, John C. Non-proliferation Incentives for Russia and Ukraine. *Adelphi n.309*, Londres: IISS, 1997.

BALDWIN, David A. Security Studies and the End of the Cold War. *World Politics*, v.48, n.1, 1995, p.117-41.

_____. The Concept of Security. *Review of International Studies*, v.23, n.1, 1997, p.5-26.

BALL, Christopher L. Nattering NATO Negativism: Reasons Why Expansion may be a Good Thing. *Review of International Studies*, v.24, n.1, 1998, p.43-67.

BALL, Deborah Yarsike; GERBER, Theodore P. Russian Scientists and Rogue States: Does Western Assistance Reduce the Proliferation Threat?' *International Security*, v.29, n.4, 2005, p.50-77.

BALL, Desmond. Can Nuclear War be Controlled? *Adelphi n.169*, Londres: IISS1981.

_____. Arms and Affluence: Military Acquisitions in the Asia–Pacific Region. *International Security*, v.18, n.3, p.78-112.

BALZACQ, Thierry. The Three Faces of Securitization: Political Agency, Audience and Context. *European Journal of International Relations*, v.11, n.2, 2005, p.171-201.

BAR-JOSEPH, Uri. Variations on a Theme: The Conceptualization of Deterrence in Israeli Strategic Thinking. *Security Studies*, v.7, n.3, 1998, p.145-81.

BARKAWI, Tarak. On the Pedagogy of "Small Wars". *International Affairs*, v.80, n.1, 2004, p.19-37.

_____.; LAFFEY, Mark. The Postcolonial Moment in Security Studies. *Review of International Studies*, v.32, n.2, 2006, p.329-52.

BARKER, John. Improving Prospects for Compliance with Arms Control Treaties. *Survival*, v.29, n.5, 1987, p.430-53.

BARNETT, Jon. Environmental Security. In: COLLINS, Alan R. (ed.). *Contemporary Security Studies*. Oxford: Oxford University Press, 2007, p.182-203.

BARNETT, Michael. The Politics of Indifference at the United Nations and Genocide in Rwanda and Bosnia. In: CUSHMAN, Thomas; MESTROVIC, Stjepan G. (eds.). *This Time We Knew*: Western Responses to the Genocide in Bosnia. Nova York: Nova York University Press, 1996, p.128-62.

_____. Building a Republican Peace: Stabilizing States after War. *International Security*, v.30, n.4, 2006, p.87-112.

BARNETT, Roger W. *Asymmetrical Warfare*: Today's Challenge to U.S. Military Power. Washington, DC: Brassey's, 2003.

BASRUR, Rajesh M. Nuclear Weapons and Indian Strategic Culture. Journal of Peace Research, v.38, n.2, 2001, p.181-98.

BATCHER, Robert T. The Consequences of an Indo-Pakistani Nuclear War. *International Studies Review*, v.6, n.4, 2004, p.135-62.

BAUDRILLARD, Jean. *The Gulf War Did Not Take Place*. Bloomington: Indiana University Press, 1995.

BAYLIS, John et. al. *Contemporary Strategy*: Theories and Policies. Londres: Croom Helm, 1975.

_____. Contemporary Strategy: Theories and Concepts, v.1. Londres: Croom Helm, 1987.

BEATON, Leonard. *Must the Bomb Spread?* Harmondsworth: Penguin, 1966.

BEAUFRE, Andre. *An Introduction to Strategy*. Londres: Faber & Faber, 1965.

BECHER, Klaus. Has-been, Wannabe or Leader: Europe's Role in the World After the 2003 European Security Strategy. European Security, v.13, n.4, 2004, p.345-59.

BECK, Ulrich. *Risk Society*: Towards a New Modernity, Londres: SAGE, 1992.

_____. *World Risk Society*. Cambridge: Polity Press, 1999.

_____. *The Terrorist Threat*: World Risk Society Revisited. *Theory, Culture and Society*, v.19, n.4, p.39-55.

BECKER, Joerg. Racism in Children's and Young People's Literature in the Western World. *Journal of Peace Research*, v.10, n.3, 1973, p.295-303.

BEESON, Mark. American Hegemony and Regionalism: The Rise of East Asia and the End of the Asia-Pacific. *Geopolitics*, v.11, n.4, 2006, p.541-60.

BEHNKE, Andreas. No Way Out: Desecuritization, Emancipation and the Eternal Return of the Political – A Reply to Aradau. *Journal of International Relations and Development*, v.9, n.1, 2006, p.62-9.

BEIER, J. Marshall. Grave Misgivings: Allegory, Catharsis, Composition. *Security Dialogue*, v.38, n.2, 2007, p.251-70.

BELL, Colleen. Biopolitical Governance in Canada's National Security Policy. *Security Dialogue*, v.37, n.2, 2006, p.147-65.

BELL, J. Bowyer. Transnational Terror, Washington, DC; Stanford, CA, American Enterprise Institute for Public Policy Research; Hoover Institution on War, Revolution and Peace (AEI-Hoover Policy Studies, n.17. Hoover Institution Studies, n.53), 1975.

BELLAMY, Alex J.; McDONALD, Matt. "The Utility of Human Security": Which Humans? What Security? A Reply to Thomas and Tow. *Security Dialogue*, v.33, n.3, 2002, p.373-77.

BELLANY, Ian. The Richardson Theory of "Arms Races": Themes and Variations. *British Journal of International Studies*, v.1, n.2, 1975, p.19-30.

_____. Defensive Arms and the Security Dilemma: A Cybernetic Approach. *Journal of Peace Research*, v.33, n.3, 1996, p.262-71.

_____. (ed.) Terrorism and Weapons of Mass Destruction. Basingstoke: Palgrave, 2007.

BENDRATH, Ralph. The American Cyber-Angst and the Real World – Any Link? In: LATHAM, Robert (ed.). *Bombs and Bandwith*: The Emerging Relationship Between Information Technology and Security. Nova York: The New Press, 2003, p.49-73.

BENEDICT, Kennette. Funding Peace Studies: A Perspective from the Foundation World. *Annals of the American Academy of Political and Social Sciences*, v.504, n.1, 1989, p.90-7.

BENGIO, Ofra. The Challenge to the Territorial Integrity of Iraq. *Survival*, v.37, n.2, 1995, p.74-94.

BENSAHEL, Nora. Mission not Accomplished: What Went Wrong with Iraqi Reconstruction. *Journal of Strategic Studies*, v.29, n.3, 2006, p.453-73.

BERCOVITCH, Jacob; KREMENYUK, Victor; ZARTMAN, I. William (eds.). *The SAGE Handbook of Conflict Resolution*. Londres: Sage, 2008.

BERDAL, Mats R. Disarmament and Demobilisation after Civil Wars. *Adelphi n.303*. Londres: IISS, 1996.

_____. How "New" Are "New Wars"? Global Economic Change and the Study of Civil War. *Global Governance*, v.9, n.4, 2003, p.477-502.

BERENSKOETTER, Felix Sebastian. Mapping the Mind Gap: A Comparison of US and European Security Strategies. *Security Dialogue*, v.36, n.1, 2005, p.71-92.

BERES, Louis René. Hic Sunt Dragones: The Nuclear Threat of International Terrorism. *Parameters: Journal of the US Army War College*, n.9, 1979, p.11-19.

BERES, Louis René; MAOZ, Zeev. Israel and the Bomb. *International Security*, v.29, n.1, 2004, p.175-80.

BERG, Per; LODGAARD, Sverre. Disengagement Zones: A Step Towards Meaningful Defence. *Journal of Peace Research*, v.20, n.1, 1983, p.5-15.

BERGER, Mark T.; BORER, Douglas A. The Long War: Insurgency, Counterinsurgency and Collapsing States. *Third World Quarterly*, v.28, n.2, 2007, p.97-215.

BERGER, Thomas U. From Sword to Chrysanthemum: Japan's Culture of Anti--militarism, *International Security*, v.17, n.4, 1993, p.119-50.

_____. Norms, Identity, and National Security in Germany and Japan. In: KATZENSTEIN, Peter J. (ed.). *The Culture of National Security:* Norms and Identity in World Politics. Nova York: Columbia University Press, 1993, p.317-56.

_____. Set for Stability? Prospects for Conflict and Cooperation in East Asia. *Review of International Studies*, v.26, n.3, 1993, p.405-28.

BERKOWITZ, Bruce. Proliferation, Deterrence and the Likelihood of Nuclear War. *Journal of Conflict Resolution*, v.29, n.1, 1982, p.112-36.

BERLIN, Donald L. The Indian Ocean and the Second Nuclear Age. Orbis, v.48, n.1, p.55-70.

BERMAN, Jacqueline .(Un)Popular Strangers and Crisis (Un)Bounded: Discourses of Sex-trafficking, the European Political Community and the Panicked State of the Modern State. European Journal of International Relations, v.9, n.1, 2003, p.37-86.

BERNSTEIN, Barton J. Understanding Decision-making, US Foreign Policy, and the Cuba Missile Crisis: A Review Essay. *International Security*, v.25, n.1, 2000, p.134-64.

BERNSTEIN, Richard; MUNRO, Ross. China I: The Coming Conflict with America. *Foreign Affairs*, v.76, n.2, 1997, p.18-32.

BERTRAM, Christoph. The Implications of Theatre Nuclear Weapons in Europe. *Foreign Affairs*, v.60, n.2, 1981/2, p.305-26.

BETTS, Richard K. Incentives for Nuclear Weapons: India, Pakistan, Iran. *Asian Survey*, v.19, n.11, 1979a, p.1053-72.

_____. A Diplomatic Bomb for South Africa. International Security, v.4, n.2, 1979b, p.91-115.

_____. Wealth, Power and Instability: East Asia and the United States After the Cold War. *International Security*, v.18, n.3, 1993, p.34-77.

_____. Should Strategic Studies Survive. *World Politics*, v.50, n.1, 1997, p.7-33.

_____. The New Threat of Mass Destruction. *Foreign Affairs*, v.77, n.1, 1998, p.26-41.

_____. The Soft Underbelly of American Primacy: Tactical Advantages of Terror. *Political Science Quarterly*, v.117, n.1, 2002, p.19-36.

BETZ, David. Redesigning Land Forces for Wars Amongst the People. *Contemporary Security Policy*, v.28, n.2, 2007, p.221-43.

BHATIA, Shyam. *Nuclear Rivals in the Middle East*. Nova York: Routledge, 1988.

BHIMAYA, Kotera. Nuclear Deterrence in South Asia: Civil-Military Relations and Decision-making. *Asian Survey*, v.34, n.7, 1994, p.647-61.

BHUPENDRA, Jasani; BARNABY, Frank. *Verification Technologies*: The Case for Surveillance by Consent. Leamington Spa: Berg, 1984.

BI, Jianxiang. The Culture of Self-Destruction: Pyongyang's Struggle for Regime Survival. *Contemporary Security Policy*, v.28, n.2, 2007, p.244-66.

BIDDLE, Stephen. The Past as Prologue: Assessing Theories of Future Warfare. *Security Studies*, v.8, n.1, 1998, p.1-74.

BIDDLE, Stephen; ZINKLE, Robert. Technology, Civil-Military Relations and Warfare in the Developing World. *Journal of Strategic Studies*, v.19, n.2, 1996, p.171-212.

BIGO, Didier. Security and Immigration: Toward a Critique of the Governmentality of Unease. *Alternatives*, n.27: Supplement, 2002, p.63-92.

BILGIN, Pinar. Individual and Societal Dimensions of Security. *International Studies Review*, v.5, n.2, 2003, p.203-22.

_____. Regional Security in the Middle East: A Critical Perspective, Londres: Routledge, 2004a.

_____. Whose "Middle East"? Geopolitical Inventions and Practices of Security. *International Relations*, v.18, n.1, 2004b, p.25-41.

_____. International Politics of Women's (In)Security: Rejoinder to Mary Caprioli. *Security Dialogue*, v.35, n.4, 2004c, p.499-504.

_____. Thinking Past "Western" IR? *Third World Quarterly*, v.29, n.1, 2008, p.5-23.

BISWAS, Shampa. "Nuclear Apartheid" as Political Position: Race as a Post--colonial Resource? *Alternatives*, v.26, n.4, 2001, p.485-522.

BITZINGER, Richard A. Just the Facts, Ma'am: The Challenge of Analysing and Assessing Chinese Military Expenditures. *China Quarterly*, n.173, 2003, p.164-75.

BLACKETT, Patrick M. S. The Military and Political Consequences of Atomic Energy, Londres: *Turnstile Press*, 1948.

_____. *Atomic Weapons and East-West Relations*. Cambridge: Cambridge University Press, 1956.

BLANCHARD, Eric M. Gender, International Relations, and the Development of Feminist Security Theory. *Signs*, v.28, n.4, 2003, p.1289-312.

BLANK, Stephen. Russia as Rogue Proliferator. *Orbis*, v.44, n.1, 2000, p.91-107.

BLECHMAN, Barry M. Do Negotiated Arms Limitations Have a Future? *Foreign Affairs*, v.59, n.1, 1980, p.102-25.

BLEIKER, Roland. Art After 9/11. Alternatives, v.31, n.1, 2006, p.77-99.

BLIGHT, James; WELCH, David. Risking "The Destruction of Nations": Lessons of the Cuban Missiles Crisis for New and Aspiring Nuclear States. *Security Studies*, v.4, n.4, 1995, p.811-50.

BOOT, Max. Think Again: Neocons. *Foreign Policy*, n.140, 2004, p.20-8.

BOOTH, Ken. *Strategy and Ethnocentrism*. Londres: Croom Helm, 1979.

_____. Strategy and Emancipation. *Review of International Studies*, v.17, n.4, 1991, p.313-26.

_____. Security and Self: Reflections of a Fallen Realist. In: KRAUSE, Keith; WILLIAMS, Michael C. (eds.). *Critical Security Studies*. Minneapolis: University of Minnesota Press, 1997, p.83-120.

_____. (ed.). *Critical Security Studies and World Politics*. Boulder: Lynne Rienner, 2005a.

_____. Beyond Critical Security Studies. In: BOOTH, Ken (ed.). *Critical Security Studies and World Politics*. Boulder: Lynne Rienner, 2005b, p.259-78.

_____. Theory of World Security, Cambridge: Cambridge University Press, 2007.

BOOTH, Ken; WHEELER, Nicholas. *The Security Dilemma*: Fear, Cooperation, and Trust in World Politics, Basingstoke: Palgrave Macmillan, 2008.

BORAWSKI, John. Partnership for Peace and Beyond. International Affairs, v.71, n.2, 1995, p.233-46.

BOSERUP, Anders. Non-offensive Defence in Europe. *Working Paper 1985/5.* Copenhagen: Centre for Peace and Conflict Research, 1985.

BOSERUP, Anders; IVERSEN, Claus. Demonstrations as a Source of Change. *Journal of Peace Research,* v.3, n.4, 1966, p.328-48.

BOSERUP, Anders; MACK, Andrew. War Without Weapons: Non-violence in National Defence. Londres: Frances Pinter, 1974.

BOUKHARS, Anouar; YETIV, Steve A. *9/11 and the Growing Euro-American Chasm over the Middle East. European Security,* v.12, n.1, 2003, p.64-81.

BOULDING, Elise. Focus On: The Gender Gap. *Journal of Peace Research,* v.21, n.1, 1984, p.1-3.

BOULDING, Elise; BOULDING, Kenneth E. Introduction to the Global Society: *Interdisciplinary Perspectives.* St. Louis: Consortium for International Education, Center for International Studies, University of Missouri-St. Louis, 1974.

BOULDING, Kenneth E. (1962) Conflict and Defense: A General Theory, Nova York: Harper Brothers.

_____. Future Directions in Conflict and Peace Studies. *Journal of Conflict Resolution,* v.22, n.2, 1978, p.342-54.

BOWEN, Wyn Q. Missile Defence and the Transatlantic Security Relationship. *International Affairs,* v.77, n.3, 2001, p.485-507.

_____. Libya and Nuclear Proliferation. *Adelphi n.380,* Londres: IISS, 2006.

BOWEN, Wyn Q; KIDD, Joanna. The Iranian Nuclear Challenge. *International Affairs,* v.80, n.2, 2004, p.257-76.

BOYLE, Michael J. The War on Terror in American Grand Strategy. *International Affairs,* v.84, n.2, 2008, p.191-209.

BRACKEN, Paul. Nuclear Weapons and State Survival in North Korea. *Survival,* v.35, n.3, 1993, p.121-36.

_____. The Military Crisis of the Nation State: Will Asia be Different from Europe? *Political Studies,* n.42: Special Issue, 1994, p.97-114.

_____. *Fire in the East:* The Rise of Asian Military Power and the Second Nuclear Age, Nova York: HarperCollins, 1999.

_____. The Structure of the Second Nuclear Age. *Orbis,* v.47, n.3, 2003, p.399-413.

BRANDT, Willy et al. North–South: A Programme for Survival (Independent Commission on International Development Issues: Brandt Report). Londres: Pan Books, 1980.

BRAUN, Chaim; CHYBA, Christopher F. Proliferation Rings: New Challenges to the Nuclear Nonproliferation Regime. *International Security*, 2004, v.29, n.2, p.5-49.

BREITENBAUCH, Henrik Ø.; WIVEL, Anders. Understanding National IR Disciplines Outside the United States: Political Culture and the Construction of International Relations in Denmark. *Journal of International Relations and Development*, v.7, n.4, 2004, p.414-43.

BREMER, Stuart et al. The Scientific Study of War, Nova York: Learning Resources in International Studies. In: BRENNAN, Donald G. (ed.). *Arms Control, Disarmament and National Security*. Nova York: George Braziller, 1961.

BRENNER, Michael J. *Nuclear Power and Non-proliferation*, Cambridge: Cambridge University Press, 1981.

BREYTENBACH, Willie. The Failure of Security Cooperation in SADC: The Suspension of the Organ for Politics, Defence and Security. *South African Journal of International Affairs*, v.7, n.1, 2000, p.85-95.

BREZEZINSKI, Ian. Polish-Ukranian Relations: Europe's Neglected Strategic Axis. *Survival*, v.35, n.3, 1993, p.26-37.

BRODIE, Bernard. The Absolute Weapon: Atomic Power and World Order. Nova York: Harcourt Brace.

_____. Strategy as a Science. World Politics, v.1, n.4, 467-88.

_____. Strategy in the Missile Age, Princeton: Princeton University Press, 1959.

_____. The McNamara Phenomenon. World Politics, v.17, n.4, 1965, p.672-86.

_____. Technological Change, Strategic Doctrine and Political Outcomes. In KNORR, Klaus (ed.). Historical Dimensions of National Security Problems. Lawrence: University Press of Kansas, 1976, p.263-306.

_____. The Development of Nuclear Strategy. International Security, v.2, n.4, 1978, p.65-83.

BROOKS, Stephen G.; WOHLFORTH, William C. Power, Globalization and the End of the Cold War: Reevaluating a Landmark Case for Ideas. *International Security*, v.25, n.3, 2000/1, p.5-53.

_____. American Primacy in Perspective. Foreign Affairs, v.81, n.4, 2000/1, p.20-33.

BROWN, Harold; DAVIS, Lynn E. Nuclear Arms Control: Where do we Stand? *Survival*, v.26, n.4, 1984, p.146-55.

BROWN, Neville. The Future Global Challenge: A Predictive Study of World Security 1977-1990, Londres: Royal United Services Institute, 1977.

BROWN, Oli; HAMMILL, Anne; McLEMAN, Robert. Climate Change as the "New" Security Threat: Implications for Africa. International Affairs, v.83, n.6, 2007, p.1141-54.

BRUBAKER, Earl R. Economic Models of Arms Races. Journal of Conflict Resolution, v.17, n.2, 1973, p.187-205.

BRUNDTLAND COMMISSION. Our Common Future. Oxford: Oxford University Press, 1987.

BRUNNER, Claudia. Female Suicide Bombers – Male Suicide Bombing? Looking for Gender in Reporting the Suicide Bombings of the Israeli--Palestinian Conflict. Global Security, v.19, n.1, 2005, p.29-48.

BRZOSKA, Michael. "New Wars" Discourse in Germany. Journal of Peace Research, v.41, n.1, p.107-17.

BUBANDT, Niels. Vernacular Security. Security Dialogue, v.36, n.3, 2005, p.275-96.

BUCHAN, David. Europe: The Strange Superpower, Aldershot: Dartmouth. Bull, Hedley. The Control of the Arms Race, Londres: Weidenfeld & Nicholson, 1961.

_____. International Theory: The Case for a Classical Approach. World Politics, v.18, n.3, 1966, p.361-77.

_____. Strategic Studies and its Critics. World Politics, v.20, n.4, 1968, p.593-605.

_____. Disarmament and the International System. In: GARNETT, John (ed.). Theories of Peace and Security: A Reader in Contemporary Strategic Thought, Londres: Macmillan, 1970, p.136-48.

BUCHAN, David. Rethinking Nonproliferation. International Affairs, v.51, p.2, 1975, p.175-89.

_____. Arms Control and World Order. International Security, v.1, n.1, 1976, p.3-16.

_____. *The Anarchical Society*. Londres: Macmillan, 1977.

_____. Civilian Power Europe: A Contradiction in Terms? *Journal of Common Market Studies*, v.21, n.1, 1982, p.149-64.

BURKE, Anthony. Poetry Outside Security. *Alternatives*, v.25, n.3, 2000, p.307-21.

_____. *Beyond Security, Ethics and Violence*: War Against the Other, Londres: Routledge, 2007.

BURKE, Patrick. European Nuclear Disarmament (END): A Study of its Successes and Failures with Particular Emphasis on its Work in the UK. PhD thesis, University of Westminster, 2004.

BURT, Richard. *The Relevance of Arms Control in the 1980s*. Daedalus, v.110, n.1, 1981, p.159-77.

BUSCH, Nathan. Risks of Nuclear Terror: Vulnerabilities to Theft and Sabotage at Nuclear Weapons Facilities. *Contemporary Security Policy*, v.23, n.3, 2002, p.19-60.

BUSZYNSKI, Leszek. Russia's New Role in Central Asia. *Asian Survey*, v.45, n.4, 2005, p.546-65.

BUTFOY, Andrew. Perpetuating US Nuclear "First Use" into the Indefinite Future: Reckless Inertia or Pillar of World Order? *Contemporary Security Policy*, v.23, n.2, 2002, p.149-68.

BUZAN, Barry. Naval Power, the Law of the Sea and the Indian Ocean as a Zone of Peace. *Marine Policy*, v.5, p.3, 1981, p.194-204.

_____. *People, States and Fear*: The National Security Problem in International Relations, Londres: Harvester Wheatsheaf, 1983.

_____. Peace, Power, and Security: Contending Concepts in the Study of International Relations. *Journal of Peace Research*, v.21, n.2, 1984a, p.109-25.

_____. Economic Structure and International Security: The Limits of the Liberal Case. *International Organization*, v.38, n.4, 1984b, p.597-624.

_____. *An Introduction to Strategic Studies*: Military Technology and International Relations. Londres: Macmillan, 1987a.

BUZAN, Barry. Common Security, Non-provocative Defence and the Future of Western

Europe. *Review of International Studies*, v.13, n.4, 1987b, p.265-80.

_____. *People, States and Fear*: An Agenda for International Security Studies in the Post-Cold War Era. 2. ed. Londres: Harvester Wheatsheaf, 1991a.

New Patterns of Global Security in the Twenty-first Century. International Affairs, v.67, n.3, 1991b, p.431-51.

_____. The United States and the Great Powers: World Politics in the Twenty-first Century, Cambridge: Polity Press, 2004a.

_____. A Reductionist, Idealistic Notion that Adds Little Analytical Value. In: Special Section: What is "Human Security"? *Security Dialogue*, v.35, n.3, 2004b, p.369-70.

_____. Will the "Global War on Terrorism" be the New Cold War? *International Affairs*, v.82, n.6, 2006, p.1101-18.

BUZAN, Barry; HANSEN, Lene (eds.). International Security, Londres: SAGE, 2007.

BUZAN, Barry; HERRING, Eric. The Arms Dynamic in World Politics, Boulder: Lynne Rienner, 1998.

BUZAN, Barry et al. *The European Security Order Recast*: Scenarios for the Post--Cold War Era, Londres: Pinter, 1990.

BUZAN, Barry; WÆVER, Ole. Slippery? Contradictory? Sociologically Untenable? The Copenhagen School Replies. *Review of International Studies*, v.23, n.2, 1997, p.211-39.

_____. *Regions and Powers*: The Structure of International Security. Cambridge: Cambridge University Press, 2003.

BUZAN, Barry; WÆVER, Ole. Macrosecuritization and Security Constellations: Reconsidering Scale in Securitization Theory. *Review of International Studies*, v.35, n.2, 2009, p.253-76.

BUZAN, Barry; WÆVER, Ole; WILDE, Jaap de. *Security*: A New Framework for Analysis. Boulder: Lynne Rienner, 1998.

BYMAN, Daniel. *Friends Like These*: Counterinsurgency and the War on Terrorism. International Security, v.31, n.2, 2006a, p.79-115.

BYMAN, Daniel. Remaking Alliances for the War on Terrorism. *Journal of Strategic Studies*, v.29, n.5, 2006b, p.767-811.

_____. Do Counterproliferation and Counterterrorism go Together? *Political Science Quarterly*, v.122, n.1, 2007, p.25-46.

BYMAN, Daniel; WAXMAN, Matthew C. Kosovo and the Great Air Power Debate. *International Security*, v.24, n.4, 2000, p.5-38.

CABLE, Vincent. What is International Economic Security? *International Affairs*, v.71, n.2, 1995, p.305-24.

CABLE, Vincent; FERDINAND, Peter. China: Enter the Giant. International Affairs, v.70, n.2, 1994, p.243-62.

CALLEO, David P. Restarting the Marxist Clock? The Economic Fragility of the West. *World Policy Journal*, v.13, n.2, 1996´, p.57-64.

_____. Transatlantic Folly: NATO vs. the EU. *World Policy Journal*, v.20, n.3, 2003, p.17-24.

_____. The Broken West. Survival, v.46, n.3, 2004, p.29-38.

_____. Unipolar Illusions. *Survival*, v.49, n.3, 2007, p.73-8.

CALVOCORESSI, Peter. Nuclear Weapons in the Service of Man. Review of International Studies, v.10, n.2, 1984, p.89-101.

CAMILLERI, Joseph A. The Myth of the Peaceful Atom. Millennium, v.6, n.2, 1977, p.111-27.

_____. *The State and Nuclear Power: Conflict and Control in the Western World*. Brighton: Wheatsheaf, 1984.

CAMPBELL, David. Global Inscription: How Foreign Policy Constitutes the United States. *Alternatives*, v.15, n.3, 1990, p.263-86.

_____. Writing Security: United States Foreign Policy and the Politics of Identity. Manchester: Manchester University Press, 1992.

_____. *Politics Without Principle*: Sovereignty, Ethics and the Narratives of the Gulf War. Boulder: Lynne Rienner, 1993.

_____. Political Prosaics, Transversal Politics and the Anarchical World. In SHAPIRO, Michael J.; ALKER, Hayward R. (eds.). *Challenging Boundaries*: Global Flows, Territorial Identities. Minneapolis: University of Minnesota Press, 1996, p.7-31.

CAMPBELL, David. National Deconstruction: Violence, Identity and Justice in Bosnia, Minneapolis: University of Minnesota Press, 1998a.

_____. *Writing Security*: United States Foreign Policy and the Politics of Identity. 2. ed. revista e ampliada. Manchester: Manchester University Press, 1998b.

Atrocity, Memory, Photography: Imaging the Concentration Camps of Bosnia – The Case of ITN versus Living Marxism, Part 1. *Journal of Human Rights*, v.1, n.1, 2002a, p.1-33.

_____. Atrocity, Memory, Photography: Imaging the Concentration Camps of Bosnia – The Case of ITN versus Living Marxism, Part 2. *Journal of Human Rights*, v.1, n.2, 2002b, p.143-72.

_____. Cultural Governance and Pictorial Resistance: Reflections on the Imaging of War. *Review of International Studies*, n.29: Special Issue, 2003, p.57-74.

CAMPBELL, David; SHAPIRO; Michael J. Guest Editors' Introduction. *Security Dialogue*, v.38, n.2, 2007, p.131-38.

CAPORASO, James A. False Divisions: Security Studies and International Political Economy. *Mershon International Studies Review*, v.39, n.1, 1995, p.117-22.

CAPRIOLI, Mary. Gendered Conflict. *Journal of Peace Research*, v.37, n.1, 2000, p.51-68.

_____. Gender Equality and State Aggression: The Impact of Domestic Gender Equality on State First Use of Force. *International Interactions*, v.29, n.3, 2003, p.195-214.

_____. Feminist Theory and Quantitative Methodology: A Critical Analysis. *International Studies Review*, v.6, n.2, 2004a, p.253-69.

_____. Democracy and Human Rights versus Women's Security: A Contradiction?. *Security Dialogue*, v.35, n.4, 2004b, p.411-28.

CAPRIOLI, Mary; BOYER, Mark A. Gender, Violence, and International Crisis. *Journal of Conflict Resolution*, v.45, n.3, 2001, p.503-18.

_____.; TRUMBORE, Peter F. Identifying "Rogue" States and Testing their Interstate Conflict Behavior. *European Journal of International Relations*, v.9, n.3, 2003, p.377-406.

CAPRIOLI, Mary. First Use of Violent Force in Militarized Interstate Disputes, 1980–2001. *Journal of Peace Research*, v.43, n.6, 2006, p.741-49.

CARASALES, Julio. A Surprising About-face: Argentina and the NPT. *Security Dialogue*, v.27, n.3, 1996, p.325-35.

CARDIFF TEXT ANALYSIS GROUP. Disarming Voices (a Nuclear Exchange). *Textual Practice*, v.2, n.3, 1988, p.381-93.

CARDOSO, Fernando H.; FALETTO, Enzo. Dependency and Development in Latin America. Berkeley: University of California Press, 1979.

CARLTON, David. Great Britain and Nuclear Weapons. British Journal of International Studies, v.2, n.2, 1976, p.164-72.

CARMOLA, Kateri. *Private Security Contractors and New Wars*: Risk, Law and Ethics. Londres: Routledge, 2007.

CARPENTER, R. Charli. Gender Theory in World Politics: Contributions from a Nonfeminist Standpoint? *International Studies Review*, v.4, n.3, 2002, p.153-65.

_____. Women and Children First: Gender, Norms, and Humanitarian Evacuation in the Balkans 1991-1995. *International Organization*, v.57, n.4, 2003, p.661-94.

_____. Recognizing Gender-based Violence Against Civilian Men and Boys in Conflict Situations. *Security Dialogue*, v.37, n.1, 2006, p.83-104.

CARPENTER, Ted G. The New World Disorder. *Foreign Policy*, n.84, 1991, p.24-39.

_____. Managing a Great Power Relationship: The US, China and East Asian Security. *Journal of Strategic Studies*, v.21, n.1, 1998, p.1-20.

_____. The Bush Administration's Security Strategy: Implications for Transatlantic Relations. *Cambridge Review of International Affairs*, v.16, n.3, 2003, p.511-24.

CARR, Caleb. Terrorism as Warfare: The Lessons of Military History. World Policy Journal, v.13, n.4, 1996/7, p.1-12.

CARR, E. H. *The Twenty Years' Crisis*, 1919-1939: An Introduction to the Study of International Relations, 2. ed. Londres: Macmillan, 1946.

CARRANZA, Mario E. At the Crossroads: US Non-proliferation Policy Towards South Asia After the Indian and Pakistani Tests. *Contemporary Security Policy*, v.23, n.1, 2002, p.93-128.

CARRANZA, Mario E. Can the NPT Survive? The Theory and Practice of US Nuclear Non-proliferation Policy after September 11. *Contemporary Security Policy*, v.27, n.3, 2006, p.489-525.

_____. From Non-Proliferation to Post-Proliferation: Explaining the US--India Nuclear Deal. *Contemporary Security Policy*, v.28, n.3, 2007, p.464-93.

CARSON, Rachel. *Silent Spring*. Harmondsworth: Penguin, 1962 [1991].

CARTER, Ashton B. The Architecture of Government in the Face of Terrorism. *International Security*, v.26, n.3, 2001/2, p.5-23.

CARTER, Ashton B.; DEUTCH, John; ZELIKOW, Philip. Catastrophic Terrorism. *Foreign Affairs*, v.77, n.6, 1998, p.80-94.

CARVER, Terrell (ed.). The Forum: Gender and International Relations. *International Studies Review*, v.5, n.2, 2003, p.287-302.

CARVER, Terrell; COCHRAN, Molly; SQUIRES ,Judith. Gendering Jones. *Review of International Studies*, v.24, n.2, 1998, p.283-97.

CASE. Critical Approaches to Security in Europe: A Networked Manifesto. *Security Dialogue*, v.37, n.4, 2006, p.443-87.

CASETTI, Emilio. Power Shifts and Economic Development: When Will China Overtake the USA? *Journal of Peace Research*, v.40, n.6, 2003, p.661-76.

CASSIDY, Robert M. *Counterinsurgency and the Global War on Terror*: Military Culture and Irregular War, Westport: Praeger, 2006.

CAVANAUGH, Jeffrey M. From the "Red Juggernaut" to Iraqi WMD: Threat Inflation and How it Succeeds in the United States. *Political Science Quarterly*, v.122, n.4, 2007, p.555-84.

CAVERLEY, Jonathan. United States Hegemony and the New Economics of Defense. *Security Studies*, v.16, n.4, 2007, p.598-614.

CENTER FOR NONPROLIFERATION STUDIES. Missile Proliferation and Defences: Problems and Prospects. *Occasional Paper* n.7, Center for Non--Proliferation Studies, and Mountbatten Centre for International Studies, 2001.

CERVENKA, Zdenek; ROGERS, Barbara. The Nuclear Axis: Secret Collaboration between West Germany and South Africa. Londres: Julian Friedmann, 1978.

CHA, Victor D. Hate, Power and Identity in Japan-Korea Security. *Australian Journal of International Affairs*, v.54, n.3, 2000a, p.309-23.

REFERÊNCIAS BIBLIOGRÁFICAS

CHA, Victor D. Globalization and the Study of International Security. *Journal of Peace Research*, v.37, n.3, 2000b, p.391-403.

_____. The Second Nuclear Age: Proliferation Pessimism Versus Sober Optimism in South Asia and East Asia. *Journal of Strategic Studies*, v.24, n.4, 2001, p.79-120.

_____. North Korea's Weapons of Mass Destruction: Badges, Shields, or Swords? *Political Science Quarterly*, v.117, p.2, 2002, p.209-30.

CHA, Victor D.; KANG, David C. The Debate over North Korea. *Political Science Quarterly*, v.119, n.2, 2005, p.229-54.

CHACE, James. Present at the Destruction: The Death of American Internationalism. World Policy Journal, v.20, n.1, 2003, p.1-5.

CHALMERS, Malcolm. Developing a Security Regime for Eastern Europe. *Journal of Peace Research*, v.30, n.4, 1993, p.427-44.

_____. Bombs Away? Britain and Nuclear Weapons under New Labour. *Security Dialogue*, v.30, n.1, 1999, p.61-74.

CHAN, Steve. Is There a Power Transition Between the US and China? The Different Faces of National Power. *Asian Survey*, v.45, n.5, 2006, p.687-701.

CHAPMAN, John; DRIFTE, Reinhard; GOW, Ian M. Japan's Quest for *Comprehensive Security*. Londres: Frances Pinter, 1983.

CHARI, P. R. An Indian Reaction to US Nonproliferation Policy. *International Security*, v.3, n.2, 1978, p.57-61.

CHARI, P. R.; CHANDRAN, Suba (eds.) Bio-terrorism and Bio-defence, Nova Delhi: Manohar, 2005.

CHATFIELD, Charles. International Peace Research: The Field Defined by Dissemination. *Journal of Peace Research*, v.16, n.2, 1979, p.163-79.

CHATTERJEE, Partha. The Equilibrium Theory of Arms Races. *Journal of Peace Research*, v.1, n.3, 1974, p.203-11; e veja a correspondência no v.12, n.3, 1975, p.235-41.

CHAUDRI, Mohammed A. Peace Research and the Developing Countries. *Journal of Peace Research*, v.5, n.3, 1968, p.365-74.

CHELLANEY, Brahma. South Asia's Passage to Nuclear Power. International Security, v.16, n.1, 1991, p.43-72.

CHELLANEY, Brahma. The Challenge of Nuclear Arms Control in South Asia. *Survival*, v.35, n.3, 121-36, 1993.

_____. After the Tests: India's Options. *Survival*, v.40, n.4, 1998/9, p.93-111.

_____. India's Nuclear Planning, Force Structure, Doctrine and Arms Control Posture. *Australian Journal of International Affairs*, v.53, n.1, 1999, p.57-69.

CHIBA, Akira; XIANG, Lanxin. Traumatic Legacies in China ad Japan: An Exchange. *Survival*, v.47, n.2, 2005, p.215-32.

CHILTON, Paul. *Language and the Nuclear Arms Debate*: Nukespeak Today. Londres: Frances Pinter, 1985.

_____. Metaphor, Euphemism and the Militarization of Language. Current Research on Peace and Violence, v.24, n.1, 1987, p.7-19.

CHOJNACKI, Sven. Anything New or More of the Same? Wars and Military Interventions in the International System, 1946-2003. *Global Society*, v.20, n.1, 2006, p.25-46.

CHOPRA, Jarat; WEISS, Thomas. Prospects for Containing Conflict in the Former Second World. *Security Studies*, v.4, n.3, 1995, p.552-83.

CHRISTENSEN, Thomas J. China, the US-Japan Alliance, and the Security Dilemma in East Asia. International Security, v.23, n.4, 1999, p.49-80.

_____. Fostering Stability or Creating a Monster? The Rise of China and US Policy toward East Asia. International Security, v.31, n.1, 2006, p.81-126.

CHRISTOFERRERSEN, Gaye. The Role of East Asia in Sino-American Relations. *Asian Survey*, v.42, n.3, 2002, p.369-96.

CHUBIN, Shahram. Iran and Regional Security in the Persian Gulf. *Survival*, v.34, n.3, 1992, p.62-80.

_____. Does Iran Want Nuclear Weapons? *Survival*, v.37, n.1, 1995, p.86-104.

CHUBIN, Shahram; TRIPP, Charles. Iran-Saudi Arabia Relations and Regional Order. *Adelphi n.304*, Londres: IISS, 1996.

CHYBA, Christopher F. Biotechnology and Bioterrorism: An Unprecedented World. Survival, v.46, n.2, 2004, p.143-61.

CIMBALA, Stephen J. Deterrence Stability with Smaller Forces: Prospects and Problems. *Journal of Peace Research*, v.32, n.1, 1995, p.65-78.

_____. Nuclear Proliferation and "Realistic Deterrence" in a New Century. *European Security*, v.11, n.2, 2002, p.33-47.

CIMBALA, Stephen J. Parity in Peril? The Continuing Vitality of Russian-US Strategic Nuclear Deterrence. *Contemporary Security Policy*, v. 27, n.3, 2006, p.417-34.

CIRINCIONE, Joseph. The Asian Nuclear Reaction Chain. *Foreign Policy*, n.118, 2000, p.120-36.

CLARK, Ian. *Limited Nuclear War*. Princeton: Princeton University Press, 1982.

CLARK, J. C. D. Is There Still a West? The Trajectory of a Category. Orbis, v.48, n.1, 2004, p.577-91.

CLARKE, Michael. War in the New International Order. *International Affairs*, v.77, n.3, 2001, p.663-71.

_____. Does my Bomb Look Big in This? Britain's Nuclear Choices after Trident. *International Affairs*, v.80, n.1, 2004, p.49-62.

CLARKE, Richard A. Against All Enemies: Inside America's War on Terror. Nova York: Free Press, 2004.

CLUNAN, Anne L. The Fight against Terrorist Financing. *Political Science Quarterly*, v.121, n.4, 2006, p.569-96.

CLUTTERBUCK, Richard L. Living with Terrorism, New Rochelle: Arlington House, 1976.

COAFFEE, Jon; WOOD, David Murakami. Security is Coming Home: Re-thinking Scale and Constructing Resilience in the Global Urban Response to Terrorist Risk. *International Relations*, v.20, n.4, 2006, p.503-17.

COCHRAN, Edwin. Deliberate Ambiguity: An Analysis of Israel's Nuclear Strategy. *Journal of Strategic Studies*, v.19, n. 3, 1996, p.321-42.

COHEN, Avner. *Israel and the Bomb*. Nova York: Columbia University Press, 1998.

COHEN, Avner; PILAT, Jospeh F. Assessing Virtual Nuclear Arsenals. Survival, v.40, n.1, 1998, p.129-44.

COHEN, Eliot A. The Long-term Crisis of the Alliance. *Foreign Affairs*, v.61, n.2, 1982/3, p.325-43.

_____. A Revolution in Warfare. *Foreign Affairs*, v.75, n.2, 1996, p.37-55.

_____. Change and Transformation in Military Affairs. *Journal of Strategic Studies*, v.27, n.3, 2004, p.395-407.

COHEN, Eliot A. EISENSTADT, Michael J.; BACEVICH, Andrew J. Israel's Revolution in Security Affairs. *Survival*, v.40, n.1, 1998, p.68-91.

COHEN, Lenard J. Russia and the Balkans: Pan-Slavism, Partnership and Power. *International Journal*, v.49, n.4, 1994, p.814-45.

COHEN, Raymond. Pacific Unions: A Reappraisal of the Theory that "Democracies do not Go to War with Each Other". Review of International Studies, v.20, n.3, 1994, p.207-23.

COHEN, Samy. France, Civil-Military Relations, and Nuclear Weapons. *Security Studies*, v.4, n.1, 1994, p.163-79.

COHN, Carol. Sex and Death in the Rational World of Defense Intellectuals. *Signs*, v.12, n.4, 1987, p.687-718.

COHN, Carol; KINSELLA, Helen; GIBBINGS, Sheri. Women, Peace and Security. *International Feminist Journal of Politics*, v.6, n.1, 2004, p.130-40.

COKER, Chrisopher. Post-modernity and the End of the Cold War: Has War been Disinvented? *Review of International Studies*, v.18, n.3, 1992, p.189-98.

_____. Globalisation and Insecurity in the Twenty-first Century: NATO and the Management of Risk. *Adelphi 345*, Londres: IISS, 2002.

COLBY, Elbridge. Restoring Deterrence. *Orbis*, v.51, n.3, 2007, p.413-28.

COLLINS, Alan R. GRIT, Gorbachev and the End of the Cold War. *Review of International Studies*, v.24, n.2, 1998, p.201-19.

_____ (ed.). Contemporary Security Studies, Oxford: Oxford University Press, 2007.

COMMITTEE ON INTERNATIONAL SECURITY AND ARMS CONTROL, NATIONAL ACADEMY OF SCIENCES. *Nuclear Arms Control: Background and Issues*. Washington, DC: National Academy Press, 1985.

CONFLICT RESOLUTION. An Editorial. *Conflict Resolution*, v.1, n.1, 1957, p.1-2.

CONNELLY, Philip; PERLMAN, Robert. The Politics of Scarcity: Resource Conflict in International Relations. Londres: Oxford University Press for the Royal Institute of International Affairs, 1975.

CONNOLLY, William E. *Identity/Difference*: Democratic Negotiations of Political Paradox. Ithaca: Cornell University Press, 1991.

CONSTANTINOU, Costas. NATO's Caps: European Security and the Future of the North Atlantic Alliance. *Alternatives*, v.20, n.2, 1995, p.147-64.

CONTEMPORARY SECURITY POLICY. Special Issue. *The Domestic Politics of Missile Defence*, v.26, n.3, 2005, p.385-704.

COOPER, Chester L. The Lost Crusade, Londres: MacGibbon & Kee, 1970.

COOPER, Neil. State Collapse as Business: The Role of Conflict Trade and the Emerging Control Agenda. *Development and Change*, v.33, n.5, 2002, p.935-55.

COOPER, Peter. The Development of the Concept of War. Journal of Peace Research, v.2, n.1, 1965, p.1-17.

COOPER, Scott. State-centric Balance-of-Threat Theory. Security Studies, v.13, n.2, 2004, p.306-49.

CORDESMAN, Anthony H. Deterrence in the 1980s: American Strategic Forces and Extended Deterrence. *Adelphi 175*, Londres: IISS, 1982.

CORNISH, Paul; EDWARDS, Geoffrey. The Strategic Culture of the European Union: A Progress Report. International Affairs, v.81, n.4, 2005, p.801-20.

COSSA, Ralph; KHANNA, Jane. East Asia: Economic Interdependence and Regional Security. International Affairs, v.73, n.2, 1997, p.219-34.

COTTEY, Andrew. NATO: Globalization or Redundancy? *Contemporary Security Policy*, v.25, n.3, 2004, p.391-408.

COTTON, James. North Korea's Nuclear Ambitions. *Adelphi n.275*, Londres: IISS, 1993.

_____. The Proliferation Security Initiative and North Korea: Legality and Limitations of a Coalition Strategy. *Security Dialogue*, v.36, n.2, 2005, p.193-211.

COX, Michael. Martians and Venutians in the New World Order. International Affairs, v.79, n.3, 2003a, p.523-32.

_____. The Empire's Back in Town: Or America's Imperial Temptation – Again. *Millennium*, v.32, n.1, 2003b, n.1-27.

COYLE, Philip E.; RHINELANDER, John B. National Missile Defence and the ABM Treaty: No Need to Wreck the Accord. *World Policy Journal*, v.18, n.3, 2001, p.15-22.

CRAWFORD, Beverly; LIPSCHUTZ, Ronnie D. Discourses of War: Security and the Case of Yugoslavia. In: KRAUSE, Keith; WILLIAMS, Michael C. (eds.). *Critical Security Studies*. Minneapolis: University of Minnesota Press, 1997, p.149-85.

CRAWFORD, Neta C. The Passion of World Politics: Propositions on Emotion and Emotional Relationships. *International Security*, v.24, n.4, 2000, p.116-56.

CRAWFORD, Neta C. The Road to Global Empire: The Logic of US Foreign Policy After 9/11. ORBIS, v.48, n.1, 2004, p.685-703.

CRENSHAW, Martha (ed.). Terrorism in Context, Philadelphia: Pennsylvania State University Press, 1995.

CROFT, Stuart. Continuity and Change in British Thinking About Nuclear Weapons. Political Studies, v.42, n.2, 1994, p.228-42.

_____. European Integration, Nuclear Deterrence and Franco-British Nuclear Cooperation. *International Affairs*, v.72, n.4, 1996, p.771-87.

_____. *Culture, Crisis and America's War on Terror*. Cambridge: Cambridge, University Press.

CRONIN, Audrey K. Rethinking Sovereignty: American Strategy in the Age of Terror. Survival, v.44, n.2, 2002, p.119-39.

_____. Behind the Curve: Globalization and International Terrorism. *International Security*, v.27, n.3, 2002/3, p.30-58.

_____. How al-Qaida Ends: The Decline and Demise of Terrorist Groups. International Security, v.31, n.1, 2006, p.7-48.

CUSHMAN, Thomas; MESTROVIC, Stjepan G. (eds.). This Time we Knew: Western Responses to the Genocide in Bosnia. Nova York: Nova York University Press, 1996.

DAALDER, Ivo H. The Future of Arms Control. Survival, v.34, n.1, 1992, p.51-73.

_____. Getting to Dayton: The Making of America's Bosnia Policy. Washington, DC: Brookings Institution Press, 2000.

_____. Are the United States and Europe Heading for Divorce? *International Affairs*, v.77, n.3, 2001, p.553-67.

DAALDER, Ivo H.; GOLDGEIER, James M; LINDSAY, James M. Deploying NMD: Not Whether, But How. *Survival*, v.42, n.1, 2000, p.6-28.

DAALDER, Ivo H.; LINDSAY, James M. America Unbound: The Bush Revolution in Foreign Policy. Washington, DC: Brookings Institution Press, 2003.

DAHLITZ, Julie. *Nuclear Arms Control with Effective International Agreements*. Nova York: United Nations Institute for Disarmament Research, 1984.

DALBY, Simon. Geopolitical Discourse: The Soviet Union as Other. *Alternatives*, v.13, n.4, 1988, p.415-42.

DANKBAAR, Ben. Alternative Defence Policies and the Peace Movement. *Journal of Peace Research*, v.21, n.2, 1984, p.141-55.

DANNREUTHER, Roland. *International Security:* The Contemporary Agenda, Cambridge: Polity, 2007a.

_____. War and Insecurity: Legacies of Northern and Southern State Formation. *Review of International Studies*, v.33, n2, 2007b, p.307-26.

DAUPHINEE, Elizabeth. Reading the Ethics of Imagery. *Security Dialogue*, v.38, n.2, 2007, p.139-56.

DAUVERGNE, Peter. Nuclear Power Development in Japan. *Asian Survey*, v.33, n.6, 1993, p.576-91.

DAVIES, Sara E. Securitizing Infectious Disease. *International Affairs*, v.84, n.2, 2008, p.295-313.

DAVIES, Simon J. Community Versus Deterrence: Managing Security and Nuclear Proliferation in Latin America and South Asia. *International Relations*, v.18, n.1, 2004, p.55-72.

DAVIS, Lynn Etheridge. Limited Nuclear Options: Deterrence and the New American Doctrine. *Adelphi n.121*, Londres: IISS, 1975/6.

DAVIS, Zachary; FRANKEL, Benjamin (eds.). The Proliferation Puzzle: Why Nuclear Weapons Spread and What Results. Londres: Frank Cass, 1993.

DAWISHA, Adeed. Arab Nationalism and Islamism: Competitive Past, Uncertain Future. *International Studies Review*, v.2, n.1, 2000, p.79-90.

DAXECKER, Ursula E. Perilous Polities? An Assessment of the Democratization--Conflict Linkage. *European Journal of International Relations*, v.13, n.4, 2007, p.527-53.

DE GOEDE, Marieke. The Politics of Preemption and the War on Terror in Europe. *European Journal of International Relations*, v.14, n.1, 2008, p.161-85.

DE MESQUITA, Bruce B.; MORROW, James D. Sorting Through the Wealth of Notions. *International Security*, v.24, n.2, 1999, p.56-73.

_____. RIKER, William H. An Assessment of the Merits of Selective Nuclear Proliferation. *Journal of Conflict Resolution*, v.26, n.2, 1982, p.283-306.

DE NEVERS, Renée. The Geneva Conventions and New Wars. *Political Science Quarterly*, v.121, n.3, 2006, p.369-95.

NATO's International Security Role in the Terrorist Era. *International Security*, p.31, n.4, 2007a, p.34-66.

_____. Imposing International Norms: Great Powers and Norm Enforcement. *International Studies Review*, v.9, n.1, 2007b, p.53-80.

DE PORTE, A. W. Europe Between the Superpowers: The Enduring Balance. *New Haven*: Yale University Press, 1979.

DE WILDE, Jaap. Saved from Oblivion: Interdependence Theory in the First Half of the 20th Century. *A Study on the Causality Between War and Complex Interdependence*. Aldershot: Dartmouth, 1991.

DEAN, Jonathan. Alternative Defence: Answer to NATO's Central Front Problems? *International Affairs*, v.64, n.1, 1987/8, p.61-82.

DeBLOIS, Bruce M. et. al. Space Weapons: Crossing the US Rubicon. *International Security*, v.29, n.2, 2004, p.50-84.

DEBRIX, Francois. *Re-envisioning Peacekeeping*: The United Nations and the Mobilization of Ideology. Minneapolis: University of Minnesota Press, 1999.

_____. Discourses of War, Geographies of Abjection: Reading Contemporary American Ideologies of Terror. *Third World Quarterly*, v.26, n.7, 2005, p.1157-72.

_____. The Sublime Spectatorship of War: The Erasure of the Event in America's Politics of Terror and Aesthetics of Violence. *Millennium*, v.34, n.3, 2006, p.767-91.

DEIBEL, Terry L. The Death of a Treaty. Foreign Affairs, v.81, n.5, 2002, p.142-61.

DEIBERT, Ronald J. International Plug. n' Play? Citizen Activism, the Internet and Global Public Policy. *International Studies Perspectives*, v.1, n.3, 2000, p.255-72.

_____. Black Code: Censorship, Surveillance and the Militarisation of Cyberspace. *Millennium*, v.32, n.3, 2003, p.501-30.

DELPECH, Therese. Nuclear Weapons and the "New World Order": Early Warning from Asia? *Survival*, v.40, n.4, 1998/9, p.57-76.

DENOV, Myriam S. Wartime Sexual Violence: Assessing a Human Security Response to War-affected Girls in Sierra Leone. *Security Dialogue*, v.37, n.3, 2006, p.319-42.

DER DERIAN, James. *On Diplomacy*: A Genealogy of Western Estrangement, Oxford: Basil Blackwell, 1987.

_____. The (S)Pace of International Relations: Simulation, Surveillance and Speed. *International Studies Quarterly*, v.34, n.3, 1990, p.295-310.

_____. Antidiplomacy: Spies, Terror, Speed and War, Oxford: Basil Blackwell, 1992.

_____. The Value of Security: Hobbes, Marx, Nietzsche and Baudrillard. In: Ronnie D. Lipschutz (ed.). *On Security*. Nova York: Columbia University Press, 1995, p.24-45.

Virtuous War: *Mapping the Military-Industrial-Media-Entertainment Network*. Boulder: Westview Press, 2001.

_____. The Question of Information Technology in International Relations. *Millennium*, v.32, n.3, 2003, p.441-56.

_____. 9/11 and its Consequences for the Discipline. *Zeitschrift für Internationale Beziehungen*, n.1, 2004, p.89-110.

_____. Imaging Terror: Logos, Pathos and Ethos. *Third World Quarterly*, v.26, n.1, 2005, p.23-37.

DESCH, Michael C. Culture Clash: Assessing the Importance of Ideas in Security Studies. *International Security*, v.23, n.1, 1998, p.141-70.

_____. America's Liberal Illiberalism: The Ideological Origins of Overreaction in US Foreign Policy. *International Security*, v.32, n.3, 2007/8, p.7-43.

DESJARDINS, Marie-France. Rethinking Confidence-building Measures. *Adelphi n.307*, Londres: IISS, 1996.

DEUDNEY, Daniel. The Case Against Linking Environmental Degradation and National Security. *Millennium*, v.19, n.3, 1990, p.461-76.

_____. The Philadelphian System: Sovereignty, Arms Control and Balance of Power in the American States-union, circa 1787-1861. *International Organization*, v.49, n.2, 1995, p.191-228.

_____. *Bounding Power*: Republican Security Theory from the Polis to the Global Village. Princeton: Princeton University Press, 2007.

DEUDNEY, Daniel; IKENBERRY, G. John. Soviet Reform and the End of the Cold War. *Review of International Studies*, v.17, n.3, 1991, p.225-50.

DEUDNEY, Daniel; IKENBERRY, G. The International Sources of Soviet Change. International Security, v.16, n.3, 1991/2, p.74-118.

DEUTCH, John. The New Nuclear Threat. Foreign Affairs, v.71, n.4, 1992, p.120-34.

DEUTCH, John et al. Making the World Safe for Nuclear Energy. *Survival*, v.46, n.4, 2004/5, p.65-79.

DEUTSCH, Karl W et al. Mass Communications and the Loss of Freedom in National Decision-making: A Possible Research Approach to Interstate Conflicts. *Conflict Resolution*, v.1, n.2, 1957, p.200-11.

DEUTSCH, Karl W. et al. *Political Community and the North Atlantic Area*: International Organization in the Light of Historical Experience. Princeton: Princeton University Press, 1957.

DEWITT, David (ed.) *Nuclear Non-proliferation and Global Security*. Londres: Croom Helm, 1987.

_____. Common, Comprehensive and Cooperative Security. Pacific Review, v.7, n.1, 1994, p.1-15.

DEWITT, David; BOW, Brian. Proliferation Management in Southeast Asia. *Survival*, v.38, n.3, 1996, p.67-81.

DIAMOND, Matthew. No Laughing Matter: Post-September 11 Political Cartoons in Arab/Muslim Newspapers. *Political Communication*, v.19, n.2, 2002, p.251-72.

DIBB, Paul. Towards a New Balance of Power in Asia. *Adelphi v.295*, Londres: IISS, 1995.

_____; HALE, David D.; PRINCE, Peter. The Strategic Implications of Asia's Economic Crisis. *Survival*, v.40, n.2, 1998, p.5-26.

_____. Asia's Insecurity. *Survival*, v.41, n.3, 1999, p.5-20.

DICK, C. J. Conflict in a Changing World: Looking Two Decades Forward. *European Security*, v.11, n.3, 2002, p.20-45.

DIEHL, Paul F. Arms Races and Escalation, a Closer Look. *Journal of Peace Research*, v.20, n.3, 1983, p.205-12.

_____. Armaments without War. *Journal of Peace Research*, v.22, n.3, 1985, p.249-59.

DIEHL, Paul F.; CRESCENZI, Mark J. C. Reconfiguring the Arms Race-War Debate. *Journal of Peace Research*. v.35, n.1, 1998, p.111-18.

DIENSTBIEN, Jire. Central Europe's Security. *Foreign Policy*, n.83, 1991, p.119-27.

DIETZ, Mary. Current Controversies in Feminist Theory. *Annual Review of Political Science*, n.6, 2003, p.399-431.

DILLON, Michael. The Alliance of Security and Subjectivity. Current Research on *Peace and Violence*, v.13, n.3, 1990, p.101-24.

_____. Virtual Security: A Life Science of (Dis)Order. *Millennium*, v.32, n.3, 2003, p.531-58.

DILLON, Michael; REID, Julian. Global Liberal Governance: Biopolitics, Security and War. *Millennium*, v.30, n.1, 2001, p.41-66.

DINERSTEIN, Herbert S. *The Making of the Missile Crisis*. Outubro 1962, Baltimore: Johns Hopkins University Press, 1976.

DITTMER, Lowell. East Asia in the "New Era" in World Politics. *World Politics*, v.55, n.1, 2002, p.38-65.

DIXIT, Aabha. India-Pakistan: Are Commonly Accepted Confidence-building Structures Relevant? *Security Dialogue*, v.26, n.2, 1995, p.191-203.

DOBBINS, James. Preparing for Nation-building. *Survival*, v.48, n.3, 2006, p.27-40.

DODDS, Klaus. Steve Bell's Eye: Cartoons, Geopolitics and the Visualization of the "War on Terror". *Security Dialogue*, v.38, n.2, 2007, p.157-78.

DODER, Dusko. Yugoslavia: New War, Old Hatreds. *Foreign Policy*, n.91, 1993, p.3-23.

DODGE, Toby. Iraq's Future: The Aftermath of Regime Change. *Adelphi n.372*, Londres: IISS, 2005.

_____. The Causes of US Failure in Iraq. *Survival*, v.49, n.1, 2007, p.85-106.

DODGE, Toby; SIMON, Steven. Iraq at the Crossroads: State and Society in the Shadow of Regime Change. *Adelphi n.354*, Londres: IISS, 2003.

DOLAN, Anthony. *Undoing the Evil Empire*: How Reagan Won the Cold War. Washington DC: American Enterprise Institute, 1992.

DOMBEY, Norman; FISCHER, David; WALKER, William. Becoming a Non-nuclear Weapon State: Britain, the NPT and Safeguards. *International Affairs*, v.63, n.2, 1987, p.191-204.

DOMBROWSKI, Peter; PAYNE, Rodger A. The Emerging Consensus for Preventive War. *Survival*, v.48, n.2, 2006, n.115-36.

DORAN, Charles F. A Theory of Bounded Deterrence. *Journal of Conflict Resolution*, v.17, n.2, 1973, p.243-69.

DORIAN, Thomas F.; SPECTOR, Leonard S. Covert Nuclear Trade and the International Nonproliferation Regime. *Journal of International Affairs*, v.35, n.1, 1981, p.29-68.

DOTY, Roxanne Lynn. *Imperial Encounters*. Minneapolis: University of Minnesota Press, 1996.

_____. States of Exception on the Mexico-US Border: Security. "Decisions" and Civilian Border Patrols. *International Political Sociology*, v.1, n.2, 2007, p.113-37.

DOUGLAS, Frank. Scott. Waging the Inchoate War: Defining, Fighting and Second-guessing the "Long War". *Journal of Strategic Studies*, v.30, n.3, 2007, p.391-420.

DOWNS, Erica S. The Chinese Energy Security Debate. *The China Quarterly*, n.177, 2004, p.21-41.

DOYLE, Michael. Liberalism and World Politics. *American Political Science Review*, v.80, n.4, 1986, p.1151-69.

DREYER, June T. Sino-Japanese Rivalry and its Implications for Developing Nations. *Asian Survey*, v.46, n.4, 2006, p.538-57.

DRIFTE, Reinhard. An Old Architecture for Peace? Reconfiguring Japan Among Unreconfigured Great Powers. *The Pacific Review*, v.12, n.3, 1999, p.479-89.

DUECK, Colin. Hegemony on the Cheap, Liberal Internationalism from Wilson to Bush. *World Policy Journal*, v.20, n.4, 2003/4, p.1-11.

_____. New Perspectives on American Grand Strategy. *International Security*, v.28, n.4, 2004a, p.197-216.

_____. Ideas and Alternatives in American Grand Strategy. *Review of International Studies*, v.30, n.4, 2004b, p.511-35.

DUECK, Colin; TAKEYH, Ray. Iran's Nuclear Challenge. *Political Science Quarterly*, v.122, n.2, 2007, p.189-205.

DUFFIELD, John S. The Evolution of NATO's Strategy of Flexible Response: A Reinterpretation. *Security Studies*, v.1, n.1, 1991, p.132-56.

_____. NATO's Functions After the Cold War. *Political Science Quarterly*, v.109, n.5, 1994/5, p.763-87.

_____. Why is there no APTO? Why is there no OSCAP?: Asia-Pacific Security Institutions in Comparative Perspective. *Contemporary Security Policy*, v.22, n.2, 2001, p.69-95.

DUFFIELD, Mark. *Global Governance and the New Wars*: The Merging of Development and Security. Londres: Zed Books, 2001.

DUGARD, John. International Terrorism: Problems of Definition. *International Affairs*, v.50, n.1, 1974, p.67-81.

DUNLOP, John. Russia, Confronting a Loss of Empire. *Political Science Quarterly*, v.108, n.4, 1993-4, p.603-34.

DUNN, David H. Isolationism Revisited: Seven Persistent Myths in the Contemporary American Foreign Policy Debate. *Review of International Studies*, v.31, n.2, 2005, p.237-61.

_____. Real Men Want to go to Tehran: Bush, Pre-emption and the Iranian Nuclear Challenge. International Affairs, v.83, n.1, 2007, p.19-38.

DUNN, Lewis A. Containing Nuclear Proliferation. *Adelphi n.263*, Londres: IISS, 1991.

DUNN, Lewis A.; ALESSI, Victor. Arms Control by other Means. *Survival*, v.42, n.4, 2000/1, p.129-40.

DUNNE, Tim; WHEELER, Nicholas J. "We the Peoples": Contending Discourses of Security in Human Rights Theory and Practice. *International Relations*, v.18, n.1, 2004, p.9-23.

DUPONT, Alan. The Strategic Implications of Climate Change. *Survival*, v.50, n.3, 2008, p.29-54.

DUSCH, William (1987). The Future of the ABM Treaty. *Adelphi n.223*. Londres: IISS, 2008.

ECK, Kristine; HULTMAN, Lisa. One-sided Violence Against Civilians in War: Insights from New Fatality Data. Journal of Peace Research, v.44, n.2, 2007, p.233-46.

EDWARDES, Michael. India, Pakistan and Nuclear Weapons. International Affairs, v.43, n.4, 1967, p.655-63.

EDWARDS, Paul N. The Closed World: Computers and the Politics of Discourse in Cold War America. Cambridge, MA: MIT Press, 1996.

EGNELL, Robert. Explaining US and British Performance in Complex Expeditionary Operations: The Civil Military Dimension. *Journal of Strategic Studies*, v.29, n.6, 2006, p.1041-75.

EICHENBERG, Richard C. Gender Differences in Public Attitudes Toward the Use of Force by the United States, 1990-2003. *International Security*, v.28, n.1, 2003, p.110-41.

EINHORD, Robert J.; SAMORE, Gary. Ending Russian Assistance to Iran's Nuclear Bomb. *Survival*, v.44, n.2, 2002, p.51-70.

EISENSTADT, Michael. Living with a Nuclear Iran. *Survival*, v.41, n.3, 1999, p.124-48.

EKOVICH, Steven. Iran and New Threats in the Persian Gulf and Middle East. *Orbis*, v.48, n.1, 2004, p.71-87.

EL-BARADEI, Mohamed. On Compliance with Nuclear Nonproliferation Obligations. *Security Dialogue*, v.27, n.1, 1996, p.17-26.

ELBE, Stefan. HIV/AIDS and the Changing Landscape of War in Africa. *International Security*, v.24, n.2, 2003, p.159-77.

_____. Should HIV/AIDS be Securitized? The Ethical Dilemmas of Linking HIV/AIDS and Security. *International Studies Quarterly*, v.50, n.1, 2006, p.119-44.

ELDEN, Stuart. Blair, Neo-Conservatism and the War on Territorial Integrity. *International Politics*, v.44, n.1, 2007, p.37-57.

ELSHTAIN, Jean B. *Public Man, Private Woman*: Women in Social and Political Thought. Princeton: Princeton University Press, 1981.

_____. *Women and War*, Chicago: University of Chicago Press, 1987.

EMMERS, Ralf. Regional Hegemonies and the Exercise of Power in Southeast Asia: A Study of Indonesia and Vietnam. *Asian Survey*, v.45, n.4, 2005, p.645-65.

ENDERS, Walter; SANDLER, Todd. Distribution of Transnational Terrorism Among Countries by Income, Class and Geography After 9/11. *International Studies Quarterly*, v.50, n.2, 2006, p.367-93.

ENLOE, Cynthia. *Does Khaki Become You? The Militarisation of Women's Lives*. Londres: Pluto, 1983.

_____. *Bananas, Beaches and Bases*: Making Feminist Sense of International Politics, Berkeley: University of California Press, 1989.

_____. *The Curious Feminist*: Searching for Women in the New Age of Empire. Berkeley: University of California Press, 2004a.

_____. Wielding Masculinity Inside Abu Ghraib: Making Feminist Sense of an American Military Scandal. *Asian Journal of Women's Studies*, v.10, n.3, p.89-102.

EPSTEIN, Charlotte. Guilty Bodies, Productive Bodies, Destructive Bodies: Crossing the Biometric Borders. *International Political Sociology*, v.1, n.2, 2007, p.149-64.

ERICKSON, Andrew; GOLDSTEIN, Lyle. Hoping for the Best, Preparing for the Worst: China's Response to US Hegemony. *Journal of Strategic Studies*, v.29, n.6, 2006, p.955-86.

ERICKSON, Christian W. Counter-terror Culture: Ambiguity, Subversion, or Legitimization. *Security Dialogue*, v.38, n.2, p.197-214.

ERICKSON, John. The Soviet View of Deterrence. Survival, v.24, n.6, 1982, p.242-51.

ERMARTH, Fritz W. Contrasts in American and Soviet Strategic Thought. *International Security*, v.3, n.2, 1978, p.138-55.

EVANGELISTA, Matthew. Why the Soviets Buy the Weapons They Do. *World Politics*, v.36, n.4, 1984, p.357-618.

_____. *Innovation and the Arms Race*: How the United States and the Soviet Union Develop New Military Technologies, Ithaca: Cornell University Press, 1988.

EVANS, Glynne. Responding to Crises in the African Great Lakes. *Adelphi n.311*, Londres: IISS, 1997.

EVERTS, Philip P. Developments and Trends in Peace and Conflict Research, 1965-1971: A Survey of Institutions. *Journal of Conflict Resolution*, v.16, n.4, 1972, p.477-510.

FAHMY, Nabil. Nuclear Proliferation: Is the Middle East Next?. Asia-Pacific Review, v.5, n.3, 1998, p.123-38.

FAILEY, Kathleen. Responding to the Threat of Biological Weapons. *Security Dialogue*, v.26, n.4, 1995, p.383-98.

FALK, Richard A.; BARNET, Richard J. *Security in Disarmament*. Princeton: Princeton University Press, 1965.

FALKENRATH, Richard A. (1998). Confronting Nuclear, Biological and Chemical Terrorism. *Survival*, v.40, n.3, p.43-6.

_____. *Problems of Preparedness*: US Readiness for a Domestic Terrorist Attack. International Security, v.25, n.4, 2001, p.147-86.

FARRELL, Theo. Constructivist Security Studies: Portrait of a Research Program. International Studies Review, v.4, n.1, 2002, p.49-72.

FARRELL, Theo; LAMBERT, Helene. International Law, National Norms and American Nuclear Use. *Review of International Studies*, v.27, n.3, 2001, p.309-26.

FEAVER, Peter D. Command and Control in Emerging Nuclear Nations. *International Security*, v.17, n.3, 1992/3, p.160-87.

_____. Neooptimists and the Enduring Problem of Nuclear Proliferation. *Security Studies*, v.6, n.4, 1997, p.93-125.

FEAVER, Peter D.; NIOU, Emerson. Managing Nuclear Proliferation: Condemn, Strike or Assist? *International Studies Quarterly*, v.40, n.2, 1996, p.209-34.

FEHL, Caroline. Living with a Reluctant Hegemon: The Transatlantic Conflict Over Multilateral Arms Control. European Journal of International Relations, v.14, n.2, 2008, p.259-87.

FELDMAN, Shai. A Nuclear Middle East. *Survival*, v.23, n.3, 1981, p.107-15.

FERDINAND, Peter. Sunset, Sunrise: China and Russia Construct a New Relationship. *International Affairs*, v.83, n.5, 2007, p.841-67.

FERGUSON, Michaele L. "W" Stands for Women: Feminism and Security Rhetoric in the Post-9/11 Bush Administration. *Politics and Gender*, v.1, n.1, 2005, p.9-38.

FIERKE, Karin M. Multiple Identities, Interfacing Games: The Social Construction of Western Action in Bosnia. *European Journal of International Relations*, v.2, n.4, 1996, p.467-97.

_____. *Changing Games, Changing Strategies*: Critical Investigations in Security, Manchester: Manchester University Press, 1998.

_____. Dialogues of Manoeuvre and Entanglement: NATO, Russia and the CEECs. *Millennium*, v.28, n.1, 1999, p.27-52.

_____. Logics of Force and Dialogue: The Iraq/UNSCOM Crisis and Social Interaction. European Journal of International Relations, v.6, n.3, 2000, p.335-71.

_____. *Critical Approaches to International Security*. Cambridge: Polity, 2007.

FINNEMORE, Martha. Constructing Norms of Humanitarian Intervention. In: KATZENSTEIN, Peter J. (ed.). *The Culture of National Security*: Norms and Identity in World Politics. Nova York: Columbia University Press, 1996, p.153-85.

_____. The Purpose of Intervention: Changing Beliefs About the Use of Force, Ithaca: Cornell University Press, 2003.

FISCHER, David; SZASZ, Paul. *Safeguarding the Atom*: A Critical Appraisal, Estocolmo e Londres: SIPRI and Taylor & Francis, 1985.

FISCHER, Dietrich. Invulnerability without Threat: The Swiss Concept of General Defence. Journal of Peace Research, v.19, n.3, 1982, p.205-25.

FISHEL, Wesley R. Vietnam: The Broadening War. Asian Survey, v.6, n.1, 1966, p.49-58.

FISHER, David. Stopping the Spread of Nuclear Weapons: The Past and Prospects, Londres: Routledge, 1992.

FISHER, Georges. The *Non-proliferation of Nuclear Weapons*. New York: St. Martin's Press, 1971.

FITZPATRICK, Mark. *Iran and North Korea*: The Proliferation Nexus. Survival, v.48, n.1, 2006a, p.61-80.

_____. Assessing Iran's Nuclear Programme. *Survival*, v.48, n.3, 2006b, p.5-26.

_____. Can Iran's Nuclear Capability be Kept Latent? *Survival*, v.49, n.1, 2007, p.33-58.

FITZSIMMONS, Michael. The Problem of Uncertainty in Strategic Planning. *Survival*, v.48, n.4, 2006, p.131-46.

FLIBBERT, Andrew. The Road to Baghdad: Ideas and Intellectuals in Explanations of the Iraq War. *Security Studies*, v.15, n.2, 2006, p.310-52.

FLOYD, Rita. Towards a Consequentialist Evaluation of Security: Bringing Together the Copenhagen School of Security Studies and the Welsh School of Security Studies. *Review of International Studies*, v.33, n.2, 2007, p.327-50.

FOLEY, Gerald; NASSIM, Charlotte. *The Energy Question*. Harmondsworth: Penguin Books, 1976.

FONTANEL, Jacques. An Underdeveloped Peace Movement: The Case of France. *Journal of Peace Research*, v.23, n.2, 1986, p.175-92.

FOOT, Rosemary. Human Rights and Counter-terrorism in America's Asia Policy. *Adelphi n.363*. Londres: IISS, 2004.

_____. Chinese Strategies in a US-hegemonic Global Order: Accommodating and Hedging. *International Affairs*, v.82, n.1, 2006a, p.77-94.

_____. Human Rights in Conflict. *Survival*, v.48, n.3, 2006b, p.109-26.

FORSBERG, Tuomas. Power, Interests and Trust: Explaining Gorbachev's Choices at the End of the Cold War. *Review of International Studies*, v.25, n.4, 1999, p.603-21.

FORTMANN, Michel. The Other Side of Midnight: Opaque Proliferation Revisited. *International Journal*, v.48, n.1, 1992/3, p.151-75.

FOUCAULT, Michel. *The Archaeology of Knowledge*. Londres: Tavistock Publications, 1969.

_____. *The Order of Things*: An Archaeology of the Human Sciences. Nova York: Random House, 1970.

FOWLER, Michael C. *Amateur Soldiers, Global Wars*: Insurgency and Modern Conflict. Westport: Praeger, 2005.

FOX, Jonathan. Religion as an Overlooked Element of International Relations. *International Studies Review*, v.3, n.3, 2001, p.53-73.

_____. The Rise of Religion and the Fall of the Civilization Paradigm as Explanations for Intra-state Conflict. *Cambridge Review of International Affairs*, v.20, n.3, 2007, p.361-82.

FOX, Mary-Jane. Girl Soldiers: Human Security and Gendered Insecurity. *Security Dialogue*, v.35, n.4, 2004, p.465-79.

FRANK, Andre G. Capitalism and Underdevelopment in Latin America. Nova York: *Monthly Review Press*, 1967.

REFERÊNCIAS BIBLIOGRÁFICAS

Fravel, M. Taylor. Regime Insecurity and International Cooperation: Explaining China's Compromises in Territorial Disputes. *International Security*, v.30, n.2, 2005, p.46-83.

FREEDMAN, Amy L.; GRAY, Robert C. The Implications of Missile Defense for Northeast Asia. Orbis, v.48, n.2, 2004, p.335-50.

FREEDMAN, Lawrence. Israel's Nuclear Policy. Survival, v.17, n.3, 1975, p.114-20.

_____. *The Evolution of Nuclear Strategy*. Londres: Macmillan, 1981a. [Edições subsequentes em 1989 e 2003.]

_____. Britain: The First Ex-nuclear Power? *International Security*, v.6, n.2, 1981b, p.80-104.

_____. NATO Myths. Foreign Policy, n.45, 1981/2, p.48-68.

_____. Strategic Arms Control. In: HOWE, Josephine O'Connor (ed.). *Armed Peace*: The Search for World Security. Londres: Macmillan, 1984a, p.31-47.

_____. Indignation, Influence and Strategic Studies. *International Affairs*, v.60, n.2, 1984b, p.207-19.

_____. I Exist; Therefore I Deter. *International Security*, v.13, n.1, 1988, p.177-95.

_____. Whither Nuclear Strategy? In BOOTH, Ken (ed.). *New Thinking About Strategy and International Security*. Londres: HarperCollins, 1991, p.75-89.

_____. Order and Disorder in the New World. *Foreign Affairs*, v.71, n.1, 1992, p.20-37.

_____. The Revolution in Strategic Affairs. *Adelphi n.318*. Londres: IISS, 1998.

_____. The Changing Forms of Military Conflict. *Survival*, v.40, n.4, 1998/9, p.39-56.

_____. The Third World War? *Survival*, v.43, n.4, 2001, p.61-87.

_____. *Deterrence*. Cambridge: Polity, 2004.

_____. Deterrence: A Reply. *Journal of Strategic Studies*, v.28, n.5, 2005, p.789-801.

_____. Iraq, Liberal Wars and Illiberal Containment. *Survival*, v.48, n.4, 2006a, p.51-66.

_____. The Transformation of Strategic Affairs. *Adelphi n.378*, Londres: IISS, 2006b.

FREEMAN, Michael. *Freedom or Security*: The Consequences for Democracies Using Emergency Powers to Fight Terror. Nova York: Praeger, 2003.

FREI, Daniel; CATRINA, Christian. *Risks of Unintentional Nuclear War*. Londres: Croom Helm, 1983.

FRIEDBERG, Aaron L. Ripe for Rivalry: Prospects for Peace in a Multipolar Asia. *International Security*, v.18, n.3, 1993, p.5-33.

_____. Will Europe's Past be Asia's Future? *Survival*, v.42, n.3, 2000, p.147-59.

_____. 11 September and the Future of Sino-American Relations. Survival, v.44, n.1, 2002, p.33-49.

FRISCH, Hillel. Motivation or Capabilities? Israeli Counterterrorism Against Palestinian Suicide Bombings and Violence. *Journal of Strategic Studies*, v.29, n.5, 2006, p.843-69.

FROMKIN, David. The Strategy of Terrorism. Foreign Affairs, v.53, n.4, 1975, p.692-93.

FROMKIN, David; CHACE, James. What Are the Lessons of Vietnam? *Foreign Affairs*, 1984/5, v.63, n.4, 1984/5, p.722-46.

FROST, Robin M. Nuclear Terrorism After 9/11. *Adelphi n.378*. Londres: IISS, 2005.

FRYE, Alton. Zero Ballistic Missiles. *Foreign Policy*, n.88, 1992, p.3-20.

FUKUYAMA, Francis. The End of History and the Last Man. Londres: Penguin, 1992.

FULLER, Graham E. The Fate of the Kurds. Foreign Affairs, v.72, n.2, 1993, p.108-21.

FUNABASHI, Yoichi. Japan and the New World Order. *Foreign Affairs*, v.70, n.5, 1991, p.58-74.

GADDIS, John L. International Relations Theory and the End of the Cold War. *International Security*, v.17, n.3, 1992/3, p.5-58.

GAHLAUT, Seema; BERTSCH, Gary K. The War on Terror and the Non-proliferation Regime. *Orbis*, v.48, n.3, 2004, p.489-504.

GALL, Norman. Atoms for Brazil, Dangers for All. *Foreign Policy*, n.23, 1976, p.155-201.

GALLOIS, Pierre. The Balance of Terror: Strategy for the Nuclear Age. Boston: Houghton Mifflin, 1961.

GALTUNG, Johan. Foreign Policy Opinion as a Function of Social Position. *Journal of Peace Research*, v.1, n.3/4, 1964, p.206-31.

_____. Violence, Peace and Peace Research. *Journal of Peace Research*, v.6, n.3, 1969, p.167-91.

_____. A Structural Theory of Imperialism. Journal of Peace Research, v.8, n.2, 1971, p.81-117.

_____. Transarmament: From Offensive to Defensive Defence. *Journal of Peace Research*, v.21, n.2, 1984, p.127-39.

GALTUNG, Johan; RUGE, Mari H. The Structure of Foreign News. *Journal of Peace Research*, v.2, n.1, 1965, p.64-91.

GANGULY, Sumit. Ethno-religious Conflict in South Asia. *Survival*, v.35, n.2, 1993, p.88-109.

_____. India's Pathway to Pokhran II. International Security, v.23, n.4, 1999, p.148-78.

GANGULY, sumit; MISTRY, Dinshaw. The Case for the US/India Nuclear Agreement. *World Policy Journal*, v.23, n.2, 2006, p.11-9.

GANGULY, Sumit; WAGNER, R. Harrison. India and Pakistan: Bargaining in the Shadow of Nuclear War. Journal of Strategic Studies, v.27, n.3, 2004, p.479-507.

GANTZEL, Klaus J. Neue Kriege? Neue Ka¨mpfer? In: SCHOCH, Bruno et. al. (eds.). *Friedensgutachten 2002*. Hamburg: LIT, 2002, p.80-8.

GARDNER, Gary. Nuclear Nonproliferation Primer, Boulder: Lynne Rienner, 1994.

GARNHAM, David. *The Politics of European Defence Cooperation*: Germany, France, Britain and America. Cambridge: Ballinger, 1988.

GARRETT, Banning N.; GLASER, Bonnie S. Chinese Perspectives on Nuclear Arms Control. *International Security*, v.20, n.3, 1995/6, p.43-78.

GARTHOFF, Raymond. *Cuban Missile Crisis*: The Soviet Story. Foreign Policy, n.72, 1988, p.61-80.

GARVER, John W. The Restoration of Sino-Indian Comity Following India's Nuclear Tests. *China Quarterly*, n.168, 2001, p.865-89.

GATES, David. Area Defence Concepts: The West German Debate. Survival, v.29, n.4, 1987, p.301-17.

GATES, Scott; KNUTSEN, Torbjørn; MOSES, Jonathon. Democracy and Peace: A More Skeptical View. *Journal of Peace Research*, v.33, n.1, 1996, p.1-10.

GATI, Charles. From Sarajevo to Sarajevo. *Foreign Affairs*, v.71, n.4, 1992, p.64-78.

GAUSE, Gregory F. Balancing What? Threat Perception and Alliance Choice in the Gulf. *Security Studies*, v.13, n.2, 2004, p.273-305.

GAVIN, Francis J. Blasts from the Past: Proliferation Lessons from the 1960s. *International Security*, v.29, n.3, 2004, p.100-13.

GEBHARD, Paul. The United States and European Security. *Adelphi n.286.* Londres: IISS, 1994.

GEDZA, Dimitrije S. Yugoslavia and Nuclear Weapons. Survival, v.18, n.3, 1976, p.116-18.

GELBER, Harry G. Technical Innovation and Arms Control. *World Politics*, v.26, n.4, 1974, p.509-41.

GELLNER, Ernest. *Nations and Nationalism*. Oxford: Basil Blackwell, 1983.

GENTRY, John A. Norms and Military Power: NATO's War Against Yugoslavia. *Security Studies*, v.15, n.2, 2006, p.187-224.

GEORGE, Alexander L. Crisis Management: The Interaction of Political and Military Considerations. *Survival*, v.25, n.5, 1984, p.223-34.

GHOSH, Probal K. Layered Defence Concept: Some Architectural Options for an Expanding Ballistic Missile Shield. *Contemporary Security Policy*, v.24, n.3, 2003, p.67-90.

_____. Deterrence Asymmetry and Other Challenges to Small Nuclear Forces. *Contemporary Security Policy*, v.25, n.1, 2004, p.37-53.

GIBLER, Douglas M. Bordering on Peace: Democracy, Territorial Issues, and Conflict. *International Studies Quarterly*, v.51, n.3, 2007, p.509-32.

GIEGERICH, Bastian; PUSHKINA, Darya; MOUNT, Adam. Towards a Strategic Partnership? The US and Russian Response to the European Security and Defence Policy. *Security Dialogue*, v.37, n.3, 2006, p.385-407.

GIEGERICH, Bastian; WALLACE, William. Not Such a Soft Power: The External Deployment of European Forces. *Survival*, v.46, n.2, 2004, p.163-82.

GILL, Bates; MEDEIROS, Evan S. Foreign and Domestic Influence on China's Arms Control and Nonproliferation Policies. *China Quarterly*, n.161, 2000, p.66-94.

GILPIN, Robert. *War and Change in World Politics*. Cambridge: Cambridge University Press, 1981.

GILSON, Julie. Strategic Regionalism in East Asia. *Review of International Studies*, v.33, n.1, 2007, p.145-63.

GIRLING, John L. S. America and the Third World: Revolution and Intervention, Londres: Routledge & Kegan Paul, 1980.

GIZWESKI, Peter. Managed Proliferation in South Asia. *International Journal*, v.54, n.2, 1999, p.279-91.

GJESSING, Gutrom. Ecology and Peace Research. *Journal of Peace Research*, v.4, n.2, 1967, p.125-39.

GLASER, Charles L. Why Even Good Defenses may be Bad. International Security, v.9, n.2, 1984, p.92-123.

_____. Do we Want the Missile Defences we Can Build? *International Security*, v.10, n.1, 1985, p.25-57.

_____. Why NATO is Still Best: Future Security Arrangements for Europe. *International Security*, v.18, n.1, 1993, p.5-50.

_____. The Flawed Case for Nuclear Disarmament. Survival, v.40, n.1, 1998, p.112-28.

_____. When are Arms Races Dangerous? Rational versus Suboptimal Arming. *International Security*, v.28, n.4, 2004, p.44-84.

GLASER, Charles L.; FETTER, Steve. National Missile Defense and the Future of US Nuclear Weapons Policy. *International Security*, v.26, n.1, 2001, p.40-92.

GLEDITSCH, Nils P. Trends in World Airline Patterns. *Journal of Peace Research*, v.4, n.4, 1967, p.366-408.

_____. Towards a Multilateral Aviation Treaty. *Journal of Peace Research*, v.14, n.3, 1977, p.239-59.

_____. Focus On: Journal of Peace Research. Journal of Peace Research,v. 26, n.1, 1989, p.1-5.

_____. The Most-cited Articles in JPS. Journal of Peace Research, v.30, n.4, 1993, p.445-49.

_____. Peace Research and International Relations in Scandinavia: From Enduring Rivalry to Stable Peace? In: GUZZINI, Stefano; JUNG, Dietrich (eds.). *Contemporary Security Analysis and Copenhagen Peace Research*. Londres: Routledge, 2004, p.15-26.

GLEDITSCH, Nils P.; NJØLSTAD, Olav. *Arms Races*: Technological and Political Dynamics. Londres: Sage and PRIO, 1990.

GLENNY, Misha. Heading Off War in the Southern Balkans. Foreign Affairs, v.74, n.3, 1995, p.98-108.

GLOBAL SOCIETY – Special Issue. *Risk and International Relations*: A New Research Agenda, v.21, n.1, 2007, p.1-132.

GOH, Evelyn. Great Powers and Hierarchical Order in Southeast Asia: Analyzing Regional Security Strategies. *International Security*, v.32, n.3, 2007/8, p.113-57.

GOLDBERG, Louis C. Ghetto Riots and Others: The Faces of Civil Disorder in 1967. *Journal of Peace Research*, v.5, n.2, 1968, p.116-32.

GOLDBLAT, Jozef. Arms Control: A Survey and Appraisal of Multilateral Agreement. Londres: Taylor & Francis and SIPRI, 1978.

_____. Nuclear Disarmament: Obstacles to Banishing the Bomb, Londres: I. B. Tauris, 2000.

_____. Efforts to Control Arms in Outer Space. Security Dialogue, v.34, n.1, 2003, p.103-8.

GOLDFISCHER, David. Rethinking the Unthinkable After the Cold War: Toward Long-term Policy Planning. Security Studies, v.7, n.4, 1998, p.165-94.

GOLDGEIER, James M.; McFAUL, Michael. A Tale of Two Worlds: Core and Periphery in the Post-Cold War Era. International Organization, v.46, n.2, 1992, p.467-91.

GOLDMAN, Emily O.; ANDRES, Richard B. Systemic Effects of Military Innovation and Diffusion. *Security Studies*, v.8, n.4, 1999, p.79-125.

GOLDSTEIN, Avery. The Diplomatic Face of China's Grand Strategy: A Rising Power's Emerging Choice. *China Quarterly*, n.168, 2001, p.835-64.

GOLDSTEIN, Lyle J. Do Nascent WMD Arsenals Deter? The Sino-Soviet Crisis of 1969. *Political Science Quarterly*, v.118, n.1, 2003, p.53-79.

GONG, Ro-myung; SEGAL, Gerald. The Consequences of Arms Proliferation in Asia. *Adelphi n.276*, Londres: IISS, 1993.

GONZALEZ-PEREZ, Margaret. *Women and Terrorism*: Female Activity in Domestic and International Terror Groups. Londres: Routledge, 2007.

GOODMAN, Allan E. South Vietnam and the New Security. Asian Survey, v.12, n.2, 1972, p.121-37.

GORDON, Michael R. Break Point? Iraq and America's Military Forces. *Survival*, v.48, n.4, 2006, p.67-81.

GORDON, Philip H. Charles de Gaulle and the Nuclear Revolution. *Security Studies*, v.5, n.1, 1995, p.118-48.

_____. The Transatlantic Allies and the Changing Middle East. *Adelphi n.322*, Londres: IISS, 1998.

_____. Bush, Missile Defence and the Atlantic Alliance' Survival, v.43, n.1, 2001, p.17-36.

_____. Trading Places: America and Europe in the Middle East. Survival, v.47, n.2, 2005, p.87-100.

GORDON, Sandy. Capping South Asia's Nuclear Weapons Programs: A Window of Opportunity? *Asian Survey*, v.34, n.7, 1994, p.662-73.

GORMLEY, Dennis M. Dealing with the Threat of Cruise Missiles. *Adelphi n.339*, Londres: IISS, 2001.

_____. Enriching Expectations: 11 September's Lessons for Missile Defence. *Survival*, v.44, n.2, 2002, n.19-35.

_____. Securing Nuclear Obsolescence. *Survival*, v.48, n.3, 2006, p.127-48.

GOTTEMOELLER, Rose. Preventing a Nuclear Nightmare. *Survival*, v.38, n.2, p.170-4.

GOW, James. *Triumph of the Lack of Will*: International Diplomacy and the Yugoslav War. Londres: Hurst, 1997.

GRANT, Rebecca. The Quagmire of Gender and International Security. In: PETERSON, V. Spike (ed.). *Gendered States*: Feminist (Re)Visions of International Relations Theory. Boulder: Lynne Rienner, 1992, p.83-97.

GRAY, Chris H. Postmodern War: The New Politics of Conflict, Londres: Routledge, 1997.

GRAY, Colin S. The Arms Race Phenomenon. *World Politics*, v.24, n.1, 1971, p.39-79.

_____. The Urge to Compete: Rationales for Arms Racing. *World Politics*, v.26, n.2, 1974, p.207-33.

GRAY, Colin S. SALT II and the Strategic Balance. British Journal of International Studies, v.1, n.3, 1975, p.183-208.

_____. Across the Nuclear Divide: Strategic Studies Past and Present. International Security, v.2, n.1, 1977, p.24-46.

_____. Strategic Stability Reconsidered. *Daedalus*, v.109, n.4, 1980, p.135-54.

_____. Strategic Studies and Public Policy: The American Experience, Lexington: University Press of Kentucky, 1982a.

_____. Strategic Studies: A Critical Assessment, Londres: Aldwych Press, 1982b.

_____. New Directions for Strategic Studies: How Can Theory Help Practice? *Security Studies*, v.1, n.4, 1992, p.610-35.

_____. Arms Races and Other Pathetic Fallacies: A Case for Deconstruction. *Review of International Studies*, v.22, n.3, 1996, p.323-35.

_____. The American Revolution in Military Affairs: An Interim Assessment. *Occasional Paper 28*. Camberley: The Strategic and Combat Studies Institute, 1997.

_____. Clausewitz Rules, OK? The Future is the Past – with GPS. Review of International Studies, n.25: Special Issue, 1999, p.161-82.

GRAY, Victor. The Albanian Diaspora and Security in the Balkans. European Security, v.8, n.3, 1999, p.133-48.

GREEN, Philip. *Deadly Logic*: The Theory of Nuclear Deterrence. Columbus: Ohio State University Press, 1966.

GREENHILL, Kelly M. Mission Impossible? Preventing Deadly Conflict in the African Great Lakes Region. *Security Studies*, v.11, n.1, 2001, p.77-124.

GREENWOOD, Ted.; RATHJENS, George W.; RUINA, Jack. Nuclear Power and Weapons Proliferation. *Adelphi n.130*, Londres: IISS, 1976.

GRESH, Alain. Turkish-Israeli-Syrian Relations and Their Impact on the Middle East. *The Middle East Journal*, v.52, n.2, 1998, p.204-18.

GRIES, Peter H. China Eyes the Hegemon. *Orbis*, v.49, n.3, 2005a, p.401-12.

_____. China's "New Thinking" on Japan. *China Quarterly*, n.184, p.831-50.

GRINER, Shlomo. Living in a World Risk Society: A Reply to Mikkel V. Rasmussen. *Millennium*, v.31, n.1, 2002, p.149-60.

GRINTER, Laurence E. How They Lost: Doctrines, Strategies and Outcomes of the Vietnam War. *Asian Survey*, v.15, n.12, 1975, p.1114-32.

GROSS, Michael L. Killing Civilians Intentionally: Double Effect, Reprisal, and Necessity in the Middle East. *Political Science Quarterly*, v.120, n.4, 2005/6, p.555-79.

GROSSER, Alfred. *The Western Alliance*: Euro-American Relations Since 1945, Londres: Macmillan, 1980.

GROVOGUI, Siba N. Postcolonialism. In: DUNNE, Tim, KURKI, Milja; SMITH, Steve (eds.). *International Relations Theory*: Discipline and Diversity, Oxford: Oxford University Press, 2007, p. 229-46.

GSC NEWSLETTER. Program on Global Security and Cooperation. *Social Science Research Council*, n.1, 2001.

GUEHENNO, Jean-Marie. The Impact of Globalization on Strategy. Survival, v.40, n.4, 1998/9, p.5-19.

GUERTNER, Gary L. Three Images of Soviet Arms Control Compliance. *Political Science Quarterly*, v.103, n.2, 1988, p.321-46.

GUGLIAMELLI, Juan E. The Brazilian-German Nuclear Deal: A View from Argentina. *Survival*, v.18, n.4, 1976, p.162-65.

GULDIMANN, Tim .The Iranian Nuclear Impasse. Survival, v.49, n.3, 2007, p.169-78.

GUMMETT, Philip. From NPT to INFCE: Developments in Thinking about Nuclear Non-proliferation. *International Affairs*, v.57, n.4, 1981, p.549-67.

GUNNELL, John G. *The Descent of Political Theory*: The Genealogy of an American Vocation. Chicago: University of Chicago Press, 1993.

GUPTA, Amit. Nuclear Forces in South Asia: Prospects for Arms Control. *Security Dialogue*, v.30, n.3, 1999, p.319-30.

GURR, Ted R. Why Men Rebel, Princeton: Princeton University Press, 1970.

GUTTMAN, Robert J. (ed.). Europe in the New Century: Visions of an Emerging Superpower. Boulder: Lynne Rienner, 2001.

HAAS, Richard. Military Force: A User's Guide. *Foreign Policy*, n.96, 1994, p.21-37.

HAFTENDORN, Helga. The Security Puzzle: Theory-building and Discipline--building in International Security. *International Studies Quarterly*, v.35, n.1, 1991, p.3-17.

HAGERTY, Devin T. Nuclear Deterrence in South Asia: The 1990 Indo-Pakistan Crisis. *International Security*, v.20, n.3, 1995/6, p.79-114.

_____. South Asia's Big Bangs: Causes, Consequences and Prospects. *Australian Journal of International Affairs*, v.53, n.1, 1999, p.19-29.

HAGMAN, Hans C. European Crisis Management and Defence: The Search for apabilities. *Adelphi 353*, Londres: IISS, 2002.

HALE, William. Turkey, the Middle East and the Gulf Crisis. *International Affairs*, v.68, n.4, 1992, p.679-92.

HALPERIN, Morton H. *China and Nuclear Proliferation*. Chicago: Center for Policy Studies, University of Chicago, 1966.

HAMILTON, Richard F. A Research Note on the Mass Support for "Tough" Military Initiatives. *American Sociological Review*, v.33, n.3, 439-45, 1968.

HANDRAHAN, Lori. Conflict, Gender, Ethnicity and Post-conflict Reconstruction. *Security Dialogue*, v.35, n.4, 2004, p.429-45.

HANSEN, Birthe. *Unipolarity and the Middle East*. Richmond: Curzon Press, 2000.

HANSEN, Lene. Slovenian Identity: State Building on the Balkan Border, *Alternatives*, v. 21, n.4, 1996, p.473-95.

_____. The Little Mermaid's Silent Security Dilemma and the Absence of Gender in the Copenhagen School. *Millennium*, v.29, n.2, 2000a, p.285-306.

_____. Past as Preface: Civilization and the Politics of the "Third" Balkan War. *Journal of Peace Research*, v.37, n.3, 2000b, p.345-62.

_____. Gender, Nation, Rape: Bosnia and the Construction of Security. *International Feminist Journal of Politics*, v.3, n.1, 2001, p.55-75.

_____. *Security as Practice*: Discourse Analysis and the Bosnian War. Londres: Routledge, 2006.

_____. The Clash of Cartoons? The Clash of Civilizations? Visual Securitization and the Muhammad Cartoon Crisis' (no prelo).

HANSEN, Lene; NISSENBAUM, Helen. Digital Disaster, Cyber Security and the Copenhagen School. *International Studies Quarterly* (no prelo).

HANSON, Donald W. Is Soviet Strategic Doctrine Superior? International Security, v.7, n.3, 1982/3, p.61-83.

HARKAVY, Robert E. Pariah States and Nuclear Proliferation. International Organization, v.35, n.1, 1981, p.135-63.

HARRIS, Stuart. The Economic Aspects of Pacific Security. *Adelphi 275*, Londres: IISS, 1993.

HARRISON, Selig S. *Japan's Nuclear Future*: The Plutonium Debate and East Asian Security, Washington, DC: Carnegie Endowment for International Peace, 1998.

HARTUNG, William D. Eisenhower's Warning: The Military-Industrial Complex Forty Years Later. *World Policy Journal*, v.18, n.1, 2001, p.39-44.

_____. Prevention, Not Intervention: Curbing the New Nuclear Threat. *World Policy Journal*, v.19, n.4, 2002/3, p.1-11.

HARVARD NUCLEAR STUDY GROUP. Living with Nuclear Weapons, Cambridge MA: Harvard University Press, 1983.

HARVEY, Frank P. Rigor Mortis or Rigor, More Tests: Necessity, Sufficiency and Deterrence Logic. *International Studies Quarterly*, v.42, n.4, 1998, p.675-707.

_____. The International Politics of National Missile Defence: A Response to the Critics. International Journal, n.55, 20004, p.545-66.

HARVEY, John R. Regional Ballistic Missiles and Advanced Strike Aircraft: Comparing Military Effectiveness. *International Security*, v.17, n.2, 1992, p.41-83.

HASHMI, Sohail H. International Society and its Islamic Malcontents. Fletcher Forum of World Affairs, v.20, n.2, 1996, p.13-29.

HASSNER, Pierre. The Changing Context of European Security. Journal of Common *Market Studies*, v.7, n.1, 1968, p.1-21.

_____. The United States: The Empire of Force or the Force of Empire? *Chaillot Papers n.54*. Paris: European Union Institute for Security Studies, 2002.

HASSNER, Ron E. The Path to Intractability: Time and the Entrenchment of Territorial Disputes. *International Security*, v.31, n.3, 2007, p.107-38.

HAYNES, Jeffrey. Religion and Foreign Policy Making in the USA, India and Iran: Towards a Research Agenda. *Third World Quarterly*, v.29, n.1, 2008, p.143-65.

HEISBOURG, Francçois. The Prospects for Nuclear Stability between India and Pakistan. *Survival*, v.40, n.4, 1998/9, p.77-92.

HELLER, Mark A. Continuity and Change in Israeli Security Policy. *Adelphi 335*, Londres: IISS, 2000.

HELLMICH, Christina. Al-Qaeda – Terrorists, Hypocrites, Fundamentalists? The View from Within. *Third World Quarterly*, v.26, n.1, 2005, p.39-54.

HEMMER, Christopher; KATZENSTEIN, Peter. Why is There No NATO in Asia? Collective Identity, Regionalism and the Origins of Multilateralism. *International Organization*, v.56, n.3, 2002, p.575-607.

HENDERSON, Jeannie. Reassessing ASEAN. *Adelphi 328*, Londres: IISS, 1999.

HENDRICKSON, David C. The Dangerous Quest for Absolute Security. *World Policy Journal*, v.19, n.3, 2002, p.1-10.

HENG, Yee-Kuang. Unravelling the War on Terrorism: A Risk-management Exercise in War Clothing? *Security Dialogue*, v.33, n.2, 2002, p.227-42.

_____. The "Transformation of War" Debate: Through the Looking Glass of Ulrich Beck's World Risk Society. *International Relations*, v.20, n.1, 2006, p.69-91.

HENRIKSEN, Rune. Warriors in Combat – What Makes People Actively Fight in Combat? *Journal of Strategic Studies*, v.30, n.2, 2007, p.187-223.

HERBST, Jeffrey. Responding to State Failure in Africa. *International Security*, v.21, n.3, 1996/7, p.20-44.

HERRING, George C. America and Vietnam: The Unending War. *Foreign Affairs*, v.70, n.5, 1991/2, p.104-19.

HERZ, John. Idealist Internationalism and the Security Dilemma. World Politics, v.2, n.2, 1950, p.157-80.

HETTNE, Björn. Security and Peace in Post-Cold War Europe. *Journal of Peace Research*, v.28, n.3, 1991, p.279-94.

_____. Beyond the "New" Regionalism. *New Political Economy*, v.10, n.4, 2005, p.543-71.

HEUSER, Beatrice. Containing Uncertainty: Options for British Nuclear Strategy. *Review of International Studies*, v.19, n.3, 1993, p.245-67.

HIGASHINO, Atsuko. For the Sake of "Peace and Security"? The Role of Security in the European Union Enlargement Eastwards. *Cooperation and Conflict*, v.39, n.4, 2004, p.347-68.

HIGATE, Paul; HENRY, Marsha. Engendering (In)Security in Peace Support Operations. *Security Dialogue*, v.35, n.4, 2004, p.481-98.

HILDENBRAND, Gunter. A German Reaction to US Nonproliferation Policy. *International Security*, v.3, n.2, 1978, p.51-56.

HILLS, Alice. The Rationalities of European Border Security. European Security, v.15, n.1, 2006, p.67-88.

HINTON, Harold C. *Three and a Half Powers*: The New Balance in Asia. Bloomington: Indiana University Press, 1975.

HODES, Cyrus and Mark Sedra. The Search for Security in Post-Taliban Afghanistan. *Adelphi 391*, LONDRES: IISS, 2007.

HODGE, Carl C. Europe as a Great Power: A Work in Progress? International Journal, v.53, n.3, 1998/9, p.487-504.

HOFFMAN, Bruce. *Inside Terrorism*. Nova York: Columbia University Press, 1998.

HOFFMAN, Fred S. The SDI in US Nuclear Strategy. *International Security*, v.10, n.1, 1985, p.13-24.

HOFFMANN, Stanley. The Acceptability of Military Force' in. Force in Modern Societies: Its Place in International Politics. *Adelphi 102*, Londres: IISS, 1973, p.2-13.

_____. NATO and Nuclear Weapons. Foreign Affairs, v.60, n.2, 1981/2, p.347-57.

HÖIVIK, Tord. Social Inequality. The Main Issues. *Journal of Peace Research*, v.8, n.2, 1971, p.119-42.

_____. Three Approaches to Exploitation: Markets, Products and Communities. *Journal of Peace Research*, v.9, n.3, 1972, p.261-70.

HOLBROOKE, Richard. Japan and the US: Ending the Unequal Partnership. *Foreign Affairs*, v.70, n.5, 1991, p.41-57.

HOLLIS, Rosemary. Europe and the Middle East: Power by Stealth. *International Affairs*, v.73, n.1, 1997, p.15-29.

HOLLIST, W. Ladd. An Analysis of Arms Processes in the United States and the Soviet Union. *International Studies Quarterly*, v.21, n.3, 1977, p.503-28.

HOLLOWAY, David. Military Power and Political Purpose in Soviet Policy. *Daedalus*, v.109, n.4, 1980, p.3-30.

HOLMES, Terence M. Planning versus Chaos in Clausewitz's On War. *Journal of Strategic Studies*, v.30, n.1, 2007, p.129-51.

HOOGENSEN, Gunhild; ROTTEM, Svein V. Gender Identity and the Subject of Security. *Security Dialogue*, v.35, n.2, 2004, p.155-71.

HOOGENSEN, Gunhild; STUVØY, Kirsti. Gender, Resistance and Human Security. *Security Dialogue*, v.37, n.2, 2006, p.207-28.

HOOK, Glenn D. The Nuclearization of Language: Nuclear Allergy as Political Metaphor. *Journal of Peace Research*, v.21, n.3, 1984, p.259-75.

_____. Making Nuclear Weapons Easier to Live With: The Political Role of Language in Nuclearization. *Bulletin of Peace Proposals*, v.16, n.1, 1985, p.67-77.

HOPF, Ted. Managing Soviet Disintegration. *International Security*, v.17, n.1, 1992, p.44-75.

HOPPLE, Gerald W. Transnational Terrorism: Prospects for a Causal Modeling Approach. *Terrorism*, v.6, n.1, 1982, p.73-100.

HORELICK, Arnold L. The Cuban Missile Crisis. *World Politics*, v.16, n.3, 1964, p.363-89.

HOSKINS, Andrew. Temporality, Proximity and Security: Terror in a Media--drenched Age. *International Relations*, v.20, n.4, 2006, p.453-66.

HOUGH, Peter. *Understanding Global Security*. Londres: Routledge, 2004.

HOWARD, Michael. Military Power and the International Order. *International Affairs*, v.40, n.3, 1964, p.397-408.

_____. The Relevance of Traditional Strategy. *Foreign Affairs*, v.51, n.2, 1973, p.253-66.

_____. The Strategic Approach to International Relations. *British Journal of International Studies*, v.2, n.1, 1976, p.67-75.

_____. The Forgotten Dimensions of Strategy. Foreign Affairs, v.57, n.5, 1979, p.975-86.

_____. *War and the Liberal Conscience*. Oxford: Oxford University Press, 1981.

_____. When are Wars Decisive? *Survival*, v.41, n.1, 1999, p.126-35.

_____. A Long War? *Survival*, v.48, n.4, 2006, p.7-14.

HOWE, Herbert. Lessons of Liberia: ECOMOG and Regional Peacekeeping. *International Security*, v.21, n.3, 1996/7, p.145-76.

HOWLETT, Darryl; SIMPSON, John. Nuclearisation and Denuclearisation in South Africa. *Survival*, v.35, n.3, 1993, p.154-73.

HOWLETT, Darryl et al. Surveying the Nuclear Future: Which Way from Here? *Contemporary Security Policy*, v.20, n.1, 1999, p.5-41.

HSIEH, Alice Langley. China's Nuclear-Missile Programme: Regional or Intercontinental? *China Quarterly*, n.45, 1971, p.85-99.

HSIUNG, James (ed.). *China and Japan at Odds*. Basingstoke: Palgrave. Hudson, Heidi, 2007.

_____. "Doing" Security as Though Humans Matter: A Feminist Perspective on Gender and the Politics of Human Security. *Security Dialogue*, v.36, n.2, 2005, p.155-74.

HUGHES, Christopher W. The North Korean Nuclear Crisis and Japanese Security. *Survival*, v.38, n.2, 1996, p.79-103.

_____. *Japan's Security Agenda*: The Search for Regional Stability, Boulder: Lynne Rienner, 2004a.

_____. Japan's Re-emergence as a "Normal" Military Power. *Adelphi 368/9*, Londres: IISS, 2004b.

_____. *Japan's Security Agenda*: Military, Economic and Environmental Dimensions. Boulder: Lynne Rienner, 2004c.

_____. Why Japan Could Revise its Constitution and What it Would Mean for Japanese Security Policy. *Orbis*, v.50, n.4, 2006, p.725-44.

HUGHES, Christopher W.; KRAUSS, Ellis S. Japan's New Security Agenda. *Survival*, v.49, n.2, 2007, p.157-76.

HUGHES, Llewelyn. Why Japan Will Not Go Nuclear (Yet): International and Domestic Constraints on the Nuclearization of Japan. *International Security*, v.31, n.4, 2007, p.67-96.

HUNT, Krista. The Strategic Co-optation of Women's Rights: Discourse in the "War on Terrorism". *International Feminist Journal of Politics*, v.4, n.1, 2002, p.116-21.

HUNTER, Robert E. The *European Security and Defense Policy*. Washington, DC: RAND/Eurospan, 2002.

HUNTER, Robert E.; WINDSOR, Philip. Vietnam and United States Policy in Asia. *International Affairs*, v.44, n.1, 1968, p.202-13.

HUNTINGTON, Samuel P. The Soldier and the State: The Theory and Politics of Civil-Military Relations. Cambridge, MA: Harvard University Press.

_____. Arms Races: Prerequisites and Results. *Public Policy*, v.8, n.1, 1958, p.41-87.

HUNTINGTON, Samuel P. The Clash of Civilizations? *Foreign Affairs*, v.72, n.3, 1993a, p.22-49.

_____. Why International Primacy Matters. *International Security*, v.17, n.4, 1993b, p.68-83.

_____. The Clash of Civilizations and the Remaking of World Order. Nova York: Simon & Schuster, 1996.

_____. The Lonely Superpower. *Foreign Affairs*, v.78, n.2, 1999, p.35-49.

HUNTLEY, Wade L. Alternate Futures after the South Asian Nuclear Tests: Pokhran as Prologue. *Asian Survey*, v.29, n.3, 1999, p.504-24.

_____. Rebels Without a Cause: North Korea, Iran and the NPT. *International Affairs*, v.82, n.4, 2006, p.723-42.

HURRELL, Andrew. Security in Latin America. International Affairs, v.4, n.3, 1998, p.529-46.

_____. "There are no Rules" (George W. Bush): International Order after September 11. *International Relations*, v.16, n.2, 2002, n.185-204.

_____. Pax Americana or the Empire of Insecurity? International Relations of the Asia-Pacific, v.5, n.2, 2005, p.153-76.

HUTH, Paul K. *Extended Deterrence and the Prevention of War.* New Haven: Yale University Press, 1988.

_____. The Extended Deterrent Value of Nuclear Weapons. *Journal of Conflict Resolution*, v.34, n.2, 1990, p.270-90.

_____. Reputations and Deterrence: A Theoretical and Empirical Assessment. *Security Studies*, v.7, n.1, 1997, n.72-99.

HUTH, Paul K.; RUSSETT, Bruce. What Makes Deterrence Work? Cases from 1900-1980. *World Politics*, v.36, n.4, 1984, p.496-526.

HUXLEY, Tim; WILLETT, Susan. Arming East Asia. *Adelphi 329*, Londres: IISS, 1999.

HUYSMANS, Jef. Reading and Writing NOD: Closing the Debate? C*ooperation and Conflict*, v.29, n.2, 1994, p.185-204.

_____. Revisiting Copenhagen: Or, On the Creative Development of a Security Studies Agenda in Europe. *European Journal of International Relations*, v.4, n.4, 1998a, p.479-506.

_____. Security! What do You Mean? From Concept to Thick Signifier. *European Journal of International Relations*, v.4, n.2, 1998b, p.226-55.

HUYSMANS, Jef. International Politics of Insecurity: Normativity, Inwardness and the Exception. *Security Dialogue*, v.37, n.1, 2006a, p.11-30.

_____. The Politics of Insecurity: Security, Migration and Asylum in the EU. Londres: Routledge, 2006b.

HVEEM, Helge. The Global Dominance System: Notes on a Theory of Global Political Economy. *Journal of Peace Research*, v.10, n.4, 1973, p.319-40.

_____. Militarization of Nature: Conflict and Control over Strategic Resources and ome Implications for Peace Politics. *Journal of Peace Research*, v.16, n.1, 1979, p.1-26.

HYMANS, Jacques E. C. Of Gauchos and Gringos: Why Argentina Never Wanted the Bomb, and Why the United States Thought It Did. *Security Studies*, v.10, n.3, 2001, p.153-85.

IDS – Issue on. Disarmament and World Development. *IDS Bulletin*, v.16, n.4, 1985.

IISS. Survey of Strategic Studies. *Adelphi Papers 64*, Londres: IISS, 1970.

_____. The Middle East and the International System I. The Impact of the 1973 War. *Adelphi 114*, Londres: IISS, 1975a.

_____. The Middle East and the International System II. Security and the Energy Crisis. *Adelphi 115*, Londres: IISS, 1975b.

_____. Third World Conflict and International Security. *Adelphi 166 e 167*. Londres: IISS, 1981.

IKENBERRY, G. John. *After Victory*: Institutions, Strategic Restraint and the Rebuilding of Order After Major Wars. Princeton: Princeton University Press, 2001a.

_____. American Grand Strategy in the Age of Terror. *Survival*, v.43, n.4, 2001b, p.19-34.

_____. (ed.). *America Unrivaled*: The Future of the Balance of Power. Ithaca: Cornell University Press, 2002.

IKENBERRY, G. John; TSUCHIYAMA, Jitsuo. *Between Balance of Power and Community*: The Future of Multilateral Security Co-operation in the Asia-Pacific. International Relations of the Asia Pacific, v.2, n.1, 2002, p.69-94.

IMAI, Ryukichi. A view from Japan. *Survival*, v.16, n.5, 1974, p.213-16.

_____. A Japanese Reaction to U.S. Nonproliferation Policy. International Security, v.3, n.2, 1978, p.62-66.

IMAI, Ryukichi. Nuclear Proliferation in the Post-Cold War World. *Adelphi 276*. Londres: IISS, 1993.

IMBER, Mark. NPT Safeguards: The Limits of Credibility. *Arms Control*, v.1, n.2, 1980, p.177-98.

INBAR, Efraim; SANDLER, Shmuel. Israel's Deterrence Strategy Revisited. *Security Studies*, v.3, n.2, 1993/4, p.330-58.

INDEPENDENT COMMISSION ON DISARMAMENT AND SECURITY ISSUES. *Common Security*: A Programme for Disarmament – The Report of the Independent Commission on Disarmament and Security Issues. Londres: Pan Books, 1982.

INGRAM, Barbara L.; BERGER, Stephen E. Sex-role Orientation, Defensiveness and Competitiveness in Women. *Journal of Conflict Resolution*, v.21, n.3, 1977, p.501-18.

INOGUCHI, Takashi; BACON, Paul. Japan's Emerging Role as a Global Ordinary Power. *International Relations of the Asia-Pacific*, v.6, n.1, 2006, p.1-21.

INSTITUTE FOR WORLD ORDER. *Peace and World Order Studies*: A Curriculum Guide, Nova York: Transnational Academic Program/Institute for World Order, 1981.

INTERNATIONAL SECURITY. *Foreword. International Security*, v.1, n.1, 1976, p.2.

INTRILLIGATOR, Michael; BRITO, Dagobert L. Can Arms Races Lead to the Outbreak of War? *Journal of Conflict Resolution*, v.28, n.1, 1984, p.63-84.

ISH-SHALOM, Piki. "The Civilization of Clashes": Misapplying the Democratic Peace in the Middle East. *Political Science Quarterly*, v.122, n.4, 2008, p.533-54.

ISRAELI, Ralph. The Turkish-Israeli Odd Couple. *Orbis*, v.45, n.1, 2001, p.65-79.

JABKO, Nicolas; WEBER, Steven. A Certain Idea of Nuclear Weapons: France's Nuclear Nonproliferation Policy in Theoretical Perspective. *Security Studies*, v.8, n.1, 1998, p.108-50.

JABRI, Vivienne. War, Security and the Liberal State. *Security Dialogue*, v.37, n.1, 2006, p.47-64.

JACKSON, Nicole. International Organizations, Security Dichotomies and the Trafficking of Persons and Narcotics in Post-Soviet Central Asia: A Critique of the Securitization Framework. *Security Dialogue*, v.37, n.3, 2006, p.299-317.

JACKSON, Paul. Are Africa's Wars Part of a Fourth Generation of Warfare? *Contemporary Security Policy*, v.28, n.2, 2007, p.267-85.

JACKSON, Richard. Language, Policy and the Construction of a Torture Culture in the War on Terrorism. *Review of International Studies*, v.33, n.3, 2007, p.353-72.

JACKSON, Robert; SØRENSEN, Georg. Introduction to International Relations, Oxford: Oxford University Press, 1999.

JAHN, Egbert; LEMAITRE, Pierre; WÆVER, Ole. European Security: Problems of Research on Non-military Aspects. *Copenhagen Papers 1*, Copenhagen: Center for Peace and Conflict Research, 1987.

JANIS, Irving. *Victims of Group-think*. Boston: Houghton Mifflin, 1972.

JEPPERSON, Ronald L.; WENDT, Alexander; KATZENSTEIN, Peter J. Norms, Identity, and Culture in National Security. In: KATZENSTEIN, Peter J. (ed.). *The Culture of ational Security*: Norms and Identity in World Politics, Nova York: Columbia University Press, 1996, p.33-75.

JERVIS, Robert. Perception and Misperception in International Politics, Princeton: Princeton University Press, 1976.

_____. Cooperation Under the Security Dilemma. World Politics, v.30, n.2, 1978, p.167-214.

_____. Deterrence Theory Revisited. World Politics, v.31, n.2, 1979, p.289-324.

_____. Why Nuclear Superiority Doesn't Matter. *Political Science Quarterly*, v.94, n.4, 1979/80, p.617-33.

_____. The Future of World Politics: Will it Resemble the Past? *International Security*, v.16, n.3, 1991/2, p.39-73.

_____. International Primacy: Is the Game Worth the Candle? *International Security*, v.17, n.4, 1993, p.52-67.

_____. An Interim Assessment of September 11: What has Changed and What has Not. *Political Science Quarterly*, v.117, n.1, 2002a, p.37-54.

_____. Theories of War in an Era of Leading Power Peace. *American Political Science Review*, v.96, n.1, 2002b, p.1-14.

_____. The Confrontation Between Iraq and the US: Implications for the Theory and Practice of Deterrence. European Journal of International Relations, v.9, n.2, 2003a, p.315-37.

JERVIS, Robert. Understanding the Bush Doctrine. *Political Science Quarterly*, v.118, n.3, 2003b, p.365-88.

_____. Why the Bush Doctrine Cannot be Sustained. *Political Science Quarterly*, v.120, n.3, 2005, p.351-77.

_____. Reports, Politics and Intelligence Failures: The Case of Iraq. *Journal of Strategic Studies*, v.29, n.1, 2006, p.3-52.

JIN, Xu. The Strategic Implications of Changes in Military Technology. *Chinese Journal of International Politics*, v.1, n.2, 2006, p.163-93.

JOECK, Neil. Maintaining Nuclear Stability in South Asia. *Adelphi 312*, London: IISS, 1997.

JOENNIEMI, Pertti. Europe Changes – The Nordic System Remains. *Bulletin of Peace Proposals*, v.21, n.2, 1990, p.205-17.

JOFFE, George. Middle Eastern Views of the Gulf Conflict and its Aftermath. *Review of International Studies*, v.19, n.2, 1993, p.177-99.

JOFFE, Josef. European-American Relations: The Enduring Crisis. *Foreign Affairs*, v.59, n.4, 1981, p.835-51.

_____. The New Europe: Yesterday's Ghosts. *Foreign Affairs*, v.72, n.1, 1992/3, p.29-43.

JOHNSON, A. Ross. Yugoslavia's Total National Defence. *Survival*, v.15, n.2, 1973 p.54-8.

JOHNSON, Chalmers. Guerrilla Warfare in Asia. *Survival*, v.10, n.10, 1968a, p.318-26.

_____. The Third Generation of Guerrilla Warfare. *Asian Survey*, v.8, n.6, 1968b, p.435-47.

JOHNSON, Loch (ed.). *Handbook of Intelligence Studies*. Londres: Routledge, 2007.

JOHNSON, Thomas H.; MASON, M. Chris. Understanding the Taliban and Insurgency in Afghanistan. *Orbis*, v.51, n.1, 2007, p.71-89.

JOHNSTON, Alastair Iain. China and Arms Control: Emerging Issues and Interests in the 1980s. *Aurora Papers n. 3*, Ottawa: Center for Arms Control and Disarmament, 1986.

_____. Thinking about Strategic Culture. *International Security*, v.19, n.4, 1995, p.32-64.

JOHNSTON, Alastair Iain. Is China a Status Quo Power? *International Security*, v.27, n.4, 2003, p.5-56.

JONES, Adam. Gender and Ethnic Conflict in Ex-Yugoslavia. *Ethnic and Racial Studies*, v.17, n.1, 1994, p.115-34.

_____. Does "Gender" Make the World Go Round? Feminist Critiques of International Relations. *Review of International Studies*, v.22, n.4, 1996, p.405-29.

_____. Engendering Debate. *Review of International Studies*, v.24, n.2, 1998, p.299-303.

JONES, Rodney W.; McDONOUGH, Mark G. *Tracking Nuclear Proliferation*, Washington DC: Carnegie Endowment for International Peace, 1998.

JONES, Seth G. The European Union and the Security Dilemma. *Security Studies*, v.12, n.3, 2003, p.114-56.

_____. The Rise of a European Defense. *Political Science Quarterly*, v.121, n.2, 2006, p.241-67.

_____. Pakistan's Dangerous Game. *Survival*, v.49, n.1, 2007, p.15-32.

JØRGENSEN, Knud Erik. Continental IR Theory: The Best Kept Secret. *European Journal of International Relations*, v.6, n.1, 2000, p.9-42.

JOSEPH, Robert G. Proliferation, Counter-proliferation and NATO. Survival, v.38, n.1, 1996, p.111-30.

JOSEPH, Robert G.; REICHART, John F. The Case for Nuclear Deterrence Today. *Orbis*, v.42, n.1, 1998, p.7-19.

JOURNAL OF PEACE RESEARCH. An Editorial. *Journal of Peace Research*, v.1, n.1, 1964, p.1-4.

_____. Special Issue. Civil War in Developing Countries. *Journal of Peace Research*, v.39, n.4, 2002.

JOURNAL OF STRATEGIC STUDIES. Special Issue – *The Future of NATO*, v.17, n.4, 1994, p.1-166.

_____. Special Issue. *NATO Enters the 21st Century*, v.23, n.3, 2000, p.1-181.

_____. Special Issue – *Future Trends in East Asian International Relations*, v.24, n.4, 2001, p.3-245.

JUDAH, Tim. The Taliban Papers. *Survival*, v.44, n.1, 2002, p.69-80.

JUNG, Dietrich; PICCOLI, Wolfgang. The Turkish-Israeli Alignment: Paranoia or Pragmatism? *Security Dialogue*, v.31, n.1, 2000, p.91-104.

KAGAN, Robert. Power and Weakness. *Policy Review*, n.113, 2002, p.1-29.

_____. *Paradise and Power:* America and Europe in the New World Order. Londres: Atlantic Books, 2003.

KAHL, Colin H. Constructing a Separate Peace: Constructivism, Collective Liberal Identity, and Democratic Peace. *Security Studies*, v.8, n.2/3, 1998/9, p.94-144.

KAHN, Herman. *On Thermonuclear War.* Princeton: Princeton University Press, 1960.

_____. *Thinking About the Unthinkable.* Nova York: Horizon Press, 1962.

KAISER, Karl (1989). *Non-proliferation and Nuclear Deterrence.* Survival, v.31, n.2, 1962, p.123-36.

KALB, Marvin; ABEL, Elie. Roots of Involvement. Nova York: W. W. Norton, 1971.

KALDOR, Mary. *The Baroque Arsenal.* Londres: Andre Deutsch, 1982.

_____. *The Imaginary War:* Understanding the East-West Conflict. Oxford: Blackwell, 1990.

_____. New and Old Wars: Organized Violence in a Global Era. Cambridge: Polity Press, 2001.

KALDOR, Mary; MARTIN, Mary; SELCHOW, Sabine. Human Security: A New Strategic Narrative for Europe. *International Affairs*, v.83, n.2, 2007, p.273-88.

KALYVAS, Stathis N. "New" and "Old" Civil Wars: A Valid Distinction? *World Politics*, v.54, n.1, 2001, p.99-118.

KAMPANI, Gaurav. In Praise of Indifference Toward India's Bomb. *Orbis*, v.45, n.2, 2001, p.241-57.

KANG, David C. Preventive War and North Korea. *Security Studies*, v.4, n.2, 1994, p.330-64.

_____. Getting Asia Wrong: The Need for New Analytical Frameworks. *International Security*, v.27, n.4, 2003a, p.57-85.

_____. Hierarchy, Balancing and Empirical Puzzles in Asian International Relations. *International Security*, v.28, n.3, 2003b, p.165-81.

KAPLAN, Fred M. *The Wizards of Armageddon.* Nova York: Simon & Schuster, 1983.

KAPLAN, Morton A. The New Great Debate: Traditionalism vs. Science in International Relations. *World Politics*, v.19, n.1, 1966, p.1-20.

KAPLAN, Seth. The Wrong Prescription for the Congo. *Orbis*, v.51, n.2, 2007, p.299-311.

KAPSTEIN, Ethan B. *The Political Economy of National Security*: A Global Perspective. Nova York: McGraw-Hill, 1992.

_____. Does Unipolarity Have a Future? In: KAPSTEIN, Michael; MASTANDUNO, Michael (eds.). *Unipolar Politics*, 1999, p.464-90.

KAPSTEIN, Ethan B.; MASTANDUNO, Michael (eds.). *Unipolar Politics*: Realism and State Strategies After the Cold War. Nova York: Columbia University Press, 1999.

KAPUR, Ashok. The Nuclear Spread: A Third World View. *Third World Quarterly*, v.2, n.1, 1980a, p.495-516.

_____. A Nuclearizing Pakistan: Some Hypotheses. *Asian Survey*, v.20, n.5, 1980b, p.495-516.

KAPUR, S. Paul. Nuclear Proliferation, the Kargil Conflict, and South Asian Security. *Security Studies*, v.13, n.1, 2003, p.79-105.

_____. India and Pakistan's Unstable Peace: Why Nuclear South Asia is not like Cold War Europe. *International Security*, v.30, n.2, 2005, p.127-52.

KARAWAN, Ibrahim A. The Islamist Impasse. *Adelphi 314*, Londres: IISS, 1997.

KARL, David J. Proliferation, Pessimism and Emerging Nuclear Powers. *International Security*, v.21, n.3, 1996/7, p.87-119.

KARP, Aaron. Ballistic Missiles in the Third World. International Security, v.9, n.3, 1984/5, p.166-95.

_____. Controlling Ballistic Missile Proliferation. Survival, v.33, n.6, 1991, p.517-30.

_____. The New Indeterminacy of Deterrence and Missile Defence. *Contemporary Security Policy*, v.25, n.1, 2004, p.71-87.

KARP, Regina C. (ed.). *Security With Nuclear Weapons?* Oxford: Oxford University Press, 1991.

KARSH, Efraim. Cold War, Post-Cold War: Does it Make a Difference for the Middle East? *Review of International Studies*, v.23, n.3, 1997, p.272-91.

KATZENSTEIN, Peter J. (ed.). *The Culture of National Security*: Norms and Identity in World Politics. Nova York: Columbia University Press, 1996a.

_____. Introduction: Alternative Perspectives on National Security. In: KATZENSTEIN, Peter. *The Culture of National Security*: Norms and Identity in World Politics. Nova York: Columbia University Press, 1996b, p.1-32.

_____. Same War – Different Views: Germany, Japan and Counterterrorism. *International Organization*, v.57, n.4, 2003, p.731-60.

KATZENSTEIN, Peter J.; KEOHANE, Robert O.; KRASNER, Steven. International Organization and the Study of World Politics. *International Organization*, v.52, n.4, 1998, p.645-85.

KATZENSTEIN, Peter J.; OKAWARA, Nobuo. Japan's National Security: Strucures, Norms, Policies. *International Security*, v.17, n.4, 1993, p.84-118.

KAUFMANN, Chaim. Possible and Impossible Solutions to Ethnic Civil Wars. *International Security*, v.20, n.4, 1996, p.136-75.

_____. Threat Inflation and the Failure of the Marketplace of Ideas: The Selling of the Iraq War. *International Security*, v.29, n.1, 2004, p.5-48.

KAUFMANN-OSBORN, Timothy. Gender Trouble at Abu Ghraib. *Politics and Gender*, v.1, n.4, 2006, p.597-619.

KAYE, Dalia Dassa; WEHREY, Frederic M. A Nuclear Iran: The Reactions of Neighbours. *Survival*, v.49, n.2, 2007, p.111-28.

KEELEY, James. The IAEA and the Iraqi Challenge. *International Journal*, v.49, n.1, 1993/4, p.126-55.

KEGLEY, Charles W.; RAYMOND, Gregory. Must we Fear a Post-Cold War Multipolar System? *Journal of Conflict Resolution*, v.36, n.3, 1992, p.573-85.

_____. A Multipolar Peace? *Great Power Politics in the Twenty-first Century*. New York: St. Martins, 1994.

KELLER, Edmond J.; ROTHCHILD, Donald (eds.) *Africa in the New International Order*: Rethinking State Sovereignty and Regional Security. Boulder: Lynne Rienner, 1996.

KELLY, Robert E. The Iraqi and South African Nuclear Projects. Security Dialogue, v.27, n.1, 1996, p.27-38.

_____. Security Theory in the "New Regionalism". International Studies Review, v.9, n.2, 2007, p.197-229.

REFERÊNCIAS BIBLIOGRÁFICAS

KELMAN, Herbert C. (ed.). *International Behavior*. Nova York: Holt, Rinehart & Winston, 1965.

KEMP, Anita. Image of the Peace Field: An International Survey. *Journal of Peace Research*, v.22, n.2, 1985, p.129-40.

KEMP, Geoffrey. The Persian Gulf Remains the Strategic Prize. Survival, v.40, n.4, 1998/9, p.132-49.

KENNAN, George F. The Sources of Soviet Conduct. Foreign Affairs, v.25, n.4, 1947, p.566-82.

KENNEDY, Andrew B. China's Perceptions of US Intentions toward Taiwan: How Hostile a Hegemon? *Asian Survey*, v.47, n.2, 2007, p.268-87.

KENNEDY, Robert F. *Thirteen Days*: A Memoir of the Cuban Missile Crisis, Nova York: W. W. Norton, 1969.

KENNEDY-PIPE, Caroline. Gender and Security. In COLLINS, Alan R. (ed.). Contemporary Security Studies. Oxford: Oxford University Press, 2007, p.75-90.

_____.; MUMFORD, Andrew. Torture, Rights, Rules and Wars: Ireland to Iraq. *International Relations*, v.21, n.1, 2007, p.119-26.

_____.; RENGGER, Nicholas. Apocalypse Now? Continuities or Disjunctions in World Politics after 9/11. *International Affairs*, v.82, n.3, 2006, p.539-52.

KENNEY, M. From Pablo to Osama: Counter-terrorism Lessons from the War on Drugs. *Survival*, v.45, n.3, 2003, p.187-206.

KENT, Alexandra. Reconfiguring Security: Buddhism and Moral Legitimacy in Cambodia. *Security Dialogue*, v.37, n.3, 2006, p.343-61.

KENYON, Ian et. al. Prospects for a European Ballistic Missile Defence System. *Southampton Papers in International Policy*, 2001, p.4.

KEOHANE, Robert O. International Institutions: Two Approaches. *International Studies Quarterly*, v.32, n.4, 1988, p.379-96.

_____. International Relations Theory: Contributions of a Feminist Standpoint. *Millennium*, v.18, n.2, 1989, p.245-54.

KEOHANE, Robert O.; NYE, Joseph S. *Power and Interdependence*: World Politics in Transition, Boston: Little, Brown & Co, 1977.

KERR, David. The Sino-Russian Partnership and US Policy Toward North Korea: From Hegemony to Concert in Northeast Asia. *International Studies Quarterly*, v.49, n.3, 2005, p.411-38.

KHALILZAD, Zalmay. The United States and the Persian Gulf: Preventing Regional Hegemony. *Survival*, v.37, n.2, 1995, p.95-120.

KHATTAK, Saba Gul. In/Security: Afghan Refugees and Politics in Pakistan. *Critical Asian Studies*, v.35, n.2, 2003, p.195-208.

KHOO, Nicholas; SMITH, Michael L. The Future of American Hegemony in the Asia-Pacific: A Concert of Asia or a Clear Pecking Order? *Australian Journal of International Affairs*, v.56, n.1, 2002, p.65-81.

KIER, Elizabeth. Culture and Military Doctrine: France Between the Wars. *International Security*, v.19, n.4, 1995, p.65-93.

_____. Homosexuals in the US Military: Open Integration and Combat. *International Security*, v.23, n.2, 1998, p.5-39.

KIHL, Young W. Security on the Korean Peninsula: Continuity and Change. *Security Dialogue*, v.33, n.1, 2002, p.59-72.

KILCULLEN, David. Countering Global Insurgency. Journal of Strategic Studies, v.28, n.4, 2005, p.597-617.

_____. Counter-insurgency Redux. *Survival*, v.48, n.4, 2006, p.111-30.

KIM, Samuel S. (ed.). *The International Relations of Northeast Asia*. Lanham: Rowman & Littlefield, 2003.

KIM, Taehyun. South Korean Perspectives on the North Korean Nuclear Question. *Mershon International Studies Review*, v.40, n.2, 1996, p.255-61.

KING, Charles. The New Near East. *Survival*, v.43, n.2, 2001, p.49-67.

KING, Gary; Robert O. Keohane; VERBA, Sidney. *Designing Social Inquiry*: Scientific Inference in Qualitative Research. Princeton: Princeton University Press.

KING, Gary; MURRAY, Christopher J. L. Rethinking Human Security. *Political Science Quarterly*, v.116, n.4, 2001/2, p.585-610.

KINSELLA, David. Rivalry, Reaction and Weapons Proliferation: A Time-series Analysis. *International Studies Quarterly*, v.46, n.2, 2002, p.209-30.

KINSEY, Christopher. *Corporate Soldiers and International Security*: The Rise of Private Military Companies. Londres: Routledge, 2007.

KISSINGER, Henry. Nuclear Weapons and Foreign Policy. Nova York: Harper, 1957.

KIVIMAKI, Timo. The Long Peace of ASEAN. Journal of Peace Research, v.38, n.1, 2001, p.5-25.

KLARE, Michael. The Next Great Arms Race. *Foreign Affairs*, v.72, n.3, 1993, p.136-52.

KLAUSEN, Arne M. Technical Assistance and Social Conflict: A Case Study from the Indo-Norwegian Fishing Project in Kerala. South India. *Journal of Peace Research*, v.1, n.1, 1964, p.5-18.

KLEIN, Bradley S. How the West Was One: Representational Politics of NATO. *International Studies Quarterly*, v.34, n.3, 1990, p.311-25.

_____. Strategic Studies and World Order: The Global Politics of Deterrence, Cambridge: Cambridge University Press, 1994.

KLICK, Donna. A Balkan Nuclear Weapon-free Zone: Viability of the Regime and Implications for Crisis Management. Journal of Peace Research, v.24, n.2, 1987, p.111-24.

KNOPF, Jeffrey W. Recasting the Proliferation Optimism-Pessimism Debate. *Security Studies*, v.12, n.1, 2003, p.41-96.

KNORR, Klaus. *On the Uses of Military Power in the Nuclear Age*. Princeton: Princeton University Press, 1966.

_____. TRAGER, *Frank N. Economic Issues and National Security*. Lawrence: Regents Press of Kansas for the National Security Education Program, 1977.

KOBLENTZ, Gregory. Pathogens as Weapons: The International Security Implications of Biological Warfare. *International Security*, v.28, n.3, 2003/4, p.84-122.

KOKOSKI, Richard. *Technology and the Proliferation of Nuclear Weapons*. Oxford: Oxford University Press.

KOLCOWICZ, Roman. Strategic Parity and Beyond: Soviet Perspectives. World Politics, v.23, n.3, 1971, p.431-51.

KOLODZIEJ, Edward A. Renaissance in Security Studies? Caveat Lector! *International Studies Quarterly*, v.36, n.4, 1992, p.421-38.

_____. Security and International Relations. Cambridge: Cambridge University Press, 2005.

_____. HARKAVY Robert E. *Security Policies of Developing Countries*. Lexington: Lexington Books.

KÖTTER, Wolfgang; MÜLLER, Harald. *Germany, Europe and Nuclear Non--proliferation, PPNN Study 1*. Southampton: University of Southampton, 1991.

KOUBI, Vally. Military Technology Races. International Organization, v.53, n.3, 1999, p.537-65.

KRAHMANN, Elke. *Conceptualizing Security Governance*. Cooperation and Conflict, v.38, n.1, 2003, p.5-26.

KRAPELS, Edward N. Oil and Security: Problems and Prospects of Importing Countries. *Adelphi 136*. Londres: IISS, 1977.

KRASNER, Michael A.; PETERSEN, Nikolaj. Peace and Politics: The Danish Peace Movement and its Impact on National Security Policy. *Journal of Peace Research*, v.23, n.2, 1986, p.155-73.

KRAUSE, Keith. Insecurity and State Formation in the Global Military Order: The Middle Eastern Case. *European Journal of International Relations*, v.2, n.3, 1996, p.319-54.

KRAUSE, Keith; WILLIAMS, Michael C. Broadening the Agenda of Security Studies: Politics and Methods. *Mershon International Studies Review*, v.40, n.2, 1996, p.229-54.

_____. (eds.) Critical Security Studies. Minneapolis: University of Minnesota Press, 1997.

KREBS, Ronald R.; LOBASZ, Jennifer K. Fixing the Meaning of 9/11: Hegemony, Coercion, and the Road to War in Iraq. *Security Studies*, v.16, n.3, 2007, p.409-51.

KRELL, Gert. Capitalism and Armaments: Business Cycles and Defence Spending in the US. *Journal of Peace Research*, v.18, n.3, 1981, p.221-40.

KREPON, Michael. Moving Away from MAD. *Survival*, v.43, n.2, 2001, p.81-95.

KRISHNA, Sankaran. The Importance of Being Ironic: A Postcolonial View on Critical International Relations Theory. *Alternatives*, v.18, n.3, 1993, p.385-417.

KRISTENSEN, Hans; HANDLER, Joshua. The USA and Counter-proliferation: A New and Dubious Role for US Nuclear Weapons. *Security Dialogue*, v.27, n.4, 1996, p.387-99.

KROENIG, Matthew; STOWSKY, Jay. War Makes the State, but not as it Pleases: Homeland Security and American Anti-Statism. Security Studies, v.15, n.2, 2006, p.225-70.

KUHN, Thomas. The Structure of Scientific Revolutions, Chicago: University of Chicago Press, 1962.

KUPCHAN, Charles A. After Pax Americana: Benign Power, Regional Integration and the Sources of Stable Multipolarity. *International Security*, v.23, n.2, 1998, p.40-79.

_____. The Rise of Europe, America's Changing Internationalism and the End of US Primacy. *Political Science Quarterly*, v.118, n.2, 2003, p.205-31.

_____. New research agenda? Yes. New Paradigm? No. *Zeitschrift fur Internationale Beziehungen*, n.1, 2004, p.101-10.

_____. The Travails of Union: The American Experience and its Implications for Europe. Survival, v.46, n.4, 2004/5, p.103-19.

KUPCHAN, Charles; TRUBOWITZ, Peter. Dead Center: The Demise of Liberal Internationalism in the United States. *International Security*, v.32, n.2, 2007, p.7-44.

KURIHARA, Hiroyoshi. The Future of the International Nonproliferation Regime. *Asia-Pacific Review*, v.5, n.3, 1998, p.151-66.

KURKI, Milja; WIGHT, Colin. International Relations and Social Science. In: DUNNE, Tim; KURKI, Milja; SMITH, Steve (eds.). *International Relations Theory*: Discipline and Diversity, Oxford: Oxford University Press, 2007, p.13-33.

KURTH, James R. Why we Buy the Weapons we Do. *Foreign Policy*, n.11, 1973, p.33-56.

_____. Ignoring History: US Democratization in the Muslim World. Orbis, v.49, n.2, 2005, p.305-22.

KUUSISTO, Riikka. Framing the Wars in the Gulf and in Bosnia: The Rhetorical Definitions of the Western Power Leaders in Action. *Journal of Peace Research*, v.35, n.5, 1998, p.603-20.

KUZIO, Taras. Geopolitical Pluralism in the CIS: The Emergence of GUUAM. *European Security*, v.9, n.2, 2000, p.81-114.

KYDD, Andrew H.; WALTER, Barbara F. The Strategies of Terrorism. *International Security*, v.31, n.1, 2006, p.49-79.

LACINA, Bethany; GLEDITSCH, Nils Petter; RUSSETT, Bruce. The Declining Risk of Death in Battle. *International Studies Quarterly*, v.50, n.3, 2006, p.673-80.

LAFEBER, Walter. The Post-September 11 Debate over Empire, Globalization and Fragmentation. *Political Science Quarterly*, v.117, n.1, 2002, p.1-17.

LAFFEY, Mark; WELDES, Jutta. Beyond Belief: Ideas and Symbolic Technologies in the Study of International Relations. *European Journal of International Relations*, v.3, n.2, 1997, n.193-237.

LAKE, David A. Powerful Pacifists: Democratic States and War. American Political Science Review, v.86, n.1, 1992, p.24-37.

_____. Ulysses's Triumph: American Power and the New World Order. Security Studies, v.8, n.4, 1999, p.44-78.

LAKE, David A.; MORGAN, Patrick M. *Regional Orders*: Building Security in a New World. Pennsylvania: Pennsylvania State University Press, 1997.

LAMBELET, John C. Do Arms Races Lead to War?. Journal of Peace Research, v.12, n.2, 1975, p.123-8.

LAMBETH, Benjamin S. The Technology Revolution in Air Warfare. Survival, v.39, n.1, 1997, p.65-83.

LANDI, Dale et al. Improving the Means for Intergovernmental Communications in Crisis. *Survival*, v.26, n.5, 1984, p.200-14.

LAQUEUR, Walter. Postmodern Terrorism. *Foreign Affairs*, v.75, n.5, 1996, p.24-36.

_____. The New Face of Terror. *Washington Quarterly*, v.21, n.4, 1998, p.169-78.

LARRABEE, F. Stephen. Instability and Change in the Balkans. *Survival*, v.34, n.2, 1992, p.31-49.

_____. Ukraine's Balancing Act. *Survival*, v.38, n.2, 1996, p.143-65.

LARSEN, Jeffrey A. Arms Control: Cooperative Security in a Changing Environment, Boulder: Lynne Rienner, 2002.

LASSWELL, Harold D. The Garrison State. *American Journal of Sociology*, v.46, n.4, 1941, p.455-68.

_____. *National Security and Individual Freedom*. Nova York, Toronto and London: McGraw-Hill, 1950.

LATHAM, Robert (ed.) Bombs and Bandwith: The Emerging Relationship Between Information *Technology and Security*. Nova York: The New Press, 2003.

LAUSTEN, Carsten Bagge and Ole Wæver in Defence of Religion: Sacred Referent Objects for Securitization. *Millennium*, v.29, n.3, 2000, p.705-39.

LAWLER, Peter. A *Question of Values*: Johan Galtung's Peace Research. Boulder: Lynne Rienner, 1995.

LAYNE, Christopher. The Unipolar Illusion: Why Other Great Powers will Rise. *International Security*, v.17, n.4, 1993, p.5-51.

_____. From Preponderance to Offshore Balancing: America's Future Grand Strategy. *International Security*, v.22, n.1, 1997, p.86-124.

_____. The "Poster Child for Offensive Realism": America as a Global Hegemon. *Security Studies*, v.12, n.2, 2003, p.120-64.

_____. The Unipolar Illusion Revisited: The Coming End of the United States' Unipolar Moment. *International Security*, v.31, n.2, 2006, p.7-41.

LEBOVIC, James H. Unity in Action: Explaining Alignment Behavior in the Middle East. *Journal of Peace Research*, v.41, n.2, 2004, p.167-90.

LEBOW, Richard N. The Cuban Missile Crisis: Reading the Lessons Correctly. *Political Science Quarterly*, v.98, n.3, 1983/4, p.431-58.

_____. The Long Peace, the End of the Cold War and the Failure of Realism. *International Organization*, v.48, n.2, 1994, p.249-77.

_____. Deterrence: Then and Now. Journal of Strategic Studies, v.28, n.5, 2005, p.765-73.

LEBOW, Richard N.; RISSE-KAPPEN, Thomas (eds.). *International Relations Theory and the End of the Cold War*. Nova York: Columbia University Press, 1997.

LEE, Chung M. North Korean Missiles: Strategic Implications and Policy Responses. *The Pacific Review*, v.14, n.1, 2001, p.85-120.

LEE, Jung-Hoon; MOON, Chung-In. The North Korean Nuclear Crisis Revisited: The Case for a Negotiated Settlement. *Security Dialogue*, v.34, n.2, 2003, p.135-51.

LEE, Steven. What's Wrong with Nuclear Proliferation? *Security Studies*, v.5, n.1, 1995, p.164-70.

LEENDERS, Reinoud. "Regional Conflict Formations": Is the Middle East Next? Third World Quarterly, v.28, n.5, 2007, p.959-82.

LEGVOLD, Robert. Strategic Doctrine and SALT: Soviet and American Views. *Survival*, v.21, n.1, 1979, p.8-13.

LEIDY, Michael; STAIGER, Robert. Economic Issues and Methodology in Arms Race Analysis. *Journal of Conflict Resolution*, v.29, n.3, 1985, p.503-30.

LEIFER, Michael. The ASEAN Regional Forum. *Adelphi 302*, Londres: IISS, 1996.

LELLOUCHE, Pierre. Breaking the Rules Without Stopping the Bomb. *International Organization*, v.35, n.1, 1981, p.39-58.

LENTNER, Howard H. The Case of Canada and Nuclear Weapons. *World Politics*, v.29, n.1, 1976, p.29-66.

LENTZ, Theodore F. *Towards a Science of Peace*: Turning Point in Human Destiny. Nova York: Bookman Associates, 1955.

LESSER, Ian O. Turkey, the United States and the Delusion of Geopolitics. *Survival*, v.48, n.3, 2006, p.83-96.

LEVINE, Herbert M.; CARLTON, David (eds.). *The Nuclear Arms Race Debated*, Nova York: McGraw-Hill, 1986.

LEVINE, Robert. Deterrence and the ABM: Retreading the Old Calculus. *World Policy Journal*, v.18, n.3, 2001, p.23-31.

LEVITE, Ariel E. Never Say Never Again: Nuclear Reversal Revisited. *International Security*, v.27, n.3, 2002/3, p.59-88.

LEVY, Jack S. The Offensive/Defensive Balance of Military Technology: A Theoretical and Historical Analysis. *International Studies Quarterly*, v.28, n.2, 1984, p.219-38.

LEWIS, Julian. Nuclear Disarmament versus Peace in the Twenty-first Century. *International Affairs*, v.82, n.4, 2006, p.667-73.

LEWIS, Samuel W. The United States and Israel: Evolution of an Unwritten Alliance. *The Middle East Journal*, v.53, n.3, 1999, p.364-78.

LIBERMAN, Peter. Ties that Blind: Will Germany and Japan Rely Too Much on the United States? *Security Studies*, v.10, n.2, 2000/1, p.98-138.

LIDDELL HART, Basil. *The Revolution in Warfare*. Londres: Faber & Faber, 1946.

LIEBER, Keir A. Grasping the Technological Peace: The Offensive-Defensive Balance and International Security. *International Security*, v.25, n.1, 2000, p.71-104.

LIEBER, Keir A; PRESS ,Daryl G. The End of MAD? The Nuclear Dimension of US Primacy. *International Security*, v.30, n.4, 2006, p.7-44.

LIEBER, Robert J. The French Nuclear Force: A Strategic and Political Evaluation. *International Affairs*, v.42, n.3, 1966, p.421-31.

LIEBERMAN, Elli. What Makes Deterrence Work? Lessons from the Egyptian-Israeli Enduring Rivalry. *Security Studies*, v.4, n.4, 1995, p.851-910.

LIND, Jennifer M. Pacifism or Passing the Buck? Testing Theories of Japanese Security Policy. *International Security*, v.29, n.1, 2004, p.92-121.

LINDLEY, Dan. Cooperative Airborne Monitoring: Opening the Skies to Promote Peace, Protect the Environment and Cope with Natural Disasters. *Contemporary Security Policy*, v.27, n.2, 2006, p.325-43.

LINDLEY-FRENCH, Julian. The Revolution in Security Affairs: Hard and Soft Security Dynamics in the 21st Century. *European Security*, v.13, n.1/2, 2004, p.1-15.

LINKLATER, Andrew. Torture and Civilisation. International Relations, v.21, n.1, 2007, p.111-18.

LISLE, Debbie. Local Symbols, Global Networks: Rereading the Murals of Belfast. Alternatives, v.31, n.1, 2006, p.27-52.

_____. Benevolent Patriotism: Art, Dissent and The American Effect. *Security Dialogue*, v.38, n.2, 2007, p.233-50.

LITWAK, Robert S. Non-proliferation and the Dilemmas of Regime Change. *Survival*, v.45, n.4, 2003, p.7-32.

_____. Living with Ambiguity: Nuclear Deals with Iran and North Korea. *Survival*, v.50, n.1, 2008, p.91-118.

LITZINGER, Ralph A. Reimagining the State in Post-Mao China. In WELDES et al. (eds.). *Cultures of Insecurity*, 1999, p.293-318.

LOBELL, Steven E. War is Politics: Offensive Realism, Domestic Politics and Security Strategies. *Security Studies*, v.12, n.2, 2003, p.165-95.

LOCHER, Birgit; PRÜGEL, Elisabeth. Feminism and Constructivism: Worlds Apart or Sharing the Middle Ground? *International Studies Quarterly*, v.45, n.1, 2001, p.111-29.

LODAL, Jan M. Deterrence and Nuclear Strategy. *Daedalus*, v.109, n.4, 1980, p.155-75.

LODGAARD, Sverre. Prospects for Non-proliferation. *Survival*, v.22, n.4, 1980, p.161-66.

LOPEZ, George A. A University Peace Studies Curriculum for the 1990s. *Journal of Peace Research*, v.22, n.2, 1985, p.117-28.

LOUSTARINEN, Heikki. Finnish Russophobia: The Story of an Enemy Image. *Journal of Peace Research*, v.26, n.2, 1989, p.123-37.

LOVINS, Amory B.; LOVINS, L. Hunter; ROSS, Leonard. Nuclear Power and Nuclear Bombs. *Foreign Affairs*, v.58, n.5, 1980, p.1137-77.

LOWRANCE, William W. Nuclear Futures for Sale: To Brazil from West Germany, 1975. *International Security*, v.1, n.2, 1976, p.47-166.

LUKE, Timothy W. The Discipline of Security Studies and the Codes of Containment: Learning from Kuwait. *Alternatives*, v.16, n.3, 1991, p.315-44.

LUMPE, Lora. Curbing the Proliferation of Small Arms and Light Weapons. *Security Dialogue*, v.30, n.2, 1999, p.151-64.

LUNDESTAD, Geir. Empire by Invitation? The United States and Western Europe 1945-1952. *Journal of Peace Research*, v.23, n.3, 1986, p.263-77.

LUSTICK, Ian S. The Absence of Middle Eastern Great Powers: Political "Backwardness" in Historical Perspective. *International Organization*, v.51, n.4, 1997, p.653-83.

LUTTWAK, Edward N. The Problems of Extending Deterrence. *Adelphi 160*, Londres: ISS, 1980a.

_____. Why Arms Control has Failed. In: LUTTWAK, Edward N. *Strategy and Politics*: Collected Essay. New Brunswick: Transaction Books, 1980b, p.121-39.

_____. Towards Post-heroic Warfare. *Foreign Affairs*, v.74, n.3, 1995, p.109-22.

_____. A Post-heroic Military Policy. *Foreign Affairs*, v.75, n.4, 1996, p.33-44.

_____. Give War a Chance. *Foreign Affairs*, v.78, n.4, 1999, p.36-44.

LUTZKER, Daniel R. Sex Role, Cooperation and Competition in a Two-person, Non-zero Sum Game. *Journal of Conflict Resolution*, v.5, n.4, 1961, p.366-68.

MACFARLANE, S. Neil. Russia, the West and European Security. *Survival*, v.35, n.3, 1993, p.3-25.

_____. Intervention in Contemporary World Politics. *Adelphi 350*, Londres: IISS, 2002.

MACK, Andrew (1975). Why Big Nations Lose Small Wars: The Politics of Asymmetric Conflict. *World Politics*, v.27, n.2, p.175-200.

_____. North Korea and the Bomb. Foreign Policy, n.83, 1991, p.87-104.

_____. The Nuclear Crisis on the Korean Peninsula. Asian Survey, v.33, n.4, 1993, p.339-59.

_____. A Nuclear North Korea: The Choices are Narrowing. World Policy Journal, v.11, n.2, 1994, p.27-35.

MADDOX, John. Prospects for Nuclear Proliferation. *Adelphi 113*, Londres: IISS, 1975.

MAHAPATRA, Chintamani. CTBT, the US and India. *International Studies*, v.37, n.4, 2000, p.339-49.

MAHMUDUL, Huque. Nuclear Proliferation in South Asia and US Policy. *International Studies*, v.34, n.1, 1997, p.1-14.

MALIK, J. Mohan. China and the Nuclear Non-proliferation Regime. *Contemporary Southeast Asia*, v.22, n.3, 2000, p.445-78.

MALKASIAN, Carter. Signaling Resolve, Democratization and the First Battle of Fallujah. *Journal of Strategic Studies*, v.29, n.3, 2006, p.423-52.

MALMVIG, Helle. The Reproduction of Sovereignties: Between Man and State During Practices of Intervention. *Cooperation and Conflict*, v.36, n.3, 2001, p.251-72.

_____. *Sovereignty and Intervention*: Constitutions of State Sovereignty During Interventionary and Non-interventionary Practices in Kosovo and Algeria. Londres: Routledge, 2006.

MANDELBAUM, Michael. Is Major War Obsolete? *Survival*, v.40, n.4, 1998/9, p.20-38.

MANOSEVITZ, Jason U. Japan and South Korea: Security Relations Reach Adolescence. *Asian Survey*, v.43, n.5, Maoz, 2004, p.801-25.

MAOZ, Zeev; RUSSETT, Bruce. Normative and Structural Causes of Democratic Peace, 1946-1986. *American Political Science Review*, v.87, n.3, 1993, p.624-38.

MARCUSE, Herbert. One Dimensional Man, Nova York: John Wiley, 1964.

MARES, David R. Deterrence Bargaining in the Equador-Peru Enduring Rivalry. Security Studies, v.6, n.2, 1996/7, p.91-123.

MARTEN, Kimberly Z. (2007). Warlordism in Comparative Perspective. International

Security, v.31, n.3, p.41-73.

MARTIN, Brian. Social Defence Strategy: The Role of Technology. *Journal of Peace Research*, v.36, n.5, 1999, p.535-52.

MARTIN, Curtis H. (2002). Rewarding North Korea: Theoretical Perspectives on the 1994 Agreed Framework. *Journal of Peace Research*, v.39, n.1, p.51-68.

MARTIN, Lawrence. The Utility of Military Force. in. Force in Modern Societies: Its Place in International Politics. *Adelphi 102*, Londres: IISS, 1973, p.14-21.

_____. The Determinants of Change: Deterrence and Technology. In: The Future of trategic Deterrence: Part II Papers from the IISS 21st Annual Conference. *Adelphi 161*, Londres: IISS, 1980, p.9-20.

MARWAH, Onkar. India's Nuclear and Space Programme: Intent and Policy. *International Security*, v.2, n.2, 1977, p.96-121.

_____. India and Pakistan: Nuclear Rivals. International Organization, v.35, n.1, 1981, p.165-79.

MARWAH, Onkar; SCHULZ, Ann (eds.). Nuclear Proliferation and the Near Nuclear Countries. Cambridge, MA: Ballinger, 1975.

MASAKI, Stuart. The Korean Question: Assessing the Military Balance. *Security Studies*, v.4, n.2, 1994/5, p.365-425.

MASCO, Joseph. States of Insecurity: Plutonium and Post-Cold War Anxiety in New Mexico, 1992-96. In WELDES et al. (eds.). Cultures of Insecurity, 1999, p.201-31.

MASTANDUNO, Michael. Hegemonic Order, September 11 and the Consequences of the Bush Revolution. *International Relations of the Asia-Pacific*, v.5, n.2, 2005, p.177-96.

MATHEWS, Jessica T. Redefining Security. *Foreign Affairs*, v.68, n.2, 1989, p.162-77.

MATTERN, Janice B. The Power Politics of Identity. European Journal of International Relations, v.7, n.3, 2001, p.349-97.

_____. Ordering International Politics: Identity, Crisis, and Representational Force. Nova York: Routledge, 2005.

MATTHIES, Volker. Was ist das neue an den neuen Kriegen? Einige Anmerkun gen zu der Debatte über neuartige Aspekte gegenwärtiger Gewaltkonflikte. Edp-Entwicklungspolitik, 2003, p.8-9, 21-7.

MATTOO, Amitabh. India's Nuclear Status Quo. *Survival*, v.38, n.3, 1996, p.41-57.

MAULL, Hanns W. Oil and Influence: The Oil Weapon Examined. *Adelphi 117*, Londres: IISS, 1975.

_____. Germany in the Yugoslav Crisis. *Survival*, v.37, n.4, 1995/6, p.99-130.

MAYALL, James. Reflections on the "New" Economic Nationalism. Review of International Studies, v.10, n.4, 1984, p.313-21.

_____. Nationalism and International Society. Cambridge: Cambridge University Press, 1990.

MAZARR, Michael. Virtual Nuclear Arsenals. *Survival*, v.37, n.3, 1995a, p.7-26.

_____. Going Just a Little Nuclear: Nuclear Proliferation Lessons from North Korea. *International Security*, v.20, n.2, 1995b, p.92-122.

MAZRUI, Ali. Africa's Nuclear Future. *Survival*, v.22, n.2, 1980, p.76-81.

_____. The Blood of Experience: The Failed State and Political Collapse in Africa. *World Policy Journal*, v.12, n.1, 1995, p.28-34.

MAZZITELLI, Antonio L. Transnational Organized Crime in West Africa: The Additional Challenge. *International Affairs*, v.83, n.6, 2007, p.1071-90.

McCAUSLAND, Jeffrey D. Arms Control and European Security. *Adelphi 301*, Londres: IISS, 1996.

McCGWIRE, Michael. NATO Expansion: "a Policy Error of Historic Importance". *Review of International Studies*, v.24, n.1, 1998, p.23-42.

_____. Comfort Blanket or Weapon of War: What is Trident for? *International Affairs*, v.82, n.4, 2006, p.639-50.

McCORMICK, John. The European Superpower, Basingstoke: Palgrave, 2006.

McDONALD, Matt. Human Security and the Construction of Security. Global Society, v.16, n.3, 2002, p.277-95.

_____. Securitisation and the Construction of Security. European Journal of International Relations, v.14, n.4, 2008, p.563-87.

McDOUGALL, Derek. Asia-Pacific Security Regionalism: The Impact of Post- -1977 Developments. *Contemporary Security Policy*, v.23, n.2, 2002, p.113-34.

McGANN, James G. Think Tanks and Policy Advice in the United States: Academics, Advisors and Advocates. Londres: Routledge, 2007.

McINNES, Colin. Spectator Sport Warfare. Contemporary Security Policy, v.20, n.3, 1999, p.142-65.

McINNES, Colin; LEE, Kelley. Health, Security and Foreign Policy. *Review of International Studies*, v.32, n.1, 2006, p.5-23.

McNAUGHER, Thomas. Weapons Procurement: The Futility of Reform. *International Security*, v.12, n.2, 1987, p.63-104.

McSWEENEY, Bill. Identity and Security: Buzan and the Copenhagen School. *Review of International Studies*, v.22, n.1, 1996, p.81-93.

_____. Durkheim and the Copenhagen School: A Response to Buzan and Wæver. *Review of International Studies*, v.24, n.1, 1998, p.137-40.

_____. *Security, Identity and Interests*: A Sociology of International Relations. Cambridge: Cambridge University Press, 1999.

MEARSHEIMER, John J. Back to the Future: Instability in Europe After the Cold War. *International Security*, v.15, n.1, 1990, p.5-56.

_____. Hans Morgenthau and the Iraq War: Realism versus Neo-conservatism. Disponível em: <www.openDemocracy.net>. Acesso em: 21 abr. 2005.

_____. PAPE, Robert A. The Answer: A Partition Plan for Bosnia. *The New Republic*, v.208, n.24, 1993, p.22-8.

_____.; VAN EVERA, Stephen. When Peace Means War: The Partition that Dare not Speak its Name. *The New Republic*, v.213, n.25, 1995, p.16-21.

_____. Stephen M. Walt (2003). An Unnecessary War. *Foreign Policy*, n.134, 1995, p.50-60.

_____. *The Israel Lobby and US Foreign Policy*. Nova York: Garrar, Straus & Giroux, 2007.

MELLOR, Felicity. Colliding Worlds: Asteroid Research and the Legitimization of War in Space. *Social Studies of Science*, v.37, n.4, 2007, p.499-531.

MENDLE, Wolf. The Background of French Nuclear Policy. *International Affairs*, v.41, n.1, 1965, p.22-36.

MENKHAUS, Ken. Somalia: State Collapse and the Threat of Terrorism. *Adelphi 64*, Londres: IISS, 2004.

MENON, Anand. From Crisis to Catharsis: ESDP After Iraq. *International Affairs*, v.80, n.4, 2004, p.631-48.

MENON, Rajan; BARKEY, Henri. The Transformation of Central Asia: Implications for Regional and International Security. *Survival*, v.34, n.4, 1992/3, p.68-89.

MERCER, Jonathan. Reputation and Rational Deterrence Theory. *Security Studies*, v.7, n.1, 1997, p.100-13.

MEROM, Gil. Israel's National Security and the Myth of Exceptionalism. *Political Science Quarterly*, v.114, n.3, 1999, p.409-34.

MEYER, Berthold. Common Security versus Western Security Cooperation? The Debate on European Security in the Federal Republic of Germany. In WÆVER, Ole, LEMAITRE, Pierre; TROMER, Elzbieta (eds.). *European Polyphony*: Perspectives Beyond East-West Confrontation, Basingstoke: Macmillan, 1989, p.168-85.

MGBEOJI, Ikechi. The Civilized Self and the Barbaric Other: Imperial Delusions of Order and the Challenges of Human Security. *Third World Quarterly*, v.25, n.5, 2006, p.855-69.

MICHISHITA, Narushige. Coercing to Reconcile: North Korea's Response to US "Hegemony". *Journal of Strategic Studies*, v.29, n.6, 2006, p.1015-40.

MICHTA, Andrew A. What Next for NATO? *Orbis*, v.51, n.1, 2007, p.155-64.

MIDFORD, Paul. The Logic of Reassurance and Japan's Grand Strategy. *Security Studies*, v.11, n.2, 2002, p.1-43.

_____. Japan's Response to Terror: Dispatching the SDF to the Arabian Sea. *Asian Survey*, v.43, n.2, 2003, p.329-51.

_____. China Views the Revised US-Japan Defense Guidelines: Popping the Cork? *International Relations of the Asia-Pacific*, v.4, n.1, 2004, p.113-45.

MILES, James. Waiting Out North Korea. *Survival*, v.44, n.2, 2002, p.37-49.

MILLENNIUM, Special Issue, *Religion and International Relations*, v.29, n.3, 2000.

MILLER, Benjamin. Balance of Power or the State-to-Nation Balance: Explaining Middle East War-propensity. *Security Studies*, v.15, n.4, 2006, p.658-705.

MILLER, Judith. The Challenge of Radical Islam. Foreign Affairs, v.72, n.2, 1993, p.43-56.

MILLER, Steven E. The Case Against a Ukranian Nuclear Deterrent. *Foreign Affairs*, v.72, n.3, 1993, p.52-80.

_____. International Security at Twenty-five: From One World to Another. *International Security*, v.26, n.1, 2001a, p.5-39.

_____. The Flawed Case for Missile Defence. *Survival*, v.43, n.3, 2001b, p.95-109

_____. The Iraq Experiment and US National Security. *Survival*, v.48, n.4, 2006, p.17-50.

MILLIKEN, Jennifer. Intervention and Identity: Reconstructing the War in Korea. In: Weldes et al. (eds.). *Cultures of Insecurity*, 1999, p.91-117.

MISTRY, Dinshaw. Diplomacy, Sanctions, and the US Non-proliferation Dialogue with India and Pakistan. *Asian Survey*, v.29, n.5, 1999, p.753-71.

_____. Beyond the MTCR: Building a Comprehensive Regime to Contain Ballistic Missile Proliferation. *International Security*, v.27, n.4, 2003a, p.119-49.

_____. The Unrealized Promise of International Institutions: The Test Ban Treaty and India's Nuclear Breakout. *Security Studies*, v.12, n.4, 2003b, p.116-51.

MITRANY, David. *The Progress of International Government*. New Haven: Yale University Press, 1933.

_____. *A Working Peace System*. Chicago: Quadranglite Books, 1966.

MITZEN, Jennifer. Ontological Security in World Politics: State Identity and the Security Dilemma. *European Journal of International Relations*, v.12, n.3, 2006, p.341-70.

MOCHIZUKI, Michael M. The Past in Japan's Future: Will the Japanese Change? *Foreign Affairs*, v.73, n.5, 1994, p.126-34.

_____. Japan's Shifting Strategy Toward the Rise of China. Journal of Strategic Studies, v.30, n.4/5, 2007, p.739-76.

MODIGLIANI, Andre. Hawks and Doves, Isolationism and Political Distrust: An Analysis of Public Opinion on Military Policy. *The American Political Science Review*, v.66, n.3, 1972, p.960-78.

MOGAMI, Toshiki. The South Pacific Nuclear Free Zone: A Fettered Leap Forward. *Journal of Peace Research*, v.25, n.4, 1988, p.411-30.

MØLLER, Bjørn. The Need for an Alternative NATO Strategy. *Journal of Peace Research*, v.24, n.1, 1987, p.61-74.

MØLLER, Bjørn. *Common Security and Nonoffensive Defense*. A Neorealist Perspective, Boulder e Londres: Lynne Rienner and UCL Press, 1992.

_____. (ed.). *Security, Arms Control and Defence Restructuring in East Asia*. Aldershot: Ashgate, 1998.

MØLLER, Bjørn; WIBERG, Hakan (eds.). *Non-offensive Defence for the Twenty--first Century*. Boulder e Londres: Westview, 1994.

MÖLLER, Frank. Photographic Interventions in Post-9/11 Security Policy. *Security Dialogue*, v.38, n.2, 2007, p.179-96.

MOLTZ, James C.; MANSOUROV, Alexandre Y. (eds.). *The North Korean Nuclear Program*. Londres: Routledge, 2000.

MOLTZ, James C.; ORLOV, Vladimir A.; STULBERG, Adam N. (eds.). *Preventing Nuclear Meltdown*: Managing Decentralization of Russia's Nuclear Complex. Aldershot: Ashgate.

MONAGHAN, Andrew. "Calmly Critical'": Evolving Russian Views of US Hegemony. *Journal of Strategic Studies*, v.29, n.6, 2006, p.987-1013.

MONTGOMERY, Alexander H. Ringing in Proliferation: How to Dismantle an Atomic Bomb Network. *International Security*, v.30, n.2, 2005, p.153-87.

MONTI, Daniel J. Patterns of Conflict Preceding the 1964 Riots. *Journal of Conflict Resolution*, v.23, n.1, 1979, p.41-69.

MOORE, Gregory J. How North Korea Threatens China's Interests: Understanding Chinese "Duplicity" on the North Korean Nuclear Issue. *International Relations of the Asia-Pacific*, v.8, n.1, 2008, p.1-29.

MOORE, J. D. L. South Africa and Nuclear Proliferation. Londres: Macmillan, 1987.

MOORE, Rebecca. NATO's Mission for the New Millennium: A Value-Based Approach to Building Security. *Contemporary Security Policy*, v.23, n.1, 2002, p.1-34.

MOR, Ben D. The Middle East Peace Process and Regional Security. *Journal of Strategic Studies*, v.20, n.1, 1997, p.172-202.

MORAVSCIK, Andrew. Why is US Human Rights Policy so Unilateralist? In: Stewart Patrick and Shepard Forman (eds.). *Multilateralism in US Foreign Policy*. Boulder: Lynne Rienner, 2002, p.345-76.

MORGAN, Patrick M. Information Warfare and Domestic Threats to American Security. *Contemporary Security Policy*, v.24, n.1, 2003, n.161-89.

_____. *Deterrence*: A Conceptual Analysis, Londres: SAGE, 1977.

_____. *Deterrence*: A Conceptual Analysis, 2. ed. Londres: SAGE, 1983.

_____. Taking the Long View of Deterrence. *Journal of Strategic Studies*, v.28, n.5, p.751-63.

MORGENTHAU, Hans J. *Scientific Man versus Power Politics*. Chicago: University of Chicago Press, 1946.

_____. *In Defense of the National Interest*. Nova York: Knopf, 1951.

_____. *Politics Among Nations*: The Struggle for Power and Peace, 5.ed. Nova York: Knopf, 1978.

MOUSAVIZADEH, Nader (ed.). *The Black Book of Bosnia*: The Consequences of Appeasement, by the Writers and Editors of The New Republic. Nova York: Basic Books, 1996.

MOUSSEAU, Michael. Market Civilization and its Clash with Terror. *International Security*, v.27, n.3, 2002/3, p.5-29.

MOUSSEAU, Michael; SHI, Yubang. A Test for Reverse Causality in the Democratic Peace Relationship. *Journal of Peace Research*, v.36, n.5, 1999, p.639-63.

MOWLE, Thomas S. Iraq's Militia Problem. *Survival*, v.48, n.3, 2006, p.41-58.

MUELLER, John. *Retreat from Doomsday*: The Obsolescence of Major War. New York: Basic Books, 1989.

MÜFTÜLER, Meltem. Turkey and Israel: An Axis of Tension and Security. *Security Dialogue*, v.29, n.1, 1998, p.121-3.

MÜNKLER, Herfried. *The New Wars Cambridge*: Polity Press, 2004.

MUPPIDI, Himadeep. Postcoloniality and the Production of International Insecurity: The Persistent Puzzle of US-Indian Relations. In WELDES et al. (eds.). *Cultures of Insecurity*, 1999, p.119-46.

MURDEN, Simon. *Islam, the Middle East, and the New Global Hegemony*. Boulder: Lynne Rienner, 2002.

MUTIMER, David. Reconstituting Security? The Practices of Proliferation Control. *European Journal of International Relations*, v.4, n.1, 1998, p.99-129.

_____. Testing Times: Of Nuclear Tests, Test Bans and the Framing of Proliferation. *Contemporary Security Policy*, v.21, n.1, 2000, p.1-22.

MUTIMER, David. Critical Security Studies: A Schismatic History. In: COLLINS, Alan R. (ed.). *Contemporary Security Studies*. Oxford: Oxford University Press, 2007, p.53-74.

NABERS, Dirk. The Social Construction of International Institutions: The Case of ASEAN + 3. *International Relations of the Asia Pacific*, v.3, n.1, 2002, p.113-36.

NACOS, Brigitte L. Terrorism as Breaking News: Attack on America. *Political Science Quarterly*, v.118, n.1, 2003, p.22-52.

NALEBUFF, Barry. Minimal Nuclear Deterrence. Journal of Conflict Resolution, v.32, n.3, 1988, p.411-25.

NATHANSON, Charles. The Social Construction of the Soviet Threat: A Study in the Politics of Representation. *Alternatives*, v.13, n.4, 1988, p.443-83.

NAVIAS, Martin. Ballistic Missile Proliferation in the Middle East. Survival, v.31, n.3, 1989, p.225-39.

NAYAK, Meghana. Orientalism and "Saving" US State Identity after 9/11. *International Feminist Journal of Politics*, v.8, n.1, 2006, p.42-61.

NEAL, Andrew W. Foucault in Guantanamo: Towards an Archaeology of the Exception. *Security Dialogue*, v.37, n.1, 2006, p.31-46.

NEOCLEOUS, Mark. From Social to National Security. *Security Dialogue*, v.37, n.3, 2006a, p.363-84.

_____. The Problem with Normality: Taking Exception to "Permanent Emergency". *Alternatives*, v.31, n.2, 2006b, p.191-213.

NERLICH, Uwe. Nuclear Weapons and East-West Negotiations. *Adelphi 120*, Londres: IISS, 1975/6.

NESS, Cindy D. (ed.). *Female Terrorism and Militancy*: Agency, Utility and Organization. Londres: Routledge, 2007.

NEUFELD, Mark. Pitfalls of Emancipation and Discourses of Security: Reflections on Canada's "Security With a Human Face". *International Relations*, v.18, n.1, 2004, p.109-23.

NEUMANN, Iver B. Collective Identity Formation: Self and Other in International Relations. *European Journal of International Relations*, v.2, n.2, 1996a, p.139-74.

_____. Russia and the Idea of Europe: A Study in Identity and International Relations. Londres: Routledge, 1996b.

NEUMANN, Iver B. Identity and the Outbreak of War: Or Why the Copenhagen School of Security Studies should Include the Idea of "Violisation" in its Framework of Analysis. *International Journal of Peace Studies*, v.3, n.2, 1998, p.7-22.

_____. Uses of the Other: "The East" in European Identity Formation, Minneapolis: University of Minnesota Press, 1999.

NEUMANN, Iver B.; WELSH, Jennifer M. The Other in European Self-definition: An Addendum to the Literature on International Society. *Review of International Studies*, v.17, n.4, 1991, p.327-46.

NEUMANN, Peter R.; SMITH, Michael L. R. Strategic Terrorism: The Framework and its Fallacies. *Journal of Strategic Studies*, v.28, n.4, 2005, p.571-95.

NEWHOUSE, John. *Cold Dawn*: The Story of SALT. Nova York: Holt, Rinehart & Winston, 1973.

NEWMAN, Andrew. Arms Control, Proliferation and Terrorism: The Bush Administration's Post-September 11 Security Strategy. *Journal of Strategic Studies*, v.27, n.1, 2004, p.59-88.

NEWMAN, Edward. Human Security and Constructivism. *International Studies Perspectives*, v.2, n.3, 2001, p.239-51.

_____. The "New Wars" Debate: A Historical Perspective is Needed. *Security Dialogue*, v.35, n.2, 2004, p.173-89.

NICHOLS, Thomas M. Anarchy and Order in the New Age of Prevention. World *Policy Journal*, v.22, n.3, 2005, p.1-23.

NINCIC, Donna J. The Challenge of Maritime Terrorism: Threat Identification, WMD and Regime Response. *Journal of Strategic Studies*, v.28, n.4, 2005, p.619-44.

NIOU, Emerson M. S.; ORDESHOOK, Peter C. Return of the Luddites. *International Security*, v.24, n.2, 1999, p.84-96.

NISSENBAUM, Helen (2005). Where Computer Security Meets National Security. *Ethics and Information Technology*, v.7, n.2, 1999, p.61-73

NIVA, Steve. Contested Sovereignties and Postcolonial Insecurities in the Middle East. in Weldes et al. (eds.). *Cultures of Insecurity*, p.147-72.

NIZAMANI, Haider K. South Asian Nuclear Weapons and Dilemmas of International Non-proliferation Regimes. *Contemporary Security Policy*, v.22, n.2, 2001, p.27-48.

NOEL-BAKER, Philip. *The Arms Race*: A Programme for World Disarmament. Londres: John Calder, 1958.

NYE, Joseph S. Jr. Collective Economic Security. *International Affairs*, v.50, n.4, 1974, p.584-98.

_____. NPT: The Logic of Inequality. *Foreign Policy*, n.59, p.123-31.

_____. Nuclear Winter and Policy Choices. *Survival*, v.28, n.2, 1986, p.119-27.

_____. The Contribution of Strategic Studies: Future Challenges. *Adelphi 235*, Londres: IISS, 1989, p.20-34.

_____. Soft Power. Foreign Policy, n.80, 1990, p.153-71.

_____. What New World Order? *Foreign Affairs*, v.71, n.2, 1992, p.83-96.

_____. The Case for Deep Engagement. Foreign Affairs, v.74, n.4, 1995, p.90-103.

_____. The Paradox of American Power: Why the World's Only Superpower can't go it Alone, Oxford: Oxford University Press, 2002.

NYE, Joseph S. Jr.; LYNN-JONES, Sean M. International Security Studies: A Report of a Conference on the State of the Field. *International Security*, v.12, n.4, 1988, p.5-27.

O'TUATHAIL, Gearoid. *Critical Geopolitics*: The Politics of Writing Global Space. Londres: Routledge, 1996.

O'BRENNAN, John. Bringing Geopolitics Back In: Exploring the Security Dimension of the 2004 Eastern Enlargement of the European Union. *Cambridge Review of International Affairs*, v.19, n.1, 2006, p.155-69.

ODELL, Peter, R. *Oil and World Power*: Background to the Oil Crisis. Harmondsworth: Penguin Books, 1975.

OGILVIE-WHITE, Tanya. Is There a Theory of Nuclear Proliferation? An Analysis of the Contemporary Debate. *The Nonproliferation Review*, v.4, n.1, 1996, p.43-60.

OGUNBADEJO, Oye. Africa's Nuclear Capability. *The Journal of Modern African Studies*, v.22, n.1, 1984, p.19-43.

OGUNBANWO, Sola. The Treaty of Palindaba: Africa is Nuclear-Weapon Free. *Security Dialogue*, v.27, n.2, 1996, p.185-200.

O'HANLON, Michael. Can High Technology Bring US Troops Home? *Foreign Policy*, n.113, 1998, p.72-86.

O'HANLON, Michael. Resurrecting the Test-Ban Treaty. *Survival*, v.50, n.1, 2008, p.119-32.

OHTOMO, Takafumi. Bandwagoning to Dampen Suspicion: NATO and the US-Japan Alliance after the Cold War. International Relations of the Asia Pacific, v.3, n.1, 2002, p.29-55.

OKA, Takashi. US-Japan Alliance: The Political Dimension. *Asia-Pacific Review*, v.8, n.1, 2001, p.10-20.

OLSEN, Ole J.; JARVAD, Ib M. The Vietnam Conference Papers: A Case Study of a Failure of Peace Research. *Peace Research Society (International) Papers*, n.14, 1970, p.155-70.

O'NEAL, John R.; RUSSETT, Bruce. The Classical Liberals were Right: Democracy, Interdependence and Conflict, 1950-85. *International Studies Quarterly*, v.41, n.2, 267-93.

_____. The Kantian Peace: The Pacific Benefits of Democracy, Interdependence and International Organizations, 1885-1992. *World Politics*, v.52, n.1, 1999, p.1-37.

O'NEILL, Robert. Britain and the Future of Nuclear Weapons. *International Affairs*, v.71, n.4, 1995, p.747-61.

ONUF, Nicholas G. Peace Research Parochialism. Journal of Peace Research, v.12, n.1, 1975, p.71-8.

ORBIS Special Issue. *Religion in World Affairs*. v.43, n.2, 1998.

OREN, Ido. The Indo-Pakistani Arms Competition: A Deductive and Statistical Analysis. *Journal of Conflict Resolution*, v.38, n.2, 1994, p.185-214.

_____. The Subjectivity of the "Democratic Peace": Changing US Perceptions of Imperial Germany. *International Security*, v.20, n.2, p.147-84.

_____. Our Enemies and Us: America's Rivalries and the Making of Political Science, Ithaca: Cornell University Press, 2003.

ORME, John. The Utility of Force in a World of Scarcity. International Security, v.22, n.3, 1997, p.138-67.

ORTEGA, Martin. Military Intervention and the European Union. *Chaillot Papers*, n.45. Paris: WEU, 2001.

OSGOOD, Charles E. *Method and Theory in Experimental Psychology.* Oxford: Oxford University Press, 1953.

OSGOOD, Charles. Suggestions for Winning the Real War with Communism. *Journal of Conflict Resolution*, v.3, n.4, 1959, p.295-325.

_____. *An Alternative to War or Surrender*. Urbana: University of Illinois Press, 1962.

OSGOOD, Robert. *Limited War*: The Challenge to American Strategy. Chicago: University of Chicago Press, 1957.

OSIANDER, Andreas. Sovereignty, International Relations, and the Westphalianyth. *International Organization*, v.55, n.2, 2001, p.251-87.

OSTGAARD, Einar. Factors Influencing the Flow of News. *Journal of Peace Research*, v.2, n.1, 1965, p.39-63.

OWENS, Patricia. Accidents Don't Just Happen: The Liberal Politics of High-technology "Humanitarian" War. *Millennium*, v.32, n.3, 2003, p.595-616.

_____. Beyond Strauss, Lies and the War in Iraq: Hannah Arendt's Critique of Neoconservatism. *Review of International Studies*, v.33, n.2, 2007, p.265-84.

OXENSTIERNA, Maria T. Revisiting the Global Response to Nonproliferation Violations in Iraq: Tracing the Historical Political Roots. *Contemporary Security Policy*, v.20, n.2, 1999, p.77-108.

PAARLBERG, Robert L. Knowledge as Power: Science, Military Dominance, and US Security. *International Security*, v.29, n.1, 2004, p.122-51.

PACE, Michelle. *The Politics of Regional Identity*: Meddling with the Mediterranean. Londres: Routledge, 2006.

PANT, Harsh V. The Moscow-Beijing-Delhi "Strategic Triangle": An Idea Whose Time May Never Come. *Security Dialogue*, v.35, n.3, 2004, p.311-28.

_____. The US-India Nuclear Deal: The Beginning of a Beautiful Relationship? *Cambridge Review of International Affairs*, v.20, n.3, 2007, p.455-72.

PAPE, Robert A. *Bombing to Win*: Air Power and Coercion in War. Ithaca: Cornell University Press, 1996.

PARIS, Roland. Human Security: Paradigm Shift or Hot Air? *International Security*, v.26, n.2, 2001, p.87-102.

PARMAR, Inderjeet. Catalysing Events, Think Tanks and American Foreign Policy Shifts: A Comparative Analysis of the Impacts of Pearl Harbor 1941 and 11 September 2001. *Government and Opposition*, v.40, n.1, 2005, p.1-25.

PASTUSIAK, Longin. Objective and Subjective Premises of Detente. *Journal of Peace Research*, v.14, n.2, 1977, p.185-93.

PATEMAN, Carol. Feminist Critiques of the Public/Private Dichotomy. In: BENN, Stanley I.; GAUS, G. F. (eds.). *Public and Private in Social Life*. Londres: St Martin's Press and Croom Helm, 1988, p.118-40.

PATOMÄKI, Heikki. The Challenge of Critical Theories: Peace Research at the Start of the New Century. *Journal of Peace Research*, v.38, n.6, 2001, p.723-37.

PAUL, T. V. Systemic Conditions and Security Cooperation: Explaining the Persistence of the Nuclear Non-proliferation Regime. *Cambridge Review of International Affairs*, v.16, n.1, 2003, p.135-54.

_____. Why has the India-Pakistan Rivalry been so Enduring? Power Asymmetry and an Intractable Conflict. *Security Studies*, v.15, n.4, 2006, p.600-30.

PAUL, T. V.; SHANKAR, Mahesh. Why the US-India Nuclear Accord is a Good Deal. *Survival*, v.49, n.4, 2007, p.111-22.

PAYNE, Keith B. The Case for National Missile Defense. *Orbis*, v.44, n.2, 2000, p.187-96.

PEDATZUR, Reuven. Evolving Ballistic Missile Capability and Theatre Missile Defence: The Israeli Predicament. *Security Studies*, v.3, n.3, 1994, p.521-70.

_____. The Iranian Nuclear Threat and the Israeli Options. *Contemporary Security Policy*, v.28, n.3, 2007, p.513-41.

PEOPLES, Columba. The Moral Obligation of Missile Defence? Preventive War Argumentation and Ballistic Missile Defence Advocacy. *Cambridge Review of International Affairs*, v.19, n.3, 2006, p.421-34.

PERCY, Sarah. Regulating the Private Security Industry. *Adelphi 384*, Londres: IISS, 2006.

PERKOVICH, George. The Plutonium Genie. Foreign Affairs, v.72, n.3, 1993a, p.153-65.

_____. A Nuclear Third Way in South Asia. Foreign Policy, n.91, 1993b, p.85-104.

PERLE, Richard. Military Power and the Passing Cold War. In: KEGLEY JR Charles W.; SCHWAB Kenneth L. (eds.) *After the Cold War*: Questioning the Morality of Nuclear Deterrence. Boulder: Westview Press, p.33-38.

PETERS, Ingo. ESDP as a Transatlantic Issue: Problems of Mutual Ambiguity. *The International Studies Review*, v.6, n.3, 2004, p.381-402.

PETERSEN, Karen Lund. Trafficking in Women: The Danish Construction of Baltic Prostitution. *Cooperation and Conflict*, v.36, n.2, 2001, p.213-38.

PETERSEN, Philip. Security Politics in Post-Soviet Central Asia. European Security, v.4, n.1, 1995, p.132-219.

PETERSON, John E. Saudi Arabia and the Illusion of Security. *Adelphi 348*, Londres: IISS, 2002.

PETERSON, Susan. Epidemic Disease and National Security. *Security Studies*, v.12, n.2, 2002/3, p.43-81.

PETTIFER, James. The New Macedonian Question. *International Affairs*, v.68, n.3, 1992, p.475-85.

PETTMAN, Jan J. Gender issues. in John Baylis and Steve Smith (eds.) The Globalization of World Politics: An Introduction to International Relations. 3.ed. Oxford: Oxford University Press, 2005, p.669-88.

PHILPOTT, Daniel. The Challenge of September 11 to Secularism in International Relations. World Politics, v.55, n.1, 2002, p.66-95.

PICK, Otto. Practice and Theory in Soviet Arms Control Policy. The World Today, v.38, n.7-8, 1982, p.257-63.

PICKUP, Francine. Deconstructing Trafficking in Women: The Example of Russia. Millennium, v.94, n.4, 1998, p.995-1021.

PIERAGOSTINI, Karl. Arms Control Verification: Cooperating to Reduce Uncertainty. *Journal of Conflict Resolution*, v.30, n.3, 1986, p.420-44.

PIERRE, Andrew J. Nuclear Politics: The British Experience with an Independent Strategic Force, 1939-1970. Oxford: Oxford University Press, 1970.

_____. Can Europe's Security be Decoupled from America? Foreign Affairs, v.51, n.4, 1973, p.761-77.

_____. Coping with International Terrorism. *Survival*, v.18, n.2, 1976, p.60-67.

PIKAYEV, Alexander A. et. al. Russia, the US and the Missile Technology Control Regime. *Adelphi 317*, Londres: IISS, 1998.

PIN-FAT, Véronique; STERN, Maria. The Scripting of Private Jessica Lynch: Biopolitics, Gender and the "Feminization" of the US Military. Alternatives, v.30, n.1, 2005, p.25-53.

PINKSTON, Daniel A.; SAUNDERS, Phillip C. Seeing North Korea Clearly. *Survival*, v.45, n.3, 2003, p.79-102.

POLESZYNSKI, Dag. Waste Production and Overdevelopment: An Approach to Ecological Indicators. *Journal of Peace Research*, v.14, n.4, 1977, p.285-98.

POLLACK, Jonathan D. The United States in East Asia: Holding the Ring. *Adelphi 275*, Londres: IISS, 1993, p.69-82.

_____. China and the United States Post-9/11. *Orbis*, v.47, n.4, 2003, p.617-27.

PONEMAN, Daniel. Nuclear Policies in Developing Countries. *International Affairs*, v.57, n.4, 1981, p.568-84.

PORTER, Bruce. Is the Zone of Peace Stable: Sources of Stress and Conflict in the Industrial Democracies of Post-Cold War Europe. *Security Studies*, v.4, n.3, 1995, p.520-51.

PORTER, Gareth; BROWN, Janet W. *Global Environmental Politics*. Boulder: Westview Press, 1991.

POSEN, Barry R. The Security Dilemma and Ethnic Conflict. *Survival*, v.35, n.1, 1993, p.27-47.

_____. US Security Policy in a Nuclear-armed World. Security Studies, v.6, n.3, 1997, p.1-31.

_____. The War for Kosovo. International Security, v.24, n.4, 2000, p.39-84.

_____. The Struggle Against Terrorism: Grand Strategy, Strategy, and Tactics. *International Security*, v.26, n.3, 2001/2, p.39-55.

_____. Command of the Commons: The Military Foundation of US Hegemony. *International Security*, v.28, n.1, 2003, p.5-46.

_____. European Union Security and Defense Policy: Response to Unipolarity? *Security Studies*, v.15, n.2, 2006, p.149-86.

_____. Stability and Change in US Grand Strategy. Orbis, v.51, n.4, 2007, p.561-7.

POSEN, Barry R.; ROSS, Andrew L. Competing Visions for US Grand Strategy. *International Security*, v.21, n.3, 1996/7, p.5-53.

POTTER, William C.; STULBERG, Adam. The Soviet Union and the Spread of Ballistic Missiles. *Survival*, v.32, n.6, 1990, p.543-57.

POWELL, Robert. The Modeling Enterprise and Security Studies. International Security, v.24, n.2, 1999, p.97-106.

POWELL, Robert. Nuclear Deterrence Theory, Nuclear Proliferation and National Missile Defense. *International Security*, v.27, n.4, 2003, p.86-118.

POWER, Marcus. Digitized Virtuosity: Video War Games and Post-9/11 Cyber-deterrence. *Security Dialogue*, v.38, n.2, 2007, p.271-88.

POWER, Paul F. The South Pacific Nuclear Weapon-free Zone. Pacific Affairs, v.59, n.3, 1986, p.455-75.

PRESS-BARNATHAN, Galia. The Lure of Regional Security Arrangements: The United States and Regional Security Cooperation in Asia and Europe. *Security Studies*, v.10, n.2, 2001, p.49-97.

_____. Managing the hegemon: NATO under Unipolarity. *Security Studies*, v.15, n.2, 2006, p.271-309.

PRESSMAN, Jeremy. September Statements, October Missiles, November Elections: Domestic Politics, Foreign-policy Making and the Cuban Missile Crisis. *Security Studies*, v.10, n.3, 2001, p.80-114.

PRESTON, Thomas. From Lambs to Lions: Nuclear Proliferation's Grand Reshuffling of Interstate Security Relations. *Cooperation and Conflict*, v.32, n.1, 1997, p.79-117.

PRESTOWITZ, Clyde P. Rogue Nation: American Unilateralism and the Failure of Good Intentions. Nova York: Basic Books, 2003.

PRICE, Richard. A Genealogy of the Chemical Weapons Taboo. International Organization, v.49, n.1, 1995, p.73-103.

_____. *The Chemical Weapons Taboo*. Ithaca: Cornell University Press, 1997.

PRICE, Richard; TANNENWALD, Nina. Norms and Deterrence: The Nuclear and Chemical Weapons Taboos. In: KATZENSTEIN, Peter J. (ed.). *The Culture of National Security*: Norms and Identity in World Politics. Nova York: Columbia University Press, 1996, p.114-52.

PROZOROV, Sergei. Liberal Enmity: The Figure of the Foe in the Political Ontology of Liberalism. *Millennium*, v.35, n.1, 2006, p.75-99.

PRY, Peter. Israel's Nuclear Arsenal, Boulder: Westview, 1984.

QIN, Yaqing. Why is there no Chinese International Relations Theory? *International Relations of the Asia-Pacific*, v.7, n.3, 2007, p.313-40.

QUESTER, George H. The Nuclear Nonproliferation Treaty and the International Atomic Energy Agency. *International Organization*, v.24, n.2, 1970, p.163-82.

QUESTER, George H. The Politics of Nuclear Proliferation, Baltimore: Johns Hopkins Press, 1973.

―――――. Offense and Defense in the International System. Nova York: John Wiley, 1977.

QUINLAN, Michael. The Future of Nuclear Weapons: Policy for Western Possessors. *International Affairs*, v.69, n.3, 1993, p.485-96.

―――――. How Robust is India-Pakistan Deterrence?. Survival, v.42, n.4, 2000/1, p.141-54.

―――――. India-Pakistan Deterrence Revisited. Survival, v.47, n.3, 2005, p.103-16.

―――――. The Future of United Kingdom Nuclear Weapons: Shaping the Debate. *International Affairs*, v.82, n.4, 2006, p.627-37.

―――――. Abolishing Nuclear Armouries: Policy or Pipedream?. Survival, v.49, n.4, 2007, p.7-15.

RAAS, Whitney; LONG, Austin. Osirak Redux? Assessing Israeli Capabilities to Destroy Iranian Nuclear Facilities. *International Security*, v.31, n.4, 2007, p.7-33.

RABASA, Angel M. Political Islam in Southeast Asia: Moderates, Radicals and Terrorists. *Adelphi 358*, Londres: IISS, 2003.

RANGSIMAPORN, Paradorn. Russia's Debate on Military-Technological Cooperation with China: From Yeltsin to Putin. *Asian Survey*, v.46, n.3, 2006, p.477-95.

RAO, R. V. R. Chandrasekhara. A View from India. *Survival*, v.16, n.5, 1974, p.210-13.

RAPOPORT, Anatol. Lewis F. Richardson's Mathematical Theory of War. *Conflict Resolution*, v.1, n.3, 1957, p.249-99.

―――――. *Fights, Games and Debates*. Ann Arbor: University of Michigan Press, 1960.

―――――. Strategy and Conscience. Nova York: Harper& Row, 1964.

RASMUSSEN, Mikkel Vedby. Reflexive Security: NATO and International Risk Society. *Millennium*, v.30, n.2, 2001, p.285-309.

―――――. "A Parallel Globalization of Terror": 9-11, Security and Globalization. *Cooperation and Conflict*, v.37, n.1, 2002, p.323-49.

RASMUSSEN, Mikkel Vedby. It Sounds Like a Riddle: Security Studies, the War on Terror and Risk. *Millennium*, v.33, n.2, 2004, p.381-95.

RATTINGER, Hans. From War to War: Arms Races in the Middle East. *International Studies Quarterly*, v.20, n.4, 1976, p.501-31.

RAVENAL, Earl C. Was Vietnam a "Mistake"? *Asian Survey*, v.14, n.7, 1974, p.589-607.

_____. Consequences of the End Game in Vietnam. *Foreign Affairs*, v.53, n.4, 1974/5, p.651-67.

REDICK, John R. Regional Nuclear Arms Control in Latin America. *International Organization*, v.29, n.4, 1975, p.415-45.

_____. The Tlatelolco Regime and Nonproliferation in Latin America. *International Organization*, v.35, n.1, 1981, p.103-34.

REES, Martin. *Our Final Century*. Londres: Heinemann, 2003.

REES, Wyn. European and Asian Responses to the US-led "War on Terror". *Cambridge Review of International Affairs*, v.20, n.2, 2007, p.215-31.

REES, Wyn; ALDRICH, Richard J. Contending Cultures of Counterterrorism: Transatlantic Divergence or Convergence? *International Affairs*, v.81, n.5, 2005, p.905-23.

REGAN, Patrick M.; PASKEVICIUTE, Aida. Women's Access to Politics and Peaceful States. *Journal of Peace Research*, v.40, n.3, 2003, p.287-302.

REID, Herbert G.; YANARELLA, Ernest J. Toward a Critical Theory of Peace Research in the United States: The Search for an "Intelligible Core". *Journal of Peace Research*, v.13, n.4, 1976, p.315-41.

REILLY, James. China's History Activists and the War of Resistance Against Japan: History in the Making. *Asian Survey*, v.44, n.3, 2004, p.276-94.

REISS, Mitchell B. Safeguarding the Nuclear Peace in South Asia. *Asian Survey*, v.33, n.12, 1993, p.1107-21.

_____. A Nuclear-armed North Korea: Accepting the "Unacceptable"? *Survival*, v.48, n.4, 2006, p.97-109.

RENDALL, Matthew. Nuclear Weapons and Intergenerational Exploitation. *Security Studies*, v.16, n.4, 2007, p.525-54.

RHODE, David. Army Enlists Anthropology in War Zones. *The New York Times*, 5 out., seção A, p.1.

RICHARDSON, Lewis F. Arms and Insecurity. Pittsburgh: Boxwood Press, 1960a.

_____. Statistics of Deadly Quarrels, Chicago: Quadrangle Books, 1960b.

RICHARDSON, Stephen A. Lewis Fry Richardson (1881-1953): A Personal Biography. *Conflict Resolution*, v.1, n.3, 1957, p.300-4.

RICHMOND, Oliver P. Emerging Concepts of Security in the European Order: Implications for the "Zone of Conflict" at the Fringes of the EU. *European Security*, v.9, n.1, 2000, p.41-67.

RIEDEL, Bruce. South Asia's Nuclear Decade. Survival, v.50, n.2, 2008, p.107-26.

RIEFF, David. Slaughterhouse: Bosnia and the Failure of the West, Nova York: Touchstone, 1996.

RISSE-KAPPEN, Thomas. Did "Peace Through Strength" End the Cold War? – Lessons from INF. *International Security*, v.16, n.1, 1991, p.162-88.

_____. Collective Identity in a Democratic Community: The Case of NATO. In: KATZENSTEIN (ed.), *The Culture of National Security*, 1996, p.357-99.

RIVKIN, David. The Soviet Approach to Nuclear Arms Control. Survival, v.29, n.6, 1987, p.483-510.

ROBERTS, Adam. *The Strategy of Civilian Defence*: Non-violent Resistance to Aggression. Londres: Faber & Faber, 1967.

_____. *Nations in Arms*: The Theory and Practice of Territorial Defence. Londres: Chatto & Windus, 1976.

_____. Communal Conflict as a Challenge to International Organization: The Case of Former Yugoslavia. *Review of International Studies*, v.21, n.4, 1995, p.389-410.

_____. Humanitarian Action in War. *Adelphi 305*, Londres: IISS, 1996.

_____. Counter-terrorism, Armed Force and the Laws of War. *Survival*, v.44, n.1, 2002, p.7-32.

_____. The "War on Terror" in Historical Perspective. *Survival*, v.47, n.2, 2005, p.101-30.

ROBERTS, Brad. From Non-proliferation to Anti-proliferation. *International Security*, v.18, n.1, 1993, p.139-71.

ROBERTS, Brad; MANNING, Robert A. MONTAPERTO, Ronald N. China: The Forgotten Nuclear Power. *Foreign Affairs*, v.79, n.4, 2000, p.53-63.

REFERÊNCIAS BIBLIOGRÁFICAS

ROBINSON, J. P. Perry. Approaches to Chemical Arms Control. In: HOWE, Josephine O'Connor (ed.). *Armed Peace*: The Search for World Security. Londres: Macmillan, 1984, p.44-68.

_____. Implementing the Chemical Weapons Convention. *International Affairs*, v.72, n.1, 1996, p.73-89.

_____. Difficulties Facing the Chemical Weapons Convention. *International Affairs*, v.84, n.2, 2008, p.223-39.

RODGERS, Jane. Bosnia, Gender and the Ethics of Intervention in Civil Wars. *Civil Wars*, v.1, n.1, 1998, p.103-16.

ROE, Paul. *Ethnic Violence and the Societal Security Dilemma*. Londres: Routledge, 2005.

ROGERS, Bernard W. The Atlantic Alliance: Prescriptions for a Difficult Decade. *Foreign Affairs*, v.60, n.5, 1982, p.1145-56.

ROGERS, Paul. Peace Studies. In: COLLINS, Alan R. (ed.). Contemporary Security Studies. Oxford: Oxford University Press, 2007, p.35-52.

ROMAN, Peter J. The Dark Winter of Biological Terrorism. *Orbis*, v.46, n.3, 2002, p.469-82.

ROSECRANCE, Richard. Strategic Deterrence Reconsidered. *Adelphi 116*, London: IISS, 1975.

ROSÉN, Frederik. Commercial Security: Conditions of Growth. *Security Dialogue*, v.39, n.1, 2008, p.77-97.

ROSEN, Steven (ed.). *Testing the Theory of the Military-Industrial Complex*. Lexington: Lexington Books, 1973.

_____. A Stable System of Mutual Nuclear Deterrence in the Arab-Israeli Conflict. *American Political Science Review*, v.71, n.4, 1977, p.1367-83.

ROSENBAUM, H. Jon; COOPER, Glenn M. Brazil and the Nuclear Non-proliferation Treaty. *International Affairs*, v.46, n.1, 1970, p.74-90.

ROSS, Robert S. The Geography of Peace: East Asia in the Twenty-first Century. *International Security*, v.23, n.4, 1999, p.81-118.

_____. Navigating the Taiwan Strait: Deterrence, Escalation Dominance and US-China Relations. *International Security*, v.27, n.2, 2002, p.48-85.

_____. Balance of Power Politics and the Rise of China: Accommodation and Balancing in East Asia. *Security Studies*, v.15, n.3, 2006, p.355-95.

ROTFELD, Adam D. *Europe*: An Emerging Power. SIPRI Yearbook 2001. Oxford: Oxford University Press, 2001, p.175-207.

ROTH, Ariel I. Nuclear Weapons in Neo-realist Theory. *International Studies Review*, v.9, n.3, 2007, p.369-84.

ROTHSCHILD, Emma. What is Security? *Daedalus*, v.124, n.3, 1995, p.53-98.

ROWAN, Joshua P. The US-Japan Security Alliance, ASEAN and the South China Sea Dispute. *Asian Survey*, v.45, n.3, 2005, p.414-36.

ROY, Denny. Hegemon on the Horizon? China's Threat to East Asian Security. *International Security*, v.19, n.1, 1994, p.149-68.

_____. China's Threat Environment. Security Dialogue, v.27, n.4, 1996, p.437-48.

_____. China and the War on Terrorism. *Orbis*, v.46, n.3, 2002, p.511-21.

_____. Rising China and US Interests: Inevitable vs. Contingent Hazards. Orbis, v.47, n.1, 2003, p.125-37.

_____. The Sources and Limits of Sino-Japanese Tensions. *Survival*, v.47, n.2, 2005, p.191-214.

ROY, Olivier et. al. America and the New Terrorism: An Exchange. *Survival*, v.42, n.2, 2000, p.156-72.

ROZMAN, Gilbert. China's Quest for Great Power Identity. *Orbis*, v.43, n.3, 1999, p.383-404.

_____. Japan's Quest for Great Power Identity. *Orbis*, v.46, n.1, 2002a, p.73-91.

_____. China's Changing Images of Japan 1989-2001: The Struggle to Balance Partnership and Rivalry. *International Relations of the Asia Pacific*, v.2, n.1, 2002b, p.95-129.

_____. Japan's North Korea Initiative and US-Japanese Relations. *Orbis*, v.47, n.3, 2003, p.527-39.

_____. The Northeast Asian Regionalism Context. *Orbis*, v.48, n.2, 2004, p.217-31.

_____. The North Korean Nuclear Crisis and US Strategy in Northeast Asia. *Asian Survey*, v.47, n.4, 2007, p.601-21.

RUBIN, Barry; KIRISCI, Kemal (eds.). Turkey in World Politics: An Emerging Multiregional Power. Boulder: Lynne Rienner, 2001.

RUBINSTEIN, Alvin Z. New World Order or Hollow Victory? Foreign Affairs, v.70, n.4, 1991, p.53-65.

RUDDICK, Sara. *Maternal Thinking*: Toward a Politics of Peace. Boston: Beacon Press, 1989.

RUGGIE, John G. Continuity and Transformation in the World Polity: Towards a Neo-realist Synthesis. *World Politics*, v.35, n.2, 1983, p.261-85.

_____. Territoriality and Beyond: Problematizing Modernity in International Relations. *International Organization*, v.47, n.1, 1993, p.139-74.

RUMELILI, Bahar. Constructing Identity and Relating to Difference: Understanding the EU's Mode of Differentiation. *Review of International Studies*, v.30, n.1, 2004, p.27-47.

RUSSELL, James A.; WIRTZ, James J. United States Nuclear Strategy in the Twenty-first Century. *Contemporary Security Policy*, v.25, n.1, 2004, p.91-108.

RUSSELL, Richard L. A Saudi Nuclear Option? *Survival*, v.43, n.2, 2001, p.69-79.

_____. Swords and Shields: Ballistic Missiles and Defenses in the Middle East and South Asia. *Orbis*, v.46, n.3, 2002, p.483-98.

RUSSETT, Bruce. The Americans' Retreat from World Power. *Political Science Quarterly*, v.90, n.1, 1975, p.1-21.

_____. *The Prisoners of Insecurity*. San Francisco: Freeman, 1983.

_____. *Grasping the Democratic Peace*: Principles for a Post-Cold War World. Princeton: Princeton University Press, 1993.

RUSSETT, Bruce; KRAMER, Marguerite. New Editors for an "Old" Journal. *Journal of Conflict Resolution*, v.17, n.1, 1973, p.3-6.

RUSSETT, Bruce; NINCIC, Miroslav. American Opinion on the Use of Military Force Abroad. *Political Science Quarterly*, v.91, n.3, 1976, p.411-31.

SAGAN, Carl. Nuclear War and Climatic Catastrophe. Foreign Affairs, v.62, n.2, 1983/4, p.257-92.

SAGAN, Scott D. The Perils of Proliferation: Organization Theory, Deterrence Theory and the Spread of Nuclear Weapons. *International Security*, v.18, n.4, 1994, p.66-107.

_____. Why do States Build Nuclear Weapons? Three Models in Search of a Bomb. *International Security*, v.21, n.3, 1996/7, p.54-86.

_____. The Commitment Trap: Why the United States should not use Nuclear Threats to Deter Biological and Chemical Weapons Attacks. *International Security*, v.24, n.4, 2000, p.85-115.

SAGAN, Scott D.; WALTZ, Kenneth. *The Spread of Nuclear Weapons*: A Debate. Nova York: W. W. Norton, 1995.

SAID, Edward W. *Orientalism*. Nova York: Pantheon Books, 1978.

SAKWA, Richard. "New Cold War" or Twenty Years' Crisis? Russia and International Politics. *International Affairs*, v.84, n.2, 2008, p.241-67.

SALAME, Ghassan. Islam and the West. *Foreign Policy*, n.90, 1993, p.22-37.

SALIK, Naeem A. Regional Dynamics and Deterrence: South Asia (2). *Contemporary Security Policy*, v.25, n.1, 2004, p.179-201.

SALMON, Trevor. The European Union: Just an Alliance or a Military Alliance? *Journal of Strategic Studies*, v.29, n.5, 2006, p.813-42.

SALMON, Trevor; SHEPHERD, Alistair J. K. *Toward a European Army*: A Military Power in the Making? Boulder: Lynne Rienner, 2003.

SALTER, Mark B. The Global visa Regime and the Political Technologies of the International Self: Borders, Bodies, Biopolitics. *Alternatives*, v.31, n.2, 2006, p.167-89.

SAMORE, Gary. The Korean Nuclear Crisis. *Survival*, v.45, n.1, 2003, p.7-24.

SAMPLE, Susan G. Arms Races and Dispute Escalation: Resolving the Debate? *Journal of Peace Research*, v.34, n.1, 1997, p.7-22.

SAMSON, Victoria Prospects for Russian-American Missile Defence Cooperation: Lessons from RAMOS and JDEC. *Contemporary Security Policy*, v.28, n.3, 2007, p.494-512.

SAMUELS, Richard J. "New Fighting Power!" Japan's Growing Maritime Capabilities and East Asian Security. *International Security*, v.32, n.3, 2007/8, p.84-112.

SANDOLE, Dennis J. D. et. al (eds.). *Handbook of Conflict Analysis and Resolution*. Londres: Routledge, 2008.

SAPERSTEIN, Alvin. An Enhanced Non-provocative Defence in Europe. *Journal of Peace Research*, v.24, n.1, 1987, p.47-60.

SARTORI, Leo. Will SALT II Survive? *International Security*, v.10, n.3, 1985/6, p.147-74.

SAUNDERS, Phillip C. The United States and East Asia after Iraq. Survival, v.49, n.1, 2007, p.141-52.

SAUVANT, Karl P. Multinational Enterprises and the Transmission of Culture: The International Supply of Advertising Services and Business Education. *Journal of Peace Research*, v.13, n.1, 1976, p.49-65.

SAYED, Abdulhay. The Future of the Israeli Nuclear Force and the Middle East Peace Process. *Security Dialogue*, v.24, n.3, 1993, p.31-48.

SCHEAR, James. Arms Control Treaty Compliance. International Security, v.10, n.2, 1985, p.141-82.

SCHEINMANN, Lawrence. Nuclear Safeguards and Nonproliferation in a Changing World Order. *Security Dialogue*, v.23, n.4, 1992, p.37-50.

SCHELLING, Thomas C. *The Strategy of Conflict*. Cambridge: Harvard University Press, 1960.

_____. *Arms and Influence.* New Haven: Yale University Press, 1966.

_____. Who Will Have the Bomb? *International Security*, v.1, n.1, 1976, p.77-91.

_____. What Went Wrong with Arms Control? *Foreign Affairs*, v.64, n.2, 1985/6, p.219-33.

SCHELLING, Thomas C.; HALPERIN, Morton H. *Strategy and Arms Control.* Nova York: The Twentieth Century Fund, 1961.

SCHIFF, Benjamin. *International Nuclear Technology Transfer.* Dilemmas of Dissemination and Control. Londres: Croom Helm, 1984.

SCHIMMELFENNIG, Frank. Arms Control Regimes and the Dissolution of the Soviet Union. *Cooperation and Conflict*, v.29, n.2, 1994, p.115-48.

SCHLOTTER, Peter (1983). Detente: Models and Strategies. *Journal of Peace Research*, v.20, n.3, 1994, p.213-20.

SCHMID, Alex P.; CRELINSTEN, Ronald D. (eds.). *Western Responses to Terrorism*. Londres: Frank Cass, 1993.

SCHMID, Herman. Peace Research and Politics. *Journal of Peace Research*, v.5, n.3, 1968, p.217-32.

SCHMIDT, Brian. *The Political Discourse of Anarchy*: A Disciplinary History of International Relations. Albany: SUNY Press, 1998.

SCHMITT, Burkhard (ed.). Nuclear Weapons: A Great New Debate. *Chaillot Papers*, n. 48, WEU, 2001.

SCHNEIDER, Barry. Nuclear Proliferation and Counter-proliferation: Policy Issues and Debates. *Mershon International Studies Review*, v.38, n.2, 1994, p.209-34.

SCHWARTZ, Benjamin E. America's Struggle Against the Wahhabi/Neo--Salafi Movement. *Orbis*, v.51, n.1, 2007, p.107-28.

SCHWELLER, Randall. Domestic Structure and Preventative War: Are Democracies More Pacific? *World Politics*, v.44, n.2, 1992, p.235-69.

SCOTT, David. The Great Power "Great Game" Between India and China: "The Logic of Geography". *Geopolitics*, v.13, n.1, 2008, p.1-26.

SCOTT, Joan W. "Experience". In: BUTLER, Judith; SCOTT, Joan W. Feminists Theorize the Political, Londres: *Routledge*, 1992, p.22-40. [Uma versão menor de. The Evidence of Experience. *Critical Inquiry*, v.17, n.4, 1992, p.773-97, 1991.]

SCOTT, Lenn; SMITH, Steve. Lessons of October: Historians, Political Scientists, Policy-makers and the Cuban Missile Crisis. *International Affairs*, v.70, n.4, 1994, p.659-84.

SEARLE, John R. *Speech Acts*: An Essay in the Philosophy of Language. Cambridge: Cambridge University Press, 1969.

SECURITY DIALOGUE. Special Section: What is "Human Security"? v.35, n.3, 2004, p.345-87.

_____. *Special Issue on Security, Technologies of Risk, and the Political*. v.39, n.2-3, 2008, p.147-357.

SEGAL, Gerald. China's Nuclear Posture for the 1980s. *Survival*, v.23, n.1, 1981, p.11-18.

_____. *The Great Power Triangle*. Londres: Macmillan, 1982.

_____. China and Arms Control. *The World Today*, v.41, n.8-9, 1985, p.162-6.

_____. *Arms Control in Asia*. Londres: Macmillan, 1987.

_____. How Insecure is Pacific Asia? *International Affairs*, v.73, n.2, 1997, p.235-49.

SEIGNIOUS, George M.; YATES, Jonathan P. Europe's Nuclear Superpowers. *Foreign Policy*, n.55, 1984, p.40-53.

SELBY, Jan. The Geopolitics of Water in the Middle East: Fantasies and Realities. *Third World Quarterly*, v.26, n.2, 2005, p.329-49.

SENGHAAS, Dieter. Introduction. Journal of Peace Research, v.12, n.4, 1975, p.249-56.

SERFATY, Simon. Bridging the Gulf Across the Atlantic: Europe and the United States in the Persian Gulf. *The Middle East Journal*, v.52, n.3, 1998, p.337-50.

SESAY, Max Ahmadu. Collective Security or Collective Disaster? Regional Peacekeeping in West Africa. *Security Dialogue*, v.26, n.2, 1995, p.205-22.

SEUL, Jeffrey R. Ours is the Way of God: Religion, Identity and Intergroup Conflict. *Journal of Peace Research*, v.36, n.5, 1999, p.553-69.

SHAIKH, Farzana. Pakistan's Nuclear Bomb: Beyond the Non-proliferation Regime. *International Affairs*, v.78, n.1, 2002, p.29-48.

SHAMBAUGH, David. Containment or Engagement of China? Calculating Beijing's Responses. *International Security*, v.21, n.2, 1996, p.180-209.

_____. China Engages Asia: Reshaping the Regional Order. International Security, v.29, n.3, 2004, p.64-99.

SHAN, Jun. China Goes to the Blue Waters. Journal of Strategic Studies, v.17, n.3, 1994, p.180-208.

SHAPIRO, Michael J. *Language and Political Understanding*: The Politics of Discursive Practice, Madison: The University of Wisconsin Press, 1981.

_____. *The Politics of Representation*: Writing Practices in Biography, Photography and Policy Analysis. Madison: The University of Wisconsin Press, 1988.

_____. Strategic Discourse/Discursive Strategy: The Representation of "Security Policy" in the Video Age. *International Studies Quarterly*, v.34, n.3, 1990, p.327-40.

_____. That Obscure Object of Violence: Logistics, Desire, War. *Alternatives*, v.17, n.4, 1992, p.453-77.

_____. *Violent Cartographies*: Mapping Cultures of War. Minneapolis: University of Minnesota Press, 1997.

SHARP, Gene. *The Politics of Non-violent Action*. Boston: Porter Sargent, 1973.

_____. *Making Europe Unconquerable*: The Potential of Civilian-based Deterrence and Defence. Londres: Taylor & Francis, 1985.

SHARP, Jane M. O. Restructuring the SALT Dialogue. *International Security*, v.6, n.3, 1981/2, p.144-76.

SHAUN, Narine (1997). ASEAN and the ARF: The Limits of the "ASEAN Way". *Asian Survey*, v.37, n.10, 1981/2, p.961-78.

SHEARER, David. Africa's Great War. *Survival*, v.41, n.2, 1999, p.89-105.

SHEEHAN, Michael. *International Security*: An Analytical Survey, Boulder: Lynne Rienner.

SHEPHERD, Laura J. Veiled References: Constructions of Gender in the Bush Administration Discourse on the Attacks on Afghanistan Post-9/11. *International Feminist Journal of Politics*, v.8, n.1, 2006, p.19-41.

SHERR, James. Russia-Ukraine Rapprochement? The Black Sea Fleet Accords. *Survival*, v.39, n.3, 1997, p.33-50.

SHOHAM, Dany. How Will Iran Retaliate to a Strike on its Nuclear Facilities? *Contemporary Security Policy*, v.28, n.3, 2007, p.542-58.

SHULTZ, Richard H. Jr.; DEW, Andrea J. *Insurgents, Terrorists and Militias –* The Warriors of Contemporary Combat. Nova York: Columbia University Press, 2006.

SICK, Gary. Rethinking Dual Containment. *Survival*, v.40, n.1, 1998, p.5-32.

SIDHU, Waheguru P. S. Regional Dynamics and Deterrence: South Asia (1). *Contemporary Security Policy*, v.25, n.1, 2004, p.166-78.

SIDHU, Waheguru P. S.; YUAN, Jing-dong. *China and India*: Cooperation or Conflict? Boulder: Lynne Rienner, 2003.

SIENKIEWICZ, Stanley. SALT and Soviet Nuclear Doctrine. *International Security*, v.2, n.4, 1978, p.84-100.

SIMMS, Brendan. *Unfinest Hour*: Britain and the Destruction of Bosnia, London: Penguin Books, 2001.

SIMON, Sheldon W. East Asian Security: The Playing Field has Changed. *Asian Survey*, v.34, n.12, 1994, p.1047-76.

SIMON, Steven. America and Iraq: The Case for Disengagement. *Survival*, v.49, n.1, 2007, p.61-84.

SIMON, Steven; BENJAMIN, Daniel. The Terror. *Survival*, v.43, n.4, 2001, p.5-17.

SIMPSON, John. Global Non-proliferation Policies: Retrospect and Prospect. *Review of International Studies*, v.8, n.2, 1982, p.69-88.

SIMPSON, John (ed.). *Nuclear Non-proliferation*: An Agenda for the 1990s. Cambridge: Cambridge University Press, 1987.

_____. Nuclear Non-proliferation in the Post-Cold War Era. *International Affairs*, v.70, n.1, 1994, p.17-39.

_____. France, the United Kingdom and Deterrence in the Twenty-first Century. *Contemporary Security Policy*, v.25, n.1, 2004, p.136-51.

SIMPSON, John; HOWLETT, Darryl. The NPT Renewal Conference: Stumbling Towards 1995. *International Security*, v.19, n.1, 1994, p.41-71.

SINGER, Clifford E.; SAKSENA, Jyotika; THAKAR, Milan. Feasible Deals with India and Pakistan After the Nuclear Tests: The Glenn Sanctions and US Negotiations. *Asian Survey*, v.38, n.12, 1998, p.1161-78.

SINGER, J. David. *Deterrence, Arms Control and Disarmament*. Columbus: Ohio State University Press, 1962.

_____. Tensions, Political Settlement and Disarmament. In: GARNETT, John (ed.). *Theories of Peace and Security*: A Reader in Contemporary Strategic Thought. Londres: Macmillan, 1970, p.148-59.

_____. *The Correlates of War I*: Research Origins and Rationale. Nova York: Free Press, 1979.

_____. *The Correlates of War II*: Testing Some Realpolitik Models. Nova York: Free Press, 1980.

_____. Nuclear Proliferation and the Geocultural Divide: The March of Folly. *International Studies Review*, v.9, n.4, 2007, p.663-72.

SINGER, Max; WILDAVSKY, Aaron. The Real World Order: Zones of Peace/Zones of Turmoil. Chatham: Chatham House Publishers, 1993.

SINGER, P. W. Corporate Warriors: The Rise of the Privatized Military Industry and Its Ramifications for International Security. *International Security*, v.26, n.3, 2001/2, p.186-220.

_____. AIDS and International Security. *Survival*, v.44, n.1, 2002, p.145-58.

SINGH, Jaswant. Against Nuclear Apartheid. *Foreign Affairs*, v.77, n.5, 1998, p.41-52.

SJOBERG, Laura. Gendered Realities of the Immunity Principle: Why Gender Analysis Needs Feminism. *International Studies Quarterly*, v.50, n.4, 2006, p.889-910.

SJOBERG, Laura. GENTRY, Caron E. *Mothers, Monsters, Whores*: Women's Violence in Global Politics. Londres: Zed Books, 2007.

SJÖSTEDT, Roxanna. Exploring the Construction of Threats: The Securitization of HIV/AIDS in Russia. *Security Dialogue*, v.39, n.1, 2008, p.7-29.

SKJELSBÆK, Inger. Sexual Violence and War: Mapping Out a Complex Relationship. *European Journal of International Relations*, v.7, n.2, 2001, p.211-37.

SLATER, Jerome. Ideology vs. the National Interest: Bush, Sharon and US Policy in the Israeli-Palestinian Conflict. *Security Studies*, v.12, n.1, 2003, p.164-206.

_____. Tragic Choices in the War on Terrorism: Should We Try to Regulate and Control Torture? *Political Science Quarterly*, v.121, n.2, 2006, p.191-215.

SLAUGHTER, Anne-Marie. The Real New World Order. *Foreign Affairs*, v.76, n.5, 1997, p.183-97.

SLOAN, Stanley. US Perspectives on NATO's Future. *International Affairs*, v.71, n.2, 1995, p.217-31.

SLOCOMBE, Walter B. Europe, Russia and American Missile Defence. *Survival*, v.50, n.2, 2008, p.19-24.

SMITH, Derek D. *Deterring America*: Rogue States and the Proliferation of Weapons of Mass Destruction. Cambridge: Cambridge University Press, 2006.

SMITH, Hazel. *Crime and Economic Instability*: The Real Security Threat from North Korea and What to do About it. International Relations of the Asia-Pacific, v.5, n.2, 2005, p.235-49.

SMITH, Mark. Pragmatic Micawberism? Norm Construction on Ballistic Missiles. *Contemporary Security Policy*, v.27, n.3, 2006, p.526-42.

SMITH, Martin; TIMMINS, Graham; SPERLING, James. *European Security*: An Introduction to Theory and Practice. Londres: Routledge, 2005.

SMITH, Raymond. On the Structure of Foreign News: A Comparison of The New York Times and the Indian White Papers. *Journal of Peace Research*, v.6, n.1, 1969, p.23-36.

SMITH, Roger K. Explaining the Non-proliferation Regime: Anomalies for Contemporary International Relations Theory. International Organization, v.41, n.2, 1987, p.253-81.

SMITH, Steve. The Increasing Insecurity of Security Studies: Conceptualizing Security in the Last Twenty Years. *Contemporary Security Policy*, v.20, n.3, 1999, p.72-101.

_____ The Contested Concept of Security. In: Ken Booth (ed.). Critical Security Studies and World Politics. *Boulder*: Lynne Rienner, 2005, p.27-62.

SMOKE, Richard. National Security Affairs. In GREENSTEIN, Fred; POLSBY, Nelson W. (eds.). Handbook of Political Science, v.8. Reading, MA: Addison-Wesley, 1975, p.247-361.

SMOKER, Paul. Fear in the Arms Race: A Mathematical Study. *Journal of Peace Research*, v.1, n.1, 1964, p.55-64.

SNIDER, Don M. US Military Forces in Europe: How Low Can We Go? *Survival*, v.34, n.4, 1992/3, p.24-39.

SNOW, Donald M. Current Nuclear Deterrence Thinking. *International Studies Quarterly*, v.23, n.3, 1979, p.445-86.

_____. *Uncivil Wars*: International Security and the New Internal Conflicts. Boulder: Lynne Rienner, 1996.

SNYDER, Glenn H. *Deterrence and Defence*. Princeton: Princeton University Press, 1961.

_____. "Prisoner's Dilemma" and "Chicken" Models in International Politics. *International Studies Quarterly*, v.15, n.1, 1971, p.66-103.

SNYDER, Jack L. Rationality at the Brink: The Role of Cognitive Processes in Failures of Deterrence. *World Politics*, v.30, n.3, p.345-65.

SODERLUND, Walter C. An Analysis of the Guerrilla Insurgency and Coup D'Etat as Techniques of Indirect Aggression. *International Studies Quarterly*, v.14, n.4, 1970. p.335-60.

SOEYA, Yoshihide. Taiwan in Japan's Security Considerations. *China Quarterly*, n.165, p. 130-46.

SOKOLSKY, Richard. Imagining European Missile Defence. *Survival*, v.43, n.3, 2001, p.111-28.

SOLANA, Javier. *A Secure Europe in a Better World*: European Security Strategy, Paris: The European Union Institute for Security Studies, 2003.

SOLINGEN, Etel. Middle East Denuclearisation? Lessons from Latin America's Southern Cone. *Review of International Studies*, v.27, n.3, 2001, p.375-94.

SOLINGEN, Etel. *Pax Asiatica versus Bella Levantina*: The Foundations of War and Peace in East Asia and the Middle East. American Political Science Review, v.101, n.4, 2007, p.757-80.

SONTAG, Susan. *Regarding the Torture of Others*. The New York Times, 23 maio 2004, Seção 6, p.25.

SØRENSEN, Georg. War and State-making: Why Doesn't it Work in the Third World? *Security Dialogue*, v.32, n.3, 2001, p.341-54.

SOROKIN, Pitirim A. *Social and Cultural Dynamics*, 3 vols. Nova York: American Books, 1937.

SOVACOOL, Benjamin; HALFON, Saul. Reconstructing Iraq: Merging Discourse of Security and Development. *Review of International Studies*, v.33, n.2, 2007, p.223-44.

SPECTOR, Leonard S. Repentant Nuclear Proliferants. *Foreign Policy*, n.88, p.21-37.

SPERANDEI, Maria. Bridging Deterrence and Compellence: An Alternative Approach to the Study of Coercive Diplomacy. *International Studies Review*, v.8, n.2, 2006, p.253-80.

SPIVAK, Gayatri C. *A Critique of Postcolonial Reason*: Toward a History of the Vanishing Present. Cambridge MA: Harvard University Press, 1999.

SPRINZAK, Ehud. The Great Superterrorism Scare. *Foreign Policy*, n.112, 1998, p.110-24.

SPRUYT, Hendrik. A New Architecture for Peace: Reconfiguring Japan Among the Great Powers. *Pacific Review*, v.11, n.3, 1998, p.364-88.

ST. JOHN, Peter. *Air Piracy, Airport Security and International Terrorism*: Winning the War against Hijackers. Nova York: Quorum Books, 1991.

STANLEY, Penny. Reporting of Mass Rape in the Balkans: Plus Change, Plus C'est M^eme Chose? From Bosnia to Kosovo. *Civil Wars*, v.2, n.2, 1999, n.74-110.

STARR, Harvey. Democracy and Integration: Why Democracies Don't Fight Each Other. *Journal of Peace Research*, v.34, n.2, 1997, p.153-62.

STEEL, Ronald. An Iraq Syndrome? *Survival*, v.49, n.1, 2007, p.153-62.

STEIN, Janice G. Deterrence and Compellence in the Gulf 1990-1: A Failed or Impossible Task? *International Security*, v.17, n.2, 1992, p.147-79.

STEIN, Janice G. Deterrence and Learning in an Enduring Rivalry: Egypt and Israel, 1948-73. *Security Studies*, v.6, n.1, 1996, p.104-52.

STEINBERG, Gerald M. The Role of Process in Arms Control Negotiations. *Journal of Peace Research*, v.22, n.3, 1985, p.261-72.

_____. Deterrence and Middle East Stability – An Israeli Perspective: A Rejoin-der. *Security Studies*, v.28, n.1, 1997, p.49-56.

STEINBRUNER, John D. Beyond Rational Deterrence. *World Politics*, v.28, n.2, 1976, p.223-45.

_____. Arms Control: Crisis or Compromise. *Foreign Affairs*, v.63, n.5, 1985, p.1036-49.

_____. Biological Weapons: A Plague on All Houses. *Foreign Policy*, n.109, 1997/8, p.85-112.

STEPHENS, Angharad Closs. "Seven Million Londoners, One Londres": National and Urban Ideas of Community in the Aftermath of the 7 July 2005 Bombings in Londres. *Alternatives*, v.32, n.2, 2007, p.155-76.

STERN, Geoffrey. The Use of Terror as a Political Weapon. *Millennium*, v.4, n.3, 1975/6, p.263-69.

STERN, Maria. "We" the Subject: The Power and Failure of (In)Security. *Security Dialogue*, v.37, n.2, 2006, p.187-205.

STEVENSON, Jonathan. Pragmatic Counter-terrorism. *Survival*, v.43, n.4, 2001, p.35-48.

_____. Counter-terrorism: Containment and Beyond. *Adelphi 367*, Londres: IISS, 2004.

_____. Demilitarising the "War on Terror". *Survival*, v.48, n.2, 2006, p.37-54.

STIGLMAYER, Alexandra (ed.). *Mass Rape*: The War Against Women in Bosnia-Herzegovina. Lincoln: University of Nebraska Press.

STINSON, Hugh B.; COCHRANE, James D. The Movement for Regional Arms Control in Latin America. *Journal of Interamerican Studies and World Affairs*, v.13, n.1, 1971, p.1-17.

STOCKER, Jeremy. The United Kingdom and Nuclear Deterrence. *Adelphi 386*, Londres: IISS, 2007.

STOKES, Bruce. Divergent Paths: US-Japan Relations Towards the Twenty-first Century. *International Affairs*, v.72, n.2, 1996, p.281-91.

STOKES, Doug. Blood for Oil? Global Capital Counter-insurgency and the Dual Logic of American Energy Security. *Review of International Studies*, v.33, n.2, 2007, p.245-64.

STONE, Jeremy J. (1968). The Case Against Missile Defences. *Adelphi 47*, Londres: IISS.

STONE, John. Politics, Technology and the Revolution in Military Affairs. *Journal of Strategic Studies*, v.27, n.3, 2004, p.408-27.

STRACHAN, Hew. Making Strategy: Civil-Military Relations After Iraq. *Survival*, v.48, n.3, 2006, p.59-82.

STRITZEL, Holger. Towards a Theory of Securitization: Copenhagen and Beyond. *European Journal of International Relations*, v.13, n.3, 2007, p.357-84.

STUBBS, Richard. Subregional Security Cooperation in ASEAN. *Asian Survey*, v.32, n.5, 1993, p.397-410.

_____. ASEAN Plus Three: Emerging East Asian Regionalism. *Asian Survey*, v.42, n.3, 2002, p.440-55.

SUHRKE, Astri. Human Security and the Interests of the State. *Security Dialogue*, v.30, n.3, 1999, p.265-76.

SULLIVAN, Daniel P. Tinder, Spark, Oxygen and Fuel: The Mysterious Rise of the Taliban. *Journal of Peace Research*, v.44, n.1, 2007, p.93-108.

SULLIVAN, Patricia. War Aims and War Outcomes: Why Powerful States Lose Limited Wars. *Journal of Conflict Resolution*, v.51, n.3, 2007, p.496-524.

SURVIVAL. WMD Terrorism: An Exchange. *Survival*, v.40, n.4, 1998/9, p.168-83.

_____. Is Major War Obsolete: An Exchange' *Survival*, v.41, n.2, 1999, p.139-48.

_____. A Consensus on Missile Defence? *Survival*, v.43, n.3, 2001, p.61-94.

SYLVESTER, Christine. UN Elites: Perspectives on Peace. *Journal of Peace Research*, v.17, n.4, 1980, p.305-23.

_____. Some Dangers in Merging Feminist and Peace Projects. Alternatives, v.12, n.4, 1987, p.493-509.

_____. *Feminist Theory and International Relations in a Postmodern Era*. Cambridge: Cambridge University Press, 1994.

_____. The Art of War/The War Question in (Feminist) IR. *Millennium*, v.33, n.3, 2005, p.855-78.

SYLVESTER, Christine. Anatomy of a Footnote. *Security Dialogue*, v.38, n.4, 2007a, p.547-58.

_____. Whither the International at the End of IR. *Millennium*, v.35, n.3, 2007b, p.551-73.

SYNNOTT, Hilary. The Causes and Consequences of South Asia's Nuclear Tests. *Adelphi 332*, Londres: IISS, 1999.

TAKEYH, Ray. Iran's Nuclear Calculations. *World Policy Journal*, v.20, n.2, 2003, p.21-8.

_____. Iran Builds the Bomb. *Survival*, v.46, n.4, 2004/5, p.51-63.

_____. Iran, Israel and the Politics of Terrorism. *Survival*, v.48, n.4, 2006, p.83-96.

TALBOTT, Strobe. Dealing with the Bomb in South Asia. *Foreign Affairs*, v.78, n.2, 1999, p.110-22.

TALENTINO, Andrea K. US Intervention in Iraq and the Future of the Normative Order. *Contemporary Security Policy*, v.25, n.2, 2004, p.312-38.

TALIAFERRO, Jeffrey W. State Building for Future Wars: Neoclassical Realism and the Resource-extractive State. *Security Studies*, v.15, n.3, 2006, p.464-95.

TAMAMOTO, Masaru. How Japan Imagines China and Sees Itself. *World Policy Journal*, v.22, n.4, 2005, p.55-62.

TAMMEN, Ronald L.; KUGLER, Jacek. Power Transition and China-US Conflicts. *Chinese Journal of International Politics*, v.1, n.1, 2006, p.35-55.

TAN, Qingshan. US-China Nuclear Cooperation Agreement: China's Non--proliferation Policy. *Asian Survey*, v.29, n.9, 1989, p.870-82.

TANIGUCHI, Tomohiko. A Cold Peace: The Changing Security Equation in Northeast Asia. *Orbis*, v.49, n.3, 2005, p.445-57.

TANNENWALD, Nina. The Nuclear Taboo: The United States and the Normative Basis of Nuclear Non-use. *International Organization*, v.53, n.3, 1999, p.433-68.

_____. *Stigmatizing the Bomb*: Origins of the Nuclear Taboo, International Security, v.29, n.4, 2005, p.5-49.

TAREMI, Kamran. Beyond the Axis of Evil: Ballistic Missiles in Iran's Military Thinking. *Security Dialogue*, v.36, n.1, 2005, p.93-108.

TAROCK, Adam. Iran's Nuclear Programme and the West. *Third World Quarterly*, v.27, n.4, p.645-64.

TATE, Trevor McMorris. Regime-building in the Non-proliferation System. *Journal of Peace Research*, v.27, n.4, 1990, p.399-414.

TAURECK, Rita (2006). Securitization Theory and Securitization Studies. *Journal of International Relations and Development*, v.9, n.1, 1990, p.53-61.

TAYLOR, Brian D.; BOTEA, Roxana (2008). Tilly Tally: War-making and State-making in the Contemporary Third World. *International Studies Review*, v.10, n.1, 1990, p.27-56.

TAYLOR, Trevor. Western European Security and Defence Cooperation. *International Affairs*, v.70, n.1, 1994, p.1-16.

TELHAMI, Shible. America in Arab Eyes. *Survival*, v.49, n.1, 2007, p.107-22.

TELLIS, Ashely J. The Strategic Implications of a Nuclear India. *Orbis*, v.46, n.1, 2002, p.13-45.

The Evolution of US-Indian Ties: Missile Defense in an Emerging Strategic Relationship. *International Security*, v.30, n.4, 2006, p.113-51.

TERCHEK, Ronald J. *The Making of the Test-Ban Treaty*. The Hague: Martinus Nijhoff, 1970.

TERRORISM AND POLITICAL VIOLENCE. Special Issue. The Future of Terrorism. *Terrorism and Political Violence*, v.11 n.4, 1999.

TERTRAIS, Bruno. Nuclear Policies in Europe. *Adelphi 327*. Londres: IISS, 1999.

THAKUR, Ramesh. South Asia and the Politics of Non-proliferation. *International Journal*, v.54, n.3, 1999, p.404-17.

_____. Envisioning Nuclear Futures. *Security Dialogue*, v.31, n.1, 2000, p.25-40.

THAYER, Bradley A. The Causes of Nuclear Proliferation and the Utility of the Non-proliferation Regime. *Security Studies*, v.4, n.3, 1995a, p.463-519.

_____. Nuclear Weapons as a Faustian Bargain. *Security Studies*, v.5, n.1, 1995b, p.149-63.

THIES, Wallace; BRATTON, Patrick. When Governments Collide in the Taiwan Strait. *Journal of Strategic Studies*, v.27, n.4, 2004, p.556-84.

THOMAS, Caroline. *In Search of Security*: The Third World in International Relations. Brighton: Wheatsheaf, 1987.

_____. Global Governance Development and Human Security: Exploring the Links. *Third World Quarterly*, v.22, n.2, 2001, p.159-75.

THOMAS, Nicholas; TOW, William T. The Utility of Human Security: Sovereignty and Humanitarian Intervention. *Security Dialogue*, v.33, n.2, 2002a, p.177-92.

_____. Gaining Security by Trashing the State? A Reply to Bellamy & McDonald. *Security Dialogue*, v.33, n.3, 2002b, p.379-82.

THOMAS, Raju. India's Nuclear and Space Programmes: Defence or Development? *World Politics*, v.38, n.2, 1986, p.315-42.

_____. South Asian Security in the 1990s. *Adelphi 278*, Londres: IISS, 1993.

THOMAS, Scott M. Taking Religious and Cultural Pluralism Seriously: The Global Resurgence of Religion and the Transformation of International Society. *Millennium*, v.29, n.3, 2000, p.815-41.

_____. *The Global Resurgence of Religion and the Transformation of International Relations*: The Struggle for the Soul of the Twenty-first Century. Basingstoke: Palgrave, 2005.

THOMAS, Timothy L. *Cyber Mobilization*: A Growing Counterinsurgency Campaign. IO Sphere, 2006, p.23-28.

THOMAS, Ward. Norms and Security: The Case of International Assassination. *International Security*, v.25, n.1, 2000, p.105-33.

_____. Victory by Duress: Civilian Infrastructure as a Target in Air Campaigns. *Security Studies*, v.15, n.1, 2006, p.1-33.

THOMPSON, Robert. Vietnam: Which Way Out? *Survival*, v.11, n.5, 1969, p.142-5.

THRALL, A. Trevor. A Bear in the Woods? Threat Framing and the Marketplace of Values. *Security Studies*, v.16, n.3, 2007, p.452-88.

THYAGARAJ, Manohar; THOMAS, Raju G. C. The US-Indian Nuclear Agreement: Balancing Energy Needs and Nonproliferation Goals. *Orbis*, v.50, n.2, 2006, p.355-69.

TICKNER, J. Ann. Gender in International Relations: Feminist Perspectives on Achieving Global Security. Nova York: Columbia University Press, 1992.

_____. You Just Don't Understand: Troubled Engagements Between Feminists and IR Theorists. *International Studies Quarterly*, v.41, n.4, 1997, p.611-32.

_____. *Gendering World Politics*: Issues and Approaches in the Post-Cold War Era. Nova York: Columbia University Press, 2001.

TICKNER, J. Ann. Feminist Perspectives on 9/11. *International Studies Perspectives*, v.3, n.4, 2002, p.333-50.

_____. Feminist Responses to International Security Studies. *Peace Review*, v.16, n.1, 2004, p.43-48.

_____. What Is Your Research Program? Some Feminist Answers to International Relations Methodological Questions. *International Studies Quarterly*, v.49, n.1, 2005, p.1-22.

TICKNER, J. Ann; SJOBERG, Laura. Feminism. In: DUNNE, Tim; KURKI, Milja; SMITH, Steve (eds.). *International Relations Theories*: Discipline and Diversity, Oxford: Oxford University Press, 2007, p.185-202.

TO, Lee L. East Asian Assessments of China's Security Policy. *International Affairs*, v.73, n.2, 1997, p.251-62.

TOFT, Monica D. Issue Indivisibility and Time Horizons as Rationalist Explanations for War. *Security Studies*, v.15, n.1, 2006, p.34-69.

TOGEBY, Lise. The Gender Gap in Foreign Policy Attitudes. *Journal of Peace Research*, v.31, n.4, 1994, p.375-92.

TOJE, Asle. The First Casualty in the War Against Terror: The Fall of NATO and Europe's Reluctant Coming of Age. *European Security*, v.12, n.2, 2003, p.63-76.

TOULMIN, Stephen. *Cosmopolis*: The Hidden Agenda of Modernity, Nova York: Free Press, 1990.

TRACHTENBERG, Marc. The Influence of Nuclear Weapons in the Cuban Missile Crisis. *International Security*, v.10, n.1, 1985, p.137-63.

TRAGER, Robert F.; ZAGORCHEVA, Dessislava P. Deterring Terrorism: It can be Done. *International Security*, v.30, n.3, 2005/6, p.87-123.

TREVERTON, Gregory F. Managing NATO's Nuclear Dilemma. *International Security*, v.7, n.4, 1983, p.93-115.

_____. America's Stakes and Choices in Europe. *Survival*, v.34, n.3, 1992, p.119-35.

TUCHMAN, Barbara. The Alternative to Arms Control. In KOLKOWICZ, Roman; JOECK, Neil (eds.). Arms Control and International Security, Boulder: Westview Press, p.129-41.

TUCKER, Jonathan B. Chemical/Biological Terrorism: Coping with a New Threat. *Politics and the Life Sciences*, v.15, n.2, 1996, p.167-83.

_____. Historical Trends Related to Bioterrorism: An Empirical Analysis. *Emerging Infectious Diseases*, v.5, n.4, 1999, p.498-504.

_____. Chemical and Biological Terrorism: How Real a Threat? *Current History*, v.99, n.636, 2000, p.147-53.

_____. Preventing the Misuse of Biology: Lessons from the Oversight of Small-pox Virus Research. *International Security*, v.31, n.2, 2006, p.116-50.

TUNANDER, Ola. The Logic of Deterrence. *Journal of Peace Research*, v.26, n.4, 1989, p.353-65.

_____. A New Ottoman Empire: The Choice for Turkey. *Security Dialogue*, v.26, n.4, 1995, p.413-26.

TWOMEY, Christopher. Japan, a Circumscribed Balancer: Building on Defensive Realism to Make Productions About East Asian Security. *Security Studies*, v.9, n.4, 2000, p.167-205.

ULFSTEIN, Geir. Terrorism and the Use of Force. *Security Dialogue*, v.34, n.2, 2003, p.153-67.

ULLMAN, Richard. Redefining Security. *International Security*, v.8, n.1, 1983, p.129-53.

UNDP. *Human Development Report 1994*. Oxford: Oxford University Press, 1994.

URAYAMA, Kori J. Chinese Perspectives on Theatre Missile Defence: Policy Implications for Japan. *Asian Survey*, v.40, n.4, 2000, p.599-621.

UTGOFF, Victor A. Proliferation, Missile Defence and American Ambitions. *Survival*, v.44, n.2, 2002, p.85-102.

VALE, Peter. Regional Security in Southern Africa. *Alternatives*, v.21, n.3, 1996, p.363-91.

VALENCIA, Mark J. The Proliferation Security Initiative: Making Waves in Asia. *Adelphi 376*, Londres: IISS, 2005.

VALENTINO, Benjamin. Allies no More: Small Nuclear Powers and Opponents of BMD in the PCW Era. *Security Studies*, v.7, n.2, 1997/8, p.215-34.

VAN CREVELD, Martin. *The Transformation of War*. Nova York: Free Press, 1991.

VAN CREVELD, Martin. *Nuclear Proliferation and the Future of Conflict*. Nova York: Free Press, 1993.

VAN EVERA, Stephen. The Cult of the Offensive and the Origins of the First World War. *International Security*, v.9, n.1, 1984, p.58-107.

_____. Hypotheses on Nationalism and War. *International Security*, v.18, n.4, 1994, p.5-39.

_____. Offense, Defense, and the Causes of War. *International Security*, v.22, n.4, 1997, p.5-43.

VAN HAM, Peter. *Managing Non-proliferation Regimes in the 1990s*. Londres: Pinter, 1993.

VAN MUNSTER, Rens. Review Essay: Security on a Shoestring: A Hitchhiker's Guide to Critical Schools of Security in Europe. *Cooperation and Conflict*, v.42, n.2, 2007, p.235-43.

VAN NESS, Peter. Globalization and Security in East Asia. *Asian Perspective*, v.23, n.4, 1999, p.315-42.

_____. Hegemony not Anarchy: Why China and Japan are not Balancing US Unipolar Power. *International Relations of the Asia Pacific*, v.2, n.1, 2002, p.131-50.

_____. China's Response to the Bush Doctrine. *World Policy Journal*, v.21, n.4, 2004/5, p.38-48.

VAN OUDENAREN, John. Transatlantic Bipolarity and the End of Multilateralism. *Political Science Quarterly*, v.120, n.1, 2005, p.1-32.

VARSHNEY, Ashutosh.. India, Pakistan and Kashmir. *Asian Survey*, v.31, n.11, 1991, p.997-1019.

VASQUEZ, John A. Toward a Unified Strategy for Peace Education: Resolving the Two Cultures Problem in the Classroom. *The Journal of Conflict Resolution*, v.20, n.4, 1976, p.707-28.

VAUGHAN-WILLIAMS, Nick. The Shooting of Jean Charles de Menezes: New Border Politics. *Alternatives*, v.32, n.2, 2007, p.177-95.

VÄYRYNEN, Raimo. Regional Conflict Formations. *Journal of Peace Research*, v.21, n.4, 1984, p.337-59.

_____ (ed.). *Policies for Common Security*. Londres: Taylor & Francis and SIPRI, 1985.

VÄYRYNEN, Raimo. Peace Research Between Idealism and Realism: Fragments of a Finnish Debate. In: GUZZINI, Stefano; JUNG, Dietrich (eds.). *Contemporary Security Analysis and Copenhagen Peace Research*. Londres: Routledge, 2004, p.27-39.

VERBA, Sidney et. al. Public Opinion and the War in Vietnam. *The American Political Science Review*, v.61, n.2, 1967, p.317-33.

VINCI, Anthony. Becoming the Enemy: Convergence in the American and Al Qaeda Ways of Warfare. *Journal of Strategic Studies*, v.31, n.1, 2008, p.69-88.

VIVEKANANDAN, B. The Indian Ocean as a Zone of Peace: Problems and Prospects. *Asian Survey*, v.21, n.12, 1981, p.1237-49.

_____. CTBT and India's Future. *International Studies*, v.36, n.4, 1999, p.355-73.

VOAS, Jeanette. The Arms Control Compliance Debate. *Survival*, v.28, n.1, 1986, p.8-31.

VON ESCHEN, Donald; KIRK, Jerome; PINARD, Maurice. The Disintegration of the Negro Non-violent Movement. *Journal of Peace Research*, v.6, n.3, 1969, p.215-34.

VUORI, Juha A. Illocutionary Logic and Strands of Securitization: Applying the Theory of Securitization to the Study of Non-democratic Political Orders. *European Journal of International Relations*, v.14, n.1, 2008, p.65-99.

WÆVER, Ole. Moments of the Move: Politico-linguistic Strategies of Western Peace Movements. *Working Paper n. 1989/13*, Copenhagen: Center for Peace and Conflict Research, 1989a.

_____. Conceptions of De´tente and Change: Some Non-military Aspects of Security Thinking in the FRG. In WÆVER, Ole; LEMAITRE, Pierre; TROMER, Elzbieta (eds.). *European Polyphony*: Perspectives Beyond East--West Confrontation. Basingstoke e Londres: Macmillan, 1989b, p.186-224.

_____. Securitization and Desecuritization. In LIPSCHUTZ, Ronnie D. (ed.) *On Security*. Nova York: Columbia University Press, 1995, p.46-86.

_____. European Security Identities. *Journal of Common Market Studies*, v.34, n.1, 1996, p.103-32.

_____. The Baltic Sea: A Region after Post-modernity? In JOENNIEMI, Pertti (ed.). *Neo-nationalism or Regionality*: The Restructuring of Political Space Around the Baltic Rim. Estocolmo: NordREFO, 1997, p.293-342.

WÆVER, Ole. The Sociology of a not so International Discipline: American and European Developments in International Relations. *International Organization*, v.52, n.4, 1998, p.687-727.

_____. Aberystwyth, Paris, Copenhagen: New "Schools" in Security Theory and their Origins between Core and Periphery. Paper for ISA Montreal, março de 2004. Disponível em: <http://zope.polforsk1.dk/securitytheory/waevermontreal/>.

_____. Peace and Security: Two Concepts and their Relationship. In: GUZZINI, Stefano; JUNG ,Dietrich (eds.). Contemporary Security Analysis and Copenhagen Peace Research. Londres: Routledge, 2004b, p.53-65.

_____. Security: A Conceptual History for International Relations, 2006. Disponível em: <www.libertysecurity.org>.

_____. Still a Discipline After all these Debates? In: DUNNE, Tim, KURKI, Milja; SMITH, Steve (eds.). *International Relations Theories*: Discipline and Diversity, Oxford: Oxford University Press, 2007, p.288-308.

_____. Peace and Security: Two Evolving Concepts and their Changing Relationship. In BRAUCH, Hans Günter et. al. (eds.). Globalization and Environmental Challenges: Reconceptualizing Security in the 21st Century. *Hexagon Series on Human and Environmental Security and Peace*, v.3. Heidelberg/Berlin/Nova York: Springer, 2008, p.99-112.

WÆVER, Ole; BUZAN, Barry. After the Return to Theory: The Past, Present and Future of Security Studies. In COLLINS, Alan R. (ed.). *Contemporary Security Studies*. Oxford: Oxford University Press, p.383-402.

_____. et. al. *Identity, Migration and the New Security Agenda in Europe*. Londres: Pinter, 1993.

WALKER, R. B. J. Realism, Change and International Political Theory. *International Studies Quarterly*, v.31, n.1, 1987, p.65-86.

_____. *One World, Many Worlds*: Struggles for a Just World Peace. Londres: Zed Books, 1988.

_____. Security, Sovereignty, and the Challenge of World Politics. *Alternatives*, v.15, n.1, 1990, p.3-27.

_____. *Inside/Outside*: International Relations as Political Theory. Cambridge: Cambridge University Press, 1993.

WALKER, R. B. J. The Subject of Security. In KRAUSE, Keith; WILLIAMS, Michael C. (eds.). *Critical Security Studies*. Minneapolis: University of Minnesota Press, 1997, p.61-81.

_____. Lines of Insecurity: International, Imperial, Exceptional. *Security Dialogue*, v.37, n.1, 2006, p.65-82.

WALKER, William. Weapons of Mass Destruction and International Order. *Adelphi 370*, Londres: IISS, 1975.

_____. Nuclear Weapons and the Former Soviet Republics. *International Affairs*, v.68, n.2, 1992, p.255-77.

_____. Nuclear Order and Disorder. *International Affairs*, v.76, n.4, 2000, p.725-39.

_____. *Destination Unknown*: Rokkasho and the International Future of Nuclear Reprocessing. *International Affairs*, v.82, n.4, 2006, p.743-61.

WALLACE, Michael; CRISSEY, Brian; SENNOTT, Linn. Accidental Nuclear War: A Risk Assessment. *Journal of Peace Research*, v.23, n.1, 1986, p.9-27.

WALLANDER, Celeste A. Institutional Assets and Adaptability: NATO After the Cold War. *International Organization*, v.54, n.4, 2000, p.705-35.

WALLENSTEEN, Peter; SOLENBERG, Margareta. The End of International War? Armed Conflict 1989-95. *Journal of Peace Research*, v.33, n.3, 1996, p.353-70.

WALLERSTEIN, Mitchel B. China and Proliferation: A Path not Taken? *Survival*, v.38, n.3, 1996, p.58-66.

_____. Whither the Role of Private Foundations in Support of International Security Policy? *The Nonproliferation Review*, v.9, n.1, 2002, p.83-91.

WALT, Stephen M. *The Origins of Alliances*. Ithaca: Cornell University Press.

_____. The Renaissance of Security Studies. International Studies Quarterly, v.35, n.2, 1991, p.211-39.

_____. Rigor or Rigor Mortis? Rational Choice and Security Studies. International Security, v.23, n.4, 1999a, p.5-48.

_____. A Model Disagreement. *International Security*, v.24, n.2, 1999b, p.115-30.

_____. Beyond bin Laden: Reshaping US Foreign Policy. *International Security*, v.26, n.3, 2001/2, p.56-78.

WALTON, C. Dale. Europa United: The Rise of a Second Superpower and its Effect on World Order. *European Security*, v.6, n.4, 1997, p.44-54.

WALTZ, Kenneth N. The Stability of a Bipolar World. *Daedalus*, v.93, n.3, 1964, p.881-909.

_____. *Theory of International Politics*. Reading MA: Addison-Wesley, 1979.

_____. The Spread of Nuclear Weapons: More may be Better. *Adelphi 171*. Londres: IISS, 1981.

_____. The Origins of War in Neorealist Theory. *Journal of Interdisciplinary History*, v.18, n.4, 1988, p.615-28.

_____. The Emerging Structure of International Politics. *International Security*, v.18, n.2, 1993, p.44-79.

_____. NATO Expansion: A Realist's View. *Contemporary Security Policy*, v.21, n.2, 2000a, p.23-38.

_____. Structural Realism after the Cold War. *International Security*, v.25, n.1, 2000b, p.5-41.

WAN, Ming. Tensions in Recent Sino-Japanese Relations: The May 2002 Shenyang Incident. *Asian Survey*, v.43, n.5, 2004, p.826-44.

WANANDI, Jusuf. ASEAN's China Strategy: Towards Deeper Engagement. *Survival*, v.38, n.3, 1996, p.117-28.

WANG, Qingxin Ken. Hegemony and Socialisation of the Mass Public: The Case of Postwar Japan's Cooperation with the United States on China Policy. *Review of International Studies*, v.29, n.1, 2003, p.99-119.

WARD, Adam. China and America: Trouble Ahead? *Survival*, v.45, n.3, 2003, p.35-56.

WATKINS, Eric. The Unfolding US Policy in the Middle East. *International Affairs*, v.73, n.1, 1997, p.1-14.

WEBBER, Douglas. Two Funerals and a Wedding? The Ups and Downs of Regionalism in East Asia and Asia-Pacific After the Asian Crisis. *The Pacific Review*, v.14, n.3, 2001, p.339-72.

WEBBER, Mark et. al. The Common European Security and Defence Policy and the "Third Country" Issue. *European Security*, v.11, n.2, 2002, p.75-100.

WEBER, Cynthia. *Simulating Sovereignty*: Intervention, the State and Symbolic Exchange. Cambridge: Cambridge University Press, 1995.

WEBER, Cynthia. Performative States. *Millennium*, v.27, n.1, 1998, p.77-95.

_____. An Aesthetics of Fear: The 7/7 Londres Bombings, the Sublime and Werenotafraid.com. *Millennium*, v.34, n.3, 2006a, p. 683-710.

_____. *Imagining America at War*: Morality, Politics and Film. Londres: Routledge, 2006b.

WEEDE, Erich. Extended Deterrence by Superpower Alliance. *Journal of Conflict Resolution*, v.27, n.2, 1983, p.231-53.

_____. Living with the Transatlantic Drift. *Orbis*, v.49, n.2, 2005, p.323-35.

WEHR, Paul; WASHBURN, Michael. *Peace and World Order Studies*: Teaching and Research. Beverly Hills: SAGE, 1976.

WEINER, Sharon K. Preventing Nuclear Entrepreneurship in Russia's Nuclear Cities. *International Security*, v.27, n.2, 2002, p.126-58.

WEINSTEIN, Jeremy M. Africa's "Scramble for Africa": Lessons of a Continental War. *World Policy Journal*, v.27, n.2, 2000, p.11-20.

WELDES, Jutta. Constructing National Interests. *European Journal of International Relations*, v.2, n.3, 1996, p.275-318.

_____. *Constructing National Interests*: The United States and the Cuban Missile Crisis, Minneapolis: University of Minnesota Press, 1999.

WELDES, Jutta et. al. (eds.). *Cultures of Insecurity*: States, Communities, and the Production of Danger, Minneapolis: University of Minnesota Press, 1999.

WELTMAN, John J. Managing Nuclear Multipolarity. *International Security*, v.6, n.3, 1981/2, p.182-94.

WENDT, Alexander. *Social Theory of International Relations*. Cambridge: Cambridge University Press, 1999.

_____. Why a World State is Inevitable. *European Journal of International Relations*, v.9, n.4, 2003, p.491-542.

WESTING, Arthur H. The Military Sector vis-à-vis the Environment. *Journal of Peace Research*, v.25, n.3, 1988, p.257-64.

WHITE, Stephen; KOROSTELEVA, Julia; ALLISON ,Roy. NATO: The View from the East. *European Security*, v.15, n.2, 2006, p.165-90.

WHITMAN, Richard G. NATO, the EU and ESDP: An Emerging Division of Labour? *Contemporary Security Policy*, v.25, n.3, 2004, p.430-51.

WIBERG, Hakan. *Konfliktteori och fredsforskning*. Estocolmo: Scandinavian University Books, 1976.

_____. JPR 1964-1980 – What have we Learnt about Peace? *Journal of Peace Research*, v.18, n.2, 1981, p.111-48.

_____. The Peace Research Movement. In: WALLENSTEEN, Peter (ed.). *Peace Research*: Achievements and Challenges. Boulder e Londres: Westview Press, 1988, p.30-53.

WIGHT, Martin. Why is there no International Theory? In: BUTTERFIELD, Herbert; WIGHT, Martin (eds.). *Diplomatic Investigations*: Essays in the Theory of International Politics. Londres: Allen & Unwin, 1966, p.7-34.

WILKENING, Dean A. Amending the ABM Treaty. *Survival*, v.42, n.1, 2000a, p.29-45.

_____. Ballistic Missile Defence and Strategic Stability. *Adelphi 334*. Londres: IISS, 2000b.

WILKINSON, Claire. The Copenhagen School on Tour in Kyrgyzstan: Is Securitization Theory Useable Outside Europe?. *Security Dialogue*, v.38, n.1, 2007, p.5-25.

WILKINSON, Paul. *Terrorism and the Liberal State*. 2. ed. Nova York: New York University Press, 1986.

WILKINSON, Paul; STEWART, Alasdair M. (eds.). *Contemporary Research on Terrorism*. Aberdeen: Aberdeen University Press, 1987.

WILLETT, Susan. Globalisation and Insecurity. *IDS Bulletin*, v.32, n.2, 2001, p.1-12.

WILLIAMS, Frederick. The United States Congress and Nonproliferation. *International Security*, v.3, n.2, 1978, p.45-50.

WILLIAMS, M. J. (In)Security Studies, Reflexive Modernization and the Risk Society. *Cooperation and Conflict*, v.43, n.1, 2008, p.57-79.

WILLIAMS, Michael C. The Institutions of Security: Elements of a Theory of Security Organizations. *Cooperation and Conflict*, v.32, n.3, 1997, p.287-307.

_____. Identity and the Politics of Security. *European Journal of International Relations*, v.4, n.2, 1998, p.204-25.

_____. Words, Images, Enemies: Securitization and International Politics. *International Studies Quarterly*, v.47, n.4, 2003, p.511-31.

WILLIAMS, Michael C. What is the National Interest? The Neoconservative Challenge in IR Theory. *European Journal of International Relations*, v.11, n.3, 2005, p.307-37.

_____. *Culture and Security*: Symbolic Power and the Politics of International Security. Londres: Routledge, 2007.

WILLIAMS, Michael C.; NEUMANN, Iver B. From Alliance to Security Community: NATO, Russia, and the Power of Identity. *Millennium*, v.29, n.2, 2000, p.357-88.

WILLIAMS, Paul D. Thinking about Security in Africa. *International Affairs*, v.83, n.6, 2007, p.1021-38.

_____. (ed.). *Security Studies*: An Introduction. Abingdon: Routledge, 2008.

WILLIAMS, Phil. Transnational Criminal Organisations and International Security. *Survival*, v.36, n.1, 1994, p.96-113.

WILLIAMS, Phil; BROOKS, Doug. Captured, Criminal and Contested States: Organised Crime in Africa. *South African Journal of International Affairs*, v.6, n.2, 1999, p.81-99.

WILLIAMS, Phil; HAMMOND, Paul; BRENNER, Michael. The US and Western Europe after the Cold War. *International Affairs*, v.69, n.1, 1993, p.1-17.

WILSON, Laurie J.; AL-MUHANNA. Ibrahim. The Political Economy of Information: The Impact of Transborder Data Flows. *Journal of Peace Research*, v.22, n.4, 1985, p.289-301.

WINDASS, Stan (ed.). *Avoiding Nuclear War*: Common Security as a Strategy for the Defence of the West. Londres: Brassy's, 1985.

WINDSOR, Philip. On the Logic of Security and Arms Control in the NATO Alliance. In: HAGEN, Lawrence S. (ed.). *The Crisis in Western Security*. Londres: Croom Helm, Hagen, p.27-40.

WINER, Jonathan M.; ROULE, Trifin J. Fighting Terrorist Finance. *Survival*, v.44, n.3, 2002, p.87-103.

WINNER, Andrew C.; YOSHIHARA, Toshi. India and Pakistan at the Edge. *Survival*, v.44, n.3, 2002, p.69-86.

WINTERS, Francis X. Ethics and Deterrence. *Survival*, v.28, n.4, 1986, p.338-49.

WOHLFORTH, William C. The Stability of a Unipolar World. *International Security*, v.24, n.1, 1999, p.5-41.

WOHLSTETTER, Albert J. The Delicate Balance of Terror. *Foreign Affairs*, v.37, n.2, 1959, p.211-34.

_____. Is there a Strategic Arms Race? *Survival*, v.16, n.2, 1974, p.277-92.

WOHLSTETTER, Albert J. et. al. *Swords from Plowshares*: The Military Potential of Civilian Nuclear Energy. Chicago: University of Chicago Press, 1979.

_____. et. al. *Selection and Use of Strategic Air Bases, R-266*. Santa Monica: The RAND Corporation, 1954.

WOHLSTETTER, Roberta. Terror on a Grand Scale. *Survival*, v.18, n.3, 1976, p.98-104.

WOLF, Klaus Dieter; DEITELHOFF, Nicole; ENGERT, Stefan. Corporate Security Responsibility: Towards a Conceptual Framework for a Comparative Research Agenda. *Cooperation and Conflict*, v.42, n.3, 2007, p.294-320.

WOLFERS, Arnold. National Security as an Ambiguous Symbol. *Political Science Quarterly*, v.67, n.4, 1952, p.481-502.

WOLFSTHAL, Jon B.; COLLINA, Tom Z. Nuclear Terrorism and Warhead Control in Russia. *Survival*, v.44, n.2, 2002, p.71-83.

WOOD, Pia C. France and the Post-Cold War Order: The Case of Yugoslavia. *European Security*, v.3, n.1, 1994, p.129-52.

WOODS, Matthew. Reflections on Nuclear Optimism: Waltz, Burke and Proliferation. *Review of International Studies*, v.28, n.1, 2002, p.163-89.

WOOSTER, Martin M. Freedom's Champion: How the John M. Olin Foundation Achieved Greatness. Disponível em: <http://www.philanthropyroundtable.org/printarticle. asp?article=1093>.

WRIGHT, Quincy. *A Study of War*. Chicago: University of Chicago Press, 1942.

WROBEL, Paulo. Brazil and the NPT: Resistance to Change. *Security Dialogue*, v.27, n.3, 1996, p.337-47.

WYN JONES, Richard. "Message in a Bottle"? Theory and Praxis in Critical Security Studies. *Contemporary Security Policy*, v.16, n.3, 1995, p.299-319.

_____. Security, Strategy and Critical Theory. Boulder: Lynne Rienner, 1999.

_____. On Emancipation: Necessity, Capacity and Concrete Utopias. In BOOTH, Ken (ed.). *Critical Security Studies and World Politics*. Boulder: Lynne Rienner, 2005, p.215-36.

REFERÊNCIAS BIBLIOGRÁFICAS

XIANG, Lanxin. Washington's Misguided China Policy. *Survival*, v.43, n.3, 2001, p.7-30.

_____. China's Eurasian Experiment. *Survival*, v.46, n.2, 2004, p.109-21.

XINGHAO, Ding. Managing Sino-American Relations in a Changing World. *Asian Survey*, v.31, n.12, 1991, p.1155-69.

XUETONG, Yan. The Rise of China and its Power Status. *Chinese Journal of International Politics*, v.1, n.1, 2006, p.5-33.

YAGER, Joseph A. (ed.) *Non-proliferation and US Foreign Policy*. Washington, DC: Brookings, 1980.

YAMANOUCHI, Yasuhide. Nuclear Energy and Japan's Security Policy. *Japan Review of International Affairs*, v.11, n.3, 1997, p.204-18.

YANG, Philip. Doubly Dualistic Dilemma: US Strategies towards China and Taiwan. *International Relations of the Asia-Pacific*, v.6, n.2, 2006, p.209-25.

YASMEEN, Samina. Pakistan's Nuclear Tests: Domestic Debate and International Determinants. *Australian Journal of International Affairs*, v.53, n.1, 1999, p.43-56.

YEILADA, Birol; EFIRD, Brian; NOORDIJK, Peter. Competition among Giants: A Look at how Future Enlargement of the European Union Could Affect Global Power Transition. *International Studies Review*, v.8, n.4, 2006, p.607-22.

YERGIN, Daniel. *Shattered Peace*: The Origins of the Cold War and the National Security State. Boston: Houghton Mifflin, 1978.

YODA, Tatsuro. Japan's Host Nation Support Program for the US-Japan Security Alliance: Past and Prospects'. *Asian Survey*, v.46, n.6, 2006, p.937-61.

YORK, Herbert. Beginning Nuclear Disarmament at the Bottom. *Survival*, v.25, n.5, 1983, p.227-31.

YOST, David S. France's Nuclear Dilemmas. *Foreign Affairs*, v.75, n.1, 1996, p.108-18.

_____. The US and Nuclear Deterrence. *Adelphi 326*. Londres: IISS, 1999.

_____. New Approaches to Deterrence in Britain, France, and the United States. *International Affairs*, v.81, n.1, 2005a, p.83-114.

_____. France's Evolving Nuclear Strategy. *Survival*, v.47, n.3, 2005b, p.117-46.

YOUNG, Elizabeth. *A Farewell to Arms Control*. Harmondsworth: Penguin, 1972.

YOUNGS, Richard. The European Security and Defence Policy: What Impacton the EU's Approach to Security Challenges? *European Security*, v.11, n.2, 2002, p.101-24.

ZAGARE, Frank C. All Mortis, No Rigor. *International Security*, v.24, n.2, 1999, p.107-14.

_____; KILGOUR, D. Marc. Assessing Competing Defence Postures: The Strategic Implications of Flexible Response. *World Politics*, v.47, n.3, 1995, p.373-417.

_____. The Deterrence-Versus-Restraint Dilemma in Extended Deterrence: Explaining British Policy in 1914. *International Studies Review*, v.8, n.4, 2006, p.623-42.

ZAGORSKI, Andrei. Post-Soviet Nuclear Proliferation Risks. *Security Dialogue*, v.23, n.3, 1992, p.7-40.

ZAMETICA, John. The Yugoslav Conflict. *Adelphi 270*. Londres: IISS, 1992.

ZEHFUSS, Maja. Constructivism and Identity: A Dangerous Liaison. *European Journal of International Relations*, v.7, n.3, 2001, p.315-48.

_____. Subjectivity and Vulnerability: On the War in Iraq. *International Politics*, v.44, n.1, 2007, p.58-71.

ZIELONKA, Jan. Security in Central Europe. *Adelphi 272*, Londres: IISS, 1992.

ZONGYOU, Wei. In the Shadow of Hegemony: Strategic Choices. *Chinese Journal of International Politics*, v.1, n.2, 2006, p.195-229.

ZOOK, Darren C. A Culture of Deterrence: Nuclear Myths and Cultural Chauvinism in South Asia. *World Policy Journal*, v.17, n.1, 2000, p.39-46.

ÍNDICE DE AUTORES

Abelson, Donald E., 156

Adler, Emanuel, 293, 295, 300, 301, 332, 335, 354

Adorno, Theodor, 202, 315

Agamben, Giorgio, 373

Alker, Hayward R., 203, 314, 327, 336

Amin, Samir, 199

Anderson, Benedict, 58

Angell, Norman, 209

Art, Robert, 131, 140, 377

Ashley, Richard K., 203, 224, 227, 314, 336

Austin, John L., 223

Ayoob, Mohammed, 49, 94, 104, 144, 201, 270, 273, 274, 276, 291, 304, 350, 354

Baldwin, David A., 34, 35, 117, 252, 291

Barkawi, Tarak, 99, 104, 305, 335, 349, 367

Barnett, Michael, 204, 205, 266, 300, 335, 353

Baudrillard, Jean, 333

Beck, Ulrich, 375

Bellamy, Alex J., 310

Benedict, Kennette, 58, 236

Betts, Richard K., 108, 116, 189, 254, 261, 268, 349, 377

Biersteker, Thomas, 336

Bigo, Didier, 104, 328, 374, 375

Booth, Ken, 49, 150, 203, 309, 311, 312, 313, 314, 325, 330

Boulding, Elise, 219

Boulding, Kenneth E., 196, 201, 202, 205, 206, 208, 210, 212, 234, 235, 253

Bourdieu, Pierre, 328

Bremer, Stuart, 235

Brown, Neville, 127, 184, 216, 354, 379

Bull, Hedley, 63, 93, 149, 150, 152, 170, 174, 180, 182, 184, 187, 215

Buzan, Barry, 9, 10, 12, 17, 24, 30, 34, 39, 40, 44, 45, 50, 62, 69, 87, 89, 95,

96, 120, 121, 126, 129, 130, 134, 147, 158, 160, 166, 167, 180, 181, 190, 205, 213, 214, 215, 216, 258, 259, 273, 274, 277, 291, 309, 321, 323, 324, 325, 326, 354, 356, 359, 360, 383, 391

Calleo, David P., 258, 357, 358, 359
Campbell, David, 95, 226, 227, 278, 298, 318, 325, 329, 330, 331, 332, 334, 369, 370, 374
Caprioli, Mary, 318, 319, 353
Cardoso, Fernando H., 199
Carpenter, R. Charli, 258, 261, 276, 318, 319, 320, 321, 358
Carr, E. H., 65, 172, 279
Carson, Rachel, 204
Carter, Aston B., 268, 346, 347
Chatfield, Charles, 199, 207, 209, 210, 235
Chilton, Paul, 223
Clausewitz, Carl von, 23, 35, 350
Cohn, Carol, 104, 220, 223, 224, 321
Collins, Alan R., 26, 271, 290
Crawford, Neta, 332, 335, 359, 368

Dalby, Simon, 104, 225, 227
Dannreuther, Roland, 27, 350
Dencik, Lars, 199
Der Derian, James, 10, 99, 104, 227, 294, 331, 333, 344, 346, 348, 366, 367, 368, 370, 372, 373
Derrida, Jacques, 224, 332

Desch, Michael C., 295, 298, 348, 377
Deudney, Daniel, 64, 100, 116, 204, 249, 291, 327, 399
Deutsch, Karl W., 10, 50, 191, 192, 193, 259, 300
Duvall, Raymond, 336

Eide, Asbjörn, 199
Einstein, Albert, 231
Elshtain, Jean B., 220, 320
Enloe, Cynthia, 221, 315, 319, 320, 371, 372
Everts, Philip P., 207, 219, 231

Faletto, Enzo, 199
Falk, Richard, 180, 209
Fierke, Karin M., 104, 290, 302, 303
Finnemore, Martha, 296, 297, 299, 335
Foucault, Michel, 34, 106, 224, 225, 328, 373, 394
Frank, Andre G., 199
Freedman, Lawrence, 12, 24, 118, 129, 138, 146, 147, 150, 182, 184, 189, 265, 272, 276, 349, 353, 361, 362
Fukuyama, Francis, 109, 262

Galtung, Johan, 166, 170, 190, 192, 193, 195, 196, 197, 198, 199, 200, 204, 205, 206, 210, 213, 219, 308, 313
George, Alexander L., 27, 131, 137, 139, 156, 275, 278, 377
Glaser, Charles L., 27, 133, 260, 264, 268, 271, 272, 361, 377

Gleditsch, Nils P., 189, 191, 202, 203, 211, 212, 213, 218, 229, 232, 237, 244

Gray, Colin S., 123, 124, 129, 131, 134, 137, 145, 150, 184, 250, 265, 271, 277, 333, 361, 373

Gunnell, John G., 85, 87

Gusterson, Hugh, 335

Habermas, Jürgen, 203, 313

Hansen, Lene, 9, 10, 12, 17, 28, 97, 100, 101, 104, 158, 273, 278, 318, 320, 326, 327, 328, 330, 332, 333, 367, 370, 373, 405

Harding, Sandra, 319

Haushofer, Karl Ernst, 24

Herz, John, 39, 49, 71, 251, 252, 389

Hobbes, Thomas, 35, 56, 57

Hook, Glenn D., 223, 224

Horkheimer, Max, 202, 315

Hough, Peter, 27, 290

Huntington, Samuel P., 46, 60, 93, 109, 116, 129, 249, 257, 258

Huysmans, Jef, 40, 66, 111, 271, 321, 323, 325, 327, 328, 373, 375

Jahn, Egbert, 199, 321

Jervis, Robert, 49, 68, 103, 123, 124, 125, 128, 131, 134, 137, 140, 142, 152, 246, 249, 349, 351, 353, 357, 362, 377

Joenniemi, Pertti, 224, 330

Johnston, Alastair I., 68, 185, 335, 356

Kant, Immanuel, 209

Kaplan, Morton A., 147, 149, 354

Kathari, Rajni, 209

Katz, Daniel, 234

Katzenstein, Peter J., 46, 255, 261, 293, 294, 296, 298, 300, 330, 332, 335, 336, 350, 356, 359

Kaufmann, Chaim, 62, 101, 251, 278, 353, 372, 377

Kennan, George F., 9, 60, 62, 71, 121, 122, 124, 135, 137, 194, 248, 251

Keohane, Robert O., 29, 70, 140, 143, 244, 255, 259, 292, 319

Kier, Elizabeth, 68, 298, 299, 335, 377

Klotz, Audie, 335

Kolodziej, Edward A., 35, 94, 111, 144, 253, 290

Kramer, Marguerite, 202, 209

Kratochwil, Friedrich, 336

Krause, Reith, 49, 94, 104, 272, 294, 305, 312, 326

Krippendorff, Ekkehart, 199

Kuhn, Thomas, 50, 82, 83, 84

Lenz, Theodore F., 231

Levinas, Emmanuel, 332

Levy, Jack S., 98, 140, 377

Lipschutz, Ronnie, 332, 335

Locke, John, 56

Lopez, George A., 202, 212, 235

Lynch, Cecelia, 335, 372

Lynn-Jones, Sean M., 9, 26, 111, 205, 254, 291, 385

Mahan, Alfred Thayer, 23
Marcuse, Herbert, 199, 202, 224
Masco, Joseph, 307
Mattern, Janice Bially, 301, 303
McDonald, Matt, 310, 328
Mearsheimer, John J., 105, 250, 258, 278, 298, 347, 348, 377, 378
Mercer, Jonathan, 263, 335
Miller, Steven E., 264, 269, 280, 296, 353, 354, 377
Mitrany, David, 209
Möller, Bjorn, 235
Morgenthau, Hans J., 65, 180, 348
Mutimer, David, 267, 270, 302, 303, 306, 312, 314

Neocleous, Mark, 38, 44, 326, 373
Neumann, Iver B., 301, 328, 330, 333, 349
Nye, Joseph S., 9, 26, 94, 111, 140, 143, 188, 204, 205, 254, 258, 259, 261, 276, 291, 359, 385

Okawara, Nobuo, 261, 296, 298
Onuf, Nicholas G., 172, 210, 211, 336
Oren, Ido, 111, 155, 276, 301, 335

Pape, Robert A., 278, 377
Paris, Roland, 308, 310, 314
Parmar, Inderjeet, 100, 101
Posen, Barry R., 46, 62, 94, 101, 251, 258, 267, 268, 277, 278, 347, 357, 359, 360, 377

Price, Richard, 104, 297, 300

Rapoport, Anatol, 146, 189, 208, 234
Rees, Martin, 350, 405
Reid, Herbert G., 172, 199, 210, 211, 212, 213, 374
Reus-Smith, Christian, 335
Richardson, Lewis E., 23, 156, 158, 189, 208, 212, 234, 378
Risse-Kappen, Thomas, 249, 296, 298
Rosecrance, Richard, 131, 132, 137, 377
Ruddick, Sara, 220
Ruge, Mari H., 192, 193
Russell, Bertrand, 231, 271, 361, 362
Russett, Bruce, 129, 130, 137, 158, 197, 202, 209, 234, 259

Sagan, Scott D., 204, 263, 267, 268
Schelling, Thomas C., 128, 132, 146, 152, 182, 184, 187, 377
Schmid, Hermann, 197, 199, 279
Schmidt, Brian, 83, 84, 85
Schmitt, Carl, 66, 267, 363, 373
Scott, Joan W., 317
Scott, Richard, 280
Searle, John R., 223
Senghaas, Dieter, 199, 200
Shapiro, Michael J., 224, 227, 331, 333, 370
Sharp, Gene, 184, 190, 197
Sheehan, Michael, 27, 290
Singer, J. David, 146, 180, 181, 182, 185, 208, 234, 259, 270, 351, 363, 374

ÍNDICE DE AUTORES

Smoker, Paul, 208

Snyder, Glenn H., 377

Snyder, Jack L., 377

Sorokin, Pitirim A., 208

Suhrke, Astri, 309, 310

Sylvester, Christine, 12, 30, 206, 220, 318, 370, 387, 395, 396

Thomas, Caroline, 311

Thomas, Nicholas, 336

Tucídides, 35

Tickner, J. Ann, 101, 104, 221, 315, 316, 319, 370, 371, 372

Tilly, Charles, 305

Tow, William T., 310

Van Evera, Stephen, 62, 101, 140, 251, 263, 277, 278, 377

Vasquez, John A., 210, 211, 212, 235, 397

Wæver, Ole, 10, 12, 24-25, 28, 30, 40, 44, 50, 62, 69, 83, 85, 87, 89, 96, 103-104, 111, 117, 130, 147, 160, 190, 195, 216, 224, 227, 255, 273, 280, 291, 294, 302, 321-325, 332, 335, 354, 356, 381, 387, 391, 395

Walker, R. B. J., 10, 29, 53, 54, 56, 58, 59, 62, 104, 187, 195, 212, 224, 226, 227, 267, 269, 294, 336, 365, 373, 375

Wallerstein, Mitchel B., 269, 282

Walt, Stephen M., 68, 105, 244, 252, 253, 254, 255, 256, 291, 332, 336, 347, 348, 377, 378, 391, 396, 397

Waltz, Kenneth N., 10, 46, 65, 74, 93, 119, 122, 135, 146, 147, 152, 185, 249, 250, 258, 260, 262, 267, 298, 377, 397

Washburn, Michael, 235

Weber, Cynthia, 269, 318, 331, 367, 369, 370, 374

Weldes, Jutta, 99, 141, 295, 300, 302, 306, 318

Wendt, Alexander, 293, 295, 299, 332, 336, 399

Wheeler, Nicholas, 49, 311, 312

Wiberg, Håkan, 12, 170, 195, 197, 201, 203, 213, 231, 232, 234, 235, 271

Wilkinson, Claire, 143, 322, 326, 327

Williams, Michael C., 12, 29, 55, 235, 377

Williams, Paul D., 27

Wohlstetter, Albert J., 128, 129, 131, 143, 147, 187

Wolfers, Arnold, 9, 24, 33, 37, 38, 49, 67, 71, 121, 214, 225, 252, 326, 389, 395

Wright, Quincy, 126, 208

Wyn Jones, Richard, 104, 203, 312, 313, 314, 315

Yanarella, Ernest J., 172, 199, 210, 211, 212, 213

ÍNDICE REMISSIVO

Abu Ghraib, 369, 372

Academia Internacional da Paz, 232

Academia Norte-Americana de Artes e Ciências, Comitê de Estudos de Segurança Internacional, 153

Acordos Navais de Washington, 182

Adelphi Papers (periódico), 144, 155

Afeganistão, 19, 57, 353-354, 358, 366, 370-371, 378

    invasão de 2002 do, 353

África, 84, 98, 136, 144, 189, 267, 269, 276, 327, 354, 400

    desenvolvimentos nucleares, 98, 267, 269, 276

    envolvimento das superpotências na, 144

    segurança regional, 276

África do Sul, 136, 267, 269

Agência de Controle de Armamentos e de Desarmamento (ACDA, Estados Unidos), 19, 153

Agência Internacional de Energia Atômica (AIEA), 19, 188

água, 205, 354

AIDS *cf.* HIV/AIDS, 84

al-Qaeda, 84, 98, 287, 327, 337, 374

    veículos aéreos, desenvolvimento dos, 84, 98

Alemanha, 73, 90, 129, 136-137, 172, 175, 199, 201, 216, 269, 275, 332

    atividades na Segunda Guerra Mundial, 23-25, 33, 44, 53, 60, 62, 65, 94, 101, 115, 117-118, 120, 136, 140, 147, 152, 175, 178, 183, 216, 230, 237, 250, 252, 275, 280, 297, 302, 388

    cf. também Pesquisa da Paz, 73, 201

    reunificação, 249

    tendências nos ESI, 52, 73-74, 85, 90, 136, 153, 201, 315, 339, 359, 397, 399, 403, 405

Aliança do Norte (Afeganistão), 371

Alternatives (periódico), 224

ambiental, segurança, 25, 39, 100, 169, 204-205, 219, 227, 291, 307, 313, 322, 381, 388, 402

ameaça(s)

interna contra externa, 215

objetiva contra subjetiva, 67-70, 323, 366

segurança como ligada às, 36, 39-40, 44, 64, 68, 72, 401

visão pós-estruturalista, 31, 40, 72, 75, 106, 124, 166, 170, 177, 206, 215, 224-225, 245, 257-258, 278, 298, 303, 305, 316, 330, 332, 338, 347, 355, 366, 372, 398

América Latina, 13-14, 188, 201, 271, 277

envolvimento das superpotências na, 144, 201, 271

American Enterprise Institute, 154-156, 378

American Political Science Review, 159

ampliação/aprofundamento, 10, 202, 291, 407-408

debate com a abordagem tradicional, 16, 202, 291, 293, 329, 348

diversidade de abordagens, 408

escolas, 291

institucionalização, 407

respostas ao 11 de Setembro/à Guerra Global Contra o

Terrorismo, 94, 96, 98, 273, 280, 292, 341-342, 345, 352, 354, 358, 366, 370, 374, 376, 379-381, 383

analfabetismo, 198

análise de sistemas, 104, 147, 284

análise linguística, 224, 301

Andrew W. Mellon Foundation, 237

ANSEA (Associação de Nações do Sudeste Asiático), 276

Antropologia, 208, 306, 337

aprofundamento *cf.* ampliação/aprofundamento, 291

aquecimento global, 403, 405

Arábia Saudita, 275, 279, 354

Arbeitsgemeinschaft für Friedens – und Konfliktforschung (AFK) de Bonn, 231

áreas acadêmicas, infraestrutura das, 9-10, 15, 23, 29, 36, 40, 43, 83-86, 90, 102-103, 105-106, 109-110, 112, 150-152, 155-156, 162, 167, 223, 235, 238, 252-254, 283, 345, 377, 381, 395

áreas, ESI como, 36, 70, 103-104, 167, 342, 345, 395, 403

Argentina, 136, 189, 268

"arma do petróleo", 140, 143, 161, 405

armas biológicas, 98, 183, 349

armas de destruição em massa (ADM), 268

cf. também armas biológicas; armas químicas; armas nucleares, 19-20, 98, 119, 134-135, 175, 179, 182-

183, 195, 268, 272, 297, 299, 302,
349, 352, 358, 360, 382

proliferação, 268

suposta presença no Iraque, 19, 268,
358, 382

armas nucleares, 24-25, 39, 97, 100,
115-116, 119, 132, 135, 137-141,
146, 150, 161-162, 170, 174-179,
181, 183, 185-189, 195, 206, 231,
250, 263, 267-270, 349, 352, 360-
362, 364-365, 394

cf. também controle de
armamentos; Controle
de Armamentos; corrida
armamentista; dissuasão, 178, 181,
189, 360-361

como ameaça à humanidade, 170,
177, 206

desenvolvimento rápido de
tecnologia, 126

dissuasão, 24, 132, 135, 137-139,
146, 150, 175, 177, 186-187, 250,
263, 268, 361-362, 364

domínio da agenda de Estudos
Estratégicos, 19-20, 24-25, 97, 99,
115, 119, 126, 129, 134, 139-140,
143, 146, 150, 157-158, 161-162,
170-171, 173-174, 176-178, 180-
181, 187, 189-190, 204, 209, 216,
239-240, 244, 246, 248, 271, 281-
282, 389, 394

intensificação (*cf.* também
proliferação (não-)nuclear), 189

novos estados, 268-269, 362, 364

"segunda era", 365

táticas, 138-139, 174, 195

testes, 189, 365

zonas livres de (ZLAN), 188

armas químicas, 98, 183, 272, 297, 299

Arms Control Today, 281

Ásia Central, interesses de segurança
regional da, 262, 354

Ásia, estudos de proliferação, 269

cf. também Leste Asiático; Sul
Asiático, 19, 216, 264, 268-271,
273-274, 276, 354, 364-365

Asian Security (periódico), 380

assassinato, 68, 101, 170, 297, 299

Associação Antropológica Norte-
-Americana, 377

Associação Canadense de Pesquisa e
Educação da Paz (ACPEP), 232

Associação de Estudos Internacionais
(*International Studies Association*),
12, 21, 153

seção de Estudos da Paz, 12, 153

seção de Segurança Internacional,
12, 153

seção de Teoria Feminista e de
gênero, 12, 21, 153, 169, 214, 223,
229

Associação Internacional de Pesquisa
da Paz (AIPP), 234

Associação Revolucionária das
Mulheres do Afeganistão
(ARMA), 19

associações acadêmicas, seções dos ESI nas, 151

ataques catalíticos, 186

ato da fala, teoria do, 327

atores não-estatais, 342, 344, 346, 349, 351-352, 362, 404-405

  como seres racionais, 344, 405

autoidentificação, importância para as áreas acadêmicas, 85, 110, 156, 345

bin Laden, Osama, 347, 368, 370

Biologia, 208

biossegurança, 345, 372

biotecnologia, 362

bipolaridade, 48-49, 86, 93, 118-120, 122-123, 127, 135, 140, 162, 166, 173, 185, 224, 246-249, 256, 258, 263, 265, 273, 285, 355, 357

  colapso da, 162, 263

  domínio das agendas de pesquisa, 246

Birmânia cf. Mianmar, 57

Blair, Tony, 278

Bósnia, conflitos na, 277, 283, 319, 331-332, 337

Bradford, Departamento de Estudos da Paz da Universidade de, 232

Brasil, 13, 136, 189, 268

British Journal of International Studies (periódico), 159

Brookings Institution, 152, 154, 157

Bruxelas, Universidade de, 233

Bulletin of Peace Proposals (periódico), 41, 234

Burma cf. Mianmar

Bush, George H., 275

Bush, George W./governo Bush, 27, 156, 278

câmeras digitais, 284, 369

Campanha para o Desarmamento Nuclear (CDN), 176

Canadá, 189, 309, 311

  Consórcio Canadense de Segurança Humana, 309

capitalismo, 118, 121, 130, 200, 400

  críticas ao, 200

  relação com o desenvolvimento tecnológico, 97-98, 129, 133, 146, 265, 268, 284, 400, 404

caso histórico, estudo de, 295-296, 386

catástrofe, acidental/deliberada, engenharia da, 406

Centro de Estudos de Segurança Europeia (Países Baixos), 282

Centro de Estudos Estratégicos e de Defesa (Austrália), 153, 282

Centro de Estudos Estratégicos e Internacionais (CSIS), 19, 108, 153, 156

Centro de Estudos Estratégicos (Nova Zelândia), 282

CHALLENGE (Panorama Cambiante da Liberdade e da Segurança Europeia – Changing Landscape of European Liberty and Security), 380

China, 94, 110, 119-121, 123-124,
135, 141, 183, 185-186, 188, 257,
260-262, 264, 269, 271, 275, 283,
350, 355-357, 359, 361, 382, 394,
400-401
capacidade nuclear, 141
papel na estrutura global de poder,
83, 94, 96, 124, 200, 226-227, 248,
350, 358-359
reformas econômicas, 38, 94, 119,
121, 260-262
visões ocidentais da, 123-124, 264
"choque de civilizações", 257, 280, 349
cibersegurança, 345, 373, 404
Ciência Política, 10, 12, 21, 81, 85, 87,
104, 106, 148, 152, 159, 196, 208,
223, 237, 338, 386, 391, 397
relações com os ESI/Pesquisa da
Paz, 10, 386
ciências sociais, 167, 232
forças motrizes, arcabouço das, 20,
22, 29-30, 38, 78-80, 88-90, 102,
147, 159, 202, 223-224, 237, 254,
296, 338, 386, 388, 399, 406-407
"cinco forças motrizes", 16, 26, 31, 78-
80, 89, 91, 93, 118, 161-162, 168,
246, 388, 393, 399
como categorias analíticas, 79, 93
interação entre, 16
relação com as perspectivas de ESI,
16, 31
civis, 13, 24, 34, 62, 93, 98-99, 110, 115-
117, 124, 147, 168, 178, 187, 194,

251, 277, 298, 327, 333, 342, 346,
349, 352, 361, 370, 373, 375
alvos de militares, 333, 352
envolvimento nos Estudos de
Segurança, 24-25, 34, 48, 93, 106,
115, 117, 144, 147, 168, 178, 194,
201, 346, 352, 373, 379
Clinton, Bill/governo Clinton, 257, 373
CNN, 193, 333, 369
coesão societal, 24, 53, 60, 62, 117, 124,
190
cf. também Huntington, Samuel P.
(índice onomástico), 60
coletivos, como objeto de referência,
198
comensurabilidade, 106
cf. também Kuhn, Thomas (índice
de autores)
complexo industrial-militar (CIM),
20, 129
comportamentalismo, 150, 196, 207
comunicação de massa, 192
cf. também mídia, 192
comunidade de segurança, 49-50, 63,
106, 113, 154, 191, 258, 300-301,
306, 312, 373
conceitos
adjacentes, 31, 36, 40-42, 386
complementares, 31, 36, 42
opositores, 31, 42
paralelos, 31, 42
essencialmente contestados, 37, 63,
74, 214

hifenizados, 44
conferências, 112-113, 179, 230-231,
288, 335, 379-380, 385
Congo, República Democrática do, 57
Conselho de Controle de Armamentos
(Reino Unido), 19, 73-74, 120,
123, 128, 142, 153, 157, 170, 172-
174, 176, 182-184, 195, 229, 233,
236-237, 265-266, 269, 282, 290,
361-362, 379, 398
Conselho de Pesquisa de Ciências
Sociais (SSRC), 237
Conselho de Pesquisa Econômica e
Social (CPES), 379
Conselho de Relações Exteriores, 108,
157, 213, 219, 321, 377, 398
Construtivismo, 46, 71, 75, 92, 104,
253, 289-290, 292-300, 302-303,
305-306, 312, 314-315, 319, 325,
335-336
contenção, 28, 120-122, 139, 141, 144-
145, 162, 166, 274, 390
contraforça *cf.* primeiro ataque, 132
contrainsurgência, 145, 352
Controle de Armamentos, 19, 31, 153-
154, 165-168, 170-174, 176-178,
180-186, 189-190, 195, 209, 217,
219, 229, 231, 233, 236-240, 243,
245, 256, 265-266, 271-272, 290,
300, 334, 349, 360-362, 389, 398
controle de armamentos, 45, 73-74, 78,
120, 123-124, 128, 142, 150, 157,
302, 405

abordagens críticas, 173
Comissão Palme, 167
conceito adjacente, 31, 45, 73-74,
123-124, 154, 165-168, 180, 182,
290, 300, 389, 398
Crise dos Mísseis de Cuba, 177
cursos universitários/instituições,
112, 153-154, 157, 166, 219, 231,
233, 235-237, 240, 389, 398
(diversidade de) objetivos, 74, 177,
302
forças motrizes, arcabouço das, 31,
45, 73, 78, 118, 128-129, 142, 165,
168, 173, 177, 180, 183-184, 237,
239, 266, 349, 360, 386, 388, 399, 405
gênese/desenvolvimento, 45, 128,
167, 176, 178, 186, 209, 217, 235-
237, 240, 265, 272, 360, 405
Hedley Bull sobre, 150
instituições, 166, 233, 236, 389, 398
literatura sobre tecnologia, 184, 265
livros-texto de ESI, 180-181, 290
movimentos pacifistas, 178, 180,
195, 238
negociações, 181, 183-184
participantes, 19, 31, 45, 73-74,
78, 120, 123-124, 128, 142, 150,
153-154, 157, 165-168, 170-174,
176-186, 189-190, 195, 209, 217,
219, 229, 231, 233, 235-240, 243,
245, 256, 265-266, 271-272, 282,
290, 300, 302, 334, 349, 360-362,
389, 398, 405

posição no espectro ideológico, 154

problemas, 78

proliferação nuclear, 73, 405

União Soviética, 120, 123-124

conversação, ESI como, 15-16, 85, 387-388, 394-397

Conversações sobre a Redução de Armas Estratégicas (*Strategic Arms Reduction Talks* – START), 22

Conversações sobre Limites de Armas Estratégicas (*Strategic Arms Limitation Talks* – SALT), 22

Cooperation and Conflict (periódico), 159

Coors, Joseph, 156

Coreia do Norte, 141, 269, 357, 362, 364-365

Coreia do Sul, 120, 138, 141, 269, 364

Coreia, Guerra da (1950-53), 120, 140-141, 201, 357, 362, 365

corrida armamentista, 45, 70, 73-74, 120, 128-129, 131, 136, 142, 173, 178-179, 181-184, 189, 208, 225, 230, 262-263, 284, 360-361

literatura, 45, 73, 129, 131, 183-184, 262, 361

não-término, temor pelo, 178

Costa Rica, 232

crenças, 60-61, 71, 82, 295

crescimento populacional, 308

crime, 280, 366

"Crise da Charge Dinamarquesa", 370

Crise de Suez (1956), 140

crises de Berlim, 120, 141

Critical Studies on Terrorism (periódico), 380

Cuba, 14, 99, 120, 140-142, 177, 275, 280, 302

Crise dos Mísseis de (1962), 99, 140-141, 177

cultura, 14, 25, 35, 46, 49, 58, 61-62, 68, 71, 97-98, 106, 110, 123-124, 191, 196, 200, 203, 210, 220, 227, 235, 238, 240, 258, 291, 294-295, 298-299, 304, 306, 322, 333, 358, 397

como fator, 68, 98, 124, 291, 298

discurso acadêmico, 110

cultura popular, 196, 227, 333

Current Research on Peace and Violence (periódico), 224, 234

curva S, 126, 146, 150, 162

do desenvolvimento tecnológico, 126

dos Estudos Estratégicos, 146

Daedalus (periódico), 159

Darwin, Charles/teoria darwiniana, 26, 61

Defesa contra Mísseis Balísticos (DMB), sistemas de, 20, 95, 97, 128, 133-134, 146, 264

cf. também Iniciativa de Defesa Estratégica (IDE), 20, 27, 95, 134, 146, 264

custos de, 20, 95, 97, 128, 133-134, 146, 264

impacto na estabilidade nuclear, 20, 95, 97, 128, 133-134, 146, 264, 362

defesa não-ofensiva (DnO), 20, 190

delta, ESI como, 391-392, 407

democracia, 59, 62, 130, 196-197, 203, 257, 259, 301, 319, 354, 367, 396, 399

dependência, teoria da, 199, 304

desarmamento, 40, 73, 173, 178-181, 185-186, 195, 202, 217, 233, 271-272, 302

  campanhas pró-, 19, 176, 179

  conversas para o, 22, 172, 182-183

Desarmamento Nuclear Europeu (DNE), campanha de, 176

descolonização, 144, 169, 201, 240

desenvolvimento, 28-29, 35, 45, 47, 50, 65, 68, 82, 84-85, 87, 94, 97-98, 102-103, 106, 116, 125-126, 128-129, 131-133, 146-147, 149, 156, 160, 162-163, 167, 176, 178, 186-187, 196, 199-203, 205-206, 209-210, 217, 220, 235-237, 247, 265, 267-269, 276, 284, 292-293, 296, 304, 307-308, 311, 341, 345, 357, 359-360, 363, 365, 392, 396, 399-402, 404, 408

  ligação com a violência estrutural, 39, 199

11 de Setembro, ataques do, 91, 339, 341, 346-347, 358, 368, 376

  impacto institucional, 32, 91, 94, 96, 98-100, 339, 341-348, 353-354, 357-358, 360-361, 366, 368, 376, 378-381, 383, 392

  impacto nos ESI, 346

  representações políticas/midiáticas, 32, 91, 94, 96, 98-100, 339, 347, 358, 368-369, 376

  resposta internacional, 96, 100, 341, 358, 368

des-securitização, 50, 72, 314, 321, 323-328, 355, 370, 373, 380, 398, 400-401

Destruição Mutuamente Assegurada (DMA), 20, 134

détente, 166-167, 181-184, 209, 248

Dhahran, explosões de (1996), 279

dicotomias, enquadramento nos ESI, 44, 52, 78, 85, 103, 283, 285, 368, 393, 399, 407

  abordagens em termos de, 40, 52, 64, 68, 71, 79, 89-90, 103-104, 113, 239, 252, 285, 303, 315, 393-394, 407

dilema da segurança, 39, 49, 68, 98, 190, 219, 251-252, 277, 326

  étnico, 277

  silencioso, 326

dilema do prisioneiro, 120, 219

dilema *ex ante ex post*, 132-133, 135-136

Dinamarca, 175, 194, 231

Direito, 152, 194, 208

  cf. também Direito Internacional, 208

Direito Internacional, 152, 208

ÍNDICE REMISSIVO

direitos humanos, 63, 110, 167, 218,
 273, 308-309, 319, 342, 350, 367,
 373, 392
 gênese, 63, 99, 110, 167, 218, 273,
 308-309, 311, 319, 342, 350, 367,
 373, 392
 violações de, 63, 99, 110, 167, 218,
 273, 308-309, 319, 342, 350, 367,
 373, 392
disciplinas, acadêmicas, infraestrutura,
 10, 27, 29, 31, 33, 42, 44, 81, 83-84,
 86, 102-103, 106, 111-112, 146,
 152, 162, 225, 230, 240, 378
discurso, 28, 38, 44, 48, 64, 73, 100,
 110, 150, 222-223, 225-226, 228,
 236, 255, 275, 280, 288, 300, 302-
 303, 309, 318, 323, 325, 327-329,
 331-333, 345, 366-368, 370-371,
 373-374, 381-382, 391, 404-405
 segurança como, 28, 38, 44, 64, 73,
 110, 222, 225-226, 228, 275, 280,
 288, 300, 318, 323, 325, 327-328,
 331, 345, 370-371, 373-374, 381,
 391, 405
dissuasão, 24, 28, 42, 46, 49, 65, 73-74,
 86, 95-96, 103, 109, 115, 118, 120,
 122-125, 127-128, 131-139, 141-
 143, 145-150, 155, 157, 162-163,
 166, 168, 170-173, 175, 177-178,
 181, 184-187, 189, 202, 205, 223,
 239, 248, 250, 254, 263-264, 266,
 268, 270, 284, 308, 347-348, 360-
 364, 368, 390, 394, 398, 404

debates sobre a viabilidade, 28, 42,
 46, 48, 65, 73, 78, 86, 103, 109, 118,
 123-125, 128, 133, 146, 150, 155,
 162-163, 178, 205, 223, 239, 254,
 263-264, 347, 360-363, 394
 estendida, 137-139, 141, 145, 148,
 150, 162-163, 178, 263
 existencial, 147, 163
 funcionamento eficiente da, 186
 máxima, 136-139, 177
 mínima, 135-136
 "regra do jogo", 128
 relação com o controle de
 armamentos, 142, 157
 teoria da, 86, 103, 120, 122, 124,
 131, 133, 139, 147-149, 187, 202,
 362, 398
  críticas à/limitações da, 20, 42,
  73, 103, 150, 171, 173, 254, 368
ditaduras, 144
divisão Estados Unidos-Europa, 89,
 401
 em políticas, 89, 104, 138, 150, 154,
 159-160, 194, 196, 203, 207, 239,
 256, 288, 290, 325, 337, 354, 359,
 382, 398
 no pensamento de segurança, 154
doenças, 100, 253, 374, 405
"dois mundos", formulação dos, 273
"dominó, teoria", 144
"duas culturas, problema da", 210

Economia, 20, 47, 103-104, 143, 208, 236

economia, 24, 32, 44, 94, 129-130, 135, 146, 148, 187, 197-198, 201, 203, 221, 236, 262, 302, 304, 311, 355, 358, 388, 400, 403

cf. também microeconomia

Economia Política Internacional (EPI), 47, 104

Egito, 275

Eisenhower, Dwight D., 129

El Salvador, 156

emancipação, 41, 52, 72, 75, 203, 313, 315

emoções, 368

empiricismo, 210, 310

empresas militares privadas, 351

energética, segurança/insumos, 111, 405

epistemologia, 31, 51-52, 64, 67, 71, 78, 82, 90-91, 102-103, 148, 169, 205, 207, 209, 211-212, 219, 221, 224-225, 228, 239-240, 244-245, 252, 255, 285, 292, 295, 299, 306-307, 310, 315-317, 338, 391, 394, 397

cf. também experiência, epistemologia da, 317

equilíbrio de poder, teoria do, 262, 390

Escandinávia, teorias predominantes de ESI, 72, 201

cf. também Pesquisa da Paz; nomes dos países individualmente, 73, 171, 300

Escola de Copenhague, 10, 26, 41, 49, 62, 68, 71, 75, 111, 290, 292-293, 296, 307, 314, 321-322, 324-328, 338, 366, 373, 375, 391

críticas à, 292

espacial, corrida/armamentos, 129

Espanha, 62, 279

estado(s)

ameaças à segurança dos cidadãos, 305

base territorial, 53, 59, 331

centralidade para as RI/os ESI, 25, 31, 35, 44-46, 65, 67, 72, 89, 103, 110, 143-144, 161, 262-263, 277, 282, 288, 290, 294, 337, 388, 402

desafios, 25, 31-32, 35-36, 38-39, 44-46, 48, 65, 67, 72, 89, 103, 110, 119, 121, 143-144, 161, 201, 226, 251, 262-263, 277, 282, 287-290, 294, 329, 337, 368, 388, 402

cf. também estados párias, 257, 264, 266, 273, 361

como atores racionais, 64-65, 97, 123, 264, 297, 344, 405

evolução do conceito, 227

fracos/falidos, 57

impacto na Teoria Política, 65, 162

legitimidade, 34, 54, 59, 307

não-ocidental, 73, 305-307

ocidentais, posição dos, 358

secularização, 54, 55

soberania, princípio/evolução da (*cf.* também não-interferência), 31, 54-55, 59-60, 217, 226-227, 329 estados párias, 257, 264, 266, 273, 360-364

Estados Unidos

complexo industrial-militar (CIM) *cf.* tópico à parte, 129

domínio global, 95

e o controle de armamentos, 74, 123, 128, 142, 157

ESI nos, 15, 24, 32, 39, 62, 65, 72-74, 87, 89-90, 93-94, 103, 115-117, 136, 140-143, 145, 161-162, 207, 273, 337, 342, 346, 348, 359, 368, 375, 377

comparados com a Europa, 207, 342

estratégia/políticas da Guerra Fria, 118, 128, 174-175, 207, 229, 257-258, 261, 355, 357, 382

críticas ocidentais à, 15, 24-25, 28, 32, 39-40, 42, 48-49, 62, 65, 73, 89-90, 93-96, 99, 110, 115-121, 123, 128-129, 134, 140-141, 143-145, 150, 155, 157, 161-162, 166-167, 170-176, 195-197, 201-204, 207, 210, 214, 217, 227, 229-230, 249, 257-258, 260-261, 263-266, 273-275, 277, 282, 287, 289-290, 296, 300, 302, 307, 314, 318, 329-331, 337-338, 342, 346, 350, 353, 355, 357-359, 366-368, 372, 375, 377, 382, 397, 408

estratégia de segurança nacional, 355

ideologia política, 121, 155

movimento de direitos civis, 62, 110

orçamento militar, 265

políticas de contraproliferação, 24, 32, 39, 62, 65, 72-74, 87, 89-90, 93-96, 99, 110, 115-118, 120-121, 123, 128-130, 134, 137-138, 143, 145, 155, 157, 161-162, 170, 172-176, 188, 195, 201, 207, 210, 229-230, 236, 250, 257-258, 260-261, 264-266, 269, 274-275, 282, 290, 293, 308, 330, 337-338, 342, 348, 353-359, 362-368, 372, 375, 377, 382

políticas isolacionistas, 24, 32, 39, 62, 65, 72-74, 87, 89-90, 93-96, 99, 101, 110, 115-118, 120-121, 123, 128-130, 134, 137-138, 143, 145, 155, 157, 161-162, 170, 172-176, 188, 195, 201, 207, 210, 229-230, 236, 250, 257-258, 260-261, 264-266, 269, 274-275, 282, 290, 293, 308, 330, 337-338, 342, 348, 353-359, 362, 364-368, 372, 375, 377, 382

políticas pós-Guerra Fria, 117, 260-261, 264-266, 274-275, 282, 290, 330, 357, 368, 375

regulamentações militares, 24, 32, 39, 65, 71-73, 93, 95-97, 99, 115-117, 119, 123, 127, 129-130, 136-137, 140, 142, 162, 173-174,

176, 184, 202, 233, 236, 250, 257,
260-261, 263-266, 273, 275, 279,
282, 321, 342, 346, 355-356, 358,
361, 372, 377

relações com a Europa, 74, 119

relações com o governo/com a
pesquisa, 195

resposta às ameaças (percebidas), 87

securitização (projetada) da China,
72, 94, 110, 119-121, 123, 135, 141,
162, 183, 188, 257, 260-262, 264,
269, 275, 321, 355-357, 359, 361,
382, 400

cf. também Guerra Civil
Americana; Revolução Americana;
Guerra Fria; império; grande
estratégia

estruturalismo *cf.* Pós-Estruturalismo,
26, 30, 42, 49, 72, 90, 92, 104, 167,
169, 214, 224-228, 239, 253, 255,
287-290, 292-296, 300-301, 312,
314, 328-330, 332-334, 336, 338-
339, 366, 389

Estudos Críticos de Segurança, 20, 26,
40-41, 63, 72, 75, 103, 111, 203,
289-290, 292-293, 296, 311-314,
322, 338, 389, 392   ·

críticas aos, 292

"Definição de Aberytswyth", 312

ligações com outras abordagens,
104, 193, 314, 334

Estudos de Desenvolvimento, 72, 104,
200, 203, 240

Estudos de Segurança Construtivistas,
26, 40

análise de eventos pelos, 91

convencionais, 294, 296, 336-337

críticas aos, 75, 296, 299, 325,
335, 337

forças motrizes, arcabouço das,
26, 31, 38, 75, 77, 91-93, 99,
107, 118, 140, 168, 205, 239,
246, 285, 289, 294-296, 299,
301, 319, 325, 335-338, 343,
377, 386, 388, 399, 408

publicações, 335, 337

críticos, 337-338, 389

distintos dos convencionais, 15,
25-26, 40, 49, 72, 75, 166-167,
177, 193, 203, 210, 222, 239,
289-290, 292-296, 298-302,
304, 306, 311, 318-319, 325,
329, 334-338, 378, 389, 395,
408

relação com outras abordagens, 329,
338

Estudos de Segurança Pós-Coloniais,
75

estudos eleitorais, 194, 196

Estudos Estratégicos, 10, 15, 19-20, 31,
34, 41, 45, 48-50, 52, 61, 72-75, 79,
91-92, 103, 108, 113, 115, 117-120,
126, 133, 139-140, 144, 146-163,
165-168, 170-174, 176-178, 180-
181, 187, 189-191, 193, 198-199,
201, 204-205, 207, 209, 213-214,

216, 222, 226, 228-230, 232, 238-
241, 243-246, 248-249, 252, 254,
264-265, 281-282, 285, 296, 329,
386, 388-390, 392, 394-396, 408
abordagem científica, 27, 45, 74, 91,
103, 148-149, 165-166, 180, 205,
228, 239, 329
adaptação pós-Guerra Fria, 24-25,
31, 40-41, 45, 48-49, 60-61, 91-92,
97, 99, 113, 115, 117-120, 126,
139-140, 144, 146, 148, 150, 154-
157, 159-163, 165-168, 170-174,
176, 178, 190, 196, 201, 207, 214,
227-230, 238, 240-241, 243-246,
248-249, 252, 264-266, 271, 274,
277-278, 281-282, 284-285, 288,
290, 296, 315, 318, 329-330, 334,
336, 346-347, 368, 389-392, 394-
396, 401, 408
cf. também tradicionalismo
Strategic Survey (periódico)
cursos universitários, 281
desafios aos, 248
dinâmica acadêmica, 73, 146, 163,
239-240, 285
divisões internas, 15, 48, 52, 61, 75,
92, 97, 103, 113, 117, 146, 150, 154,
159-161, 163, 168, 174, 190, 196,
205, 207, 226, 228-229, 239-240,
245, 252, 285, 290, 292, 296, 389-
390, 396
"era dourada", 148, 170, 254
forças motrizes, arcabouço das, 388

institucionalização, 91, 160, 207,
230, 238, 240, 395
origens, 117
perda de ímpeto, 181, 201, 239,
248, 281, 285
relação com outras abordagens, 31,
103, 113, 148, 157, 165, 193, 213-
214, 239, 285, 329, 390, 396
Estudos Estratégicos Realistas, 45
Estudos Feministas de Segurança, 26,
72, 75, 169, 218, 221, 223, 229,
315-316
diversidade, 26
e as respostas ao 11 de Setembro/
Guerra Global contra o Terrorismo,
9, 20, 91, 94, 96, 98, 273, 280, 292,
341-343, 345-346, 352, 354, 358,
366, 368, 370, 374, 376, 379-381,
392
forças motrizes, arcabouço das, 26,
30-31, 75, 77, 79, 91, 93, 107, 118,
168-169, 205, 223, 239, 246, 285,
289, 296, 319, 338, 343, 386, 388,
399, 408
primeiro estágio, 9, 26-27, 31,
33-34, 40, 47, 49, 72-73, 75, 91,
103-104, 113, 115, 117-118, 151,
167, 169, 174, 177-178, 190-191,
193-194, 196, 198, 201-205, 214,
218-223, 226-227, 229, 232, 240,
256, 289, 295, 302, 310, 314-316,
318-319, 322, 329, 335-337, 343,
379, 388-391, 396, 408

relação com outras abordagens, 31, 104, 214, 315

segundo estágio, 9, 23-26, 31, 33, 38, 47, 50, 61, 72, 75, 79, 103-104, 111, 113, 115, 117-118, 151-152, 169, 174, 178, 194, 196, 198, 200, 202, 210, 213-214, 216, 218-223, 227, 229, 240, 252, 254, 256, 289, 292, 294, 299, 315-316, 318-319, 336-337, 343, 373, 388, 391, 408

estupro, 101, 222, 317, 320-321, 327, 371

de guerra, 101, 222, 317, 320, 371

ética, 170, 210, 230, 332

étnico, conflito, 236, 251

etnografia, 307, 316

Europa

desenvolvimentos nucleares, 103

estrutura de defesa/relações com os Estados Unidos, 96, 139, 145, 159, 183, 229, 254, 259-260, 342, 358, 360, 400-401

os ESI na, 23, 62, 72, 74, 90, 94, 103, 141, 159, 163, 207, 337-338, 342, 350, 359, 395, 401

comparados com os norte--americanos, 89, 94, 150, 163, 207, 258, 338, 342

partido/política internacional, 62

segurança regional, 71, 274, 277, 282

cf. também nomes de países individuais

European Journal of International Relations (periódico), 338

European Security (periódico), 281

evacuações humanitárias, 319

eventos, conceitos de, 227

catalisadores, 29, 49, 88, 91, 100-101, 107, 168-169, 201, 205, 227, 283, 287, 315, 320, 329, 339, 381, 394

constitutivos, 201, 287, 329

críticos deferidos, 49, 101, 201, 227, 329

críticos significativos, 49

cf. também metaeventos

evolução dos ESI, 9, 15-16, 23, 26, 29-32, 35-36, 46, 48-49, 59, 71, 77-79, 81, 83, 85, 88-92, 99, 102, 118, 140-141, 154, 158, 161, 201, 205, 227, 240, 247, 296, 334, 338, 387-389, 393-394, 396, 399

explicações internas vs. externas, 29, 36, 46, 59, 65, 78, 81, 84-86, 88-90, 226, 251, 297, 396

preferência pelas externas, 29, 36, 46, 59, 65, 78, 81, 84-86, 88-89, 226, 251, 297, 396

mudanças, 77, 90, 394

cf. também "cinco forças motrizes"; ampliação/aprofundamento

evolução, teoria da, 26, 29, 46, 70, 83, 85, 88, 240, 297, 394, 396

experiência, epistemologia da, 316-317

extraparlamentares, forças, foco de estudo nas, 194, 202

ÍNDICE REMISSIVO

Feminismo, 30, 42, 49, 92, 104, 167, 213-214, 222, 239, 287, 289-290, 292-294, 296, 304, 314-315, 318, 329, 338-339, 366, 370, 389, 392

Filosofia, 208, 225, 240

Física, 70, 87, 208, 407

Forças Nucleares de Alcance Intermediário (FNAI), Tratado de, 20, 183

Foreign Affairs (periódico), 159

França, 74, 135, 138, 176, 183, 189, 231, 269, 275, 279, 332, 362

  capacidade/política nuclear, 24, 74, 137-138, 143, 145, 176, 189, 223, 283, 360, 362

  cf. também Revolução Francesa; Guerra da Indochina

Franco, Francisco, 62, 148

Frankfurt, Escola de, 203, 312

fronteiras, 29, 36-37, 43, 47, 49, 75, 104, 109, 195, 300, 306, 310, 320, 375-376, 381

Fundação Crompton, 236

Fundação Earhart, 109

Fundação Ford, 108, 154, 237, 379

Fundação MacArthur, 235, 237, 335

Fundação Rockefeller, 108, 235

fundações, 88, 108-111, 113, 119, 151, 154-158, 169, 212, 235-237, 254, 282-283, 335, 337, 378-379

  conservadoras, 108, 154, 156-158

  liberais, 108, 154, 158, 237

Fundo Carnegie para a Paz Internacional, 108, 230, 237

Gates, Bill/Melinda, 155

genealogia, 394

  cf. também Foucault, Michel (índice de autores)

Genebra, Centro de Políticas de Segurança de, 20, 282

Genebra, Convenções de, 297

Genebra, Instituto Internacional de Pesquisa da Paz de (GIPRI), 20, 233

Genebra, Programa de Estudos Estratégicos e de Segurança Internacional, 153

gênero, 39, 72, 101, 194, 196, 199, 218-222, 224, 226-227, 253, 292, 294, 315-321, 345, 370-372, 381

  como objeto de referência, 72, 221-222, 317-320

  construções durante a Guerra Global contra o Terrorismo, 9, 20, 94-95, 98, 113, 140, 268, 273, 278-280, 292, 341, 345, 350, 352, 365, 367, 370, 372, 374, 376, 381

  lacuna em visões de política externa, 47, 72, 75, 78, 121, 166, 194, 196, 199, 222, 224, 226, 257, 259, 278, 298, 303, 347, 357, 366, 368, 372, 381, 396

  questões de, papel nos ESI (*cf.* também Estudos Feministas de Segurança), 72, 219, 222 violência de, 199, 219, 319-320

cf. também mulheres

Georgetown, Universidade de, 153, 157

Centro de Estudos de Paz e
Segurança da, 153

cf. também Mulheres na Segurança
Internacional

globalização, 38, 246, 263, 311, 349, 383

Golfo, Guerra do (1990-1991), 97, 274,
283, 302, 331-333, 337, 369

cobertura midiática, 168, 369

Gorbatchov, Mikhail, 249, 250

Gotemburgo, Universidade de, 232

Departamento de Pesquisa de Paz e
Desenvolvimento (PADRIGU), 21,
201

governo mundial, 370, 399

grande estratégia, 23, 34, 45, 125, 229,
257-258, 296, 350, 355-357, 377,
382, 400-401, 408

Greenham Common, 221-222

Groningen, Universidade de, Instituto
Polemológico, 231

Guantánamo, 369, 373

Guatemala, 156

guerra civil, 24-25, 100, 136, 187, 204,
279, 297, 331, 367

cf. também conflito étnico

Guerra Civil Norte-Americana, 60, 279

Guerra contra o Terror *cf.* Guerra
Global contra o Terrorismo, 292

Guerra do Golfo (2003) *cf.* Iraque,
Guerra do, 369

Guerra dos Trinta Anos, 55

Guerra do Vietnã, 49, 110, 120, 140,
144-145, 161, 189, 196, 201, 213,
275, 302, 398

cf. também Guerra da Indochina

retirada norte-americana, 196

Guerra, Estudos de, 9, 31, 33, 38, 40-41,
45, 49, 61, 92, 115, 117, 120, 144,
146-147, 152, 154-157, 159-163,
167-168, 170-172, 174, 176, 178,
190, 195-196, 207, 227, 230, 233,
238, 240-241, 243, 246, 248-249,
252, 264, 282, 288, 314, 318, 329,
347, 389, 392, 395-396

Guerra Fria, 11, 14, 24-25, 28, 31-32,
37-42, 45-46, 48-49, 60-62, 65, 67,
70, 85-86, 89-97, 99, 104, 107, 113,
115-121, 123, 126, 128-129, 131,
134, 136, 140-141, 144, 146, 148,
150, 154-157, 159-163, 165-168,
170-176, 178-179, 183, 185, 190,
195-197, 201-203, 207, 212, 214,
217, 225, 227-230, 233, 237-238,
240-241, 243-249, 251-252, 257-
268, 271, 273-275, 277-278, 280-
285, 287-291, 296, 300, 302, 307,
314, 318, 326, 329, 331-332, 334,
337-339, 341-343, 346-347, 349,
355, 357-358, 361, 368, 374-375,
378, 381-383, 389-398, 401-403,
407-408

áreas de cooperação/interesse
comum da, 141, 162, 167, 170, 185,

230, 238, 252, 342, 389-390, 395-396, 403

como construto, 11, 14, 24-25, 28, 31-32, 37-42, 45-46, 48-49, 60-62, 65, 67, 70, 85-86, 89-97, 99, 104, 107, 113, 115-121, 123, 126, 128-129, 131, 134, 136, 139-141, 144, 146, 148, 150, 154-157, 159-163, 165-168, 170-176, 178-179, 183, 185, 190, 195-197, 201-203, 207, 212, 214, 217, 225, 227-230, 233, 237-238, 240-241, 243-249, 251-252, 257-268, 271, 273-275, 277-278, 280-285, 287-291, 296, 300, 302, 307, 314, 318, 326, 329, 331-332, 334, 337-339, 341-343, 346-347, 349, 355, 357-358, 361, 368, 374-375, 378, 381-383, 389-398, 401-403, 407-408

conceito de segurança da, 28, 40-42, 45, 49, 60, 62, 115, 121, 154, 167-168, 201, 227, 241, 252, 287-288, 291, 300, 307, 314, 326, 329, 389, 391, 395, 398, 401, 408

debates acadêmicos da, 161, 163, 202, 240, 252, 288-289, 338, 393

equilíbrio militar da, 202

eventos decisivos da, 343

igualdade de culpa pela, 202

nostalgia pela, 11, 14, 24-25, 28, 31-32, 37-42, 45-46, 48-49, 60-62, 65, 67, 70, 85-86, 89-97, 99, 104, 107, 113, 115-121, 123, 126,

128-129, 131, 134, 136, 139-141, 144, 146, 148, 150, 154-157, 159-163, 165-168, 170-176, 178-179, 183, 185, 190, 195-197, 201-203, 207, 212, 214, 217, 225, 227-230, 233, 237-238, 240-241, 243-249, 251-252, 257-268, 271, 273-275, 277-278, 280-285, 287-291, 296, 300, 302, 307, 314, 318, 326, 329, 331-332, 334, 337-339, 341-343, 346-347, 349, 355, 357-358, 361, 368, 374-375, 378, 381-383, 389-398, 401-403, 407-408

problemas de análise da, 65, 70, 190, 214, 326, 394

saldo da, 11, 14, 24-25, 28, 31-32, 37-42, 45-46, 48-49, 60-62, 65, 67, 70, 85-86, 89-97, 99, 104, 107, 113, 115-121, 123, 126, 128-129, 131, 134, 136, 139-141, 144, 146, 148, 150, 154-157, 159-163, 165-168, 170-176, 178-179, 183, 185, 190, 195-197, 201-203, 207, 212, 214, 217, 225, 227-230, 233, 237-238, 240-241, 243-249, 251-252, 257-268, 271, 273-275, 277-278, 280-285, 287-291, 296, 300, 302, 307, 314, 318, 326, 329, 331-332, 334, 337-339, 341-343, 346-347, 349, 355, 357-358, 361, 368, 374-375, 378, 381-383, 389-398, 401-403, 407-408

"Segunda Guerra Fria", 175, 252

situação política da, 120, 257, 342, 382

tecnologia (nuclear) da, 86, 126, 134, 136, 146, 162, 183, 217, 225, 247, 263-264, 267-268, 361

término da, 45, 162, 228, 246, 252, 287

últimos anos da, 25, 67, 86, 392, 408

"Guerra Global contra o Terrorismo", 9, 20, 94, 98, 292, 345, 365, 376

divisões em relação à conduta, 9, 20, 94, 98, 104, 113, 266, 268, 273, 278-279, 292, 341-342, 345, 350, 352, 354, 358, 365, 370, 376

drenagem financeira de recursos, 9, 20, 94, 98, 268, 273, 279, 292, 341, 345, 365, 374, 376

impacto nos ESI, 98

projetado, 9, 20, 32, 80, 91, 94-95, 97-99, 104-105, 110, 140, 143-144, 162, 204, 252, 268, 273, 278-280, 292, 337, 341-343, 345-346, 348, 350, 353-354, 358, 365-366, 370, 376, 379-381, 393, 403-404

institucionalização, 345, 376

Guerra Irã-Iraque (1981-1989), 144

guerra nuclear limitada (GNL), 174

guerra(s)

apresentação pela mídia, 44, 83, 92, 100-101, 105, 145, 154, 159, 192, 195, 224, 238, 288-289, 292, 331, 333, 337, 342, 350, 369-370, 378

assimétricas, 266, 352

causas, 220

estudos de, 23, 25, 64, 191, 202, 297, 352, 372

"fim das", 38, 55, 119, 124, 141, 166-167, 177, 217, 262-263, 302, 350, 367

humanitárias, 217, 272-273, 284

mecanização (projetada), 162

novas, 167, 284, 350-352

operações de, como foco de estudo, 155, 162, 178, 198, 202, 209, 216, 264, 352

pre-emptivas, 351

guerrilha, guerra de, 347

Haiti, 57

Hamburgo, Universidade de, Instituto de Pesquisa da Paz e Políticas de Segurança, 20, 232

Heritage Foundation, 108, 156

Hewlett Foundation, 235

Hiroshima, Universidade de, Instituto de Ciência da Paz, 20, 232

História/Estudos Militares, 34, 49, 73, 117, 391

história, como disciplina acadêmica, 33, 81, 86

HIV/AIDS, como questão de segurança, 98, 327, 374

honra, assassinatos de, 101

Hoover, Herbert, 157

Hoover Institution, 108, 157

ÍNDICE REMISSIVO

Hudson Institute, 157

humanismo, 211

humanitarismo, 42, 332

   cf. também evacuações; política externa; intervenção; guerra(s), 14, 251, 278, 332

Hungria, migrações desde a, 308

Hussein, Saddam, 347

idade média, estados/estruturas de poder, 15, 45, 65, 83, 96-97, 118, 226-227, 298, 310, 347, 354, 358-359

   transição para o antigo sistema moderno, 58

Idealismo, 172

identidade, 10, 28-29, 42-43, 45-46, 54, 58-61, 71, 81, 97, 105-106, 124, 168, 196, 207, 220, 225-226, 228, 236, 239, 246, 257, 292, 298, 300-303, 305-306, 317-318, 320, 322-323, 325, 328, 330-332, 344-345, 347, 368, 372, 377, 382, 386, 388, 395

   do estado, 45, 59, 322

   doméstica, 196, 239, 257, 306

   gênero e, 196, 226, 317-318, 320

   nacional, 43, 45, 58-59, 61, 124, 220, 225, 301, 317, 322-323, 325, 331, 388

   segurança (identitária), 10, 25, 28-29, 42-43, 45-46, 58-59, 61, 70-71, 105, 196, 220, 225-226, 228, 246, 257, 298, 301-303, 306, 317-318,

322-323, 325, 328-332, 345, 368, 382, 386, 392

igualdade, como ideal político, 58

império, 47, 53-54, 359

Índia, 120, 136, 187-189, 270, 276, 282, 357, 364, 394

   capacidade nuclear, 24, 97, 120, 127, 132, 136-137, 143, 145, 187-189, 223, 270, 276, 283, 360, 364

   Instituto de Estudos de Paz e Conflito, 282

   Instituto de Estudos e Análises de Defesa (IDSA), 20, 153, 282

   relações com o Paquistão, 270

indivíduo(s), como objetos de referência, 75

indivíduo, segurança do, 37, 52, 56-57, 59, 63, 166, 198, 215, 217-218, 221, 299, 301, 307, 310, 312-313, 316, 323, 326-327, 406

   ameaças estatais à, 37, 59

   cf. também segurança coletiva, 56, 215, 313

Indochina, Guerra da (1946-54), 201

informação, guerra de, 32, 66, 98, 100, 233, 362, 372

infraestrutura civil, 24, 361

Iniciativa Estratégica de Defesa (IED), 27

inimizade, 93-94, 96-97, 121-122, 124-125

Instant Research on Peace and Violence (periódico), 234

Instituto Canadense de Estudos Estratégicos, 153

Instituto de Pesquisa da Paz de Copenhague, 10, 41, 111, 281

Instituto de Pesquisa da Paz de Frankfurt (PRIF), 231

Instituto de Pesquisa da Paz Internacional de Estocolmo (SIPRI), 111

Instituto de Pesquisa da Paz no Oriente Médio (PRIME), 282

Instituto Dinamarquês de Pesquisa da Paz e do Conflito, 231

Instituto dos Estados Unidos para a Paz (USIP), 233

Instituto Finlandês de Assuntos Estrangeiros, 157

Instituto Finlandês de Pesquisa da Paz (TAPRI), 10, 20-22, 41, 108, 111, 152-153, 157, 224, 231-236, 281-282

Instituto Francês de Polemologia, 233

Instituto Internacional de Estudos Estratégicos (IISS), 20, 143, 144, 152-155

Instituto Norueguês de Assuntos Internacionais (NUPI), 21

Instituto Real de Assuntos Militares (Reino Unido), 21, 236, 281-282, 379

Instituto Richardson, 158

Instituto Sueco de Assuntos Internacionais, 157

inteligência, 47, 154

intensificação *cf. em* armas nucleares, 139

Interdição Parcial de Testes Nucleares, Tratado de, 195

International Affairs (periódico), 159

International Feminist Journal of Politics (periódico), 21, 159, 234, 259, 281, 321, 338, 380

International Organization (periódico), 167, 337

International Peacekeeping (periódico), 281

International Political Sociology (periódico), 380

International Security (periódico), 159, 295

International Studies Quarterly (periódico), 159, 235

Internet, 98, 373

intervenção humanitária, 272-273, 320, 331

intraestatais, conflitos, 251

inverno nuclear, 204

Irã, 120, 144, 189, 270, 274, 352, 354, 362, 364
capacidade nuclear do, 24, 97, 120, 127, 132, 137, 143-145, 189, 223, 270, 274, 283, 352, 360, 362, 364

Iraque, 105, 144, 189, 266, 270, 273-275, 345, 348, 350, 352-354, 358, 362, 366-367, 369, 371-372, 376-378, 398, 401

ÍNDICE REMISSIVO

Iraque, Guerra do (2003), 273, 353
oposição à, 358, 367
(supostas) razões para, 105, 266,
273, 350, 352-354, 358, 362, 367,
369, 371, 377, 401
irracionalidade, e teoria da dissuasão,
133, 142, 348, 368
Islã, 257, 280, 283, 354
relações com a China, 257, 283
significado político do, 24, 29, 88,
118, 170, 199, 215, 256-257, 280,
283, 295, 300, 310, 314, 350, 352,
354, 391, 398
Islamabad, Instituto de Estudos
Estratégicos, 153
Israel, 136, 142-143, 188-189, 268, 270,
274, 279, 352, 354, 364-365, 401
capacidade nuclear de, 143
conflitos com vizinhos, 142
relações com os Estados Unidos,
143, 401
Itália, 62
Iugoslávia (ex), conflitos na, 277
cf. também Bósnia, Kosovo, 277-
278, 283, 331, 337

Japão, 72-73, 93-94, 119-120, 136, 138,
153, 172, 216, 232, 249, 257, 261,
275, 296, 309, 356-357, 359
adoção da Segurança Humana, 309
papel na estrutura de poder global,
72, 83, 94, 96, 124, 200, 226-227,
248, 309, 358-359

relações com os Estados Unidos,
73, 93, 96, 119-120, 138, 143, 153,
159, 238, 257, 261, 275, 309, 356-
357, 359, 400-401
teorias predominantes de ESI sobre o,
10, 26-27, 42, 45-47, 64-65, 67, 73,
83, 85-87, 93, 100-103, 109-110, 118,
120, 124-125, 138, 145, 150, 155,
162, 171, 180, 198, 219, 225, 251,
254, 256, 258, 262-263, 277, 290,
295, 300, 305, 337, 344, 354, 359,
368, 386, 394, 396, 398, 400, 406
jogos linguísticos, 104, 302
John M. Olin Foundation, 156
Johns Hopkins, Universidade, 153
Journal of Conflict Resolution (periódico),
202, 208-209, 234
Journal of Peace Research (periódico), 208
Journal of Strategic Studies (periódico), 159

Kahn, Herman, 157
Kennedy, John F., 141, 147
Keynesianismo, 130
King's College, Londres, 152
Kosovo, 97, 217, 278, 283, 331, 333, 337
Kristol, Irving, 156
Kuwait, 276, 331

Laboratório de Pesquisa da Paz de St.
Louis, 231
Leste Asiático, 216, 274, 276, 356, 365
alianças norte-americanas no, 356
cf. também China; Japão, 356

"levantes do gueto" (Estados Unidos, anos 1960), 128, 169

Liberalismo, 27, 373

críticas ao, 27, 373, 380, 392

moderno inicial, 373

reavivamento, 264, 271

Líbia, 365

líderes políticos, reivindicações de representação da sociedade, 54, 186, 254, 275, 297, 322, 324, 327

Literatura Comparada, 86

livros-texto, 337

London School of Economics, 21, 223

Londres, 2005, explosões de, 367

Lund, Universidade de, 12, 232

Lynch, Jessica, 372

Lynde and Harry Bradley Foundation, 109, 156, 158

macrossecuritização, 381, 401-402

Malaviya, Centro de Pesquisa da Paz de, 282

manutenção da paz, 14, 272, 276, 320

Mao Zedong, 119, 123

Marchas da Páscoa (1958), 194

Marxismo, 392

cf. também Pesquisa da Paz, 392

Matemática, 103, 240

McNamara, Robert, 147

McNaster, Universidade, 233

meio ambiente, 37, 45, 52, 75, 98, 100, 197, 204, 287, 304, 308, 361, 392

ameaças ao, 37, 45, 98

desenvolvimentos projetados, 21, 45, 98, 205, 304, 308, 392

e o poder nuclear, 21, 45, 98, 118, 181, 197, 204, 223, 250, 308, 392

no primeiro plano pelos teóricos, 27, 37, 42, 53, 91, 98, 100, 102, 191, 193, 204-205, 209, 214, 226, 329, 408

Menezes, Jean Charles de, 374

metaeventos, 247-248, 283, 285, 329, 339, 376

metodologia, 51, 64, 71-72, 78, 88-89, 103, 149, 162, 169, 210-211, 224-225, 295, 306-307, 315-316, 319, 327

Mianmar, 57

Michigan, Universidade de, 234

microeconomia, 149

mídia, 44, 47, 83, 100-101, 105, 112, 145, 154, 159, 192-193, 195, 224, 238, 288-289, 328, 331, 333, 337, 350, 369-370, 378

novas tecnologias de, 369

migração, 38, 236, 308

Millennium (periódico), 380

Mísseis Antibalísticos (ABM) *cf.* Defesa contra Mísseis Balísticos (DMB), sistemas de, 20, 27, 95, 97, 127-128, 133-134, 146, 264-265, 272

modelos formais, 255-256, 397

momento unipolar, 258, 357

monarquia, rejeição da, 58

ÍNDICE REMISSIVO

Monterrey, Instituto de Estudos
Internacionais, 233
moralidade, 170-171
Moscou, Tratado de (Tratado sobre
Reduções Estratégicas Ofensivas –
SORT, 2002), 361
Mountbatten, Centro de Estudos
Internacionais, 282
"movimento negro" (Estados Unidos,
anos 1960), 128, 176, 180, 189,
195-196, 230, 394, 407
movimentos pacifistas, 40, 178, 180,
189, 194-195, 222, 230, 373
impacto dos, 195
Mugabe, Robert, 57
mulheres, 62, 72, 75, 84, 154, 196, 218-
222, 312, 316-321, 327, 370-372
ameaças específicas às, 316, 320
cf. também gênero, 72, 218-222,
316-321, 371-372
como combatentes, 321
como referências de segurança, 72,
75, 218, 221-223, 312, 316-320,
370
comportamento "não-feminino",
219, 319
Mulheres na Segurança Internacional
(*Women in International Security* –
WIIS), 22
multipolaridade, 93, 246, 401
"Mundo Livre", 117
Muro de Berlim, queda do, 140, 160,
251

nacionalismo, 58-59, 61-62
fusão com o estado territorial, 59
Nações Unidas, 19, 21-22, 72, 192, 203,
205, 232-233, 278, 308, 319
Instituto das Nações Unidas para
a Pesquisa do Desarmamento
(UNIDIR), 22, 233
Organização das Nações Unidas
para a Educação, a Ciência e a
Cultura (UNESCO), 22, 192
Programa das Nações Unidas para
o Desenvolvimento (PNUD), 21,
308
Programa das Nações Unidas para
o Meio Ambiente, 21, 205, 308
Resolução do Conselho de
Segurança, 19, 21-22, 24, 72, 192,
203, 205, 213, 232-233, 236, 308,
319, 321, 377, 379
Nanyang, Universidade Tecnológica de,
Cingapura, 282
não-interferência, princípio da, 55, 60,
217
não-proliferação, regime de, 136, 188-
189, 267-270, 363, 365, 404
não-violência, compromisso com a,
316, 320
Nasser, Gamal Abdel, 140
National Defense University (Estados
Unidos), 153
National Security Act (Estados Unidos,
1947), 116, 159
natureza, estado de, 56, 163

Neoconservadorismo, 110, 348

Neoliberalismo, 297, 305, 309, 313

Neorrealismo, 45, 65, 107, 123, 149, 297-298, 346-347, 368, 396

adaptação no pós-Guerra Fria, 284, 298, 346, 368

críticas ao, 298, 368

postura na Guerra Fria, 45, 65, 107, 123, 261, 346-347, 368, 396

respostas ao 11 de Setembro/ Guerra Global contra o Terrorismo, 94, 96, 98, 273, 280, 292, 341-342, 345-347, 352, 354, 358, 366, 368, 370, 374, 376, 379-381

Nicarágua, 156

Nimegue, Universidade de, Centro de Pesquisa da Paz, 232

níveis de análise, 57, 214, 250-251, 306, 316

NORDSAM, 21, 237

normas, 46, 67-68, 71, 210, 215, 292, 295, 297, 299, 319, 350

Noruega, 309, 311

adoção da Segurança Humana, 309, 311

notícias, cobertura de, 192-193

cf. também mídia

Nova Ordem Econômica Internacional (NOEI), 25, 49, 78, 94, 111, 121, 130, 143, 167, 169, 197, 211, 216, 235, 248, 259-260, 265, 275-276, 304-305, 307, 309, 311, 313, 351, 379, 382, 403

nuclear, poder, 14, 97, 116, 119-120, 122, 125-126, 129, 131-132, 135-137, 140, 143, 145, 149, 177-178, 181, 184, 186-187, 195, 224-225, 244-245, 248, 250, 267, 270, 277, 284, 364, 405

"verde", 364

cf. também poder nuclear civil; armas nucleares

Nuclear Proliferation Journal (periódico), 281

objetos de referência, 25, 37, 40, 71-73, 77, 106, 191, 198, 214, 216, 221-222, 306, 315, 317-319, 324, 326, 338, 373, 388, 396

Escola de Copenhague, 324, 326, 373

Feminismo, 222, 315

cf. também indivíduo(s); pessoas; sociedade; estado(s)

ocidente-centrismo (dos ESI), 48, 73

Ohio, Universidade Estadual de, Centro Mershon de Estudos de Segurança Internacional, 152

Oklahoma City, explosões em (1995), 279

Olin, John M, 156, 158

ontologia, 78, 193, 251, 285

ONU *cf.* Nações Unidas

"O Ocidente", como construto, 173, 301, 302, 306, 309, 332

operações militares/teoria militar, como foco de ESI, 20, 26, 44-45, 47, 65,

75, 124, 142, 162, 171, 180-181, 240, 254, 284, 298, 303, 305, 344, 391

fuga das, 20, 26, 44-45, 47, 65, 75, 124, 142, 162, 171, 180-181, 240, 254, 284, 298, 303, 305, 344, 391

opinião pública, 190, 192, 196

estudo da, 190, 194

impacto na, 190

Oriente Médio, 21, 120, 136, 140-143, 160, 189, 264, 269-270, 274, 276, 280, 282, 326, 346-347, 352, 354, 365, 401

crise do petróleo (1973), 140, 143

desenvolvimentos pós-11 de Setembro, 21, 160, 269, 276, 280, 292, 341, 345-347, 352, 354, 357, 359, 363, 365, 401

envolvimento norte-americano no, 141

preocupações regionais de segurança, 14, 21, 141-143, 160, 247, 262, 264, 269-270, 272-274, 276, 280, 282, 326, 346-347, 352-354, 364, 401

proliferação, 136, 264, 269-270, 274, 276, 352

OTAN (Organização do Tratado do Atlântico Norte), 21

campanhas iugoslavas, 21, 119, 238

estabilidade, 21, 119, 238, 358

Outro/Self *cf.* Self/Outro, 332

Oxford, Universidade de, Grupo de Estudos Estratégicos, 153

pacifismo, 220, 230, 262

PADRIGU *cf.* Gotemburgo, Universidade de, 21, 201

Palme, Comissão, 217

Paquistão, 120, 188-189, 270, 276, 364

relações com a Índia, 270

paradigmas/mudanças de paradigmas, papel nos desenvolvimentos teóricos, 84, 106

parlamentares, configurações, estudo das, 194, 196

paz

como conceito opositor, 28, 42

como enfoque central de estudo, 15, 223, 389

debates conceituais sobre, 48

cf. também paz negativa; Pesquisa da Paz;; paz positiva

paz democrática, teoria da, 262, 301, 398-399

paz negativa, 166, 169, 191, 205-207, 229, 239, 243-245, 253, 285, 289, 389-390, 392, 394, 397

paz positiva, 166, 168-169, 191, 197, 203, 205-207, 210, 229, 239-240, 278, 389, 394, 397

cf. também violência estrutural, 166, 168, 197, 206, 389

Peace and Change (periódico), 209

Pearl Harbor, ataque japonês contra, 101

periódicos, 48, 107, 109, 111-112, 144, 151-152, 155, 158-160, 167, 169, 187, 190, 203, 207, 209, 228, 230,

234-235, 259-260, 281, 285, 288,
295, 335, 337, 345, 361, 376-377,
380, 385, 395, 407

Perle, Richard, 156

Pesquisa da Paz, 10, 19-22, 26, 31,
40-42, 48, 63, 72-73, 75, 103, 111,
113, 150, 153, 165-174, 176-178,
180-181, 184, 186-187, 189-194,
197-203, 205-214, 219, 221, 223-
224, 227-240, 243-246, 248, 253,
255-256, 272, 281-283, 287-288,
290, 293, 300-301, 305, 308, 311-
312, 314, 319, 322, 334-336, 339,
386, 388-392, 394-395, 397-398

alemã, 202, 210, 228, 231, 334, 389

braço militar, 190

cf. também tradicionalismo, 287

Crítica, 42, 72, 197, 224, 228, 334,
395

cursos universitários/instituições,
108, 111-112, 152-154, 166, 169,
187, 207, 219, 231-237, 240, 281,
301, 389, 395, 398, 407

divisões internas, 12, 48, 75, 89,
103, 111, 113, 150, 154, 168-169,
174, 184, 190, 194, 196, 202-203,
205, 207, 223, 228-229, 239-240,
245, 251, 256, 272, 285, 288, 290,
322, 389-390, 398

e o controle de armamentos, 73, 150

escandinava, 210, 221, 228, 334, 389

especialização, 10, 12, 19-23, 26, 31,
41-42, 48, 63, 72-73, 75, 103, 108,

111, 113, 150, 152-154, 165-174,
176-178, 180-181, 184, 186-187,
189-203, 205-214, 219, 221,
223-224, 227-240, 243-246, 248,
251, 253, 255-256, 272, 281-283,
285, 287-288, 290, 293, 300-301,
304-305, 308-309, 311-312, 314,
319-320, 322, 334-336, 339, 386,
388-392, 394-395, 397-398

evolução, 21, 26, 173, 189, 201, 205,
240, 388-389, 397

expansão do escopo, 191

forças motrizes, arcabouço das, 388

gandhiana, 197

gênese, 207, 311

institucionalização, 111, 169, 207,
229-230, 235, 238, 240, 288, 311,
335, 395

liberal, 166, 168, 203, 239, 301, 392,
394, 398

ligações com outras abordagens,
193, 237, 314, 334

literatura sobre tecnologia, 168,
184, 187, 190, 394

marxista, 197, 199, 201-203, 210,
213, 219, 224, 239, 305, 311, 389,
391, 394

metas, 72, 178

neomarxista, 201, 203, 239, 389

normatividade, 211-212, 244

periódicos, 111, 167, 169, 187, 190,
203, 207, 209, 228, 230, 234-235,
281, 288, 395

ÍNDICE REMISSIVO

posição ideológica, 170

radical, 166, 197-198, 202, 212, 224

relações com os ESI, 73, 181, 240

pesquisas de opinião, 196

cf. também opinião pública, 196

pessimismo, 157, 267-268

pessoas, como objeto de referência, 63, 72, 215, 288, 319

petróleo *cf.* Oriente Médio, crise do petróleo do, 140, 143, 160, 276

Pew Charitable Trusts, 155

Ploughshares Fund, 236

pobreza, 72, 200, 204, 206, 218, 253, 308, 310-311

poder brando, 94

poder nuclear civil, 98, 187, 204, 267

clubes de fornecedores, 187-188, 267

poder simbólico, 112-113, 301

poder, *vs.* paz, 15, 28, 39, 42, 62, 113, 181, 184, 187, 197, 201, 214, 223-225, 227, 243, 249-250, 253, 255, 262, 278, 285, 301, 382, 390, 392, 398

cf. também poder brando, 15, 28, 39, 42, 62, 94, 113, 181, 184, 187, 197, 201, 214, 223-225, 227, 243, 249-250, 253, 255, 262, 278, 285, 301, 382, 390, 392, 398

polaridade, 45-46, 74, 93, 96-97, 119, 122, 215, 247-249, 283, 285, 359

pós-Guerra Fria, 247-248, 283

política externa, 14, 29, 37-38, 47, 52, 61, 65, 78, 85, 87-89, 95, 100, 116, 121, 143, 159, 166, 192-193, 196,

250-251, 257, 259, 278, 297-298, 303, 310-311, 322, 348, 357, 359, 366, 368, 378, 381

análise de, 14, 47, 121, 251, 298, 366, 368, 378, 381

cobertura de notícias, 192-193

humanitária, 310-311

vs. questões domésticas, como foco de estudo, 36, 38, 47, 51, 61, 75, 155, 159, 166-167, 178, 194, 196, 198, 216, 222, 226, 239, 254, 257, 264, 289, 297-298, 307, 379, 396

Political Studies, Quarterly (periódico), 159

Polônia, 175

Pós-Estruturalismo, 228, 290, 293, 334

abordagens teóricas, 49, 255, 292, 295, 366

críticas ao, 26, 42, 49, 72, 92, 104, 111, 167, 213, 224, 227-228, 239, 255, 289-290, 292-293, 296, 300-302, 305, 312, 314, 321, 328-330, 332, 334, 338, 366, 389

forças motrizes, arcabouço das, 26, 30, 92, 224, 239, 289, 296, 338, 386, 388, 399

institucionalização, 30, 90, 111, 169, 229, 288, 295, 321, 328, 336

relação com outras abordagens, 42, 104, 213-214, 239, 305, 314, 329, 338

respostas ao 11 de Setembro/ Guerra Global contra o Terrorismo, 292 positivismo, 71, 148, 300, 395

objeções ao, 300

pós-positivismo, 395

Primeira Guerra Mundial, 24, 178, 182, 208, 262, 302

corrida armamentista preliminar, 73, 120, 128-129, 131, 134, 136, 178, 182, 189, 208, 230, 262

saldo, 33, 40, 44, 53, 94, 101, 115, 117-118, 120, 140, 175, 178, 182, 208, 259, 262, 302, 388

primeiro ataque, temores de/ vulnerabilidade a, 132

PRIO (Instituto de Pesquisa da Paz Internacional de Oslo), 21, 41

Project for the New American Century, 378

Projektbereich Friedens – und Konfliktforschung, Heidelberg, 231

Projektbereich Friedens – und Konfliktforschung, Universidade Livre de Berlim, 231

proliferação de mísseis, 187, 189, 264, 270, 272, 362-365

proliferação, iniciativa de segurança da, 363

proliferação (não-)nuclear, 135-136, 178, 185-186, 188-189, 267-270, 276, 362-363, 365, 404-405

cf. também não-proliferação, regime de; proliferação, iniciativa de segurança da, 363

gama de visões, 14, 19, 22, 73, 98, 122-123, 125, 132, 135-136, 141,

145, 162, 166, 170, 173, 176-179, 182-189, 197, 206, 222, 229, 244-245, 247, 263-264, 267-268, 270-274, 276, 281, 284, 299, 302-303, 306, 351-352, 355, 360, 362-363, 365, 388, 399, 404-405

horizontal, 136

lógica estratégica, 405

padrões duplos da, 14, 19, 22, 62, 73, 98, 135-136, 145, 162, 178-179, 182-189, 216, 229, 240, 244, 247, 263-264, 267-268, 270-274, 276, 281, 284, 299, 302, 306, 352, 355, 360, 362-363, 365, 389, 404-405

países específicos/regiões, estudos de, 268

vertical, 14, 19, 22, 73, 98, 135-136, 145, 162, 178-179, 182-189, 244, 247, 263-264, 266-268, 270-274, 276, 281, 283-284, 299, 302, 306, 352, 355, 360, 362-363, 365, 404-405

propaganda, 175, 192, 254

Prospect Hill Foundation, 236

Psicologia, 103, 208

publicações acadêmicas, 112, 158, 378

Pugwash, Conferências, 231

Quênia, 279

questões politicizadas *vs.* não--politicizadas, 179

Química, 70, 208

racionalismo/racionalidade, 70, 255, 293, 298

    aplicações na Guerra Fria, 65, 70, 117, 123, 131, 139, 163, 170, 185, 264, 342, 346, 368, 381, 393

    cf. também atores não-estatais; União Soviética; estado(s), 117, 123-125, 135, 163, 170, 185, 191, 251, 322, 344, 346-347

    (debates sobre a) natureza, 56-57, 65, 102, 105, 117, 121, 123-125, 133, 162-163, 206, 246, 254, 257, 261-264, 267, 344, 357

RAND (*Research and Development*) *Corporation*, 21, 380

Reagan, Ronald, 134, 202

Realismo, 27, 30, 63, 65-66, 74-75, 104, 149, 226-227, 298, 328-330, 346, 348, 392

    cf. também Neorrealismo, 65, 346

    desafios ao, 226, 329

    relação com escolas posteriores, 75, 328

    relação com o racionalismo, 66, 70, 74-75, 104, 226-227, 293, 298, 328-329, 348, 390, 392

    resposta ao fim da Guerra Fria, 11, 14, 28, 31, 38, 40, 45, 62, 65, 67, 85-86, 92-94, 96-97, 104, 107, 118-121, 128, 131, 139-141, 144, 146, 157, 159, 162-163, 166-168, 173-174, 183, 185, 190, 197, 207, 212, 214, 217, 227-228, 233, 240-241, 243-244, 246-249, 251-252, 259, 261-263, 265, 271, 280-282, 284-285, 287, 296, 300, 302, 307, 314, 329, 337-338, 341-343, 346, 350, 355, 357-358, 368, 382-383, 390-392, 394-398, 407

    respostas ao 11 de Setembro/ Guerra Global contra o Terrorismo, 94, 96, 98, 273, 280, 292, 341-342, 345-346, 348, 352, 354, 358, 366, 370, 374, 376, 379-381, 392

Realismo Estrutural, 30, 149

recursos, guerras por, 62, 204

recursos naturais, utilização estratégica de, 143, 147-148, 157, 174

Regime de Controle de Tecnologia de Mísseis (RCTM), 21

Reino Unido, 24, 153, 155, 232, 269, 279, 281, 338, 367, 379

    capacidade/política nuclear, 24

    Estudos Estratégicos, 153, 155

    papel nos conflitos do Oriente Médio, 142-143, 269, 282, 346, 352

    relações com os Estados Unidos, 24, 96, 143, 153, 155, 281, 338

    teorias de ESI predominantes, 24, 65, 73, 87, 103, 110, 118, 142, 145, 153, 155, 162, 258, 262-263, 281, 290, 337-338, 348, 354, 368, 379

Relações Internacionais (RI), 10, 23, 38, 390

    desenvolvimento/ institucionalização, 10, 16, 21, 23,

28-31, 35-36, 38, 42, 44-47, 65, 70,
72, 78, 84-85, 88-89, 97-98, 102-
104, 106-109, 113, 116, 119, 129,
133, 143-144, 146, 148, 151-152,
155, 159-160, 162-163, 178, 180,
187, 201-203, 205, 207, 209, 217,
219, 223-224, 229-230, 235-236,
238, 240, 247, 259, 262-263, 265,
267-268, 272, 276, 281, 283-285,
288, 292-293, 296, 309, 311,
321, 328-329, 336-338, 345, 357,
359-360, 363-364, 378, 390-392,
395-396, 400-402, 404

negligência do gênero, 10, 21, 23,
28-29, 31, 36, 38, 42, 44, 46, 70, 72,
84-85, 88, 101, 103-104, 107, 119,
143-144, 148, 159, 180, 209, 218-
219, 221, 223-224, 226-227, 238,
253, 259, 262-263, 281, 292, 294,
315-316, 319, 321, 329, 338, 364,
370, 378, 390-392

quadro teórico, 29, 88

relação com os ESI, 85

sociologia das, 10

religião, 55, 219, 280, 342, 345, 381

guerras de, 55, 219, 280, 342, 345, 381

separação da política, 32, 55, 265,
278, 280, 342, 345, 381, 392

"Relógio do Juízo Final", 244

Resolução de Conflitos, 209, 234, 256,
391

resolução de conflitos, 48, 192, 196, 204,
208, 213, 223

resposta flexível, 138, 142, 226

retrospectiva, valor da, 67, 271

Review of International Studies
(periódico), 159, 281

Revolução Americana, 129, 196

amizade/inimizade, construções de,
94, 96, 117, 121

Revolução Francesa, 53, 58

Revolução nos Assuntos Militares
(RAM), 263

Riad, ataque terrorista de (1995), 279

risco, 42, 45, 130, 135-136, 138-139,
145, 163, 165-166, 174-175, 177,
180-181, 190, 214, 250, 252-253,
345, 372, 375-376, 406

cf. também Ulrich Beck (índice de
autores)

Royal United Services Institute (Reino
Unido), 21, 151

Rússia, 183, 262, 269, 332, 350, 357,
359-361, 364, 405

preocupações nucleares com, 269,
360-361

relações com a UE, 332, 359-360

relações com os Estados Unidos/
OTAN, 238, 350, 359-361

Samuel Rubin Foundation, 236

Sarah Scaife Foundation, 156

saúde, segurança da, 39, 44, 204, 213,
222, 308

Scherman and Winston Foundation, 236

Security Dialogue (periódico), 376

Security Studies (periódico), 159, 281

Segunda Guerra Mundial, 23-25, 33,
44, 53, 62, 65, 101, 117-118, 140,
147, 152, 175, 230, 237, 252, 297,
388
saldo da, 23-25, 33, 44, 53, 62, 65,
94, 101, 115, 117-118, 120, 136,
140, 147, 152, 175, 178, 230, 237,
250, 252, 280, 297, 302, 388

segundo ataque seguro, 132

segurança abrangente, 46, 116, 151, 216,
308, 312, 339

segurança alimentar, 25, 204, 313, 402

segurança coletiva, 56-57, 215, 306,
313, 322, 388
vs. segurança individual, 41, 43, 52,
56-57, 63, 73, 75, 93, 111, 133, 149,
165, 171, 188, 198, 215-216, 218,
275, 292, 294, 306, 313-314, 317,
322-323, 326, 368, 374, 388, 396

Segurança Comum, 167, 169, 213-214,
216-218, 239, 308

segurança, conceito de, 10, 15, 24-25,
28, 31, 34-38, 40-43, 45, 49-50,
52-53, 57, 60, 62-63, 72-73, 91,
166-169, 191, 198, 201, 203, 206,
213-216, 218, 220, 227, 244, 288,
291, 293-294, 300-301, 305, 307-
309, 311, 313-317, 320-321, 323,
325-326, 329, 376, 386, 388-390,
394, 401, 408
academicamente "subdesenvolvido",
34, 40, 167, 305

ampliação, 291, 308
cf. também conceitos, 28, 31, 35, 42,
52, 57, 206, 301, 307, 386, 390
como foco principal de pesquisa,
10, 15-16, 23, 26, 31, 33-34, 37,
39, 41-44, 46, 48, 62-63, 66, 71-73,
98, 107, 143, 152, 154-155, 165-
169, 174, 177-178, 180, 190-191,
198, 201-203, 205-206, 209-210,
213-214, 216, 227, 229, 232, 240,
243-244, 246, 252-253, 255, 282-
283, 287-288, 290, 293-294, 298,
300-301, 304-305, 308-309, 311,
314, 316, 318, 320-323, 325, 334,
336-337, 339, 386, 388-391, 394-
395, 398
como prática abstrata, 220
conceitos relacionados, 25, 43-45,
206, 252, 315, 317, 326, 394
construções locais, 307
(debates sobre) o escopo, 10, 15-16,
23, 25-28, 31, 33-37, 39-48, 50,
52-53, 56-57, 62-67, 73, 77-78,
83-84, 91, 93, 98, 100-101, 103,
105-107, 109-110, 113, 117-118,
121, 123-124, 133, 145-146, 155,
158, 161-163, 165, 167-169, 178,
180, 188, 191, 198, 203, 205-207,
214-216, 220-221, 223, 225, 228,
236, 239, 244, 246-247, 249, 252-
254, 257-258, 262, 272, 277, 279,
283, 285, 288, 290-291, 293, 300-
301, 303, 305, 307, 311, 313-314,

317, 320-321, 323-327, 329-332,
336-339, 342-343, 345, 349, 351,
353-355, 357, 360-361, 363, 370,
376, 378-382, 385-388, 394-396,
398, 401, 406, 408
discursivo, 325
objetivo, 244, 307
princípios analíticos, 329
subjetivo, 67, 317, 323
tipos de, 42, 308
segurança econômica, 25, 60, 62, 84,
121, 143, 145, 160, 202, 216-217,
222, 249, 251, 276, 291, 304-305,
308-309, 313, 322, 326, 351, 389
segurança estatal, 37, 46, 53, 56-57, 59,
63, 68, 70-73, 110, 191, 198, 217,
222, 226, 228, 241, 262, 277, 291,
294, 305, 309, 311, 319, 328-330,
332, 342, 348-349, 390
ligada ao bem-estar dos cidadãos,
37, 44, 56-59, 68, 72, 110, 202, 217-
218, 222, 226, 250, 305, 309, 332
visão realista, 330
Segurança Humana, 40, 72, 75, 90, 103,
203, 218, 288-290, 292, 296, 304,
307-312, 316, 318, 338, 396, 398
adoção por estados, 309, 311
críticas à, 292
ligações com outras abordagens, 334
segurança informática, 43
segurança nacional, 9, 15, 23, 25-26,
33, 36-40, 43-46, 49, 52-53, 59,
62-67, 69, 73, 84, 93-96, 104, 118,

121, 143, 152, 163, 165, 170-171,
177-178, 190, 201, 205, 214-217,
220-221, 225, 228, 240, 257, 277,
279-280, 294, 301, 306-307, 309,
317, 319, 322-326, 331, 341-342,
346, 349, 351, 355, 377, 381, 388,
390-391, 401, 408
cf. também segurança estatal;
Estados Unidos, 73
domínio dos Estudos de Segurança,
9-10, 12, 15, 19-21, 23-27, 31, 33-34,
36-41, 43-53, 59, 61-64, 66-68, 72-
73, 75, 77, 83, 91, 93, 95, 103-104,
106-107, 111, 113, 115-119, 121,
133, 144, 146, 149, 151-156, 158,
160, 163, 165-171, 174, 177-178,
180-181, 188, 190-191, 193-194,
196, 198, 201-205, 210, 213-219,
221-223, 225-229, 232, 236, 239-
241, 243-246, 248-249, 252-256,
282, 285, 288-296, 299, 301-302,
304, 306-308, 310-316, 318-319,
322-323, 325-326, 329-332, 334-
339, 341, 343, 346, 349, 351-352,
355, 368, 373, 377, 379, 381, 386,
388-392, 394-396, 401, 408
(exploração) do apela emocional,
56, 240
relação com o racionalismo, 21, 25,
37-38, 44, 46, 52-53, 59, 66, 70, 73,
165, 171, 178, 201, 214-215, 217,
221, 226, 240, 254-255, 293, 301,
319, 326, 349, 355, 377, 390-391

segurança regional, 71, 98, 236, 247,
262, 274, 276-277, 282, 291, 353-
354, 356-357
complexo(s), 20, 22, 321
segurança social, 15, 29, 43, 60, 166-
167, 191, 194, 196, 215, 220-222,
226, 294, 300, 304-305, 307, 321-
323, 325-326, 345, 381
distinta da internacional, 15, 90,
115, 166-167, 222-223, 292, 305, 321
segurança societal, 24-25, 50, 53, 60,
62-63, 71, 84, 117, 121, 291
críticas à, 50
Self/Outro, 29, 225-226, 332-333
cf. também identidade, 226, 332
setor de segurança, 31, 36-39, 45, 51,
98, 154, 191, 198, 205, 216, 240,
245, 249, 291, 294, 303-304, 307-
308, 316, 322, 338, 390, 402, 408
Síndrome do Vietnã, 145, 275
Sloan Foundation, 235
Smith Richardson Foundation, 156
sociedade, como objeto de referência,
37, 310, 322
Sociedade dos Amigos (quakers), 232
sociologia, 10, 30, 75, 78-81, 83, 88-89,
244, 252, 288, 300, 314, 386, 393
disciplinar, 244, 386
sociologia da ciência, 10, 30, 78-81, 83,
88-89
estrutura em pirâmide, 80
literatura, 78-79, 89
soldados-robô, 404

Somália, 57, 97, 273, 283, 331, 333, 337
Southampton, Universidade de, 282
Sputnik, 95, 127, 137, 141, 394
St Andrews, Universidade, 379
Stanford, Universidade, Programa
de Controle de Armamentos e
Desarmamento, 153
Studies in Conflict and Terrorism
(periódico), 159
Sudeste Asiático, preocupações de
segurança regional, 14, 19, 216, 247,
262, 272-274, 276, 353-357, 364
Sul Asiático, preocupações de segurança
regional, 273, 364
cf. também Índia; Paquistão, 364
superpotências, 25, 48, 70, 93, 96, 115,
119, 125, 127-129, 131, 135-136,
138-139, 142, 144-146, 163, 165,
170-171, 173-174, 177, 179, 181-
186, 189, 195, 202, 205, 226, 230,
239-240, 246-247, 256-257, 263-
264, 266, 271, 274, 283-284
cf. também Guerra Fria, 25, 93, 96,
119, 129, 131, 136, 144, 163, 170,
183, 195, 202, 230, 246-247, 257,
264, 266, 271, 274, 283-284
contexto político, 247
controle de armamentos, 142
Survival (periódico), 159, 171
"suspender e atacar", 278

tabu nuclear, 362
Tailândia, 120

Taiwan, 120, 356

Talibã, 358, 370-371

Tanzânia, 279

Tchecoslováquia, 175

Tel Aviv, Universidade de, Centro de Estudos Estratégicos da, 153

Teoria Crítica, 27, 42, 75, 104, 110, 395

teoria da bola de neve, 195

cf. também Boulding, Kenneth E. (índice de autores), 195

teoria da escolha racional, 102, 244, 255, 344, 391

teoria da securitização, 321, 323-324, 326-328, 398, 400

cf. também Escola de Copenhague, 321, 327-328

críticas à, 10, 72, 321, 324-325, 327-328

teoria dos jogos, 46, 73, 86, 103-104, 109, 118, 120, 125, 148-149, 155, 169, 208, 213, 219, 240, 244, 255

relação com os Estudos Estratégicos, 148, 155

teoria estrutural, 70, 122, 169, 195, 197-200, 203-204, 210, 219, 225, 254-255, 301, 305, 325, 328

Teoria Política, 10, 42, 47, 85, 87, 104, 110, 223, 225, 386, 396

teorias causais, 70, 391

teoria social, 29, 86, 104, 173, 200, 210, 215, 220, 240, 295, 300, 304, 321, 323, 325, 337, 344, 406

Terceiro Mundo, 48, 73, 93, 100, 136, 139-140, 143-145, 153, 161, 167, 169, 178, 198, 200-202, 204, 217, 240, 264, 272-273, 275, 280, 283, 304-306, 337, 350, 362-363

e a teoria da dependência, 200, 304

eventos significativos no, 101, 140, 144, 161, 240, 283

liberalização comercial forçada, 202

papel nos debates de ESI, 16, 48, 240, 350

terrorismo/-istas, 273, 278-280, 284, 342-343, 345-347, 350, 354-355, 363, 366-367, 382

como o Outro, 366

em rede, 9, 35, 98, 143, 347, 373

islâmico, 9, 143, 280, 347, 367

localização como centro da agenda de segurança, 143, 273, 379

(possível) transitoriedade, 273

nuclear, 355, 363

tecnologias eletrônicas, 98, 143

Terrorism and Political Violence (periódico), 159, 279, 380

The International Journal of Peace Studies (periódico), 281

The Military Balance (periódico), 155

The Nonproliferation Review (periódico), 281

think-tanks, 107

conservadores, 154, 156

criticados, 378

influência dos, 87-88, 109-110, 151, 154-155, 378

liberais, 108, 154, 158, 230

posicionamentos políticos/ideológicos, 108

Tóquio, ataque terrorista de gás, 279

tortura, 333, 369, 372-373

tradicionalismo, 15, 147, 245, 283, 287, 378

continuação sobre as linhas existentes (pós-11 de Setembro), 363, 381

respostas ao 11 de Setembro/à Guerra Global contra o Terrorismo, 94, 96, 98, 273, 280, 292, 341-342, 345, 352, 354, 358, 366, 370, 374, 376, 379-381

tráfico sexual, 101, 317-318, 320

Tratado de Não-Proliferação Nuclear (TNP), 22, 179

Tratado sobre Reduções Estratégicas Ofensivas (SORT) cf. Tratado de Moscou, 361

Turquia, 274, 332, 372

Ucrânia, 269

União Europeia/Comunidade Europeia, 191

Instituto de Estudos de Segurança da (IESUE), 20, 22, 72, 168, 174, 191, 249, 282, 322

papel na estrutura de poder global, 72, 94, 96

pensamento de segurança (projetado), 20, 22, 72, 94, 96, 138, 168, 174-175, 191, 249, 277, 282, 322

União Soviética, 19, 25, 38-39, 57, 87, 93-94, 99-100, 115, 117-125, 127-129, 134-138, 140-141, 162-163, 170, 172-173, 175-176, 182-183, 185, 190-191, 194, 228, 246, 248-251, 256-257, 271, 275, 277, 279, 322, 347, 382, 400-401

atividades na Segunda Guerra Mundial, 25, 38, 62, 94, 115, 117-118, 120, 123-124, 128, 136, 140, 174-176, 182-183, 185, 250, 275, 302, 388

cf. também Guerra Fria, 25, 38, 93-94, 117, 119, 121, 123, 128, 136, 140-141, 162-163, 170, 172-173, 175-176, 185, 246, 251, 271, 277, 401

complexo industrial-militar (CIM), 129

(dificuldade) de acesso ocidental, 25, 38, 93-94, 119, 123-124, 137, 140, 170, 173-176, 194, 228, 249, 275, 277, 322, 382

dissolução, 93, 100

e o controle de armamentos, 123, 128

estratégia/políticas da Guerra Fria, 118, 128, 174-175, 257, 382, 401

ideologia política, 121

mudança de direção (anos 1980), 134, 174

visões ocidentais da, 123-124, 140, 170, 173, 176

como o Outro/Grande Inimigo, 25, 38, 93, 120-125, 129, 135, 138, 140-141, 170, 172-176, 191, 194, 228, 246-247, 249, 257, 322, 347, 382, 400

como um ator racional, 123

sem ser o único agressor, 25, 94, 140, 170, 173-174, 400

unilateralismo, 272, 401

unipolaridade, 96, 258, 262, 265, 273, 357

implicações regionais, 273, 357

Universidade Columbia, Instituto de Estudos de Guerra e Paz, 152

Universidade Cornell, Programa de Estudos da Paz, 232

universidades, 105, 108, 110-111, 151-152, 158-159, 187, 207, 232, 234, 282

cursos de ESI/departamentos, 108

financiamento, 110, 151, 158, 232, 234

Uppsala, Universidade de, 232

urgência cf. ameaça(s), 39, 43, 206, 245, 323

US Army War College, 151-152

Instituto de Estudos Estratégicos, 152

USS *Cole*, ataque ao, 279

utilização da força, 44-45, 73, 139, 262, 284, 348, 350, 372, 390, 404

variável societal doméstica, 89-90, 95, 298

vigilância, 227, 266, 328, 334, 372-375

violência doméstica, 222

violência estrutural, 39, 166-168, 197-201, 204, 206, 218-219, 292, 305, 308-309, 313, 316, 328, 389

críticas à, 167, 219, 292

distinta do conflito interpessoal, 166-167, 198, 200, 204, 218, 292, 305, 308, 321, 389

vírus, 405

W. Alton Jones Fundation, 235-236

Watson Institute, Universidade de Brown, 379

Wellington, Arthur Wellesley, Primeiro Duque de, 151

Westfália, Paz de (1648), 55

Wisconsin-Madison, Universidade de, 335

Woodrow Wilson International Center for Scholars, 157

World Order Models Project, 224

World Politics (periódico), 159

World Trade Center, 279

ataques contra cf. ataques do 11 de Setembro, 91, 94, 98-99, 279, 341, 358, 376

explosões no, 279

Zimbábue, 57

"zonas de fronteira", 47, 104, 392

SOBRE O LIVRO

Formato: 14 × 21 cm
Mancha: 23 × 38 paicas
Tipologia: Adobe Caslon Pro 10,5/14
Papel: Offset 75 g/m² (miolo)
Cartão Supremo 250 g/m² (capa)

1ª edição: 2012

EQUIPE DE REALIZAÇÃO

Assistência editorial
Olívia Frade Zambone

Edição de texto
Renan Camilo e Sâmia Rios (Preparação de texto)
Elisa Andrade Buzzo, Giuliana Gramani e
Lilian Ribeiro de Oliveira (Revisão)

Capa
Estúdio Bogari

Editoração Eletrônica
Estúdio Bogari

Impressão e acabamento